아비담마 길라잡이

제1권

아비담마 길라잡이

Abhidhammattha Saṅgaha
아비담맛타상가하

제1권

초기불전연구원

그분
부처님
공양 올려 마땅한 분
바르게 깨달으신 분께 귀의합니다.

Namo tassa Bhagavato Arahato Sammāsambuddhassa

제1권 목차

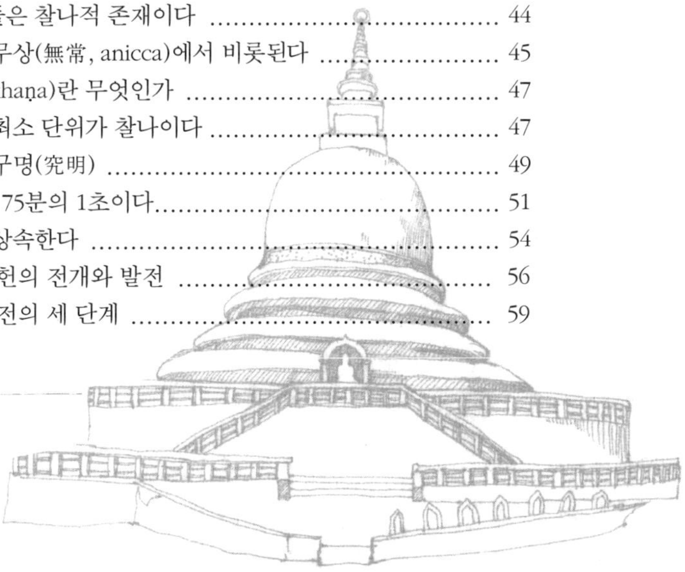

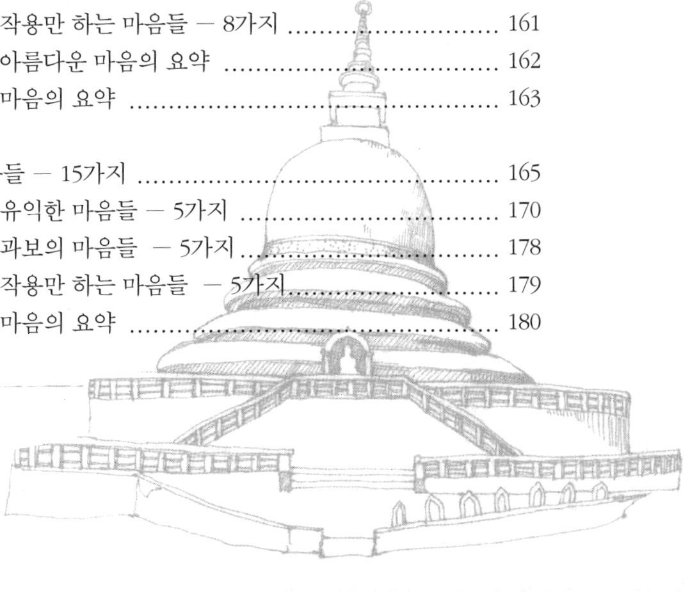

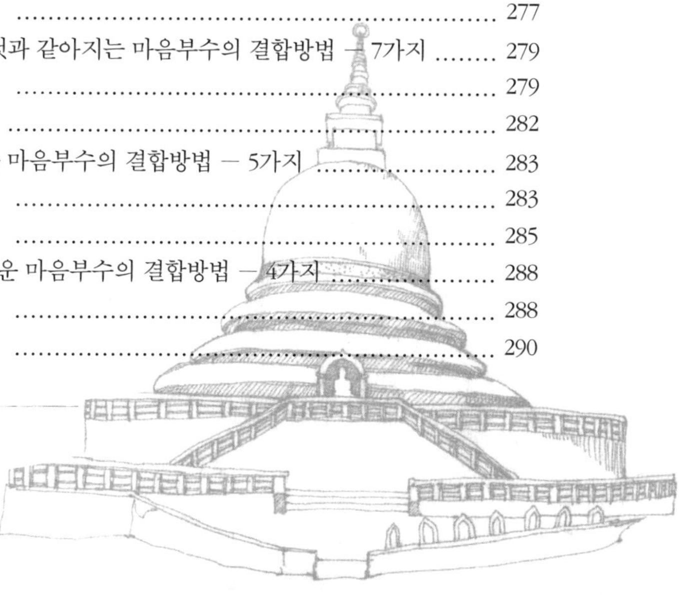

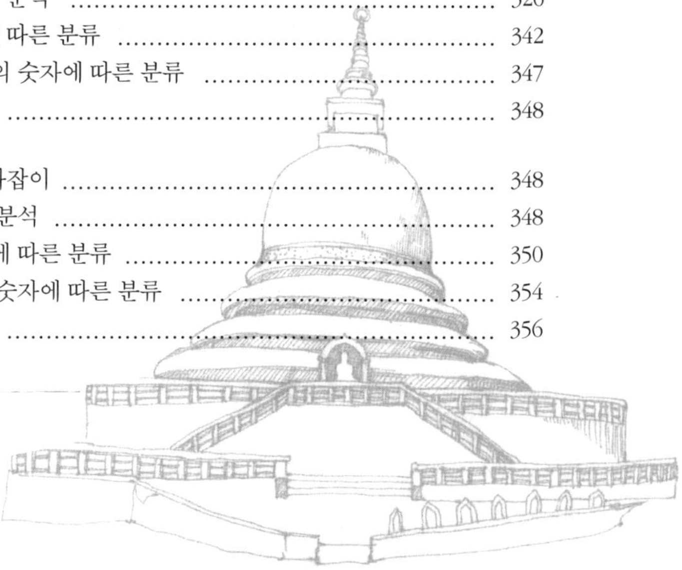

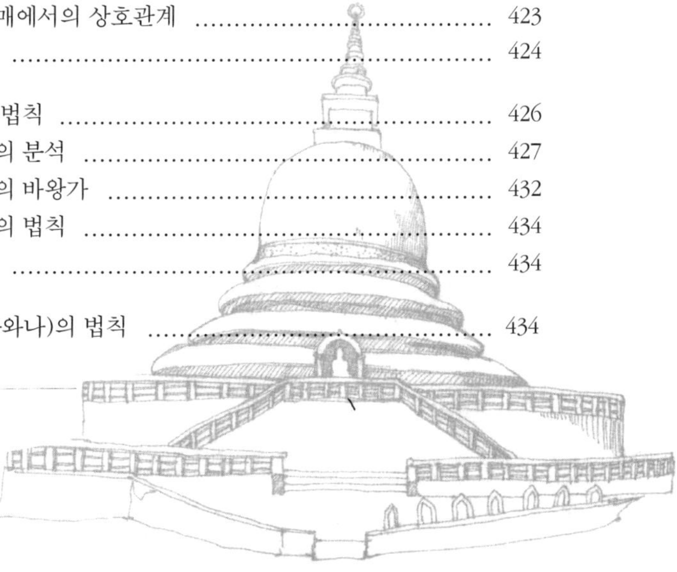

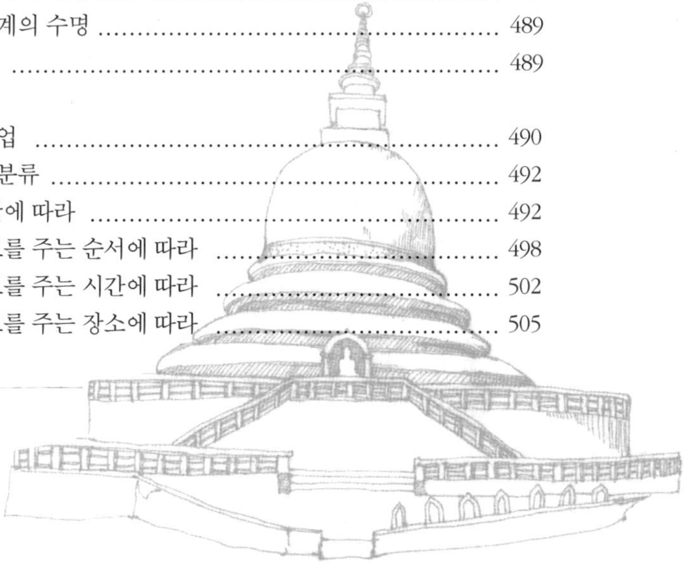

제1권 도표 목차

약어

√ 동사 어근(*verbal root*)

A.	Aṅguttara Nikāya(앙굿따라 니까야, 증지부)
AA.	Aṅguttara Nikāya Aṭṭhakathā = Manorathapūraṇī(증지부 주석서)
AAṬ.	Aṅguttara Nikāya Aṭṭhakathā Ṭīkā(증지부 복주서)
Abhi-av.	Abhidhammāvatāra(아비담마아와따라, 아비담마 입문)
Abhi-av-nṭ.	Abhidhammāvatāra-abhinavaṭīkā(아비담마아와따라 아비나와띠까)
Abhi-av-pṭ.	Abhidhammāvatāra-purāṇaṭīkā(아비담마아와따라 뿌라나띠까)
Abhi-Sgh.	Abhidhammatthasaṅgaha(아비담맛타상가하 = 아비담마 길라잡이)
ApA.	Apadāna Aṭṭhakathā(아빠다나(譬喩經) 주석서)
ApteD	Practical Sanskrit-English Dictionary, by Prin. V.S. Apte
As.	Aṭṭhasālinī(앗타살리니 = 담마상가니 주석서)
Be	Burmese-script edition(VRI 간행 미얀마 육차결집본)
BG.	Bhagavadgīta(바가왓 기따)
BHD	Buddhist Hybrid Sanskrit Dictionary
BHS	Buddhist Hybrid Sanskrit
BL	Buddhist Legends(Burlingame)
BPS	Buddhist Publication Society
Bv.	Buddhavaṁsa(佛種姓)
BvA.	Buddhavaṁsa Aṭṭhakathā
CBETA	CBETA Chinese Electronic Tripitaka Collection: CD-ROM
cf.	*confer*(=*compare*, 비교, 참조)
CMA	A Comprehensive Manual of Abhidhamma(아비담맛타 상가하 영역)
CPD	Critical Pāli Dictionary

D.	Dīgha Nikāya(디가 니까야, 長部)
DA.	Dīgha Nikāya Aṭṭhakathā = Sumaṅgalavilāsinī(디가 니까야 주석서)
DAṬ.	Dīgha Nikāya Aṭṭhakathā Ṭīkā(디가 니까야 복주서)
DhkAAnuṬ	Dhātukathā-anuṭīkā(다뚜까타 아누띠까)
Dhp.	Dhammapada(담마빠다, 법구경)
DhpA.	Dhammapada Aṭṭhakathā(담마빠다 주석서)
Dhs.	Dhammasaṅgaṇi(담마상가니, 法集論)
DhsA.	Dhammasaṅgaṇi Aṭṭhakathā = Aṭṭhasālinī(담마상가니 주석서)
DhsAAnuṬ	Dhammasaṅgaṇī-anuṭīkā(담마상가니 아누띠까)
DhsAMṬ	Dhammasaṅgaṇī-mūlaṭīkā(담마상가니 물라띠까)
DPL	A Dictionary of the Pali Language(Childers)
DPPN.	G. P. Malalasekera's *Dictionary of Pali Proper Names*
Dv.	Dīpavaṁsa(島史), edited by Oldenberg
DVR	A Dictionary of the Vedic Rituals, Sen, C. Delhi, 1978.
Ee	Roman-script edition(PTS본)
EV1	Elders' Verses I(테라가타 영역, Norman)
EV2	Elders' Verses II(테리가타 영역, Norman)
GD	Group of Discourse(숫따니빠따 영역, Norman)
HOS	Harvard Oriental Series
IAMD	An Illustrated Ardha-Magadhi Dictionary
Ibid.	*Ibidem*(전게서, 前揭書, 같은 책)
It.	Itivuttaka(如是語)
ItA.	Itivuttaka Aṭṭhakathā(여시어 경 주석서)
Jā.	Jātaka(자따까, 本生譚)
JāA.	Jātaka Aṭṭhakathā(자따까 주석서)

KhpA.	Khuddakapātha Aṭṭhakathā(쿳다까빠타 주석서)
KS	Kindred Sayings(상윳따 니까야 영역, Rhys Davids, Woodward)
Kv.	Kathāvatthu(까타왓투, 論事)
KvA.	Kathāvatthu Aṭṭhakathā(까타왓투 주석서)
LBD	Long Discourse of the Buddha(디가 니까야 영역, Walshe)
M.	Majjhima Nikāya(맛지마 니까야, 中部)
MA.	Majjhima Nikāya Aṭṭhakathā = Papañcasūdanī(맛지마 니까야 주석서)
MAṬ.	Majjhima Nikāya Aṭṭhakathā Ṭīkā(맛지마 니까야 복주서)
Mil.	Milindapañha(밀린다빤하, 밀린다왕문경)
MLBD	Middle Length Discourse of the Buddha(맛지마 니까야 영역, Ñāṇamoli)
Moh.	Mohavicchedanī(모하윗체다니)
Mvu.	Mahāvastu(북전 大事, edited by Senart)
Mhv.	Mahāvaṁsa(마하왐사, 大史, edited by Geiger)
MW	Monier-Williams' Sanskrit-English Dictionary
Nāmar-p.	Nāmarūpapariccheda(나마루빠빠릿체다)
Nd1.	Mahā Niddesa(마하닛데사, 大義釋)
Nd1A.	Mahā Niddesa Aṭṭhakathā(마하닛데사 주석서)
Nd2.	Cūla Niddesa(쭐라닛데사, 小義釋)
Netti.	Nettippakaraṇa(넷띠빠까라나, 指道論)
Nd-p	Niruttidīpanīpāṭha(니룻띠디빠니빠타, 어원을 밝히는 책)
NetAṬ	Nettippakaraṇa-ṭīkā(넷띠빠까라나 복주서)
NMD	Ven. Ñāṇamoli's Pali-English Glossary of Buddhist Terms
Pc-u-d	Paccayuddesa-dīpanī(빳짜야웃데사 디빠니)
PdṬ.	Paramatthadīpani-ṭīkā(빠라맛타디빠니 띠까)
Pe.	Peṭakopadesa(뻬따꼬바데사, 藏釋論)
PED	*Pāli-English Dictionary*(PTS)

Pm.	Paramatthamañjūsā = Visuddhimagga Mahāṭīkā(청정도론 복주서)
Ps.	Paṭisambhidāmagga(빠띠삼비다막가, 무애해도)
Pṭn.	Paṭṭhāna(빳타나, 發趣論)
PTS	Pāli Text Society
Pug.	Puggalapaññatti(뿍갈라빤냣띠, 人施設論)
PugA.	Puggalapaññatti Aṭṭhakathā(뿍갈라빤냣띠 주석서)
Pv.	Petavatthu(뻬따왓투, 餓鬼事)
Pvch.	Paramatthavinicchaya(빠라맛타 위닛차야)
Rv.	Ṛgveda(리그베다)
S.	Saṁyutta Nikāya(상윳따 니까야, 相應部)
SA.	Saṁyutta Nikāya Aṭṭhakathā = Sāratthappakāsinī(상윳따니까야 주석서)
SAṬ.	Saṁyutta Nikāya Aṭṭhakathā Ṭīkā(상윳따 니까야 복주서)
Sadd.	Saddanīti(삿다니띠)
ŚBr	Śatapata Brāhmaṇa(샤따빠따 브라흐마나)
Se	Sinhala-script edition(스리랑카본)
Sk.	Sanskrit
Sn.	Suttanipāta(숫따니빠따, 經集)
SnA.	Suttanipāta Aṭṭhakathā(숫따니빠따 주석서)
Sv	Sāsanavaṁsa(사사나왐사, 교단의 역사)
s.v.	*sub verbō*(*under the word*, 표제어)
TBr.	Taittirīya Brāhmaṇa(따이띠리야 브라흐마나)
Te	Thai-script edition(태국본)
Thag.	Theragāthā(테라가타, 장로게)
ThagA.	Theragāthā Aṭṭhakathā(테라가타 주석서)
Thig.	Therigāthā(테리가타, 장로니게)
ThigA.	Therigāthā Aṭṭhakathā(테리가타 주석서)

Ud.	Udāna(우다나, 감흥어)
UdA.	Udāna Aṭṭhakathā(우다나 주석서)
Vbh.	Vibhaṅga(위방가, 分別論)
VbhA.	Vibhaṅga Aṭṭhakathā = Sammohavinodanī(위방가 주석서)
VbhAAnuṬ	Vibhaṅga-anuṭīkā(위방가 아누띠까)
VbhAMṬ	Vibhaṅga-mūlaṭīkā(위방가 물라띠까)
Vin.	Vinaya Piṭaka(율장)
VinA.	Vinaya Piṭaka Aṭṭhakathā = Samantapāsādikā(율장 주석서)
VinAṬ	Vinaya Piṭaka Aṭṭhakathā Ṭīkā = Sāratthadīpanī-ṭīkā(율장 복주서)
Vin-Kaṅ-nṭ.	Kaṅkhāvitaraṇī-abhinavaṭīkā(깡카위따라니 아비나와띠까)
Vis.	Visuddhimagga(청정도론)
v.l.	*varia lectio*, variant reading(이문, 異文)
VRI	Vipassanā Research Institute(인도)
VṬ	Abhidhammaṭṭha Vibhavinī Ṭīkā(위바위니 띠까)
Vv.	Vimānavatthu(위마나왓투, 천궁사)
VvA.	Vimānavatthu Aṭṭhakathā(위마나왓투 주석서)
Yam.	Yamaka(야마까, 雙論)
YamA.	Yamaka Aṭṭhakathā = Pañcappakaraṇa(야마까 주석서)

『디가 니까야』	각묵 스님 옮김, 초기불전연구원, 2006, 3쇄 2010
『맛지마 니까야』	대림 스님 옮김, 초기불전연구원, 2012, 2쇄 2015
『상윳따 니까야』	각묵 스님 옮김, 초기불전연구원, 2009, 3쇄 2016
『앙굿따라 니까야』	대림 스님 옮김, 초기불전연구원, 2006～2007, 3쇄 2016
육차결집본	Vipassana Research Institute(인도) 간행 육차결집 본
『청정도론』	대림 스님 옮김, 초기불전연구원, 2004, 6쇄 2016
『초기불교이해』	각묵 스님 지음, 초기불전연구원, 2010, 5쇄 2015
『초기불교입문』	각묵 스님 지음, 이솔, 2014

일러두기

(1) 『아비담맛타상가하』의 문단 번호는 CMA를 따랐음.
(2) 『담마상가니』(Dhs)와 『위방가』(Vbh.)는 VRI본(Be)이고 그 외 삼장(Tipitaka)과 주석서들(Aṭṭhakathā)은 별다른 언급이 없는 한 모두 PTS본(Ee)임. 『디가 니까야 복주서』(DAṬ)를 제외한 모든 복주서(Ṭīkā)는 VRI본(Be)이고, 『디가 니까야 복주서』(DAṬ)는 PTS본(Ee)이며, 『청정도론』은 HOS본임.
(3) M89는 『맛지마 니까야』의 89번째 경을 뜻함.
M.ii.123은 PTS본(Ee) 『맛지마 니까야』 제2권 123쪽을 뜻함.
M89/ii.123은 『맛지마 니까야』의 89번째 경으로 『맛지마 니까야』 제2권 123쪽에 나타남을 뜻함.
VṬ.123은 VRI본(Be) 『위바위니 띠까』 123쪽을 뜻함.
Vis.XII.123은 청정도론(HOS본) 제12장 123번 문단을 뜻함.
(4) § 뒤의 숫자는 문단 번호임.
(5) {} 안은 게송 번호임.
(6) √ 로 표시한 동사 어근은 산스끄리뜨어로 표기하였음.
(7) '(ma2-80-a)' 등은 『담마상가니』 마띠까의 번호임. '(ma2-80-a)'는 두 개 조 80번째 마띠까의 첫 번째 논의의 주제를 나타냄.
(8) 빠알리어와 산스끄리뜨어는 정체로, 영어는 이탤릭체로 표기함.

역자 서문

1. 들어가는 말

부처님의 가르침은 남방과 북방으로 전승되어 지금까지 면면히 이어져 온다. 그것을 우리는 남방 불교(*Southern Buddhism*)와 북방 불교(*Northern Buddhism*)라 부른다. 남방 불교는 부처님의 적통을 자부하여 스스로를 상좌부 불교(*Theravāda Buddhism*)라 부르는데 상좌부 불교는 현존하는 불교 문헌 가운데서 부처님의 원음이거나 적어도 부처님 원음과 가장 가깝다고 인정되는 빠알리(Pāli) 삼장(三藏, Tipiṭaka)을 근본 성전으로 하여 이를 주석하고 이 주석을 다시 주석하고 이를 또다시 주석하면서 어떤 일관된 체계를 가지고 전승되어 왔다.[1]

그 일관된 체계는 대주석가 붓다고사 스님이 그 이전에 전승되어오던 빠알리 삼장에 대한 싱할리 주석서들[2]을 토대로 빠알리어 주석서들(Aṭṭhakathā)을 완성함으로써 A.D. 4~5세기쯤에는 거의 완전한 틀을 갖추게 되었다. 붓다고사 스님이 정착시킨 많은 주석서들 가운데서도 『청정도론』(淸淨道論, Visuddhimagga)이 상좌부 불교 부동의 준거가 되는 책이라는 데 대해서는 어떤 학자도 이론을 제기하지 않는다. 『청정도론』은 그 성격상 경

---

1) 이를 각각 Pāli, Aṭṭhakathā, Ṭīka, Anuṭīka라고 부른다. 초기불전연구원에서는 이들을 각각 성전, 주석서, 복주서, 복복주서로 옮기고 있다.

2) 빠알리어 주석서 문헌들은 이러한 주석서들을 싱할리 주석서(Sīhaḷāṭṭhakathā)라 부르기도 하고 대주석서(Mahā-aṭṭhakathā)라 부르기도 하고 고주석서(Porāṇaṭṭhakathā)라 부르기도 하고 근본주석서(Mūlaṭṭhakathā)라 부르기도 한다.(VinA.vii.1415, AAṬ. iii.370, DAṬ.i.270 등 참조)

장의 4부 니까야(Nikāya)에 대한 주석서이기는 하지만[3] 삼장에 면면히 흐르고 있는 불법의 핵심을 계·정·혜로 나누어서 설명하고 있기 때문에 빠알리 삼장을 모두 아우르는 책이다.

그러면 『청정도론』을 비롯한 주석서들이나 후대의 복주서들(Ṭīkā)을 떠받치고 있는 일관된 체계는 무엇일까? 그것은 다름 아닌 아비담마(abhidhamma)[4]이다. 그러므로 아비담마를 이해하지 못하면 『청정도론』을 이해할 수 없고[5] 『청정도론』을 이해하지 못하면 상좌부 불교를 이해할 수 없다. 상좌부 불교를 이해하지 못하면 빠알리 삼장도 결코 깊이 있게 파악하지 못한다.

그러나 『청정도론』은 원문만으로도 600쪽이 넘는 방대한 분량이고 그 내용 또한 빠알리어에 능통하지 않고서는 아무리 영어실력이 뛰어나다 해도 영역본을 읽고 정확한 내용을 파악하기가 쉽지 않다. 『청정도론』이 비록 아비담마의 방법론을 통해 계·정·혜를 심도 있게 설명하고는 있지만 아비담마에 초점을 맞추어 쓰인 책이 아니기 때문에 설혹 그 내용을 파악한

---

3) "『청정도론』은 네 가지 전승된 가르침들[四阿含]의
중앙에 서서 거기서 말씀하신 뜻을 드러내기 때문이다.
(majjhe visuddhimaggo, esa catunnam pi āgamānañ hi,
ṭhatvā pakāsayissati, tattha yathā bhāsitaṁ atthaṁ.)"(DA.i.3)

더 자세한 것은 『청정도론』 제1권 28쪽 이하 해제 '2. 상좌부불교에서 차지하는 『청정도론』의 위치와 성격'을 참조할 것.

4) 본서에서는 '아비담마(abhidhamma)'라는 용어와 '아비달마(阿毘達磨)'라는 용어를 구분해서 사용한다. '아비담마'는 불교의 적통을 자부하는 상좌부 불교에서 전승되어온 교학 체계를 뜻하고, '아비달마'는 설일체유부나 경량부 등 상좌부에서 분파하여 나와 북방에서 번성한 아비달마 불교의 여러 교파가 상좌부의 아비담마를 재해석한 교학 체계를 말한다. 상좌부 불교는 빠알리어로 전승되어 왔으므로 아비담마라 옮기고 북방에서 전개된 불교는 산스끄리뜨로 정착이 되었으므로 산스끄리뜨 abhidharma(아비다르마)를 중국에서 음역한 아비달마(阿毘達磨)라 옮긴다.

5) 예를 들면 『청정도론』의 제1장 계품(Sīlakkhandha)에서조차 붓다고사 스님은 아비담마의 인식과정(vīthicitta, 본서 제4장 참조)을 빌어서 감각기능의 단속에 관한 계(indriyasaṁvāra-sīla)를 설명하고 있다.(Vis.I.57) 아비담마를 모르면 문자만 따라갈 뿐이지 무슨 뜻인지 제대로 파악하지 못한다.

다 해도 이를 통해서 상좌부 아비담마의 밑그림을 체계적으로 파악한다는 것은 쉬운 일이 아니다. 그래서 상좌부 불교를 제대로 이해하기 위해서는 아비담마에 초점을 맞추어서 체계적으로 서술한 책이 절실하다.

이런저런 이유로 상좌부 아비담마를 체계적이고 간략하게 서술해놓은 책이 없을까 하고 상좌부 불교를 공부한 분들, 특히 남방의 상좌부 스님들에게 문의하면 반드시 듣게 되는 대답이 바로 본서의 저본인『아비담맛타상가하』(Abhidhammattha Saṅgaha)이다. 원문만으로는 겨우 70쪽 남짓한 분량의 책 안에 아비담마의 모든 주제(attha)가 빠짐없이 거론되고 있기 때문이다. 그러나 이 책은 아비담마의 주제만을 골라서 극히 간결한 문체로 쓰여 있기 때문에 자세한 설명이 없이는 이해할 수가 없다. 그래서 역사적으로 상세한 주석서들과 함께 전승되어 왔다.[6)]

'아비담마(abhidhamma) 주제(attha)의 길잡이(saṅgaha)'로 직역할 수 있는 이『아비담맛타상가하』는 대략 10~11세기쯤에 아누룻다(Anuruddha) 스님이 쓴 것으로 추정될 뿐 저자에 대해서 알려진 것은 거의 없다. 저자가 인도 출신인지 스리랑카 출신인지조차도 정확히 알려지지 않았다. 그러나 이 책은 워낙 체계적으로 잘 편집되었기 때문에 일단 이 책이 나타나자 상좌부의 모든 아비담마 체계는 이 책의 주제(attha)를 좇아서 다시 편성되어 가르쳐지고 있다고 해도 과언이 아니다. 그러므로 아비담마의 나라라고 불리는 미얀마뿐만 아니라 모든 상좌부 불교국가에서 이 책은 아비담마를 가르치고 배우는 기본 텍스트로 자리 잡아 왔으며 일찍부터 영어로도 번역이 되었다.

1881년 영국에서 설립된 빠알리 성전협회(PTS, Pāli Text Society)에서는 이미 1910년에 미얀마 학자 쉐 잔 아웅(Shwe Zan Aung)이 자세한 주를 달아서 번역한 것을 리스 데이비즈 여사(C.A.F. Rhys Davids)가 서문을 달고 교정을 하여 "*Compendium of Philosophy*"라는 제목으로 출판하였다. 이 책의 편집자 서문에서 당시 남편 리스 데이비즈 교수의 뒤를 이어

6) 본 역자 서문 '11.『아비담맛타상가하』의 주석서들'을 참조할 것.

PTS의 회장직을 맡고 있던 리스 데이비즈 여사는 몇 가지 사실을 밝히고 있다. 1881년 PTS가 설립되었을 때 스리랑카에서 가장 존경받는 네 분 큰 스님 가운데 한 분이셨던 삿다난다 스님(Saddhananda Mahāthera)이 빠알리 논장의 칠론에 담겨있는 아비담마를 배우는 최상의 길은 『아비담맛타상가하』를 배우는 것이라고 빠알리로 된 축시를 직접 써서 보내주셨다고 한다.[7] 그래서 설립자인 리스 데이비즈 교수도 이를 항상 유념하고 있었으며 설립한 후 삼 년이 채 안되어서 발간한 PTS 저널(Journal)에 이미 『아비담맛타상가하』 교정본을 실었다.[8] 리스 데이비즈 교수는 "*Buddhism in Translation*"의 저자인 헨리 와런(Henry Warren)에게 『아비담맛타상가하』의 번역을 부탁하기도 하였다. 그러나 와런이 요절하고 우여곡절 끝에 이 번역본을 내어놓게 되었다고 밝히고 있다.[9]

한편 스리랑카에 본부를 두고 있으며 지금도 초기불교와 상좌부 불교를 영어로 가장 왕성하게 전파하고 있는 불자출판회(BPS, Buddhist Publication Society)에서도 협회가 설립되자마자 1956년에 『아비담맛타상가하』 영문 번역인 "*A Manual of Abhidhamma*"를 먼저 출판하였다. 이것은 당시 세계적으로 잘 알려진 학승이었던 나라다 스님(Narada Mahāthera)이 번역하신 것이다. 이 책은 그 후 몇 십 년을 아비담마의 입문서로 자리 잡았다. 1993년에는 다시 BPS에서 현재 아비담마 학계 최고의 달인으로 알려진 미얀마의 실라난다 스님(U Sīlananda Sayadaw)과 레와따 담마 스님(U Revata Dhamma)의 도움을 받아 보디 스님(Bhikkhu Bodhi)이 새롭게 번역 출판한 "*A Comprehensive Manual of Abhidhamma*(CMA)"를 내놓았고 이는 현재 아비담마에 관한 한 최고의 지침서로 자리매김이 되고 있다.

빠알리 삼장의 우리말 완역을 발원하여 2002년 10월 9일에 설립된 초기불전연구원이 부처님 원음인 니까야를 먼저 번역을 하지 않고 그 첫 번역으

7) Swe Zan Aung, xi.

8) J.PTS., 1884.

9) Swe Zan Aung, xi-xii.

로 이 『아비담맛타상가하』를 택한 것은 ① 상좌부 불교에서 차지하는 『아비담맛타상가하』의 중요성을 자각하였기 때문이고 ② 세계 불교계의 이러한 흐름을 잘 알고 있었기 때문이다. 그리고 ③ 본서가 처음 출간되던 2002년에는 한국에서도 초기불교와 상좌부 불교에 대한 관심이 증대하고 위빳사나 수행도 몇몇 군데에서 행해지고 있기는 하였지만 정작 위빳사나 수행의 완벽한 이론서인 아비담마는 제대로 소개되지 못하고 있는 실정이었다. ④ 무엇보다도 부처님 원음을 온전히 담고 있는 빠알리 삼장을 우리말로 옮겨야 한다고 말들은 하면서도 막상 빠알리 삼장을 이해하는 가장 오래된 체계이며 역사적으로 한 번도 단절된 적이 없는 아비담마는 거의 이해하지 못하고 있었다. 그래서 『아비담맛타상가하』를 『아비담마 길라잡이』로 맨 먼저 역출하게 되었던 것이다.

2. 책의 제목

먼저 '아비담맛타상가하'의 문자적인 뜻부터 살펴보자. 아비담맛타상가하(abhidhammattha-saṅgaha)는 abhidhamma(아비담마) + attha(앗타) + saṅgaha(상가하)의 셋이 합성된 단어이다. 레디 사야도는 『아비담맛타상가하』의 주석서인 『빠라맛타디빠니 띠까』(Paramatthadīpanī Ṭīkā)에서 아비담맛타상가하를 다음과 같이 풀이하고 있다.

"아비담마에서 설해진 주제(혹은 의미)들을 아비담맛타라 한다. 본서에서 혹은 본서를 통해서 [아누룻다] 스님이 이것들을 요약하여서 파악하고 설명했기 때문에 아비담맛타상가하라 한다."[10)]

(1) 앗타(attha)의 의미

이제 이 세 단어의 의미를 하나씩 알아보자. 먼저 앗타(attha)부터 살펴보자. 범어 일반에서 attha(Sk. artha)는 다양한 뜻으로 쓰인다. 초기불교에서

---

10) "abhidhamme vuttā atthā abhidhammatthā. te saṅgayhanti ettha etenā ti vā abhidhammatthasaṅgaho. saṅgayhanti ti ca therena saṁ-khipitvā gayhanti kathīyantī ti attho."(PdṬ.I.1)

는 주로 ① '이로운 것, 이익' ② '뜻, 의미' ③ '이치, 목적, 주제, 본질'이라는 세 가지 뜻을 나타낸다.11)

① '이로운 것, 이익'의 뜻으로 쓰일 때는 "많은 사람의 이익을 위하고 많은 사람의 행복을 위하고 세상을 연민하고 신과 인간의 이로움과 이익과 행복을 위하여"12)라는 문맥 등에 많이 나타난다.

② '뜻, 의미'로는 "의미와 표현을 구족하여 더할 나위 없이 완벽하고 지극히 청정한 범행(梵行)을 드러낸다."13)라는 정형구에서 보듯이 '의미(attha)와 표현(byañjana)'이라는 문맥에서 많이 쓰인다.

③ '이치, 목적, 주제, 본질'의 뜻으로 쓰일 경우에는 "궁극의 이치를 청정하게 한다."14) 등으로 나타나며 특히 아비담마에서는 빠라맛타(paramattha, parama + attha, 구경, 궁극의 이치, 궁극적인 것)라고 정착이 되었고 중국에서는 勝義, 眞實, 第一義(승의, 진실, 제일의) 등으로 번역하였다.

attha가 가지는 이 세 가지 뜻이 모두 abhidhammattha의 attha에 적용된다고 볼 수 있지만 본서는 "여기서 설하는 아비담마의 주제들(abhi-dhammatthā)은 궁극적인 것(paramattha)으로 모두 네 가지이니"(1장 §2)라고 하여 세 번째의 의미를 강조하고 있다.

그러나 본서에서 attha는 인도의 육파철학, 특히 논리학에서의 빠다르타(padārtha, Pāli: padattha, pada + attha, 논의의 주제, 즉 그 파에서 주장하고 정리하고 논의하고 관심을 가지는 근본주제)와 일맥상통하는 용어로 보는 것이 문맥에 더 적합하다. 예를 들면 인도의 나이야이까[正理派, 논리학파, Naiyāyika]에서는 16가지로, 와이세시까[勝論, Vaiśeṣika] 학파는 7가지로, 상캬[數論,

---

11)   "(1) benefit, good, (2) meaning, (3) purpose, aim, goal, need"(NMD
       s.v. attha)
12)   "bahujanahitāya bahujanasukhāya lokānukampakāya atthāya hitāya
       sukhāya devamanussānam."(M4/i.21 등)
13)   "sātthaṁ sabyañjanaṁ kevalaparipuṇṇaṁ parisuddhaṁ brahma-
       cariyaṁ pakāseti."(M27/i.179 등)
14)   "so attho paramo visujjhati."(It.98)

Sāṅkhya] 학파는 25가지로, 베단따(Vedānta) 학파에서는 2가지로 자기 학파의 논의의 주제를 설정하여 이를 빠다르타(padārtha), 즉 논의의 주제로 명명하고 있다.[15] 자이나(Jaina) 교리의 부동의 준거가 되는 『땃뜨와아르타 아디가마 수뜨라』(Tattvārthādhigama Sūtra)에서는 지와(jīva, 영혼), 아지와(ajīva, 비영혼=물질) 등의 일곱 가지를 '진리의 주제(tattva+artha)'라는 이름으로 정리하여 설명하고 있다.

이렇게 인도의 여러 사상과 종교에서는 각 파의 근본이념이나 논의의 주제나 모토들을 padārtha라거나 tattvārtha 등으로 불러온 것이다. 그러므로 아비담맛타(Sk. abhidharma-artha)도 불교교학의 토대가 되는 '아비담마에서 논의되는 여러 주제들'이란 뜻으로 보는 것이 좋다. 본서에서 아누룻다 스님은 이들 논의의 주제를 아홉으로 나누고 다시 각각에 관련된 주제와 법들을 상세하게 열거하고 있다.

(2) 상가하(saṅgaha)의 의미

다음은 상가하(saṅgaha)에 대해서 살펴보자. 산스끄리뜨 상그라하(saṅgraha)의 빠알리식 표기인 saṅgaha는 saṁ(함께)+√grah(*to take*)에서 파생된 명사로서 문자적으로는 '함께 모은 것'이란 의미이다. 상좌부 불교 전통에서는 제대로 언급하지 않고 있지만 이 상그라하(saṅgraha, Pāli: saṅgaha)는 인도 대륙에서 8세기쯤부터 등장하기 시작한 특정 형태의 문헌의 한 장르이다. 예를 들면 인도에서 베다는 아주 중요한 문헌이다. 이 베다문헌은 고대로부터 삼히따[本集, Saṁhitā], 브라흐마나[祭儀書, Brāhmaṇa], 아란냐까[森林書, Āraṇyaka], 우빠니샤드[秘義書, Upaniṣad]의 단계를 거치면서 발전해왔다. 이 베다, 특히 베다 본집(Saṁhitā)을 바르게 이해하기 위해서 불교가 태동하기 전부터 음운(Śikṣā), 제사(Kalpa), 문법(Vyākaraṇa), 어원(Nirukta), 운율(Chandas), 점성술(Jyotiṣa)의 여섯 가지 측면에서 많은 연구가 되었고 그것이 베당가(Vedāṅga)라는 여섯 갈래로 정착이 되었다.

그리고 같은 시대에 이미 4베다의 각 파에 속하는 방대한 분량의 브라흐

---

15) ApteD, *s.v.* padārtha.

마나(제의서) 문헌들이 제사(yajña)를 거행하는 각 파의 역할을 중심으로 여러 문파에서 편찬되었다. 너무 방대하고 복잡한 이들 제의서들은 다시 수뜨라(Sūtra)라 불리는 간결한 형태의 문헌의 장르로 각 파마다 다시 요약, 편집되었다. 그러나 이 수뜨라는 너무 간결하여 주석서가 없으면 이해하기가 힘들어 다시 이 수뜨라에 대한 주석서들이 편찬되었다. 그렇게 되자 다시 이 방대한 문헌을 요약하고 간추려서 후학들의 학문에 지남이 되고 길라잡이가 되는 간결한 문헌을 만들 필요가 절실해졌다. 이렇게 해서 등장한 것이 바로 상그라하라는 장르이다. 물론 이 상그라하 역시 더 후대에 여러 주석서들을 가지게 된다.

이렇게 인도 문헌들은 방대해지면 압축하고 압축한 것에 주석이 첨가되어 다시 번잡해지면 다시 압축하고 하면서 전승되어 내려온 것이다. 그래서 베다의 미맘사(제사학, Mīmāṁsā)를 간략하게 집대성한 문헌으로 『아르타상그라하』(Arthasaṅgraha)가 유명하고 냐야[因明, 正理, 논리학, Nyāya]를 간략하게 집대성한 『따르까상그라하』(Tarkasaṅgraha)가 논리학 입문서로 초보자들에게 널리 가르쳐지고 있으며 베단따 철학을 압축한 것으로는 『베단따상그라하』(Vedāntasaṅgraha)가 있다. 그리고 북방 아비다르마를 압축해 놓은 것으로는 산따락쉬따(Śāntarakṣita) 스님의 『땃뜨와상그라하』(Tattvasaṅgraha)가 유명하다.

이런 경향은 상좌부 불교 안에서도 자연스럽게 일어났다. 다양한 근기의 사람들에게 다양한 방편으로 설해진 부처님의 가르침은 수뜨라 형태의 마띠까[論母, Mātikā][16]라는 이름으로 간결하게 정리가 되었고 이것은 다시 아비담마 칠론(七論)으로 확장되었다. 이것은 다시 주석서(Aṭṭhakathā)와 복주서(Ṭīkā)가 첨가되어 방대한 분량이 되었다. 그래서 아비담마를 배우려는 초학자들은 그 방대함에 움츠러들게 된다. 그래서 일찍부터 『아비담마아와

16) 논의의 주제를 뜻하는 '마띠까[論母, Mātikā]'에 대한 자세한 논의는 『담마상가니』 제1권 해제 '3. 『담마상가니』 마띠까'(92쪽 이하)를 참조하기 바란다.

따라』(Abhidhamma-avatāra, 아비담마 입문, 5A.D)와 같은 많은 입문서나 개설서들이 나오게 되었다. 그러나 이들에 주석서들이 또 첨가되면서 그 분량은 다시 커지게 된다. 그래서 아비담마 전체를 아우르고 간결하게 설명해 주는 길라잡이가 절실하게 되었다. 여기에 부응하여 나타난 것이 이 『아비담맛타상가하』이다.

상좌부 불교의 교의는 아비담마 칠론으로 체계화되어 싱할리 주석서로 논의되고 설명되었다. 이것을 붓다고사 스님이 『청정도론』과 여러 주석서들(Aṭṭhakathā)로 정리하였으며 이는 다시 아난다(Ānanda) 스님이나 담마빨라(Dhammapāla) 스님 등이 복주서들(Ṭīkā)을 편찬하여 심화되고 방대해졌다. 그 후에도 수많은 저술로 더욱더 복잡하게 된 아비담마를 간략하고 체계적으로 정리해야 할 필요에서 탄생된 것이 바로 이 『아비담맛타상가하』이다. 『아비담맛타상가하』가 나타나자 자연스럽게 아비담마의 논의의 순서와 가르침은 지금까지 이 책에 근거해서 이루어지고 있으며, 상좌부 아비담마의 부동의 준거로서 자리하게 되었다.

예를 들면 『담마상가니』(법집론)와 『청정도론』뿐만 아니라 『아비담마 아와따라』 같은 초기 아비담마 개론서들에서는 89가지 마음을 아비담마 마띠까에 나타나는 전통적인 분류 방법에 따라 선·불선·무기(*cf* ma3-1)의 순서에 준하여 이들 각각에 대해서 다시 욕계·색계·무색계·출세간의 마음을 차례대로 설명하고 있다.[17] 그러나 본 『아비담맛타상가하』에서는 이것을 욕계·색계·무색계·출세간이라는 마음의 경지의 순으로 바꾸어서 이들 경지 안에서 다시 불선·선·무기의 순서로 일목요연하게 설명하고 있다. 그 후 지금까지 89/121가지 마음은 이 『아비담맛타상가하』의 순서와 방법대로 설명하고 있다. 또 인식과정이 17심찰나로 고정이 되는 등 후대 아비담마의 부동의 준거로 자리매김하게 되었다.

---

17) 여기에 대해서는 『담마상가니』 119쪽 이하의 제1권 해제 '4. 『담마상가니』 제1편의 구성 (2) 89가지 마음 전체에 대한 개관'을 참조할 것.

3. 아비담마란 무엇인가

'앗타'와 '상가하'의 의미에 대해서 살펴보았다. 이제 '아비담마'란 무엇인가를 살펴볼 차례이다.

(1) 아비담마[18]에 대한 두 가지 해석 – 무비법(無比法)과 대법(對法)

아비담마(abhidhamma)라는 용어는 접두어 아비(abhi)와 명사 담마(dhamma)로 이루어져 있다. 이제 접두어 아비(abhi)의 뜻을 중심으로 아비담마의 문자적인 의미를 살펴보자.

PED 등에 의하면 문자적으로 접두어 abhi는 크게 두 가지 의미가 있다. 첫째는 '향하여, 대하여(*round about, around, towards, against*)'의 뜻이고 둘째는 '위에(*over, on top of, above*)'의 뜻이다. 『담마상가니 주석서』 등은 '위에'라는 후자의 뜻으로 접두어 abhi를 해석하고 있으며 남・북방 아비담마/아비달마에서는 이것을 정설로 삼는다. 그래서 중국에서는 무비법(無比法, 勝法, 수승한 법, 빼어난 법)으로 해석하였다. 그런데 『아비달마 구사론』을 번역하면서 현장 스님은 이것을 대법(對法, 법에 대해서)으로 옮겼는데 이

18) 아비담마가 무엇인가를 설명하기에 앞서서 먼저 아비담마라는 용어의 쓰임새부터 간단하게 살펴보자. '아비담마(abhidhamma)'라는 용어는 문맥에 따라 두 가지로 이해가 된다. 하나는 넓은 의미의 아비담마이고 다른 하나는 좁은 의미의 아비담마이다.
아비담마라는 용어가 넓은 의미로 쓰이면 아비담마에 관계된 모든 것을 뜻한다. 이런 용도로 쓰이면 논장의 칠론뿐 아니라 논장에 대한 주석서와 복주서와 복복주서 등과 이들과 관련된 모든 가르침이나 체계를 아비담마라 한다.
아비담마라는 용어가 좁은 의미로 쓰이면 논장의 칠론(七論, sattappakara-ṇa)만을 아비담마라 부른다. 이때의 아비담마는 아비담마 삐따까(Abhi-dhamma Piṭaka), 즉 논장과 동의어이다. 이 경우에 역자는 주로 '논장의 칠론' 혹은 '아비담마 칠론'으로 표현하고 있다.(이상 『담마상가니』 제1권 역자 서문 63쪽에서 인용함) 여기서 '아비담마란 무엇인가'라고 했을 때는 넓은 의미의 아비담마, 특히 아비담마라는 교학 체계를 뜻하는 말로 사용하고 있다.

것은 abhi를 전자인 '향하여, 대하여'로 해석한 것이라 할 수 있다. 이 경우에 대법(對法)은 법과 대면함, 법을 참구함, 즉 법에 대한 연구라는 의미로 해석한 것이다.[19]

아비담마 혹은 아비달마는 중국에서 대법(對法), 무비법(無比法), 승법(勝法), 논(論) 등으로 옮겨졌고 아비담(阿毘曇), 아비달마(阿毘達磨), 아비달마(阿鼻達磨), 아비달마장(阿毘達磨藏) 등으로 음역되었는데 아비담(阿毘曇)은 빠알리어 아비담마(abhidhamma)를, 아비달마(阿毘達磨)는 산스끄리뜨어 아비다르마(abhidharma)를 음역한 것이라 할 수 있다.

니까야에서도 접두어 abhi는 대부분이 '위에'의 의미에 해당하는 '능가하는, 수승한, 특별한'의 뜻으로 쓰인다. 접두어 abhi가 '향하여, 대하여'의 의미로 쓰이는 단어로는 purattha-*abhi*mukha([비구 승가를] 마주 보고, D2 §11)와 uttara-*abhi*mukha(북쪽을 향해, D14 §1.29) 등과 『청정도론』 등의 주석서 문헌에 나타나는 nimitta-*abhi*mukha(표상을 향하도록, Vis.IV.66) 등을 들 수 있다. 그 외에는 대부분 전자의 의미로 쓰이고 있다.[20]

(2) 담마(법)란 무엇인가

아비담마라는 단어에서 핵심은 무엇보다도 담마(dhamma)이다. 법(法)으로 옮기는 담마(dhamma, Sk. dharma)는 인도의 모든 사상과 종교에서 아주 중요하게 쓰이는 용어이며 또한 방대한 인도의 제 문헌들에 가장 많이 나타나는 용어 중의 하나라는 것은 잘 알려진 사실이다. 초기불교 문헌에서도 dhamma(Sk. dharma)는 가장 많이 나타나는 용어 중의 하나이다.

초기불전에서 담마[法, dhamma]는 다양한 문맥에서 다양한 의미로 쓰이고 있다. 여기서는 경장의 주석서에 의한 설명과 논장의 주석서에 의한 설명을 통해서 법의 의미를 살펴보고자 한다.[21]

---

19) 平川 彰, 『인도불교의 역사』 (상) 169쪽도 참조할 것.

20) 아비담마에 대한 더 자세한 논의는 『담마상가니』 역자 서문 '4. 아비담마란 무엇인가'(36~39쪽)와 '5. 왜 아비담마는 무비법(無比法, 수승한 법)인가'(39~45쪽)를 참조하기 바란다.

(a) 경장의 주석서에 의한 설명

경장에 해당하는 주석서인 『맛지마 니까야 주석서』에서 붓다고사 스님은 '모든 법[諸法, 一切法, sabba-dhammā, sabbe dhammā]'을 설명하면서 법(dhamma)의 용처를 열 가지 경우로 설명하고 있는데 그것은 ① 교학(pariyatti), ② 진리(sacca), ③ 삼매(samādhi), ④ 통찰지(paññā), ⑤ 자연의 법칙(pakati), ⑥ 고유성질(sabhāva), ⑦ 공성(suññatā), ⑧ 복덕(puñña), ⑨ 범계(犯戒, āpatti), ⑩ 알아야 할 것(ñeyya)이다.

그런 뒤 주석서는 이 문맥에서는 고유성질(sabhāva)을 말하며 그 뜻은 '자신의 특징을 가지기 때문에 법들이라 한다(attano lakkhaṇaṁ dhārentīti dhammā).'라고 덧붙이고 있다.(MA.i.17) 이것은 아래에서 인용하는 『담마상가니 주석서』의 '자신의 특징을 가지기 때문에 법들이라 한다.'나 '자신의 고유성질(sabhāva)을 가지기 때문에 법들이라 한다.'와 같은 의미이다.

(b) 논장의 주석서에 의한 설명

한편 아비담마 삐따까, 즉 논장의 주석서인 『담마상가니 주석서』는 ① 교학(pariyatti)과 ② 원인(hetu)과 ③ 공덕(guṇa)과 ④ 중생이 아님과 영혼이 아님(nissatta-nijjīvatā)의 4가지로 법을 정의한다. 그런 뒤에 ④ "그런데 그때에 법들이 있고"(Dhs. §121)나 "법에서 법을 관찰하면서 머문다."(D22)라는 등에서 [법은] 중생이 아님과 영혼이 아님을 뜻한다. 중생이 아님과 영혼이 아님에 대한 것이 여기 본문에 해당한다."(DhsA.38)라고 하여 여기 『담마상가니』를 위시한 아비담마에서 법은 중생이니 영혼이니 하는 개념적인 것(paññatti)이 아니라 고유성질(sabhāva)을 가진 것이라는 의미라고 설명하고 있다. 그런 다음 계속해서 『담마상가니 주석서』는 아비담마에서의 법을 이렇게 정의한다.

"① 자신의 고유성질을 가진다(dhārenti)고 해서 '법들(dhammā)'이라 한

---

21) 여기에 싣고 있는 법에 대한 설명은 『담마상가니』 제1권 역자 서문 '3. 법(dhamma)이란 무엇인가'를 요약한 것이다. 자세한 것은 『담마상가니』의 해당 부분을 참조하기 바란다.

다. ② 혹은 조건(paccayā)에 의해서 호지된다(dhāriyanti), ③ 혹은 틀림없는 고유성질에 따라 호지된다고 해서 법들이라 한다."(DhsA.39)

이 가운데 첫 번째인 '자신의 고유성질을 가진다고 해서 법들이라 한다.'로 옮긴 'attano sabhāvaṁ dhārentīti dhammā'(DhsA.39)는 법을 정의하는 구문으로 잘 알려진 것이며, 위의 『맛지마 니까야 주석서』에서 '자신의 특징(lakkhaṇa)을 가지기 때문에 법들이라 한다.'(MA.i.17)는 설명과도 궤를 같이하고 있다.22)

이상에서 살펴보았듯이 법 혹은 법들에 대한 경과 여러 주석서의 설명을 종합하면 법은 크게 둘로 나누어 볼 수 있다. 첫째는 교학(pariyatti)으로서의 법이고, 둘째는 고유성질을 가진 것[能持自相, sabhāvaṁ dhārenti]으로서의 법이다. 니까야에서 전자는 부처님의 가르침[佛教, Buddha-sāsana]으로 불리고 있고(M86 등),23) 북방불교에서는 '불법(佛法)'으로 명명하고 있으며, 후자는 '일체법(一切法, 諸法, sabbe dhammā)'으로 정리된다. 이를 구분하기 위해서 요즘 서양학자들은 전자를 대문자 Dhamma로, 후자를 소문자 dhamma로 표기한다. 경장, 즉 니까야에서 법은 전자의 의미로 많이 나타나고 논장, 즉 아비담마에서는 후자로 쓰여 존재하는 모든 것을 '고유성질을 가진 것'이라는 기준으로 분석하고 분류하여 법을 표준화하고 있다.

그런데 부처님 가르침[佛法]과 일체법(一切法)은 같은 내용을 담을 수밖에 없을 것이다. 그래서 북방불교의 반야중관 계열에 속하는 『금강경』에서도 "일체법이 모두 부처님의 가르침(sarvadharmā Buddhadharmā, 一切法皆是佛法)"(제17품)이라고 강조하고 있다.

---

22) 이와 비슷한 설명이 세친(Vasubandhu) 스님이 짓고 현장 스님이 옮긴 『아비달마 구사론』(阿毘達磨 俱舍論, Abhidharmakośa) 등의 북방 불교의 논서들에서는 능지자상(能持自相)이나 능지자성(能持自性), 혹은 임지자성(任持自性) 등으로 나타나 있다.

23) "buddhasāsaneti sikkhāttayasaṅgahe buddhassa bhagavato sāsane." (MAṬ.ii.157)

4. 아비담마의 담마[法]는 고유성질[自性, sabhāva]을 가진 것이다

(1) 고유성질을 가진 것이 법(dhamma)이다

이처럼 아비담마에서는 고유성질[自性, sabhāva]을 가진 것을 법이라고 정의하고 있다. 여기에 대해서 아난다 스님은 『담마상가니 물라띠까』에서 '전도되지 않고 실제로 존재하는 성질을 가진 것이 고유성질[自性]이다.'라고 더 구체적으로 설명한다.24)

예를 들면 '사람, 동물, 산, 강, 컴퓨터' 등 우리가 개념 지어 알고 있는 모든 것은 법의 영역에 속하지 않는다. 이것들은 다시 여러 가지 최소 단위로 분해할 수 있기 때문이다. 이런 여러 가지 최소 단위들이 모여서 이루어진 것들은 개념(paññatti)의 영역에 포함된다. 이들이 존재하는 방식은 개념적인 것이지 사실 그대로가 아니다. 산이라 하지만 거기에는 최소 단위인 지 · 수 · 화 · 풍 · 색 · 향 · 미 · 영양소(본서 제6장 §7의 해설 11 참조) 등의 고유성질을 가진 법들이 다양한 조건들에 의해서 뭉쳐 있는 것일 뿐, 산이라는 불변하는 고유의 성질은 없기 때문이다. 그들은 마음이 만들어낸(parikappanā) 개념일 뿐이지 그들의 고유성질(sabhāva)에 의해서 존재하는 실재는 아닌 것이다.(*cf.* PdṬ.123)

그러나 법들은 더 이상 분해하고 해체할 수 없다. 분해하고 해체하면 그들의 고유성질을 알 수 없기 때문이다. 산은 땅의 요소[地界] · 물의 요소[水界] · 불의 요소[火界] · 바람의 요소[風界] 등의 고유성질을 가진 법들로 분해가 되고 해체가 되지만 견고성이라는 땅의 요소[地界]를 더 분해하면 거기에는 견고성이라는 고유성질을 발견할 수 없다.

이것을 종합하면 고유성질(sabhāva)이란 '더 이상 분해할 수 없는 자기 고유의 성질'25)이라고 정리할 수 있다. 그래서 고유성질을 가진 법(dhamma)은 '더 이상 분해할 수 없는 최소 단위'라고 정의할 수 있다. 그리고 이러한

---

24) "bhāvo ti aviparītatā vijjamānatā, saha bhāvena sabhāvo."(DhsMṬ.25)

25) 예를 들면 "paricchedādibhāvaṁ vinā attano sabhāveneva"(VṬ.199)

것들은 더 이상 분해할 수 없는 최소 단위이기 때문에 이러한 고유성질을 가진 법들을 구경법(究竟法, paramattha-dhammā)이라 부른다.

여기서 '고유성질'은 sabhāva(Sk. svabhāva)를 옮긴 것이다. 이 단어는 자기 자신을 뜻하는 sa(Sk. sva, *one's own*)와 성질, 성품, 상태 등을 뜻하는 bhāva(√bhū, *to become*)의 합성어이다. 그래서 고유성질로 옮겼다. 이것은 중국에서 自性, 本性, 自相, 自有, 自然, 自體, 體性(자성, 본성, 자상, 자유, 자연, 자체, 체성) 등으로 옮겨진 것으로 조사된다. 이 용어는 『쿳다까 니까야』 가운데서도 『자따까』 나 시대적으로 후대인 것이 분명한 『붓다왐사』 나 『빠띠삼비다막가』 에 몇 번 나타나는 것을 제외하고 경장과 율장에는 나타나지 않으며 논장의 칠론에도 나타나지 않는 것으로 검색이 되었다.[26]

---

26) VRI CD-ROM에서 'sabhāv'로 검색을 해보면 『담마상가니』 를 비롯한 빠알리 논장의 칠론 그 어디에도 sabhāva라는 단어는 나타나지 않는다. 그리고 경장의 4부 니까야에도 전혀 나타나지 않으며 『쿳다까 니까야』 의 『붓다왐사』 나 『자따까』 의 한두 군데 정도만 나타나는데 이것도 법의 고유성질을 뜻하는 것은 아니다.
그리고 율장 『대품』 의 한 곳에 "dveme, bhikkhave, paccayā nāgassa sabhāva-pātukammāya(비구들이여, 두 가지 경우에 용은 [용이라는] 자신의 본모습을 드러낸다."(Vin.i.87)로 sabhāva가 나타나고 있고 주석서는 용이 자신의 본모습을 드러내는 다섯 가지 경우를 들고 있다.(VinA.v.1022) '본 모습(*true nature*)'을 뜻하는 sabhāva의 이러한 용례가 주석서 문헌에서 법의 고유성질을 의미하는 전문용어로 정착이 된 듯하다. 그리고 『청정도론』 에는 sabhāva가 sa+bhāva로 분석이 되어 '성을 가진 것(*with sex*)'이라는 뜻으로도 나타나고 있으며(Vis.XVII.149~150) NMD도 이것을 sabhāva의 추가적인 의미로 언급하고 있다.(NMD *s.v.* sabhāva)

그러면 왜 아비담마의 키워드인 sabhāva가 아비담마의 보고인 빠알리 논장의 칠론에는 나타나지 않는가? 고유성질을 밝히는 것은 『담마상가니』 를 비롯한 칠론의 관심이 아니기 때문이라 해야 한다. 논장의 칠론 가운데 첫 번째인 『담마상가니』 는 법의 연기 혹은 연이생, 즉 조건발생을 강조하고 있고 두 번째인 『위방가』 는 제법(諸法)을 여러 범주로 분류하고 분석하고 있으며 마지막인 『빳타나』 는 제법의 연기적인 상호의존관계를 극명하게 밝히고 있다.

82법의 고유성질을 밝히는 것은 주석서들의 역할이다. 그러므로 경장의 종합적 주석서인 『청정도론』 과 『담마상가니』 의 주석서이면서 논장의 칠론에 대한 종합적 주석서라 할 수 있는 『앗타살리니』 는 82법의 고유성질을

'고유성질'로 옮기는 sabhāva는 주석서 문헌에서부터 법(dhamma)을 정의하는 전문용어로 사용되기 시작하였는데 X라는 법과 Y라는 법이 서로 다른 이유를 각각의 법이 가진 고유성질이 다르기 때문이라고 지극히 상식적이고 합리적인 측면에서 설명하기 위해서 주석가들이 고안한 것이다.

예를 들면 탐욕과 성냄은 서로 다른 법(dhamma)이다. 그러면 탐욕과 성냄이 왜 다른가? 탐욕은 대상을 거머쥐는 특징을 가지고(DhsA.248 = Vis.XIV.160) 성냄은 잔인한 특징을 가진다.(DhsA.257, *cf.* Vis.XIV.171) 달리 말하면 탐욕은 대상을 끌어당기는 성질이 있고 성냄은 대상을 밀쳐내는 성질이 있다. 이처럼 탐욕과 성냄은 각각에 고유한 성질이 다르기 때문에 다르다. 이것은 지극히 상식적이고 합리적인 설명 방법이다.

이 고유성질[自性, sabhāva] 혹은 각각의 법들이 가지는 개별적 특징[自相, sabhāva-lakkhaṇa]이라는 표현은 상좌부 아비담마와 북방의 아비달마 문헌에만 나타나지 않는다. CBETA로 검색을 해보면 『대반야바라밀다경』, 『대승입능가경』이나 『유가사지론』이나 『성유식론』 등, 후대 북방불교의 여러 경들과 논서에서도 아주 많이 나타나고 있다. 이처럼 모든 아비담마/아비달마, 나아가서 반야중관이나 유식이나 여래장 등과 같은 후대의 불교 체계들도 법들을 구분하고 분류하는 기본 방법으로 이 고유성질[自性, sabhāva]이라는 전문용어를 사용하고 있다.

(2) 이 세상에는 고유성질을 가진 법이 몇 개 있는가

법(dhamma)을 '고유성질을 가진 것' 혹은 '더 이상 분해할 수 없는 최소 단위'라고 정의하면 우리의 관심은 자연스럽게 이 세상에는 고유성질을 가진 법이 몇 개가 있는가로 나아가게 된다. 이것이 아비담마에서 법을 연구하고 참구하는 기본 출발점이다. 그래서 상좌부 아비담마에서는 이런 고유성질을 가진 최소 단위로 하나의 마음(citta), 52가지 마음부수(cetasika), 28

자세히 설명하고 있다. 달리 말하면 칠론은 여러 가지 악기(법)들로 교향곡을 연주하여 제법의 연기적 실상을 밝히는 것에 초점을 맞추고 있고 주석서 문헌들은 각 악기(법)들의 특징, 역할 등을 통해서 이들 각각의 고유성질을 밝히고 드러내는 데 초점을 맞추고 있다고 할 수 있다.

가지 물질(rūpa), 하나의 열반으로 모두 82가지를 들고 있고 북방 아비달마를 대표하는 설일체유부에서는 75가지를 들고 있으며 대승아비달마를 표방하는 유식에서는 최종적으로 100법을 들고 있다.

〈도표 0.1〉 상좌부의 82법

일체법	유위/무위법	범주(4位)	구경법(82법)
일체법 (一切法, 諸法) sabbe- dhammā	유위법(有爲法) saṅkhata- dhamma	(1) 마음[心, citta]	1가지
		(2) 마음부수[心所, cetasikā, — 마음과 함께 일어나는 심리현상들]	52가지 = ① 다른 것과 같아지는 것 — 13가지 ② 해로운 것 — 14가지 ③ 아름다운 것 — 25가지
		(3) 물질[色, rūpa]	28가지 = ① 구체적 물질 18가지 ② 추상적 물질 10가지
	무위법(無爲法) asaṅkhata- dhamma	(4) 열반(涅槃, nibbāna)	1가지

특히 상좌부 주석가들은 이러한 고유성질을 가진 법들 혹은 구경법들의 성질을 명료하게 밝히기 위해 이들을 정의하는 방법으로 ① 특징(lakkhaṇa) ② 역할(rasa) ③ 나타남(paccupaṭṭhāna) ④ 가까운 원인(padaṭṭhāna)이라는 네 가지를 제시하고, 이 네 가지를 통해 어떤 법이든 그 한계를 분명하게 구분 짓고 있다. 『청정도론』과 『담마상가니 주석서』를 비롯한 모든 주석서들이 같은 방식을 취하고 있다.(본서 제1장 §3의 해설 참조)

이렇게 하여 본서는 제1장에서 마음을 고찰하고 제2장에서는 52가지 마음부수들을 정의하며 제6장에서는 28가지 물질을 살펴본 뒤 무위법인 열반을 정의하고 제8장에서는 개념들[施設, paññatti]에 대해서도 정리하고 있다.

이처럼 본서의 제1/2/6장은 구경법들의 고유성질을 구명하고 있고 이를 토대로 제3/4/5장은 제1장에서 마음의 경지와 종류에 따라 89가지 혹은 121가지로 분류해서 고찰한 마음을 여러 관점에서 심도 있게 고찰한다. 그리고 제7장은 제1장부터 제6장까지를 통해서 고찰한 구경법들에 대한 기본적인 이해를 바탕으로 구경법들 가운데 추상적 물질 10가지를 제외한 72가지 토대가 되는 법을 4가지 범주의 28가지 주제로 분류하여 고찰한다. 다시 제8장은 아비담마의 관점에서 12연기의 가르침을 살펴본 뒤구경법들(열반은 제외)과 개념들에 작용하는 상호의존관계를 24가지로 정리하여 고찰하고 개념들[施設]에 대해서도 살펴보고 있다. 마지막인 제9장은 이와 같은 아비담마의 이해가 수행에 구체적으로 어떻게 적용되는지를 사마타와 위빳사나를 중심으로 살펴보고 있다. 이것이 본서의 전체적인 구성이다.

(3) 추상적 물질은 고유성질이 없는가

여기서 살펴봐야 할 것은 추상적 물질(anipphanna-rūpa)은 고유성질이 있는가 하는 문제이다. 『위바위니 띠까』는 "한정하고 변화하는 등의 성질(pariccheda-vikārādi-bhāva)이 없고 따로 조건들에 의해서 생겨나지 않았기 때문에(paccayehi anibbattattā) 이들 10가지는 추상적 [물질]이라 한다."(VT.202)라고 추상적 물질을 정의하고 있다.

CMA는 추상적 물질에는 고유성질이 없다고 적고 있다.[27] CMA의 이러한 입장은 "추상적이라는 것(anipphannatta)은 고유성질로는 성립되지 못한다(sabhāvato asiddhatta)."(DhsAAnuṬ.169)라는 등의 복주서 문헌들과 궤를 같이한다고 할 수 있다. 그러나 레디 사야도는 『빠라맛타디빠니 띠까』에서 추상적 물질이 고유성질이 없다고 말해서는 안 된다고 아래와 같이 강조하신다.

---

27) "… *because they lack intrinsic natures* …"(CMA 264)

"그렇지만 아비담마에서는 이 10가지 추상적 물질을 따로 분리해서 이들이 고유성질로는 얻을 수 없는 것(sabhāvato anupalabbhamānāni)이라거나 구경[법]으로는 존재하지 않는 것(paramatthato avijjamānāni)이라고 말할 수는 없다. 이들은 인습적 표현으로만 성취되는 성질(vohāra-siddhamatta-bhāva)을 넘어서서 순수한 법의 행처에 의해서 성취되는 구경[법]의 특징에 의해서 얻어지기 때문이다.(suddhadhammagatiyā siddhena paramattha-lakkhaṇena upaladdhattā) 그렇지 않으면 생겨남의 특징이 없고(nibbatti-lakkhaṇa-rahita) 형성되지 않은(asaṅkhata) 열반도 고유성질로는 얻을 수 없기 때문에 구경[법]으로 존재하지 않는 것이 되어버리기 때문이다(paramatthato avijjamānañca nāma siya). 그러므로 단지 생겨남의 특징이 없기 때문에(nibbattilakkhaṇarahitattā-eva) 이들은 추상적 물질이라고 부를 뿐이지 고유성질로는 얻을 수 없기 때문이라는 것은 적용되어서는 안 된다(na sabhāvato anupalabbhamānattāti yuttaṁ siyāti)."(PdṬ.289)

역자들은 레디 사야도의 이러한 설득력 있는 설명을 받아들여 추상적 물질도 고유성질을 가지며 그래서 구경법은 모두 82가지라고 인정한다. 물론 82가지 구경법들 가운데 72가지만이 토대가 되는 법(vatthudhamma)이고 이 추상적 물질들은 그렇지 않다.(본서 제7장 §1의 해설 참조) 그렇기 때문에 이 추상적 물질들은 위빳사나의 대상이 되지 못한다. 레디 사야도는 "여기서 토대(vatthu)란 실재하는 단위(dabba, Sk. dravya, *substance*)를 지칭하는 것이다."(PdṬ.332)라고 토대를 정의하고 있으며 "이러한 실재하는 단위란 것은 자신의 특성을 통해(sarūpato) 얻을 수 있는 고유성질에만 적용된다."[28] 라고 덧붙이고 있다.

---

28) "dabbavācako hi idha vatthusaddo dabbañcanāma idha sarūpato labbhamāno sabhāvo eva. etena nibbānassapi maggaphala-paccavekkhanañāṇesu sarūpato labbhamāna sabhāvatā vuttā hoti." (PdṬ.332)

5. **유위법들은 찰나적 존재**[有刹那, khaṇika]**이다**

(1) **유위법들은 찰나적 존재이다**

아비담마에서 고유성질[自性, sabhāva]을 가진 것을 법이라고 정의하고 이러한 고유성질을 가진 법들을 구경법이라 부른다고 해서 이러한 법들이 영원불변한 것으로 착각하면 안 된다. 그것은 불교가 아니다. 열반을 제외한 모든 유위법들은 '찰나적 존재[有刹那, khaṇika]'라고 상좌부 아비담마뿐만 아니라 북방 아비달마와 대승불교의 여러 경론도 강조하고 있으며[29] 북방 아비달마를 대표하는 『아비달마 구사론』도 마찬가지이다. 찰나야말로 아비담마/아비달마에서 강조하는 법의 가장 큰 특징이다. 그러므로 역자들은 고유성질과 찰나 — 이 둘은 아비담마의 법을 이해하는 두 가지 키워드로 받아들인다.

아비담마/아비달마에서는 찰나(刹那, 순간, khaṇa)를 '법의 고유성질을 드러내는 최소 단위의 시간'으로 이해한다.[30] 그리고 이 찰나는 다시 일어남[生, uppāda]과 머묾[住, ṭhiti]과 무너짐[壞, bhaṅga]의 세 부분으로 이루어져 있다고 주석서들은 말하고 있다.(본서 제4장 §6과 해설 참조) 서양에서는 이것을 *sub-moment*라고 옮기고 있고 초기불전연구원에서는 '아찰나(亞刹那)'라고 옮겼다. 그러나 이 아찰나라는 용어는 주석서의 그 어디에도 나타나지 않는다. 아찰나는 전문용어로 인정하지 않기 때문이다. 왜냐하면 이것은 고유성질이 없기 때문이다. 찰나를 아찰나로 쪼갤 수는 있고, 아찰나를 다시 아아찰나로 아아찰나는 다시 아아아찰나로 … 이렇게 쪼갤 수는 있겠지만 이렇게

29) 예를 들면 한문으로 된 거의 대부분의 불교 자료를 담고 있는 CBETA에서 '刹那(찰나)'라는 용어로 검색을 해보면 16,211번이나 나타나는 것으로 조회된다. 특히 『아비달마 대비바사론』이나 『아비달마 구사론』이나 『아비달마 순정리론』 등의 북방 아비달마 문헌에서는 아주 많이 나타나고 있으며 『유가사지론』이나 『성유식론』 등의 유식 문헌뿐만 아니라 그 외 많은 북방불교 자료에도 많이 나타나고 있음을 알 수 있다.

30) 여기에 대해서는 아래 §6-(2)를 참조할 것.

아찰나로 쪼개버리면 법이 가지는 고유성질을 드러낼 수 없기 때문에 이것을 전문용어로 표현하지 않는 것이다. 그래서 찰나는 '법의 고유성질을 드러내는 최소 단위의 시간'인 것이다.

그리고 이 찰나 동안에 존재하는 법들은 당연히 조건발생 즉 연이생(緣而生)이다. 앞 찰나의 법들이 멸하면 바로 다음 찰나의 법들이 조건에 따라 일어난다. 그러므로 단멸론도 될 수 없다. 이것을 남·북 아비담마/아비달마와 유식에서는 등무간연(等無間緣, 더욱 틈 없는 조건, samanantara-paccaya)이라 하여 아주 강조하고 있다. 이처럼 앞 찰나가 멸하면 후 찰나로 흘러간다.[相續, santati] 그러므로 법은 단멸론에도 상주론에도 떨어지지 않는다. 아비담마/아비달마는 이렇게 법들을 찰나(khaṇa, Sk. kṣaṇa)와 흐름[相續]으로 멋지게 설명해낸다.

(2) **찰나는 무상(無常, anicca)에서 비롯된다**

그런데 찰나(刹那, khaṇa) 혹은 찰나적 존재[有刹那, khaṇika]라는 용어는 빠알리 삼장에는 거의 나타나지 않는다. 찰나(刹那, khaṇa)는 주석서 문헌을 통해서 이루어낸 아비담마 불교의 핵심이 되는 용어이다. 이렇게 말하면 참나, 진아, 대아를 찾는 것이 불교라는 헛된 주장을 늘어놓고 싶은 분들은 찰나는 부처님 원음과는 상관이 없는 후대의 주석가들이 임의로 만들어서 사용한 용어라고 의문을 제기할 것이다. 결론적으로 말해서 찰나는 초기불교의 키워드 가운데 하나인 무상을 정확한 시간 단위로 표시한 것이다.

초기불전에서 무상·고·무아의 중요성은 각별하다. 무상·고·무아를 주석서 문헌들은 법들의 보편적 특징[共相, sāmañña-lakkhaṇa]이라 부르면서 강조하고 있다. 무상·고·무아는 깨달음의 실현 혹은 열반의 실현을 위해서 반드시 통과해야 하는 가장 중요한 관문이다.[31] 그래서 부처님의 두 번째 설법이요, 이 법문을 듣고 5비구가 아라한이 된 「무아의 특징 경」

---

31) 실제로 여러 불교의 흐름에서 공히 무상에 사무친 해탈을 무상해탈이라 부르고 고에 사무친 해탈을 무원해탈, 무아에 사무친 해탈을 공해탈이라 부른다. 본서 제9장 §27과 §35를 참조할 것.

(S22:59)은 이렇게 전개된다.

"비구들이여, 이를 어떻게 생각하는가? 물질은 … 느낌은 … 인식은 … 심리현상들은 … 알음알이는 항상한가, 무상한가?"
"무상합니다, 세존이시여."
"그러면 무상한 것은 괴로움인가, 즐거움인가?"
"괴로움입니다, 세존이시여."
"그러면 무상하고 괴로움이고 변하기 마련인 것을 두고 '이것은 내 것이다. 이것은 나다. 이것은 나의 자아이다.'라고 관찰하는 것이 타당하겠는가?"
"그렇지 않습니다, 세존이시여."
… …

비구들이여, 이와 같이 보는 잘 배운 성스러운 제자는 물질에 대해서도 염오하고 느낌에 대해서도 염오하고 인식에 대해서도 염오하고 심리현상들에 대해서도 염오하고 알음알이에 대해서도 염오한다.
염오하면서 탐욕이 빛바래고, 탐욕이 빛바래기 때문에 해탈한다. 해탈하면 해탈했다는 지혜가 있다. '태어남은 다했다. 청정범행(梵行)은 성취되었다. 할 일을 다 해 마쳤다. 다시는 어떤 존재로도 돌아오지 않을 것이다.'라고 꿰뚫어 안다."(S22:59)

이를 요약하면 ① 존재를 오온으로 해체하여 ② 이들의 무상·고·무아를 꿰뚫어봐서 ③ 염오 – ④ 이욕 – ⑤ 해탈 – ⑥ 구경해탈지를 체득하는 것이다. 이러한 여섯 단계의 정형구는 『상윳따 니까야』에만 400번 이상이 나타나는 것으로 조사된다.[32] 주석서는 염오(nibbidā)는 염오의 지혜(nibbidā-ñāṇa)이며 강한 위빳사나(balava-vipassanā)를 뜻하고, 이욕(virāga) 즉 탐욕의 빛바램은 도(magga)를, 해탈(vimutti)은 과(phala)를, '해탈하면 해탈했다는 지혜가 있다.'로 표현되는 구경해탈지는 반조(paccavekkhaṇā)

32) 해체해서 보기와 무상·고·무아를 비롯한 여섯 단계의 정형구에 대해서는 『초기불교이해』 26쪽 이하와 213쪽 이하 등을 참조할 것.

를 뜻한다고 설명한다.(MA.ii.115 등)

해체해서 보기의 여섯 단계의 정형구에 준해서 살펴보면 이러한 무상·고·무아의 삼특상(ti-lakkhaṇa) 가운데서 고와 무아는 위에 인용한 경에서 보듯이 무상에 대한 자각을 그 토대로 하고 있다. 이러한 여섯 단계의 가르침은 『청정도론』에서 5청정으로 체계화되는데 이 가운데 견해의 청정[見淸淨, diṭṭhi-visuddhi]과 도와 도 아님에 대한 지와 견에 의한 청정[道非道知見淸淨]과 도 닦음에 대한 지와 견에 의한 청정[行道知見淸淨]의 핵심 내용은 해체했을 때 드러나는 무상을 관찰하고 통찰하여 체득하는 것이다.(『청정도론』 제1권 해제 '14. 칠청정의 측면에서 본 『청정도론』 참조)

무상(無常)은 원어로 anicca인데 이것은 항상함[常]을 뜻하는 nicca에 부정접두어 a-를 붙여서 만든 용어이다. 그래서 중국에서도 무상(無常)이라 직역하여 옮겼다. 이처럼 무상의 체득은 위빳사나 수행의 핵심이며[33] 고와 무아를 체득하는 가장 중요하면서도 당연한 전제가 되고 있다.

6. 찰나(刹那, khaṇa)란 무엇인가

(1) 무상의 최소 단위가 찰나이다

주석서들은 "있었다가 존재하지 않는다는 뜻에서 무상이다(hutvā abhāv-aṭṭhena aniccā)."(DA.ii.635 등)로 무상을 정의한다. 그러면 정신과 물질의 법들은 어느 정도의 기간 혹은 시간 동안 있었다가 더 이상 존재하지 않는가? 주석서 문헌들에서는 '있었다가 존재하지 않음'인 이 존재하는 기간을 찰나로 설명해내고 있다.

그래서 『맛지마 니까야 복주서』는 "찰나에 부서지기 쉬운 것(khaṇa-pabhaṅgutā)이기 때문에 항상하지 않고 견고하지 않다고 해서 무상이라 한다."(MAṬ.ii.251)고 설명한다. 그리고 『디가 니까야 복주서』는 무상을 '찰

---

33) '기간(addhāna)과 흐름[相續, santati]과 찰나(khaṇa)를 통해' 존재의 무상함을 살펴보는 것이 위빳사나를 직접 닦는 수행의 출발점이면서 핵심이 된다.(제9장 §32-1의 해설 2와 『청정도론』 XX.46~67 참조)

나적 존재임(khaṇikatā)'으로 풀어서 적고 있기도 하다.[34] 이처럼 무상은 찰나라는 최소 단위의 시간으로 설명이 되고 있다. 이렇게 하여 주석서 문헌들을 위시한 후대의 아비담마 해설서들은 법의 개별적 특징[自相]으로 고유성질을 강조하고 유위법들의 보편적 특징[共相]으로 찰나를 설하고 있다.[35]

---

34) "vedanānaṁ khaṇikataṁ, dukkhataṁ, attasuññatañca"(DAṬ.ii.186)

35) 아비담마에서 법을 이해하는 두 가지 키워드인 고유성질과 찰나(무상)는 각각 법들의 개별적 특징 즉 자상(自相)과, 보편적 특징 즉 공상(共相)의 키워드가 되어서 불교 2600년의 역사에서 법을 이해하는 핵심으로 자리를 잡게 된다. 법들을 자상(自相)과 공상(共相)으로 파악하는 것은 아비담마 뿐만 아니라 후대에 전개되는 모든 불교의 가장 중요한 방법론이다. 먼저 상좌부 주석서의 설명을 살펴보자. 『상윳따 니까야 주석서』는 강조한다.
"법들에는 보편적인 특징[共相]과 개별적인 특징[自相]의 두 가지 특징(lakkhaṇa)이 있다. 이 둘 가운데서 물질의 무더기[色蘊]는 변형되는 것이 개별적 특징[自相, paccatta-lakkhaṇa = sabhāva-lakkhaṇa]임을 밝히셨다. 변형되는 것은 물질의 무더기에만 있고 느낌 등(즉 수·상·행·식)에는 없기 때문에 개별적 특징이라 불린다. 무상·고·무아라는 특징은 느낌 등에도 있다. 그래서 이것은 보편적 특징[共相, sāmañña-lakkhaṇa]이라 불린다."(SA.ii.291~292)

비슷한 설명이 반야부 계열의 『대반야바라밀다경』에도 나타나고 있다.
"개별적 특징[自相]은 일체법의 개별적 특징이다. 변형되고 장애하는 것은 물질의 개별적 특징이고 감각적으로 받아들임[領納]은 느낌의 개별적 특징이고 표상을 취하는 것은 인식의 개별적 특징이고 형성하는 것은 심리현상들의 개별적 특징이고 식별하는 것은 알음알이의 개별적 특징이다. 이러한 것이 유위법들의 개별적 특징이다. 무위법도 개별적 특징이 있다. 이러한 것이 개별적 특징이다.
보편적 특징[共相]은 일체법의 보편적 특징이다. 괴로움은 유루법의 보편적 특징이다. 무상은 유위법의 보편적 특징이다. 공과 무아는 일체법의 보편적 특징이다.
(自相謂一切法自相。如變礙是色自相。領納是受自相。取像是想自相。造作是行自相。了別是識自相。如是等。若有爲法自相。若無爲法自相。是爲自相。共相謂一切法共相。如苦是有漏法共相。無常是有爲法共相。空無我是一切法共相。)"(『대반야바라밀다경』)

자상(自相, 개별적 특징)과 공상(共相, 보편적 특징)은 법(dhamma)을 파악하고 구명하고 이해하고 정의하는 가장 중요한 방법론으로 아비담마/아비달마와 중관과 유식과 여래장 계열의 여러 논서에 적용되어 나타나고 있다. 그러므로 자상과 공상에 대한 이해가 없이는 불교 교학을 논할 수가 없다 해

(2) 찰나의 구명(究明)

찰나(刹那, khaṇa)의 구명은 주석서 문헌을 통해서 이루어낸 아비담마 불교의 핵심이라 해도 과언이 아니다. 마음을 비롯한 유위법들은 찰나생·찰나멸하는 일어나고 사라짐[起滅]의 문제이지, 있다·없다[有無]의 문제가 아니다. 그리고 주석서는 더 나아가서 이 찰나도 다시 일어나고 머물고 무너지는(uppāda-ṭṭhiti-bhaṅga) 세 [아찰나(亞刹那, *sub-moment*)로] 구성된다고 설명하여[36] 자칫 빠질지도 모르는 찰나의 실재성마저 거부하고 있다.

『청정도론』의 복주서인 『빠라맛타만주사』는 찰나를 "일어나고 사라지는 것으로 한정된 자신의 존속 기간"(Pm.i.358)으로 정의한다.[37] 즉 특정한 법이 존속하는 기간(pavatti-kāla)을 찰나라 하는 것이다. 레디 사야도는 『빠라맛타디빠니 띠까』에서 "물질과 정신의 법들의 수명을 측정하는 [단위](rūpārūpadhammānaṁ āyu-parimāṇasaṅkhātassa khaṇassa vasena)" (PdṬ.441)라고 찰나를 정의하고 있다.[38] 여기서 수명(āyu)이란 앞에서 인용한 『빠라맛타만주사』에서 말하는 법들이 존속하는 기간(pavatti-kāla)을 말한다. 그러므로 법들이 존속하는 기간은 특정한 고유성질을 가진 법이 자신의 고유성질을 드러내고 소멸할 때까지 걸리는 시간을 말하는 것으로 이해해야 한다. 예를 들면 탐욕이라는 고유성질을 가진 법이 일어나서 대상

도 과언이 아니다.

36) "tattha uppāda-ṭṭhiti-bhaṅgappattaṁ khaṇapaccuppannaṁ."(DhsA. 420 등)

37) "일어나고 사라지는 것으로 한정된 자신의 존속 기간이라 불리는 찰나가 이 것에게 있다고 해서 찰나적 존재이다.(khaṇikattāti udayavayaparicchi-nno attano pavattikālasaṅkhāto khaṇo etesaṁ atthīti khaṇikā, tabbhāvato khaṇapabhaṅgubhāvatoti attho."(Pm.i.358)

38) 물론 이러한 찰나를 실제로 체득하는 것은 아주 어렵다. 그래서 레디 사야도는 계속해서 "이러한 찰나를 통해서 명상하는 것은 일체지를 체득하신 부처님들의 영역(sabbaññubuddhānaṁ eva visayo)이지 제자들(sāvakā)의 영역이 아니다. 그러므로 [제자들이] 이러한 극히 짧은 찰나에 일어나거나 소멸하는 것을 체득하는 것은 불가능하다."(PdṬ.441)라고 강조하고 있다.

을 탐하는 자신의 고유성질을 드러내고 사라지기까지 걸리는 시간이 탐욕이라는 법의 존속 기간인 찰나인 것이다.

북방의 아비달마에서도 "일체의 유위법은 모두 유찰나, 즉 찰나적 존재[有刹那, kṣanika]"(권오민 역, 『아비달마 구사론』 제2권 593쪽)라고 강조하고 있으며, "[찰나란] 법(존재) 자체를 획득하고서 무간(無間)에 바로 소멸하는 것을 말하니, 이와 같은 찰나(kṣaṇa)를 갖는 법을 '찰나적 존재(kṣaṇika)'라고 이름한다."라고 찰나를 정의한다.(*Ibid.*) 그래서 『아비달마 구사론』의 역자는 "찰나적 존재를 설하는 유부에 있어 존재(유위법)와 찰나는 동의어이다."라고 강조한다.(*Ibid.*, 제3권 925쪽)

나아가서 『아비달마 구사론』은 찰나를 "하나의 법이 지닌 온갖 상(즉 생 · 주 · 이 · 멸)의 작용이 모두 이루어질 때"[39]라고 정의하기도 하고, "법(존재) 자체를 획득하고서 무간(無間)에 바로 소멸하는 것"[40]이라고 정의하기도 한다.(*Ibid.*, 251쪽, 244쪽, 593쪽 참조)

상좌부 아비담마에서도 이미 찰나는 일어남[生, uppāda]과 머묾[住, ṭhiti]과 무너짐[壞, bhaṅga]의 세 부분으로 이루어져 있다고 주석서들은 말하고 있다.(본서 제4장 §6과 해설 참조) 북방의 『아비달마 구사론』에서도 한 찰나에 머물고 쇠퇴하고 소멸하는 모습을 성취한다[41]고 말하고 있다.

이처럼 남 · 북방에서 공히 한 법이 일어나서 머물고 쇠퇴하고 무너지면서 자신을 드러내는 그 기간을 찰나라 한다고 정리하고 있다. 『아비달마 구사론』의 어법을 빌어서 말하면 유위법이 자신을 드러내는 데(諸有爲法纔得自體) 걸리는 시간이 찰나인 것이다.[42]

이상의 여러 자료들을 취합해서 결론적으로 말하면 찰나는 고유성질을

---

39) "於一刹那此法住老滅相俱成 … 如此四相功能成名一刹那."

40) "何法名刹那. 得體無間滅. 是名刹那."
"以一切有爲皆有刹那故刹那何. 謂得體無間滅. 有此刹那法名有刹那."

41) "於一刹那此法住老滅相俱成 … 如此四相功能成名一刹那."

42) "以一切有爲皆有刹那故刹那何. 謂得體無間滅. 有此刹那法名有刹那."(『아비달마 구사론』)
"得體無間滅. 有此刹那法. 名有刹那"(『아비달마 순정리론』)

드러내는 데 걸리는 최소 단위의 시간이다. 그래서 역자는 '법의 고유성질을 드러내는 최소 단위의 시간'이라고 찰나를 정의한다.

그러면 고유성질을 드러내는 데 걸리는 이 최소 단위의 시간은 그 길이가 같은가? 불교 적통을 자부하는 상좌부에서는 물질의 고유성질을 드러내는 데 걸리는 최소 단위의 시간과 정신의 고유성질을 드러내는 데 걸리는 최소 단위의 시간은 다르다고 이해한다. 후자는 전자보다 16배 내지 17배 더 빠르다고 한다. 그래서 후자를 심찰나(心刹那, citta-khaṇa)라 구분하고 있다. 『청정도론』은 물질이 머무는 아찰나에 마음은 16번 일어나고 머물고 사라진다고 정의한다.(Vis.XX.24, 본서 제4장 첫 번째 해설 참조) 그리고 같은 심찰나라도 임종 시의 심찰나의 길이는 길어진다고 한다.(본서 제4장 §21 참조) 이처럼 찰나는 고유성질을 드러내는 최소 단위의 시간이기 때문에 그 길이는 달라질 수 있으며 이것은 경험에서 우러난 실용적인 정의라고 여겨진다.

(3) 1찰나는 75분의 1초이다

그러면 찰나라는 시간 단위는 구체적으로 얼마만큼의 길이인가? 이를 살펴보기 위해서는 먼저 북방의 자료들을 살펴보는 것이 도움이 된다. 현장 스님이 옮긴 『아비달마 대비바사론』에는 "不說刹那臘縛牟呼栗多晝夜以爲劫耶(불설 찰나 납박 모호율다 주야 이위겁야)"라는 등의 표현이 자주 나타난다. 여기서 刹那(찰나), 臘縛(납박), 牟呼栗多(모호율다)가 구체적으로 얼마만큼의 기간인가를 이해하기 위해서 같은 현장 스님이 옮긴 『아비달마 구사론』을 살펴보자. 『아비달마 구사론』에 의하면 1주야(晝夜), 즉 하루는 30모호율다(牟呼栗多, muhūrta)에 해당하고, 1모호율다(牟呼栗多, 須臾, muhūrta)는 30납박(臘縛, 頃刻, lava)에, 1납박은 60달찰나(怛刹那, tatksaṇa)에, 1달찰나는 120찰나(ksaṇa)에 해당한다.[43]

여기서 모호율다(牟呼栗多)는 무후르따(muhūrta)를 음역한 것인데 중국

---

43) "刹那百二十爲一怛刹那. 六十怛刹那爲一臘縛. 三十臘縛爲一牟呼栗多. 三十牟呼栗多爲一晝夜. 此晝夜有時增有時減有時等. 三十晝夜爲一月. 總十二月爲一年."(『아비달마 구사론』분별세품, 우리말 번역은 권오민, 『아비달마 구사론』제2권 3551~552쪽 이하를 참조할 것.)

에서 分, 時, 牟呼栗多, 瞬息須臾, 須臾(분, 시, 모호율다, 순식수유, 수유)로 도 옮겼고 빠알리 문헌에서도 muhutta로 나타난다. 요즘 시간 단위로 환산하면 24시간이 30무후르따이므로 1무후르따는 48분에 해당한다.

납박(臘縛)은 라와(lava)를 옮긴 것인데 이는 물방울을 뜻하며 중국에서는 瞬息, 羅預, 臘縛(순식, 나예, 납박)으로 옮겼다. 빠알리어에는 laya로 나타난다. 요즘 시간 단위로 계산하면 96초, 즉 1분 36초에 해당한다.

달찰나(怛刹那)로 음역한 땃크샤나(tatkṣaṇa)는 tat(그)-kṣaṇa(찰나)로 분석이 된다. 요즘 시간 단위로 환산하면 1.6초에 해당한다.

찰나(刹那)로 음역한 ksaṇa는 빠알리 khaṇa에 해당하고 이것은 요즘 시간 단위로 환산하면 75분의 1초에 해당한다.

여기서 찰나(刹那)로 옮긴 ksaṇa와 납박(臘縛)으로 옮긴 lava와 모호율다(牟呼栗多)로 옮긴 muhūrta는 힌두교와 자이나교 문헌 등 인도의 범어 문헌 일반에서도 자주 나타나며 윌리엄 사전이나 자이나 사전에도 위의 『아비달마 구사론』의 인용과 거의 같은 방법으로 이들을 설명하고 있다.[44] 그리고 이 셋은 각각 빠알리어 khaṇa, laya, muhutta에 대응이 되고 이들은 상좌부의 빠알리 문헌(Vin I.12; III.92; A.iv.137; cp. Dpvs I.16, PED *s.v.* laya)

---

44) 이 시간 단위들은 윌리엄 사전 등의 일반 산스끄리뜨 사전에도 그대로 나타나고 있다. 예를 들면 윌리엄 사전(MW)는 무후르따(muhūrta)를 설명하면서 "*a partic. division of time, the 30th part of a day, a period of 48 minutes ŚBr. &c. &c.*"로 설명하고 있다.(MW *s.v.* muhūrta) 이것의 출처로 Wikipedia는 TBr.iii.10; ŚBr.x.4, 2, 18. 25. 27; xii.3, 2, 5; x.4, 4, 4 등을 들고 있다. 자이나교의 아르다마가디 사전에도 '*a time equal to 48 minutes.*'로 언급이 되고 있다.(IAMD *s.v.* muhūrta)
MW는 lava를 설명하면서 "*a minute division of time, the 60th of a twinking, half a second, a moment (accord. to others 1/4000 or 1/5400 or 1/20250 of a Muhūrta)*"라고 풀이하기도 한다.(MW *s.v.* laya) IAMD는 lava를 '*A period of time equal to 7 stokas or 49 breaths*'로 설명하고 있다.(IAMD *s.v.* laya) IAMD에는 takkhaṇa도 언급되고 있다. 이런 점들을 볼 때 이러한 시간 단위는 불교뿐만 아니라 힌두교나 자이나교 같은 인도의 여타 종교에서도 동일하거나 비슷한 시간 단위로 사용되고 있었음이 분명하다.

에도 나타나고 있다.45) 빠알리 문헌에는 khaṇa, laya, muhutta가 어느 정도 길이의 시간인지는 구체적으로 언급이 되고 있지 않은 듯하다. 그러나 이들은 『구사론』이나 범어 문헌 일반에서 정리하고 있는 시간 단위들과 크게 다르지 않다고 봐도 무방할 것이다. 이렇게 본다면 1찰나는 대략 75분의 1초에 해당한다. 찰나는 결코 관념적이거나 추상적인 개념으로 이해하면 안 된다.46)

한편 상좌부 불교에서는 물질이 '머무는' 찰나에 마음은 16번 일어나고 머물고 사라진다고 강조한다.(Vis.XX.24) 이렇게 본다면 1초에 마음은 대략 1,200번 일어나고 머물고 사라진다고 계산할 수 있다. 그러면 백세인생 동안 '나'라는 개체의 흐름에서는 대략 1,200×60초×60분×24시간×365일×100년 = 3,784,320,000,000번, 즉 3조 7843억 2천만 번 정도의 마음들이 일어나고 사라지는 것으로 거칠게 계산해 볼 수 있다. 세상에서 일어날 수

---

45) "바라문이여, 예를 들면 산에서 쏟아지는 강물이 급류와 함께 [떨어진 풀과 나뭇잎 등을] 쓸어 가버리면서 멀리 흐르면, 그것은 찰나라도 잠깐이라도 잠시라도(khaṇo vā layo vā muhutto vā) 멈추지 않는다."(「아라까 경」, A7:70)

46) 한편 『상윳따 니까야 주석서』는 "손가락을 한 번 튀기는 찰나(eka accharā-kkhaṇa)에도 수십만 꼬띠(꼬띠는 천만을 뜻함)의 마음들(citta-koṭi-satasahassāni)이 생긴다."(SA.ii.99)라고 설명하고 있다. 이를 토대로 하면 1초에 마음은 일조 번 이상 일어났다가 사라지는 것으로 계산할 수도 있다.
그런데 12세기에 스리랑카의 뽈론나루와에서 쓰여진(K. R. Norman, 166) 빠알리어 사전인 『아비다납빠디삐까』(Abhidhānappadīpikā)에도 khaṇa와 laya와 muhutta가 설명되고 있다. 이 책은 10개의 손가락 튀기는 시간(accharākāla)이 찰나(khaṇa)이고 이 찰나 10개가 라야(laya)이며 라야 10개는 카나라야(khaṇa-laya)이고 10개의 카나라야가 무훗따(muhutta)이며 10개의 카나무훗따(khaṇa-muhutta)가 낮(divasa ahan dina)이라고 언급하고 있다.(7쪽) 『아비다나빠디삐까』의 복주서도 이를 언급하고 있다.(58쪽) 이를 근거로 한 듯한 칠더스(R.C. Childers)의 빠알리-영어 사전(DPL)은 한 찰나가 3초 정도의 시간(*a khaṇa to nearly three seconds*)이라고 적고 있는데(DPL *s.v.* muhutta) 정확한 계산은 아닌 듯하다.
그래서 여기서는 인도 문헌에 나타나는 산스끄리뜨 muhūrta와 lava와 kṣaṇa를 토대로 설명하여 보았다.

있는 모든 마음들을 어떤 기준을 정해서 89가지 혹은 121가지 마음으로 분류하여 제시하고 있는 것이 본 『아비담마 길라잡이』 제1장의 내용이다.47)

(4) 찰나는 상속한다

나라는 개체를 이루고 있는 오온은 찰나적 존재이다. 찰나적 존재라면 일 찰나에 존재하고 없어져버려야 한다. 그런데 왜 오온과 나라는 존재는 없어지지 않는가? 이것은 어떻게 설명해야 하는가? 그것은 오온이 찰나생·찰나멸을 거듭하기 때문이다. 이것을 상속(相續, santati)이라 한다. 상속은 흐름을 뜻하는데 앞 찰나가 멸하면 뒤 찰나가 틈이 없이 뒤따라 일어나고 이 뒤 찰나가 멸하면 그 뒤 찰나가 다시 틈이 없이 뒤따라 일어나는 것을 거듭하면서 흘러가는 것을 말한다.48) 이렇게 오온으로 대표되는 유위법들은 상속하기 때문에 특정한 깔라빠를 이루는 물질이나 특정한 개체를 이루는 오온은 그 개체를 유지하고 존속해가는 것이다. CBETA로 북방 한역 자료들 가운데 刹那(찰나)와 相續(상속)을 따로 검색하면 그 숫자가 너무 많아서 모두를 열람하기가 불가능할 정도이다. 그래서 刹那相續(찰나상속)으로 검색을 해도 『아비달마 대비바사론』에서는 "前刹那由後刹那 說名相續故名刹那相續(전찰나유후찰나 설명상속고명찰나상속)" 등으로, 『아비달마 순정리론』에서는 "又何緣力 前後刹那相續有異(우하연력 전후찰나상속유이)" 등으로 『유가사지론』에서는 "當知刹那相續流轉 非一非常(당지찰나상속유전 비일비상)" 등으로, 『구사론기』에서는 "刹那刹那相續生時(찰나찰나상속생시)" 등으로 150번이 넘게 조회가 된다.

그리고 찰나와 상속, 특히 상속은 『아비달마 구사론』 제9품 「파집아품」(破執我品)에서 자아 등의 실체가 있다는 삿된 견해를 척파하는 기본적인 방법론으로 강조되고 있다. 그래서 '온의 상속', '제온의 상속', '오온의 상속', '유루온의 상속' '찰나 생멸하는 제행의 불이(不異)의 상속'이라는 표현이

---

47) 여기에 대해서는 본서 제1장의 제목에 대한 해설을 참조할 것.

48) "pubbāparavasena sambandhā tati pavatti santati."(Pm.ii.88) "sambandhā tati punappunaṁ vā tati santati."(PdṬ.286)

『아비달마 구사론』 제9품에는 적지 않게 나타나고 있다.(『아비달마 구사론』 권오민 역, 제4권 1340쪽 등과 특히 제4권 1379~1380쪽을 참조할 것.)

이 찰나의 상속을 드러내고 있는 조건이 등무간연(더욱 틈 없는 조건)인데 이것은 남・북방 아비담마/아비달마와 유식에서 공히 강조하고 있는 조건이다.

그리고 이 찰나와 상속은 대승불교의 아비달마인 유식으로 그대로 전승되어서 유식의 가장 중요한 이론인 식전변설로 전개된다. 세친 스님의 제자인 안혜(sthiramati) 스님은 『유식삼십송』의 안혜석(安慧釋)에서 전변(轉變, parināma)을 '다르게 됨[變異性, anyathātva]'이라고 정의한 뒤 인의 찰나[因刹那]가 소멸됨과 동시에 인의 찰나와는 특징이 다른(vilakṣana) 과(果)의 [찰나]가 일어나는 것이 전변이라고 설명하고 있다.[49] 그리고 유식의 여러 주석서에서는 종자생현행(種子生現行), 현행훈종자(現行薰種子), 종자생종자(種子生種子)의 구조로 식전변을 멋지게 설명하고 있다.(『성유식론소초』 등) 이처럼 남・북방 아비담마/아비달마와 대승 아비달마인 유식도 유위법을 찰나와 흐름[相續]으로 설명해 낸다. 이것이 아비담마의 가장 중요한 가르침이다. 여기에 조금이라도 사무치지 못하면 아비담마와 유식은 한낱 고승들의 언어적 유희에 불과하게 될 수 있으니 두려운 일이다.

나아가서 윤회는 이러한 찰나생・찰나멸의 흐름으로 설명된다. 그래서 『청정도론』 등은 "무더기[蘊]와 요소[界]와 장소[處]의 연속이요, 끊임없이 진행됨을 윤회라고 한다."(Vis.XVII.115; DA.ii.496; SA.ii.97)라고 정의하고 있다.

그러므로 고유성질[自性, sabhāva]과 찰나[刹那, khaṇa]는 아비담마를 구성하는 두 가지 키워드가 된다. 역자들은 이것을 아비담마의 두 가지 공리(公理)라고 적극적으로 이해하고 강조한다. 유위법들은 ① '고유성질을 가진 것[任持自性, sabhāvaṁ dhāreti]'이고 ② '찰나적 존재[有刹那, khaṇika]'라고 다시 한 번 강조하면서 찰나에 대한 고찰을 마무리한다.

---

49) "ko'yaṁ pariṇāmo nāma anyathātvaṁ kāraṇa-kṣaṇa-nirodha-sama-kālaḥ kāraṇa-kṣaṇa-vilakṣanaḥ kāryasyātmalābhyaḥ parināmaḥ."

7. 아비담마 문헌의 전개와 발전

그러면 아비담마는 어떻게 발전되어왔는가를 간략히 살펴보자.

부처님의 생애를 보면 부처님께서 본격적으로 사왓티의 급고독원(기원정사)에 머물기 시작하시면서부터 후반 20여 년간은 법의 체계화에 많은 노력을 기울이셨다는 것을 유추해볼 수 있다.[50] 이런 노력의 흔적은 특히 『상윳따 니까야』에서 볼 수 있다.[51] 『상윳따 니까야』나 『맛지마 니까야』나 『앙굿따라 니까야』 경들의 절반 정도나 그 이상이 급고독원에서 설해졌다는 것은 이런 측면과 무관하지는 않을 것이다. 한편 율도 문제가 제기될 때마다 하나하나 제정하여 점점 체계화되어왔으며 부처님 재세 시부터 이미 『빠띠목카 숫따』(Pātimokkha Sutta)로 정착이 되어서 학습계목(sekhiya)을 제외한 150여 조목은 비구들이 포살일에 함께 합송하여왔음이 분명하다. 한편 『숫따니빠따』의 제4장과 제5장에 해당하는 「앗타까 품」과 「도피안 품」은 부처님 재세 시에도 아주 일찍부터 비구들 사이에서는 널리 암송되고 있었다.[52] 부처님의 가르침은 이런 과정을 거쳐 일차 결집에서 법

---

50) 주석서에 의하면 세존께서는 열네 번째 안거를 사왓티(Sāvatthi)의 제따 숲(Jetavana)에서 보내신 뒤 특히 스물한 번째부터 마흔세 번째까지의 23안거를 연이어 사왓티의 제따 숲과(18안거) 동쪽 원림[東園林, Pubbārāma]에서(5안거) 보내셨다.(AA.ii.124; BvA.3)

51) 초기불교에서 정형화된 교학의 주제인 온・처・계・근・제・연(蘊 : 處・界・根・諦・緣)의 가르침 가운데 온(무더기)은 『상윳따 니까야』「무더기 상윳따」(S22)와 S23, S24, S33의 주제이다. 처(감각장소)는 「육처 상윳따」(S35)의 주제요, 계(요소)는 「육처 상윳따」(S35)와 「요소 상윳따」(S14)의 주제이다. 근(기능)은 「기능 상윳따」(S48)의 주제요, 제(진리)는 「진리 상윳따」(S56)의 주제이며, 연(조건발생)은 「인연 상윳따」(S12)의 주제이다. 그리고 37보리분법으로 정리한 초기불교의 수행은 모두 빠알리 원본 『상윳따 니까야』 제5권의 S45부터 S51까지에서 기본 주제로 나타나고 있다. 그런데 이러한 체계화된 가르침을 담고 있는 이 상윳따들에 포함된 경들의 대부분은 사왓티의 급고독원(기원정사)에서 설해진 것이다. 예를 들면 「무더기 상윳따」에 포함된 159개의 경들 가운데 27개를 제외한 132개의 경들이 사왓티의 급고독원에서 설해진 것이다.

52) 예를 들면 『상윳따 니까야』의 S22:3에서는 "「앗타까 품」의 「마간디야

(Dhamma)과 율(Vinaya)이란 타이틀로 합송되어서 전승된 것이다. 특히 부처님께서 강조해서 사용하신 무더기[蘊, khandha], 장소[處, āyatana], 요소[界, dhātu], 진리[諦, sacca], 연기(緣起, paṭiccasamuppāda) 등의 용어는 이미 4부 니까야의 여러 경들에서 체계화되어서 나타나고 있는데 부처님 후반부와 입멸 직후에는 이런 중요한 용어와 가르침을 체계적으로 정리해서 이해하려는 노력이 특히 중요시되었음이 분명하다. 『디가 니까야』의 「합송경」(Saṅgīti Sutta, D33)과 「십상경」(十上經, Dasuttara Sutta, D34)에는 많은 법수(法數)들이 체계화되어 나타난다. 이런 전통은 자연스럽게 상좌부 칠론 가운데서 가장 오래된 형태를 간직하고 있다고 여겨지는 『위방가』[分析論, Vibhaṅga]로 연결되었을 것이다.

이런 노력을 경장과 율장에서는 아비담마(abhidhamma)와 아비위나야(abhivinaya)로 부르고 있다.[53] 먼저 『맛지마 니까야』에는 "도반 사리뿟따여, 여기 두 비구가 있어 아비담마에 대해 논의를 하는데 그들은 서로에게 질문을 하고 각자 받은 질문에 대답하며 그칠 줄을 모르고 그들의 대화는 법에 근거하여 계속됩니다."(M32 §15)로 나타나기도 하고, "두 비구가 아비담마에 대하여 서로 다른 주장을 할지도 모른다."(M103 §3)[54]로 나타나는데 이럴 경우에는 뜻(attha)과 표현(byañjana)으로 두 사람의 견해를 화합시켜야 한다고 세존께서는 말씀하고 계신다. 그리고 「굴릿사니 경」(M69)에서 사리뿟따 존자는 "숲 속에 거주하는 비구는 아비담마와 아비위나야[55]에 전념해야 합니다."(M69 §17)라고 대중들을 경책하고 있다.

의 질문 경」에서(Aṭṭhakavaggiye Māgaṇḍiyapañhe)"라고 언급이 되고 있고, 『앙굿따라 니까야』의 A6:61, A7:50에서는 "「도피안 품」의 「멧떼야의 질문」에서(Pārāyane Metteyyapañhe)"라고 언급이 되고 있다.

53) 아비담마와 아비위나야에 대해서는 D33 §3.3 (1)의 주해와 A3:137 §2의 주해와 『초기불교이해』 제5장 (4)(82쪽 이하) 등을 참조할 것.

54) "siyaṁsu dve bhikkhū abhidhamme nānāvādā."(M103/ii.239)

55) "여기서 '아비담마(abhidhamma)'란 『논장』(Abhidhamma-piṭaka)을 말하고 '아비위나야(abhivinaya)'란 『율장』(Vinaya-piṭaka)을 말하는데, 여기에는 각각의 성전(pāḷi)과 각각의 주석서(aṭṭhakathā)를 합한 것을 말한다."(MA.iii.185)

그 외 율장과 『앙굿따라 니까야』에서도 아비담마와 아비위나야라는 단어는 등장하고 있다.[56] 이렇게 법과 율을 배우고 공부하고 지니는 것을 아비담마와 아비위나야로 부르고 있으며 이런 경향이 불멸 후에는 자연스럽게 아비담마라는 문헌군으로 등장하게 되는 것이다. 아비위나야 문헌은 발전이 되지 못했는데 그것은 율장 자체에서 이미 율에 대한 자세한 설명을 하고 있기 때문이다.[57]

특히 이런 경향은 논모(論母, 논의의 주제)로 옮기고 있는 마띠까(Mātikā)[58]로 자연스럽게 발전되었음이 분명하다. 마띠까는 문자적으로는 인도-유럽어족에 속하는 *matrix*(자궁, 모체)란 말과 같은 어원인데 어머니를 뜻하는 'mātā(Sk. mātṛ)'에서 파생된 말로, 문자적인 뜻 그대로 '어머니에 속하는'의 의미이다. 이것은 부처님 말씀이나 계율의 조목을 요약한 것이다. 이 마띠까는 사실 율장에서 제일 먼저 나타나기 시작했다.[59] 초기에 율장에서는 빠띠목카[戒目]를 마띠까로 불렀다. 뒤에는 부처님 말씀도 법수(法數)나 주제별로 분류해서 마띠까로 전승되어 오다가 여기에 설명을 붙이면서 아비담마 체계로 발전되어 온 것이다. 그래서 늦어도 3차 결집 때까지는 이 마띠까에 대한 정의와 상세한 주석과 분석을 시도하면서 자연스럽게 논장의 칠론(七論)으로 완성되었다고 보아진다. 이렇게 해서 지금과 같은 상좌부 칠론이 정착된 것이다. 지금의 상좌부 아비담마 칠론이 최초로 완성된 형태로 언급되는 곳은 상좌부 소전의 『밀린다빤하』(밀린다왕문경)의 서문 부분이다.[60]

---

56) "abhidhamme vinetuṁ abivinaye vinetuṁ"(Vin.i.64); "abhidhamme kho pana abhivinaye pañhaṁ puṭṭho saṁsādeti no vissajjeti."(A.i.291; iv.399)

57) K.R. Norman, 97.

58) 마띠까[論母, Mātikā]에 대해서는 『담마상가니』 제1권 해제 '3. 『담마상가니』 마띠까'(92쪽 이하)를 참조할 것.

59) Hinüver, 65.

60) *Ibid.*. 64.

8. **아비담마 발전의 세 단계**

불교 적통을 자부하는 상좌부 불교에서 아비담마 문헌은 역사적으로 세 단계를 통해서 발전하여 왔다. 그것은 ① 아비담마 삐따까 — 논장의 칠론 ② 아비담마 주석서 문헌들 — 앗타까타(주석서)와 띠까(복주서)를 포함한 칠론에 대한 주석서 문헌들 ③ 후대의 아비담마 개설서(槪說書)이다.

여기서 ① 아비담마 삐따까(Abhidhamma Piṭaka)는 논장으로 번역이 되며 상좌부 논장의 칠론을 뜻하고 늦어도 3차결집 이전에는 완성이 된 것으로 봐야 한다. ② 아비담마 주석서 문헌들은 논장 칠론에 대한 주석서로 싱할리어로 전승되어온 고주석서를 토대로 5세기 무렵에 붓다고사 스님이 3권으로 완성한 것과 여기에 대한 띠까(복주서)와 아누띠까들(복복주서)을 말한다. ③ 이처럼 방대하고 어려운 논장 칠론과 여기에 대한 주석서들을 토대로 아비담마 교학 체계를 일목요연하게 정리해서 소개해야 할 필요에서 주석서 문헌과 같은 시기나 그 이후에 나타나기 시작한 것이 후대의 아비담마 개설서들이다.

이제 이들에 대해서 간략하게 살펴보자.

(1) **아비담마 삐따까 — 상좌부 아비담마 칠론**(七論)

그러면 논장(Abhidhamma Piṭaka)의 칠론에 대해서 간략하게 알아보자.

① **『담마상가니』** [法集論, Dhammasaṅgaṇī]:

법(dhamma)의 갈무리(saṅgaṇī)로 옮길 수 있는 『담마상가니』는 빠알리 삼장의 논장에 속하는 일곱 가지 논서[七論, satta pakaraṇāni] 가운데 첫 번째 문헌이다.

『담마상가니』는 크게 다섯 부분으로 구성되어 있다. 그것은 ① 세 개 조 마띠까 22개와 두 개 조 마띠까 142개로 분류하여 『담마상가니』의 논의의 주제를 총괄적으로 밝히고 있는 마띠까(mātikā), ② 정신[名, nāma]을 구성하는 법들을 다양한 마음을 중심으로 분류하고 분석하여 드러내고 있는 제1편 마음의 일어남 편, ③ 물질을 한 개 조부터 열한 개 조까지의 279개의 마띠까를 토대로 설명하고 있는 제2편 물질 편, ④ 세 개 조 마띠까 22개와 두 개 조 마띠까 142개로 구성된 『담마상가니』 마띠까 164개 전체를 간략하고 간결하게 설명하고 있는 제3편 간결한 설명 편, ⑤ 164개 마띠까 가운데 경장의 마띠까 42개를 제외한 122개 논장의 마띠까의 의미를 주석의 방법으로 밝히고 있는 제4편 주석 편이다.

『담마상가니』의 중요성은 특히 아비담마의 전체 골격을 드러내어 주는 그 마띠까에서 찾아야 한다. 『담마상가니』의 마띠까는 선・불선・무기로 시작하는 세 개 조(tika)로 된 22개와 두 개 조(duka)로 된 100개로 구성되어 있다. 이것들은 부처님 가르침의 전체 법수를 일관성 있게 개괄한 것이다. 마띠까의 측면에서 보자면 『담마상가니』 제1편과 제2편은 164개 마띠까 가운데 '유익한 법들, 해로운 법들, 결정할 수 없는[無記] 법들'(ma3-1)이라는 『담마상가니』의 첫 번째 마띠까에 대한 설명이다.

② **『위방가』** [分析論, Vibhaṅga]:

vibhaṅga라는 단어는 vi(분리해서)+√bhaj(*to divide*)에서 파생된 명사로서 '분석, 분해, 해체, 분별'로 번역되는 단어이다. 부처님께서 설하신 주요 가르침을 무더기[蘊], 장소[處], 요소[界], 기능[根], 진리[諦], 연기[緣], 염처(念處) … 의 18가지 장으로 나누어서 설명하고 있다. 이런 경향은 이미 『맛지마 니까야』 등의 경에서도 다수 등장하고 있는데 부처님 재세 시부터 법을 분류하고 분석하여 이해하는 것이 불자들의 가장 큰 관심 중의 하나이기 때문이다. 이런 노력이 자연스럽게 『위방가』로 결집된 것이다. 그래서 학자들은 『위방가』의 원형은 칠론 중에서 제일 먼저 결집되었다고 간주한다.[61]

『위방가』의 각 장들은 대부분 각각 '경에 따른 분류(Suttanta-bhājanīya)'와 '아비담마에 따른 분류(Abhidhamma-bhājanīya)'와 '질문을 제기함(Pañhā-pucchaka)'으로 나누어서 전개되는데 경에 따른 분류는 니까야의 정형구

---

61) *Ibid.* 69.

를 의지하여 설명하고 있으며, 아비담마에 따른 분류는 아비담마에서 정착시킨 정형구에 토대를 두고 논의를 전개하고 있다. '질문을 제기함'은 『위방가』 14장, 16장, 17장, 18장을 제외한 나머지 14개 장에 공통적으로 적용되고 있는 분류법인데 『담마상가니』 제1권의 첫머리에 실려 있는 122개의 아비담마 마띠까를 통해서 『위방가』의 14가지 주제들에 포함되어 있는 중요한 법수(法數)들을 세밀하게 분석해서 살펴보는 품이다.

③ **『다뚜까타』** [界論, Dhātukathā]:

'요소(dhātu)들에 관한 가르침(kathā)'으로 번역되는 『다뚜까따』는 여러 가지 법들이 무더기[蘊, khandha] · 장소[處, āyatana] · 요소[界, dhātu]의 세 가지 범주에 포함되는가 되지 않는가 관련이 있는가 없는가를 교리문답의 형식을 빌려서 설명하고 있는 책이다. 짧은 14개의 장으로 구성되어 있는 이 논서는 이런 온 · 처 · 계의 분석으로 자아가 있다는 잘못된 견해를 척파하기 위한 것이다.

④ **『뿍갈라빤냣띠』** [人施設論, Puggalapaññatti]:

제목이 암시하듯이 여러 형태의 개인에 대해서 일부터 열까지의 법수로서 논의하고 있다. 빤냣띠는 아비담마의 근본주제가 아닌 세속적인 '개념'이나 '명칭'을 뜻하며 그래서 시설(施設)이라고 한역되었다. 여기에는 여러 유형의 개인이 하나에서부터 열까지 법수에 따라서 모아져 있으며 그래서 형식상 『디가 니까야』의 「합송경」(D33)이나 「십상경」(D34)이나 『앙굿따라 니까야』와 같다. 그러므로 이것은 그 결집된 형태나 내용으로 봐서 논장에 포함되기보다는 경장에 포함되어야 하는 책이라 할 수 있다.62)

⑤ **『까타왓투』** [論事, Kathāvatthu]:

칠론 중에서 부처님이 설하지 않으신 것으로 전승되어온 책이다. 이 논서는 3차 결집을 주도한 목갈리뿟따 띳사(Moggaliputta Tissa) 장로가 다른 부파의 견해를 논파하고 상좌부의 견해를 천명하기 위해서 쓰여진 책으로

62) K.R. Norman, 102.

알려졌으며 부파불교를 연구하는 데 없어서는 안 될 귀중한 자료이다.

⑥ **『야마까』** [雙論, Yamaka]:

아비담마의 전문용어의 애매하고 잘못된 사용을 해결하기 위해서 결집된 논서이며 문제 제기를 항상 쌍(yamaka)으로 하기 때문에 『야마까』(쌍론)라 이름을 지었다.

⑦ **『빳타나』** [發趣論, Paṭṭhāna]:

마하빠까라나(Mahā-pakaraṇa, '큰 책'이라는 뜻)라고 부르기도 하는데 미얀마 아비담마 전통에서 가장 중요한 논서로 취급하고 있다. 총 5권의 2,500쪽에 이르는 방대한 분량이다.[63] 『담마상가니』 제1권의 첫머리에 실려있는 세 개 조 마띠까 22개와 두 개 조 아비담마 마띠까 100개 전체에 대해서 24가지 조건(본서 제8장 §11 참조)을 적용시키고 있는 난해한 책으로 알려져 있다. 미얀마 스님들은 인간의 마음이 만들어낼 수 있는 최고의 지적인 유산이라 자부하기도 한다. 그래서 미얀마에서는 중요한 날들에 우리나라 절에서 철야기도를 하듯이 이 『빳타나』를 암송하고 있다. 하루 24시간 쉬지 않고 연속적으로 여러 스님들이 번갈아가면서 읽어 총 80시간 이상을 독송해야 전체를 다 읽어낼 수 있다.

(2) **아비담마의 주석서 문헌들**

① **아비담마의 주석서들**(Abhidhamma Aṭṭhakathā)

이런 방대한 아비담마 논서들, 즉 논장의 칠론은 다시 붓다고사 스님에 의해서 5세기경에 세 권의 주석서로 장엄이 되었다. 이 가운데서 『앗타살리니』(Atthasālinī)는 칠론의 첫 책인 『담마상가니』의 주석서이고 『삼모하위노다니』(Sammohavinodanī)는 두 번째인 『위방가』의 주석서이다. 세 번째인 『빤짜빠까라나 앗타까타』(Pañcappakaraṇa Aṭṭhakathā)는 말 그대

---

63) PTS에서는 중복된 부분을 많이 생략하여 두 권으로 편집 출판하였다. 『빳타나』는 미얀마에서 아주 많이 독송되고 있다. 그래서 미얀마 스님들은 이런 축약된 편집본을 달가워하지 않는다. 『빳타나』가 가지고 있는 물 흐르듯한 운율이 부서졌기 때문이다.

로 나머지 다섯 가지(pañca) 책(pakaraṇa, 논서)의 주석서이다.

전통적으로 이들 주석서들은 모두 그 이전에 있었던 싱할리 주석서들과 안다라(Andhara, 인도의 안드라쁘라데시와 타밀나두 지역)의 주석서(Andhaka-aṭṭhakathā)64) 등을 토대로 붓다고사 스님이 편찬한 것으로 알려졌는데 서양 학자들은 붓다고사 스님의 편찬이라는 데 의문을 가지고 있기도 하다. 이 세 아비담마의 주석서들은 『청정도론』을 위시한 네 가지 경장의 주석서들과 견해가 다른 부분들이 나타나기 때문이다. 학자들에 따라서는 논장의 이 세 주석서들은 붓다고사 스님의 감수하에 그의 제자들이 편찬한 것이라는 의견을 내놓기도 하고 특히 『앗타살리니』는 『마하왐사』(Mahāvaṁsa) 등의 빠알리 역사서에 근거하여 붓다고사 스님이 인도에 있을 때 지은 것인데 후에 스리랑카로 건너와서 대사(大寺, Mahāvihāra)파의 싱할리 주석서들을 참고하면서 다시 고쳐 쓴 것으로 설명하기도 한다.65)

그렇지만 이들 세 주석서들이 붓다고사 스님과 깊은 관계가 있는 것은 엄연한 사실이다. 특히 『청정도론』을 참고할 것을 거듭 강조하면서 『청정도론』에서 이미 설명한 부분은 주석을 깊이 가하지 않는다.66) 더군다나 붓다고사 스님의 저작이 아니라는 것은 확정적인 증거가 없다. 오히려 주석서라는 문헌의 성격이 주석을 다는 그 책의 내용에 따라서 견해를 달리할 수도 있는 것이므로 붓다고사 스님이 지은 방대한 양의 모든 주석서들이 한 부분에서도 견해를 달리하지 않기는 불가능할 것이다. 더욱이 붓다고사 스님 시대가 그 이전에 상좌부에서 전승되어오던 모든 견해들을 빠알리 주석서로 정착화시키는, 어찌 보면 온갖 견해가 난무하던 때라서 주석서마다 다른 견해가 나타날 가능성은 아주 많을 것이다. 또한 붓다고사 스님 스스로도 세월이 가면서 자신의 견해나 관점이 더 정교해지면서 초기에 결집한 주석서가 후대에 결집한 것과 다른 견해를 가질 가능성도 배제할 수 없을 것

64) K.R. Norman, 121.

65) *Ibid.* 123~125.

66) *Ibid.*

이다. 여기에 대해서는 여러 주석서에 대한 더 깊은 연구를 통해서 밝혀질 것이다.

이 아비담마 주석서들은 아비담마가 상좌부에서 정교한 틀로 정착되는 과정을 이해하는 데 더 말할 나위 없이 중요한 책이다. 이들은 칠론에 버금갈 정도로, 어쩌면 칠론보다도 더 중요하게 취급될 수 있는 책일지 모른다. 법들의 고유성질을 정의하고 설명하고 논의하는 것은 주석서들의 역할이기 때문이다. 이 주석서들을 통해서 상좌부 아비담마의 방대한 체계를 정확하게 파악하고, 무엇보다도 상좌부 아비담마가 완성된 체계로 정착되기까지 있었던 무수한 견해들을 정리해내는 것은 우리나라 불교 학계가 소화해야 할 중요한 과제일 것이다.

② 아비담마의 복주서(Ṭīkā) 및 복복주서(Anuṭīkā)

한편 이 논장의 주석서들에 대한 복주서들(Ṭīkā)은 붓다고사 스님과 몇십 년 정도밖에 차이나지 않는 것으로 알려진 아난다(Ānanda) 스님에 의해서 역시 세 권으로 쓰여졌다. 아난다 스님은 붓다고사 스님의 정통 견해와는 다른 여러 견해를 피력한 것으로 유명하다. 아난다 스님의 복주서들은 빠알리로 쓰여진 문헌들 가운데서 가장 어려운 책에 속한다고 정평이 나 있으며 띠까 문헌들 중에서도 최초의 책들이다. 그래서 물라띠까(Mūlaṭīkā)라 불린다. mūla는 근원이나 뿌리라는 말이다.

이 책들은 다시 아난다 스님의 제자이거나 적어도 영향을 많이 받은 스님이라고 여겨지는 대주석가 담마빨라(Dhammapāla)[67] 스님이 아누띠까

---

67) 담마빨라(Dhammapāla) 스님에 대해서는 학자마다 견해가 분분하다. 한 사람이다, 두 사람이다, 세 사람이다, 대승 논사이며 날란다 대학의 총장이기도 했던 Dharmapāla와 같은 사람이다, 아니다 등이 그것이다. 지금은 담마빨라와 다르마빨라는 동일인이 아니라는 쪽으로 굳어졌으며 담마빨라가 두 사람이냐 한 사람이냐를 두고 아직 완전히 판명되지는 않았다.
담마빨라 스님이 지었다고 전해오는 주석서들은 크게 『쿳다까 니까야』의 게송으로 된 7가지 경, 즉 『우다나』(Udāna)와 『이띠웃따까』(Itivuttaka) 등에 대한 주석서와 『디가 니까야』와 『맛지마 니까야』와 『상윳따 니까야』의 띠까와 『청정도론』의 복주서인 『빠라맛타만주사』와 세 가지 논장의 주석서에 대한 아누띠까 등의 복주서들(Ṭīkā)로 나누어 볼 수 있는데 이

(Anuṭīkā)로 주석하였다. 상좌부의 본산인 대사(大寺, Mahāvihāra)파의 견해를 대변하는 붓다고사 스님의 견해와 상충되는 아난다 스님의 견해들을 논박하고 수정하고 보완하였다. 이렇게 해서 상좌부 아비담마 불교는 완성이 되기에 이르렀고 남방 상좌부의 세 파[68]들 가운데서 대사파가 완전히 교리 논쟁에서 우위를 점하게 되었다. 여기에는 담마빨라 스님의 안목이 큰 역할을 했다. 역자(대림 스님)는 담마빨라 스님이 지은 『청정도론』의 대복주서인 『빠라맛타만주사』(Paramattha-mañjūsā)를 읽으면서 담마빨라 스님의 예지에 감탄을 하였다.

(3) 후대의 아비담마 개설서들

이렇게 방대하게 아비담마 논서들은 주석에 주석을 거듭하면서 발전되어 왔다. 그러므로 이런 상좌부 칠론과 주석서와 복주서와 『청정도론』 등의 방대하면서도 결코 쉽지 않은 문헌을 접하면서 아비담마를 체계적으로 공부한다는 것은 수월한 일이 아니다. 초심자에게는 현애상을 내게 할 뿐이다. 그래서 아비담마의 모든 주제를 간결하면서도 일목요연하게 설명한 책이 실하게 요구되었으며 그에 따라 이미 5세기 때부터 많은 책들이 나타나기 시작했다.

가운데서 『쿳다까 니까야』의 게송으로 된 일곱 가지 경에 대한 앗타까타를 지은 담마빨라와 나머지 띠까들을 지은 담마빨라가 같으냐, 다르냐를 두고 논의가 진행 중이다. 최근(1996)의 견해(Hinüber, 168)에 의하면 주석서를 지은(aṭṭhakathā-kāra) 담마빨라와 복주서를 지은(ṭīkā-kāra) 담마빨라는 같은 사람이라는 것이다. 역자들도 몇 가지 이유로 같은 사람으로 보고 있다. 역자(대림 스님)의 박사 학위 청구 논문 '*A Study in Paramattha-mañjūsā*'의 서문에 학계의 연구 성과가 반영되어 있으니 참조할 것.

68) Mahāvihāra(大寺)와 Abhayagirivihāra(無畏山寺)와 Jetavanavihāra의 세 파가 스리랑카에서 각축을 벌였다. 붓다고사 스님 이전에는 한때 무외산사파가 큰 위력을 떨쳤으며 무외산사파는 Vimuttimagga(解脫道論)를 내놓을 정도로 학문과 수행의 깊이와 체계를 갖추었다고 생각된다. 12세기에 뽈론나루와로 도읍을 옮긴 빠락까마바후(Parakkamabāhu) 1세 왕에 의해서 무외산사파와 제따와나파의 승려들은 모두 대사파로 강제 흡수되어 이 두 파는 불교 역사에서 사라져버렸고 그 문헌들조차 남아있지 못하다. (Hinüber, 22 참조)

이들 중에서 최초는 아마 붓다고사 스님과 동시대 스님으로 알려진 붓다닷따(Buddhadatta) 스님이 지은 『아비담마 아와따라』(Abhidhammāvatāra, 아비담마 입문)일 것이다. 이 책은 담마빨라 스님의 『빠라맛타만주사』에도 언급되고 있다.69) 이렇게 해서 칠론이나 그 주석서들이나 복주서들과 관계없는 독립된 아비담마 개설서들이 쓰여지기 시작했다. 아비담마의 나라라고 말하는 미얀마에서는 다음 9권의 아비담마 책을 들고 있다.70)

① **『아비담마 아와따라』**(Abhidhamma-avatāra): 이 책은 붓다고사 스님과 동시대의 스님으로 알려진 붓다닷따(Buddhadatta) 스님의 저술이다. 『아비담마 아와따라』는 모두 1,416개의 운문으로 구성되어있으며 모두 24개의 장으로 나누어지고 마음과 마음부수와 물질과 열반의 순서로 구경법들을 설명한다. 여기서 마음은 『담마상가니』처럼 유익한 법들 · 해로운 법들 · 결정할 수 없는 법들[善 · 不善 · 無記]의 순서로 설명이 되고 있다. 이 책은 마띠까를 중심에 두고 아비담마의 법수들을 차례대로 설명한 뒤에 『청정도론』의 핵심 주제인 칠청정(七淸淨)을 아비담마의 관점에서 다루고 있다.

② **『루빠아루빠 위바가』**(Rūpārūpa-vibhāga): 이 책도 붓다닷따(Buddhadatta) 스님의 저술로 알려져 있다.71)

③ **『삿짜 상케빠』**(Sacca-saṅkhepa): 쭐라 담마빨라(Cūḷa Dhammapāla)라 알려진 스님의 저술이며 387개의 운문으로 저술되었다. 본서는 모두 다섯 장으로 구성되어 있는데 오온의 순서에 초점을 맞추어 82법과 개념(paññatti)까지 설명하고 있다.

④ **『케마 빠까라나』**(Khema-pakaraṇa)72): 나마루빠 사마사(Nāmarūpa

---

69) "abhidhammāvatāra-sumatāvatārādi viya."(Pm.1)

70) K.R. Norman, 153; CMA. 15.

71) K.R. Norman, 131.

-samāsa)로도 알려진 이 책은 케마 스님이 지은 산문 위주의 간단한 책이다. 12세기에 이 책에 대한 주석서가 쓰여진 것으로 알려진 것으로 봐서 그 이전에 저술된 것으로 보고 있다.

⑤ **『아비담맛타상가하』**(Abhidammattha Saṅgaha): 본서.

본서의 가장 큰 특징은 마음을 위시한 법들을 전통적인 분류 방법인 선 · 불선 · 무기의 순서로 설명하지 않고 욕계 · 색계 · 무색계 · 출세간의 경지를 통해서 분류하고 있다는 점이다. 이렇게 하여 상좌부 아비담마의 설명은 새로운 체계를 구축하게 된다.

⑥ **『나마루빠 빠릿체다』**(Nāmarūpa-pariccheda): 역시 아누룻다 스님의 저작으로 13장에 총 1,845개의 운문으로 되어 있다.

⑦ **『빠라맛타 위닛차야』**(Paramattha-vinicchaya): 이 책 역시 아누룻다 스님의 저술로 알려졌다. 책의 후기에 남인도의 깐찌뿌라(Kañcipura)에 있는 까위라(Kāvīra)라는 읍에서 태어난 자가 지었다는 내용을 근거로 아누룻다 스님은 인도 출신이라 주장하기도 한다. 스리랑카의 유명한 학승이셨던 붓다닷따 스님은 이 책의 저자 아누룻다 스님과 『아비담맛타상가하』와 『나마루빠 빠릿체다』의 저자인 아누룻다 스님은 다른 사람이라고 주장한다.

⑧ **『모하 윗체다니』**(Moha-vicchedanī): 이 책은 12세기 뽈론나루와 불교 시대의 거장이었던 깟사빠(Kassapa) 스님의 저술로 알려졌다. 논장의 칠론에 실린 마띠까들 전체에 대한 주석을 담고 있는 중요한 책이다.

⑨ **『나마짜라 디빠까』**(Nāmacāra-dīpaka): 이 책은 15세기에 미얀마 바간(Bagan)에 거주하던 삿담마 조띠빨라(Saddhamma-Jotipāla) 스님이 쓴 책이다.

---

72) 『케마 빠까라나(Khema-pakaraṇa)』 혹은 나마루빠 사마사(Nāmarūpa-samāsa)는 VRI CD에 포함되어 있지 않다.

이외에도 그 이름을 일일이 다 열거할 수 없이 많은 아비담마 개설서들이 스리랑카와 태국, 특히 미얀마에서 저술되었다. 이렇게 아비담마는 역사적으로 내로라하는 많은 스님들에 의해서 연구되고 음미되면서 체계화되었고 후학들에게 전승되었다. 사실 이런 아비담마의 모든 책들을 다 섭렵한다는 것은 불가능에 가까운 일일 것이다. 그래서 후대로 내려오면서 특히 미얀마에서는 『아비담맛타상가하』 한 권만을 집중해서 가르치고 있다. 아비담마를 담고 있는 모든 책들 가운데 아비담마의 주제들을 체계적이고 간결하면서도 빠짐없이 서술한 책으로 본서를 능가할 책이 없기 때문이다. 그래서 미얀마에서는 『깟짜야나 문법서』(Kaccāyana-byākaraṇa)와 본서를 강원에서 반드시 외워야 하는 책으로 가르치고 있다고 한다. 그러면 『아비담맛타상가하』에 대해서 조금 더 자세하게 알아보자.

9. 『아비담맛타상가하』의 저자 아누룻다 스님에 대해서

불교의 인물들이 대부분 다 그러하듯이 아누룻다(Anuruddha) 스님에 대해서도 정확하게 알려진 자료는 거의 없다. 주변의 여러 정황들을 참조하여 추측할 뿐이다. 먼저 이 『아비담맛타상가하』가 빠락까마바후 1세(1153~1186) 때의 뽈론나루와 불교 부흥의 주역이었던 사리뿟따 스님에 의해서 싱할리어로 옮겨진 증거가 있으므로 12세기 이후로 내려가지 않는다는 것만은 확실하다.[73]

17세기 무렵[74]에 미얀마에서 만들어진 불교 역사서인 『간다왐사』(Ganda-vaṁsa)에서 본서의 저자인 아누룻다 스님을 스리랑카 출신으로 언급하고 있다.[75] 그리고 본서의 후기에서 아누룻다 스님은 스리랑카에 있는 것이 분명한 물라소마 승원(Mūlasoma Vihāra)에서 본서를 지었다고 밝히고 있다. 이런 배경에서 스리랑카 출신 학자들은 아누룻다 스님을 스리랑카 사람

73) K.R. Norman, 151.

74) Hinüber, 3.

75) K.R. Norman, 151.

으로 주장한다.76)

위에서 언급했듯이 아누룻다 스님의 저술로 알려진 『빠라맛타 위닛차야』(Paramattha-vinicchaya)의 후기에서 이 책의 저자가 남인도 깐찌뿌라 출신이라고 되어 있음을 근거로 아누룻다 스님이 인도 출신이라고 주장하기도 한다. 지난 세기 초반 스리랑카의 대학승이셨던 붓다닷따(Buddhadatta) 스님은 『빠라맛타 위닛차야』가 다른 아누룻다 스님의 저술이라고 주장하고 있으며, A. K. Wader도 그의 *Indian Buddhism*에서 이 의견을 받아들이고 있다.

10. 『아비담맛타상가하』의 구성

이제 본서가 어떻게 구성되어 있는지 알아보자. 『아비담맛타상가하』는 총 9장으로 구성되어 있으며 각 장은 아주 체계적으로 구분되어 있다. 이들을 간추려보면 다음과 같다.

제1장 마음(citta)의 길라잡이에서는 마음이 일어나는 경지(bhūmi)와 불선・선・무기라는 마음의 종류(jāti)의 차이 등에 따라서 마음을 89/121가지로 분류하고 있다.

제2장 마음부수[心所, cetasikā]의 길라잡이에서는 52가지 마음부수들을 공통되는 것 13가지, 해로운[不善] 것 14가지, 유익한[善] 것 25가지로 분류하여 제시하고 있다. 아울러 어떤 마음이 일어날 때 어떤 마음부수들이 일어나는지를 조합(saṅgaha)의 측면에서, 그리고 어떤 마음부수는 어떤 마음이 일어날 때 일어나는지를 결합(sampayoga)의 측면에서 관찰하고 있다.

제3장 일반적인 항목(pakiṇṇaka)의 길라잡이에서는 89가지로 분류되는 마음을 느낌, 원인, 역할, 문, 대상, 토대의 여섯 가지 다른 측면에서 다시 고찰해 보고 있다. 특히 마음의 역할 14가지는 상좌부 아비담마를 이해하는 중요한 관점이며 이것을 이해해야 제4장의 인식과정을 제대로 파악하게 된다.

---

76) G. P. Malalasekera, 168~70.

제4장 인식과정(vīthi-citta)의 길라잡이는 인식과정을 심도 있게 분석하고 있는데 마음(citta)은 매 찰나에 어떤 과정으로 대상을 인식하는가를 자세하게 설명하고 있다. 이는 가히 상좌부 아비담마의 핵심 중의 핵심이라 하겠다. 이런 인식과정은 설일체유부의 칠론을 비롯한 북방 아비다르마에서는 나타나지 않는 상좌부 아비담마의 독창적인 것이다.

제5장 인식과정을 벗어난 마음(vīthi-mutta)의 길라잡이는 이런 인식과정을 벗어난 재생연결(paṭisandhi)과 바왕가(bhavaṅga)와 죽음의 마음(cuti-citta)에 대해서 고찰하고 있는데 그러기 위해서 먼저 중생들의 거처를 악도에서부터 욕계・색계・무색계의 31가지 세상으로 분류하고 있다. 다시 이들 세상에 태어나는 동력인(動力因)으로서 업을 16가지 측면에서 설명하고 있는데 업을 이해하는 중요한 열쇠를 제공한다. 그리고 이를 바탕으로 재생연결에 대한 분명한 이론을 제공하고 있다.

제6장 물질(rūpa)의 길라잡이는 28가지 물질을 네 가지 근본물질[四大]과 24가지 파생된 물질로 나누고 이런 물질들을 다시 여러 가지 측면에서 분류하고 있다. 그리고 물질이 생기는 요인인 업(kamma), 마음(citta), 온도(utu), 음식(āhāra)과 이들로부터 생긴 물질들을 논의하고, 물질의 무리(깔라빠, kalāpa)와 물질이 존재하는 요인 등 물질에 관한 여러 측면을 나열하고 있다. 무위법인 열반도 제6장의 뒷부분에서 간략하게 설명한다.

제7장 범주(samuccaya)의 길라잡이에서는 다시 마음과 마음부수와 물질과 열반을 ① 향상과 해탈에 도움이 되지 않는 해로운 법들의 범주 10가지 ② 선・불선・무기가 혼합되어 있는 범주 7가지 ③ 깨달음의 편에 있는 것들[菩提分] 7가지 ④ 불교에서 일체를 설명하는 방법인 온・처・계・제(蘊・處・界・諦)의 4가지 범주로 구분하여 법들을 모두 28가지 범주로 나누어서 설명하고 있다.

제8장 조건[緣, paccaya]의 길라잡이는 조건을 ① 12연기와 ② 24가지

빳타나(상호의존관계, paṭṭhāna)의 측면에서 설명하고 있다. 여기서는 연기법을 삼세양중인과로 설명하고 있으며, 마음과 마음부수와 물질 간의 상호의존관계를 24가지 빳타나로써 설명하고 있다. 구경법이 아닌 개념들[施設, paññatti]도 제8장의 말미에서 설명하여 아비담마에서 다루는 주제들을 모두 본서에 포함시키고 있다.

마지막으로 제9장 명상주제(kammaṭṭhāna)의 길라잡이에서는 이런 이해를 바탕으로 하여 수행을 통해 성자의 경지[聖位]를 증득하는 방법으로서 사마타[止, samatha]와 위빳사나[觀, vipassanā]를 제시하고 사마타와 위빳사나의 핵심 개념들을 간결하게 설명하고 있다.

11. 『아비담맛타상가하』의 주석서들

거듭 말하지만 『아비담맛타상가하』는 대부분이 아비담마의 주제(아비담맛타)들을 간략한 정의나 간단한 설명과 함께 나열하는 것으로 구성되어 있다. 그래서 초보자가 아무런 해설서 없이 이 책을 이해한다는 것은 불가능에 가깝다. 그래서 역사적으로 많은 주석서들이 다시 등장하게 되었다. 가장 먼저 나타난 주석서는 12세기 스리랑카의 나와위말라붓디(Navavimala-buddhi)가 지은 Porāṇa Ṭīkā(오래된 복주서)인데[77] 큰 주목을 받지 못했다.

① 『위바위니 띠까』(Abhidhammattha Vibhāvinī Ṭīkā):

『아비담맛타상가하』의 주석서들 가운데서 가장 유명하고 『아비담맛타상가하』를 이해하는 부동의 준거로 자리한 것은 『위바위니 띠까』(Abhi-dhammattha Vibhāvinī Ṭīkā)이다. 이 책은 12세기 스리랑카의 수망갈라사미(Sumaṅgalasāmi) 스님이 썼는데 앞에서 언급한 논장의 주석서들과 복주서들에 바탕을 두고 있다. 특히 상좌부 아비담마는 담마빨라 스님에 의해 최종적으로 깊이 있게 정리되어 고착되었다 해도 과언이 아닌데 본 『아비

77) "Abhidhammatthasaṅgahassa porāṇaṭīkaṁ Navavimalabuddhitthero akāsi."(Sāsanavaṁsappadīpikā.38)

담맛타상가하』 뿐만 아니라 『위바위니 띠까』 는 이런 담마빨라 스님의 견해를 바탕으로 아비담마를 완성시켰다고 할 수 있다. 『위바위니 띠까』 가 등장하자 다른 주석서들은 빛을 잃어버렸을 정도로 그 영향력이 대단해서 900여 년간 상좌부 아비담마를 이해하는 기본 서적으로 자리매김하여 왔다.

② **『빠라맛타디빠니 띠까』** (Paramatthadīpanī Ṭīkā):

그러다 1897년[78]에 근세 미얀마가 낳은 최고의 지성이요 큰스님이며 아비담마와 위빳사나의 대가였던 레디 사야도(Ledi Sayadaw, 1846~1923)가 『빠라맛타디빠니 띠까』 (Paramatthadīpanī Ṭīkā)를 발표하자 아비담마 대가들 사이에서 일대 회오리바람이 불게 되었다. 레디 사야도는 무려 325군데에서 『위바위니 띠까』 의 잘못과 애매함을 지적했기 때문이다.[79] 자연히 아비담마 대가들은 모두 나름대로 자신의 견해를 피력하기 시작했는데 어떤 분들은 『위바위니 띠까』 를 변론하고 어떤 분들은 『빠라맛타디빠니 띠까』 를 옹호했으며 어떤 분들은 절충을 하였다. 지금 아비담마 학계(사실은 미얀마의 아비담마 대가 스님들)는 어떤 부분은 『위바위니 띠까』 가 더 타당하고 다른 어떤 부분은 레디 사야도가 더 타당하다는 식으로 정(正)과 반(反)을 지나 합(合)의 과정으로 나아가고 있는 추세라고 한다.

이처럼 『빠라맛타디빠니 띠까』 는 근세에 아비담마의 이해를 깊게 한 기폭제 역할을 했으며 세상에 발표되자마자 바로 학계의 주목을 받았고 『위바위니 띠까』 와 쌍벽을 이루는 주석서로 자리 잡아버렸다. 레디 사야도는 1916년에 다시 이 『빠라맛타디빠니 띠까』 에 대한 복주서인 『아누디빠니』 (Anudīpanī)를 발표했다.[80] 본 『아비담마 길라잡이』 의 해설 부분은 『위바위니 띠까』 와 특히 레디 사야도의 『빠라맛타디빠니 띠까』 의 설명을 CMA의 도움으로 정리한 것에다 『청정도론』 의 해당 부분을 인용하여 넣은 것을 중심으로 하였다.

---

78) Nandamala, U Sayadaw, 11.

79) CMA, 18.

80) Nandamala, U Sayadaw, 13.

12. 각 장의 요점

『아비담맛타상가하』는 아비담마의 핵심 주제를 간결하게 제시하기 때문에 각 장에서 그 요점을 파악하지 못하면 이해하는 데 어려움이 따른다. 그래서 역자들이 파악한 각 장의 요점을 여기에 적어서 독자들의 이해를 돕고자 한다.

제1장 마음의 길라잡이의 요점

(1) 먼저 마음(citta)은 찰나생·찰나멸이라는 점에 사무쳐야 한다. 마음과 마음의 흐름[心相續, citta-santati]을 구분해야 한다. 우리가 세간적인 차원에서 마음이라고 생각하는 것은 실제적으로는 마음의 흐름, 즉 마음들이 찰나적으로 생멸하며 흘러가는 것이다. 아비담마의 마음은 한 찰나에 생겼다가 멸하는 것이다. 마음은 한 찰나에 일어나서 대상을 아는 기능을 수행하고 멸한다. 그러면 그다음 마음이 조건에 따라 일어난다. 이렇게 마음은 흘러간다. 이들은 너무나 빠르게 상속하기 때문에 보통의 눈으로는 각각을 분간하기가 어려울 뿐이다.

(2) 아비담마에서 마음은 항상 '대상(ārammaṇa)을 아는 것'이라는 점을 명심해야 한다. 마음은 대상을 안다는 것으로써 오직 하나의 고유성질을 가진다. 마음은 일어나서 대상을 인식하는 기능을 하고서 멸한다. 그러면 인식과정의 법칙(niyama)에 따라 다음 찰나의 마음이 일어난다. 아비담마 전체에서 '마음은 대상이 없이는 일어나지 않는다.'는 것이 기본 전제이므로 반드시 숙지하고 있어야 한다. 그래서 담마빨라(Dhammapāla) 스님은 부처님의 말씀을 인용하면서 "대상 없이 마음이 일어난다는 것은 잘못"[81]이라고 강조하고 있다.

(3) 마음은 대상을 아는 것으로써는 하나이지만 ① 일어나는 경지(bhūmi)에 따라서 욕계 마음·색계 마음·무색계 마음·출세간 마음으로 분류가

---

81) "ārammaṇena vinā nīlādiābhāsaṁ cittaṁ pavattatī ti evaṁ pavatto vādo micchāvādoti veditabbaṁ. tenāha bhagavā cakkhuñca paṭicca rūpe ca uppajjati cakkhuviññāṇan ti ādi."(Pm.ii.124; Abhi-av-nṭ.i.265)

된다. ② 마음은 다시 그 종류(jāti)에 따라서 넷으로 분류가 되는데 '해로운 것[不善, akusala]', '유익한 것[善, kusala]', '과보인 것(과보로 나타난 것, vipāka)', '작용만 하는 것(kiriya)'이다.[82] 이 넷의 정확한 개념을 파악하는 것이 중요하다.

(4) 마음은 항상 마음부수들과 함께 일어나는데 관련된 주요한 마음부수들의 특징에 따라서 더 세분해서 나누고 있다. 예를 들면 해로운 마음들은 12가지로 나누는데 탐욕에 뿌리박은 것 8가지, 성냄에 뿌리박은 것 2가지, 어리석음에 뿌리박은 것 2가지로 구분한다.

(5) 이렇게 하여 '일어나는 경지(bhūmi)', '종류(jāti)', '관련된 주요한 마음부수들'에 따라서 모두 89가지로 분류가 된다. 그리고 출세간의 8가지 경지 각각이 5종禪 가운데 각각 어떠한 禪의 경지와 함께 하느냐에 따라서 8×5=40이 되므로 89가지 마음은 89-8+40=121가지 마음으로 분류되기도 한다.

(6) 89/121가지 마음들 가운데서 초심자들이 이해하기가 힘든 것이 18가지 '원인 없는 마음들(ahetuka-cittā)'인데 제4장 인식과정(vīthi-citta)을 이해하면 해결되므로 조바심을 내지 말고 천천히 시간을 두고 음미하려는 태도를 가져야 한다. 일단 이 18가지 마음들을 바르게 이해하면 아비담마는 본궤도에 오른 것이라 할 수 있다.

제2장 마음부수의 길라잡이의 요점

(1) 마음부수들은 항상 "[마음과] 함께 일어나고 함께 멸하며 동일한 대상을 가지고 동일한 토대를 가진다."(제2장 §1)는 점을 잊으면 안 된다.

(2) 마음부수들은 모두 52가지인데 다른 것과 같아지는 것 13가지, 해로운 것 14가지, 유익한 것 25가지로 구성된다. 이 다른 것과 같아지는 것 13가지는 같이 작용하는 다른 마음부수들이 해로운 것이면 해로운 것이 되고 유익한 것이면 유익한 것이 되므로 이런 이름으로 분류를 했다. 이 가운데

---

82) 과보인 것(vipāka)과 작용만 하는 것(kiriya)을 결정할 수 없는 법들[無記, abyākata]이라 한다. 달리 말하면 결정할 수 없는 것[無記]은 과보인 것과 작용만 하는 것의 둘로 구성되어 있다.

서 '감각접촉, 느낌, 인식, 의도, 집중, 생명기능, 마음에 잡도리함'의 7가지는 모든 마음과 항상 같이 일어난다.

(3) 52가지 마음부수법들의 정의를 정확하게 알고 있어야 한다. 비슷비슷한 마음부수들, 예를 들면 양심과 수치심, 마음챙김과 마음에 잡도리함 등의 차이점을 정확하게 구분할 수 있어야 한다. 이런 정확한 이해를 바탕으로 마음부수법들을 매 순간 내 안에서 분명하게 찾아내어 확인하는 것이 위빳사나 수행의 토대가 된다.

(4) 마음과 마음부수들은 이렇게 항상 같이 일어나고 같이 멸한다. 그러므로 어떤 마음부수들은 어떤 마음들과 함께 일어나며 어떤 마음이 일어날 때 어떤 마음부수들이 같이 일어나는가를 자세하게 분석해서 아는 것이 중요하다. 여기서 52가지 마음부수가 어떤 마음들과 같이 일어나는가를 분석하는 것을 결합(sampayoga)의 방법이라 하고 89/121가지 마음이 어떤 마음부수들과 함께 일어나는가를 고찰하는 것을 조합(saṅgaha)의 방법이라 한다. 결합과 조합을 통해서 마음↔마음부수들이 자유롭게 짝지어지도록 해야 한다.

제3장 일반적인 항목의 길라잡이의 요점

(1) 본 장에서는 마음을 다시 '느낌, 원인, 역할, 문, 대상, 토대'의 여섯 가지 측면에서 고찰해 보고 있다. 이것은 마음을 이해하는 데 대단히 중요한 개념들이며 아비담마를 이해하는 핵심 중의 핵심이다. 특히 마음의 14가지 역할과 마음의 6가지 대상은 더욱더 중요한 개념이다.

(2) 제1장에서 마음은 대상을 안다는 것으로써는 오직 하나이지만 일어나는 경지와 종류와 관련된 마음부수들에 의해서 89/121가지라고 했다. 이런 마음은 다시 14가지 각각 다른 역할을 한다. 그것은 ① 재생연결 ② 존재지속 ③ 전향 ④ 봄 ⑤ 들음 ⑥ 냄새 맡음 ⑦ 맛봄 ⑧ 닿음 ⑨ 받아들임 ⑩ 조사 ⑪ 결정 ⑫ 속행 ⑬ 여운 ⑭ 죽음이다. 제3장의 해설들을 통해서 이 14가지를 반드시 숙지해야 한다.

(3) 거듭 강조하지만 마음은 대상을 아는 것이다. 이것이 아비담마의 핵심 명제이다. 불교에서 대상은 형색[色], 소리[聲], 냄새[香], 맛[味], 감촉[觸],

[마노의 대상인] 법(法)의 여섯 가지이다. 이 가운데서 마노의 대상인 법은 6가지로 정리된다. 그것은 ① 감성(pasāda)의 물질 ② 미세한 물질(sukhuma-rūpa) 16가지 ③ 이전의 마음(citta) ④ 마음부수(cetasikā) 52가지 ⑤ 열반(nibbāna) — 유학(有學)과 아라한[無學]에게만 ⑥ 개념들[施設, paññatti]이다. 나의 마음은 매찰나 이 여섯 가지들 중의 어떤 것을 대상으로 삼아서 일어나고 있는지 관찰해 보려 노력할 때 아비담마가 위빳사나요 위빳사나가 아비담마가 될 것이다.

(4) 문에 따라서 관찰해 보면 눈・귀・코・혀・몸의 문에서 일어나는 알음알이들, 즉 전오식(前五識)은 모두 현재의 물질적인 대상을 대상으로 취한다. 마음에서 일어나는 마음의 대상은 과거・현재・미래의 삼세에 속하는 것이며 시간을 벗어난 것, 즉 열반과 개념도 포함된다.

제4장 인식과정의 길라잡이의 요점

인식과정은 상좌부 아비담마의 백미이다. 다음 몇 가지를 반드시 숙지하고 있어야 한다.

(1) 인식과정은 크게 외부의 대상을 인식하는 오문(五門)인식과정과 마노[意]의 대상을 인식하는 의문(意門)인식과정으로 나누어진다.

(2) 상좌부에서는 물질이 일어나서 머물고 멸하는 시간과 마음이 일어나서 머물고 멸하는 시간은 다르다고 강조한다. 그래서 상좌부에서는 물질이 머무는 아찰나에 마음은 16번 일어나고 머물고 사라진다고 정의한다.

(3) 그러므로 오문인식과정에서, 예를 들면 눈에서 대상을 인식하는 과정에서는 '같은 대상'을 두고 17번의 마음이 생멸한다. 이것도 대상에 따라서 ① 매우 큰 것 ② 큰 것 ③ 작은 것 ④ 매우 작은 것의 크게 4가지 유형으로 나누어지며 이것은 다시 여러 등급으로 나누어져 총 15가지 경우로 나누어볼 수 있다. 여기서 크고 작다는 말은 물질적인 크기를 말하는 것이 아니라 마음에 충격을 주는 힘의 '강약'을 나타낸다.

(4) 매우 큰 대상일 경우에 17번 일어나는 마음들은 바왕가(지나간 바왕가, 바왕가의 동요, 바왕가의 끊어짐), 오문전향, 전오식, 받아들임, 조사, 결정, 일곱

번의 자와나(속행), 두 가지 여운이다. 이 가운데서 15가지 인식의 등급으로 나누어지는 키워드는 '지나간 바왕가(atīta-bhavaṅga)'인데 이것은 대상이 나타났지만 그 대상의 충격이 미약하여서 마음이 그것을 알아차리지 못하고 지나쳐 버리는 것을 뜻한다. 예를 들면 충격이 매우 작은 대상들은 바왕가의 동요만 일으키고 인식과정이 끝나 버린다. 그 가운데서도 제일 마지막 15번째 경우에는 대상이 문으로 들어왔는데도 15번째의 심찰나까지 그것을 알지 못하고 흘러가 버려 겨우 두 번만 바왕가의 동요가 일어나고서 인식과정이 끝나 버리는 경우이다. 이렇게 15가지를 음미해 보기 바란다.(<도표 4.2> 참조)

(5) 의문인식과정은 오문인식과정보다 단순한데 그 이유는 오문전향, 전오식, 받아들임, 조사, 결정의 과정이 없이 의문전향 다음에 바로 자와나가 일어나기 때문이다. 마노[意]의 대상은 이처럼 즉각적으로 마음에 영향을 미친다. 의문인식과정은 마노의 대상에 따라 선명한 것과 희미한 것의 둘로 나누어진다.

(6) 이런 관점에서 본삼매 속행과정도 본문을 보면서 숙지하면 된다.

(7) 여기서 유념해야 할 것은 각각의 인식과정은 반드시 하나 이상의 바왕가, 즉 존재지속심을 거쳐서 그다음의 인식과정으로 넘어간다는 점이다.

제5장 인식과정을 벗어난 마음의 길라잡이의 요점

(1) 인식과정이 마음이 대상을 인식하는 과정이라면 인식과정을 벗어난 것은 인식과정을 벗어난 마음들이 일어나고 멸하는 것을 말한다. 여기에는 바왕가(존재지속심)와 재생연결식과 죽음의 마음이 포함된다.

(2) 본 장은 재생연결의 과정, 즉 윤회의 과정을 윤회하는 세상과 윤회하는 재생연결식과 죽음과 그 원동력이 되는 업의 관점에서 설명하고 있다.

(3) 저자는 이러한 윤회의 원리와 과정을 심도 있게 설명하기 위해 먼저 유정들이 태어나는 욕계, 색계, 무색계의 세상을 31가지로 분류하고(§§3~17) 이런 세상에 태어나는 동력인으로서 업(kamma)에 대해 상세하게 열거한 뒤(§§18~33) 죽음과 재생연결의 과정을 소상하게 밝히고 있다.(§§34~42)

(4) 특히 마음의 흐름과 재생연결의 원동력인 업에 대해서 16가지로 자세하게 설명하고 있는데 상좌부 아비담마에서 제시하는 업설(業說)을 나 자신의 삶에 비추어서 이해해 볼 수 있는 좋은 계기가 된다.

(5) 이런 이해를 토대로 하여 본 장에서는 ① 죽음과 재생연결의 과정과 ② 바왕가를 중심한 마음의 상속에 대해서 설명하고 있다. 특히 죽음과 재생연결은 중요한 부분이니 숙지해야 한다.

제6장 물질의 길라잡이의 요점

(1) 상좌부 아비담마는 물질을 총 28가지로 분류하고 있다.

(2) 이 중에서 18가지는 구체적 물질(nipphanna-rūpa)이라 하고 나머지 10가지는 추상적 물질(anipphanna-rūpa)이라 한다. 이름이 암시하듯이 구체적 물질은 업, 마음, 온도, 음식에서 생긴 물질이고 추상적 물질은 허공, 몸의 암시와 말의 암시, 물질의 가벼움 · 부드러움 · 적합함, 그리고 물질의 생 · 주 · 이 · 멸을 말하며 이 추상적인 것들을 상좌부 아비담마는 물질의 영역에 포함시킨다.

(3) 물질은 업, 마음, 온도, 음식으로 인하여 생긴다.

(4) 물질에서 반드시 숙지하고 있어야 하는 것이 avinibbhoga, 즉 '분리할 수 없는 것'이란 개념이다. 아비담마에서는 지 · 수 · 화 · 풍 사대(四大)와 형색[色, rūpa], 냄새[香, gandha], 맛[味, rasa], 영양소(ojā)의 여덟 가지를 '분리할 수 없는 것'이란 용어를 써서 표현하고 있는데 이들은 항상 서로 묶여서 가장 단순한 형태에서부터 아주 복잡한 것에 이르기까지 모든 물질적인 것에 현현해 있기 때문이다. 이것은 ojaṭṭhamaka, 즉 영양소를 여덟 번째로 한 것이라든가 suddhaṭṭhaka, 즉 순수한 팔원소라는 등의 용어로도 나타난다.

(5) 아비담마에서 현실적으로 물질은 이런 분리할 수 없는 것들이 서로 묶여서 존재한다고 관찰하고 있는데 이렇게 무리지어서 존재하는 것을 깔라빠(kalāpa)라 부른다. 깔라빠는 물질을 이해하는 가장 중요한 개념이므로 반드시 숙지해야 한다.

(6) 그래서 이 세상의 물질은 아주 다양한 것처럼 보이지만 아비담마에서

물질의 존재 유형, 즉 깔라빠는 오직 21가지뿐이라고 한다. 욕계와 색계의 모든 물질은 제 아무리 많아도 21가지 형태뿐이다. 그중에서도 나의 외부에 있는 깔라빠는 오직 두 가지뿐이다.

(7) 이 가운데서 9가지는 업에서 생긴 것이고, 6가지는 마음에서 생긴 것이고, 4가지는 온도에서 생긴 것이고, 2가지는 음식에서 생긴 것이다. 물질은 이것뿐이다. 물론 이 가운데 겹치는 것도 있다. 제6장 §§9~15를 참조해서 음미해 보기 바란다.

(8) 제6장의 마지막에서 저자는 유여열반과 무여열반으로 열반에 대해서 간략하게 정의한다.

제7장 범주의 길라잡이의 요점

(1) 여기서는 이때까지 배운 아비담마의 구경법(究竟法)들가운데 10가지 추상적 물질을 제외한 토대가 되는 법들 72가지를 ① 해로운 범주 ② 혼합된 범주 ③ 보리분(菩提分)의 범주 ④ 일체(一切)의 범주로 나누어서 아비담마 칠론, 특히 『위방가』에서 정리하고 있는 '아비담마에 따른 분류 방법(Abhidhamma-bhājanīya)'과 배대(配對)해서 관찰해 보고 있다.

(2) 첫 번째 범주로 정리하는 해로운 범주의 길라잡이에는 모두 10개의 모둠이 나타나고 있다. 그 10가지는 ① 번뇌(āsava), ② 폭류(ogha), ③ 속박(yoga), ④ 매듭(gantha), ⑤ 취착(upādāna), ⑥ 장애(nīvaraṇa), ⑦ 잠재성향(anusaya), ⑧ 족쇄(saṁyojana, 경에 따른 분류), ⑨ 족쇄(saṁyojana, 아비담마에 따른 분류), ⑩ 오염원(kilesa)이다. 이들은 논장의 칠론 가운데 첫 번째인 『담마상가니』의 첫머리에 실려있는 마띠까[論母, mātikā]에 포함되어 있는 10가지 모둠 가운데, 첫 번째 주제인 '원인(hetu)'은 혼합된 범주에 속하므로 여기서는 제외하고, 족쇄를 경에 따른 분류와 아비담마에 따른 분류로 나누어서 해로운 법들을 모두 열 개의 모둠으로 나누어서 고찰하고 있다.

(3) 두 번째 범주로 정리하고 있는 혼합된 범주의 길라잡이에서는 유익한 법과 해로운 법과 무기(avyākata)의 요소들이 함께 혼합된 여러 범주들을 고찰한다. 그래서 혼합된(missaka)이라는 단어를 사용하고 있다. 여기에는

원인, 禪의 구성요소, 도의 구성요소, 기능[根], 힘[力], 지배[增上], 음식[食]의 일곱 가지 범주가 다루어지고 있다.

(4) 세 번째 범주인 보리분(菩提分)의 길라잡이에는 네 가지 마음챙김의 확립[四念處], 네 가지 바른 노력[四正勤], 네 가지 성취수단[四如意足], 다섯 가지 기능[五根], 다섯 가지 힘[五力], 일곱 가지 깨달음의 구성요소[七覺支], 성스러운 팔정도[八支聖道, 八正道]의 7가지 주제로 정리되는 37보리분법 가운데 혼합된 범주의 길라잡이의 22가지 기능에 포함되어 있는 다섯 가지 기능[五根]을 제외한 여섯 가지 범주가 정리되어 있다.

(5) 네 번째 범주인 일체(一切)의 길라잡이는 다섯 가지 무더기[五蘊, khandha], 열두 가지 감각장소[十二處, āyatana], 열여덟 가지 요소[十八界, dhātu], 네 가지 진리[四諦, sacca], 즉 온・처・계・제의 네 가지 주제를 들고 있다. 초기불교 교학의 주제인 온・처・계・근・제・연의 여섯 가지 주제 가운데 근은 이미 혼합된 범주의 길라잡이에서 설명이 되었고 연은 제8장 조건의 길라잡이에서 다루어지기 때문에 이 네 가지만을 여기 일체의 길라잡이에서 정리하고 있는 것이다.

제8장 조건의 길라잡이의 요점

(1) 조건(paccaya)이라는 제목하에 저자는 연기(緣起, paṭiccasamuppāda)의 방법과 상호의존관계(paṭṭhāna)의 방법을 들고 있다.

(2) 연기의 방법에서는 연기의 12가지 구성요소를 삼세양중인과(三世兩重因果), 즉 삼세에 걸친 인과의 반복적 지속의 측면에서 설명하며 상호의존관계의 방법에서는 24가지 조건(paccaya)을 들고 있다.

(3) 이 조건의 길라잡이에서 중요한 개념은 ① 조건짓는 법(paccaya-dhamma)과 ② 조건따라 생긴 법(paccaya-upanna-dhamma)과 ③ 조건짓는 힘(paccaya-satti)이다. 레디 사야도는 연기(緣起)는 조건짓는 법과 조건따라 생긴 법의 관계를 중점으로 분석하는 것이고 상호의존관계(빳타나)는 이 둘에다 다시 조건짓는 힘의 측면을 더 중시해서 물・심의 여러 현상을 분석하고 분류하는 것이라고 설명하고 있다.

(4) 상호의존관계(빳타나)는 아비담마 가운데서도 가장 어려운 것으로 정

평이 나있으며 본서의 저자 아누룻다 스님은 이 24가지 상호의존관계를 정신·물질[名色]의 관계에서 일어날 수 있는 6가지 경우(제8장 §§12~18 참조)에 배대해서 설명하고 있다.

(5) 제8장의 마지막에서 저자는 개념[施設, paññatti]에 대해서 간단하게 설명하여 아비담마의 주제를 모두 마무리 짓고 있다.

제9장 명상주제의 길라잡이의 요점

이 장은 아비담마를 수행과 연결짓는 중요한 부분이다.

(1) 저자는 명상주제를 사마타[止, samatha]와 위빳사나[觀, vipassanā]의 둘로 나누어서 설명하는데 모두 『청정도론』의 핵심만을 간추린 것이어서 가히 "청정도론 길라잡이"라 부를 만한 멋진 요약이다.

(2) 먼저 분명히 해야 하는 전제는 사마타의 대상은 개념(paññatti)이고 위빳사나의 대상은 법(dhamma), 즉 구경법이라는 점이다.

(3) 사마타의 키워드는 표상(nimitta)이라는 개념이다. 그래서 사마타는 준비단계의 표상(parikkama-nimitta)을 마음에 잡도리하여서 익힌 표상(uggaha-nimitta)을 얻고 다시 이것이 닮은 표상(paṭibhāga-nimitta)이 되도록 하여 이 닮은 표상을 대상으로 마음이 본삼매에 들도록 하는 수행법이다.

(4) 위빳사나의 키워드는 무상·고·무아라는 법의 삼특상이다. 수행자가 매 순간을 물·심의 여러 현상에 대해서 체계적이고 훈련된 방법으로 이 무상·고·무아를 관찰함[隨觀]으로써 번뇌를 멸절하여 성자의 경지를 증득하고 구경에는 아라한이 되어 완전히 해탈하는 체계가 위빳사나이다.

(5) 그 외 중요한 개념들은 본서에 잘 설명이 되어 있으므로 참고하기 바란다. 역자들은 특히 『청정도론』 가운데서 수행에 도움이 되는 중요한 내용을 많이 옮겨놓았다. 사마타와 위빳사나의 정확한 의미를 파악하고자 하는 분들에게 도움이 되리라 확신한다.

13. 번역과 해설의 배경 및 방침

상좌부 아비담마를 체계적으로 소개하는 글을 써야겠다고 역자들이 마음을 굳히게 된 것은 역자들이 미얀마의 사가잉(Sagaing)에 있는 수보다용(Subodhayong, 대림 스님)과 시따구(Sitagu, 각묵 스님)에 머물 때였으며 대림 스님의 『청정도론』 번역이 본격적으로 시작된 후 두어 달이 지난 2001년 10월에 각묵 스님이 제안을 하면서부터이다. 대림 스님은 박사 과정에서 『청정도론』의 주석서인 『빠라맛타만주사』의 혜품을 연구했기 때문에 『청정도론』도 혜품(XIV장~XXIII장)부터 번역을 시작했다. 『청정도론』 번역을 하면 할수록 아비담마에 대한 체계적인 소개가 없이는 『청정도론』 혜품의 내용을 제대로 전달하기가 어렵다는 것을 대림 스님은 절감하게 되었다.

그래서 『청정도론』의 내용을 바탕으로 한 아비담마의 개론서를 먼저 소개하는 것이 『청정도론』뿐만 아니라 상좌부 불교를 이해하는 선결 조건이 된다고 판단하고 두 역자가 나름대로 역할을 분담하여 그 작업을 진행하였다. 『청정도론』 혜품의 일차 번역이 마무리된 12월 말에는 아비담마의 개론서도 거의 틀이 잡혀갔다. 그 후 2002년 1월 한 달을 틈틈이 더 다듬어 봤지만 전체적으로 무리한 곳이 많았다. 특히 아비담마를 우리 식으로 이해하는 것이 아닌가 하는 두려움이 앞섰다. 그리고 『청정도론』만으로는 아비담마에 대한 구체적이고 정확한 설명이 결여되는 점도 문제였다.

이런 고민 끝에 2002년 2월 중순에 상좌부 아비담마의 부동의 준거가 되는 『아비담맛타상가하』를 중심으로 다시 전체를 고쳐 쓰고 미흡한 부분은 보강하기로 합의하였다. 그래서 『아비담맛타상가하』의 원문을 먼저 우리말로 번역하였다. 이 번역을 토대로 『청정도론』에서 관련된 부분을 다시 발췌하여 넣고 그동안 준비해둔 글들도 접목시켰다. 그리고 아비담마에 관한 한 제일의 권위를 가지고 있는, 보디 스님(Bhikkhu Bodhi)이 편찬한 "*A Comprehensive Manual of Abhidhamma*(CMA)"의 설명 가운데 많은 부분을 참조하였다. 본서를 엮으면서 역자들은 CMA의 정확한 해설에 재삼 감탄하였다.

그리고 중요한 출처는 논장의 칠론을 비롯한 여러 아비담마 주석서들, 특히 『위바위니 띠까』와 『빠라맛타디빠니 띠까』에서 발췌하여 보강하였다. 이렇게 해서 2002년 6월 말쯤에는 본서가 거의 완성된 형태를 갖추었다.

이런 의미에서 본서는 『아비담맛타상가하』를 몸통으로 하고 『청정도론』을 날개로 하여 이루어졌다고 할 수 있다.

역자들은 본서를 준비하면서 다음 사항들을 염두에 두었다.

첫째, 아비담마에 관심이 있는 분들이 가장 신뢰할 수 있는 길라잡이를 만들자는 것이다. 그래서 아비담마의 부동의 길라잡이로 통하는 『아비담맛타상가하』를 저본으로 택한 것이다. 물론 본서가 아비담마에 아무런 기초지식이 없는 분들과 빠알리어를 모르는 분들에게는 어렵다는 점도 역자들은 잘 알고 있다. 그런 분들은 본 역자 서문을 정독할 것을 권한다. 특히 아비담마에 관한 기본 개념은 역자 서문의 '12. 각 장의 요점'과 본서의 목차로도 충분하다고 믿는다. 아비담마에 관한 간략하고 개괄적인 지식을 가지고자 하는 분들은 이 부분을 참조하기 바란다. 사실 초심자가 아비담마를 읽어서 파악한다는 것은 쉬운 일이 아니다. 아비담마는 들어서 배워야 한다. 아비담마의 요점을 몇 번만 강의로 들으면 쉽게 아비담마의 줄거리를 파악할 수 있음을 역자들 자신이 실감하였다.

둘째, 위빳사나 수행의 제대로 된 지침서를 만들자는 것이다. 지금 상좌부 불교 나라, 특히 미얀마에서 가르치고 있는 위빳사나 수행 체계는 모두 아비담마에 바탕을 하고 있다. 이런 바탕하에서 각 센터마다 지도자 스님들이 여러 가지 독특한 기법을 고안하여 수행자들로 하여금 자신에게서 벌어지는 여러 물・심의 현상을 관찰하는 방법을 제시하고 계신다. 지금 미얀마에서 널리 행해지고 있는 수행기법은 크게 두 가지라 할 수 있다.[83]

---

83) 미얀마에서는 인물 중심의 수행 법통을 중시하지 않는다. 실제 현대의 미얀마 위빳사나의 맥은 레디 사야도(1846~1923) 이상으로는 올라가지 못한다. 마하시 사야도가 인가받았다는 말은 듣지도 못했다. 미얀마에서는 굳이 스승의 인가를 받지 않아도 빠알리 삼장과 『청정도론』과 아비담마의 여러 지침서 등이 빠알리어와 미얀마 말로 잘 갖추어져 있기 때문에 이를 통해서 자신의 경지를 정확하게 가늠해 볼 수 있다. 부처님께서는 "법을 보는 자는 나를 본다(yo kho, vakkali, dhammam passati, so mam passati)."(S22: 87)라고 하셨다. 남방에까지 가서 인가 운운하며 탐욕과 무지를 드러내기 이전

먼저 미얀마 역사상 최고의 학승이면서 위빳사나의 대가이셨던 레디 사야도 맥을 들 수 있다. 레디 사야도께서는 빠알리로 22권의 책을 집필하셨고 미얀마어로는 78권의 방대한 분량의 책을 집필하신[84] 미얀마 불교사의 독보적인 분이다. 특히 본 『아비담맛타상가하』의 주석서인 『빠라맛타디빠니 띠까』는 상좌부 불교 문헌에 길이 남을 명저로 꼽힌다. 그는 위빳사나 수행으로도 높은 경지에 오른 분이며 그의 4대째 제자가 인도를 중심으로 전 세계에 위빳사나 수행을 보급하고 있는 고엔카(S.N. Goenka) 거사님이다.

두 번째로는 마하시 스님 계열을 들 수 있다. 한국에서는 마하시 사야도가 위빳사나의 대가로만 거의 알려졌지만 미얀마에서는 삼장에 능통한 분으로 더 알려졌다. 특히 1966년에서 1968년까지 미얀마어로 번역 출판한 『위숫디막가 마하띠까 닛사야』(Visuddhimagga Mahāṭīkā Nissaya, 청정도론 대주석서 대역)는 『마하띠까』가 빠알리로 쓰여진 지 거의 1,400여 년 만에 다른 나라 말로 완전하게 번역된 최초의 책으로 꼽힌다. 아직 태국과 스리랑카에는 『마하띠까』의 자국 번역이 없는 것으로 알고 있다. 이 책으로 마하시 사야도의 명성은 전 미얀마에 퍼지게 되었다고 한다.[85] 지금 미얀마에서 위빳사나 센터를 개설하여 수행자들을 제접(諸接)하고 계신 스님들은 대부분 마하시 스님의 제자들이다. 이외에도 두어 분을 더 들 수 있겠지만 생략한다.

본서에서 역자들이 강조하고 싶은 것은 지난 세기 미얀마 최고의 인물로 추앙받는 레디 사야도와 마하시 사야도 두 분 스님은 아비담마에도 최고의 달인들이셨다는 점이다. 이 두 분 스님들이야말로 아비담마에 대한 통찰지가 위빳사나 수행의 큰 디딤돌임을 보여주는 산 증인들이라 해야 한다. 하물며 후학들이야 말해 무엇하랴. 우리가 아비담마에 대한 바른 지식이 없으

에 아비담마의 가르침을 통해서 자신의 경지가 어느 정도인지 정확하게 진단하여 겸손할 줄 아는 자라야 제대로 된 수행자라 할 것이다.

84) Nyanissara, Ven. Ashin, 34~38.

85) "*It must be stated that this text had enhanced the glory and fame of Mahāsi Sayādaw.*"(Silananda, Ashin, 190.)

면 자칫 테크닉에만 치중하여 자기가 배운 기법만을 위빳사나 수행이라고 고집할 우려가 있고 이 기법이라는 지엽적인 것에 걸려 위빳사나를 팔정도를 실현하는 큰길로 살려내지 못하게 된다. 무엇보다도 아비담마를 통해서 물 · 심의 여러 현상을 분석해서 꿰뚫지 못하기 때문에 수행 중에 나타나는 여러 현상에 속기 십상이다.

이런 의미에서 본서는 위빳사나 수행자들에게 좋은 지침서가 되리라 생각한다. 특히 본서 제9장 명상주제의 길라잡이는 『청정도론』의 멋진 요약이다. 역자들은 제9장을 해설하면서 『청정도론』 가운데서 수행에 요긴한 가르침을 되도록 많이 본서에 인용하고 있다. 위빳사나 수행의 이론적인 배경을 알고자 하는 분에게는 제9장이 큰 도움이 될 것이다. 그리고 각 장의 해설도 가능하면 수행에 초점을 맞추려 노력했다. 아비담마는 수행의 길라잡이라는 근본을 잊지 않기 위해서이고 수행이라는 근본을 잃어버리면 아비담마는 그냥 고담준론이나 메마른 해석학에 떨어질 가능성이 많기 때문이다.[86]

셋째, 아비담마에 관한 한 최고로 신뢰할 수 있는 참고서(*reference book*)를 만들자는 것이다. 그래서 중요한 아비담마의 전문용어들은 거의 대부분 어원을 밝히고 있다. 그리고 해설의 신뢰도를 높이기 위해서 중요한 내용에 대해서는 각주를 통해서 정확한 출처를 밝히고 있으며 『청정도론』을 제외한 인용문은 거의 대부분 빠알리 원문을 각주에서 제시하고 있다. 도표는 CMA에 나타난 것을 참조하였고 많은 부분은 실라난다 스님(U Silananda Sayadaw)의 『아비담맛타상가하 강의 교본』에 나타나는 원래의 도표를 참고하여 반영하였다. 본서는 아비담마의 전문용어들이나 가르침에 대해서 정확한 출처를 알고자 하는 불교 전공자들에게 가장 신뢰할 수 있는 참고서가 되리라 생각한다.

---

86) 실제로 설일체유부를 비롯한 북방 아비다르마는 후대로 가면서 수행과 접목되지 못하고 법을 위한 법을 담론하는 쪽으로 치우친 감이 많다. 여기에 대해서는 Dhammajoti, Bkikkhu, 25~26을 참조할 것.

넷째, 무엇보다도 『아비담맛타상가하』에 나열되고 있는 아비담마의 주제와 가르침을 가능하면 『청정도론』의 입장에서 설명하자는 것이다. 『청정도론』이야말로 상좌부 불교의 부동의 준거가 되기 때문이다. 그래서 중요한 전문용어들의 해설은 『청정도론』을 인용하고 있다. 『청정도론』에 나타나지 않는 설명은 다른 주석서들을 인용하고 있다. 물론 극히 드물게 『청정도론』과 『아비담맛타상가하』의 관점이 다른 곳도 있다. 예를 들면 물질과 마음의 존속 기간을 『청정도론』은 1:16으로 보지만 『아비담맛타상가하』와 후대 주석서들에서는 1:17로 정착이 되었다. 그러나 이것도 관점의 차이일 뿐 결코 문제가 되는 것은 아니다. 이런 문제는 본서에서 해당되는 부분에서 해설을 달고 있다. 본서는 『아비담맛타상가하』의 주제를 따라서 『청정도론』의 핵심을 골라서 인용하고 있다. 그러므로 본서는 "아비담마 길라잡이"이면서 "청정도론 길라잡이"이기도 하다.

이런 의미에서 역자들은 본서를 한국 불교 1,600년 역사에서 처음으로 상좌부 아비담마를 우리의 입장에서 제대로 이해하려 노력한 책이라고 자평하고 싶다. 여기서 우리의 입장이란 수행을 중시하는 한국 선불교 전통을 말한다.

14. 주요 용어들의 우리말 번역에 대하여

어느 분야든 그 분야에서 처음 시도하는 번역은 다 그렇겠지만 역자들은 본서를 엮으면서 쏟아져 나오는 엄청난 아비담마의 전문용어들을 어떻게 우리말로 옮길 것인가 하는 데 무척 고심하였고 잘못 옮기지 않았나 두려워하고 있다. 물론 이 용어들 가운데서 상당한 부분은 중국에서 한문으로 정착이 되기도 했지만 그렇다고 생소한 한문만으로 옮길 수도 없었다. 우리말로 풀어 적자니 말이 길어지고 산만해져서 문제가 되었다. 물론 이 둘 가운데서 중도를 취해야 하겠지만 역자들은 의논 끝에 일단 정확한 이해에 초점을 맞추기로 했다. 우리말이 어색하고 말이 길어지더라도 일단 정확한 이해를 하고 나면 다음에 더 좋은 우리말 역어로 정착이 될 것이기 때문이다. 정확한 이해를 기본 신조로 하여 번역과 해설을 하면서 고심을 한 몇 가지 문제를 적어본다.

첫째, 우리에게 생소한 중요한 용어들을 어떻게 해설할 것인가를 두고 고심하였다. 일단 모든 해설은 아비담마 전문용어들의 어원과 기본적인 의미를 파악하는 데 초점을 맞추었다. 가능하다면 초기불전에서는 어떤 문맥에서 나타나고 이것이 어떻게 아비담마에서 정착이 되었나 하는 것을 나타내려 하였다. 문제는 전체적으로 해설이 너무 길고 산만하다는 점이다. 그러나 이것이 아비담마 용어들을 우리말로 옮기고 해설하는 처음 시도이므로 가급적이면 자세하게 설명하려 했다. 특히 아비담마는 기본 용어의 정확한 이해가 없으면 자기 식의 잘못된 이해에 빠져 버리기가 쉽기 때문이다.

둘째, 모든 용어는 가급적이면 우리말로 풀어 적는다는 원칙을 세웠다. 이것은 우리에게 익숙한 용어들도 마찬가지이다. 그래서 cakkhu-viññāṇa[眼識] 등은 '눈의 알음알이' 등으로 옮겼다. citta[心]는 '마음'으로 cetasika[心所]는 '마음부수'로 옮겼다. 그리고 초기불교의 기본 법수가 되는 khandha[蘊]는 '무더기'로, dhātu[界]는 '요소'로, indriya[根]는 '기능' 혹은 '감각기능'으로, āyatana[處]는 '장소' 혹은 '감각장소'로 옮겼다. 이렇게 옮긴 배경은 이 단어가 처음 나오는 곳에서 나름대로 설명하고 있다. 이렇게 하다 보면 한문 용어에 익숙한 분들은 당황스럽고 짜증나기 마련일 것이다. 그래서 한문 불교 용어에 익숙한 분들을 위해서 많은 곳에서 눈의 알음알이[眼識], 무더기[蘊], 기능[根] 등으로 [ ] 안에 한자를 병기했다. 무리하게 한글식 표기만을 고집하지는 않았다.

셋째, 선·불선(善·不善)으로 한역한 꾸살라·아꾸살라(kusala-akusala)의 문제이다. 아비담마에서 가장 중요한 개념 중의 하나가 선(善, kusala)과 불선(不善, akusala)이다. 아비담마에서는 마음을 선과 불선과 이 두 개념으로 결정할 수 없는 것[無記, abyākata][87]으로 분류하고, 이 결정할 수 없는

87) 한역에서 '무기(無記)'로 옮긴 abyākata/avyākata의 우리말 번역에 대해

것[無記]을 다시 과보로 나타난 것(vipāka)과 작용만 하는 것(kiriya)으로 나눈다. 이 관점을 놓쳐 버리면 아비담마는 혼란스럽게 된다. 중국에서 kusala를 선(善)으로 akusala를 불선(不善)으로 옮겼다. 이를 중국에서 선·불선(善·不善)으로 옮긴 것은 그 시대에 가장 적합한 말이었기 때문이겠지만 요즘 우리나라에는 선(善)을 '착할 선'으로 이해하고 있기 때문에 이 선심(善心)으로 한역되는 kusala-citta를 '착한 마음'으로 옮기는 것을 많이 보아왔다. 그런데 이것을 단지 착한 마음으로 이해해 버리면 문제가 있다.

꾸살라(kusala)의 원의미는 '유익한, 숙련된, 능숙한, 이로운, 좋은' 등으로 나타낼 수 있다. 기본적으로는 도덕적으로 좋은 것을 뜻하지만 초기불전에서 kusala[善]는 해탈과 열반에 도움이 되는 것이고 akusala[不善]는 그와 반대되는 것이다. 이런 사정을 감안하여 역자들은 과감하게 선·불선이라는 역어보다는 우리말로 풀어 적기로 했다. 그래서 kusala[善]는 '유익한'으로 akusala[不善]는 '해로운'으로 옮겼다. 물론 많은 곳에서 '유익한[善]', '해로운[不善]'으로 한자를 병기하여 옮기고 있다.

넷째, 법(法)으로 옮긴 dhamma의 문제이다. 중국에서 法(법)으로 번역을 한 dhamma 혹은 산스끄리뜨 dharma는 達摩(달마), 達磨(달마), 曇摩(담마), 曇磨(담마)로도 음역이 되었다. 앞의 두 가지는 산스끄리뜨어 dharma를 음역한 것이고 뒤의 두 가지는 빠알리어 dhamma를 옮긴 것으로 여겨진다. 아비담마에서 dhamma는 대부분 고유성질을 가진 물·심의 현상을 뜻한다. 이것을 법(法)이라고 옮기면 현실성이 없어져버린다. 그렇다고 현상이나 성질로 옮기는 것도 문제가 많다. 그래서 대부분의 경우에는 중국에서 법(法)으로 옮겨서 우리에게도 정착이 된 '법(法)'으로 옮겼다. 그러나 문맥에 따라서 '것'이라고 옮기기도 하였고 '현상'이나 '성질' 등으로 옮긴 곳도 있다. 중요한 경우에는 모두 괄호 안에 dhamma라고 병기하고 있다.

서는 본서 제1장의 'Ⅰ. 욕계 마음들 — 54가지'의 해설을 참조할 것.

다섯째, 경우에 따라 둘 다 '지혜'로 옮기기도 하는 빤냐[慧, 반야, paññā]와 냐나[知, 智, ñāṇa]의 문제이다. 아비담마에서 이 둘은 같은 뜻으로 받아들이고 있지만 굳이 구분하자면 냐나[知, 智, ñāṇa]는 빠린냐(통달지, pariññā), 아빈냐(신통지, abhiññā), 안냐(구경의 지혜, aññā), 빤냐(통찰지, paññā) 등과 특히 막가냐나(magga-ñāṇa, 도의 지혜)에 이르기까지 초기불전에 나타나는 고결한 지혜를 다 포함하는 개념이다. 빤냐는 그 가운데 하나라 할 수 있는데 특히 『청정도론』에서는 위빳사나의 지혜(vipassanā-ñāṇa)로 설명되고 있다.(Vis.XIV.2) 역자들은 본서뿐만 아니라 초기불전연구원에서 출간하는 모든 책에서 paññā를 과감히 '통찰지'로 옮기고 있는데 한문 洞察智를 염두에 둔 것이다. 경이나 아비담마에서 빤냐는 무상 · 고 · 무아를 통찰하는 것(paṭivedha)과 깊이 관련되어 있기 때문이다.[88] 그러나 한문에 익숙한 분들을 위해서 '통찰지[慧]'나 '통찰지(반야)' 등으로도 옮겼다. ñāṇa는 모두 '지혜'로 옮겼다.

15. **전정판(全訂版)에서 바꾼 주요 용어들의 우리말 번역**

역자 서문을 마무리하면서 본 전정판에서 바꾼 내용과 주요 용어들을 정리해 보면 다음과 같다.

① 2002년 11월 29일에 출판한 『아비담마 길라잡이』 초판은 2002년 10월 9일에 초기불전연구원을 설립한 뒤 가장 먼저 출간한 책이다. 그러다 보니 이 초판에는 그 후에 순차적으로 번역 출간한 『청정도론』과 4부 니까야와 일치하지 않는 우리말 용어들이 적지 않았다. 이번에 출간하는 『아비담마 길라잡이』 전정판에서는 이러한 용어들을 모두 일치시키고 통일하려고 하였다. 드물기는 하지만 오히려 『청정도론』과 4부 니까야 번역에서 미진해 보이는 부분은 수정하여 싣기도 하였음을 밝힌다.

② 본서에 싣고 있는 본서의 4분의 1 정도에 해당하는 『청정도론』의 인용도 모두 초기불전연구원에서 번역 출간한 『청정도론』(초판 2004년, 제1

---

88) 『청정도론』 IV.48; XVI.76 및 본서 제7장 §28의 해설과 제9장의 첫 번째 해설 등을 참조할 것.

권 5쇄 2013, 제2권 4쇄 2011, 제3권 4쇄 2012)과 일치시켰다.

③ 초판에 실려 있던 빠알리어 술어들에 대한 한글 발음 표기를 거의 대부분 제거하였다. 예를 들면 '탐욕[貪, 로바, lobha]'이나 '마음의 경안(찟따 빳삿디, citta-passaddhi)'에서처럼 [ ]나 ( ) 안에 표기한 '로바'나 '찟따 빳삿디'와 같은 빠알리어의 한글 발음 표기는 모두 없앴다. 본서의 초판을 찍었던 2002년에는 알파벳으로 표기된 빠알리어를 읽는 것이 생소하였지만 이제는 그렇지 않다고 판단하였기 때문이다.

④ 본서의 초판에서 saṅkhāra는 '상카라(行)'로 음역을 하였다. 본 전정판에서는 saṅkhāra를 문맥에 따라 ① 형성된 것 ② 심리현상들 ③ [업]형성 ④ 자극 등으로 우리말로 옮겼다. 초기불전에 나타나는 상카라(saṅkhāra)의 용례와 우리말로 옮기는 문제에 대해서는 『초기불교이해』 127쪽 이하와 『담마상가니』 제1권 해제(127쪽)를 참조하기 바란다.

⑤ 초판에서 '잠재의식'이나 '잠재의식(바왕가)' 등으로 옮긴 bhavaṅga를 전정판에서는 '존재지속심'으로 옮기고 있다. 물론 문맥에 따라 '바왕가'로 음역을 하기도 하였다. 여기에 대해서는 본서 제3장 §8의 해설 2를 참조하기 바란다.

⑥ 초판에서 '등록의 마음'으로 옮긴 tadārammaṇa를 본서에서는 '여운의 마음'으로 옮기고 있다. 여기에 대해서는 본서 제3장 §8의 해설 13을 참조하기 바란다.

⑦ 초판에서 주로 '궁극적 실재'로 옮긴 paramattha나 paramattha-dhamma를 '궁극적인 것'이나 '구경법'으로 옮겼다. '실재'라는 표현이 자칫 고정 불변하는 실체를 상정하는 것으로 인식될 수 있기 때문이다.

⑧ 초판에서 '[탐욕에] 뿌리박은 마음'이나 '[탐욕에] 뿌리한 마음'으로 옮긴 [lobha]-mūla-cittā를 '[탐욕에] 뿌리박은 마음'으로 통일하여 탐욕에 뿌리박은 마음과 성냄에 뿌리박은 마음과 어리석음에 뿌리박은 마음 등으로 옮겼다.

⑨ 초판에서는 aṅga를 주로 '각지(各支)'로 옮겼는데 본 전정판에서는 모두 '구성요소'로 바꾸었다. 그래서 禪의 각지를 '禪의 구성요소'로 도의

각지는 '도의 구성요소' 등으로 바꾸었다. 여기에 대해서는 제1장 §18의 해설과 제7장 §17의 해설을 참조하기 바란다.

⑩ 아비담마의 두 가지 키워드 가운데 하나인 찰나(刹那. khaṇa)를 초판에서 주로 '순간'으로 표기하였는데 전정판에서는 대부분 '찰나'로 바꾸었다. 순간(瞬間)은 불교 한문에서 khaṇa(Sk. kṣaṇa)의 번역어로는 쓰이지 않은 듯하다. CBETA로 검색을 해보면 눈 깜짝이는(瞬) 사이(間)를 뜻하는 순간(瞬間)이라는 단어는 단지 후대의 조사 어록 몇 군데에서만 나타나고 있다. khaṇa(Sk. kṣaṇa)는 CBETA로 검색해보면 중국에서 대부분 찰나(刹那)로 음역이 되어 16,000번이 넘게 나타나고 있다. 그래서 전정판에서는 문맥상 편하게 느껴지는 몇 군데를 제외하고 대부분 '찰나'로 바꾸었다.

⑪ 초판에서는 appamaññā를 '무량(無量)'으로 옮겼는데 전정판에서는 모두 '무량함'으로 옮겼다. appamaññā는 pra+√mā의 가능법(*Pot.*) 분사인 pamañña(Sk. pramānya)에 부정접두어 'a-'를 첨가하여 이루어진 단어로서 '잴 수 없는'을 뜻하며 여성명사로 쓰여서 '잴 수 없음, 잴 수 없이 많음, 무량함'을 뜻하기 때문이다.

⑫ 초판의 제6장에서 '일어나는 원인'으로 옮긴 사뭇타나(samuṭṭhāna)를 본 전정판에서는 '생기는 요인'으로 바꾸었다. 일반적으로 '원인'으로 옮기는 hetu와 구분하기 위해서이다.

⑬ 초판에서는 눈의 알음알이[眼識]의 대상인 rūpa를 '형상'으로 옮겼는데 초기불전연구원의 다른 번역서들과 같이 전정판에서는 '형색'으로 통일하였다.

⑭ 초판에서 '상호의존'으로 옮긴 paṭṭhāna를 전정판에서는 '상호의존관계'로 바꾸었다. 여기에 대해서는 제8장 §2의 해설 3을 참조하기 바란다.

⑮ 전정판을 마무리하는 순간까지 가장 고심을 한 것은 24가지 조건을 우리말로 옮기는 것이었다. 24가지 조건의 명칭들 가운데 초판의 틈 없이 뒤따르는 조건은 '틈 없는 조건'으로, 더욱 틈 없이 뒤따르는 조건은 '더욱 틈 없는 조건으로, 서로 관련된 조건은 '결합된 조건'으로, 서로 관련되지 않

은 조건은 '결합되지 않은 조건'으로, 떠나가버린 조건은 '떠나간 조건'으로, 떠나가버리지 않은 조건은 '떠나가지 않은 조건'으로 옮겼다. 24가지 조건을 우리말로 옮긴 원칙에 대해서는 제8장 §11의 주해를 참조하기 바란다.

⑯ 초판에서 사용하였던 '남방불교'를 '상좌부 불교'로 통일하였다. 상좌부 불교라는 용어가 빠알리 삼장을 근본으로 남방에서 전승되어 오는 초기불교 전통을 더 잘 표현하고 있다고 보기 때문이다.

⑰ 산스끄리뜨어와 빠알리어는 영어처럼 단수와 복수의 표기가 엄격하다.(산스끄리뜨는 양수(兩數)도 엄격하게 구분하고 있다.) 초판에서는 단수와 복수의 표기에 대한 원칙이 없었다. 본 전정판에서는 단수와 복수의 표기 원칙을 정하였다. 원문에 복수로 표기된 것은 복수로 표기함을 기본 원칙으로 하였다. 그러나 숫자와 함께 나타나는 복수는 단수로 표기하는 것이 우리말의 원칙이다.(이러한 원칙도 영어의 영향으로 요즘은 많이 바뀌고 있다고는 한다.) 그래서 예를 들면 오온은 '다섯 가지 무더기들'이 아니라 '다섯 가지 무더기'로, 오개는 '다섯 가지 장애들'이 아니라 '다섯 가지 장애'로, 칠각지는 '일곱 가지 깨달음의 구성요소들'이 아니라 '일곱 가지 깨달음의 구성요소' 등으로 표기하는 것을 원칙으로 하였다.

⑱ 본 전정판의 색인에는 영어를 병기하였다. 인터넷이 보편화된 지금 시대에 영어는 세계 공용어의 역할을 하고 있기 때문이기도 하고 이미 불교의 주요 용어들은 서구에서 영어로 잘 정착되어 있어서 우리말-영어 혼용 시대에 살고 있는 한국의 젊은 세대들에게는 영어가 불교를 이해하는 데 많은 도움을 준다고 판단하였기 때문이다. 색인에서 병기하고 있는 영어는 CMA의 색인에서 정리한 빠알리-영어 색인을 토대로 하였다.

⑲ 그 외에도 본문의 편집은 초기불전연구원의 다른 책들과 같은 형태로 완전히 새롭게 바꾸었으며 도표들을 다듬고 더 추가하였다.

⑳ 이렇게 하면서 본서의 주해와 설명을 보강하고 다듬어서 초판에서 상·하권 합하여 358개이던 주해가 이번 전정판에서는 모두 627개에 달하여 269개 정도가 추가되었다. 초판에서 상권 492쪽, 하권 400쪽으로 상·

하권을 합하여 892쪽이던 초판의 지면이 전정판에는 제1권이 544쪽, 제2권이 480쪽으로 모두 1,024쪽이 되어 142쪽이 늘어났다.

16. 맺는말

부처님께서는 반열반하시면서 부처님이 계시지 않는 세상에서는 법과 율이 그대들의 스승이 되어야 한다고 강조하셨다.(D16 §6.1) 그러므로 법(담마)을 대면하는(아비) 아비담마/아비달마는 특히 부처님의 법과 율을 생명으로 삼는 출가자가 할 일이요 출가자의 의무라고 여겨진다. 출가자는 법의 전문가가 되어야 한다. 출가자가 법(法, dhamma)을 대면해서[對, abhi] 진정한 전문가가 되는 것은 대법(對法)으로 번역되는 아비담마/아비달마에 능통했을 때이다. 세상을 위하고 세상을 연민하고 세상을 구제한다는 명분으로 출가자가 정치나 권력이나 이재나 문학이나 예술이나 의술이나 관상이나 사주나 점성학에 프로가 되면 곤란하다. 불교의 출가자는 아비담마를 통해서 법의 전문가가 되어야 한다.

한국불교를 대표하는 통합종단인 대한불교 조계종 종헌 제1장 종명 및 종지 제2조는 "본종은 석가세존의 자각각타 각행원만(自覺覺他 覺行圓滿)한 근본교리를 봉체(奉體)하며, 직지인심 견성성불 전법도생함을 그 종지로 한다."라고 '전법도생(傳法度生)'을 종지에 넣어서 세상에 대한 불교적 관심은 법을 통해서라는 점을 강조하고 있다. 법(dhamma)으로 세상을 이롭게 하는 것이 불교의 관심이여야 한다. 정치나 경제나 예술이나 의술 등을 통해서 중생을 이롭게 하는 것은 정치인이나 경제인이나 예술가나 의료인 등에 맡겨두면 된다.

'구사팔·유식삼(俱舍八·唯識三)'이라는 말이 있다. 출가자가 불교 교학을 제대로 익히기 위해서는 『아비달마 구사론』을 8년 배우고 대승 아비달마라 불리는 유식을 3년 배우라는 뜻이다. 이처럼 아비달마를 제대로 익혀야 부처님의 일대시교(一代時敎)에 능통하게 된다고 중국과 한국의 옛 스님들은 강조하신 것이다. 그러나 이 시대의 한국불교에서 아비달마는 자취를

감춘 지 오래되었다. 전통 강원이나 승가대학에서 아비달마는 가르쳐지지 않는다. 본서는 이러한 한국불교의 현실에서 우리말 세대의 출가자들이 우리말로 아비달마를 사유하는 노둣돌의 역할을 하게 될 것이라고 생각한다.

무엇보다도 아비담마는 위빳사나를 위시한 불교 수행의 길라잡이가 된다. 그래서 아비담마를 바르게 이해하는 것은 위빳사나를 비롯한 여러 가지 수행 방법이 테크닉(기법) 위주의 신비주의로 흐르지 않고 성스러운 팔정도를 실현하는 큰길이 되도록 하는 토대가 된다. 본서는 수행 전통을 잘 간직하고 있는 한국불교에 바른 수행의 길라잡이 역할을 해나갈 것이라 여긴다.

아비담마는 아주 섬세하다. 그래서 한 부분이라도 잘못 이해하면 아비담마 전체를 오해하게 됨을 역자들은 절감했고 아비담마의 큰 틀이나 큰 전제를 망각하고 엉뚱한 주장을 늘어놓게 되는 경우를 많이 보아왔다. 그래서 번역에 임하면서 우리말 번역은 어색하더라도 오역과 잘못된 해설은 없어야 한다는 생각으로 임하였다. 그러나 역시 잘못은 있기 마련일 것이다. 교학과 수행은 탁마를 통해서 더욱더 원숙해진다. 눈 밝은 분들이 본서를 읽고 부디 잘못을 지적해 주시기를 간곡히 바란다. 초기불교와 아비담마를 자신의 신념 체계로 삼고 살아가는 역자들에게 그보다 더한 기쁨은 없을 것이다. 독자 제위의 질정을 바라면서 역자 서문을 마무리한다.

제1장

citta-saṅgaha-vibhāga
마음의 길라잡이

Namo tassa Bhagavato Arahato Sammāsambuddhassa
그분 부처님, 공양 올려 마땅한 분, 바르게 깨달으신 분께 귀의합니다

제1장 마음의 길라잡이

citta-saṅgaha-vibhāga

[해설]

역자들은 본서의 역자 서문에서 아비담마의 두 가지 키워드는 고유성질[自性, sabhāva]과 찰나(刹那. khaṇa)라고 하였다. 그래서 법을 고찰하는 두 가지 공리(公理)가 있다고 하여 유위법들은 ① '고유성질을 가진 것[任持自性, sabhāvaṁ dhāreti]'이고 ② '찰나적 존재[有刹那, khaṇika]'라고 강조하였다.[89] 유위법에 대한 이 두 가지 공리는 그대로 마음[心, citta]의 고찰에도 적용된다.

마음은 ① '대상을 아는 것[了別境, ārammaṇaṁ cinteti]'이라는 고유성질로는 한 가지이다. 그리고 마음이라는 유위법은 ② '찰나적인 것'이다. 그러므로 아래에서 보듯이 백세인생 동안 대략 3조 8,000억 번의 무수히 많은 마음이 일어나고 사라지며 이것을 모든 생명체에게 확장시키면 마음은 말로 헤아리기 어려운 불가설불가설(不可說不可說)로 많아진다. 이러한 무수히 많은 마음을 상좌부 아비담마에서는 89가지 혹은 121가지로 분류하고 있다.

89) 본서 역자 서문 '6. 찰나(刹那, 순간, khaṇa)란 무엇인가'의 마지막 부분을 참조할 것.

『아비담마 길라잡이』의 첫 장은 '마음(citta)'[90] 혹은 '알음알이(viññāṇa)'에 대한 고찰이다. 남·북방 불교의 모든 전통을 아우를 수 있는 가장 큰 특징을 들라면, 마음과 물질을 매 순간 찰나생·찰나멸을 거듭하는 흐름으로 파악하고 있는 점일 것이다. 그래서 부처님께서는

"비구들이여, 이것과 다른 어떤 단 하나의 법도 이렇듯 빨리 변하는 것을 나는 보지 못하나니, 그것은 바로 마음(citta)이다. 비구들이여, 마음이 얼마나 빨리 변하는지 그 비유를 드는 것도 쉽지 않다."(『앙굿따라 니까야』「하나의 모음」, A.i.9)

라고 강조하셨다. 이처럼 니까야의 여러 곳에서 세존께서는 마음을 불변하는 실체로 상정하는 어리석음을 척파하셨고,[91] 생각 너머에 존재한다는 아뜨만이니 진아니 대아니 하는 일체의 존재론적인 발상도 모두 인식[想, 相, 산냐, saññā]일 뿐이라고 강조하셨으며,[92] 중생이라는 고정관념의 해체를 설하셨다.[93]

잘못된 인식[想顚倒, saññā-vipallāsa][94]을 전환하는 방법은 여러 가지

---

90) citta에 대한 논의는 아래 §3의 해설 1을 참조할 것.

91) 여기에 대해서는『맛지마 니까야』제2권「갈애 멸진의 긴 경」(M38)과 제4권「라훌라를 교계한 짧은 경」(M147)과「여섯씩 여섯[六六] 경」(M148)의 해설 등을 참조하고 자세한 것은『초기불교이해』213쪽 이하를 참조할 것.

92) 『디가 니까야』제1권「뽓타빠다경」(D9) §29 이하와 §39 이하 등을 참조할 것.

93) 『상윳따 니까야』제1권「와지라 경」(S5:10) §5 등을 참조할 것.

94) 무상·고·무아·부정인 것을 항상하고 즐겁고 자아이고 깨끗한 것(常·樂·我·淨, 상·락·아·정)으로 여기는 것을 인식의 전도라 하며, 북전『반야심경』도 이러한 전도를 여의고 궁극적 행복인 열반을 실현할 것을 강조하고 있다.(원리전도몽상 구경열반, 遠離顚倒夢想 究竟涅槃)
이러한 인식의 전도는 이미 니까야에도 나타나고 있다. 인식의 전도에 대해서는『초기불교이해』119쪽과 121쪽을 참조할 것.

가 있겠으나 무엇보다도 대상을 인식하는 구조(본서 제4장 참조)를 먼저 이해해야 하며 인식의 구조를 이해하기 위해서는 대상을 인식하는 주체인 마음 그 자체를 먼저 이해해야 할 것이다. 그래서 본서의 저자 아누룻다 스님도 마음(citta)을 제일 먼저 해설하고 있다. 이런 마음을 주체라 표현했다 하여 고정불변인 것으로 받아들여서는 안 된다. 마음은 찰나생·찰나멸을 거듭하며 헤아릴 수 없이 많이 일어나고 사라진다.

역자 서문에서 역자들은 1찰나는 대략 75분의 1초에 해당한다고 밝혔다.[95] 한편 상좌부 불교에서는 물질이 머무는 찰나에 마음은 16번 일어나고 머물고 사라진다고 강조한다.[96] 이렇게 본다면 1초에 마음은 대략 1,200번 일어나고 머물고 사라진다고 계산할 수 있다.

그러면 백세인생 동안 '나'라는 개체의 흐름에서 얼마나 많은 마음들이 일어났다가 사라지는가? 그것은 1,200×60초×60분×24시간×365일×100년 = 3,784,320,000,000번, 즉 3조 7,843억 2천만 번 정도가 된다. 이렇게 하여 백세인생에 한 개인에게 이 정도의 마음들이 일어나고 사라지는 것으로 거칠게 계산해 볼 수 있다. 여기에다 현존하는 세계 인구 70억, 지금까지 살다가 죽었던 무수한 사람들, 게다가 수없이 많은 동물들의 마음까지 고려하면 이 지구상에서만 해도 그야말로 『화엄경』의 표현을 빌려서 말하자면 불가설불가설미진수(不可說不可說微塵數)의 마음들이 매 찰나 일어나고 사라졌고 지금 일어나고 사라지고 있으며 앞으로도 일어나고 사라질 것으로 계산된다.

놀라운 것은 상좌부 아비담마에서는 이러한 불가설불가설인 마

---

95) 본서 역자 서문 '6. 찰나(刹那, 순간, khaṇa)란 무엇인가'의 '(3) 1찰나는 75분의 1초이다'를 참조할 것.

96) Vis.XX.24.(본서 제4장의 제목에 대한 해설 참조)

음들을 어떤 기준을 정해서 분류해내고 있다는 것이다. 그 기준은 ① 마음이 일어나는 경지인 욕계・색계・무색계・출세간의 네 가지 경지(bhūmi)와 ② 유익한 업을 짓는 마음, 해로운 업을 짓는 마음, 업의 과보로 나타난 마음, 이들과 관계없는 작용만 하는 마음이라는 네 가지 마음의 종류(jāti)이다. 이러한 기준을 가지고 상좌부 아비담마에서는 89가지 혹은 121가지 마음으로 세상에서 일어날 수 있는 모든 마음들을 분류해내고 있다. 마음을 이렇게 분류해내는 체계는 불교의 적통임을 자부하는 상좌부 아비담마가 유일하다.

이처럼 헤아릴 수 없이 많은 마음을 아비담마에서는 크게 89/121가지로 분류하여 제시하고 있으며 이것이 본 『아비담마 길라잡이』 제1장의 내용이다.

여기서 강조하고 싶은 것은 89/121가지 마음의 분류는 주석서 문헌 이후에 성립된 것이 결코 아니라는 점이다. 이것은 빠알리 삼장의 논장 칠론 가운데 첫 번째인 『담마상가니』 제1편 마음의 일어남 편에서 이미 완성되어 나타난다. 『담마상가니』 제1편 마음의 일어남 편에는 대략 211,605개[97]의 마음이 언급되고 있는데 본 『아비담맛타상가하』에서 설명하고 있는 기준을 적용시키면 89가지 혹은 121가지가 된다. 여기에 대해서는 『담마상가니』 제1권 '해제 5. 『담마상가니』 제1편(§§1~582)에 나타나는 마음은 몇 개인가'(143쪽 이하)를 참조하기 바란다. 이제 89/121가지 마음들을 하나하나 살펴보자.

---

97) 『담마상가니』 제1권의 해제에서 역자는 『담마상가니』에서 언급되는 마음의 개수를 모두 212,021개로 계산하였다. 그러나 『담마상가니』 제1권 해제 148쪽 이하에서 계산해본 제4장 삼계의 유익한 마음(§§269~276)의 마음의 개수는 211,605개로 수정이 되어야 함을 밝힌다. 이미 열의, 정진, 마음, 검증의 네 가지 지배는 20가지 안에 포함되어 있으므로 이 넷을 다시 곱하면 안되기 때문이다.

§1. 서시

ganthārambha-kathā

[해설]

'서시(序詩)'로 옮긴 ganthārambha-kathā는 gantha(책)+ārambha(시작)+kathā(이야기)의 합성어로 빠알리 주석서(Aṭṭhakathā)에서부터 나타나는 용어이다.98) 불교에서는 전통적으로 법(Dhamma)을 해설할 때 진리(법)를 찾는 사람들의 최종 의지처인 불·법·승 삼보에 귀경하는 헌시[歸敬偈]로 주석서를 시작한다. 이런 전통에 따라 아누룻다 스님 또한 삼보에 대한 아래의 시로 본서를 열고 있다.

1. sammāsambuddham atulaṁ sasaddhammagaṇuttamaṁ
abhivādiya bhāsissaṁ abhidhammatthasaṅgahaṁ.

비할 데 없는 정등각자와 바른 법과
위없는 승가에 예경하옵고
이제 『아비담마 길라잡이』를 풀어가려 하노라.

[해설]

1. **비할 데 없는**(atulaṁ) **정등각자**(sammāsambuddhaṁ)99): 부처

---

98) CMA에서는 thuti-vacana로 나타난다. 여기서 thuti는 √stu(*to praise*)에서 파생된 여성명사로서 '칭송, 칭찬'이라는 뜻이며 vacana는 √vac(*to speak*)에서 파생된 중성명사로서 '말, 말씀, 용어' 등의 뜻으로 쓰인다. 그러므로 thutivacana는 '칭송의 말'이라는 뜻으로서 ganthārambha-kathā와 같은 뜻이다. 역자들은 미얀마 육차결집본을 토대로 한 VRI본에 나타나는 ganthārambha-kathā라는 단어를 채택했는데 『청정도론』을 비롯한 모든 주석서와 복주서에서 이 단어가 나타나기 때문이다.

99) sammāsambuddha는 sammā(올바른)+saṁ(함께)+√budh(*to enlighten*)의 과거분사인데 명사로 정착이 되었다. '바르고 원만한 깨달음'이라는 문자적인 뜻에서 '바르게 깨달은 분'을 뜻한다. 중국에서는 正遍知와 正等覺으

님을 정등각자라 부른다. 부처님께서는 모든 법[諸法, sabba-dhamma]의 궁극적인 성질을 그 각각의 개별적 특징[自相, sabhāva-lakkhaṇa]과 보편적 특징[共相, sāmañña-lakkhaṇa][100]을 통해서 스스로 완전히 깨달으셨기 때문이다. 『청정도론』은 정등각자를 이렇게 설명한다. "바르게(sammā) 그 스스로(sāmaṁ) 모든 법을 깨달았기 때문에(buddhattā) 정등각자라 한다."(Vis.VII.26)

부처님은 비할 데 없는 분이시다(atula). 어떤 누구도 부처님과 비견할 수 없다. 아라한들 또한 계 · 정 · 혜의 뛰어난 특질을 지니고 있으며 해탈을 성취하였지만, 부처님의 헤아릴 수 없고 깊이를 잴 수 없는 공덕에는 미치지 못한다. 부처님은 열 가지 여래의 힘[如來十力, thatāgata balāni, M12/i.69~71], 네 가지 담대함[四無畏, vesārajja, M12/i.71~72], 대비심(Ps.i.126), 일체지(sabbaññu, Ps.i.131)를 갖추신 분이다. 그러므로 부처님께서는 모든 중생들 가운데 누구와도 비할 데 없는 분이시다. 그래서 『맛지마 니까야』 제3권 「고빠까 목갈라나 경」(M108)에서 아난다 존자는 이렇게 단언한다.

로 정착이 되었다. 역자들은 正等覺者로 옮겼다.

100) 아비담마에 의하면 법은 모두 개별적 특징[自相, sabhāva-lakkhaṇa]과 보편적 특징[共相, sāmañña-lakkhaṇa]을 가지고 있다. 예를 들면 성냄은 잔인함을 특징으로 하고 질투는 타인의 성공을 시기하는 특징을 가지고 있으며 양심은 악행에 대해 진저리를 내는 것이 특징이다. 이렇게 제법(諸法)은 그 자신만의 고유한 개별적 특징[自相]을 가진다. 그러나 열반을 제외한 유위법들은 모두 무상 · 고 · 무아라는 특징을 가지고 있는데 이것을 보편적 특징[共相]이라 부른다. 부처님께서는 이렇게 두 측면에서 제법의 실상을 깨달으신 분이라는 뜻이다.
법을 자상(自相)과 공상(共相)으로 파악하는 것은 상좌부 아비담마뿐만 아니라 북방 아비달마의 여러 부파와 반야중관, 유식, 여래장 계열의 여러 논서에서도 그대로 유지된다. 법의 자상(自相)과 공상(共相) 등에 대한 논의는 『초기불교이해』 209쪽 제14장 어떻게 해탈 · 열반을 실현할 것인가에 나타나고 있으니 참조하기 바란다.

"바라문이여, 그분 고따마 존자 아라한 · 정등각자께서 구족하셨던 모든 법들을 모든 방면에서 완전하게 구족한 비구는 단 한 명도 없습니다. 바라문이여, 그분 세존께서는 일어나지 않은 도를 일으키셨고, 생기지 않은 도를 생기게 하셨으며, 설해지지 않은 도를 설하셨고, 도를 아시고, 도를 발견하셨고, 도에 정통하신 분이기 때문입니다. 지금의 제자들은 그 도를 따라서 머물고 나중에 그것을 구족하게 됩니다."(M108 §5)[101]

부처님의 공덕은 초기경의 도처에서 "이런 [이유로] 그분 세존께서는 아라한[應供]이시며, 완전히 깨달은 분[正等覺]이시며, 명지와 실천을 구족한 분[明行足]이시며, 피안으로 잘 가신 분[善逝]이시며, 세간을 잘 알고 계신 분[世間解]이시며, 가장 높은 분[無上士]이시며, 사람을 잘 길들이는 분[調御丈夫]이시며, 하늘과 인간의 스승[天人師]이시며, 깨달은 분[佛]이시며, 세존(世尊)이시다."[102]라는 부처님의 열 가지 명호[如來十號]로 정형화되어 나타나고 있다. 이것은 『청정도론』 VII.2~67에서 자세히 설명되어 있으므로 참조하기 바란다.

2. **바른 법**(saddhamma)[103]: 상좌부에서는 가르침 혹은 법(Dhamma)을 교학(pariyatti, 배움), 수행(paṭipatti, 도닦음), 통찰(paṭivedha, 꿰뚫음)의

101) "… so hi, brāhmaṇa, bhagavā anuppannassa maggassa uppādetā asañjātassa maggassa sañjānetā anakkhātassa maggassa akkhātā maggaññū maggavidū maggakovido …"(M108/iii.8)

102) "itipi so bhagavā arahaṁ sammāsambuddho vijjācaraṇasampanno sugato lokavidū anuttaro purisadammasārathi satthā devamanussā-naṁ buddho bhagavā ti"(D2 §8; M7 §5; S11:3 §5; A3:60 §1 등)

103) saddhamma는 sad+dhamma로 분석되는데 sad/sat는 √as(*to be*)의 현재분사로서 '있는, 존재하는'이라는 문자적인 뜻을 가졌다. 이 sad/sat는 주로 합성어의 앞에 놓여서 '바른, 참다운, 진실한' 등의 의미로 쓰인다. 그래서 saddhamma는 '바른 법, 참된 법'을 뜻하며 남 · 북방의 주석서들에서 부처님 가르침을 이렇게 표현하고 있다.

세 가지 측면으로 설명한다.[104] 여기서 교학이란 부처님의 가르침이 기록된 삼장(三藏, Tipiṭaka)을 공부하는 것이고 수행이란 계·정·혜 삼학을 닦는 것이며, 통찰이란 출세간도를 통찰하고 성스러운 과를 증득하는 것이다. 배움은 도닦음의, 도닦음은 꿰뚫음의 토대가 된다. 교학은 수행의 지침이 되고 수행은 성스러운 경지를 증득하는 돌파구가 되기 때문이다. 법이 바르다는 것은 그것이 곧 진리요 유익하다[善]는 것이다. 부처님의 가르침을 내 삶에 적용하면 그것은 반드시 최상의 진리요 지고의 선(善)인 열반의 증득으로 이끌어주기 때문이다.

법(法, dhamma)은 초기경의 도처에서 "법은 세존에 의해서 잘 설해졌고, 스스로 보아 알 수 있고, 시간이 걸리지 않고, 와서 보라는 것이고, 향상으로 인도하고, 지자들이 각자 알아야 하는 것이다."[105]라고 정형화되어 나타나며 이것은 『청정도론』 VII.68~88에서 상세하게 설명이 되고 있으므로 참조하기 바란다.

3. **위없는 승가**(gaṇa-uttama)[106]: 주석서에 의하면 두 종류의 승가가 있다. 세간의 승가(sammuti-saṅgha)와 성자의 승가(ariya-saṅgha)이다. 세간의 승가는 구족계를 받은 비구와 비구니의 승가요, 성자의 승가는 여기서 말하는 위없는 승가로서 예류, 일래, 불환, 아라한의 도와 과를 증득한 [분들로] 네 쌍의 성자들로 여덟 단계에 있는 분들[四雙八輩]을 뜻한다.[107]

---

104) DA.iii.898; MA.iv.114; AA.i.87; SnA.i.328 등.

105) "svākkhāto bhagavatā dhammo sandiṭṭhiko akāliko ehipassiko opanayiko paccattaṁ veditabbo viññūhī ti."(D16 §2.9; M7 §6; S11:3 §6; A3:40 §3 등)

106) 여기서 '승가'는 gaṇa를 옮긴 것인데 이것은 √gaṇ(*to count, to collect*)에서 파생된 남성명사로서 '무리, 집단, 산수, 계산' 등을 뜻한다. 이 단어는 자이나교에서 그들의 승단을 뜻하는 단어로 정착되었으며 여기서 보듯이 불교에서도 이 단어를 saṅgha(승가)와 동의어로 쓰고 있다.

경에서 승가는 다음과 같은 정형구로 나타나고 있다. "세존의 제자들의 승가는 잘 도를 닦고, 세존의 제자들의 승가는 바르게 도를 닦고, 세존의 제자들의 승가는 참되게 도를 닦고, 세존의 제자들의 승가는 합당하게 도를 닦으니, 곧 네 쌍의 인간들이요[四雙] 여덟 단계에 있는 사람들[八輩]이시다. 이러한 세존의 제자들의 승가는 공양받아 마땅하고, 선사받아 마땅하고, 보시받아 마땅하고, 합장받아 마땅하며, 세상의 위없는 복밭[福田]이시다."[108] 그리고 이 승가에 대한 정형구는 『청정도론』 VII.89~100에 잘 설명되어 있으므로 참조하기 바란다.

§2. 네 가지 구경법
catu-paramatthadhamma

2. tattha vuttābhidhammatthā catudhā paramatthato
cittaṁ cetasikaṁ rūpaṁ nibbānam iti sabbathā.

여기서 설하는 아비담마의 주제들은
궁극적인 것(paramattha)으로 모두 네 가지이니
마음과 마음부수와 물질과 열반이다.

[해설]

1. **궁극적인 것**(paramattha)[109]: 아비담마에 의하면 존재에는 ① '인

---

107) VmA.155, PdṬ.13.

108) "supaṭipanno bhagavato sāvakasaṅgho ujupaṭipanno bhagavato sāvakasaṅgho ñāyapaṭipanno bhagavato sāvakasaṅgho sāmīcipaṭipanno bhagavato sāvakasaṅgho yadidaṁ cattāri purisayugāni aṭṭha purisapuggalā esa bhagavato sāvakasaṅgho āhuneyyo pāhuneyyo dakkhiṇeyyo añjalikaraṇīyo anuttaraṁ puññakkhettaṁ lokassā ti." (D16 §2.9; M7 §7; S11:3 §7; A4:52 등)

습적인 것(sammuti)'과 ② '궁극적인 것(paramattha)'의 두 가지가 있다.(PdṬ.17)

① '인습적인 것'은 보통의 개념적인 것(paññatti)[110]과 인습적 표현(vohāra)을 지칭한다. 예를 들면 중생, 사람, 남자, 여자, 동물 등뿐 아니라 세상에 대한 우리의 분석적이지 못한 밑그림을 구성하는, 외관상 견고하게 남아있는 산, 바위, 나무, 집 등 여러 대상이 모두 인습적인 것에 포함된다. 이런 개념들은 실재하지 않는다고 아비담마는 말한다. 왜냐하면 그 개념들이 나타내는 대상은 그들 자체로는 더 이상 분해하거나 해체할 수 없는 실재로서 존재하는 것이 아니기 때문이다. 그들이 존재하는 방식은 개념적인 것이지 사실 그대로가 아니다. 아비담마의 표현을 빌리자면 이들은 고유성질(sabhāva)을 가진 것이 아니다. 여러 궁극적인 것이 모여 이루어진 것들을 편의상 각각 다른 이름을 붙여서 부르고 있을 뿐이다.

② '궁극적인 것'은 그와는 반대로 그 자신의 고유성질(sabhāva)을

---

109) paramattha는 parama(최고의, 최상의)+attha(이치, 뜻)로 분석된다. '최고의 이치'라는 뜻이다. 그래서 중국에서는 승의(勝義) 혹은 제일의(第一義)라고 직역했고 여기에다 진리[諦]를 뜻하는 삿짜(sacca)를 첨가해 빠라맛타삿짜(paramattha-sacca)라고 일반적으로 말하며 그래서 승의제(勝義諦)라고 옮기기도 하고 진제(眞諦)라고도 옮겼다. 역자들은 paramattha를 본서에서 궁극적인 것이라고 옮기고 paramattha-dhamma를 구경법(究竟法)으로 옮기고 있다. 여기서 보듯이 아비담마에서는 마음(citta), 마음부수(cetasika), 물질(rūpa), 열반(nibbāna)의 4가지 법들을 구경법(paramattha-dhamma)이라 한다.
한편 이와 반대되는 세간에서 통용되는 인습적인 진리는 sammuti-sacca라고 하며 중국에서는 세속제(世俗諦), 세제(世諦), 속제(俗諦)로 옮겼다. '인습적인 것'으로 옮긴 sammuti는 saṁ+√man(*to think*)에서 파생된 여성명사로 일상적인 것, 인습적인 것을 뜻한다.

110) 본서에서 역자들은 paññatti(빤낫띠)를 모두 '개념'으로 옮기고 있다. paññatti에 대해서는 제8장 §29 이하를 참조할 것.

가진다. 이것은 최종적인 것이요, 더 이상 분해할 수 없는 존재의 구성 요소이며, 경험을 정확하게 분석한 결과로서 존재하는 궁극의 단위이다. 이것을 불교, 특히 아비담마와 아비달마에서는 법(dhamma)이라 한다.111) 이런 궁극적인 것들은 더 이상 분해되지 않는 것이며 이들 자체가 다양한 경험으로 뭉뚱그려진 개념적 존재들을 구성하고 있는 최소 단위요 실재이다.

예를 들면 '사람, 남자, 여자' 등은 인습적인 것이지 구극의 단위가 아니다. '사람'이란 지·수·화·풍의 사대와 파생된 물질인 눈·귀·코·혀·몸 등과, 마음, 이 마음과 같이 일어나는 여러 가지 정신작용(마음부수들)이라는 최소 단위들이 모여서 이루어져 있기 때문이다. 그러나 사람을 구성하고 있는 땅의 요소나 물의 요소, 감각접촉, 느낌, 의도 등은 더 이상 분해되지 않는 그 자신의 고유성질을 가진 궁극적인 것이다. 그래서 인간이라는 것은 인습적인 것(sammuti)의 영역에 속하며 땅의 요소 등은 궁극적인 것(paramattha)이라 부른다.

이처럼 우리가 아비담마의 분석적 도구를 가지고 지혜로운 주의를 기울여보면 이런 '인간' 등의 개념 그 자체는 궁극적인 실재성을 가지고 있지 않으며 단지 정신·물질적[名色, nāma-rūpa]인 과정일 뿐이라는 것을 알게 된다. 이 정신·물질적인 과정들은 모두 최소 단위들이 매찰나 특정한 조건하에서 서로 조합되어 생멸을 거듭하는 것이다. 이러한 그 자신의 고유성질(sabhāva)을 가진 최소 단위들을 아비담마에서는 궁극적인 것(paramattha) 혹은 구경법(paramattha-dhamma)이라 한다.

이런 궁극적인 것은 정신·물질적인 현상의 구체적 본질로서 존재하지만 너무 미세하고 심오해서 훈련되지 않은 보통 사람들은 이것들

---

111) "attano pana sabhāvaṁ dhārentī ti dhammā."(DhsA.39)
법에 대한 이러한 논의는 본서 역자 서문 §3. 아비담마란 무엇인가와 『초기불교이해』 69쪽 이하 제5장 법 - 초기불교의 핵심을 참조할 것.

을 인식할 수 없다. 사람들의 마음은 대부분 개념(paññatti)들로 뒤덮여 있어서 궁극적인 것을 보지 못한다. 대상을 지혜롭게 마음에 잡도리함[如理作意, yoniso manasikāra]으로써 인간은 개념을 넘어서 보게 되고 궁극적인 것을 앎의 대상으로 삼을 수 있다. 궁극적인 것은 최상의 지혜(uttama ñāṇa)의 영역에 속하는 것이다.112)

2. **모두 네 가지이니**: 아비담마에서는 마음[心, citta], 마음부수[心所, cetasikā], 물질[色, rūpa], 열반(nibbāna)의 네 가지 궁극적인 것 혹은 구경법을 설한다. 여기서 마음은 1가지이고 마음부수는 52가지이며 물질은 28가지이고 열반은 1가지이다. 이렇게 해서 모두 82가지 궁극적인 것, 즉 구경법이 있다.113)

초기경에서 부처님께서는 존재나 개인을 오온(五蘊, 다섯 가지 무더기, pañca-khandha)으로 해체하신다. 물질의 무더기[色蘊, rūpa-khandha], 느낌의 무더기[受蘊, vedanā-khandha], 인식의 무더기[想蘊, saññā-khandha], 심리현상들의 무더기[行蘊, saṅkhārā-khandha], 알음알이의 무더기[識蘊, viññāṇa-khandha]가 그들이다.

이 가운데 알음알이의 무더기는 아비담마의 마음[心]과 일치하고, 느낌의 무더기 · 인식의 무더기 · 심리현상들의 무더기는 마음부수[心所]와 일치하며, 물질의 무더기는 물질[色]과 일치한다.114) 아비담마에서는 이런 마음, 마음부수, 물질에다 열반(nibbāna)을 포함하여 모두 네 가지 구경법을 인정한다. 열반은 오온에는 포함되지 않으며 형성된 것들에 내재한 괴로움으로부터 궁극적으로 해탈한 경지를 의미한다.

---

112) "paramassa vā uttamassa ñāṇassa attho gocaroti paramattho."(VṬ.74)

113) 역자들은 추상적 물질도 구경법에 포함시키는 레디 사야도의 견해를 따르고 있다. 여기에 대해서는 역자 본서 서문 4-(2)와 (3)을 참조하기 바란다.

114) 네 가지 구경법과 오온 등과의 관계는 <도표 7.4> 네 가지 구경법들과 5蘊 · 12處 · 18界를 참조할 것.

그래서 마음, 마음부수, 물질은 유위법(有爲法, saṅkhata-dhammā, 형성된 것들)이라 하며 열반은 무위법(無爲法, asaṅkhata-dhamma, 형성되지 않은 것)이라 부른다.

아비담마에서 제시하고 있는 이런 궁극적인 것들이야말로 이 모든 세상에 존재하는 최소의 단위이다. 존재를 이런 최소의 단위, 구극의 단위로 분해하고 분석하고 해체하여(vibhajja) '나'라고 주장할 수 있는 궁극적인 것이 없다고 설하는 것이 아비담마이다. 아비담마는 개념(paññatti)에는 큰 관심을 보이지 않는다. 그 대신 이 궁극적 존재인 법들, 즉 구경법(paramattha-dhamma)들의 특징과 역할 등을 분석하여 구명(究明)하고 이들이 서로 어떤 관계 속에 인연취산(因緣聚散)을 거듭하고 있는가 하는 제법의 상호의존관계[緣]를 파악하는 데 초점을 맞춘다. 이것이 아비담마의 근본적인 관심이다.

법을 궁극적인 것이라고 하면 혹자는 "그것은 제법무아라는 부처님의 근본 사상과 어긋나는 것이 아닌가?"라고 반문할지도 모른다. 그렇지 않다. 아비담마에서는 앞에서 언급했던 것처럼, 개별적 특징[自相, sabhāva-lakkhaṇa]과 보편적 특징[共相, sāmañña-lakkhaṇa] 두 가지 측면으로 법을 고찰한다.

즉 각각의 법은 모두 그 자신에게 고유한 개별적 특징(자상)을 가지고는 있지만 무상·고·무아라는 보편적 특징(공상)을 벗어나지 못한다. 물론 열반은 형성된 것(saṅkhata)이 아니므로 무상과 고를 적용할 수는 없다. 그러나 무아는 그에 적용된다. 그러므로 경에서도 "모든 형성된 것들은 무상하다[諸行無常]."라고 표현하고 "모든 법은 자아가 없다[諸法無我]."라고 무아를 가르치고 있다.[115] 이 제법(諸法, sabbe dhammā)에는 열반도 포함된다.[116] 열반을 존재론적으로 이해하면 안 된다. 열

115) "sabbe saṅkhārā aniccā; sabbe dhammā anattā."(M35/i.228)

반은 탐 · 진 · 치가 소멸된 경지라서 이런 모든 논의가 적용되지 않는다. 궁극적인 것이라 한다고 하여 불변하는 존재론적인 어떤 특정한 것을 상정하려 한다면 이는 아비담마에서 말하는 빠라맛타(궁극적인 것, paramattha) 혹은 빠라맛타담마(구경법)를 잘못 파악하고 있는 것이다.

§3. 네 가지 마음

catubbhidha citta117)

3. tattha cittaṁ tāva catubbidhaṁ hoti: kāmāvacaraṁ; rūpāvacaraṁ; arūpāvacaraṁ; lokuttarañ cā ti.

여기서 마음이란 우선 네 가지이다. 즉 (1) 욕계 마음 (2) 색계 마음 (3) 무색계 마음 (4) 출세간 마음이다.

[해설]

1. **마음**[心, citta]: '마음'으로 옮긴 빠알리어 citta는 √cit/cint(*to*

---

116) MA.ii.271; SA.ii.318. Rahula, Walpola, 57~58도 참조할 것.

117) 여기서 보듯이 10세기경에 쓰여진 본 『아비담맛타상가하』는 마음을 먼저 경지(bhūmi)에 따라 (1) 욕계 마음 (2) 색계 마음 (3) 무색계 마음 (4) 출세간 마음의 네 가지로 분류한 뒤에 이들 각각의 경지에서 마음을 다시 종류(jāti)에 따라 ① 해로운 마음 ② 유익한 마음 ③ 과보인 마음 ④ 작용만 하는 마음으로 분류하고 있다.

그러나 전통적으로 마음은 논장 칠론의 처음인 『담마상가니』에서 보듯이 먼저 ① 유익한 마음 ② 해로운 마음 ③ 과보인 마음 ④ 작용만 하는 마음으로 분류한 뒤에 이들 각각의 마음을 다시 (1) 욕계 마음 (2) 색계 마음 (3) 무색계 마음 (4) 출세간 마음의 네 가지로 분류하여 설명하고 있다.
이것은 아비담마의 출발점이 되며 『담마상가니』의 맨 처음에 실려 있는 아비담마 마띠까[論母]의 첫 번째 마띠까가 "유익한 법들, 해로운 법들, 결정할 수 없는[無記] 법들"(ma3-1)이기 때문이다. 이처럼 본 『아비담맛타상가하』는 『담마상가니』에서부터 전승되어 오던 전통적인 마음의 분류를 1,600여 년 뒤에 새로운 방법으로 분류하고 있다.

think, to cognize, to know)에서 파생된 중성명사이다. 빠알리 주석서들은 전통적으로 마음(citta)을 세 가지 측면에서 정의한다. 그것은 행위자(kattā, *agent*)와 도구(kāraṇa, *instrument*)와 행위 그 자체(kamma, *activity*)이다. 먼저 행위자의 측면에서는 "대상을 안다고 해서 마음이라 한다."118)라고 정의하고, 도구의 측면에서는 "[이것으로] 인해 안다고 해서 마음이라 한다."119)라고 정의한다. 행위 그 자체의 측면에서는 "단지 알고 있는 그 자체가 마음이다."120)라고 정의한다.

이 세 가지 정의 중에서 세 번째인 "단지 알고 있는 그 자체가 마음이다(cintanamattaṁ cittaṁ)."라는 것이 가장 마음(citta)을 실감나게 정의하고 있다고 할 수 있다. 여기서 cintana는 √cit(*to think*)에서 파생된 중성명사인데 범어 일반에서 '-na'는 현재 진행되고 있음을 나타내는 어미이다. 그래서 cintana는 '알고 있음'을 의미하며, matta는 '단지, 다만'의 뜻으로 다른 의미를 배제할 때 원단어 뒤에 붙여 사용한다. 그래서 cintanamatta는 '단지 알고 있음' 그 자체만을 나타내고 다른 의미는 모두 배제한다는 뜻이다.

마음은 아는 행위를 떠나 그 자신 안에 실재적인 존재를 가지고 있는 행위자도 아니요 도구도 아니다. 행위자나 도구라는 표현으로 마음을 정의하는 것은 영원한 자아(attā, Sk. atman)가 바로 '아는 행위자나 도구'라는 힌두교적 견해를 논박하기 위해서이다. 불교 논사들은 이런 정의로써 자아가 아는 행위를 실행하는 것이 아니며 단지 마음 혹은 알음알이가 그렇게 할 뿐임을 지적하는 것이다. 알음알이란 단지 아는 행위일 뿐이고 그 행위는 일어났다가 사라지는 것이므로 필히 무상한 것이다.

---

118) "ārammaṇaṁ cintetī ti cittaṁ."(DhsA.63)

119) "[etena] cintetī ti cittaṁ."(VT.74; *cf.* PdṬ.37)

120) "cintanamattaṁ cittaṁ."(*Ibid.*)

한편 빠알리 주석가들은 구경법들의 성질을 명료하게 밝히기 위해 이들을 정의하는 방법을 네 가지로 제시하고, 이 네 가지를 통해 어떤 법이든 그 한계를 분명하게 구분 짓고 있다. 『청정도론』을 비롯한 모든 주석서들이 같은 방식을 취하고 있다.[121] 그 네 가지는 다음과 같다.

(1) 특징(lakkhaṇa) — 그 법의 현저한 특질

(2) 역할(rasa) — 그 법이 수행하는 구체적인 역할(kicca)이나 목적의 성취(sampatti)[122]

(3) 나타남(paccupaṭṭhāna) — 결과로서 경험 속에서 그것이 나타나는 것

(4) 가까운 원인(padaṭṭhāna) — 그것이 의지해 있는 가장 주요한 조건

모든 구경법은 이 네 가지를 통해 정확하게 정의되고 있으며 아누룻다 스님은 본서 제9장 §30에서 이렇게 네 가지로 정신・물질을 파악하는 것을 견해의 청정[見淸淨]이라고 정의하고 있다. 역자들은 『청정도론』과 다른 주석서들을 의지해 가급적이면 본서에 원어를 많이 인용하면서 여러 구경법을 이런 네 가지 측면에서 밝히려 노력했다. 아비담마는 용어에 대한 정확한 이해 없이는 다음 단계로 나아갈 수 없기 때문이다.

여러 논서와 주석서에서는 마음을 '생각하는 혹은 식별하는 행위(cintana 혹은 vijānana)'로 설명하고 있다. 특히 『위바위니 띠까』는 『담마상가니』를 인용하여 마음을 '대상을 식별하는 것'[123]으로 정의하면서 대상이 없이는 마음이 일어나지 못하기 때문이라는 설명을 덧

121) 계(戒, sīla)를 설명하는 데 적용되고 있는 이 넷의 보기로는 『청정도론』 I.20 ~22를 참조할 것.

122) "kiccameva, sampatti vā raso ti vuccati, na rasāyatanarasādīti adhi-ppāyo"(Pm.i.28)

123) "visaya-vijānana-lakkhaṇaṁ cittaṁ."(VṬ.74)

붙이고 있다. 『빠라맛타디빠니 띠까』에서도 "아는 작용은 항상 대상을 기대한다. 그것은 대상이 없이는 얻어지지 않기 때문이다."124)라고 강조하고 있다. 이처럼 마음(citta)이란 '대상을 앎'이다. 단지 대상의 존재를 알거나 식별하거나 생각하는 것을 마음이라 한다.

그래서 전통적으로 이 citta(마음)와 mano(마노)와 viññāṇa(알음알이)는 동의어로 여겨진다.125) 이 셋은 우리의 마음을 나타내는 술어라는 점에서는 동일하지만 그 역할이나 문맥에 따라서 다르게 쓰이고 있다. 예를 들면 마음[心, citta]은 감각장소[處, āyatana]의 측면에서는 마노의 감각장소[意處]로, 기능[根, indriya]의 측면에서는 마노의 기능[意根]으로 나타나지만 무더기[蘊, khandha]의 측면에서는 알음알이의 무더기[識蘊]로 나타나고 안식·이식·비식·설식·신식·의식의 여섯 가지 알음알이[六識]로 나타난다. 그리고 요소[界, dhātu]의 측면에서 마음은 눈의 알음알이의 요소[眼識界] 등의 전오식의 요소와 마노의 요소[意界]와 마노의 알음알이의 요소[意識界]로 7가지로 구분되어 나타난다. 여기에

---

124) "etthaca cintanakriyā nāma niccaṁ ārammaṇāpekkhā hoti. na hi sā ārammaṇena vinā labbhatīti."(PdṬ.19)

125) "마음[心]이라고도 마노[意]라고도 알음알이[識]라고도 부르는 것(yam kho vuccati cittam iti pi mano, iti pi viññāṇaṁ)"(S12:61 §4)

"무엇이 그때에 있는 마음(citta)인가? 그때에 있는 마음, 마노[意], 정신작용, 심장, 깨끗한 것, 마노, 마노의 감각장소, 마노의 기능, 알음알이, 알음알이의 무더기, 그것에 적합한 마노의 알음알이의 요소 — 이것이 그때에 있는 마음이다."(Dhs. §6 등, *cf.* Vbh. §184 등)

"알음알이[識, viññāṇa]와 마음[心, citta]과 마노[意, mano]는 뜻에서는 하나이다(viññāṇaṁ, cittaṁ mano ti atthato ekaṁ)."(Vis.XIV.82.)

알음알이[識]로 옮기는 viññāṇa는 동사 vijānāti(vi+√jñā, *to know*)에서, 마음[心]으로 옮기는 citta는 동사 cinteti(√cit, *to think*)에서, 마노[意]로 옮기는 mano는 동사 maññati(√man, *to conceive*)에서 파생된 명사이다. 초기불전연구원에서는 vijānāti를 알다나 식별하다로, cinteti를 생각하다나 알다로, maññati를 사량하다로 옮기고 있다.

대해서는 제1장 §8의 해설 4와 제3장 §21과 <도표 3.7>을 참조하고 89가지 마음과 온・처・계의 상관관계에 대해서는 하권 <도표 7.4>를 참조할 것.

마음은 대상을 아는 혹은 식별하는 혹은 생각하는 특징을 가지고 있어서 그것이 아무리 다양하게 일어나더라도 안다는 특징으로만 본다면 하나이지만 그 하나인 마음을 아비담마에서는 여러 유형으로 구분짓고 있다. 이런 유형들은 복수로 '마음들'이라고 표현하는데 89가지로, 더 자세하게는 121가지로 구별한다.(<도표 1.1> 참조)

우리가 일반적으로 마음이라고 생각하는 것은 실제로는 마음들의 흐름[心相續, citta-santati], 즉 마음들이 찰나적으로 생멸하며 상속하는 것이다. 이들이 너무나 빠르게 상속하기 때문에 따로따로 분리된 여러 유형으로 우리가 간파하지 못할 뿐이다. 아비담마는 이런 유형의 마음들을 상세하게 구분해낸다. 그뿐 아니라 아비담마는 이런 여러 유형의 마음들을 전체적으로 통일되고 서로 밀접하게 짜여진 정해진 질서로써 드러내고 있다.

이것을 위해서 아비담마는 몇 가지 분류의 원칙을 적용하고 있다. 그 첫 번째가 여기서 설명하고 있는 마음이 일어나는 경지[地, bhūmi]에 따른 분류이다. 마음이 일어나는 경지는 크게 넷으로 분류된다. 욕계, 색계, 무색계의 세간적인 것과 네 번째의 출세간적인 것이다. 세간에 속하는 세 가지 마음이 일어나는 경지는 각각 중생들이 살고 있는 세 가지 세상(loka), 즉 삼계라 불리는 욕계, 색계, 무색계 세상과 밀접하게 관련되어 있다.

그러나 마음이 일어나는 경지(bhūmi)와 세상(loka)이 서로 같은 것은 아니다. 마음이 일어나는 경지는 마음들을 공통되는 유형(類型)에 따라 네 가지로 분류한 것이고 세상으로서의 삼계는 중생들이 태어나서 그곳에서 삶을 영위하는 그런 영역이나 세상을 말한다. 그렇지만 마음이 일어나는 경지와 생명체들이 사는 세상은 분명한 관계가 있다.

첫째, 각각의 일어나는 경지에 특유한 마음은 그에 상응하는 세상과 관련된 특유한 유형의 마음들로 구성되어 있다. 그래서 그런 마음은 대부분 그에 상응하는 세상에서 일어나는 경향을 가지고 그런 세상에서 대부분 일어난다. 즉 색계의 마음은 대부분 색계 세상에 태어난 유정들에 속하는 마음이라서 대부분 색계 유정들이 일으키는 마음이다. 그래서 마음이 일어나는 경지는 같은 이름을 공유하는 세상을 대표하는 것이다.

둘째, 그러나 어떤 경지에 속하는 마음은 그에 상응하는 세상에 묶인 것은 아니고 다른 세상에서도 일어날 수 있다. 예를 들면 색계와 무색계의 마음들, 즉 본삼매에 든 마음들은 욕계 세상에서도 일어날 수 있다. 욕계 마음들은 색계 세상과 무색계 세상에서도 일어날 수 있다. 이처럼 어떤 경지에 속하는 마음은 반드시 그에 상응하는 세상에서만 일어나는 것은 아니다.

셋째, 어떤 특정한 경지에서 업을 일으키는 마음들은 그에 상응하는 세상으로 재생을 일어나게 만드는 경향이 강하다. 만일 그런 마음들이 재생연결을 일으킬 기회를 가지게 되면 그들은 오직 그 세상에서 재생연결을 일으키고 다른 세상에서는 일으키지 않는다. 예를 들면 욕계 세상에 사는 유정들이 삼매를 닦아서 색계에 속하는 마음을 자주 일으키고 특히 임종 시에 이런 마음으로 죽으면 다음 생은 색계 세상에 태어나게 되는 것이다. 마음이 일어나는 경지와 그에 상응하는 세상과의 관계는 극히 가까운 것이다.

2. **욕계 마음**(kāmāvacara-citta): '욕계'로 번역되는 kāmāvacara는 kāma와 avacara의 합성어이다. kāma는 √kam(*to desire*)에서

파생된 명사이다. 초기경에서는 주로 다섯 감각기관(눈 · 귀 · 코 · 혀 · 몸)을 통해서 추구되는 것을 의미하는 문맥에서 pañca-kāmaguṇa(다섯 가닥의 감각적 쾌락)라는 합성어로 많이 나타난다.[126] 즉 감각기능[根]을 통해서 생기는 감각적 쾌락이라는 말이다. 이런 측면에서 '감각적 쾌락'으로 옮긴다. avacara는 ava+√car(*to move*)에서 파생된 단어로 형용사로는 '다니는, 나타나는, 살고 있는, 익숙한, 편한, 속하는' 등의 의미로 쓰이고 중성명사로 쓰이면 '다니는 곳, 사는 곳'이라는 의미에서 '영역, 범주'를 뜻한다. 대부분 kāmāvacara 등의 욕계, 색계, 무색계라는 합성어로 나타나고 있다. 그래서 kāmāvacara는 '감각적 쾌락의 영역'이라는 의미이며 욕계(欲界)라고 한역되었다.

여기에 상응하는 세상은 욕계 세상(kāma-loka)이다. 아비담마에서는 네 가지 악도, 인간, 여섯 가지 욕계 천상[六欲天, 육욕천]의 11가지 욕계 세상을 들고 있다.(제5장 §§4~5 참조) 욕계 마음은 이런 11가지 욕계 세상과 상응하는 모든 마음을 포함한다. 물론 이런 마음은 다른 세상에서도 일어날 수 있다.[127]

---

126) 초기불전의 여러 곳에서 '다섯 가닥의 감각적 쾌락(pañca kāmaguṇā)'은 다음과 같이 정형화되어 나타난다.
"다섯 가닥의 감각적 쾌락이 있다. 무엇이 다섯인가? 눈으로 인식되는 형색들이 있으니, 원하고 좋아하고 마음에 들고 사랑스럽고 감각적 쾌락을 짝하고 매혹적인 것들이다. 귀로 인식되는 소리들이 있으니 … 코로 인식되는 냄새들이 있으니 … 혀로 인식되는 맛들이 있으니 … 몸으로 인식되는 감촉들이 있으니, 원하고 좋아하고 마음에 들고 사랑스럽고 감각적 쾌락을 짝하고 매혹적인 것들이다. 이를 일러 다섯 가닥의 감각적 쾌락이라 한다."(D13 §27; M13 §7; S36:19 §11; A9:38 §5 등)

127) 『담마상가니 주석서』는 다음의 세 가지 의미로 욕계 혹은 욕계에 속하는 것을 설명하고 있다.

"① 감각적 쾌락이 여기서 자주 일어난다고 해서 욕계이다. 칼을 차고 다니는 곳과 같다. 어떤 지역에 칼을 찬 사람들이 다닌다면 그곳에는 다른 두 발과 네 발을 가진 존재들이 다니고 있지만 그들의 특징을 취해서 칼 차고 다니는 곳이라고 불리는 것과 같다. 그와 같이 색계에 속하는 것들 등도 거기

3. **색계 마음**(rūpāvacara-citta): '색계 마음'은 색계 세상(rūpa-loka)과 상응하는 마음의 경지(bhūmi)나 색계선(色界禪, rūpajjhāna)이라고 불리는 선정의 상태, 즉 본삼매에 든 마음의 경지이다. 대부분 이런 영역에서 일어나는 마음은 색계 마음에 속한다. 여기서 이것을 색계禪이라고 부르는 이유는 일반적으로 이것이 땅의 까시나(제9장 §6참조)와 같은 도구 혹은 몸의 일부분 등의 물질[色, rūpa]을 대상으로 삼아 선정을 닦는 수행을 통해 얻어지기 때문이다.128) 이런 대상이 禪을 닦는 토대가 되고 이런 대상들을 토대로 해서 얻어진 고귀한(mahaggata) 마음을 색계 마음(rūpāvacara-citta)이라 한다.

서 자주 일어나지만 [감각적 쾌락이] 그들의 특징을 이루기 때문에 그 영역을 욕계라고 부른다.
마치 색계의 존재(rūpa-bhava)를 색계(rūpa)라 하듯이 뒤의 단어(즉 bhava)를 생략하여 [kāma-bhava(욕계의 존재)를] kāma(욕계)라고 부른다. 이와 같이 이 마음은 이 11가지 영역이라 불리는 욕계에서 자주 일어난다고 해서 욕계(혹은 욕계에 속하는 것)이다.
그런데 이것은 색계와 무색계에서도 일어나지만 마치 코끼리가 전쟁터에서 다니면서 전쟁터에서 어슬렁거리는 놈이라는 이름을 얻게 되면 비록 그가 도시에서 거닐더라도 전쟁터에서 어슬렁거리는 놈이라고 불리는 것과 같고 땅이나 물에서 사는 생명체가 땅이 아니고 물이 아닌 곳에 서 있더라도 물에 사는 동물이나 땅에 사는 동물이라고 불리는 것과 같이 이것은 다른 곳에서 일어나더라도 욕계에만 속하는 것이라고 알아야 한다.
② 혹은 대상이 되는 것(ārammaṇa-karaṇa)을 통해서 [설명이 되는데], 여기서 감각적 쾌락이 자주 일어난다고 해서도 역시 욕계(혹은 욕계에 속하는 것, kāmāvacara)이다. 물론 이 감각적 쾌락은 색계와 무색계에서도 자주 일어나지만 마치 송아지를 두고 소리 낸다고 해서 송아지라 하고 물소를 두고 마히(mahi, 땅)에 누워있다고 해서 마힘사(mahiṁsa)라 하지만 소리를 내거나 땅에 누워있다고 해서 모든 동물들을 이렇게 부르지는 않는 것처럼 이것의 의미도 이와 같다고 알아야 한다.
③ 그리고 욕계의 존재라 불리는 욕계에 재생연결을 자주 일어나게 한다고 해서도 욕계(혹은 욕계에 속하는 것)이다."(DhsA.62)

128) *cf.* Abhi-av.5.

4. **무색계 마음**(arūpāvacara-citta): '무색계 마음'은 무색계 세상(arūpa-loka)과 상응하는 마음의 경지나 무색계선(無色界禪, arūpa-jjhāna)이라 불리는 선정의 상태(본삼매)에 속하는 마음의 경지이다. 대부분 이런 영역에서 일어나는 마음은 무색계 마음에 속한다. 수행자가 색계禪을 넘어서서 물질의 영역을 벗어난 禪의 상태를 증득하기 위해 선정을 닦을 때는 물질과 연결된 모든 대상을 버리고 '무한한 허공(ākāsa)' 등의, 물질이 아닌[無色, arūpa] 대상에 대해서 마음을 집중해야 한다. 이런 대상을 토대로 해서 얻어진 고귀한 마음을 무색계 마음이라 부른다.

5. **출세간 마음**(lokuttara-citta): '출세간'으로 옮긴 lokuttara는 loka와 uttara가 합성된 용어이다. loka는 √lok(*to see*)에서 파생된 명사로 '볼 수 있는 것'에서 세상(*world*)을 나타내는 단어로 정착이 되었다. uttara는 다시 ud(위로)+tara(더)로 분석해 볼 수 있는데 '-tara'는 비교급을 나타내는 어미로 '더(*more*)'를 뜻하며 '-tama'는 최상급을 뜻한다. 그래서 uttara는 '더 높은, 더 위의'를 뜻하며 북쪽을 뜻하기도 한다. 그래서 lokuttara는 '더 높은 세상'을 뜻하며 세상을 벗어난 경지라는 의미에서 '출세간'으로 옮긴다.

『청정도론』의 복주서인 『빠라맛타만주사』는 '부숨, 파멸(lujjana-palujjana)'이라는 뜻에서 '세상(loka)'이라 하고 그것에 포함되지 않고 그것을 건넜다(uttiṇṇa)라고 해서 '출세간(lokuttara)'이라 한다고 설명하고 있다.[129] 한편 주석서에서는 세상(loka)을 ① 공간의 세상[器世間, okāsa-loka] ② 중생 세상[有情世間, satta-loka] ③ 형성된 세상(saṅkhāra-loka), 즉 정신과 물질의 모든 조건 지어진 것들[有爲法]의 세 가지로 설명한다.[130] 여기서 말하는 세상은 형성된 세상, 즉 취착의 [대상인]

---

129) "lujjanapalujjanaṭṭhena loko vuccati vaṭṭaṁ, tappariyāpannatāya loke niyuttā, tattha vā viditā ti lokiyā. tattha apariyāpannatāya lokato uttarā uttiṇṇā ti lokuttarā."(Pm.ii.77)

다섯 가지 무더기[五取蘊] 안에 포함되는 모든 세간적인 현상[有爲法]을 뜻한다.

이런 유위법의 세상을 넘어선 것이 형성되지 않은 것, 즉 무위법인 열반이며 이런 열반을 직접 경험하는 유형의 마음을 '출세간 마음(lokuttara-citta)'이라 하고 앞의 세 가지 마음을 이것과 구분하기 위해서 '세간적인 마음(lokiya-citta)'이라 부른다. 이처럼 출세간은 마음의 경지(bhūmi)이지 출세간의 세상(loka)이 따로 있는 것이 아니다.

여기서 숙지하고 있어야 할 두 가지 용어가 있는데 '제한된'으로 옮긴 paritta[131]와 '고귀한'으로 옮긴 mahaggata이다. paritta는 욕계의 마음을 나타내는 형용사이고 mahaggata는 색계와 무색계의 마음을 뜻하는 형용사이다. 욕계의 마음은 그 힘이나 영향력이 제한되어 있기 때문에 이렇게 부른다.[132] 한편 색계·무색계의 마음은 장애가 제거되었기 때문에 고귀하고, 고귀한 禪에 의해서 얻어졌기 때문에 고귀하다고[133] 설명한다. paritta는 인식과정(4장)에서 큰 대상을 나타내

130) 세 가지 세상에 대해서는『청정도론』VII.36 이하를 참조하고 M27 §11의 주해와 S2:26 §2의 주해를 참조할 것.

131) paritta는 pari(주위로)+√dā(*to give*)의 과거분사인데 형용사로 쓰여 '제한된, 작은'을 뜻한다. 보호주 혹은 호주(護呪)로 옮겨지는 paritta는 pari+√trā/trai(*to protect*)에서 파생된 중성명사로서 이 단어와는 어원이 다르다.

132) "imepi appānubhāvatāya parittā viyāti parittā; kāmāvacaradhammā-nam etaṁ adhivacanaṁ."(DhsA.44)

133) "vinīvaraṇāditāya mahattaṁ gatāni, mahantehi vā jhāyīhi gatāni pattānīti mahaggatāni."(VṬ.116)

한편『담마상가니 주석서』는 다음과 같이 설명한다.
"전체로부터 떨어져 나왔기 때문에 작은 것(appamattaka)을 '제한된 것(paritta)'이라 부른다. 작은 소똥 덩어리(S22:96)와 같다. 이들은 위력이 작기 때문에 제한된 것과 같다고 해서 역시 '제한된 것'이다. 이것은 욕계에 속하는 법들과 동의어이다.

는 mahanta와 짝이 되어 나타나기도 하는데 이 경우에 paritta는 작은 대상을 나타낸다.(제4장 §5 참조)

I. 욕계 마음들 — 54가지

kāmāvacara-cittāni

[해설]

위에서 우리는 마음이 그 경지에 따라서 크게 네 가지, 즉 욕계 마음, 색계 마음, 무색계 마음, 출세간 마음으로 구분되는 것을 보았다. 마음은 역시 다른 원칙에 바탕해서 분류할 수도 있다. 아비담마에서 중요한 역할을 하는 또 다른 분류의 원칙은 마음의 종류(jāti)이다.

마음은 그 종류에 따라서 ① 해로운 것[不善, akusala], ② 유익한 것[善, kusala], ③ 과보인 것[異熟, 과보로 나타난 것, vipāka], ④ 작용만 하는 것[作用, 所作, 用, kiriya]의 넷으로 분류된다. 여기서 ① 해로운 마음과 ② 유익한 마음은 업을 짓는 마음이고 이 업의 과보로 나타난 것이 ③ 과보인 마음이며 이 업과 과보와 관계가 없는 마음이 ④ 작용만 하는 마음이다.

① 해로운 마음(akusala-citta)은 탐욕[貪, lobha], 성냄[嗔, dosa], 어리석음[癡, moha]의 세 가지 해로움의 뿌리(akusala-mūla) 가운데 어리석음 하나나 혹은 어리석음과 탐욕의 둘이나 어리석음과 성냄의 둘이 뿌리가 되어 일어나는 마음이다. 이런 마음을 해롭다고 하는 이유는 정신적으로 건전하지 못하며 도덕적으로는 비난받아 마땅한 것이며 괴

오염원을 억압하는 능력을 가졌고 광대한 과보를 가져오고 긴 흐름을 가졌기 때문에 고귀한 경지에 이르렀거나 혹은 고귀하고 고결한 열의와 정진과 마음과 통찰지를 통해서 고귀한 경지에 이르렀고 도를 닦았다고 해서 '고귀한 법들(mahaggatā)'이다."(DhsA.44)

<도표 1.1> 89/121가지 마음의 개관

세간적인 마음들			81
욕계 마음들		54	
해로운 마음들	12		
(1)~(8) 탐욕에 뿌리박은 마음 (9)~(10) 성냄에 뿌리박은 마음 (11)~(12) 어리석음에 뿌리박은 마음	8 2 2		
원인 없는 마음들	18		
(13)~(19) 해로운 과보의 마음 (20)~(27) 유익한 과보의 마음 (28)~(30) 원인 없는 작용만 하는 마음	7 8 3		
욕계 아름다운 마음들	24		
(31)~(38) 욕계 유익한 마음 (39)~(46) 욕계 과보의 마음 (47)~(54) 욕계 작용만 하는 마음	8 8 8		
색계 마음들		15	
(55)~(59) 색계 유익한 마음 (60)~(64) 색계 과보의 마음 (65)~(69) 색계 작용만 하는 마음	5 5 5		
무색계 마음들		12	
(70)~(73) 무색계 유익한 마음 (74)~(77) 무색계 과보의 마음 (78)~(81) 무색계 작용만 하는 마음	4 4 4		
출세간 마음들			8/40
출세간 유익한 마음들		4/20	
(82) / (82)~(86) 예류도 (83) / (87)~(91) 일래도 (84) / (92)~(96) 불환도 (85) / (97)~(101) 아라한도	1/5 1/5 1/5 1/5		
출세간 과보의 마음들		4/20	
(86) / (102)~(106) 예류과 (87) / (107)~(111) 일래과 (88) / (112)~(116) 불환과 (89) / (117)~(121) 아라한과	1/5 1/5 1/5 1/5		

로운 과보를 가져오기 때문이다.

② 유익한 마음(kusala-citta)은 탐욕 없음[不貪, alobha] 혹은 관대함(보시), 성냄 없음[不嗔, adosa] 혹은 자애, 어리석음 없음[不癡, amoha] 혹은 통찰지[慧, 반야]의 세 가지 유익함의 뿌리(kusala-mūla)[134] 가운데 탐욕 없음과 성냄 없음의 둘이나 탐욕 없음과 성냄 없음과 어리석음 없음의 셋 모두가 뿌리가 되어 일어나는 마음이다. 이런 마음은 정신적으로 건전하며 도덕적으로 비난받지 않고 즐거운 과보를 가져온다.[135] 이 유익한 마음과 해로운 마음의 두 가지 마음에 있는 의도(cetanā)가 바로 업(kamma)의 내용이다.[136]

---

134) "유익함의 뿌리(kusalassa mūla)라고 해서 유익함의 뿌리(kusalamūla)이다. 이것은 아주 확고한 상태를 성취함(suppatiṭṭhita-bhāva)에 의해서 유익함의 기반(kusalassa patiṭṭhā)이 된다. 즉 [유익함의] 기원(nidāna)이라는 뜻이다. 여기서 해로움의 뿌리(akusalamūla)도 같은 방법이 적용된다."(MAṬ.i.299)

여기서 보듯이 『맛지마 니까야 복주서』는 kusalamūla를 kusalassa mūla, 즉 유익함의(kusalassa) 뿌리(mūla)로 해석하고 있다. kusala-mūla 등을 '유익함의 뿌리' 등으로 옮기는 것이 좋은지 '유익한 뿌리' 등으로 옮기는 것이 좋은지에 대해서는 『담마상가니』 제2권 §1059의 주해를 참조할 것.

"'탐욕 없음이라는 유익함의 뿌리(alobho kusalamūlaṁ)'는 탐욕 없음이라 불리는(alobha-saṅkhāta) 유익함의 뿌리(kusala-mūla)이다. 탐욕 없음은 유익한 법들의 뿌리, 즉 조건이라는 뜻(paccayaṭṭha)에서 유익함의 뿌리이기 때문이다. 그리고 유익함과 조건이라는 뜻에 의한 그 뿌리(kusalañca taṁ paccayaṭṭhena mūlañca)라고 해서도 유익함의 뿌리이다."(DhsA.150)

"어리석음은 … 모든 해로움의 뿌리(sabbākusalānaṁ mūla)라고 알아야 한다."(DhsA.249 = Vis.XIV.163)

135) 선법(善法, 유익한 법, kusala-dhamma)과 불선법(不善法, 해로운 법, akusala-dhamma)에 대한 더 자세한 논의는 『초기불교이해』 301쪽 이하 제20장 (2) 무엇이 선법이고 무엇이 불선법인가를 참조하기 바란다. 불선법들의 모둠에 대해서는 본서 제7장 I. 해로운 범주의 길라잡이를 참조할 것.

136) 업에 대해서는 본서 제5장 <III. 네 가지 업의 해설>과 §18 이하를 참조하고 『담마상가니』 제1권 해제 <4-(3) 업(kamma)은 89가지 마음을 이해하는 키워드가 된다>도 참조할 것.

③ 업이 익어 일어나는 마음이나 마음의 상태를 '과보의 마음(vipāka)'[137]이라 한다. 이것이 앞의 둘과는 구분이 되는 세 번째 종류의 마음인데 유익한 업[善業]의 과보의 마음과 해로운 업[不善業]의 과보의 마음, 이렇게 둘로 이루어진다. 여기서 유념해야 할 것은 선·불선의 두 가지 업과 그 과보의 마음은 순전히 정신적이라는 것이고 업은 유익한 마음이나 해로운 마음과 연결된 의도라는 것이다. 그리고 업을 짓는 마음과 그것의 과보로 나타나서 업의 익음[異熟, vipāka]을 경험하는 마음은 전혀 다른 마음이다.

④ 네 번째 유형의 마음은 빠알리어로는 kiriya 혹은 kriyā인데 이것은 √kṛ(*to do*)에서 파생된 단어로서 '행위, 작용, 실행' 등을 뜻한다. 이런 유형의 마음은 업도 아니고 업의 과보도 아니다. 이것은 마음의 단순한 작용을 뜻하며 이런 작용은 업으로 확정되지 않는다. 그래서 업의 결과를 생산하지 않는다. 따라서 역자들은 '작용만 하는 마음', 혹은 더 강조해서 '단지 작용만 하는 마음'으로 옮기고 있다.

과보의 마음과 작용만 하는 마음은 유익한 것[善]도 해로운 것[不善]도 아니다. 그들은 유익한 것과 해로운 것으로 결정할 수 없는[無記, abyākata/avyākata] 마음으로 분류가 된다.

---

137) 아비담마에서 위빠까(vipāka)라는 용어는 주의해서 해석해야 한다. vipāka는 vi(분리해서)+√pac(*to cook, to be ripen*)에서 파생된 명사로서 '달리 익는다.'는 문자적인 의미를 살려서 중국에서는 '異熟(이숙)'으로 옮겼다. [과일이] 익어 열매 맺는다는 의미에서 果報(과보)로 옮기기도 한다.

그래서 문자적으로 보면 위빠까는 당연히 '과보'라는 의미이겠으나 아비담마에서는 그냥 과보가 아니다. 아비담마에서 vipāka는 거의 대부분 vipāka-citta 즉 '과보의 마음(citta)'이라는 의미로 쓰이기 때문이다. citta라는 단어 없이 위빠까가 단독으로 쓰였다고 해서 '과보'로만 해석하면 문맥을 제대로 이해하지 못할 우려가 있다. 영어로도 오해를 피하기 위해서 항상 *the resultants*로 옮기고 있다. 반드시 유념해서 살펴봐야 한다. 그래서 본서에서 역자들은 vipāka를 '과보의 마음' 혹은 더 풀어서 '과보로 나타난 마음'으로 옮기며 때에 따라서는 '과보인 것'으로도 옮기고 있다.

여기서 보듯이 우리 내면에서 벌어지고 있는 모든 심리적인 현상들을 선·불선·무기(善·不善·無記)로 나누고 있다는 것이 불교의 큰 특징 중의 하나이다. 이 선·불선·무기를 이해하는 것은 아비담마뿐만 아니라 불교 2,600년사에 존재했던 모든 불교를 이해하는 핵심 중의 핵심이다.

상좌부 아비담마의 근간이 되는 빠알리 논장의 칠론 가운데 첫 번째인 『담마상가니』의 맨 처음에 실려 있고 아비담마의 출발점이 되는 아비담마 마띠까[論母]의 첫 번째 마띠까도 바로 이것에 관한 것인데 그것은 '유익한 법들, 해로운 법들, 결정할 수 없는[無記] 법들(kusalā dhammā, akusalā dhammā, abyākatā dhammā)'(ma3-1)이다. 이 단 한 개의 마띠까를 89가지 마음[138]과 이들과 함께 일어나는 52가지 마음부수와 27가지 물질[139]로 상세하게 설명하는 것이 『담마상가니』의 절반이 넘는 제1편 마음의 일어남 편과 제2편 물질 편의 내용이기도 하다.

그러면 이 용어들의 어원을 간단히 살펴보자.

먼저 '유익한[善]'으로 옮긴 꾸살라의 어원부터 알아보자. 『담마상가니』의 주석서인 『앗타살리니』에서는 다음의 네 가지로 꾸살라를 주석하고 있다. 이것이 꾸살라에 대한 가장 오래되고 잘 알려진 설명이며 그 후에 다른 주석가들은 모두 이것을 토대로 꾸살라를 더 확장해서 설명하고 있다.

"① 나쁘고(kucchita) 악한(pāpaka) 법들을 흔들어버리고(salayati) 동

---

138) 『담마상가니』 제1편에서 언급되고 있는 마음들에 대해서는 『담마상가니』 제1권 해제 <5. 『담마상가니』 제1편(§§1~582)에 나타나는 마음은 몇 개인가>를 참조할 것. 그리고 『담마상가니』 제1편의 내용에 대해서는 『담마상가니』 제1권 해제 <2-(6) 제1편 마음의 일어남 편의 요약>을 참조할 것.

139) 『담마상가니』에는 심장토대가 언급되지 않는다. 『담마상가니』 제2권 §595와 제2권 해제 §3-(7)을 참조할 것.

요하게 만들고 떨게 만들고 쓸어버린다고 해서 꾸살라라 한다.

② 혹은, 나쁜 형태로 누워있는 것(sayanti)이 꾸사풀이다. 이런 해로움[不善, akusala]이라 불리는 꾸사풀들(kusā)을 꺾는다(lunanti), 벤다라고 해서 꾸살라이다.

③ 혹은, 나쁜 것들을 약하게 만들고 얇게 만들고 없애버리기 때문에 지혜(ñāṇa)를 꾸사라 한다. 이런 꾸사로 꺾어져야 한다(lātabbāti), 얻어져야 한다, 생겨야 한다라고 해서 꾸살라이다.

④ 혹은, 꾸사풀이 [자신을 거머쥐는] 손의 양면을 베어버리듯이 그와 같이 이미 생겼거나 아직 생기지 않은 오염원 둘 다(kilesapakkha)를 베어버린다. 그러므로 꾸사풀처럼 베어버린다(lunanti)라고 해서 꾸살라이다."(DhsA.39)

위 인용문에서도 보았듯이 꾸살라(kusala, Sk. kuśala)라는 단어는 인도의 전통에서는 kusa+la로 분석하고 있는데 여기서 꾸사는 꾸사라는 풀을 의미한다. 그리고 √la는 '자르다, 베다(*to cut*)'는 의미가 있다. 그래서 꾸살라는 꾸사풀을 꺾는 것을 뜻한다. 이 꾸사풀은 우리나라의 억새풀과 비슷하다 할 수 있는데 인도의 전통적 제사에 반드시 있어야 하는 중요한 풀이다. 그런데 이 풀이 아주 억세고 날카로워서 주의를 기울이지 않고 잘못 꺾게 되면 손을 베이게 된다. 그래서 이 풀을 베려면 아주 마음을 기울여서 조심해서 꺾어야 한다.

이와 마찬가지로 어떤 것이 유익하기[善] 위해서는 지혜롭게 마음에 잡도리함[如理作意, yoniso manasikāra]이 필요하다는 뜻에서 이 말이 유래되었다고 보는 것이다. 그래서 kusala에는 능숙함(*skillfulness*)이라는 의미가 항상 담겨 있으며 서양학자들 가운데는 *wholesome*보다 *skillful*이라는 영어를 더 선호하는 이도 있다.

무기(無記, 결정할 수 없는 것, 설명할 수 없는 것)로 번역이 되는 avyākata는 vi(분리해서)+ā(향하여)+√kṛ(*to do*)의 과거분사인 vyākata에다 부정접두어 'a-'를 첨가하여 만든 단어이다. vyākaroti는 기본적으로 '설명하다, 대답하다, 선언하다, 결정하다' 등의 뜻이 있다. 그러므로 avyākata는 '설명되지 않는, 답하지 못하는, 결정하지 못하는'의 의미이며 그래서 중국에서는 無記(무기)로 옮겼고 우리말로는 '설명할 수 없는 것'으로도 '결정할 수 없는 것'으로도 옮긴다.140) 불교에서는 유익함[善]과 해로움[不善]으로 판단할 수 없는 현상을 이 용어를 써서 표현하고 있다. 아비담마에서는 유익함[善]의 범주에도 해로움[不善]의 범주에도 속하지 않는 '과보인 것(vipāka)'과 '작용만 하는 것(kiriya)'의 두 가지가 이 영역에 포함된다.

어떤 현상이 유익한 것[善]인지 해로운 것[不善]인지 결정할 수 없는 것[無記]인지를 판단하는 것이 아비담마의 출발이다. 이런 판단은 해탈·열반에 도움이 되는 법과 도움이 되지 않는 법을 구분 지어, 도움이 되는 법은 증장시키려고 노력하고 도움이 되지 않는 법은 없애려는 바른 노력[四正勤]으로 자연스럽게 연결된다.141) 이런 노력이 바로 불

---

140) 중국에서 無記(무기)로 옮긴 abyākata/avyākata는 영어로 *unexplained*와 *indeterminate*의 두 가지로 정착이 되고 있다. 초기불전연구원에서도 문맥에 따라 두 가지로 옮기고 있는데 니까야에서는 주로 '설명하지 않는[無記]'이나 '설명할 수 없는[無記]'으로 옮겼고 『청정도론』과 『담마상가니』와 여기 『아비담마 길라잡이』에서는 '결정할 수 없는[無記]'으로 옮겼다. 이는 각각 영역본의 두 가지를 반영한 것이라 할 수 있다. 특히 리스 데이비즈 여사는 『담마상가니』 영역본에서, 그리고 냐나몰리 스님은 『청정도론』의 영역본에서 공히 *indeterminate*로 옮기고 있다. 결정할 수 없다는 말은 유익함과 해로움으로 결정할 수 없다는 의미이다.

니까야에 나타나는 '설명하지 않음[無記, avyākata]'과 십사무기(十事無記) 등에 대해서는 『상윳따 니까야』 제5권 해제 §4와 「설명하지 않음[無記] 상윳따」(S44)의 첫 번째 주해와 「목갈라나 경」(S44:7) §3의 주해를 참조할 것.

141) "비구들이여, 네 가지 바른 노력[四正勤]이 있다. 무엇이 넷인가? 비구들이여, 여기 비구는 아직 일어나지 않은 사악하고 해로운 법들[不善

교에서 말하는 바른 정진[正精進]이며 그래서 이러한 선법·불선법의 판단은 바른 정진[正精進, sammā-vāyāma]의 내용이기도 하다.142) 이러한 바른 정진은 당연히 성스러운 팔정도에 포함된다.

I.1 해로운 마음들 — 12가지
akusala-cittāni

[해설]

아비담마에서는 해로운 마음의 가장 강력한 뿌리(mūla)이고 원인(hetu)인 탐욕[貪, lobha], 성냄[嗔, dosa], 어리석음[癡, moha]을 통해서 해로운 마음을 분류하고 있다. 아비담마에 따르면 탐욕과 성냄은 서로 배타적이어서 그들은 한 찰나의 마음에 같이 존재할 수 없다. 그러므로 탐욕을 주요한 뿌리로 가지는 마음들은 '탐욕에 뿌리박은 마음(lobhamūla-cittā)'이라는 용어를 사용하며 8가지를 들고 있다. 성냄을 주요한 뿌리로 가지는 마음들은 '성냄에 뿌리박은 마음(dosamūla-citta)'이라는 용어를 사용하며 2가지를 들고 있다. 세 번째 해로운 뿌리인 어리석음은 모든 해로운 마음에 다 들어가 있다. 그러므로 탐욕에 뿌리박은 마음

法]을 일어나지 못하게 하기 위해서 열의를 생기게 하고 정진하고 힘을 내고 마음을 다잡고 애를 쓴다.
이미 일어난 사악하고 해로운 법들을 제거하기 위해서 열의를 생기게 하고 정진하고 힘을 내고 마음을 다잡고 애를 쓴다.
아직 일어나지 않은 유익한 법들[善法]을 일어나도록 하기 위해서 열의를 생기게 하고 정진하고 힘을 내고 마음을 다잡고 애를 쓴다.
이미 일어난 유익한 법들을 지속시키고 사라지지 않게 하고 증장시키고 충만하게 하고 닦아서 성취하기 위해서 열의를 생기게 하고 정진하고 힘을 내고 마음을 다잡고 애를 쓴다."(S49:1 §3)

142) 바른 정진[正精進, sammā-vāyāma], 즉 네 가지 바른 노력[四正勤, samma-ppadhāna]에 대해서는 『초기불교이해』 제20장 네 가지 바른 노력[四正勤]과 선법/불선법(299쪽 이하)을 참조할 것.

과 성냄에 뿌리박은 마음에는 어리석음도 뿌리로 작용한다. 그럼에도 불구하고 탐욕이나 성냄과 함께하지 않고 어리석음만이 함께 일어나는 유형의 마음들도 있다. 이런 마음들은 2가지인데 '어리석음에 뿌리박은 마음(mohamūla-citta)'이라고 불린다.(<도표 1.2>를 참조할 것)

북방불교에서도 탐·진·치 셋을 삼독(三毒, tri-viṣa, tri-doṣa)이라고 강조하고 있듯이 초기경에서도 부처님께서는 아꾸살라 물라(akusala-mūla), 즉 해로움[不善]의 뿌리는 바로 이 세 가지라고 강조하고 계신다. 이에 반대되는 불탐·부진·불치를 꾸살라 물라(kusala-mūla), 즉 유익함[善]의 뿌리라 하여 강조하고 이 탐·진·치가 모두 다 소멸된 경지가 바로 열반이라 설하신다.[143] 여기서 다시 한 번 상기하고 넘어가야 할 것은 아비담마에서는 이 탐·진·치와 불탐·부진·불치를 원인(hetu)이라고 정의한다는 점이다.[144]

그래서 조금 뒤에 언급할 원인 없는 마음(ahetuka)은 바로 이 여섯

143) 『상윳따 니까야』 제4권 「열반 경」(S38:1) §3; 「몸에 대한 마음챙김 경」(S43:1) §3; 제5권 「어떤 비구 경」 2(S45:7) §3.

144) "여기서 무엇이 세 가지 유익한 원인인가? 탐욕 없음, 성냄 없음, 어리석음 없음이다."(Dhs §1060)
"여기서 무엇이 세 가지 해로운 원인인가? 탐욕, 성냄, 어리석음이다."(Dhs §1064)
그리고 이 탐·진·치와 불탐·부진·불치는 『담마상가니』에서 각각 "세 가지 유익함의 뿌리[善根, kusala-mūla]인 탐욕 없음, 성냄 없음, 어리석음 없음"(Dhs §985)과 "세 가지 해로움의 뿌리[不善根, akusala-mūla]인 탐욕, 성냄, 어리석음"(Dhs §986)이라 하여 뿌리(mūla)라고도 불린다. 주석서는 "유익함과 그 뿌리들(kusalāni ca tāni mūlāni ca), 혹은 유익한 법들의 원인과 조건과 기원과 생산과 발생과 생성이라는 뜻(hetu-paccaya-pabhava-janaka-samuṭṭhāna-nibbattakaṭṭha)에서 뿌리라고 해서 '유익함의 뿌리(kusalamūlāni)'이다."(DhsA.344)라고 설명하고 있다.
이처럼 이 경우에 원인(hetu)과 뿌리(mūla)는 동의어이다. 역자들은 본서에서 hetu로 나타날 때는 '원인'으로 옮겼고 mūla로 나타날 때는 '뿌리'로 옮겼다.

가지, 즉 탐·진·치와 불탐·부진·불치에 뿌리박지 않은 마음이라는 의미이고 당연히 이들은 꾸살라[善]도 아니고 아꾸살라[不善]도 아닌 무기(無記, 결정할 수 없는 것)이다. 마음과 마음부수의 일부, 그리고 물질과 열반이 무기에 속한다. 마음과 마음부수에서 무기는 과보의 마음(vipāka)과 작용만 하는 마음(kiriya)의 두 가지가 있다.145) 과보로 나타났을 뿐이므로 무기이고 단지 작용만 하므로 역시 무기인 것이다. 알고 보면 이렇게 당연한 말인데도 감을 잡기 전에는 혼란스럽기만 하다.

'과보의 마음과 작용만 하는 마음은 선이나 불선이 아니다. 그래서 업을 짓는 마음이 아니다.' 이것은 아비담마를 공부할 때 반드시 염두에 두어야 한다.

§4. 탐욕에 뿌리박은 마음들(lobhamūla146)-cittāni) — 8가지

---

145) "무엇이 '결정할 수 없는[無記] 법들'(ma3-1-c)인가?
유익한 법들이나 해로운 법들의 과보로 나타난 욕계에 속하거나 색계에 속하거나 무색계에 속하거나 [세간에] 포함되지 않는[出世間] 것들, [즉] 느낌의 무더기·인식의 무더기·심리현상들의 무더기·알음알이의 무더기, 유익한 것도 아니고 해로운 것도 아니고 업의 과보로 나타난 것도 아닌 작용만 하는 법들, 모든 물질, 형성되지 않은[無爲] 요소 — 이것이 결정할 수 없는[無記] 법들이다."(Dhs §583; §987)

146) '탐욕에 뿌리박은'으로 옮긴 lobha-mūla에서 lobha는 √lubh(*to be lustful, to desire*)에서 파생된 명사로 우리가 가지고 있는 여러 종류의 욕심, 욕망, 야망, 탐욕 등을 나타내는 가장 일반적인 명사이다. 중국에서는 貪으로 옮겼고 영어에서는 *greed*로 정착이 되었다. 탐욕이라 옮겨진다. mūla는 원래 나무나 풀 등의 '뿌리'를 뜻하며 우리말처럼 여러 선이나 악의 뿌리라는 의미로도 많이 쓰인다. 그래서 lobhamūla는 일단 '탐욕의 뿌리'라는 의미이다.
그러나 범어 합성어의 묘미는 특정한 합성어가 그 합성어에 포함된 단어들의 합성 이상의 의미를 가지는 데 있다. 여기서도 lobhamūla는 격한정복합어[依主釋, tatpuruṣa]로 해석되는 '탐욕의 뿌리'가 아니라 '탐욕을 뿌리로 가진 것, 탐욕에 뿌리박은 것'이라는 의미이다. 그래서 두 단어가 합성이 되어 이 두 단어와는 상관이 없는 제3의 단어인 citta(마음)를 한정하여 '탐욕에 뿌리박은 마음'을 뜻한다.
이런 종류의 합성어를 산스끄리뜨 문법에서는 바후워리히(bahūvṛhī), 즉

[해설]

탐욕(lobha)은 항상 해로운 뿌리들 가운데서 제일 먼저 언급되기 때문에 해로운 마음의 분류도 탐욕에 뿌리박은 여러 마음을 구분하면서 시작한다. 빠알리어 lobha는 강한 열망이나 욕심에서부터 미세한 취미나 집착까지 모든 종류의 탐욕을 다 포함한다. 탐욕에 뿌리박은 마음은 세 가지 원칙에 기초하여 8가지 종류로 구분된다. 그 세 가지 원칙이란 (1) 함께 하는 느낌(vedanā)이 기쁨인지 평온인지와 (2) 사견(diṭṭhigata)이 있음과 없음과 (3) 마음이 자극(saṅkhārika)을 받았는가, 자극을 받지 않았는가 하는 것이다. 이 세 가지의 조합에 의해서 8가지 유형의 마음이 얻어진다.

그러면 원문을 살펴보자.

4. tattha katamaṁ kāmāvacaraṁ?

(1) somanassasahagataṁ diṭṭhigatasampayuttaṁ asaṅkhārikam ekaṁ

(2) somanassasahagataṁ diṭṭhigatasampayuttaṁ sasaṅkhārikam ekaṁ

(3) somanassasahagataṁ diṭṭhigatavippayuttaṁ asaṅkhārikam ekaṁ

(4) somanassasahagataṁ diṭṭhigatavippayuttaṁ sasaṅkhārikam ekaṁ

(5) upekkhāsahagataṁ diṭṭhigatasampayuttaṁ asaṅkhārikam ekaṁ

(6) upekkhāsahagataṁ diṭṭhigatasampayuttaṁ sasaṅkhārikam ekaṁ

(7) upekkhāsahagataṁ diṭṭhigatavippayuttaṁ asaṅkhārikam ekaṁ

(8) upekkhāsahagataṁ diṭṭhigatavippayuttaṁ sasaṅkhārika ekan ti.

소유복합어[有財釋]라 부른다. 여기서 바후(많은)+위리히(쌀)라는 합성어는 단순히 '많은 쌀'을 뜻하는 게 아니고 '많은 쌀을 가진 사람'을 뜻하므로 이런 종류의 합성어를 바후워리히라 부르며 빠알리어로는 바훕비히(bahu-bbīhi)라고 표기한다. 이처럼 이 경우에 lobhamūla는 '탐욕에 뿌리박은 것'으로 옮겨야지 '탐욕의 뿌리'라고 옮기면 안 된다.

imāni aṭṭha pi lobhasahagatacittāni nāma.

이 가운데 무엇이 욕계에 속하는 것인가?
(1) 기쁨이 함께하고 사견과 결합된 자극받지 않은 마음 하나
(2) 기쁨이 함께하고 사견과 결합된 자극받은 마음 하나
(3) 기쁨이 함께하고 사견과 결합되지 않은 자극받지 않은 마음 하나
(4) 기쁨이 함께하고 사견과 결합되지 않은 자극받은 마음 하나
(5) 평온이 함께하고 사견과 결합된 자극받지 않은 마음 하나
(6) 평온이 함께하고 사견과 결합된 자극받은 마음 하나
(7) 평온이 함께하고 사견과 결합되지 않은 자극받지 않은 마음 하나
(8) 평온이 함께하고 사견과 결합되지 않은 자극받은 마음 하나
— 이 여덟 가지는 탐욕에 뿌리박은 마음이다.

[해설]

1. **기쁨이 함께하고**(somanassa[147])-sahagata): 모든 마음은 항상 느낌을 수반한다.(제2장 §2 참조) 아비담마에서는 이를 ① 육체적인 고통(dukkha) ② 정신적인 불만족(domanassa) ③ 육체적인 즐거움(sukha) ④ 정신적인 기쁨(somanassa) ⑤ 중립적인 느낌(upekkhā)의 다섯 가지로 나눈다. 여기서 기쁨(somanassa)은 육체적이기보다는 정신적인 것이며 괴롭거나 중립적이기보다는 즐거운 느낌을 뜻한다. 이런 느낌이 이런 유형의 마음과 서로 분리할 수 없이 결속되어 있어서(saṁsaṭṭha) 마치 두 강의 물들이 만나면 그들은 함께 섞여서 구별을 할 수 없는 것과 같다. 그래서 '함께하는(sahagata)'이라는 표현을 쓰는 것이다.[148])

147) '기쁨'으로 옮기는 somanassa는 산스끄리뜨 su(좋은)+manas(마음[意])의 합성어인 sumanas의 워릇디(곡용)를 취해서 이루어진 saumanasya의 빠알리어형 단어이다. 그래서 좋은 성질의 심리 현상, 즉 '정신적 즐거움, 기쁨, 희열'을 뜻하는 단어이다.

<도표 1.2> 해로운 마음들

	뿌리	느낌	결합	자극	번호
1	탐욕	기쁨	사견	없음	(1)
2	탐욕	기쁨	사견	있음	(2)
3	탐욕	기쁨	…	없음	(3)
4	탐욕	기쁨	…	있음	(4)
5	탐욕	평온	사견	없음	(5)
6	탐욕	평온	사견	있음	(6)
7	탐욕	평온	…	없음	(7)
8	탐욕	평온	…	있음	(8)
9	성냄	불만족	적의	없음	(9)
10	성냄	불만족	적의	있음	(10)
11	어리석음	평온	의심	…	(11)
12	어리석음	평온	들뜸	…	(12)

아비담마에서는 탐욕에 뿌리박은 마음들 가운데서 네 가지를 기쁨이 함께하는 것으로 기술하고 다른 네 가지는 평온이 함께하는 것으로 설명한다.

148) sahagata는 saha(함께)+gata(√gam, *to go*의 과거분사)로 분석되는데 말 그대로 '함께한'의 뜻이다. 주석서는 삼장에 나타나는 함께함(sahagata)의 용례들을 인용하면서 "이 '함께함(sahagata)'이라는 단어는 어떤 것(tabbhāva), 섞임(vokiṇṇa), 의지함(nissaya), 대상(ārammaṇa), 결속(saṁsaṭṭha)의 다섯 가지 뜻으로 쓰인다."(DhsA.69; PsA.i.124)라고 밝힌 뒤 "여기 [이 문장]에서도 이 결속(saṁsaṭṭha)의 뜻이 적용된다."(*Ibid.*)라고 적고 있다. 자세한 것은 『담마상가니』 제1권 234쪽 367번 주해를 참조하기 바란다. 『위바위니 띠까』 도 "함께 일어남 등(ekuppādādi, 제2장 §1 참조)으로 결속된 것(saṁsaṭṭha)"으로 설명하고 있다.(VT.77)

2. **평온**(upekkhā)149)**이 함께하고**: 여기서 '평온'은 다섯 가지 느낌 가운데 하나이다. 니까야에서 느낌(vedanā)은 일반적으로 즐거운 느낌[樂受, sukha-vedanā], 괴로운 느낌[苦受, dukkha-vedanā], 괴롭지도 즐겁지도 않은 느낌[不苦不樂受, adukkhamasukha-vedanā]의 셋으로 분류된다.(S36:1 등) 그러나 아비담마에서는 [육체적] 즐거움[樂], [육체적] 괴로움[苦, 고통], 정신적 즐거움[喜, 기쁨, somanassa], 정신적 고통[憂, 불만족, domanassa], 평온[捨, upekkhā]의 다섯 가지 느낌으로 분류하고 있다.(제3장 §2 참조) 이것은 『상윳따 니까야』 제5권 「기능 상윳따」(S48)의 제4장 즐거움의 기능 품에 포함된 「간단한 설명 경」(S48:31) 등의 열 개의 경들에 나타나는 다섯 가지 느낌의 기능들과 궤를 같이하는 것이다.

「간단한 설명 경」(S48:31)에는 다음과 같이 나타난다.

"비구들이여, 다섯 가지 기능이 있다. 무엇이 다섯인가? 육체적 즐거움의 기능[樂根], 육체적 고통의 기능[苦根], 정신적 즐거움의 기능[喜根], 정신적 고통의 기능[憂根], 평온의 기능[捨根]이다. 비구들이여, 이러한 다섯 가지 기능이 있다."(S48:31 등)

이처럼 다섯 가지 느낌은 세 가지 느낌 가운데 괴로운 느낌은 육체적 고통과 정신적 고통으로, 즐거운 느낌은 육체적 즐거움과 정신적 즐거움으로 설명하면서 괴롭지도 즐겁지도 않은 느낌은 평온으로 대체하여 설명하고 있다.

한편 『청정도론』은 빠알리 삼장에 나타나는 upekkhā의 의미를 열 가지로 정리해서 설명하고 있는데(Vis.IV.156~166) 그 가운데 여섯 번째로 ""평온이 함께하고 지혜와 결합되었고 … 욕계 유익한 마음이

---

149) upekkhā는 upa(위로)+√ikṣ(*to see*)에서 파생된 명사이며 '위에서 본다'는 의미 그대로 '냉정, 냉담, 침착, 평정, 평온, 무관심' 등의 의미로 쓰인다.

일어날 때"(Dhs §150)라고 전승되어 오는 괴롭지도 즐겁지도 않음이라 인식되는 평온을 느낌의 평온(vedan-upekkhā)이라 한다."(Vis.IV.162)라고 『담마상가니』를 예로 들면서 아비담마에서 설명하는 평온한 느낌을 들고 있다.

이 가운데 경들에서 심리현상들의 무더기[行蘊]에 속하는 개념인 upekkhā는 아비담마에서는 tatramajjhatā라 하여 '중립'으로 대체해서 표현하고 있는데 자세한 것은 본서 제2장의 '느낌'과 '중립'의 해설을 참조하기 바란다.

빠알리어에서 upekkhā는 많은 경우에 선입견이나 편견에 흔들리지 않는 평온이나 공평무사한 고결한 정신적인 특질을 뜻하는 말로 나타난다.(Vis.IV.156~166 참조) 그러나 여기서 이 단어는 기쁨이나 낙담으로 기울지 않는 단순히 정신적으로 중립적인 느낌이다. 그러므로 이 욕계에서의 upekkhā는 낮은(hīna) 차원의 평온이라 할 수 있는데 그래서 평온보다는 '무덤덤함' 정도의 뜻으로 보면 되겠다.

3. **사견**(邪見)**과 결합된**(diṭṭhigata-sampayutta)150): 그릇된 견해

---

150) '사견'으로 옮긴 diṭṭhigata는 diṭṭhi와 gata가 결합된 말인데 diṭṭhi는 √dṛś(*to see*)에서 파생된 말로서 '봄[見], 견해'를 뜻한다. 초기경에 아주 많이 나타나는 용어이며 대부분 '그릇된 견해[邪見]'를 뜻한다. 그래서 본서에서는 '사견'으로 옮기고 있다.(idha micchādassanameva diṭṭhīti vuccati — VṬ.77, idha micchādiṭṭhiyuttā akusalādhikārattā. — PdṬ.30)
'gata'는 √gam(*to go*)의 과거분사인데 접미어로 쓰이면 '~로 간, ~에 빠진, ~를 의지한'을 뜻한다. 여기서는 diṭṭhigata를 '사견(邪見)'으로 옮겼는데 경우에 따라서는 '사견에 빠진'으로 옮기기도 하였다.

'결합된'으로 옮긴 sampayutta는 saṁ(함께)+pra(앞으로)+√yuj(*to yoke*)의 과거분사이다. '함께 묶다'라는 의미에서 '함께한, 묶인, 결합된, 속박된' 등의 의미로 쓰인다. 한편 vippayutta는 vi(분리해서)+pra(앞으로)+√yuj의 과거분사로 sampayutta의 반대되는 말이다. 그래서 '분리된, 관련 없는, 풀린' 등의 의미이다.

[邪見]는 어떤 것에 대해 잘못된 확신이나 믿음이나 견해를 가지고 이론화시키는 것으로(VṬ.77) 탐욕에 뿌리박은 마음과 함께한다. 견해는 집착을 강화시켜서 마음에게 논리적 정당화를 제공하거나 아니면 견해 그 자체가 생겨나면서부터 집착의 대상이 되기도 한다. 그릇된 견해는 모두 네 가지 마음과 연결된다. 2가지는 기쁨과 함께하고 2가지는 평온과 함께한다. 나머지 4가지는 그릇된 견해가 없는 마음(diṭṭhigata-vippayutta)인데 여기서 탐욕은 견해가 제공해 주는 정당화가 없이 작용을 한다.

4. **자극받은**(sasaṅkhārika),[151] **자극받지 않은**(asaṅkhārika): 탐욕에 뿌리박은 마음을 구분하는 세 번째 원칙은 자극이 있느냐 없느냐 하는 것이다. 여러 가지 중요한 뜻을 가진 상카라(saṅkhāra)[152]가 여기

151) '자극받은'은 sasaṅkhārika를, '자극받지 않은'은 asaṅkhārika를 옮긴 것이다. sasaṅkhārika는 sa(함께)+saṅkhārika로 분석되고 saṅkhārika는 다시 saṅkhāra에다 '~하는 것, ~하는 사람'을 뜻하는 '-ika' 어미를 붙여서 만들었다. saṅkhāra는 너무나 잘 알려진 불교 용어로서 중국에서 行으로 옮기고 있는 바로 그 단어이다. 넓게는 모든 '형성된 것[有爲]'을 뜻하고 좁게는 '[업]형성'이나 '의도적 행위'를 뜻한다. 이것의 과거분사인 saṅkhata도 saṅkhata dhamma는 유위법(有爲法)으로, 부정접두어 'a-'를 붙인 asaṅkhata dhamma는 무위법(無爲法)으로 한역되었다. 아비담마의 주제 중에서 마음, 마음부수, 물질은 유위법에, 열반은 무위법에 속한다.
그러나 여기서는 문맥으로 볼 때 '자극'으로 옮기는 게 가장 무난하다. 그래서 sasaṅkhārika는 '자극받은'으로, asaṅkhārika는 '자극받지 않은'으로 옮겼는데 문맥에 따라 각각 '자극이 있는'과 '자극이 없는'으로 옮기기도 하였다.

152) 중국에서 행(行)으로 옮긴 범어 상카라(saṅkhāra, Sk.saṁskara)는 saṁ(함께)+√kṛ(행하다, *to do*)에서 파생된 명사이다. 행한다는 의미를 지닌 어근 √kṛ의 의미를 적극적으로 살려서 중국에서 행(行)으로 정착시킨 것이다. 그러나 행이라는 한역 단어만을 가지고 초기불전의 다양한 문맥에서 나타나는 상카라의 의미를 제대로 파악한다는 것은 무리이다. 그 의미는 초기 경들에 나타나는 문맥을 통해서 파악할 수밖에 없는데, 초기불전에서 상카라는 크게 다음의 네 가지 문맥에서 나타난다.
첫째, 제행무상(諸行無常)과 제행개고(諸行皆苦)의 문맥에서 제행(諸行,

서는 아비담마에 특유한 뜻으로 '자극하는(ussāhavanta), 고무하는(samādapana), 야기시키는(payoga)'의 뜻으로나 '방편(upāya)을 적용하는' 등의 뜻으로 쓰인다. 『청정도론』은 "[여기서] 자극(saṅkhāra)이란 스스로나 또는 타인에 의해서 생긴 이전의 노력(pubba-payoga)에 대한 동의어"(Vis.XIV.84; *cf.* VṬ.77; PdṬ.31)라고 설명하고 있다.

이처럼 이 자극은 남에 의해서 야기될 수도 있고 자신 안에서 생겨날 수도 있다. 자극하는 수단은 몸이나 말일 수도 있고 순전히 정신적인 것일 수 있다. 어떤 자가 육체적인 수단으로 나를 자극한다면 그 자극은 육체적인 것이다. 그 수단이 남의 명령이나 설득에 의한 경우라면 그것은 말에 의한 것이다. 내적인 저항에도 불구하고 깊은 사색을 통하거나 결심에 의해서 어떤 유형의 마음을 일어나게 한다면 그 자극은 정신적인 것이다. 자극은 해로운 마음이나 유익한 마음과 함께할 수 있다.

---

sabbe saṅkharā)으로 나타나는데 항상 복수로 쓰인다. 초기불전연구원에서는 '형성된 것들'로 통일해서 옮기고 있다.

둘째, 오온의 네 번째인 행온(行蘊, saṅkhāra-kkhandha)으로 나타나는데 이 경우의 행은 '심리현상들'로, 행온(行蘊)은 '심리현상들의 무더기'로 옮기고 있다.

셋째, 12연기의 두 번째 구성요소인 무명연행(無明緣行)으로 나타난다. 이 경우의 행은 업(karma)과 동의어이다. 그래서 서양에서도 *kamma-formations*(업형성들)로 이해하고 있다. 초기불전연구원에서는 '[업]형성들'로 옮긴다.

넷째, 몸[身]과 말[口]과 마음[意]으로 짓는 세 가지 행위인 신행(身行, kāya-saṅkhāra)·구행(口行, vacī-saṅkhāra)·의행(意行, mano-saṅkhāra)으로 나타난다. 이 경우는 각각 '몸의 행위'와 '말의 행위'와 '마노의 행위' 등으로 옮긴다.

그리고 아비담마의 본 문맥에 나타나는 saṅkhāra는 '자극'으로 옮기고 있다.

초기불전에 나타나는 상카라(saṅkhāra)의 용례와 우리말로 옮기는 문제에 대해서는 『초기불교이해』 127쪽 이하와 『담마상가니』 제1권 해제(127쪽)도 참조하기 바란다.

자극이나 권유가 없이 저절로 일어나는 마음을 자극받지 않은(asaṅkhārika) 마음이라 하고 자극이나 권유로 일어나는 마음을 자극받은(sasaṅkhārika) 마음이라 한다. 탐욕에 뿌리박은 마음들 가운데 네 가지는 자극받지 않은 것이고 네 가지는 자극받은 마음이다.

한편 『청정도론』 에서 붓다고사 스님은 이 여덟 가지를 다음의 비유로써 설명하고 있다.

[청정도론 XIV]: "91. ① '감각적 쾌락에 빠져도 아무런 위험이 없다.'라는 그릇된 견해(micchā-diṭṭhi)를 앞세워 기쁘고 만족해진 본성이 예리한(tikkha) 사람이 타인으로부터 자극을 받지 않고(anussāhita) 감각적 쾌락을 즐기거나 또는 저속한 향연을 즐기는 것은 가치가 있다고 믿는다. 그때 첫 번째 해로운 마음이 일어난다.

② 감수성이 둔하여(manda) 타인으로부터 자극을 받아 이것을 행할 때 두 번째 마음이 일어난다.

③ 그릇된 견해를 앞세우지 않고 단순히 기쁘고 만족해진 본성이 예리한 사람이 타인으로부터 자극을 받지 않고 성교를 하고 타인의 성공을 탐내며 타인의 재산을 훔칠 때 세 번째 마음이 일어난다.

④ 감수성이 둔하여 타인으로부터 자극을 받아 이것을 행할 때 네 번째 마음이 일어난다.

⑤~⑧ 나머지 네 가지 경우에는 감각적 쾌락을 누릴 기회를 만나지 못하거나 또는 다른 기쁨 거리를 만나지 못하여 기쁨이 없다. 이 때 이 나머지 네 가지가 평온이 함께한 것이다.

이와 같이 탐욕에 뿌리박은 [마음은] 기쁨, 평온, 사견, 자극의 분류에 따라 여덟 가지라고 알아야 한다."

§5. **성냄에 뿌리박은 마음들**(dosamūla-cittāni) — **2가지**

5. (9) domanassasahagataṁ paṭighasampayuttaṁ asaṅkhārikam ekaṁ

(10) domanassasahagataṁ paṭighasampayuttaṁ sasaṅkhārikam ekan ti.

imāni dve pi paṭighasampayuttacittāni nāma.

(9) 불만족이 함께하고 적의와 결합된 자극받지 않은 마음 하나

(10) 불만족이 함께하고 적의와 결합된 자극받은 마음 하나

— 이 두 가지는 성냄에 뿌리박은 마음이다.

[해설]

1. **성냄에 뿌리박은 마음들**(dosamūla-cittāni)[153]: 아비담마에서 분석하는 해로운 마음의 두 번째 부류는 성냄에 뿌리박은 마음이다. 이 마음은 두 종류이며 자극이 있는가 없는가로 구별 짓는다. 기쁨이나 평온 중 한 가지 느낌과 함께 일어나는 탐욕에 뿌리박은 마음과는 달리 성냄에 뿌리박은 마음은 오직 한 가지 불만족한 느낌과 함께 일어난다. 또한 성냄에 뿌리박은 마음은 탐욕에 뿌리박은 마음과 같지 않아서 사견과 함께 일어나지 않는다. 물론 사견이 성냄의 동기가 되겠지만 아비담마에 의하면 한 찰나의 마음에서 사견은 성냄과 동시에 일어나지 않는다고 본다. 앞 찰나의 마음에서 사견이 함께하고 그다음 찰나의 마음에서 성냄에 뿌리박은 마음이 일어난다는 것이다.

---

153) dosamūla는 dosa+mūla로 분석되며 '성냄에 뿌리박은'이라는 뜻으로 citta를 수식한다. dosa(Sk. dveṣa)는 √dviṣ(*to hate*)에서 파생된 명사로서 분노 일반을 나타낸다. 타락이나 망가짐을 뜻하는 산스끄리뜨 doṣa(√duṣ, *to spoil*에서 파생된 명사)의 빠알리어인 dosa와도 같은 의미를 나타낸다 하겠다.

2. **불만족이 함께하고**(domanassa-sahagata): '불만족'으로 옮긴 domanassa는 산스끄리뜨 duḥ(나쁜, 사악한)+manas(마음[意])의 합성어인 durmanas의 곡용형(Vṛddhi)을 취해서 이루어진 daurmanasya의 빠알리어 형태이다.[154] 경에서는 나쁜 성질의 심리 현상, 즉 정신적 고통을 총칭하는 말로 나타나기도 하며 구체적으로는 '낙담, 우울, 실의, 고뇌, 슬픔, 비통' 등을 뜻한다.

아비담마에서 이것은 불만족한 정신적인 느낌이다. 이 느낌은 오직 성냄에 뿌리박은 마음과 함께 일어나며 그런 마음은 필수적으로 이 느낌을 수반한다. 그러므로 불만족, 즉 정신적인 괴로운 느낌은 항상 해로운 것[不善]이다. 이런 측면에서 이것은 무기에 속하는 육체적인 괴로운 느낌과도 다르고, 유익하거나[善] 해롭거나[不善] 무기에 속하는 기쁨이나 평온과도 다르다.

3. **적의와 결합된**(paṭigha[155]-sampayutta): 탐욕에 뿌리박은 마음이 탐욕과 함께하는 것과 마찬가지로 성냄에 뿌리박은 마음은 성냄과 동의어인 '적의(paṭigha)'와 함께한다. 여기서 적의(敵意)는 폭력적인 격분에서부터 미세한 짜증에 이르기까지 모든 등급의 반감을 다 포함

---

154) 빠알리어 단어의 유래를 밝히는 데는 산스끄리뜨식 이해가 아주 편리하다. 빠알리어로만 설명하려다 보면 미세한 변화를 제대로 파악하지 못해서 더 어렵게 되는 경우가 많다. 그래서 역자들은 본서의 거의 모든 곳에서 산스끄리뜨 문법과 어원을 적용하고 있다. 이 경우도 빠알리어로 이해하면 du+mano로 설명해야 하는데 그러면 du+mano가 어떻게 해서 domanassa로 변환되었는지를 명쾌하게 설명할 수 없다. 이처럼 빠알리어를 제대로 이해하기 위해서는 산스끄리뜨어에 대한 이해가 필수 조건이라 하겠다.

155) paṭigha는 prati(~에 대하여)+√han(*to kill*)에서 파생된 명사로서 '~에 대항하여 때리다'는 문자적인 뜻에서 '반감, 저항, 적의, 진애, 거절, 적개심, 분노, 분개, 혐오' 등의 뜻으로 쓰인다.
그러나 paṭigha가 물질의 문맥과(제6장 7-2의 해설 참조) 공무변처에서 나타날 때는(본장 §22의 해설 참조) '부딪힘'으로 옮기고 있다. 냐나몰리 스님도 『청정도론』 등에서 '*sensory impingement*'로 영역하였다.

한다.

비록 불만족(domanassa)과 적의(paṭigha)가 항상 함께하기는 하지만 이들의 특질은 구별이 된다. 불만족은 괴로운 느낌을 경험하는 것이고 적의는 악의나 짜증을 나타내는 마음의 성질이다. 오온에서 보자면 불만족은 느낌의 무더기[受蘊]에 포함되고 적의는 심리현상들의 무더기[行蘊]에 포함된다.

이렇게 불만족과 적의가 항상 함께하는 것이 성냄에 뿌리박은 마음의 특징이며 이것은 자극이 있거나 자극이 없는 두 가지로 분류된다.

이 두 가지 마음에 대해서는 다음의 보기를 들 수 있다. ① 어떤 사람은 성이 나서 즉각적인 적의로 살인을 한다.(자극받지 않음) ② 어떤 사람은 성이 나지만 시간을 두고 음모를 꾸며서 살인을 한다.(자극받음)

§6. 어리석음에 뿌리박은 마음들(mohamūla-cittāni) — 2가지

6. ⑾ upekkhāsahagataṁ vicikicchāsampayuttam ekaṁ.
⑿ upekkhāsahagataṁ uddhaccasampayuttam ekan ti.
imāni dve pi momūhacittāni nāma.
icc' evaṁ sabbathā pi dvādasākusalacittāni samattāni.

⑾ 평온이 함께하고 의심과 결합된 마음 하나
⑿ 평온이 함께하고 들뜸과 결합된 마음 하나
— 이 두 가지는 순전히 어리석은 마음이라 한다.

이와 같이 모두 12가지 해로운 마음이 끝났다.

[해설]

1. **어리석음에 뿌리박은 마음들**(mohamūla[156]-cittāni): 해로운 마

156) moha-mūla는 '어리석음에 뿌리박은'의 뜻으로 citta에 걸린다. moha는

음의 마지막 부류는 위의 탐욕이나 성냄이라는 두 뿌리가 없는 마음으로 구성된다. 탐욕과 성냄은 항상 '어리석음(moha)'이라는 뿌리와 함께 한다. 탐욕이나 성냄에 뿌리박은 마음에는 항상 어리석음이 같이하지만 그 경우 어리석음의 역할은 종속적인 것이지 주원인은 아니다. 그러나 이 어리석음에 뿌리박은 두 가지 마음의 경우에는 어리석음만이 해로운 뿌리로 나타난다. 그러므로 이것은 어리석음에 뿌리박은 마음으로 분류가 되는 것이다.

이 두 부류의 마음에서는 어리석음이 특히 두드러지기 때문에 이 둘을 '순전히 어리석은 마음(momūha-citta)'이라고도 부른다. 여기서 momūha는 어리석음을 뜻하는 moha의 힘이 강한 것을 나타내는 단어이다. 이 두 가지 가운데 하나는 의심(vicikicchā)과 함께한 것이고 다른 하나는 들뜸(uddhacca)과 함께한 것이다.157)

2. **평온이 함께하고**(upekkhā-sahagata): 어리석음에 뿌리박은 마음이 일어날 때에는 원하는 대상이 나타나더라도 어리석음이 지배하고 있기 때문에 원하는 것을 경험하지 못한다. 그러므로 정신적으로 기쁜 느낌(somanassa)은 일어나지 않는다. 이와 마찬가지로 원하지 않는 대상도 원하지 않는 것으로 경험되지 못한다. 그러므로 불만족한 정신적인 느낌(domanassa)은 일어나지 않는다. 나아가서 마음이 의심이나 들뜸에 사로잡혀 있을 때는 대상을 긍정적이거나 부정적으로 평가하지 못한다. 그러므로 즐겁거나 괴로운 느낌과도 연결되지 못한다.

√muh(*to be dazed*)에서 파생된 명사로서 '멍함, 멍청함, 미혹, 어리석음' 등을 뜻한다.

157) "들뜸(uddhacca)은 하나의 대상에 대해서 흔들리는 것이고 의심(vicikicchā)은 여러 대상에 대해서 흔들리는 것이다."(DhsA.260)
"[의심은] 결단이 없을 때(asanniṭṭhāna) 일어나고 [들뜸은] 산란할 때(vikkhepa) 일어난다고 알아야 한다."(Vis.XIV.93)

이런 이유들 때문에 이들 두 마음과 연결된 느낌은 중립적인 평온한(upekkhā) 느낌인 것이다.

3. **의심과 결합된**(vicikicchā-sampayutta): '의심'으로 번역되는 vicikicchā는 동사 vicikicchati의 여성명사이다. cikicchati(Sk. cikitsati)는 √cit(*to think*)의 소망형(*Desiderative*)으로 '생각하고 싶어 하다(*desire to think*)'라는 뜻이다. 여기서 분리를 나타내는 접두어 'vi-'가 첨가되어 '이리저리 생각하려 하다'라는 일차적인 의미를 나타내며 그래서 '의심하다'는 뜻으로 쓰인다. 그래서 vicikicchā는 '의심, 혼란, 불확실' 등의 의미로 쓰이며 불교에서는 수행 중 반드시 극복해야 할 다섯 가지 장애[五蓋, pañca nīvaraṇāni]의 마지막 요소로 설하고 있다.

한편 주석가들은 두 가지 어원으로 vicikicchā를 설명하고 있다. ① 혼란한 생각으로 인한 속상함, 즉 vici(vicinanta)+kiccha(성가심) ② 지혜가 가지고 있는 치료책이 없음, 즉 vi(없음)+cikiccha(치료법). 이 두 가지 설명을 통해서 의심은 어리석음의 압도로 인한 당황, 회의, 우유부단을 의미하는 것을 알 수 있다. 이런 의심과 결합된 마음은 어리석음에 뿌리박은 마음 가운데 첫 번째에 해당한다.(제2장 §4의 마지막 해설 참조)

4. **들뜸과 결합된**(uddhacca-sampayutta): uddhacca는 ud(위로)+√dhṛ(*to hold*)의 과거분사 uddhata의 곡용형(Vṛddhi)으로 곡용형은 주로 '~에 속하는 [사람]'이나 추상명사의 뜻을 나타낸다. 여기서는 추상명사이다. '위로 가버린 상태, 올려진 상태'라는 일차적인 의미에서 '들뜸, 혼란, 흥분'을 뜻한다. 다섯 가지 수행의 장애에 언급되며 이것은 아라한의 경지에 가서야 비로소 다 극복이 되는 원초적인 불안이나 들뜬 상태를 의미한다고 보면 되겠다. 마음부수(cetasika) 52가지 가운데서 어리석음(moha)과 양심 없음(ahirika)과 수치심 없음(anottappa)

과 들뜸(uddhacca)은 모든 경우의 해로운 마음과 항상 함께 일어난다고 아비담마는 가르치고 있다.(제2장 §4의 해설 참조)

들뜸은 불안함, 정신이 흩어짐, 동요를 뜻하며 이런 동요에 감염된 마음이 어리석음에 뿌리박은 두 번째 유형의 마음이다. 그러나 다른 11가지 마음에서 이 들뜸의 힘(satti)은 상대적으로 약하며 그 역할은 부차적인 것이다. 그러나 여기서 들뜸은 주요한 요소가 된다. 그러므로 이 마지막의 마음을 들뜸과 결합된 마음이라고 표현하고 있는 것이다.

여기서 주목해야 할 점은 어리석음에 뿌리박은 두 가지 마음에서는 자극받거나 자극받지 않은 측면에서 어떤 특성도 달려있지 않다는 것이다. 그 이유에 대해서 주석가들은 다른 해석을 하고 있다. 『위바위니 띠까』와 『청정도론』의 복주서인 『빠라맛타만주사』에서는 자극을 받고 받지 않음이 이것에 적용되지 않기 때문에 생략되었다고 한다. 이 두 마음은 본래부터 예리함이 없기 때문에 자극받지 않았다고 표현할 수 없고, 사람이 고의로 이런 마음이 일어나도록 노력하는 경우란 있지 않기 때문에 자극받았다고 표현할 수 없다고 주장한다.158)

그러나 레디 사야도는 이런 주장을 거부하고 이 두 마음은 예외 없이 자극받지 않은 것이라고 한다. 그는 "이 두 마음은 그 고유성질에 따라서 중생들에게 자연스럽게 일어나므로 어떤 선동이나 방편에 의해서 일어나게 할 필요가 없다. 이들은 항상 아무런 어려움 없이 일어난다. 그러므로 전적으로 자극받지 않은 것(asaṅkhārika)이다. 그러므로 이것이 자극을 받고 받지 않음에 의한 구별이 나타나지 않은 이유라고 알아야 한다."159)라고 주장한다.

---

158) Pm.ii.121~122; VṬ.81.

159) "yasmāca idaṁ cittadvayaṁ sattānaṁ pakatisabhāvabhūtan ti payogena vā upāyena vā kenaci uppādetabbaṁ nāma natthi. sabbakālampi bhavaṅgacittaṁviya anosakkamānaṁ asaṁsīdamānaṁ

이 두 가지 마음에 대해서는 다음의 보기를 줄 수 있다. ① 어리석음 때문에 어떤 사람은 부처님의 깨달음이나 그분의 가르침이 해탈의 방편으로서 효력이 있을까 의심한다. ② 어떤 사람은 마음이 너무나 산란하여 어떤 대상에도 자기의 마음을 집중하지 못한다.

§7. 해로운 마음들의 요약

7. aṭṭhadhā lobhamūlāni dosamūlāni ca dvidhā
mohamūlāni ca dve ti dvādasa akusalā siyuṁ.

여덟 가지는 탐욕에 뿌리박았고
두 가지는 성냄에 뿌리박았고
두 가지는 어리석음에 뿌리박았다.
그리하여 12가지 해로운 마음이 있다.

I.2. 원인 없는 마음들 — 18가지
ahetuka-cittāni

[해설]

욕계에 속하는 54가지 마음 중에서 이 '원인 없는 마음'이 처음 아비담마를 접하는 사람에게 가장 이해하기 어려운 것이라 할 수 있다. 그만큼 우리의 마음을 심층적으로 고찰하는 가르침이기도 하다. 먼저 원인 없음(ahetuka)이 의미하는 정확한 뜻을 알아야 한다. 아비담마에서 말하는 원인(hetu)은 탐욕·성냄·어리석음(탐·진·치)과 탐욕 없음·성냄 없음·어리석음 없음(불탐·부진·불치)으로 모두 여섯이다. 그래서 아비담마가 뜻하는 원인(hetu) 혹은 뿌리(mūla)는 모두 유익함[善]과 해

---

akicchena akasirena pavattati. tasmā ekantena asaṅkhārikameva hotīti katvā idha saṅkhārabhedo na gahito ti daṭṭhabbaṁ."(PdṬ.38)

로움[不善]의 원인을 말한다. 이런 근본원인은 마음이 확고하고 안정되도록 도와주는 요소이므로 원인 없는 마음들은 원인을 가진 마음들보다 확고하지 못하다.160) 원인(hetu)에 대해서는 제3장 §5의 해설을 참조하기 바란다.

'원인 없음'으로 옮긴 ahetuka는 원인을 뜻하는 hetu에다 부정접두어 'a-'를 첨가하고 다시 '~에 속하는'을 의미하는 '-ka' 어미를 붙여서 만든 단어이다. 그러므로 ahetuka는 '원인 아님'이라는 명사가 아니고 '원인을 가지지 않은 것'이라는 의미이다. 단순히 '원인 아님'으로 이해해버리면 아비담마가 오리무중이 되어버린다. 그래서 ahetuka-citta는 '원인(뿌리)을 가지지 않은 마음' '원인(뿌리) 없이 일어난 마음'의 의미가 된다. 이것은 다시 '해로운 과보의 마음' 7가지와 '유익한 과보의 마음' 8가지와 '작용만 하는 마음' 3가지로 나누어져서 욕계에는 모두 18가지 '원인 없는 마음'이 있게 된다.

다시 강조하지만 이 18가지 원인 없는 마음(ahetuka-citta)에는 유익함[善]이나 해로움[不善]에 속하는 마음이 없다. 그래서 이 18가지는 무기(無記, avyākata/abyākata), 즉 결정할 수 없는 것에 속한다. 이 가운데 15가지는 과보로 나타난 마음이고 세 가지는 작용만 하는 마음이라고 한 번 더 상기하면서 이 18가지 원인 없는 마음을 고찰해 보자.

§8. 해로운 과보의 마음들(akusala-vipāka-cittāni) — 7가지

8. (1) **upekkhāsahagataṁ cakkhuviññāṇaṁ;** (2) **tathā sotaviññāṇaṁ,** (3) **ghānaviññāṇaṁ,** (4) **jivhāviññāṇaṁ,** (5) **dukkhasahagataṁ kāyaviññāṇaṁ;** (6) **upekkhāsahagataṁ sampaṭicchanacittaṁ;** (7) **upekkhāsahagataṁ santīraṇacittañ cā ti.**

---

160) "원인이라는 조건을 가진 법들은 튼튼한 나무처럼 확고하고 안정되어있다. 원인을 가지지 않은 마음들은 뿌리가 깨알만 한 이끼처럼 확고하지 않다." (Vis.XVII.70)

imāni satta pi akusalavipākacittāni nāma.

(1) **평온이 함께한 눈의 알음알이**[眼識]
(2) **그와 같이 [평온이 함께한] 귀의 알음알이**[耳識]
(3) **[평온이 함께한] 코의 알음알이**[鼻識]
(4) **[평온이 함께한] 혀의 알음알이**[舌識]
(5) **고통이 함께한 몸의 알음알이**[身識]
(6) **평온이 함께한 받아들이는 마음**[意]
(7) **평온이 함께한 조사하는 마음**[意識]
— **이 일곱 가지는 해로운 과보의 마음이라 한다.**

[해설]

1. **해로운 과보의 마음들**(akusala-vipāka-cittāni): 원인 없는 마음 가운데 첫 번째 부류는 해로운 업의 결과인 일곱 가지 마음이다. 이 마음들은 그 자체로서는 해로운 것이 아니고 업의 결과로 일어나는 무기(無記, avyākata)의 마음이다. 여기서 '해로운(akusala)'이라는 단어는 '해로운 업'을 뜻한다. 이 단어는 이런 마음 그 자체들을 수식하는 것이 아니고 이 마음들이 생겨난 업을 수식한다. 그래서 엄밀히 말하면 '해로운 업의 과보로 나타난 마음'이라는 뜻이다.

2. **눈의 알음알이**[眼識, cakkhu-viññāṇa]: 이 해로운 과보의 마음과 다음의 유익한 과보의 마음에서 처음의 다섯 가지 과보의 마음은 눈, 귀, 코, 혀, 몸이라는 감성(感性)의 물질(pasāda-rūpa, 제6장 §3-1의 해설 2 참조)을 의지하여 일어난 것이다. 이 다섯은 마노의 알음알이[意識]의 '앞에 있는 다섯 가지 알음알이'라는 뜻으로 중국에서는 『아비달마 대비바사론』(阿毘達磨 大毘婆沙論) 등에서 전오식(前五識)으로 옮겼고 역자들도 이를 차용하고 있다. 아비담마에서는 이 열 가지를 '한 쌍의 다섯 가지 알음알이(dvi-pañca-viññāṇa)'라는 전문용어로 표현하고 있

으며 본서에서도 자주 등장한다. 역자들은 '한 쌍의 전오식(前五識)'으로 옮기고 있다.161)

'눈의 알음알이[眼識]'는 눈의 감성(cakkhu-pasāda)을 의지하여 일어난다. 이것의 역할은 눈에 보이는 대상을 직접적이고 즉각적으로 아는 것이다. 나머지 '귀의 알음알이[耳識]' 등도 그들 각각의 감성에 의지해서 일어나고 그들의 역할도 그들 각각의 대상들을 단지 아는 것이다. 즉 소리를 듣고 냄새를 맡고 맛을 보고 촉감을 느끼는 것이다. 여기서 해로운[不善] 과보의 마음의 경우에는 대상은 불쾌하거나 원하지 않는 것(aniṭṭha)이다. 그러나 처음의 네 가지 감각기능에 부딪친 대상은 약하기 때문에 여기에 관계된 느낌은 중립적이다. 즉 평온이다.

그러나 해로운 과보인 몸의 알음알이[身識]의 경우 대상이 몸의 기능에 부딪치는 것이 강하기 때문에 그와 함께하는 느낌은 육체적 고통(dukkha)이다. 여기서 주목해야 할 것은 아비담마에서 분류하는 다섯 가지 느낌 중 dukkha는 몸의 괴로움, 즉 육체적 고통을 뜻하며 육체적 고통을 뜻하는 dukkha가 나타나는 곳은 89가지 마음 가운데서 오직 여기뿐이라는 점이다.

3. **받아들이는 마음**(sampaṭicchana-citta): 감각의 대상이 감각기능[根]에 부딪칠 때, 예를 들면 형색이 눈에 부딪칠 때 그 대상으로 전향하는 마음이 맨 처음 일어난다. 바로 그다음에 눈의 알음알이가 일어나서 그 형색을 보게 된다. 이 보는 행위는 단지 한 마음찰나[心刹那, citta-khaṇa]에만 존재한다. 바로 다음에 눈의 알음알이에 의해서 본 그 대상을 '받아들이거나' 혹은 아는 마음이 일어난다. 이것이 바로 받아들이는 마음이다. 이것은 눈의 알음알이를 생기게 한 동일한 업의 과

161) '다섯 가지 알음알이[前五識, pañca viññāṇā]'의 특징은 『위방가』 제16장 지혜에 대한 분석의 §751에서 한 개 조 마띠까로 정리가 되고 이것은 §§761~766의 한 개 조의 해설에서 40+26=66가지로 상세하게 설명되고 있다.

보로 생긴 마음이다.(자세한 설명은 본서 제3장 §8 (9)의 해설을 참조할 것.)

4. **조사하는 마음**(santīraṇa-citta): 이것은 받아들이는 마음 바로 다음에 일어나는 마음이다. 이것의 역할은 감각의 알음알이[前五識]가 알았고 받아들이는 마음이 받아들인 그 대상을 조사하고 검사하는 마음이다. 받아들이는 마음과 조사하는 마음은 다섯 가지 감각의 문[五門]에서만 일어나며 둘 다 과거의 업의 과보로 생긴 것이다.

여기서 알아두어야 할 것은 받아들이는 마음(sampaṭichana)은 마노의 요소[意界, mano-dhātu]이고, 조사하는 마음(santīraṇa)은 마노의 알음알이의 요소[意識界]라는 점이다. 그러므로 이 원인 없는 마음에서는 (다음의 원인 없는 유익한 과보의 마음도 마찬가지임) 여섯 가지 알음알이[六識]의 요소뿐만 아니라 마노의 요소[意界][162]도 언급되고 있다.

아비담마에서는 구체적으로 마노의 요소[意界, mano-dhātu]를 세 가지로 설명한다. 즉 받아들이는 역할 두 가지(유익한 과보의 마음과 해로운 과보의 마음)와 아래 '작용만 하는 마음(kiriya)'의 '오문전향(五門轉向, 다섯 감각 대문으로 향하는 역할)'이다. 마노의 요소[意界, mano-dhātu]는 오직 이 세 가지 역할을 한다는 것을 반드시 숙지해야 한다. 그러지 못하면 엄청난 오해를 불러일으키고 아비담마가 상당히 혼란스러워진다. 이런 기본 사항들은 반드시 숙지하고 있어야 한다. 역자들은 이런 중요한 사항들을 수시로 여러 곳에서 반복해서 강조할 것이다. 반복 이상의 좋은 학습법은 없기 때문이다. 이 부분은 제4장의 인식과정 편에서 자세히 다루고 있으니 참조하기 바란다.

---

162) 마노의 요소(mano-dhātu)에 대해서는 제7장 §37을 참조하기 바란다. 마노의 요소는 중국에서 의계(意界)로 한역하였다. 그렇지만 역자들은 본서에서 mano를 의(意)라고 한역하는 것을 피하고 있다. mano는 우리가 요즘 알고 있는 한자 '의(意)'와는 아주 다르다고 보기 때문이다. 그리고 마노를 citta의 역어인 마음과의 혼동을 피하기 위해서 그냥 '마노' 혹은 '마노[意]'라고 음역하고 있다.

§9. 원인 없는 유익한 과보의 마음들(kusalavipāka-ahetukacittāni)— 8가지

9. (8) upekkhāsahagataṁ kusalavipākaṁ cakkhuviññāṇaṁ; (9) tathā sotaviññāṇaṁ, (10) ghānaviññāṇaṁ, (11) jivhāviññāṇaṁ, (12) sukha-sahagataṁ kāyaviññāṇaṁ; (13) upekkhāsahagataṁ sampaṭicchana-cittaṁ (14) somanassasahagataṁ santīraṇacittaṁ; (15) upekkhāsaha-gataṁ santīraṇacittañ cā ti.

imāni aṭṭha pi kusalavipākāhetukacittāni nāma.

(8) 평온이 함께한 눈의 알음알이[眼識]
(9) 그와 같이 [평온이 함께한] 귀의 알음알이[耳識]
(10) [평온이 함께한] 코의 알음알이[鼻識]
(11) [평온이 함께한] 혀의 알음알이[舌識]
(12) 즐거움이 함께한 몸의 알음알이[身識]
(13) 평온이 함께한 받아들이는 마음[意]
(14) 기쁨이 함께한 조사하는 마음[意識]
(15) 평온이 함께한 조사하는 마음[意識]
— 이 여덟 가지는 원인 없는 유익한 과보의 마음이라 한다.

[해설]

원인 없는 유익한 과보의 마음들(kusalavipāka-ahetuka-cittāni): 이 범주에 속하는 여덟 가지 마음은 유익한 업의 과보의 마음들이다. 앞의 범주에 속하는 마음을 표현하면서 ahetuka(원인 없는)라는 단어는 사용하지 않았다. 모든 해로운 과보의 마음은 원인이 없기 때문이다. 해로운 과보로 나타난 마음은 원인을 가진 것이 없다. 그러나 나중에 설명하겠지만 유익한 과보의 마음은 원인을 가지는 경우도 있다. 업으로서 결정할 수 없는, 즉 무기(無記, avyākata)의 아름다운 원인을 가진 마음들이 있다. 이들과 구분하기 위해서 여기서는 '원인 없는 것(ahetuka)'이라는 단어가 포함된 것이다.

이 가운데 일곱 가지는 해로운 과보의 마음과 일치한다. 해로운 과보의 마음들은 원하지 않는 대상에 대해서 일어나고 유익한 과보의 마음들은 원하거나(iṭṭha) 열렬히 원하는(ati-iṭṭha) 대상에 대해서 일어난다. 해로운 과보의 마음들에서처럼 여기서도 눈의 알음알이를 위시한 처음의 네 가지 알음알이는 평온, 즉 중립적인 느낌과 연결되어 있다. 그러나 몸에 부딪치는 대상은 강하기 때문에 유익한 과보인 몸의 알음알이는 육체적 즐거움(sukha)이 따른다.

이 원인 없는 유익한 과보의 마음은 해로운 과보의 마음에는 없는 마음, 즉 기쁨(somanassa)과 함께하는 조사하는 마음을 하나 더 포함하고 있다. 해로운 업의 과보로 생긴 조사하는 마음은 중립적인 한 가지 느낌과 함께하는 반면 유익한 업의 과보인 것은 두 가지이다. 하나는 중립적인 느낌과 함께하는 것으로서 보통으로 원하는(iṭṭha) 대상에 대하여 일어난 마음이며 다른 하나는 열렬히 원하는(ati-iṭṭha) 대상에 대하여 일어난 기쁨과 함께하는 마음이다. 그러므로 모두 8가지 마음이 이 범주에 속한다.

§10. 원인 없는 작용만 하는 마음들(ahetuka-kiriya-cittāni) — 3가지

10. ⒃ upekkhāsahagataṁ pañcadvārāvajjanacittaṁ; ⒄ tathā manodvārāvajjanacittaṁ; ⒅ somanassasahagataṁ hasituppādacittañ cā ti. imāni tīṇi pi ahetukakiriyacittāni nāma.

icc' eva sabbathā pi aṭṭhārasa ahetukacittāni samattāni.

⒃ **평온이 함께한 오문전향(五門轉向)의 마음**

⒄ **그와 같이 [평온이 함께한] 의문전향(意門轉向)의 마음**

⒅ 기쁨이 함께한 미소짓는 마음

— 이 셋은 원인 없는 작용만 하는 마음이라 한다.

이와 같이 모두 열여덟 가지 원인 없는 마음이 끝났다.

[해설]

1. **원인 없는 작용만 하는 마음들**(ahetuka-kiriyacittāni): 앞에서 이미 언급했듯이 kiriya는 '작용만 하는 마음'이며, vipāka(과보의 마음)처럼 무기의 영역에 포함되기 때문에 유익하거나 해로운 선·불선이라는 업의 개념이 적용되지 않는다. 영어로는 *functional*로 정착되고 있다. 아비담마에서 작용만 하는 마음은 이처럼 원인이 없는 것도 있고 욕계 8가지, 색계 5가지, 무색계 4가지의 '원인이 있는' 작용만 하는 마음도 있다. 이러한 욕계·색계·무색계의 원인이 있는 작용만 하는 마음은 아라한 등 깨달은 사람에게서만 일어난다. 아라한은 무학의 경지라서 행위에 대한 과보가 없기 때문에 아라한에게서 일어나는 이러한 마음을 유익한 마음이라 부를 수 없다. 그래서 이러한 마음을 작용만 하는 마음이라 부른다.163) 이것과 구분하기 위해서 여기서는 '원인 없는(ahetuka)'이라는 단어를 같이 사용하고 있다.

원인 없는 작용만 하는 마음에는 ① 오문전향(五門轉向)의 마음 ② 의문전향(意門轉向)의 마음 ③ 미소짓는 마음의 세 가지가 포함된다.

2. **오문전향**(五門轉向)**의 마음**(pañca-dvāra-āvajjana-citta): 위 §8의 해설 3에서 이미 설명했듯이 감각의 대상이 다섯 가지 감각의 문[五門, pañca-dvāra] 중 하나에서 감각기능[根]에 부딪칠 때, 예를 들면 형색이 눈에 부딪칠 때 그 대상을 알기 전에 먼저 그 대상으로 전향하는 마음이 일어난다. 이것이 오문전향의 마음이다. 이것은 어떤 대상이든

163) 여기에 대해서는 제1장 §15의 해설을 참조할 것.

<도표 1.3> 원인 없는 마음들

	종류	느낌	마음	번호
1	해로운 과보	평온	안식	(13)
2	〃	〃	이식	(14)
3	〃	〃	비식	(15)
4	〃	〃	설식	(16)
5	〃	고통	신식	(17)
6	〃	평온	받아들이는[意]	(18)
7	〃	〃	조사하는[意識]	(19)
8	유익한 과보	평온	안식	(20)
9	〃	〃	이식	(21)
10	〃	〃	비식	(22)
11	〃	〃	설식	(23)
12	〃	즐거움	신식	(24)
13	〃	평온	받아들이는[意]	(25)
14	〃	기쁨	조사하는[意識]	(26)
15	〃	평온	조사하는[意識]	(27)
16	작용만 하는	평온	오문전향[意]	(28)
17	〃	〃	의문전향[意識]	(29)
18	〃	기쁨	미소짓는[意識]	(30)

다섯 감각의 문 가운데 하나에 나타나면 그것으로 향하는(āvajjana) 역할을 한다. 이 마음은 대상을 보거나 듣거나 냄새 맡거나 맛보거나 감촉하지 못한다. 이것은 단순히 대상으로 전향하는 것이다. 감각하는 알음알이, 즉 전오식(前五識)이 그 바로 다음에 일어나도록 한다. 그래서 이것은 작용만 하는 마음에 속하는 것이다.

이 다섯 감각의 문, 즉 눈 · 귀 · 코 · 혀 · 몸으로 향하는 마음은 마노의 요소[意界]이다. 이처럼 마노는 눈 · 귀 · 코 · 혀 · 몸으로 향해서 바로 다음에 전오식(前五識)을 일어나게 하는 중요한 역할을 한다.

3. **의문전향**(意門轉向)**의 마음**(mano-dvāra-āvajjana-citta): 이 마음은 오문(五門)에서 일어나는 인식과정, 즉 오문인식과정과 의문(意門)에서 일어나는 인식과정, 즉 의문인식과정(제4장 §§6~16 참조)에서 모두 일어날 수 있다. 이것은 이 둘에서 각각 다른 역할을 수행한다. 이것이 오문인식과정에서 일어나면 결정하는 마음(votthapana-citta)이라 부른다.(제3장 §8의 해설 11 참조) 이것의 역할은 전오식(前五識)이 식별한 대상을 결정하고 정의하는 것이다. 오문인식과정에서 이 결정하는 마음은 조사하는 마음 바로 다음에 일어난다. 조사하는 마음이 대상을 검사하고 나면 결정하는 마음이 그것을 분간하는 것이다.

의문(意門)에서 일어나는 인식과정, 즉 내면의 마노의 문에서 일어나는 인식과정에서 이 마음은 다른 역할을 한다. 여기서의 역할은 마노의 문에 나타난 대상으로 전향하는 것이다. 이런 역할을 하기 때문에 의문전향의 마음이라고 부르는 것이다. 그러므로 마노의 대문으로 향하는 마음은 마노의 알음알이[意識]이다.

4. **미소짓는 마음**(hasituppāda-citta): 이 마음은 아라한들과 벽지불들과 부처님들에게만 일어나는 특유한 마음이다.164) 이것의 역할은 아라한들로 하여금 욕계의 현상에 대해서 미소짓게 하는 것이다. 아비

164) 부처님이 특정 장소에서 미소를 지으신 것(sitaṁ pātvākāsi)은 『맛지마 니까야』 제3권 「가띠까라 경」(M81) §2, 「마카데와 경」(M83) §2, 『앙굿따라 니까야』 제3권 「가웨시 경」(A5:180) §1에도 나타나며 『상윳따 니까야』 제2권 「뼈 경」(S19:1) §3에서는 마하목갈라나 존자도 이런 미소를 지은 것으로 나타난다. 부처님과 아라한들이 지으시는 이러한 미소가 아비담마에서 미소짓는 마음(hasituppāda-citta)으로 정착이 된 듯하다.

담마에 의하면 아라한들은 다섯 가지 마음, 즉 욕계의 기쁨이 함께한 네 가지 작용만 하는 마음(제1장 §15)과 바로 이 원인 없는 미소짓는 마음으로 인해 미소를 짓게 된다.(본서 제2권 6장 §11-2의 해설 2 참조)

『청정도론』은 미소짓는 마음을 다음과 같이 정의하고 있다.

[청정도론 XIV]: "108. … [미소짓는 마음은] 기쁨이 함께하고 원인을 가지지 않은 단지 작용만 하는 마음이다. 이것은 여섯 가지 대상을 아는 특징을 가진다. 아라한으로 하여금 하찮은 것에도 미소를 머금게 하는 역할을 한다. 그러한 상태로 나타난다. 가까운 원인은 반드시 심장토대이다."

§11. 원인 없는 마음들의 요약

11. satta akusalapākāni puññapākāni aṭṭhadhā
kriyacittāni tīṇī ti aṭṭhārasa ahetukā.

해로운 과보인 것은 7가지이고
유익한 과보인 것은 8가지이며
작용만 하는 마음은 3가지이다.
이리하여 원인 없는 마음은 18가지이다.

§12. 아름다운 마음들
sobhana-cittāni

12. pāpāhetukamuttāni sobhanānī ti vuccare
ekūnasaṭṭhi cittāni ath' ekanavutī pi vā.

악한 마음과 원인 없는 마음을 제외한 것은

아름다운 것이라 한다.

그런 마음들은 59가지거나 혹은 91가지이다.

[해설]

1. **아름다운 마음들**(sobhana-cittāni): '아름다움'으로 옮긴 sobhana는 √śubh(*to beautify*)에서 파생된 중성명사이다. 이런 표현이 아비담마 용어로 쓰이는 것이 조금 생소하지만 여기서는 '좋음, 이로움'을 나타낸다고 보면 될 것이다. 여기서 악한 마음(pāpa-citta)은 12가지 해로운 마음을 뜻한다. 본서에서는 아름다운 마음(sobhana-citta)을 89/121가지 마음 중에서 12가지 해로운 마음과 18가지 원인 없는 마음을 제외한 것이라고 정의하고 있다. 이런 부류의 마음들을 아름다운 마음이라 부르는 이유는 이런 마음들이 아름다운 마음부수법(cetasika, 제2장 §§5~8참조)들과 함께 일어나기 때문이다.

아름다운(sobhana) 마음들은 유익한[善, kusala] 마음들보다 더 넓은 범위를 가지고 있다. 아름다운 마음에는 모든 유익한 마음들과 아름다운 마음부수법들을 가진 과보의 마음과, 작용만 하는 마음들도 다 포함되기 때문이다. 여기서 과보의 마음과 작용만 하는 마음들은 유익한 마음이 아니고 무기(無記, avyākata)이다. 아름다운 마음은 다음에 전개되는 24가지 욕계 마음을 비롯하여 색계·무색계·출세간의 마음 모두를 포함한다. 아름다운 마음에 포함되지 않는 마음들은 가끔 편의상 '아름답지 못한(asobhana) 마음'이라 부르기도 한다.

욕계의 해로운 마음 12가지, 욕계의 원인 없는 마음 18가지의 30가지를 제외하면 89가지 마음 가운데서는 59가지가 아름다운 마음에 속하고 121가지 마음에서 본다면 91가지가 여기에 속한다.

I.3. 욕계 아름다운 마음들 — 24가지
kāmāvacara-sobhana-cittāni

§13. 욕계 유익한 마음들 — 8가지
kāmāvacara-kusala-cittāni

13. (1) somanassasahagataṁ ñāṇasampayuttaṁ asaṅkhārikam ekaṁ
(2) somanassasahagataṁ ñāṇasampayuttaṁ sasaṅkhārikam ekaṁ
(3) somanassasahagataṁ ñāṇavippayuttaṁ asaṅkhārikam ekaṁ
(4) somanassasahagataṁ ñāṇavippayuttaṁ sasaṅkhārikam ekaṁ
(5) upekkhāsahagataṁ ñāṇasampayuttaṁ asaṅkhārikam ekaṁ
(6) upekkhāsahagataṁ ñāṇasampayuttaṁ sasaṅkhārikam ekaṁ
(7) upekkhāsahagataṁ ñāṇavippayuttaṁ asaṅkhārikam ekaṁ
(8) upekkhāsahagataṁ ñāṇavippayuttaṁ sasaṅkhārikam ekan ti.
imāni aṭṭha pi sahetuka-kāmāvacara-kusalacittāni nāma.

(1) 기쁨이 함께하고 지혜와 결합된 자극받지 않은 마음 하나
(2) 기쁨이 함께하고 지혜와 결합된 자극받은 마음 하나
(3) 기쁨이 함께하고 지혜와 결합되지 않은 자극받지 않은 마음 하나
(4) 기쁨이 함께하고 지혜와 결합되지 않은 자극받은 마음 하나
(5) 평온이 함께하고 지혜와 결합된 자극받지 않은 마음 하나
(6) 평온이 함께하고 지혜와 결합된 자극받은 마음 하나
(7) 평온이 함께하고 지혜와 결합되지 않은 자극받지 않은 마음 하나
(8) 평온이 함께하고 지혜와 결합되지 않은 자극받은 마음 하나
— 이 여덟 가지는 원인을 가진 욕계 유익한 마음이다.

[해설]

1. **욕계 유익한 마음들**(kāmāvacara-kusala-cittāni): 이 부류의 마음들은 세 가지 원칙에 기초하여 8가지 유형으로 구분되는데 다음과 같다. ① 기쁨(somanassa)과 평온(upekkhā)이라는 느낌의 마음부수와 ② 지혜(ñāṇa)의 있고 없음 ③ 자극(saṅkhārika)의 있고 없음이다. 다른 용어들은 이미 앞에서 나왔고 지혜(ñāṇa)라는 용어가 새로 나타나고 있다.

2. **지혜**(ñāṇa): '지혜'를 나타내는 가장 보편적인 용어인 냐나(ñāṇa)는 √jñā(*to know*)에서 파생한 명사로서 초기경들에서도 아주 많이 등장하는 단어이다. 주석서에서 지혜(ñāṇa)는 대상을 고유성질에 따라서 아는 것이라고 정의한다.[165] 여기서 지혜는 통찰지[慧, 般若, paññā]를 의미하며(*cf.* Pm.ii.116) 6가지 원인(hetu) 가운데서 '어리석음 없음[不癡, amoha]'을 뜻한다. 지혜와 결합되지 않은(ñāṇa-vippayutta) 마음은 이 지혜의 요소가 결여된 것이지만 무명(avijjā)이나 어리석음(moha)의 마음부수를 포함하는 것은 아니다. 무명이나 어리석음은 해로운[不善] 마음에만 있기 때문이다.

3. **자극받지 않은**(asaṅkhārika): 주석서에 의하면 사람은 육체적으로나 정신적으로 건전하기 때문에, 혹은 좋은 음식이나 기후 등 때문에, 유사한 행위를 과거에도 했기 때문에 자극받지 않고도 선행을 한다고 한다. 자극은 남들의 권유나 개인적인 사색 등으로 일어난다.(VṬ.87; PdṬ.35 등, 위 §4의 해설을 참조할 것.) 『청정도론』에서 붓다고사 스님은 이 여덟 가지 마음을 다음의 비유로써 설명하고 있다.

---

165) "jānāti yathāsabhāvaṁ paṭivijjhatī ti ñāṇaṁ."(VṬ.87)

<도표 1.4> 욕계 아름다운 마음들

	느낌	지혜	자극	유익	과보	작용
1	기쁨	있음	없음	(31)	(39)	(47)
2	〃	〃	있음	(32)	(40)	(48)
3	〃	없음	없음	(33)	(41)	(49)
4	〃	〃	있음	(34)	(42)	(50)
5	평온	있음	없음	(35)	(43)	(51)
6	〃	〃	있음	(36)	(44)	(52)
7	〃	없음	없음	(37)	(45)	(53)
8	〃	〃	있음	(38)	(46)	(54)

[청정도론 XIV]: "84. ① 보시할 물건과 보시받을 사람 등의 행운을 만나거나 또는 다른 기쁨 거리(somanassa-hetu)를 만나 기쁘고 신명이 난 사람이 '보시하면 공덕을 쌓는다.'라는 정견을 가진다. 그는 그 정견을 가장 중요시 여겨 조금도 망설임 없이 타인으로부터 자극을 받지 않고서도 보시 등을 행하는 공덕을 쌓는다. 그때 그의 마음은 기쁨이 함께하고 지혜가 있으며 자극받지 않은 것이다.

② 앞서 말한 대로 기쁘고 만족해진 사람이 정견을 중요시 여기지만 관대함의 결여로 망설이거나 또는 다른 이의 자극을 받아 보시 등을 행하는 공덕을 쌓는다. 그때 그의 마음은 기쁨이 함께하고 지혜가 있으며 자극을 받은 것이다. 왜냐하면 자극이란 스스로나 또는 타인에 의해서 생긴 이전의 노력(pubba-payoga)에 대한 동의어이기 때문이다.

85. ③ 친척들이 평소 행하던 것을 보고 그것을 따라 행하던 어린 아이들이 스님을 보고 기뻐서 즉시에 손에 들고 있던 것을 보시하거나

인사를 드린다. 그때 세 번째의 마음이 일어난다.

④ 그러나 '보시를 올려라. 인사를 드려라.' 라고 친척들이 시켜서 행할 때 네 번째의 마음이 일어난다.

⑤~⑧ 이 네 가지 경우에는 보시할 물건과 보시받을 사람 등의 행운을 만나지 못하거나 또는 다른 기쁨 거리를 만나지 못하여 기쁨이 없다. 이 때 이 나머지 네 가지가 평온이 함께한 것이다."

§14. 욕계 과보의 마음들 — 8가지 kāmāvacara-vipāka-cittāni

14. (9) somanassasahagataṁ ñāṇasampayuttaṁ asaṅkhārikam ekaṁ

(10) somanassasahagataṁ ñāṇasampayuttaṁ sasaṅkhārikam ekaṁ
(11) somanassasahagataṁ ñāṇavippayuttaṁ asaṅkhārikam ekaṁ
(12) somanassasahagataṁ ñāṇavippayuttaṁ sasaṅkhārikam ekaṁ
(13) upekkhāsahagataṁ ñāṇasampayuttaṁ asaṅkhārikam ekaṁ
(14) upekkhāsahagataṁ ñāṇasampayuttaṁ sasaṅkhārikam ekaṁ
(15) upekkhāsahagataṁ ñāṇavippayuttaṁ asaṅkhārikam ekaṁ
(16) upekkhāsahagataṁ ñāṇavippayuttaṁ sasaṅkhārikam ekan ti.
imāni aṭṭha pi sahetuka-kāmāvacara-vipākacittāni nāma.

(9) 기쁨이 함께하고 지혜와 결합된 자극받지 않은 마음 하나
(10) 기쁨이 함께하고 지혜와 결합된 자극받은 마음 하나
(11) 기쁨이 함께하고 지혜와 결합되지 않은 자극받지 않은 마음 하나
(12) 기쁨이 함께하고 지혜와 결합되지 않은 자극받은 마음 하나
(13) 평온이 함께하고 지혜와 결합된 자극받지 않은 마음 하나
(14) 평온이 함께하고 지혜와 결합된 자극받은 마음 하나
(15) 평온이 함께하고 지혜와 결합되지 않은 자극받지 않은 마음 하나

⒃ **평온이 함께하고 지혜와 결합되지 않은 자극받은 마음 하나**
— 이 여덟 가지는 원인을 가진 욕계 과보의 마음이다.

[해설]

1. **원인을 가진 욕계 과보의 마음들**(sahetuka-kāmāvacara-vipāka-cittāni): 여덟 가지 유익한 마음이 있기 때문에 이에 상응하는 여덟 가지 과보의 마음도 있다. 이들은 욕계 유익한 업의 과보로 나타난 마음이다. 『청정도론』은 원인을 가진 욕계 과보의 마음을 다음과 같이 설명하고 있다.

[청정도론 XIV]: "100. … 이 [원인을 가진 욕계 과보의 마음]은 욕계 유익한 마음처럼 기쁨 등의 분류에 따라 여덟 가지이다. 유익한 마음은 보시 등을 통하여 여섯 가지 대상에서 생긴다. 그러나 이것은 그렇지 않다. 이것은 오직 욕계에 포함되어있는 여섯 가지 대상에서 재생연결, 존재지속심(바왕가),166) 죽음, 여운의 [마음]으로 일어난다. … 관련된 법들에는 차이가 없지만 과보로 나타난 마음은 거울 표면에 비친 영상과 같이 수동적(nirussāha)이고, 유익한 마음은 얼굴과 같이 활동적(sa-ussāha)이라고 알아야 한다."

그리고 이들을 원인 없는 과보의 마음들(ahetuka-vipāka-cittāni)과 구분하기 위해서 '원인을 가진(sahetuka)'이라는 형용사를 붙였다. 원인 없는 유익한 과보의 마음들과 원인을 가진 과보의 마음들은 같은 여덟 가지 유익한 마음으로부터 생긴 것이다. 그러나 이 둘은 그들의 특징과 역할에서 서로 다르다. 이들 둘의 가장 큰 차이점은, 원인을 가진 과보의 마음들은 모두 다음 생을 결정하는 재생연결식(paṭsandhi-viññāṇa)

---

166) 초판에서 잠재의식으로 옮긴 바왕가(bhavaṅga)를 본 전정판에서는 존재지속심으로 옮기고 있다. 여기에 대해서는 제3장 §8의 해설 2를 참조할 것.

이 되어서 그 생에서의 존재지속심(바왕가)으로 흘러가고 죽음의 마음으로 종결이 되고 삶의 과정에서는 여운의 마음[167]으로만 일어나지만 원인 없는 마음은 한 생의 삶의 과정(pavatti)에서 과보로 나타난다는 것이다.(단 원인 없는 마음 가운데 평온이 함께하는 조사하는 마음 두 가지는 재생연결식의 역할도 한다.) 이들의 차이점은 제3장 §§8~11에서 마음의 역할들에 대해서 논의할 때 더욱 분명하게 될 것이다.

§15. 욕계 작용만 하는 마음들(kāmāvacara-kriyācittāni) — 8가지

15. (17) somanassasahagataṁ ñāṇasampayuttaṁ asaṅkhārikam ekaṁ

(18) somanassasahagataṁ ñāṇasampayuttaṁ sasaṅkhārikam ekaṁ
(19) somanassasahagataṁ ñāṇavippayuttaṁ asaṅkhārikam ekaṁ
(20) somanassasahagataṁ ñāṇavippayuttaṁ sasaṅkhārikam ekaṁ
(21) upekkhāsahagataṁ ñāṇasampayuttaṁ asaṅkhārikam ekaṁ
(22) upekkhāsahagataṁ ñāṇasampayuttaṁ sasaṅkhārikam ekaṁ
(23) upekkhāsahagataṁ ñāṇavippayuttaṁ asaṅkhārikam ekaṁ
(24) upekkhāsahagataṁ ñāṇavippayuttaṁ sasaṅkhārikam ekan ti.
imāni aṭṭha pi sahetuka-kāmāvacara-kiriyacittāni nāma.
icc'evaṁ sabbathā pi catuvīsati sahetuka-kāmāvacara-kusala-vipāka-kiriyacittāni samattāni.

(17) 기쁨이 함께하고 지혜와 결합된 자극받지 않은 마음 하나
(18) 기쁨이 함께하고 지혜와 결합된 자극받은 마음 하나
(19) 기쁨이 함께하고 지혜와 결합되지 않은 자극받지 않은 마음 하나
(20) 기쁨이 함께하고 지혜와 결합되지 않은 자극받은 마음 하나

---

167) 초판에서 등록의 마음으로 옮긴 tadārammaṇa를 본서에서는 여운의 마음으로 옮기고 있다. 여기에 대해서는 제3장 §8의 해설 13을 참조할 것.

(21) 평온이 함께하고 지혜와 결합된 자극받지 않은 마음 하나
(22) 평온이 함께하고 지혜와 결합된 자극받은 마음 하나
(23) 평온이 함께하고 지혜와 결합되지 않은 자극받지 않은 마음 하나
(24) 평온이 함께하고 지혜와 결합되지 않은 자극받은 마음 하나
— 이 여덟 가지는 원인을 가진 욕계 작용만 하는 마음이다.

이와 같이 모두 24가지 욕계의 원인을 가진 유익한 마음, 과보의 마음, 작용만 하는 마음이 끝났다.

[해설]

1. **욕계 작용만 하는 마음들**(kāmāvacara-kriyācittāni): 여덟 가지 욕계 유익한 마음은 범부와 유학들에게 일어난다. 업의 회전과 재생의 영역에서 미래의 삶을 넘어서버린 부처님들이나 아라한들에게는 일어나지 않는 마음이다. 그러나 부처님들과 아라한들에게도 이 여덟 가지에 상응하는 마음들이 일어난다. 이 마음들을 작용만 하는(kiriya/kriyā) 마음이라 한다. 이 마음들은 업을 쌓지 않고 단지 작용만을 하기 때문이다. 부처님들이나 아라한들은 재생의 원인이 되는 모든 무명과 갈애의 자취를 완전히 없앴기 때문에 그분들의 선행이 미래의 결과를 가져오지 않는다. 이분들의 작용만 하는 마음들은 단지 일어나서 역할을 성취하고서는 업의 찌꺼기를 남기지 않고 사라진다.

§16. 욕계 아름다운 마음들의 요약

16. vedanā-ñāṇa-saṅkhārabhedena catuvīsati
sahetu-kāmāvacara-puññapākakriyā matā.

덕스럽고, 익었고, 작용만 하는 것으로 알려진
원인을 가진 욕계의 마음은
느낌과 지혜와 자극의 분류에 따라 24가지이다.

[해설]

원인을 가진 욕계의 마음은 유익한 것, 과보인 것, 작용만 하는 것의 세 가지이고, 이들은 각각 다시 함께하는 느낌이 기쁨인지 평온인지와 지혜의 유무와 자극의 유무로 조합이 되어서 8가지로 나누어진다. 그러므로 모두 24가지 마음이 있다. 지혜와 결합된 12가지는 세 가지 원인을 가지고 나머지 12가지는 두 가지 원인을 가진다. 그리고 이 세 가지 마음은 아비담마에서는 자주 '큰 유익한 마음들(mahā-kusala)'(DhsA.75 등), '큰 과보의 마음들(mahā-vipāka)'(DhsA.265 등), '큰 작용만 하는 마음들(mahā-kiriya)'(DhsA.323 등)이라고 언급되고 있다.

§17. **욕계 마음들의 요약**

17. kāme tevīsa pākāni puññāpuññāni vīsati
ekādasa kriyā cā ti catupaññāsa sabbathā.

욕계에는 23가지 익은 것이 있고
20가지 덕스럽고 덕스럽지 않은 것이 있고
11가지 작용만 하는 것이 있다.
이리하여 모두 54가지가 있다.

[해설]

여기서 익은 것(pāka)은 과보인 것(vipāka)을 뜻하고, 덕스러운 것(puñña)은 유익한 것[善, kusala]을, 덕스럽지 않은 것(apuñña)은 해로운 것[不善, akusala]을 뜻한다.

이상으로 욕계의 54가지 마음을 살펴보았다. 이들은 다시 다음과 같이 정리된다.

(1) **종류(jāti)에 따라**

유익한 마음 8가지

해로운 마음 12가지

과보의 마음 23가지

원인 없는 해로운 과보의 마음 7가지

원인 없는 유익한 과보의 마음 8가지

유익한 과보의 마음 8가지

작용만 하는 마음 11가지

원인 없는 작용만 하는 마음 3가지

유익한 작용만 하는 마음 8가지

(2) **느낌에 따라**

기쁨과 함께하는 마음 18가지

평온과 함께하는 마음 32가지

불만족과 함께하는 마음 2가지

즐거움과 함께하는 마음 1가지

고통과 함께하는 마음 1가지

(3) **지혜와 사견과의 결합에 따라**

결합된 마음 16가지

결합되지 않은 마음 16가지

어느 것과도 결합되지 않은 마음 22가지

(4) **자극에 따라**

자극받은 마음 17가지

자극받지 않은 마음 17가지

자극과 관계없는 마음 20가지 (원인 없는 것 18, 어리석음에 뿌리박은 것 2)

이와 같이 분류해서 숙지하고 있어야 제2장에서 거론되는 마음과 마음부수의 여러 결합이나 조합, 제4장의 인식과정(vīthicitta) 등의 아비담마의 적용과 응용 분야를 쉽게 파악할 수 있기 때문이다. 어떤 마음부수나 물질이 어떤 마음과 같이 일어나고 또 인식과정에서는 이 89가지 마음 중에서 어떤 마음이 어떤 역할을 하는가 등 이 89가지 마음을 여러 면에서 분류해서 외우고 있지 않으면 아비담마 법수의 적용과 응용을 쉽게 이해할 수 없다.

아비담마를 하는 사람은 이런 여러 측면으로의 분류를 숙지하고 반드시 외워두어야 한다. 실제로 상좌부 불교에서 아비담마 대가들은 학인들에게 단지 이해만 하지 말고 잘 외워야 한다고 다그친다. 좌정하면 89/121가지 마음과 52가지 마음부수, 28가지 물질이 여러 과정 여러 조건 여러 상황에서 어떻게 같이 일어나고 그다음 과정의 마음에서는 다시 어떤 마음부수와 물질이 같이 일어나는가 하는 것이 눈앞에서 물 흐르듯이 쉽고도 또렷하게 이해되면서 흘러가야 한다는 말이다. 아울러 제2장의 여러 마음부수의 정의 또한 명확하게 줄줄 나와야 한다. 그리고 그것을 내 자신 속에서 매 순간 확인하는 것이 아비담마와 위빳사나가 궁극적으로 하나가 되는 경지라 할 수 있다. 물론 쉬운 것은 아니겠으나 그렇게 되도록 노력하는 것이 공부이고 수행일 것이다.

II. 색계 마음들 — 15가지
rūpāvacara-cittāni

[해설]

'색계 마음들(rūpāvacara-cittāni)'은 거친 물질은 사라지고 대신에 아주 미세한 물질이 남아있는 색계 세상에 속하는 모든 마음들을 포함한다. 이런 세상에는 고귀한 禪[168]의 경지를 얻음으로써 태어난다. 여기

---

168) 때로는 rūpajjhāna(색계禪)이라고 언급하기도 하는데 다음에 나오는 무색계禪(arūpajjhāna)들과 구분 짓기 위해서이다.

서 '禪의 경지'란 삼매(samādhi)를 닦음으로써 얻어지는 높은 경지를 뜻한다. 이런 세상에서 빈번히 일어나고(āvacara) 이런 세상과 성질상 연결되어 있는 마음들을 색계 마음이라고 한다.

5가지 유익한 마음, 5가지 과보의 마음, 5가지 작용만 하는 마음 등 15가지가 여기에 속한다.(<도표 1.5>) 색계 유익한 마음들은 금생에서 5가지 禪을 닦는 범부들과 유학들이 경험한다. 이에 상응하는 과보의 마음들(vipāka)은 색계 세상에서만, 즉 禪을 닦은 결과로써 거기에 태어난 자들에게만 일어난다. 5가지 작용만 하는(kiriya) 禪의 마음들은 禪을 증득한 아라한들만이 경험하는 것이다.

여기서 禪이라는 용어에 대해서 잠시 고찰해 보자. 빠알리어 jhāna는 산스끄리뜨로는 dhyāna이다. 이것이 중국에서 선나(禪那), 제야나(第耶那) 등으로 음역이 되고 정려(靜慮)로 옮겨졌으며 다시 禪으로 정착이 되었다. 이것은 √dhyai(*to contemplate*)에서 파생된 중성명사이다. 붓다고사 스님을 비롯한 주석가들은 다른 어원을 대기도 한다. 빠알리어 jhāna는 드물게 화재나 불을 뜻하기도 하는데 이 경우에 이것은 √kṣai(*to burn*)에서 파생되었다. 그래서 선정과 반대되는 것을 태워버리기 때문에 禪이라고 한다고 정의하기도 한다. 그래서 붓다고사 스님은 『청정도론』에서 "대상을 정려(靜慮, upanijjhāna)하기 때문에, 반대되는 것을 태우기(jhāpana) 때문에 禪(jhāna)이라 한다."169)고 두 가지로 정의하고 있다. 여기서 반대되는 것(paccanīka)이란 감각적 쾌락, 악의, 해태와 혼침, 들뜸과 후회, 의심의 다섯 가지 장애[五蓋, nīvaraṇa]를 뜻한다.170)

---

169) "ārammaṇūpanijjhānato paccanīkajhāpanato vā jhānaṁ."(Vis.IV.119)

170) Pm.i.175; SnA.i.123 등.

이 禪의 경지들은 사마타 수행(samatha-bhāvana)으로 얻어진다. 이런 수행은 삼매의 기능을 강화시키는 것을 포함한다. 마음을 한 가지 대상에 고착시킴으로써[心一境性, 마음이 한 끝으로 [집중]됨, cittassa ekaggatā] 모든 정신적인 혼란이 제거되는 것이다. 장애들은 억압되고 마음은 그 대상에 완전히 몰입된다. 사마타 수행은 제9장 §§2~21에서 자세하게 다루어지고 있다.

그러면 禪과 삼매는 어떤 차이가 있을까? 초기경에 의하면 불교의 禪은 初禪에서 제4선까지 4가지(아비담마에서는 5가지)로 정의되는 마음의 상태이고 이를 일러 바른 삼매[正定]라 한다.[171] 그러므로 네 가지 禪과 바른 삼매는 동의어이다. 그리고 이러한 네 가지 禪의 경지에 든 것을 본삼매(appanā)라 한다. 아비담마에서는 이것을 색계禪으로 정의하고 초기경에 나타나는 공무변처 등의 4처를 무색계禪으로 정의하고 있다.

그런데 문자적으로 엄밀히 말하면 선(禪)과 선정(禪定)은 구분이 되어야 한다. 禪은 jhāna에 배대가 되고 禪定은 jhāna(禪)-samādhi (定)에 배대가 되기 때문이다. 빠알리 삼장에는 선(禪)에 해당하는 jhāna라는 용어만 나타나고 선정(禪定)에 해당하는 jhāna-samādhi라는 용어는 나타나지 않는 것으로 검색이 된다. 선정(禪定)은 주로 주석서와 복주서 문헌에서 paṭhama-jjhāna-samādhi(초선정) 등으로 쓰이고 있는데(DA.iii.888 등) 이처럼 주석서 문헌들에서부터 선(禪)과 선정(禪定)은 동의어로 취급되고 있다. 역자들은 주로 禪으로 옮기고 있으며 문맥에 따라 선정으로 옮긴 곳도 있지만 이 둘을 동의어로 간주한다. 북방에서도 禪과 禪定은 구분 없이 쓰이고 있는 것 같다.

---

171) D22 §21/ii.313; M141 §31/iii.252 등.

한편 禪의 마음의 대상은 대부분 '닮은 표상(paṭibhāga-nimitta)'이라고 불리는 정신적인 영상이다.[172] 이런 표상은 개념(paññatti, 제8장 §29 참조)으로 간주한다. 이것은 일반적으로 물질, 구체적으로는 형색(눈에 보이는 대상)을 토대로 해서 일어나며 그러므로 이들 禪은 색계에 속하는 것이다. 禪에 몰입하는 수행자는 흙으로 만든 원반 등의 까시나라 불리는 도구를 집중의 주요 대상으로 삼아서 여기에 마음을 고착시킨다. 이렇게 주시하는 것이 성숙되면 그 까시나로부터 가시화된 영상인 '익힌 표상(uggaha-nimitta)'이 일어나고 이것이 더 성숙하면 禪의 대상이 되는 '닮은 표상'이 일어나는 것이다. 여기에 나타나는 모든 용어들은 제9장 §§2～21을 참조하면 된다.

여기서 우리는 아비담마에서 설하는 禪에 관한 몇 가지 중요한 측면을 숙지하고 넘어가야 하겠다.

첫째, 세간적인 禪의 경지 자체는 결코 깨달음의 경지(출세간)가 아니라는 것이다. 禪은 깨달음을 성취하기 위한 중요하고 강력한 수단이요 과정이지만 禪의 경지가 깨달음은 아니다. 이것은 초기경전을 보는 데도 반드시 유념하고 있어야 할 명제이다. 상좌부 불교에서는 이 세간적인 禪은 사마타의 경지일 뿐이라고 가르친다. 이런 사마타만으로는 결코 번뇌를 멸할 수가 없다. 번뇌를 멸하기 위해서는 존재를 법들로 해체해서 이들의 무상이나 고나 무아를 통찰해야 하고 무상 등을 통찰하는 것을 위빳사나라 한다.(DhsA.148) 위빳사나 수행을 통해서 과를 증득해야만 비로소 출세간禪을 체득하게 된다. 출세간禪의 마음에 대해서는 제1장 §§31～32와 제9장 §42를 참조할 것.

둘째, 물론 사마타와 위빳사나를 같이 닦아야 하겠으나 아비담마에

172) 네 가지 무량함과 네 가지 무색계선과 열반을 대상으로 하는 출세간 삼매는 제외함. 제9장 <도표 9.1>을 참조할 것.

서는 이런 위빳사나(내관)는 禪이 없이도 가능하다고 한다.173) 이렇게 禪이 없이 위빳사나만 닦는 것을 '마른 위빳사나(sukkha-vipassana, Vis.XXI.112)'라 하며 이런 위빳사나를 닦는 자를 '순수 위빳사나를 닦는 자(suddha-vipassaka, Vis.XVIII.8, DA.iii.1032)'라고 표현하기도 한다. 이것은 경에 나오는 혜해탈(慧解脫, 통찰지를 통한 해탈, paññā-vimutti)과 관련되어 있다. 그리고 禪(특히 무색계禪)과 위빳사나를 같이 닦아 해탈한 것을 양면해탈(兩面解脫, 俱分解脫, ubhatobhāga-vimutti)이라 부르는데174) 초기경(M65/i.439; M70/i.477)에도 나타나는 용어이다.

초기경에서는 심해탈(心解脫, 마음의 해탈, ceto-vimutti)이라는 용어도 자주 나타나는데 심해탈은 "모든 번뇌가 다하여 아무 번뇌가 없는 마음의 해탈[心解脫]과 통찰지를 통한 해탈[慧解脫]을 바로 지금여기에서 스스로 최상의 지혜로 알고 실현하고 구족하여 머문다."(A4:5 등)라는 문맥에서 주로 나타난다.

심해탈이 단독으로 나타나는 경우는 『청정도론』 이나 주석서에서 주로 4가지 무량함에 관한 심해탈의 문맥에서 나타나고 그 대신에 양면해탈(ubhatobhāga-vimutti)이라는 용어를 즐겨 쓴다. 마음을 집중하는 선정(禪定) 수행만으로는 해탈할 수 없으며 禪을 닦은 사람은 반드시 번뇌를 멸하기 위한 위빳사나를 닦아야 해탈한다고 강조하기 때문일 것이다. 그래서 이 둘을 같이 닦는 자는 신통이 구족될 수 있지만 위빳사나만 닦아서 해탈한 자는 해탈하였다고 해서 신통이 구족되지는 않는다. 이처럼 위빳사나는 번뇌를 멸진하여 해탈하는 것에 초점을 맞춘 수행법이다.(제9장 §1의 해설 참조)

---

173) 사마타와 위빳사나에 대한 설명은 『초기불교이해』 제26장 사마타와 위빳사나[止觀](589쪽 이하)를 참조할 것.

174) 초기불전에 나타나는 여러 가지 해탈(vimutti, vimokkha)에 대해서는 『초기불교이해』 제27장 해탈이란 무엇인가(404쪽 이하)를 참조하고 심해탈·혜해탈·양면해탈에 대해서는 407쪽 이하를 참조할 것.

셋째, 이 禪이 바탕이 되어야만 다음의 4처(四處), 즉 무색계의 네 가지 禪에 도달할 수 있다. 무색계선은 모두 색계 4종선(四種禪) 혹은 5종선(五種禪)[175]을 닦아야 도달할 수 있는데 그중에서도 까시나 수행을 해야만 도달할 수 있다고 한다.[176] 그래서 4종선의 제4선 혹은 5종선의 제5선을 '기초가 되는 禪(padaka-jjhāna)'이라고 한다. 4종선의 제4선 혹은 5종선의 제5선은 무색계 4禪과 신통의 기초가 되기 때문이다.(Vis. X.58; XI.122)

넷째, 이런 수행을 『청정도론』은 사문이 해야 할 일[177]이라고 강조한다. 이런 고요하고 집중된 마음이 없이는 번뇌를 소멸하는 위빳사나도 불가능하기 때문이다. 선정이 없는 위빳사나는 사실 불가능하다. 마음이 하나로 집중되지 않고서 어떻게 미세한 번뇌를 관찰하고 찾아내어 그것을 꿰뚫을 수 있겠는가? 그래서 위빳사나를 강조하는 주석서들에서도 찰나삼매(刹那三昧, khaṇika-samādhi, 제9장 §29의 해설 참조)라 하여 어떤 식으로든 선정을 이야기하지 않을 수가 없게 된 것이다.[178]

§18. 색계 유익한 마음들(rūpāvacara-kusalacittāni) — 5가지

18. (1) vitakka-vicāra-pīti-sukh'-ekaggatā-sahitaṁ paṭhamajjhāna-kusalacittaṁ

---

175) 니까야에서 초선부터 제4선까지 禪의 네 개 조, 즉 4종선(四種禪, jhāna-catukka)으로 분류되던 禪은 아비담마에서는 초선부터 제5선까지의 禪의 다섯 개 조 혹은 5종선(五種禪, jhāna-pañcaka)으로 세분이 된다. 5종선(五種禪, 다섯으로 분류한 禪, 禪의 다섯 개 조, jhāna-pañcaka)은 아래 §18의 해설과 <도표 1.5>를 참조하고 문자적인 설명을 비롯한 해설은 『청정도론』 IV.198~202에 잘 나타나 있으므로 참조하기 바란다.

176) 여기에 대해서는 『청정도론』 X.5 이하와 X.58 등을 참조할 것.

177) Vis.VI.43; IX.114; SA.iii.200; MAṬ.i.182.

178) 자세한 것은 본서 제9장 §29의 해설을 참조할 것.

(2) vicāra-pīti-sukh'-ekaggatā-sahitaṁ dutiyajjhāna-kusalacittaṁ
(3) pīti-sukh'-ekaggatā-sahitaṁ tatiyajjhāna-kusalacittaṁ
(4) sukh'-ekaggatā-sahitaṁ catutthajjhāna-kusalacittaṁ
(5) upekkh'-ekaggatā-sahitaṁ pañcamajjhāna-kusalacittañ cā ti.
imāni pañca pi rūpāvacara-kusalacittāni nāma.

(1) 일으킨 생각과 지속적 고찰과 희열과 행복과 집중을 가진 초선의 유익한 마음
(2) 지속적 고찰과 희열과 행복과 집중을 가진 제2선의 유익한 마음
(3) 희열과 행복과 집중을 가진 제3선의 유익한 마음
(4) 행복과 집중을 가진 제4선의 유익한 마음
(5) 평온과 집중을 가진 제5선의 유익한 마음
— 이 다섯 가지는 색계 유익한 마음이다.

[해설]

색계는 禪의 경지이고 이것은 다섯 가지 장애가 극복된 경지이다. 그래서 이 색계는 다섯 가지 禪의 경지를 다섯 가지 禪의 구성요소[禪支, jhānaṅga]와 결합하여 설명된다. 다섯 가지 禪은 두 가지 이유 때문에 여기서 주어진 순서대로 분류가 된다. 첫째는 어떤 사람이든 禪을 증득하기 위해서 선정수행을 하면 이런 순서대로 경지를 증득하기 때문이다. 둘째는 부처님께서 이런 순서대로 설하셨기 때문이다.

이 색계와 무색계에 대한 체계적인 교학은 불교에만 나타나는 독특한 것이다. 그러면 왜 불교에서는 이런 색계와 무색계라는 경지를 언급하고 여기에 배대하여 여러 천상 세계를 설하게 되었을까? 그 이유는 이런 경지가 수행을 많이 한 이들에게는 실제로 존재하기 때문이다. 예를 들면 아직 번뇌를 멸하지는 못했지만 禪 수행을 즐겨하고 많이 하여 초선의 경지를 증득한 비구들이 머무는 마음의 경지는 지금까지

<도표 1.5> 색계 마음들

	마음	함께하는 마음부수법들					유익	과보	작용
1	초선	尋(심)	伺(사)	희열	행복	집중	(55)	(60)	(65)
2	제2선	…	伺(사)	희열	행복	집중	(56)	(61)	(66)
3	제3선	…	…	희열	행복	집중	(57)	(62)	(67)
4	제4선	…	…	…	행복	집중	(58)	(63)	(68)
5	제5선	…	…	…	평온	집중	(59)	(64)	(69)

설명한 욕계의 유익한 마음으로써는 도저히 설명할 수가 없다. 여러 가지 명상주제(제9장 §6 이하 참조)에 대해서 일으킨 생각[尋]과 지속적 고찰[伺]이 있고 희열과 행복과 집중이 있는 상태의 마음이 존재하므로 이를 색계의 초선의 마음으로 분류하여 설명하는 것이다.

그리고 이런 마음 상태를 가진 존재들이 머무는 곳도 있어야 한다. 그래서 색계 세상은 불교의 관점에서 본다면 반드시 있어야 하는 것이다. 무색계도 마찬가지이다. 수행자가 출세간의 경지인 열반을 체험하지는 못했지만 제5禪의 경지를 완전히 초월하여 더 이상 물질적인 명상주제가 아닌 허공을 대상으로 '무한한 허공'이라는 경지에 들어있다면, 그런 경지에 있는 마음 상태를 공무변처의 마음으로 분류하여 설명하는 것은 모든 가능한 마음의 상태를 분류하여 체계화하려는 아비담마의 입장에서 보면 너무도 당연한 일이다.

이런 필요에 따라 색계와 무색계의 경지는 설명이 되고 불교의 우주관에서도 이런 경지에 머무는 존재들의 세상으로서 색계 천상과 무색계 천상이 반드시 나타나게 되는 것이다. 아비담마에서는 인도 종교에서 제일의 경지라 여기는 범천(브라흐마나)을 색계 초선의 세상으로 대응시켜 이해하며, 제석천, 삼십삼천, 야마천 등의 인도의 유력한 신들을 욕계 천상 정도로 이해한다.(제5장 §5 참조)

1. **다섯 가지는 색계 유익한 마음이다**: 경에 나타나는 네 가지 禪을 아비담마에서는 다섯 가지로 더 세분하여 설하고 있다. 이것은 경에서 설해진 네 가지 禪 가운데 초선을 다시 초선과 제2선으로 나누어 다섯 가지가 된 것이다. 경에서는 네 가지로 분류된 선의 정형구가 아래와 같이 나타나 있다.

초선: "감각적 쾌락들을 완전히 떨쳐버리고 해로운 법들[不善法]을 떨쳐버린 뒤, 일으킨 생각[尋]과 지속적 고찰[伺]이 있고, 떨쳐버렸음에서 생긴 희열[喜]과 행복[樂]이 있는 초선(初禪)을 구족하여 머문다."179)

제2선: "일으킨 생각과 지속적 고찰을 가라앉혔기 때문에 [더 이상 존재하지 않으며], 자기 내면의 것이고, 확신이 있으며, 마음의 단일한 상태이고, 일으킨 생각과 지속적 고찰은 없고, 삼매에서 생긴 희열과 행복이 있는 제2선(二禪)을 구족하여 머문다."180)

제3선: "희열이 빛바랬기 때문에 평온하게 머물고, 마음챙기고 알아차리며 몸으로 행복을 경험한다. 이 [禪 때문에] '평온하고 마음챙기며

179) "vivicceva kāmehi vivicca akusalehi dhammehi savitakkaṁ savicāraṁ vivekajaṁ pītisukhaṁ paṭhamaṁ jhānaṁ upasampajja viharati."(M4/i.21; M7/i.40 등) 한편 이들 네 가지 선의 정형구는 『청정도론』 IV.79~197에서 상세하게 설명되고 있다.

180) "vitakkavicārānaṁ vūpasamā ajjhattaṁ sampasādanaṁ cetaso ekodibhāvaṁ avitakkaṁ avicāraṁ samādhijaṁ pītisukhaṁ dutiyaṁ jhānaṁ upasampajja viharati."(M4/i.21; M7/i.40 등)

행복하게 머문다.'고 성자들이 묘사하는 제3선(三禪)을 구족하여 머문다."181)

제4선: "행복도 버리고 괴로움도 버리고, 아울러 그 이전에 이미 기쁨과 불만족이 소멸되었으므로 괴롭지도 즐겁지도 않으며, 평온으로 인해 마음챙김이 청정한[捨念淸淨] 제4선(四禪)을 구족하여 머문다."182)

이런 정형구를 아비담마에서는 禪을 구성하는 구성요소들로 ① 일으킨 생각[尋, vitakka] ② 지속적 고찰[伺, vicāra] ③ 희열[喜, pīti] ④ 행복[樂, sukha]183) ⑤ 평온[捨, upekkhā] ⑥ 집중[一境性, ekaggatā]의 여섯 가지 마음부수를 들고 있으며, 이들을 모두 다섯 가지 禪에 배대해서 이해하고 있다. 주석서 문헌에서는 이 여섯 가지 가운데 평온을 제외한, 초선에서 확립되는 다섯 가지를 '다섯 가지 禪의 구성요소(pañca jhānaṅga)'라고 부르고 있다.(PsA.i.98 등) 평온은 제4선에서만 드러나기 때문에 禪의 구성요소에 포함시키지 않는다. 마음과 함께 일어나는 각 禪의 많은 마음부수법들 가운데 이들 다섯 가지 마음부수가 특정 禪을 다른 禪과 구별되게 하고 본삼매의 과정을 일어나게 하기 때문에 이들을 禪의 구성요소로 언급하고 있는 것이다.

---

181) "pītiyā ca virāgā upekhako ca viharati sato ca sampajāno sukhañca kāyena paṭisaṁvedeti yantaṁ ariyā ācikkhanti. upekhako satimā sukhavihārī ti tatiyaṁ jhānaṁ upasampajja viharati."(*Ibid.*)

182) "sukhassa ca pahānā dukkhassa ca pahānā pubbe va somanassa-domanassānaṁ atthagamā adukkhaṁ asukhaṁ upekhāsati-pārisuddhiṁ catutthaṁ jhānaṁ upasampajja viharati."(*Ibid.*)

183) 여기서 '행복'으로 옮긴 용어는 sukha이다. sukha는 느낌의 문맥에서 나타날 때는 즐거운 느낌(sukha-vedanā)을 뜻한다. 역자들은 sukha가 이러한 느낌의 문맥이 아닌, 특히 여기서처럼 다섯 가지 禪의 구성요소 가운데 하나로 나타날 때는 행복으로 옮기고 있다. 이 禪의 경지에서 나타나는 sukha는 그런 육체적인 즐거움이 아닌 고귀한 禪의 구성요소이기 때문이다.(아래 행복의 설명을 참조할 것.)

초선은 이러한 다섯 가지 禪의 구성요소를 포함하고 있다. 초선을 얻기 위해서는 대상을 아주 면밀하게 주시하여 본삼매를 방해하는 다섯 가지 장애를 태워버리고 이 다섯 가지 禪의 구성요소가 모두 조화된 방법으로 나타나도록 해야 한다.

그러면 禪의 구성요소에 대해서 하나하나 살펴보자. 여기서는 禪의 구성요소로서의 역할에 초점을 맞추어서 간략하게 설명하고자 한다. 자세한 것은 마음부수법들을 설명하는 제2장을 참조하기 바란다.

2. **일으킨 생각**[尋, vitakka]: 경에서는 vitakka가 단순히 생각을 나타내는 막연한 뜻으로 나타나기도 하지만 아비담마에서는 정확한 전문용어로 쓰이며 마음을 대상에 올려놓고[184] 대상을 향하여 기울이게 하는 마음부수법으로 나타난다. 마치 왕의 총애를 받는 자가 시골 사람을 궁궐로 안내하듯 vitakka는 마음을 대상으로 인도한다.[185] 禪을 얻기 위한 수행에서 vitakka는 '해태와 혼침(thīna-middha)'의 장애를 억압하는 특별한 직책을 맡는다.(제2장 §3의 '일으킨 생각'의 해설 참조)

3. **지속적 고찰**[伺, vicāra]: 일반적으로 vicāra는 검토를 뜻한다. 여기서는 마음이 대상에 지속적으로 몰두하도록 하는 것을 의미한다. vitakka가 마음을 대상에 적용시키는 것이라면 vicāra는 마음이 계속해서 그 대상에 작용하게 하는 것을 말한다. 주석가들은 이 두 禪의 구성요소를 구분하는 여러 가지 비유를 들고 있다. vitakka는 새가 날기 위해서 날개를 펴는 것과 같고 vicāra는 편 날개로 창공을 나는 것과 같다. vitakka는 벌이 꽃을 향해 날아드는 것과 같고 vicāra는 꽃 위에서 윙윙대는 것과 같다. vitakka는 녹슨 금속 그릇을 들고 있는 손

---

184) "so hi arammaṇe cittaṁ āropeti. "(DhsA.114)

185) "yathā hi koci rājavallabhaṁ ñātiṁ vā mittaṁ vā nissāya rājagehaṃ ārohati"(*Ibid.*)

과 같고 vicāra는 그것을 닦는 손과 같다.(Vis.IV.89~91) vicāra는 의심(vicikicchā)의 장애를 일시적으로 억압하는 역할을 한다.(제2장 §3 '지속적 고찰'의 해설 참조)

4. **희열**[喜, pīti]: 제2장 §3의 해설을 참조할 것. 禪의 구성요소로서의 희열은 악의(vyāpāda)의 장애를 억압한다.

5. **행복**[樂, sukha]: 여기서 행복으로 옮긴 이 禪의 구성요소는 즐거운 정신적인 느낌(somanassa)을 의미한다. 이것은 유익한 과보인 몸의 알음알이와 함께하는 즐거운 몸의 느낌으로서의 sukha가 아니다. 지복(至福)으로도 옮길 수 있는 이 느낌은 감각적 쾌락으로부터 초연함으로써 생긴다. 그러므로 이것은 경에 나타나는 세속을 벗어난 행복(nirāmisa-sukha)으로 설명이 된다.(M102 §19 등) 행복은 들뜸과 후회(uddhacca-kukkucca)의 마음부수들과 반대되는 것이다.

희열과 행복은 아주 밀접하게 연결되어 있지만 희열은 다섯 무더기[五蘊]에서 심리현상들의 무더기[行蘊]에 속하고, 행복은 느낌의 무더기[受蘊]에 속하는 느낌이다. 희열은 목마름으로 지친 여행자가 오아시스를 만났을 때 가지는 기쁨이고 행복은 그 물을 마시고 목욕하고 나서 느끼는 것과 같다.[186)]

6. **집중**[一境性, ekaggatā]: 이 마음부수법은 다섯 가지 禪에 항상 나타나는 기본 구성요소이며 삼매(samādhi)의 본질이다. 집중은 감각적 쾌락을 일시적으로 억압한다. 이것은 선정의 필수 조건이다. 이것은 禪의 가장 두드러진 특징인 대상을 깊이 주시하는 기능을 수행한다. 그러나 집중 혼자서는 이 기능을 제대로 수행하지 못하며 禪의 구

---

186) DhsA.117~118; Expos., 155~156.
자세한 것은 『담마상가니』 제1권 §10의 주해를 참조할 것.

성요소들 가운데 각자 특별한 기능을 하는 남은 네 가지의 적극적인 도움(sātisayaṁ upakārakattā, VṬ.204; PdṬ.57)을 필요로 한다. 일으킨 생각[尋]은 관련된 마음부수들을 대상에 적용시키고 지속적 고찰[伺]은 그들을 그곳에 지속해서 작용하게 하며 희열과 행복은 선정의 기쁨을 느끼게 한다.(PdṬ.57) '[마음이] 한 끝으로 [집중]됨'으로 직역되는 ekaggatā에 대한 설명은 제2장 §2의 해설 5를 참조하기 바란다.

7. **제2선의 유익한 마음** …: 앞에서도 거론했지만 경에서는 넷으로 분류한 禪[四種禪, jhāna-catukka]을, 아비담마에서는 다섯으로 분류한 禪[五種禪, jhāna-pañcaka]을 설한다. 경에 나타난 네 가지 禪의 초선에 나타나는 일으킨 생각과 지속적 고찰을 세분해서 초선과 제2선으로 나누어 아비담마에서는 전체를 다섯 가지로 재구성한 것이다.187) 초기경들은 이 다섯으로 분류한 禪[五種禪]을 분명하게 언급하고 있지는 않지만 『맛지마 니까야』 제4권 「오염원 경」(M128) 등은 암시적으로 이런 분석에 대한 기초를 마련해 주고 있다. 「오염원 경」(M128)에서 부처님께서는 다음과 같이 세 가지 삼매를 설하셨다.

"아누룻다들이여, 그런 나는 ① 일으킨 생각이 있고 지속적 고찰이 있는 삼매를 닦았다. ② 일으킨 생각은 없고 지속적 고찰만 있는 삼매를 닦았다. ③ 일으킨 생각도 없고 지속적 고찰도 없는 삼매를 닦았다."(M128 §31)

이 세 가지 삼매(samādhi)는 『디가 니까야』 제3권 「합송경」(D33) §1.10과 「십상경」(D34) §1.4와 『상윳따 니까야』 제5권 「일으킨 생

187) '다섯으로 분류한 禪' 혹은 '禪의 다섯 개 조[五種禪, jhāna-pañcaka]'에 대한 문자적인 설명을 비롯한 해설은 『청정도론』 IV.198~202에 잘 나타나 있으므로 참조하기 바란다.

각과 지속적 고찰이 있음 경」(S43:3) §3과『앙굿따라 니까야』「간략하게 경」(A8:63) §4에도 똑같이 나타나고 있다.

여기서 '일으킨 생각은 없고 지속적 고찰만 있는 삼매(avitakka vicāra-matta samādhi)'라고 하셨다. 禪(jhāna)은 경장에서는 초선·2선·3선·4선의 넷으로 정형화되어 나타나는데 논장에서는 초선에 나타나는 일으킨 생각[尋, vitakka]과 지속적 고찰[伺, vicāra]을 세분하여 일으킨 생각이 있고 지속적 고찰이 있는 삼매와 일으킨 생각은 없고 지속적 고찰만 있는 삼매의 둘로 나눈다. 이렇게 하여 전체적으로 禪을 다섯 가지로 분류하고 있다.(Dhs. §167 이하와『청정도론』IV.202 참조)

이 둘의 혼동을 피하기 위해서 주석서들에서는 '넷으로 분류한 禪(catukka-jjhāna, jhāna-catukka)'과 '다섯으로 분류한 禪(pañcaka-jjhāna, jhāna-pañcaka)'이라고 구분해서 언급한다.(『청정도론』IV.23 등) 초기불전연구원에서는 이를 각각 사종선(四種禪)과 오종선(五種禪), 혹은 4종선과 5종선으로 옮기고 있다.「오염원 경」(M128)의 이 부분도 아비담마에서 禪을 오종선으로 세분하는 경전적인 근거가 된다.

4종선과 5종선의 분류에 대해서는『청정도론』IV.86을 참조하고 5종선에 대한 문자적인 설명을 비롯한 해설은『청정도론』IV.198~202에 잘 나타나 있으므로 참조하기 바란다.

§19. 색계 과보의 마음들(rūpāvacara-vipākacittāni) — 5가지

19. (6) vitakka-vicāra-pīti-sukh'-ekaggatā-sahitaṁ paṭhamajjhāna-vipākacittaṁ.

(7) vicāra-pīti-sukh'-ekaggatāsahitaṁ dutiyajjhāna-vipākacittaṁ.

(8) pīti-sukh'-ekaggatā-sahitaṁ tatiyajjhāna-vipākacittaṁ.

(9) sukh'-ekaggatā-sahitaṁ catutthajjhāna-vipākacittaṁ.

(10) upekkh'-ekaggatā-sahitaṁ pañcamajjhāna-vipākacittañ cā ti.

imāni pañca pi rūpāvacara-vipākacittāni nāma.

(6) 일으킨 생각과 지속적 고찰과 희열과 행복과 집중을 가진 초선의 과보의 마음

(7) 지속적 고찰과 희열과 행복과 집중을 가진 제2선의 과보의 마음

(8) 희열과 행복과 집중을 가진 제3선의 과보의 마음

(9) 행복과 집중을 가진 제4선의 과보의 마음

(10) 평온과 집중을 가진 제5선의 과보의 마음

— 이 다섯 가지는 색계 과보의 마음이다.

§20. 색계 작용만 하는 마음들(rūpāvacara-kiriyacittāni) — 5가지

20. (11) vitakka-vicāra-pīti-sukh'-ekaggatā-sahitaṁ paṭhamajjhāna-kiriyacittaṁ.

(12) vicāra-pīti-sukh'-ekaggatā-sahitaṁ dutiyajjhāna-kiriyacittaṁ.

(13) pīti-sukh'-ekaggatā-sahitaṁ tatiyajjhāna-kiriyacittaṁ.

(14) sukh'-ekaggatā-sahitaṁ catutthajjhāna-kiriyacittaṁ.

(15) upekkh'-ekaggatā-sahitaṁ pañcamajjhāna-kiriyacittañ cā ti.

imāni pañcapi rūpāvacara-kiriyacittāni nāma.

icc'evaṁ sabbathāpi pannarasa rūpāvacara-kusala-vipāka-kiriya-cittāni samattāni.

(11) 일으킨 생각과 지속적 고찰과 희열과 행복과 집중을 가진 초선의 작용만 하는 마음

(12) 지속적 고찰과 희열과 행복과 집중을 가진 제2선의 작용만 하는 마음

(13) 희열과 행복과 집중을 가진 제3선의 작용만 하는 마음

(14) 행복과 집중을 가진 제4선의 작용만 하는 마음

(15) 평온과 집중을 가진 제5선의 작용만 하는 마음
— 이 다섯 가지는 색계 작용만 하는 마음이다.

이와 같이 모두 15가지 색계 유익한 마음, 과보의 마음, 작용만 하는 마음이 끝났다.

§21. 색계 마음들의 요약

21. pañcadhā jhānabhedena rūpāvacaramānasaṁ
puññapākakriyābhedā taṁ pañcadasadhā bhave.

색계 마음은 禪의 분류에 따라 다섯 가지이며
공덕이 되는 것과 과보인 것과
작용만 하는 것의 분류에 따라
[모두] 15가지가 된다.

[해설]

다섯 가지 禪의 마음은 다시 유익한 마음, 과보의 마음, 작용만 하는 마음으로 분류가 되고 모두 5×3=15가지로 나타나고 있다. 지혜는 禪의 특별한 구성요소가 아니다. 왜냐하면 모든 색계 마음들은 지혜와 결합되어 있기(ñāṇa-sampayutta) 때문이다. 그러므로 모든 색계의 마음들은 불탐 · 부진 · 불치의 세 원인을 가지고 있다.

욕계의 유익한 마음과 해로운 마음들과는 대조적으로 색계 마음들은 자극받음과 자극받지 않음(sasaṅkhārika-asaṅkhārika)으로는 구분되지 않는다. 무색계와 출세간의 마음에서도 마찬가지로 생략되어 있다. 이것이 생략된 이유는 수행자가 禪이나 도나 과를 얻기 위해서 수행을 할 때 남들의 격려나 스스로의 고무에 의지해 있는 한 그의 마음은 증득에 도달할 적절한 조건을 갖춘 것이 아니기 때문이다. 물론 자극받음과 자극받지 않음의 구별은 증득으로 인도하는 예비단계의 수행과

는 연관이 있다. 그러나 실제로 증득을 얻는 그 마음들은 자극이나 격려를 포함할 수가 없다. 그러므로 자극받은 禪과 출세간의 증득이란 실제적으로는 불가능하기 때문에 자극받음과 자극받지 않음의 구분은 이런 부류의 마음들과 관련해서는 설득력이 없다.[188]

III. 무색계 마음들 — 12가지

arūpāvacara-cittāni

[해설]

무색계 마음들(arūpāvacara-cittāni)은 공무변처 등의 네 가지 무색의 경지(arūpa-bhūmi)에 속하는 모든 마음들을 포함한다. 무색계 세상은 물질의 영역을 완전히 초월하여 오직 마음과 마음부수법들만 남아있는 세상이다. 무색계禪(arūpajjhāna)들을 증득함으로써 이런 세상에 태어난다. 이런 禪은 색계 제5선을 바탕으로 하여서 닦은 삼매로써 도달할 수 있다.

무색계 마음은 12가지 마음으로 구성된다. 네 가지 유익한 마음은 범부들과 유학들이 무색계의 증득을 경험하는 마음이고 네 가지 과보의 마음은 무색계 세상에 태어난 자들의 마음이다. 네 가지 작용만 하는 마음은 무색계의 禪에 든 아라한들에게 일어나는 마음이다.

§22. 무색계 유익한 마음들(arūpāvacara-kusalacittāni) — 4**가지**

22. (1) **ākāsānañcāyatana-kusalacittaṁ**

(2) **viññāṇañcāyatana-kusalacittaṁ**

(3) **ākiñcaññāyatana-kusalacittaṁ**

---

188) “na hi parikammasaṅkhāta pubbābhisaṅkhāro imasmiṁ saṅkhāra-bhede saṅkhāro eva nāma hoti. kasmā, jhānuppattiyā pakatipaccaya-bhūtattā.”(PdṬ.61)

(4) nevasaññānāsaññāyatana-kusalacittañ cā ti.
imāni cattāri pi arūpāvacara-kusalacittāni nāma.

(1) 공무변처에 속하는 유익한 마음
(2) 식무변처에 속하는 유익한 마음
(3) 무소유처에 속하는 유익한 마음
(4) 비상비비상처에 속하는 유익한 마음
— 이 네 가지는 무색계 유익한 마음이다.

[해설]

1. **공무변처**(空無邊處, ākāsānañcāyatana): 공무변처라 번역하는 ākāsānañcāyatana는 ākāsa(허공)+ānañca[189](끝없음)+āyatana[處, 장소]로 이루어진 합성어이며 중국에서는 공무변처로 직역하여 정착되었다. 경에서 공무변처의 정형구는 이렇게 나타난다. "물질[色]에 대한 인식을 완전히 초월하고 부딪힘(paṭigha)의 인식을 소멸하고 갖가지 인식을 마음에 잡도리하지 않기 때문에 '무한한 허공'이라고 하면서 공무변처를 구족하여 머문다."[190] '무한한 허공(ananto ākāsa)'이라는 산냐(인식)가 현전하므로 이것을 공무변처라고 부른 것이다.

『청정도론』의 설명에 의하면 이것에 도달하기 위해서 수행자는 까시나를 대상으로 한 색계 제5선을 터득하고 까시나의 닮은 표상(paṭibhāga-nimitta)을 무한히 확장한다. 그런 다음 그는 그 닮은 표상을 없애버리고 그것이 퍼져있는 허공을 '무한한 허공'이라고 응시하면서 그 허공에 마음을 기울인다. 이와 같이 거듭해서 마음에 잡도리하면

---

189) ānañca는 '끝없는'을 뜻하는 형용사 ananta의 곡용형을 취해서 만들어진 추상명사이며 그래서 '끝없음'을 뜻한다.

190) "sabbaso rūpasaññānaṁ samatikkamā paṭighasaññānaṁ atthagamā nānattasaññānaṁ amanasikārā ananto ākāso ti ākāsānañcāyatanaṁ upasampajja viharati."(M8 §8/i.41 등)

마침내 그 본삼매에서 허공이라는 개념(ākāsa-paññatti)을 대상으로 한 마음이 일어난다. 공무변처는 이렇게 첫 번째 무색계 마음의 대상으로서 작용하는 허공의 개념을 뜻하는 것이다.(Vis.X.6~11) 여기서 처(處)로 옮기고 있는 āyatana는 禪의 마음이 머무는 장소 혹은 거주처라는 의미를 가지고 있다. 그러나 이차적인 의미로 간주하면 공무변처는 공무변처의 禪을 지칭하기도 한다.

2. **식무변처**(識無邊處, viññāṇañcāyatana): viññāṇañcāyatana도 viññāṇa(알음알이)+ānañca+āyatana로 분석된다. 여기서는 ānañca가 añca로 발음되어 나타난다. 경에는 "공무변처를 완전히 초월하여 '무한한 알음알이[識]'라고 하면서 식무변처를 구족하여 머문다."191)로 정형화되어 나타난다.

여기서 무한하다고 하는 것은 첫 번째 무색계禪(공무변처)을 뜻한다. 첫 번째 무색계선은 허공이라는 개념(paññatti)을 대상으로 가지기 때문에 허공을 대상으로 가지는 알음알이도 그 무한함을 나누어 가지는 것이다. 그러므로 이런 경지에 도달하기 위해서 수행자는 공무변처의 알음알이를 그 대상으로 삼아 그것이 무한한 알음알이라는 두 번째 무색계의 본삼매가 일어날 때까지 수행한다.

3. **무소유처**(無所有處, ākiñcaññāyatana): ākiñcaññāyatana는 ākiñcañña+āyatana로 분석된다. ākiñcañña는 kiñcana(그 무엇)의 부정어인 akiñcana(아무것도 아닌)의 곡용형으로서 '아무것도 없음'을 나타내는 명사이다. 경에서는 "식무변처를 완전히 초월하여 '아무것도 없다.'고 하면서 무소유처를 구족하여 머문다."192)라는 정형구로 나타

---

191) "sabbaso ākāsānañcāyatanaṁ samatikkamma anantaṁ viññāṇanti viññāṇañcāyatanaṁ upasampajja viharati."(M8 §9 등)

192) "sabbaso viññāṇañcāyatanaṁ samatikkamma natthi kiñcī ti

난다.

무소유처는 공무변처의 알음알이가 지금 존재하지 않음(natthi-bhāva)이 그 대상이 된다. 그 알음알이가 존재하지 않는 것에 마음을 잡도리함으로써 무소유처는 첫 번째 무색계 마음이 '존재하지 않는다는 개념(natthibhāva-paññatti)'을 대상으로 삼아서 일어난다.

4. **비상비비상처**(非想非非想處, nevasaññānāsaññāyatana): nevasaññānāsaññā는 na(아니다)+eva(결코)+saññā(인식)+na(아니다)+asaññā(인식 아님)로 분석이 되는데 여기서 보듯이 이 경지는 인식이 극도로 미세해져서 인식 등의 마음부수들이 있는지 없는지 분간하기 어려운 경지이다. 경에서는 "무소유처를 완전히 초월하여 비상비비상처를 구족하여 머문다."193)라고 정형화되어 나타난다.

비상비비상처의 증득은 인식을 포함했다고도 제외했다고도 할 수 없기 때문에 이렇게 이름지은 것이다. 이런 유형의 마음에는 인식(saññā)의 마음부수가 너무나 미세하기 때문에 그것이 더 이상 인식으로서의 기능을 수행할 수가 없다. 그러므로 이 경지는 인식을 가졌다고 할 수 없다. 그러나 인식이 완전히 사라진 것도 아니고 설명할 수 없는 형태로 남아있다. 비록 인식 하나만이 언급되었지만 이 마음에 존재하는 다른 모든 마음부수법들도 그런 극히 미세한 상태로 존재하기 때문에 그들도 존재한다거나 하지 않는다라고 설명할 수 없다.194) 이 네 번째 무색계선은 세 번째 무색계선인 무소유처의 마음을 그 대상으로 가진다.

ākiñcaññāyatanaṁ upasampajja viharati."(M8 §10 등)

193) "sabbaso ākiñcaññāyatanaṁ samatikkamma nevasaññānāsaññāyata-naṁ upasampajja viharati."(M8 §11 등)

194) "tasmā idha saññāggahaṇaṁ desanāsīsamattan ti daṭṭhabbaṁ." (PdṬ.66)

이 4처 혹은 네 가지 무색계禪은 『청정도론』 제10장에서 상세하게 설명되어 있으며 본서 제9장 §12에서 인용하고 있으므로 참조하기 바란다.

§23. 무색계 과보의 마음들(arūpāvacara-vipākacittāni) — 4가지

23. (5) ākāsānañcāyatana-vipākacittaṁ
(6) viññāṇañcāyatana-vipākacittaṁ
(7) ākiñcaññāyatana-vipākacittaṁ
(8) nevasaññānāsaññāyatana-vipākacittañ cā ti.
imāni cattāri pi arūpāvacaravipākacittāni nāma.

(5) 공무변처에 속하는 과보의 마음
(6) 식무변처에 속하는 과보의 마음
(7) 무소유처에 속하는 과보의 마음
(8) 비상비비상처에 속하는 과보의 마음
— 이 네 가지는 무색계 과보의 마음이다.

§24. 무색계 작용만 하는 마음들 — 4가지

24. (9) ākāsānañcāyatana-kiriyacittaṁ
(10) viññāṇañcāyatana-kiriyacittaṁ
(11) ākiñcaññāyatana-kiriyacittaṁ
(12) nevasaññānāsaññāyatana-kiriyacittañ cā ti.
imāni cattāri pi arūpāvacara-kiriyacittāni nāma.
icc'evaṁ sabbathā pi dvādasa arūpāvacara-kusala-vipāka-kiriya-cittāni samattāni.

(9) 공무변처에 속하는 작용만 하는 마음
(10) 식무변처에 속하는 작용만 하는 마음
(11) 무소유처에 속하는 작용만 하는 마음
(12) 비상비비상처에 속하는 작용만 하는 마음
— 이 네 가지는 무색계 작용만 하는 마음이다.

이와 같이 모두 12가지 무색계 유익한 마음, 과보의 마음, 작용만 하는 마음이 끝났다.

§25. **무색계 마음의 요약**

25. ārammaṇappabhedena catudhā aruppamānasaṁ
puññapākakriyābhedā puna dvādasadhā ṭhitaṁ.

무색계의 마음은 대상의 분류에 따라 네 가지이며
덕스럽고, 익었고, 작용만 하는 것의 분류에 따라
다시 12가지이다.

[해설]

1. **대상의 분류에 따라**: 각각의 무색계 마음은 두 가지 대상(ārammaṇa)을 가진다. 하나는 직접 인지되어야 할 대상(ālambitabba)이고, 다른 하나는 초월되어야 할 대상(atikkamitabba)이다. 그들의 상호관계는 <도표 1.6>에 나타나 있다.

무색계선은 여러 가지 면에서 색계선과 다르다.

첫째, 색계선은 까시나 등의 다양한 대상을 가지지만 무색계선은 각자에게 특별한 오직 한 가지 대상만을 가진다.

둘째, 색계선의 초선은 다섯 가지 禪의 구성요소를 가지고 있으며 제2선은 네 개를 가지는 등 서로 다르다. 더 높은 선의 경지를 얻고자

<도표 1.6> 무색계 마음들

	마음	직접 대상	초월한 대상	유익	과보	작용
1	**공무변처**	허공 (개념)	까시나 (개념)	(70)	(74)	(78)
2	**식무변처**	공무변처의 마음	허공 (개념)	(71)	(75)	(79)
3	**무소유처**	없음 (개념)	공무변처의 마음	(72)	(76)	(80)
4	**비상비비상처**	무소유처의 마음	없음 (개념)	(73)	(77)	(81)

하는 수행자는 같은 대상을 가지고 연속적으로 더 거친 구성요소를 제거하면서 제5선까지 이르게 된다. 그러나 제5선에서 첫 번째 무색계선인 공무변처로 나아가고 하나의 무색계선에서 그다음의 무색계선으로 나아가기 위해서는 더 이상 초월해야 할 禪의 구성요소들이 없다. 그 대신 수행자는 연속적으로 더 미세한 대상을 초월함으로써 나아간다. 그러므로 무색계선의 마음은 모두 제5선의 평온과 집중이라는 두 가지 禪의 구성요소를 가진다. 이런 이유로 네 가지 무색계선은 색계 제5선에 포함되는 것으로 설해지기도 한다.

셋째, 그러나 마음으로 볼 때 그들은 서로 다르다. 그들은 제5선과는 다른 경지에 속하고 다른 유형의 대상들을 가지기 때문이다. 그렇지만 禪으로 볼 때는 이들이 제5선의 한 유형으로 간주되는 것이다.

15가지 색계 마음과 12가지 무색계 마음을 고귀한 마음(mahaggata-citta)이라 부른다. 이들은 장애들을 벗어났고 청정하고 고양되었고 위

대한 禪의 마음이기 때문이다.

지금까지 논의된 81가지 마음은 세간적인 마음(lokiya-citta)이다. 이들은 삼계, 즉 욕계 · 색계 · 무색계에 속하기 때문이다.

IV. 출세간 마음들 — 8가지

lokuttara-cittāni

[해설]

출세간 마음들(lokuttara-cittāni)은 세상(loka)을 넘어서는(uttara) 과정으로 구성된 마음이다. 이런 유형의 마음은 생사의 윤회로부터 해탈하고 괴로움의 소멸인 열반의 증득과 관련되어 있다. 출세간의 마음에는 모두 8가지가 있다. 네 단계의 깨달음의 경지인 예류자, 일래자, 불환자, 아라한이 그들이다. 각각의 단계는 다시 <도표 1.7>처럼 도의 마음(magga-citta)과 과의 마음(phala-citta)의 두 가지 유형으로 나누어진다. 모든 출세간의 마음은 열반을 대상으로 가지며(본서 제3장 §18) 도(道)와 과(果)로서 그 역할이 서로 다르다. 도의 마음은 정신적 오염원들을 제거하거나 약화시키는 역할을 하고 과의 마음은 도가 만들어낸 그 경지의 해탈을 경험하는 역할을 한다. 도의 마음은 유익한 마음이고 과의 마음은 과보로 나타난 마음이다.

여기서 반드시 유념해야 할 점은 각각의 도의 마음은 오직 한 번 일어나고 오직 하나의 심찰나(心刹那, cittakkhaṇa) 동안만 지속된다는 것이다.[195] 이것은 그것을 증득한 자의 마음의 흐름(상속) 중에 결코 반복해서 일어나지 않는다. 그에 상응하는 과의 마음은 도의 마음 바로 다음에 일어나며 두 개 혹은 세 개의 심찰나 동안 지속한다. 그다음에 반복해서 일어날 수 있으며 과의 증득(phala-samāpatti, 제4장 §§22~23와 9

---

195) "maggacittassa ekacittakkhaṇikattāti."(PdṬ.75)

장 §42 참조)이라 불리는 출세간禪의 수행으로 많은 심찰나 동안 지속되도록 할 수 있다.

도와 과는 위빳사나 수행(vipassanā-bhāvanā)을 통해서 얻어진다. 이런 수행은 통찰지의 기능[慧根, paññindriya]을 강하게 하는 것을 포함한다. 정신[名, nāma]과 물질[色, rūpa]의 변화를 지속적으로 주시함으로써 수행자는 이들의 특상(lakkhaṇa)인 무상하고[無常, anicca], 괴롭고[苦, dukkha], 자아가 없음[無我, anatta]을 꿰뚫어 알게 된다. 이런 위빳사나(vipassanā)를 완전히 익히게 되면 출세간의 도와 과가 생겨나는 것이다.(제9장 §§22~44를 참조할 것.)

§26. **출세간의 유익한 마음들**(lokuttara-kusalacittāni) — 4**가지**

26. (1) sotāpatti-maggacittaṁ
(2) sakadāgāmi-maggacittaṁ
(3) anāgāmi-maggacittaṁ
(4) arahatta-maggacittañ cā ti.
imāni cattāri pi lokuttara-kusalacittāni nāma.

(1) **예류도의 마음**
(2) **일래도의 마음**
(3) **불환도의 마음**
(4) **아라한도의 마음**
— 이 네 가지는 출세간의 유익한 마음이다.

[해설]

1. **예류도**(預流道)**의 마음**(sotāpatti-magga-citta): 일반적으로 예류(預流) 혹은 예류자(預流者)로 옮기는 소따빤나(sotāpanna)는 sota와 āpanna의 합성어이다. 그중에서 sota는 √sru(*to flow*)의 명사로 흐름

의 뜻이고 āpanna는 ā(향하여)+√pad(*to go*)의 과거분사로 '~에 들어간', '~를 가진'의 뜻이다. 그래서 '흐름에 들어간 [사람]'을 뜻하며 이런 의미에서 예류(預流, 흐름에 들어간 자)라 한역하며 수다원(須陀洹)이라고 음역하기도 한다. 금강경에서 현장 스님은 預流者(예류자)라 옮겼고 구마라집 스님은 수다원(須陀洹)이라고 음역을 했다.

이 단어의 명사인 sotāpatti에 도를 뜻하는 magga를 붙이면 sotāpatti-magga가 되고 예류도가 된다. 이렇게 하여 일래, 불환, 아라한까지 도(道, magga)와 과(果, phala) 두 가지씩을 더하여 아비담마에서는 4가지와 8가지를 설하는데 이를 사쌍팔배(四雙八輩)라 옮기기도 했다.

여기서 보듯이 거스를 수 없이 해탈로 흘러드는 것이 예류이며 이런 증득을 경험하는 마음이 예류도의 마음이다. 여기서 흐름(sota)은 바른 견해[正見], 바른 사유[正思惟], 바른 말[正語], 바른 행위[正業], 바른 생계[正命], 바른 정진[正精進], 바른 마음챙김[正念], 바른 삼매[正定]로 이루어진 성스러운 팔정도이다.[196] 마치 강가 강이 끊임없이 히말라야 산에서 바다로 흘러들 듯 출세간의 성스러운 팔정도도 정견이 일어남으로 열반의 증득으로 끊이지 않고 흘러든다.

물론 팔정도의 구성요소들은 덕이 높은 범부들의 세간적인 유익한 마음에서도 일어날 수 있다. 그러나 이 구성요소들은 그들의 목적지인 열반에 고착되지는 않는다. 범부는 인품이 바뀌어서 법(Dhamma)으로부터 멀어질 수도 있기 때문이다. 그러나 예류도를 증득한 성스러운 제자들(ariya-sāvakā)에게 성스러운 팔정도의 구성요소는 그 목적지가 고착되어 도도한 강물처럼 열반으로 향하는 것이다.

---

196) "nibbānaṁ patisavanato upagamanato, nibbānamahāsamuddaninna-tāya sotasadisattā vā soto ti vuccati ariyo aṭṭhaṅgiko maggo." (VṬ.97)

예류도의 마음은 첫 번째 세 가지 족쇄,[197] 즉 유신견, 의심, 계행과 의례의식에 대한 집착[戒禁取]을 잘라버리는 역할을 한다. 그리고 악처로 인도할 만큼 강한 탐욕과 성냄과 어리석음도 잘라버린다. 이 마음은 다른 다섯 가지 마음, 즉 사견과 함께하는 탐욕에 뿌리박은 네 가지

〈도표 1.7〉 출세간 마음들

성자	도(magga)	과(phala)
예류자(수다원)	(82)	(86)
일래자(사다함)	(83)	(87)
불환자(아나함)	(84)	(88)
아라한	(85)	(89)

마음, 그리고 의심과 함께하는 어리석음에 뿌리박은 마음을 영원히 제거해버린다. 예류도를 증득한 자는 구경의 열반에 도달하는 데까지 최대 일곱 생이 더 남아있으며 악처에는 결코 태어나지 않는다.

2. **일래도**(一來道)**의 마음**(sakadāgāmi-magga-citta): 일래(一來) 혹은 일래자(一來者)라 옮기는 사까다가미(sakadāgāmi)는 sakad+āgāmi로 분석되는데 sakad(Sk. sakṛd)는 saki나 sakid로도 나타나는데 한 번(*once*)의 뜻이다. āgāmin은 ā(향하여)+√gam(*to go*)의 명사로 접미어'-in'이 붙으면 '~하는 사람'이 되며 그래서 한 번만 더 돌아 올 사람의 뜻이 된다. 이 경지를 증득한 사람은 한 번만 더 이 욕계 세상에

197) 열 가지 족쇄(saṁyojana)는 아래 §28의 해설과 제7장 §10을 참조할 것.

돌아오게 된다는 의미이다. 현장 스님은 一來者(일래자)로 한역했으며 사다함(斯陀含)으로 음역하기도 한다.

이 마음은 일래자의 경지에 들게 하는 성스러운 팔정도와 연결된 마음이다. 이 도의 마음은 위에서 언급한 세 가지 족쇄 이외의 다른 족쇄들을 더 제거하지는 않지만 거친 형태의 감각적 쾌락과 악의를 엷게 만든다. 이런 경지에 도달한 사람은 해탈하기 전에 오직 한 번만 더 욕계 세상에 태어난다.

3. **불환도**(不還道)**의 마음**(anāgāmi-magga-citta): 불환(不還) 혹은 불환자(不還者)로 옮기는 아나가미(anāgāmi)는 an(부정접두어)+ā(향하여)+√gam(*to go*)의 명사로 접미어 '-in'을 붙이면 '~하는 사람'의 뜻이 되어 다시 돌아오지 않는 자라는 의미다. 不還者(불환자)로 한역되고 아나함(阿那含)으로 음역되기도 한다. 이 세 번째 도를 얻은 자는 욕계 세상에는 다시 태어나지 않는다. 만일 이런 성자가 그 생에서 아라한과를 얻지 못하면 색계 세상, 특히 색계 제4선천의 정거천(淨居天, Suddhāvāsā)에 태어나며 거기서 반열반을 성취한다. 불환도의 마음은 감각적 쾌락과 악의의 족쇄를 잘라버리며 성냄에 뿌리박은 두 가지 마음을 영원히 제거해버린다.

4. **아라한도**(阿羅漢道)**의 마음**(arahatta-magga-citta): 아라한(阿羅漢)으로 옮기는 arahan은 동사 √arh(*to deserve*)의 현재분사인 arahat의 주격 명사형이다. 여기서 아라한도(arahatta-magga)는 동사 √arh의 현재분사형을 취해서 만든 arahat에다 추상명사형 어미 '-tva'를 붙여서 추상명사화한 arahatta(아라한 됨)에다 도를 뜻하는 magga를 합성한 술어이다.

아라한의 문자적인 의미는 대접과 존경을 받을 만한 분이라는 뜻이다. 그래서 응공(應供)으로 옮겼다. 이 단어는 『샤타빠타브라흐마나』 등의 고대 인도 제의서(祭儀書) 등에서 쓰이던 용어인데 불교에서 자연스럽게 받아들여 불교적 해석을 하게 된다. 즉 모든 번뇌를 멸한 자야말로 참으로 대접과 존경을 받아야 할 자라고 정의하며 4쌍8배의 마지막 단계로서 수행으로 도달할 수 있는 최고의 경지를 아라한이라 표현하고 있다. 불교에서는 정신적인 오염원이라는 적(ari)을 부수어버린(hata) 자 등으로 아라한을 설명한다.[198] 이런 의미에서 중국에서는 살적(殺敵)으로 옮기기도 하였다.

아라한도의 마음은 아라한의 완전한 해탈을 직접 나타나게 하는 마음이다. 이 마음은 다섯 가지 더 미세한 족쇄들, 즉 색계에 대한 갈망, 무색계에 대한 갈망, 자만, 들뜸, 무명을 파괴해버린다. 이것은 나머지 유형의 해로운 마음들도 제거한다. 그것은 사견과 함께하지 않은 탐욕에 뿌리박은 마음 네 가지와 들뜸과 함께한 어리석음에 뿌리박은 마음이다.

§27. 출세간의 과보의 마음들(lokuttara-vipāka-cittāni) — 4가지

27. (5) sotāpatti-phalacittaṁ

(6) sakadāgāmi-phalacittaṁ

(7) anāgāmi-phalacittaṁ

(8) arahatta-phalacittañ cā ti.

imāni cattāri pi lokuttara-vipākacittāni nāma.

icc'evaṁ sabbathā pi aṭṭha lokuttara-kusala-vipākacittāni samattāni.

(5) **예류과의 마음**

---

198) "kilesasaṅkhātā arayo, saṁsāracakkassa vā arā kilesā hatā anenā ti arahā."(VṬ.98)

(6) 일래과의 마음
(7) 불환과의 마음
(8) 아라한과의 마음
— 이 네 가지는 출세간의 과보의 마음이다.
이와 같이 모두 여덟 가지 출세간의 유익한 마음과 과보의 마음이 끝났다.

[해설]

과의 마음(phala-citta): 각각의 도의 마음은 자동적으로 같은 인식과정에서 각각의 결실을 생기게 한다. 이것이 과의 마음인데 도의 마음 바로 다음 찰나에 일어난다. 그런 후에 과의 마음은 과의 증득(제9장 §42 참조)에 들면 수없이 많이 일어날 수 있다. 앞에서 언급했듯이 과의 마음은 과보의 마음으로 분류된다. 여기서 주목해야 할 것은 출세간에는 작용만 하는(kiriya) 마음이 없다는 점이다. 아라한이 과의 증득에 들면 그 과의 증득에서 일어나는 마음들은 출세간의 과가 되어서 과보의 마음의 부류에 속하기 때문이다.

§28. **출세간 마음들의 요약**

28. catumaggappabhedena catudhā kusalaṁ tathā
pākaṁ tassa phalattā ti aṭṭhadhā anuttaraṁ mataṁ.

유익한 마음은 네 가지 도의 분류에 따라 네 가지이다.
그것의 결실[果]인 과보인 것도 그와 같다.
이리하여 출세간은 여덟 가지라고 알려져 있다.

[해설]

이렇게 도와 과를 배대해서 모두 8가지 마음을 출세간의 마음으로

<도표 1.8> 89가지 마음과 선 · 불선 · 무기

마음	해로운 것[不善]	유익한 것[善]	결정할 수 없는 것[無記]	
			과보	작용
욕계	12	8	23	11
색계	×	5	5	5
무색계	×	4	4	4
출세간	×	4	4	×
	12	21	36	20

분류했다. 그런데 이 도(道, magga)와 과(果, phala)의 각각이 다섯 가지 禪의 각각과 함께하면 8×5=40가지의 마음이 된다. 이렇게 계산하면 일어날 수 있는 경우의 마음은 욕계 · 색계 · 무색계의 81가지에 40가지를 더해서 모두 121가지가 된다.(아래 §30 참조)

여기서 초기불전에 나타나는 이들 네 가지 출세간의 경지에 대한 정형구를 살펴보자.

(1) "세 가지 족쇄를 완전히 없애고 예류자가 되어, 더 이상 아래로 떨어지는 법이 없고 바른 깨달음으로 나아감이 확실하다."199)

(2) "세 가지 족쇄를 완전히 없애고 탐욕과 성냄과 어리석음이 엷어져서 일래자가 되어서 한 번만 이 세상에 돌아와서 괴로움을 끝낼 것이다."200)

---

199) "tiṇṇaṁ saṁyojanānaṁ parikkhayā sotāpanno avinipātadhammo niyato sambodhiparāyano ti."(M6 §11/i.34 등)

(3) "다섯 가지 낮은 족쇄를 완전히 없애고 화생하여 그곳에서 완전히 열반에 들어 그 세상에서 다시 돌아오지 않는[不還] 법을 얻을 것이다."201)

(4) "아라한이어서 번뇌가 다했고 삶을 완성했으며 할 바를 다했고 짐을 내려놓았으며 참된 이상을 실현했고 삶의 족쇄를 부수었으며 바른 구경의 지혜로 해탈했다."202)

이들 정형구에서 보듯이 이미 초기불전의 여러 곳에서 깨달음을 실현한 예류자/일래자/불환자/아라한의 성자(ariya)들을 10가지 족쇄(saṁyojana)를 얼마나 많이 풀어내었는가와 연결 지어서 설명한다. 10가지 족쇄는 다음과 같다.

① 유신견(有身見, sakkāya-diṭṭhi): 불변하는 존재 더미가 있다는 견해 혹은 자아가 있다는 견해. 중생을 중생이게끔 기만하고 오도하는 가장 근본적인 삿된 견해로, 고정불변하는 자아 혹은 실체가 있다고 국집하는 견해이다. 경에서는 오온의 각각에 대해서 4가지로 자아 등이 있다고 여기는 것이라고 설명한다.(제7장 §7의 해설 참조)

② 계행과 의례의식에 대한 집착[戒禁取, sīlabbata-parāmāsa]: 형식적 계와 의례의식[誓戒]을 지킴으로써 해탈할 수 있다고 집착[固守]하는 것. 계행과 의례의식에 대한 집착의 대표적인 예로 『맛지마 니까야』

---

200) "tiṇṇaṁ saṁyojanānaṁ parikkhayā rāgadosamohānaṁ tanuttā sakadāgāmī, sakideva imaṁ lokaṁ āgantvā dukkhassantaṁ karissatī ti."(M6 §12 등)

201) "pañcannaṁ orambhāgiyānaṁ saṁyojanānaṁ parikkhayā opapātiko tatthaparinibbāyī anāvattidhammo tasmā lokā ti."(M6 §13 등)

202) "arahaṁ khīṇāsavo vusitavā katakaraṇīyo ohitabhāro anuppatta-sadattho parikkhīṇabhavasaṁyojano sammadaññā vimutto."(M1 §51/i.4 등)

「견서계경」(犬誓戒經, M57)과 「옷감의 비유 경」(M7) §19를 들 수 있다. 본서 제7장 §6의 해설도 참조할 것.

③ 의심[疑, vicikicchā]: 불·법·승, 계율, 연기법 등을 회의하여 의심하는 것.(제2장 §4의 해설 참조)

④ 감각적 쾌락에 대한 갈망(kāmarāga): 감각적 쾌락을 갈망하는 것을 말한다.203)

⑤ 적의(paṭigha): 반감, 증오, 분개, 분노 적대감 등을 뜻하며 성내는 마음[嗔心]과 동의어이다.(제1장 §5의 해설 3 참조)

⑥ 색계에 대한 갈망(rūpa-rāga): 색계禪(초선부터 제4선까지)으로 실현되는 경지인 색계 존재(rūpa-bhava)에 대한 갈망.

⑦ 무색계에 대한 갈망(arūpa-rāga): 무색계禪(공무변처부터 비상비비상처까지)으로 실현되는 경지인 무색계 존재(arūpa-bhava)에 대한 갈망.

⑧ 자만[慢, māna]: 내가 남보다 낫다, 못하다, 동등하다 하는 마음.(제2장 §4의 해설 참조)

⑨ 들뜸[掉擧, 도거, uddhacca]: 들뜨고 동요하는 마음.(제2장 §4의 해설 참조)

⑩ 무명(無明, avijjā): 모든 해로움과 괴로움의 근본 뿌리. 사성제를 모르는 것.(제8장 §3의 해설 참조)

§29. 마음의 숫자의 길라잡이(cittagaṇana-saṅgaha)

29. dvādasa akusalān' evaṁ kusalān' ekavīsati.
chattiṁs' eva vipākāni kriyacittāni vīsati.
catupaññāsadhā kāme rūpe pannaras' īraye.
cittāni dvādas' āruppe aṭṭhadhā 'nuttare tathā.

---

203) 주석서는 '감각적 쾌락(kāma-guṇa)'을 '다섯 가닥의 감각적 쾌락(pañca-kāma-guṇa)'과 같은 것으로 설명한다.(AA.ii.140; AA.iii.358) [눈/귀/코/혀/몸을 통한] 다섯 가닥의 감각적 쾌락에 대한 정형구는 제1장 §3의 해설 2의 해당 주해를 참조할 것.

해로운 마음은 12가지이고, 유익한 마음은 21가지이다.
과보인 것은 36가지이고
작용만 하는 것은 20가지이다.

욕계에 54가지가 있고, 색계에 15가지가 있고
무색계에 12가지가 있고, 출세간에 8가지가 있다.

[해설]

89가지 마음을 해로운 것[不善], 유익한 것[善], 과보인 것, 작용만 하는 것으로 분류해 보면 <도표 1.8>과 같다.

〈도표 1.9〉 89가지 마음과 4가지 경지

<table>
<tr><td colspan="15">세간 81</td><td colspan="2" rowspan="3">출세간 8</td></tr>
<tr><td colspan="9">욕계 마음 54</td><td colspan="6">고귀한 마음 27</td></tr>
<tr><td colspan="3">해로운 12</td><td colspan="3">원인 없는 18</td><td colspan="3">아름다운 24</td><td colspan="3">색계 마음 15</td><td colspan="3">무색계 마음 12</td></tr>
<tr><td>탐욕에 뿌리박은</td><td>성냄에 뿌리박은</td><td>어리석음에 뿌리박은</td><td>해로운 과보</td><td>유익한 과보</td><td>작용만 하는</td><td>유익한</td><td>과보로 나타난</td><td>작용만 하는</td><td>유익한</td><td>과보로 나타난</td><td>작용만 하는</td><td>유익한</td><td>과보로 나타난</td><td>작용만 하는</td><td>도</td><td>과</td></tr>
<tr><td>8</td><td>2</td><td>2</td><td>7</td><td>8</td><td>3</td><td>8</td><td>8</td><td>8</td><td>5</td><td>5</td><td>5</td><td>4</td><td>4</td><td>4</td><td>4</td><td>4</td></tr>
</table>

이처럼 마음은 대상을 안다(식별한다)는 특징으로는 오직 하나이지만 다른 기준에 따라서 분류하면 여러 유형들로 나누어진다.

※ 121가지 마음
ekavīsasatāni cittāni

§30. **간략히 설하면**(saṅkhepato)

30. itthaṁ ekūnanavutipabhedaṁ pana mānasaṁ
ekavīsasataṁ vā 'tha vibhajanti vicakkhaṇā.

이와 같이 89가지 마음을
지자는 다시 121가지로 나눈다.

§31. **상세히 계산하면**(vitthāra-gaṇanā)

31. kathama ekūnanavutividhaṁ cittaṁ ekavīsasataṁ hoti?

(1) vitakka-vicāra-pīti-sukh'-ekaggatā-sahitaṁ paṭhamajjhāna-sotāpatti-maggacittaṁ.

(2) vicāra-pīti-sukh'-ekaggatā-sahitaṁ dutiyajjhāna-sotāpatti-magga-cittaṁ.

(3) pīti-sukh'-ekaggatā-sahitaṁ tatiyajjhāna-sotāpattimagga-cittaṁ

(4) sukh'-ekaggatā-sahitaṁ catutthajjhāna-sotāpattimagga-cittaṁ.

(5) upekkh'-ekaggatā-sahitaṁ pañcamajjhāna-sotāpatti-maggacittañ cā ti.

imāni pañca pi sotāpatti-maggacittāni nāma.

tathā sakadāgāmimagga-anāgāmimagga-arahattamagga-cittañ cā ti samavīsati maggacittāni.

tathā phalacittāni cā ti samacattālīsa lokuttaracittāni bhavantī ti.

어떻게 89가지 마음이 121가지로 되는가?

(1) 일으킨 생각과 지속적 고찰과 희열과 행복과 집중을 가진 초선의 예류도의 마음

(2) 지속적 고찰과 희열과 행복과 집중을 가진 제2선의 예류도의 마음

(3) 희열과 행복과 집중을 가진 제3선의 예류도의 마음

(4) 행복과 집중을 가진 제4선의 예류도의 마음

(5) 평온과 집중을 가진 제5선의 예류도의 마음

— 이 다섯이 모두 예류도의 마음이다.

일래도의 마음(6~10)과 불환도의 마음(11~15)과 아라한도의 마음(16~20)도 그와 같아서 20가지 도의 마음이 있다.

그와 마찬가지로 과의 마음도 20가지(21~40)가 있다. 이리하여 40가지 출세간 마음이 있다.

[해설]

수행자들은 무상・고・무아의 삼특상(ti-lakkhaṇa)을 관찰[隨觀, anu-passanā]하는 통찰지[慧, 반야, paññā]를 닦아서 출세간의 도와 과에 도달한다. 그러나 그들은 자기들이 닦은 禪의 정도에 따라 그 안에서도 달라지게 된다. 『청정도론』에서는 禪의 토대가 없이 위빳사나를 닦는 자를 '마른 위빳사나를 닦는 자(sukkha-vipassaka)'라고 부르고(Vis.XXI.112; SA.ii.126~127) '순수 위빳사나를 닦는 자(suddha-vipassaka)'라고 표현하기도 한다.(Vis.XVIII.8) 이들이 도와 과에 이르면 그들의 도와 과의 마음들은 초선에 상응하는 수준에서 일어난다.(Vis.XXI.112)

禪에 토대를 두고 위빳사나를 닦은 자들은 그들이 도에 이르기 전에 얻은 禪의 경지에 상응하는 도와 과를 증득한다. 어떤 요인이 도와 과에서의 禪의 경지를 결정하는가에 대해서 옛 대가들은 견해가 엇갈린다. 『빠라맛타디빠니 띠까』는 이를 자세하게 소개하고 있다. 어떤 문

<도표 1.10> 40가지 출세간 마음

	도(magga)				과(phala)			
禪	예류	일래	불환	아라한	예류	일래	불환	아라한
초선	(82)	(87)	(92)	(97)	(102)	(107)	(112)	(117)
제2선	(83)	(88)	(93)	(98)	(103)	(108)	(113)	(118)
제3선	(84)	(89)	(94)	(99)	(104)	(109)	(114)	(119)
제4선	(85)	(90)	(95)	(100)	(105)	(110)	(115)	(120)
제5선	(86)	(91)	(96)	(101)	(106)	(111)	(116)	(121)

파에서는 출세간도의 증득에 이르는 위빳사나를 닦기 전에 마음을 집중하기 위한 기초가 되는 禪(pādakajjhāna)[204]이 바로 그것이라고 주장한다. 두 번째 이론은 도에서의 禪의 경지는 명상禪(sammasitajjhāna)이라 불리는 위빳사나 명상의 대상으로 사용된 禪에 의해 결정된다고 한다. 또 다른 세 번째 문파에서는 수행자가 여러 禪을 터득하고 나면 도에서의 禪의 경지를 그 자신이 원하는 대로(ajjhāsaya) 제어할 수 있

204) 주석서에서 '기초가 되는 禪(pādakajjhāna)'은 크게 두 가지 문맥에서 나타난다. 일반적으로 기초가 되는 禪(pādakajjhāna)은 초월지(신통지)에서 가장 중요한 개념으로 쓰인다. 모든 종류의 신통은 모두 이 기초가 되는 禪에 들었다가 나와야 가능하기 때문이다. 색계 4종선 가운데 제4선이 항상 모든 종류의 초월지의 기초가 되는 禪이다.(Vis.XII.57 참조)
두 번째는 "'기초가 되는 禪(pādakajjhāna)'이란 도와 가까운 출현으로 인도하는 위빳사나의 기초가 되는 禪이다."(Pm.ii.473)라는 설명에서 보듯이 위빳사나의 기초가 되는 禪을 말한다. 여기서는 두 번째 의미로 쓰였다.

다고 한다.(PdṬ.78~79)

비슷하면서도 자세한 설명이 『청정도론』 XXI.111 이하에도 나타나고 있으므로 자세한 것은 이 부분을 참조하기 바란다.

그렇지만 어떤 설명을 따르더라도 모든 도와 과의 마음들은 마른 위빳사나를 닦은 자나 禪을 닦은 자 할 것 없이 모두 禪의 마음의 한 유형이라고 여겨야 한다. 왜냐하면 이 마음들은 세간적인 禪과 같이 완전히 몰입하여 대상을 아주 깊이 주시하는 형태로 일어나기 때문이며 세간적인 禪과 상응하는 강도를 가진 禪의 구성요소들을 가지기 때문이다.

그렇지만 출세간의 도와 과의 禪은 몇 가지 중요한 측면에서 세간적인 禪들과는 다르다.

첫째, 세간적인 禪은 까시나의 표상과 같은 어떤 개념(paññatti)들을 대상으로 가지지만 출세간禪은 무위법인 열반을 그들의 대상으로 가진다.

둘째, 세간적인 禪은 정신적 오염원들을 단지 누르기만 하여서 그들의 잠재성향은 그대로 남아있지만 출세간禪은 각각에 해당되는 오염원들을 제거하여서 다시는 일어나지 않게 한다.

셋째, 세간적인 禪은 색계에 태어나도록 인도하여 윤회에 계속 남아있게 하지만 도와 과의 禪은 사람을 윤회에 묶어두는 족쇄들을 끊어버린다. 마지막으로, 세간적인 禪에서 통찰지의 역할은 禪에 종속되어 있지만 출세간禪에서는 禪은 마음을 무위인 열반에 잘 고착시키고 통찰지는 사성제를 깊이 간파하므로, 선정과 지혜는 균형이 잘 잡혀있다.

禪의 구성요소들의 배열에 따라서 도와 과의 마음들은 다시 각각 다섯 가지 禪으로 층이 생긴다. 그러므로 출세간의 마음들을 단지 도와 과의 8가지로서만 열거하기보다는 각각의 도와 과의 마음을 그것이 일어나는 곳의 禪의 경지에 따라서 다섯 가지로 더 자세히 열거하는 것이다. 이렇게 되면 모두 8×5=40가지 마음이 된다.

§32. **결론**

32. jhānaṅgayogabhedena katv' ekekan tu pañcadhā
vuccat' ānuttaraṁ cittaṁ cattālīsavidhan ti ca.

yathā ca rūpāvacaraṁ gayhat' ānuttaraṁ tathā
paṭhamādijhānabhede āruppañ cā pi pañcame.
ekādasavidhaṁ tasmā paṭhamādikam īritaṁ
jhānam ekekam ante tu tevīsatividhaṁ bhave.

sattatiṁsavidhaṁ puññaṁ dvipaññāsavidhaṁ tathā
pākam icc' āhu cittāni, ekavīsasataṁ budhā ti.

각각의 마음을 禪의 구성요소의 분류에 따라
다섯 가지로 나누어 이 위없는 마음은 40가지라고 설한다.
마치 색계 마음을 초선 등의 분류에 따라 이해했듯이
이 위없는 마음도 그와 같다.
무색계 마음은 제5선에 포함된다.
그러므로 초선 등은 각각 11가지가 된다고 설하고
마지막인 [제5선은] 23가지가 된다.
유익한 마음은 37가지가 있고, 과보의 마음은 52가지가 있다.
그러므로 깨달은 분들은 121가지 마음을 설한다.

[해설]

1. **무색계 마음은 제5선에 포함된다**: 앞에서 설명한 대로 무색계 선은 색계 제5선처럼 평온(upekkhā)과 집중(ekaggatā)의 두 가지 禪의 구

<도표 1.11> 세간 · 출세간의 禪의 마음들

禪	색계 15			무색계 12			출세간 40		합계
	유익	과보	작용	유익	과보	작용	유익	과보	
초선	1	1	1	…	…	…	4	4	11
제2선	1	1	1	…	…	…	4	4	11
제3선	1	1	1	…	…	…	4	4	11
제4선	1	1	1	…	…	…	4	4	11
제5선	1	1	1	4	4	4	4	4	23
합계	5	5	5	4	4	4	20	20	67

성요소를 가진다. 그러므로 수행자가 무색계선을 위빳사나를 닦는 토대로 삼았다면 그의 도와 과의 마음은 제5선의 출세간의 마음이 된다.

2. **초선 등은 각각 11가지가 된다**: 초선에서 제4선까지의 禪은 각각 유익한 것과 과보인 것과 작용만 하는 것(=3)과, 도와 과의 각각 4가지(=8)로 모두 11가지가 된다.

3. **마지막인 [제5선은] 23가지가 된다**: 제5선은 색계선의 마지막과 무색계선의 4가지를 다 포함하므로 이 5가지 각각에 유익한 것, 과보인 것, 작용만 하는 것(5×3=15)과 출세간도와 출세간과 4가지씩을 포함하여(4×2=8) 모두 23가지가 된다.(<도표 1.11>)

4가지 출세간의 유익한 마음과 과보의 마음을 각각 20가지로 대체하면 유익한 마음은 모두 37가지가 되고 과보의 마음은 52가지가 된다. 그래서 마음의 길라잡이에서 마음의 수는 89가지에서 121가지로 늘어난다.

iti Abhidhammatthasaṅgahe
cittasaṅgahavibhāgo nāma
paṭhamo paricchedo.

이와 같이 아비담맛타상가하에서
마음의 길라잡이라 불리는
제1장이 끝났다.

〈도표 1.12〉 상좌부의 89/121가지 마음

	해로운 마음들 12	유익한 마음들 21	무기의 마음들 56				
			과보의 마음들 36				작용만 하는 마음들 20
				원인	재생 19	여운 11	
	탐욕에 뿌리박은 (8)		해로운 과보 (7)				
	(1)기쁨,사견○,자극×		(13) 평온, 안식				
	(2)기쁨,사견○,자극○		(14) 평온, 이식				
	(3)기쁨,사견×,자극×		(15) 평온, 비식				
욕	(4)기쁨,사견×,자극○		(16) 평온, 설식				
	(5)평온,사견○,자극×		(17) 고통, 신식				
	(6)평온,사견○,자극○		(18) 평온, 받아들이는				
	(7)평온,사견×,자극×		(19) 평온, 조사하는		○	○	
	(8)평온,사견×,자극○		유익한 과보 (8)				
			(20) 평온, 안식				원인 없는 마음 (3)
계	성냄에 뿌리박은 (2)		(21) 평온, 이식				(28) 평온, 오문전향
	(9)불만족,적의,자극×		(22) 평온, 비식				(29) 평온, 의문전향
	(10)불만족,적의,자극○		(23) 평온, 설식				(30) 기쁨, 미소짓는
			(24) 즐거움, 신식				
	어리석음에 뿌리박은(2)		(25) 평온, 받아들이는				
	(11) 평온, 의심		(26) 기쁨, 조사하는			○	
54	(12) 평온, 들뜸		(27) 평온, 조사하는		○	○	
		욕계 유익한 마음 (8)	욕계 유익한 과보 (8)				욕계 작용만 하는 (8)
		(31)기쁨,지혜○,자극×	(39)기쁨,지혜○,자극×	3	○	○	(47)기쁨,지혜○,자극×
		(32)기쁨,지혜○,자극○	(40)기쁨,지혜○,자극○	3	○	○	(48)기쁨,지혜○,자극○
		(33)기쁨,지혜×,자극×	(41)기쁨,지혜×,자극×	2	○	○	(49)기쁨,지혜×,자극×
		(34)기쁨,지혜×,자극○	(42)기쁨,지혜×,자극○	2	○	○	(50)기쁨,지혜×,자극○
		(35)평온,지혜○,자극×	(43)평온,지혜○,자극×	3	○	○	(51)평온,지혜○,자극×
		(36)평온,지혜○,자극○	(44)평온,지혜○,자극○	3	○	○	(52)평온,지혜○,자극○
		(37)평온,지혜×,자극×	(45)평온,지혜×,자극×	2	○	○	(53)평온,지혜×,자극×
		(38)평온,지혜×,자극○	(46)평온,지혜×,자극○	2	○	○	(54)평온,지혜×,자극○
색		(55) 초선	(60) 초선	3	○		(65) 초선
		(56) 제2선	(61) 제2선	3	○		(66) 제2선
계		(57) 제3선	(62) 제3선	3	○		(67) 제3선
15		(58) 제4선	(63) 제4선	3	○		(68) 제4선
		(59) 제5선	(64) 제5선	3	○		(69) 제5선
무		(70) 공무변처	(74) 공무변처	3	○		(78) 공무변처
색		(71) 식무변처	(75) 식무변처	3	○		(79) 식무변처
계		(72) 무소유처	(76) 무소유처	3	○		(80) 무소유처
12		(73) 비상비비상처	(77) 비상비비상처	3	○		(81) 비상비비상처
출		(82) 예류도(1/5)	(86) 예류과(1/5)	3			
세		(83) 일래도(1/5)	(87) 일래과(1/5)	3			
간		(84) 불환도(1/5)	(88) 불환과(1/5)	3			
8/40		(85) 아라한도(1/5)	(89) 아라한과(1/5)	3			

제2장

cetasika-saṅgaha-vibhāga

마음부수心所의 길라잡이

제2장 마음부수의 길라잡이

cetasika-saṅgaha-vibhāga

[해설]

'마음부수(附隨)'로 옮긴 쩨따시까(cetasika)는 cetas+ika로 분석되며 전통적으로 'cetasi bhavaṁ cetasikaṁ'(DAṬ.ii.420), 즉 '마음[心, ceto =citta]에 존재하는 것이 마음부수[心所]이다.'라고 풀이하고 있다. 그래서 주석서들은 "분리되지 않음을 통해서 마음에 결합되어 있는 것이 마음부수들'이다."[205]라거나 "마음에 있으면서 그것에 의지해 존재하기 때문에 마음부수라 한다."[206]라고 마음부수를 정의한다. 중국에서는 심소(心所)로 옮겼으며 마음에 부속한 것이라는 뜻에서 역자들은 본서에서 마음부수로 옮기고 있다.

마음부수법들은 모두 52가지이며 전체적으로 표현할 때는 항상 cetasikā라는 복수 형태로 나타난다. 물론 개별적인 cetasika는 마음부수나 마음부수법과 같이 단수로 옮긴다.

마음부수들은 항상 마음(citta)과 함께 결합되어 일어나는 정신 현상이며 전체 인식과정에서 마음이 특별한 임무를 수행하도록 돕는 것이다. 마음부수들은 마음 없이는 일어나지 못하며 마음은 마음부수법들과 완전히 분리되어서 단독으로 일어날 수 없다. 역할로 보면 이 둘이 상호의존적이지만 마음을 근본적인 것이라고 간주한다. 마음부수들은

---

205) "avippayogavasena cetasi niyuttāti cetasikā."(DhsA.49)

206) "cetasi bhavaṁ tadāyattavuttitāyā ti cetasikaṁ."(VṬ.74; PdT.21)

대상을 아는 데[識別] 가장 중요한 역할을 하는 마음에 의지하여 그 마음이 대상을 알도록 돕기 때문이다.

마음과 마음부수들의 관계는 전통적으로 왕과 그 수행원들의 관계와 비교한다. 사람들이 비록 "왕이 온다."고 말하지만 왕은 결코 혼자 오지 않는다. 그는 항상 수행원들과 함께 온다. 그와 같이 마음이 일어날 때는 절대 혼자 일어나지 않고 항상 마음부수라는 수행원들과 함께 일어난다.207)

본 마음부수의 길라잡이에서 아누룻다 스님은 모든 마음부수들을 여러 계층으로 분류한다.(§§2~9) 그다음에 마음부수들을 두 가지 상호 보완적인 관점에서 정리하여 파악하고 있다. 이 두 가지 관점 가운데 첫 번째는 '결합의 방법(sampayoga-naya)'이라 부르는데 마음부수를 분류의 기준으로 삼고 각 마음부수들은 어떤 마음들과 결합되는가를 결정한다.(§§10~17) 두 번째 관점은 '조합의 방법(saṅgaha-naya)'이라 부르는데 이것은 마음을 기준으로 각각의 마음에 어떤 마음부수들이 조합되어 있는가를 관찰하는 방법이다.(§§18~29)

이 마음부수들과 마음의 관계는 전통적으로 다음의 4가지로 정의한다. 아비담마에서 우리의 정신작용을 규정하는 제일 중요한 명제이므로 원어와 함께 숙지하고 있으면 도움이 될 것이다.

§1. **결합의 특징**(sampayoga-lakkhaṇa)

1. ekuppāda-nirodhā ca ekārammaṇa-vatthukā
cetoyuttā dvipaññāsa dhammā cesikā matā.

---

207) "마치 왕이 왔다(rājā āgato)고 말하면 대신들 등(amaccādīna)도 왔다고 말한 것이듯이 마음의 일어남(cittuppāda)이라고 말하면 이러한 마음들과 결합된 법들도 언급이 된 것이다. 모든 곳에서 마음의 일어남을 취하면 이것과 결합된 법들과 더불은 마음이 취해지는 것이라고 알아야 한다."(DhsA. 410)

[마음과] 함께 일어나고 함께 멸하며
동일한 대상을 가지고 동일한 토대를 가지는
마음과 결합된 52가지 법을 마음부수들이라 한다.

[해설]

1. **함께 일어나고**(ekuppādā)[208]: 마음과 마음부수들은 항상 함께 일어난다는 뜻이다. 마음은 일어났는데 그와 관계된 마음부수들은 나중에 일어나거나 뒤에 일어나지 않는다는 의미이다.

2. **함께 멸하며**(eka-nirodhā): '멸' 혹은 '소멸'로 옮기는 nirodha는 ni(아래로)+√rudh(*to obstruct*)에서 파생된 명사로서 문자적으로는 '아래로 막고 방해하다'는 의미이다. 중국에서는 滅, 沒, 滅度, 滅盡, 寂滅, 寂靜(멸, 몰, 멸도, 멸진, 적멸, 적정) 등으로 다양하게 옮겼다. 여기서 파생된 명사인 nirodha는 불교뿐만 아니라 인도사상 전반에서 아주 많이 등장하는 단어이다. 불교에서는 사성제 가운데 멸성제나 상수멸(想受滅, saññā-vedayita-nirodha) 등 여러 문맥에서 쓰이고 있다.[209] 여기서는 전문용어로 쓰이기보다는 마음과 마음부수들은 함께 멸한다는 문자적인 뜻으로 쓰이고 있다. 마음과 마음부수법들은 같이 일어나고 같이 사라진다는 말이다.

3. **동일한 대상을 가지고**(ekārammaṇā): ekārammaṇā는 eka(하나)+ ārammaṇa(대상)로 분석된다. 대상[境]으로 옮긴 ārammaṇa는

---

208) uppāda는 ud(위로)+√pad(*to go*)에서 파생된 형용사로서 '위로 가는'이라는 문자적인 뜻에서 '생긴, 일어난, 발생한' 등의 뜻으로 쓰인다. 그래서 ekuppāda는 '함께 일어난'의 뜻이며 cetasikā(마음부수, 복수 형태)의 형용사이기 때문에 복수 형태인 ekuppādā로 쓰였다.

209) 초기불전에 나타나는 '소멸(nirodha)'에 대해서는 『초기불교이해』 100~101쪽을 참조할 것.

ā(둘레로)+√lamb(*to hang down*)에서 파생된 중성명사로 보기도 하고 √rabh(*to begin*)를 그 어근으로 간주하기도 한다. 한편 ārammaṇa의 산스끄리뜨 형태는 ālambana이고 불교 산스끄리뜨에서는 ārambaṇa로도 많이 나타난다. 'l–' 음절과 'r–' 음절은 산스끄리뜨와 특히 쁘라끄리뜨 일반에서는 같은 음가로서 판단되고 있음을 감안할 때 ārammaṇa의 어근도 √lamb로 보는 것이 타당하지 않을까 생각한다. 이렇게 본다면 ālambana가 더 어원에 가까운 표기법이라고도 볼 수 있다. CMA에도 거의 대부분 ālambana로 나타난다. 그러나 미얀마 육차결집본에는 모두 ārammaṇa로 나타나고 있다. PTS본에도 거의 대부분의 문맥에서 ārammaṇa로 나타나고 ālambana라는 표기는 드물게 나타난다. 역자들도 본서에서 모두 ārammaṇa로 표기하고 있다. 이처럼 빠알리어 전반에서 ālambana와 ārammaṇa는 동의어로 사용되고 있다.

불교에서 대상, 즉 형색[色], 소리[聲], 냄새[香], 맛[味], 감촉[觸], 법(法)의 여섯을 각각 눈[眼], 귀[耳], 코[鼻], 혀[舌], 몸[身], 마노[意]의 대상으로 배대(配對)시키고 있음은 주지의 사실이다. 빠알리어와 불교 산스끄리뜨에서 이 ālambana와 ārammaṇa와 위사야(visaya)는 모두 동의어로서 색·성·향·미·촉·법이라는 대상을 나타낸다. 고짜라(gocara)는 아비담마에 쓰이면 앞의 다섯 가지 대상, 즉 색·성·향·미·촉을 나타내는 전문용어가 된다.(제6장 §3 참조) 한편 중국에서는 ālambana를 事, 塵, 境, 境界, 所依緣, 所緣境, 所緣境界(사, 진, 경, 경계, 소의연, 소연경, 소연경계) 등으로 옮겼고, ārambaṇa는 事, 事相, 境, 境界, 所緣, 攀緣(사, 사상, 경, 경계, 소연, 반연) 등으로, gocara는 塵, 境, 境界(진, 경, 경계) 등으로, viśaya는 塵(진)으로 옮겼다.

마음과 마음부수들은 같은 대상을 가지고 함께 일어나고 함께 소멸한다. 마음은 눈의 대상에 일어났는데 마음부수들은 다른 대상에 관여하는 경우는 결코 없다는 말이다. 대상이라는 말이 나온 김에 아비담마를 공부하면서 대상에 관해서 숙지하고 있어야 할 몇 가지 사실을 적어 본다.

첫째, 아비담마에서는 대상이 없이는 마음은 일어나지 않는다고 가르친다. 어떤 식으로든 마음이 일어나면 반드시 그 대상이 있기 때문이다. 혹자는 '존재지속심(바왕가)은 대상이 없지 않은가.'라고 하겠지만 바왕가도 반드시 대상을 가진다고 아비담마는 말한다. 바왕가의 대상은 바로 전생에서 죽기 직전에 나타나는 니밋따(nimitta, 표상 혹은 영상) 등 세 가지 가운데 하나를 그 대상으로 가진다고 설명한다.(여기에 대해서는 제3장 §17의 해설 5와 제5장 §35를 참조할 것.) 그리고 초기경에서도 부처님께서는 마음 혹은 알음알이는 반드시 감각기능[根]과 대상과 함께 일어난다고 거듭 강조하셨다.[210] 불변하는 알음알이[識]가 윤회의 주체라고 이해하고 있던 사띠 비구를 부처님께서는 크게 꾸짖으시면서 "참으로 나는 여러 가지 방편으로 알음알이는 조건 따라 일어난다고 설했고, 조건이 없어지면 알음알이도 일어나지 않는다고 말했다."[211]고 강조하신 것은 유명하다. 마음은 대상이 없이는 일어나지 않는다는 이 부처님의 말씀은 초기불교와 아비담마를 이해하는 가장 중요한 전제조건이며[212] 사마타와 위빳사나 수행에서도 아주 중요한

---

210) "눈과 형색을 조건으로 눈의 알음알이가 일어난다(cakkhuñca paṭicca rūpe ca uppajjati cakkhuviññāṇaṁ)."(S12:43 §3 등)

211) "anekapariyāyena hi bhikkhave paṭiccasamuppannaṁ vuttaṁ mayā, aññatra paccayā natthi viññāṇassa sambhavo ti."(M38 §7)

212) 대승의 아비달마를 자처하는 유식에서도 대상을 강조하여 아뢰야식도 대상을 가진다고 설명하고 있다. 『성유식론』은 아뢰야식의 대상으로 種子(종자)와 有根身(유근신)을 들고 유근신을 다시 諸色根(제색근)과 根依處(근의처)로 나눈다. CBETA로 검색해 보면 이 셋은 다시 『성유식론소의연』

말씀임을 강조하고 싶다.

둘째, 다섯 가지 알음알이[前五識]의 대상은 현재에 일어나는 물질이지만 이 전오식을 제외한 마음, 즉 마노와 마노의 알음알이의 대상은 이런 현재에 존재하는 물질과 과거에 일어난 마음의 대상(법)과 과거의 마음들까지도 모두 대상으로 가진다.(마음의 대상 6가지에 대해서는 제3장 §16의 해설 3을 참조할 것.) 그래서 백 년 전, 아니 수십, 수천, 수만 생 전에 일으켰던 마음들도 모두 지금의 마음의 대상이 되는 것이다. 그리고 마음이 유익하거나[善] 해로운[不善] 생각을 일으킨 것은 언제든지 다음에 반드시 과보로 나타난다고 아비담마는 말하고 있다.[213] 어떤 것을 대상으로 하여 일어나는 생각들을 유익한 마음으로 유지시키기 위해서 지혜롭게 마음에 잡도리함[如理作意, yoniso manasikāra]이 얼마나 중요한가 하는 것을 아비담마는 보여주고 있는 것이다.

셋째, 한 심찰나(citta-kkhaṇa)에 마음은 두 가지 대상을 가질 수 없다. 즉 눈으로 보는 동시에 귀로 듣는다는 것은 있을 수 없다. 비록 우리가 세속적인 차원에서 관찰하면 동시에 일어나는 것처럼 보일지라도 모든 마음은 한 찰나라도 앞이거나 뒤라는 선후가 반드시 있다. 그래서 예를 들면 자이나교에서는 일체지(一切知, sabbaññutā)를 동시에 모든 것을 다 아는 것으로 이해해서 한 찰나에 마음은 여러 가지 내지

(成唯識論疏義演)에서 종・근・기(種根器)로 표현이 되고 이것은 種子(종자)・根身(근신)・器世間(기세간)으로 설명이 된다. 즉 아뢰야식은 종자(種子)와 눈・귀・코・혀・몸의 5근(根)과 우리가 머무는 이 세상, 즉 기세간을 대상으로 가진다는 말이다.(김묘주 옮김, 『성유식론 외』 89~90쪽도 참조할 것.)

213) 물론 예외도 있다. 7가지 속행(자와나)의 마음 가운데 제일 처음과 맨 나중의 마음은 미약하기 때문에 첫 번째는 금생이 지나버리면 과보를 가져오지 못하고 마지막은 내생이 지나면 과보를 가져오지 못한다고 한다. 여기에 대해서는 제5장 §20의 해설 1을 참조할 것.

는 모든 것을 알 수 있다고 주장하지만 인도사상 전반에서 인정하지 않는다. 부처님께서도 이런 가르침을 잘못된 것이라고 단언하시면서 "한 번에 모든 것을 알고 모든 것을 보는 사문이나 바라문은 없다. 그런 경우는 있을 수 없다."214)라고 단언하고 계신다. 아비담마는 이런 초기경의 가르침을 잘 계승하고 있다. 예를 들면 쌍신변(雙身變, 제4장 §21의 해설 2 참조)은 신통 중에서 가장 어려운 신통이다. 이것은 상반되는 물과 불을 동시에 존재하게 하는 등의 신통으로 부처님이나 사리불 존자 같은 분이 가질 수 있는 능력이다. 이런 신통도 물과 불이 동시에 존재하게 하는 것은 전과 후가 분명하게 있다고 『청정도론』 등에서는 설명하고 있다.215)

넷째, 아비담마에서 설하는 가장 중요한 전제 중의 하나가 한 마음이 일어나서 사라지는 것은 물질이 일어나서 사라지는 것보다 16배 혹은 지나간 바왕가를 포함하면 17배가 빠르다는 것이다. 아비담마에서는 하나의 인식과정(vīthi-citta)에서 마음은 최대 17과정을 넘기지 못

214) "natthi so samaṇo vā brāhmaṇo vā yo sakideva sabbañ ñassati sabbaṁ dakkhīti. netaṁ ṭhānaṁ vijjati."(M90 §8/ii.127~28)

여기에 대해서 주석서는 다음과 같이 설명하고 있다.
"하나의 전향을 가진 한 마음(ekāvajjana eka-citta)으로 과거 · 미래 · 현재를 모두 알거나 보는 사람은 없다는 말이다. '한 마음으로 과거의 모든 것을 알아야겠다.'라고 전향하더라도 과거의 모든 것을 알 수 없고, 오직 한 부분(eka-desa)만 알 수 있다."(MA.iii.357)

이것은 어떤 사람의 팔과 다리가 끊어졌더라도 그가 언제나 한결같이 '나의 팔과 다리는 끊어졌다.'라고 아는 것이 아니라 오직 그가 반조할 때 '나의 팔과 다리는 끊어졌다.'라고 아는 것과 같다고 『맛지마 니까야』 제3권 「산다까 경」(M76) §52에서 부처님께서는 설명하고 계신다.
아비담마에서 마음은 대상을 아는 것(ārammaṇaṁ cintetīti cittaṁ, DhsA.63)으로 정의되고 마음이 일어날 때는 반드시 대상과 더불어 일어난다. 찰나생 · 찰나멸을 거듭하면서 마음이 일어날 때, 특정 찰나에 일어난 마음은 그 찰나에 대상으로 하는 오직 그 대상만을 안다는 말이다.

215) Vis.IV.132; XII.84.

한다고 단언하고 있다.(여기에 대해서는 제4장 §6의 해설을 참조할 것.) 인식과 정을 이해하는 중요한 키워드라 여기서 미리 소개해 두고자 언급한 것이다. 이처럼 여기서는 마음과 마음부수들은 같은 대상을 가진다는 중요한 명제를 꼭 숙지해야 한다.

4. **동일한 토대를 가지는**(eka-vatthukā): ekavatthuka는 eka + vatthuka로 분석되며 vatthuka는 √vas(*to dwell*)에서 파생된 형용사로 '머무는, 거주하는, 토대를 가진'이라는 뜻으로 쓰며 주로 합성어에 나타난다. 그래서 ekavatthuka는 '같은 토대를 가진'의 의미이다. 이것의 명사인 vatthu도 초기경부터 많이 나타나는 단어로 다양한 뜻을 가지고 있다.[216] 아비담마에서는 주로 안식·이식·비식·설식·신식·의·의식이 일어나는 물질적, 육체적인 토대를 뜻한다.

이 가운데 안식·이식·비식·설식·신식의 전오식이 의지하는 물질적 토대는 각각 눈·귀·코·혀·몸(안·이·비·설·신)의 다섯 가지이고 이것은 제6장 물질의 길라잡이에서 다섯 가지 감성(感性, pasāda)으로 정리된다. 그리고 몸을 가진 존재에게는 의(意, mano)와 의식(意識, mano-viññāṇa)이 일어나는 물질적 토대도 당연히 있어야 하는데 아비담마에서는 이러한 의와 의식이 일어나는 곳으로 심장토대(hadaya-vatthu)를 설한다. 심장토대는 전오식을 제외한 마음들이 의지하여 일어나는 여섯 번째 물질적 토대가 된다.(토대에 대해서는 제3장 §§20~22를 참조할 것.) 그래서 '같은 토대를 가졌다.'는 말은, 예를 들면 마음이 눈을 토대로 일어나면 마음부수들도 반드시 그것을 토대로 하여 같이 일어나지 다른 토대에서 일어나지 않는다는 뜻이다.

---

216) 냐나몰리 스님의 NMD에 의하면 vatthu는 ① *basis, physical basis (term for the six internal bases)*, ② *object*, ③ *instance, example*, ④ *story, etc*의 네 가지 의미로 쓰이고 있다. ①은 여기서처럼 토대로 옮기고 ②는 대상으로 옮기며(*cf.* Vis.IV.83) ③은 사례나 보기로 옮기고(*cf.* A8:80) ④는 일화나 이야기 등으로 옮기고 있다.(*cf.* Vis.I.74)

5. **마음과 결합된**(ceto-yuttā): cetoyutta는 ceto+yutta로 분석된다. 여기서 ceto는 √cit(*to think*)에서 파생된 단어로서 citta와 동의어이다. yutta는 √yuj(*to yoke*)의 과거분사로 '결합된'을 뜻한다. 즉 이렇게 네 가지로서 마음부수들은 마음과 함께 일어나고 함께 멸한다는 말이다.

이 네 가지 특징은 마음과 마음부수들의 관계를 잘 묘사하고 있다. 전체적인 입장에서 네 가지를 다시 한 번 정리해 보자. 만일 '함께 일어나고'만이 언급되었다면 이 정의는 마음과 동시에 일어나는 물질들, 즉 마음과 업에서 생긴 물질들을 마음부수들과 함께 잘못 포함시킬 우려가 있다. 그러나 이 물질들은 함께 생긴 마음이 멸할 때 같이 멸하지 않는다. 그들은 대부분 17심찰나 동안 지속된다. 그러므로 이들을 제외시키기 위해서 '함께 멸하고'가 언급되었다.

나아가서 몸의 암시(kāya-viññatti)와 말의 암시(vacī-viññatti)라는 두 가지 암시는 물질에 속하며(제6장 §3 참조) 이들은 마음과 함께 일어나고 함께 멸한다. 그러나 물질들은 대상을 가지지 않는다. 이것이 물질을 마음과 마음부수와 구별 짓는 중요한 차이점이다. 모든 정신(nāma)은 대상을 경험한다. 즉 함께 일어난 마음과 마음부수들은 같은 대상을 경험한다. 그러나 물질들은 결코 어떤 대상도 경험하지 못한다. 그래서 세 번째 특징으로 같은 대상을 가진다고 언급한 것이다.

마지막으로 물질의 무더기[色蘊]가 있는 세상, 다시 말하면 욕계 세상과 색계 세상에서 마음과 마음부수들은 같은 토대(vatthu)를 가진다. 그들은 물질의 감각기관(정확히 말하면 물질의 감성)들과 심장토대를 같은 토대로 가진다. 이것이 마음부수들의 네 번째 특징이다.

6. **52가지 법**(dvipaññāsa dhammā): 이 52가지 마음부수는 다시 다음과 같이 크게 세 가지로 분류된다.

(1) 다른 것과 같아지는 것(aññasamāna) 13가지

(2) 해로운 것(akusala) 14가지

(3) 아름다운 것(sobhana) 25가지이다.

그중 다른 것과 같아지는 것 13가지는 다시 ① 모든 마음에 공통되는(sabbacitta-sādhāraṇa) '반드시들' 7가지와 ② 때때로(pakiṇṇaka) 나타나는 '때때로들' 6가지로 나누어진다. 해로운 것 14가지는 ① 모든 해로운 것에 공통되는 것(sabbākusala-sādhāraṇa) 4가지 ② 탐욕의 세 개 조(lobha-tika) ③ 성냄의 네 개 조(dosa-catukka) ④ 해태의 두 개 조(thīna-duka) ⑤ 의심(vicikicchā) 1가지로 나누어진다. 아름다운 것 25가지는 ① 아름다운 것에 공통되는 것(sobhana-sādhāraṇa) 19가지 ② 절제(virati) 3가지 ③ 무량함(appamaññā) 2가지 ④ 어리석음 없음(amoha) 1가지로 구분이 된다.

I. 52가지 마음부수
dvipaññāsa cetasikā

I.1. 다른 것과 같아지는 마음부수들 — 13가지
aññasamāna-cetasikā

[해설]

1. **다른 것과 같아지는 마음부수들**(aññasamāna[217])-cetasika): 주석서에서는 "아름다운 마음들과 결합될 때 아름답지 않은 것과는 다른 것인 [아름다운 것과] 같아지며, 아름답지 않은 마음들과

---

217) aññasamāna는 añña+samāna로 분석된다. añña는 대명사나 형용사로 쓰여서 '다른 [것]'을 뜻하며 samāna는 '평평한, 같은' 등을 뜻하는 형용사 sama에서 파생된 형용사로서 역시 '같은, 비슷한' 등을 뜻하는 형용사이다. 그래서 aññasamāna는 '다른 것과 같은 것'이라는 뜻이다.

결합될 때 아름다운 것과는 다른 것인 [아름답지 않은 것과] 같아진다."[218]라고 설명하고 있다. 즉 이들은 유익한 마음들에서는 유익한 것이 되고 해로운 마음들에서는 해로운 것이 되고 업으로 결정할 수 없는 무기(無記, avyākata)인 마음들에서는 무기가 된다. 그래서 '다른 것과 같아지는 것들'이라고 한다. 이것은 다시 두 가지로 나누어지는데 모든 마음에서 공통되는 것들(sabbacitta-sādhāraṇā)과 그렇지 않는 '때때로들(pakiṇṇaka)'이다.

§2. 모든 마음에 공통되는 반드시들(sabba-citta-sādhāraṇa) — 7가지

[해설]

공통되는 것으로 옮긴 sādhāraṇa는 ādhāraṇa(ā+√dhṛ, *to hold*)에 '함께'를 뜻하는 접두어 sa를 붙여서 만든 형용사이다. '같이 지니고 있는'이라는 의미에서 '공유하는, 공동의, 공통된, 보편적인' 등의 의미로 쓰인다. 역자들은 '반드시들'로 옮기고 있다. 그래서 여기서 언급되는 일곱 가지는 모든 마음, 즉 89/121가지로 분류되는 마음이 일어날 때 공통적으로 함께 같이 일어나는 것들이라는 뜻이다. 이 마음부수들은 가장 기본적이면서도 중요한 기능들이어서 이들이 없으면 마음이 대상을 안다는 그 자체가 불가능하다.

2. kathaṁ? (1) phasso, (2) vedanā, (3) saññā, (4) cetanā, (5) ekaggatā, (6) jīvitindriyaṁ, (7) manasikāro cā ti satt' ime cetasikā sabbacittasādhāraṇā nāma.

어떻게?

(1) **감각접촉**[觸, phassa]

---

218) "yadā sobhaṇacittesu yuttā, tadā tehi asobhaṇato aññehi samānā; yadā asobhaṇacittesu yuttā, tadā tehi sobhaṇato aññehi samānā sadisā ti vuttaṁ hoti."(PdṬ.97)

(2) **느낌**[受, vedanā]

(3) **인식**[想, saññā]

(4) **의도**[思, cetanā]

(5) **집중**[一境性, ekaggatā]

(6) **생명기능**[命根, jīvitindriya]

(7) **마음에 잡도리함**[作意, manasikāra]

— **이 일곱은 모든 마음에 공통되는 마음부수들이라 한다.**

[해설]

'대상을 아는 것이 마음이다(ārammaṇaṁ cintetīti cittaṁ, DhsA.63).'라고 정의하는 것은 이미 알아보았다. 마음이 대상을 알기 위해서는 반드시 위의 일곱 가지 마음부수의 작용이 있어야 한다. 그래서 이 7가지 마음부수는 마음이 일어나는 그 찰나에 반드시 같이 일어난다.

첫째, 마음이 일어날 때는 반드시 감각접촉이 같이 일어난다. 이 감각접촉(phassa)의 기능이 없으면 마음은 결코 대상과 맞닥뜨릴 수 없다.

둘째, 느낌(vedanā)이 없으면 마음은 결코 대상을 경험할 수 없다.

셋째, 인식(saññā)이 없으면 마음은 결코 대상을 인식할 수 없다.

넷째, 의도(cetanā)가 없다면 마음은 대상을 알려는 어떤 작위도 행할 수가 없다.

다섯째, 집중(ekaggatā)이 없으면 그 대상에 마음을 고정시키지 못한다. 아무리 하찮은 일일지라도 어느 정도의 집중이 없으면 대상을 알지 못한다.

여섯째, 생명기능(jīvitindriya), 즉 생명이 없으면 마음은 아무것도 할 수가 없다.

일곱째, 마음에 잡도리함[作意, manasikāra], 즉 주의를 기울이거나 대상으로 전향하지 않으면 마음은 역시 대상을 알 수 없다.

<도표 2.1> 52가지 마음부수의 개관

① 다른 것과 같아지는 마음부수들: 13

반드시들 — 7
1. 감각접촉[觸, phassa]
2. 느낌[受, vedanā]
3. 인식[想, saññā]
4. 의도[思, cetanā]
5. 집중[一境性, ekaggatā]
6. 생명기능[命根, jīvitindriya]
7. 마음에 잡도리함[作意, manasikāra]

때때로들 — 6

8. 일으킨 생각[尋, vitakka]
9. 지속적 고찰[伺, vicāra]
10. 결심[信解, adhimokkha]
11. 정진(精進, vīriya)
12. 희열[喜, pīti]
13. 열의[欲, chanda]

② 해로운 마음부수들: 14

해로운 반드시들 — 4

14. 어리석음[癡, moha]
15. 양심 없음[無慚, ahirika]
16. 수치심 없음[無愧, anottappa]
17. 들뜸[掉擧, uddhacca]

해로운 때때로들 — 10

18. 탐욕[貪, lobha]
19. 사견(邪見, diṭṭhi)
20. 자만[慢, māna]
21. 성냄[嗔, dosa]
22. 질투[嫉, issā]
23. 인색[慳, macchariya]
24. 후회[惡作, kukkucca]
25. 해태(懈怠, thīna)
26. 혼침(昏沈, middha)
27. 의심[疑, vicikicchā]

③ 아름다운 마음부수들: 25

아름다운 반드시들 — 19

28. 믿음[信, saddhā]
29. 마음챙김[念, sati]
30. 양심[慚, hirī]
31. 수치심[愧, ottappa]
32. 탐욕 없음[不貪, alobha]
33. 성냄 없음[不嗔, adosa]
34. 중립(tatramajjhattatā)
35. 몸의 편안함(kāya-passaddhi)
36. 마음의 편안함(citta-passaddhi)
37. 몸의 가벼움(kāya-lahutā)
38. 마음의 가벼움(citta-lahutā)
39. 몸의 부드러움(kāya-mudutā)
40. 마음의 부드러움(citta-mudutā)
41. 몸의 적합함(kāya-kammaññatā)
42. 마음의 적합함(citta-kammaññatā)
43. 몸의 능숙함(kāya-pāguññatā)
44. 마음의 능숙함(citta-pāguññatā)
45. 몸의 올곧음(kāya-ujukatā)
46. 마음의 올곧음(citta-ujukatā)

아름다운 때때로들 — 6

절제 — 3

47. 바른 말[正語, sammā-vācā]
48. 바른 행위[正業, sammā-kammanta]
49. 바른 생계[正命, sammā-ājīva]

무량함 — 2

50. 연민[悲, karuṇā]
51. 함께 기뻐함[喜, muditā]

어리석음 없음 — 1

52. 통찰지의 기능[慧根, paññindriya]

그래서 '아는' 기능뿐인 마음은 이 일곱 가지를 통해서 '대상을 아는 기능'을 제대로 수행하는 것이다.

마음이 임금이라면 일곱 가지는 최측근의 대신들이라 할 수 있다. 이 일곱은 항상 마음과 같이 일어나고 마음과 같이 멸한다. 거듭 말하거니와 존재지속심인 바왕가에서도 이 일곱은 반드시 함께한다는 점을 잊지 말아야 할 것이다. 바왕가라 해서 결코 마음 혼자서만 존재하지는 않는다는 것이 아비담마에서 전제하는 명제이다. 달리 말하면 이런 8가지가 한데 뭉쳐져 있는 것이 우리의 정신세계를 구성하는 기본 골격이고 이것을 아비담마에서는 분석하고 분해해서 설명하고 있는 것이다.

그러면 각 용어들의 기본 의미를 『청정도론』을 통해서 하나하나 자세히 알아보자.

(1) **감각접촉**[觸, phassa]:

중국에서 촉(觸)으로 번역한 '감각접촉(phassa)'은 √spṛś(*to touch*)에서 파생된 명사로 '닿음'을 뜻한다. 불교에서는 12연기 중 하나의 구성요소로 널리 알려진 용어이다. 여기서 감각접촉은 대상이 몸에 물질적으로 부딪치는 감촉(phoṭṭhabba)을 의미하는 것이 아니다.[219] 마음이 이것을 통해서, 나타난 대상을 정신적으로 '만지는' 것을 뜻하며 그로 인해 모든 인식과정을 시작하는 것을 의미한다. 그래서 감각접촉[觸]은 경에서도 근(根, 기능, indriya), 경(境, 대상, visaya), 식(識, 알음알이, viññāṇa)의 세 가지가 맞부딪치는 것이라고 정의하며[220] 『잡아함경』 등에서

---

219) 중국에서 촉(觸)으로 옮긴 범어는 phassa(Sk. sparśa)와 phoṭṭhabba(Sk. sparṣṭavya)의 두 가지가 있다. 전자는 여기서처럼 근(根)·경(境)·식(識)의 세 가지가 맞부딪치는 것을 뜻하고 후자는 몸의 감각기관[身根]의 대상인 감촉(제2장 §1의 해설 3 참조)을 말한다. 초기불전연구원에서는 전자를 '감각접촉'으로 후자는 '감촉'으로 구분해서 옮기고 있다.

는 삼사화합생촉(三事和合生觸) 혹은 삼사화합촉(三事和合觸) 등으로 옮겼다. 그러므로 이미 설명했듯이 이 감각접촉(phassa)은 정신의 영역에 속한다. 그래서 역자들은 '감각접촉'이라고 옮겼다. 영어에서도 '*mental impression*'이라 번역하기도 한다. 마음을 대상과 맞부딪치게 하는 역할을 한다.

[청정도론 XIV]: "134. 닿는다(phusati)고 해서 감각접촉(phassa)이라 한다. 이것은 닿는 특징을 지니고, 부딪치는 역할을 하며, 동시발생(sannipāta)으로 나타난다. 영역(āpatha)에 들어온 대상이 가까운 원인이다.

비록 이것은 정신이지만 대상에 닿는 형태로 생긴다. 비록 이것은 어느 한 쪽에 들러붙지 않지만 마치 형색이 눈에 부딪치고, 소리가 귀에 부딪치듯 마음과 대상을 부딪치게 한다. 동시발생으로 나타난다. 왜냐하면 세 가지 [즉 눈과 형색과 눈의 알음알이 등]의 동시발생[三事和合]이라 하는 자기 자신의 조건으로 설명되기 때문이다. 이것은 알음알이가 적절하게 전향221)하고 감각기관을 통해 대상이 나타났을 때 자동적으로 일어나기 때문에 영역에 들어온 대상이 가까운 원인이라고 했다. 이것은 느낌의 근원이므로 마치 가죽이 벗겨진 소처럼(S12:63) [맨 것(*bare*)이라고] 알아야 한다."

(2) **느낌**[受, vedanā]:

'느낌'으로 옮긴 vedanā는 √vid(*to know*)의 사역동사 vedeti에서 파생된 여성명사인데 일차적인 의미는 역시 '안다'이다. 여기서 안다는 것은 그것이 앎이든 지식이든 지혜든 무엇을 인식해서 안다는 의미가

---

220) "tiṇṇaṁ saṅgati phasso."(M18 §16/i.111 등)

221) 원문은 'tajja-asamannāhārena'로서 여기서는 轉向(āvajjana)의 마음을 뜻한다.(Pm.ii.141)

아니고 느껴서, 특히 몸으로 생생하게 체험해서 안다, 즉 온몸으로 경험한다는 뜻이다. 산스끄리뜨 일반과 자이나 문헌에서 이 vedanā는 주로 고통이나 고통스러운 느낌을 나타내는 용어로 쓰이고 있다.

초기불전에서 느낌은 사랑하고 미워하고 집착하고 염오하는 등, 우리의 정서적인 의도나 반응, 반작용[行, saṅkhāra]으로 발전하게 되는 단초가 되는 정서적이고 감정적인 경험으로서 '즐겁거나[樂, sukha] 괴롭거나[苦, dukkha] 괴롭지도 즐겁지도 않은[不苦不樂, adukkham-asukha]' 세 가지 느낌을 말한다. 아비담마에서는 느낌[受, vedanā]을 『상윳따 니까야』 「기능 상윳따」(S48)의 여러 경들(S48:31~40)처럼 즐거움(sukha), 고통(dukkha), 기쁨(somanassa), 불만족(domanassa), 평온(upekkhā)의 다섯 가지로 분류한다.[222] 이 가운데 즐거움과 고통은 육체적인 것을, 기쁨과 불만족은 정신적인 것을, 평온은 둘 다를 나타낸다.[223]

그러면 부처님은 왜 느낌을 다시 다섯 가지로 세분하셨을까? 이렇게 더 구체적으로 나누는 근거는 무엇일까? 아비담마의 관점에서 본다면 느낌을 느끼는 기능 혹은 기관[根, indriya]에 따라서 육체적인 느낌과 정신적인 느낌은 다른 것으로 간주된다. 엄밀히 말하면 특정 찰나의 마음이 일어날 때, 예를 들면, 육체적인 고통(dukkha)과 정신적인 고통, 즉 불만족(domanassa)은 함께 일어날 수 없는 서로 다른 것이다.(<도표 3.1> 느낌의 길라잡이 참조) 그리고 이렇게 정신적인 것과 육체적인 것으로 더 세분화하여 보면 중립적인 느낌을 괴롭지도 즐겁지도 않은 느낌(adukkhamasukha)으로 부를 수 없게 된다. 기쁨(somanassa)도 아니고 불만족(domanassa)도 아니라는 측면이 빠져버리기 때문이다. 그래서 다섯 가지로 분류할 때에는 adukkhamasukkha[不苦不樂] 대

---

222) 제1장 §4의 평온(upekkhā)에 대한 해설을 참조할 것.

223) 느낌에 대해서는 제3장 §2와 제1장 §4의 해설 2를 참조하고 초기불전에 나타나는 느낌에 대한 설명은 『초기불교이해』 114쪽 이하 '② 느낌의 무더기[受蘊]란 무엇인가'를 참조하기 바란다.

신에 upekkhā[捨, 평온]를 써서 표현하는 것으로 이해해야 할 것이다.[224] 그러면 『청정도론』을 통해서 느낌의 특징 등을 알아보자.

[청정도론 XIV]: "126. '느껴진 것(vedayita)의 특징을 가진 것은 그 무엇이든 모두 한데 묶어 느낌의 무더기라고 알아야 한다.' … 이처럼 말씀하셨기 때문이다. "도반이여, 느낀다고 해서 느낌이라 부릅니다."(M43 §7, *cf* S22:79)

"127. 이 느낌은 느껴진 것의 특징을 가지는 고유성질로는 한 가지이지만 종류(jāti)에 따라 세 가지이니, 유익한 것[善, kusala]과 해로운 것[不善, akusala]과 [유익함과 해로움으로] 결정할 수 없는 것[無記, abyākata]이다.

이것은 고유성질의 분류에 따라 다섯 가지이니, 즐거움[樂, sukha], 고통[苦, dukkha], 기쁨(somanassa), 불만족(domanassa), 평온[捨, upekkhā]이다."[225]

"128. 즐거움[樂, sukha]은 원하는 감촉(phoṭṭhabba)을 경험하는 특징을 가진다. 관련된 법들을 활기차게 하는 역할을 한다. 육체적인 만족으로 나타난다. 몸의 기능[身根]이 가까운 원인이다.

고통[苦, dukkha]은 싫어하는 감촉을 경험하는 특징을 가진다. 관련된 법들을 시들게 하는 역할을 한다. 육체적인 고통으로 나타난다. 몸의 기능이 가까운 원인이다.

기쁨(somanassa)은 원하는 대상을 경험하는 특징을 가진다. 이런저

---

224) '평온[捨, upekkhā]'에 대해서는 제1장 §4의 해설 2를 참조할 것.

225) '즐거움[樂, sukha]', '고통[苦, dukkha]', '기쁨(somanassa)', '불만족(domanassa)', '평온[捨, upekkhā]'으로 옮긴 용어는 각각 sukha, dukkha, somanassa, domanassa, upekkhā이다. 여기서 인용하는 『청정도론』의 해당 부분에서는 이 다섯을 각각 '육체적 즐거움[樂, sukha]', '육체적 고통[苦, dukkha]', '정신적 즐거움(somanassa)', '정신적 고통(domanassa)', '평온[捨, upekkhā]'으로 옮겼지만 본서의 문맥과 맞추기 위해서 각각 이렇게 바꾸어서 실었음을 밝힌다.

런 원하는 측면을 향유하는 역할을 한다. 정신적인 만족으로 나타난다. 편안함[輕安]이 가까운 원인이다.

불만족(domanassa)은 싫어하는 대상을 경험하는 특징을 가진다. 이런저런 싫어하는 측면을 향유하는 역할을 한다. 정신적인 고통으로 나타난다. 반드시 심장이 가까운 원인이다.226)

평온[捨, upekkhā]의 특징은 중립적인(majjhatta) 느낌이다. 관련된 법들을 활기차게도 시들게도 하지 않는 역할을 한다. 고요한 상태로 나타난다. 희열이 없는 마음이 가까운 원인이다."

(3) **인식**[想, saññā]:

'인식'으로 옮긴 saññā는 saṁ(함께)+√jñā(*to know*)에서 파생된 여성명사이다. 어원적으로 보면 '같게 아는 것'이라는 뜻이다. 즉 a1, a2 … 의 경우를 보고 a라고 뭉뚱그려 인식하는 행위라 보면 되겠다. 예를 들면, 여러 가지 다른 종류의 종이로 만들었으며 그 안에 글이 적혀있고 제본이 되어있는 어떤 것을 보고 책이라고 이름 붙이면서 개념 작용을 일으키는 경우와 같다 하겠다. 아래『청정도론』에서 나타나듯이 대상을 받아들여 개념 작용(*notion*)을 일으키고 이름 붙이는(*naming*) 작용을 기본적으로 인식이라 한다고 이해하면 되겠다.

느낌[受]이 예술적이고 정서적인 심리현상들[行]의 단초(端初)가 되는 것이라면, 인식[想]은 지식이나 철학이나 사상이나 이념과 같은 우리의 이지적인 심리현상들의 밑바탕이 되는 것이다. 인식은 이처럼 우리의 견해와 사상과 철학과 관계가 있다.227)

---

226) "불만족은 오직 욕계 중생에게만 일어나므로 심장이 그것의 가까운 원인이라 했다.(Pm.ii.138)"

227) 초기불전에 나타나는 인식에 대한 설명은『초기불교이해』118쪽 이하 <③ 인식의 무더기[想蘊]란 무엇인가>를 참조하기 바란다.

[청정도론 XIV]: "129. '인식하는(sañjānana) 특징을 가진 것은 그 무엇이든 모두 한데 묶어 인식의 무더기라고 알아야 한다.'라고 앞서 말했다.(§81) 이제 여기서도 인식하는 것의 특징을 가진 것이란 바로 인식 그것일 뿐이다. 이처럼 말씀하셨기 때문이다. "도반이여, 인식하기(sañjānāti) 때문에 인식이라 부릅니다."(M43 §8/i.293)

이 인식은 인식하는 것의 특징을 가지는 고유성질로는 한 가지이지만 종류(jāti)에 따라 세 가지이니, 유익한 것[善]과 해로운 것[不善]과 [유익함과 해로움으로] 결정할 수 없는 것[無記]이다.

유익한 알음알이와 연결된 것이 유익한 [인식]이고, 해로운 알음알이와 연결된 것이 해로운 [인식]이고, [유익함과 해로움으로] 결정할 수 없는 알음알이와 연결된 것이 결정할 수 없는 [인식]이라고 알아야 한다. 인식으로부터 분리된 알음알이는 없기 때문에 인식은 알음알이의 종류만큼 있다."

"130. 비록 이 인식이 알음알이와 같은 방법으로 분류되지만 특징 등으로 볼 때 모든 인식은 인식하는(sañjanana) 특징을 가진다. '이것이 바로 그것이구나.'라고 다시 인식할 수 있는 원인이 될 표상을 만드는(nimitta-karaṇa) 역할을 한다. 목수들이 목재 등에 표시하는 것처럼. 표상에 따라 이해하려 드는 것으로 나타난다. 마치 맹인이 코끼리를 보는 것처럼.(Ud.68~69) 대상이 어떻게 나타나든지 나타난 대상이 가까운 원인이다. 마치 어린 사슴들이 허수아비를 보고 사람이라는 인식을 일으키는 것처럼."

(4) **의도**[思, cetanā]:

'의도'로 옮긴 cetanā는 citta나 cetasika처럼 √cit(*to know*)에서 파생된 여성명사이다. 먼저 의도(cetanā)에 대한 『담마상가니 주석서』의 설명부터 살펴보자.

"의도한다(cetayati)고 해서 '의도(cetanā)'라 한다. 자신과 결합된 법들을 대상에 묶는다(abhisandahati)는 뜻이다. ① 이것은 의도하는 것(cetayita)을 특징으로 하는데 의도하는 성질(cetanā-bhāva)을 특징으로 한다는 뜻이다. ② 쌓는(āyūhana) 역할을 한다.

① [욕계・색계・무색계・출세간의] 네 가지 경지에 속하는 의도는 의도하는 특징이 없는 경우란 있지 않기 때문이다. 모든 [의도는] 참으로 의도하는 특징을 가진다. ② 쌓는 역할은 유익함과 해로움에만 있다."(DhsA.111)

『담마상가니 주석서』의 이러한 설명에서 보듯이 의도(cetanā)는 두 가지 문맥에서 살펴봐야 한다. ① 먼저 의도하는 특징을 가진 [욕계・색계・무색계・출세간의] 네 가지 경지에 속하는 의도는 대상을 알려는 최소한의 자극을 뜻한다. 이것이 여기서 설명하고 있는 일곱 가지 반드시들에 포함되는 의도이다. ② 쌓는 역할을 하는 것으로 설명되는 유익한 마음과 해로운 마음에만 있는 의도는 업(業, kamma)을 뜻한다.

① 『빠라맛타디빠니 띠까』가 "대상을 얻는 행위의 성취를 위해서 작용하는 것"228)이라고 의도를 설명하고 있듯이 의도는 대상을 알려는 최소한의 자극을 뜻한다. 그래서 cetanā를 *stimulus* 혹은 *motivated*, 즉 자극이라는 의미로 영역하기도 한다. 그리고 주석서들에서 의도는 관련된 마음부수들을 대상에 대해서 활동하도록 묶는 것(abhisandahati)이라고 설명한다.229)

그러므로 이런 의도(cetanā)라는 마음부수는 마음이 일어날 때 반드시 함께 일어나는 반드시들[遍行心所, 변행심소, sādhāraṇa]에 속한다. 상

---

228) "ārammaṇapaṭilābhāya vā kammasiddhiyā abhisaṅkharoti."(PdṬ.91)

229) "attanā sampayuttadhamme ārammaṇe abhisandahati."(VṬ.105)

좌부 아비담마뿐만 아니라 북방의 아비달마와 대승의 아비달마라 일컬어지는 유식에서도 의도는 반드시들에 포함된다. 이것은 『담마상가니 주석서』에서 정의하는 의도하는 특징을 가진 '[욕계 · 색계 · 무색계 · 출세간의] 네 가지 경지에 속하는 의도'를 의미한다. 그러므로 의도는 유익한 마음과 해로운 마음에만 일어나는 것이 아니라 과보로 나타난 마음과 작용만 하는 마음에도 반드시 함께 일어난다.

② 한편 니까야에서 업(業, kamma)은 "비구들이여, 의도(cetanā)가 업이라고 나는 말하노니 의도하고(cetayitvā) 몸과 말과 마노[意]로 업을 짓는다."[230]라고 설명되는데 『앙굿따라 니까야』 제4권 「꿰뚫음 경」(A6:63)의 이 말씀은 업을 정의하는 인용문으로 많이 알려진 구문이다. 이처럼 업은 의도로 정의된다. 그래서 『담마상가니 주석서』는 "그러면 무엇이 업(kamma)인가?"라고 질문을 한 뒤 "㉠ 의도(cetanā)와 ㉡ 의도와 결합된 어떤 법들(ekacce ca cetanā-sampayuttakā dhammā)" (DhsA.88)이라고 업을 정의한다.

그런 뒤에 ㉠의 보기로 "비구들이여, 의도가 업이라고 나는 말하노니 의도하고 몸과 말과 마노[意]로 업을 짓는다."(A6:63)라는 위에서 인용한 부처님 말씀과 「부미자 경」(S12:25)과 『까타왓투』(論事, Kv.393)와 「업 분석의 긴 경」(M136)의 가르침을 예로 들고 있다.(DhsA.88)

그리고 ㉡의 보기로는 「간략하게 경」(A4:231)과 「깨달음의 구성요소[覺支] 경」(A4:236)과 「성스러운 도 경」(A4:235)을 든 뒤 "간탐(慳貪, abhijjhā), 악의(vyāpāda), 그릇된 견해(micchādiṭṭhi), 간탐 없음, 악의 없음, 바른 견해라는 이 여섯과 더불어서 의도와 결합된 법들을 알아야 한다."라고 설명하고 있다.(DhsA.89)

---

230) "cetanāhaṁ bhikkhave kammaṁ vadāmi cetayitvā kammaṁ karoti kāyena vācāya manasā."(A6:63 §11)

그러므로 업(kamma)을 종합적으로 정의해보면 업은 유익한 의도(kusala-cetanā)나 해로운 의도(akusala-cetanā), 그리고 이러한 유익한 의도나 해로운 의도와 결합된 [마음부수]법들(cetanāsampayutta-dhammā)이고 이러한 업은 12연기의 두 번째인 [업]형성[行, saṅkhāra], 즉 업형성의 상카라(abhisaṅkharaṇaka-saṅkhāra, Vis.XVII.46)와 동의어이다.

그러나 '대상을 얻는 행위의 성취를 위해서 작용하고', '관련된 마음부수들을 대상에 대해서 활동하도록 묶는' 의도(cetanā)는 유익한 마음과 해로운 마음에만 일어나는 것이 아니라 과보로 나타난 마음과 작용만 하는 마음에도 반드시 함께 일어난다. 그러므로 이 두 가지 경우에 일어나는 의도는 업이라고 부를 수 없다. 과보로 나타난 마음은 업의 과보로 나타난 마음이고 작용만 하는 마음은 말 그대로 업과 과보와 관계가 없는 단지 작용만 하는 마음이기 때문이다. 그래서 주석서들은 의도도 유익한 의도, 해로운 의도, 과보로 나타난 의도, 작용만 하는 의도의 넷으로 구분을 하고(AA.ii.274) 이 가운데 유익한 의도와 해로운 의도만을 업이라고 설명한다. 인식과정에서 보면 이 두 가지 의도는 속행(速行, javana)에서만 일어난다.

『청정도론』의 설명을 살펴보자.

[청정도론 XIV]: "135. 의도한다(cetayati)고 해서 의도(cetanā)라고 한다. 묶는다(abhisandahati)는 뜻이다. 이것은 의도하는 성질을 특징으로 한다. 격려하는 역할을 한다. 조정하는 것으로 나타난다. 마치 상수제자와 대목수처럼 자기의 일과 남의 일을 성취한다. 급한 일을 기억하는 것 등에 대해 관련된 법들을 실행하게 하는 성질에 의해서 이것은 분명하다."

(5) **집중**[一境性, ekaggatā]:

'집중'으로 옮긴 ekaggatā는 eka+aggatā로 분석이 되는데 aggatā는 '끝, 점, 맨 앞, 정상' 등을 나타내는 단어 agga에다 추상명사형 어미인 '-tā'를 첨가해서 만든 추상명사이다. 그래서 ekaggatā는 문자적으로 '한 끝으로 됨, 한 점으로 모임'의 뜻이다. 초기경에서는 cittassa ekaggatā(마음이 한 끝으로 [집중]됨)로 많이 나타나며 이 cittassa ekaggatā는 삼매(samādhi)와 동의어로 쓰인다. 그래서 『청정도론』에서는 행온에 속하는 50가지 마음부수를 설명하면서 이 ekaggatā 대신에 samādhi라는 단어로 나타나고 있다.(XIV.139 등) 이것은 대상에 마음을 놓는 것(ādhiyati)을 뜻한다. 이 집중은 禪에서 두드러져 禪의 구성요소로 작용하지만, 아비담마에서는 정신통일의 역량을 가진 싹은 모든 종류의 마음에서, 존재지속심(바왕가)과 같은 초보적인 마음에서도, 다 일어난다고 가르친다. 이것은 마음을 대상에 고착시키는 역할을 한다. 그래서 역자들은 알기 쉽게 '집중'으로 옮겼다. 니까야에서는 '마음이 한 끝으로 [집중]됨'으로 직역하였다.

여기서 하나 더 언급하고 싶은 것은 『청정도론』에서는 의심(vicikicchā)과 관련된 마음과 연결된 마음부수들을 언급하면서 이 집중 대신에 '마음의 머묾[心止, citta-ṭṭhiti]'이 언급되고 있는 것이다. 붓다고사 스님은 '생긴 [찰나만] 머무는 정도의 얕은 삼매'231)라고 정의하고 있다. 의심이 일어났을 때는 그만큼 마음은 집중되어 있지 못하다는 점을 강조하는 것이다.

『청정도론』에서는 ekaggatā 대신에 samādhi라는 용어를 써서 집중[一境性]을 아래와 같이 설명하고 있다.

[청정도론 XIV]: "139. 대상에 마음을 고르게(samaṁ) 놓는다(ādhiya-

---

231) "pavatti-ṭṭhiti-matto dubbalo samādhi."(Vis.XIV.177.)

ti), 또는 바르게(sammā) 놓는다, 또는 단지 마음을 모은다(samādhāna-mattam)라고 해서 삼매(samādhi)라 한다. 이것은 방황하지 않거나 혹은 산만하지 않는 특징을 가진다. 함께 생긴 법들을 뭉치는 역할을 한다. 마치 물이 목욕 가루를 뭉치듯이. 고요함으로 나타난다. 대부분의 경우 즐거움(행복)이 가까운 원인이다. 바람이 없을 때 흔들림 없는 등불처럼 마음의 안정됨이라고 알아야 한다."

(6) **생명기능**[命根, jīvitindriya]:

'생명기능'으로 옮긴 jīvitindriya는 jīvita+indriya의 합성어이다. jīvita는 √jīv(*to live*)에서 파생된 중성명사이다. indriya는 인드라(Indra)라는 단어에서 파생되었다. 베다 문헌들에서 신들은 자주 '인드라를 상수로 하는 신들(Indraśreṣṭāḥ devāḥ)'로 표현되어 나타난다. 이를 받아들여서 초기불교에서도 인드라는 신들의 왕(devānaṁ indo, D21 §1.9)이요 삭까(Sakka, Sk. Śakra)라고도 불리고 제석(帝釋) 혹은 석제(釋提)로 한역되었으며 힘을 상징한다. 구체적으로는 삼십삼천의 신들의 왕이며 그래서 삼십삼천은 제석천이라고도 부른다. 수승한 존재들이 가지는 공능을 문(文)과 무(武)로 나눈다면 브라흐마(범천, brahma)는 문을 상징하고 인드라(제석)는 무를 상징하는 신이라 할 수 있다.

따라서 인드리야는 인드라와 같은 힘을 가진 것을 말하며 역자들은 '기능'으로, 그래서 jīvitindriya는 생명기능[命根]으로 옮겼다.(indriya에 대해서는 제7장 §18을 참조할 것.) 중국에서는 의미심장하게 근(根)으로 옮기고 있다. 아비담마에서는 두 가지 생명기능을 설한다. 하나는 여기서처럼 정신의 생명기능이고 다른 하나는 물질의 생명기능이다.(제6장 §3의 해설 6 참조) 정신의 생명기능만이 마음부수에 포함되며 이것은 당연히 모든 마음과 함께 일어난다.

[청정도론 XIV]: "138. 이것 때문에 [관련된 법들이] 살고(jīvanti), 또는 이것은 자기 스스로 살고, 또는 단지 살아있기 때문에 생명기능[命根]이라 한다. 이것의 특징 등은 물질의 생명기능을 설명한 대로(XIV. §59) 알아야 한다."(제6장 §3-1의 해설 6 참조)

(7) **마음에 잡도리함**[作意, manasikāra]:

'마음에 잡도리함'으로 번역한 manasikāra는 manasi-karoti에서 파생된 명사이며 산스끄리뜨 manas[意, 마음]의 처소격에 √kṛ(*to do*)를 붙여서 '마음에 만든다, 마음에 둔다, 마음에 새긴다'는 뜻이다. 대상에 주의를 기울이는 것이 그 초보적인 의미이며 영어로는 *attention*으로 옮기고 있다. 역자들은 manasi(마음에) kāra(만듦)라는 원래 의미를 존중하여 마음에 잡도리함으로 직역하였다. 한편 '지혜롭게 마음에 잡도리함'으로 번역되는 요니소 마나시까라[如理作意, yoniso manasikāra, 지혜로운 주의]는 초기불교에서 아주 중요하게 취급되는, 불교에만 나타나는 전문용어이다.232)

마음에 잡도리함(주의)에 의해서 대상은 마음에 나타나게 된다. 마음에 잡도리함은 목적지로 향하게 하는 배의 키(방향타)와 같고, 잘 훈련된 말들(함께하는 마음부수들)을 그들의 목적지(대상)로 보내는 마부와 같다. 마음에 잡도리함은 일으킨 생각[尋, vitakka]과 다르다. 마음에 잡도리함은 마음부수를 '대상으로 향하게 하는 것(ārammaṇābhimukha)'인 반면 일으킨 생각은 그들을 '대상에 적용시키는 성질을 가진 것(ārammaṇe abhiniropana-sabhāvatta)'이다.(VṬ.106) 마음에 잡도리함은 모든 마음에 다 일어나는 없어서는 안 되는 마음부수(반드시들)이지만 일으킨 생각은 더 전문화된 마음부수(때때로들)이다.

[청정도론 XIV]: "152. 행위를 함(kiriyā)이 지음(kāra)이고, 마음에

---

232) 『초기불교이해』 355쪽을 참조할 것.

(manasi) 지음(kara)이 마음에 잡도리함[作意, manasikara]이다. 이전의 마음과는 다른 마음을 만들기 때문에 마음에 잡도리함이라 한다. ① 대상에 대한 제어, ② 인식과정에 대한 제어, ③ 속행(javana)에 대한 제어 — 이 세 가지 측면에서 그렇게 한다.

그중에서 ① 대상에 대한 제어란 마음에 짓는 것이다. 그래서 마음에 잡도리함이다. 이것은 관련된 법들을 대상으로 내모는(sāraṇa)[233] 특징을 가진다. 관련된 법들을 대상과 연결시키는 역할을 한다. 대상과 대면함으로 나타난다. 대상이 가까운 원인이다. 이것은 스스로 심리현상들의 무더기[行蘊]에 속해 있으면서 대상을 제어하는 것이기 때문에 관련된 법들의 조어자(調御者, sārathi)라고 알아야 한다.

그런데 ② 인식과정에 대한 제어란 오문전향(五門轉向, pañcadvāra-āvajjana)[234]의 동의어이다. ③ 속행에 대한 제어란 의문전향(意門轉向, manodvāra-ārāvajjana)의 동의어이다. 이 둘은 여기에 포함되지 않는다."

§3. 때때로들(pakiṇṇaka) — 6가지

3. (1) vitakko, (2) vicāro, (3) adhimokkho, (4) vīriyaṁ, (5) pīti, (6) chando cā ti cha ime cetasikā pakiṇṇakā nāma.

evam ete terasa cetasikā aññasamānā ti veditabbā.

(1) **일으킨 생각**[尋, vitakka]

(2) **지속적 고찰**[伺, vicāra]

(3) **결심**[信解, adhimokkha]

(4) **정진**(精進, vīriya)

---

233) sāraṇa(*nt.*)는 √sṛ(*to move*)에서 파생된 명사로서 '흘음, 밖으로 내모는 것'을 의미한다. √smṛ(*to remember*)에서 파생된 sāraṇā(*f.*)는 '기억'을 뜻하는 명사인데 이것과 구분되어야 한다.

234) 오문전향과 의문전향에 대해서는 제4장 §6 이하를, 속행(javana)에 대해서는 제3장 §8의 해설 12를 참조할 것.

(5) **희열**[喜, pīti]

(6) **열의**[欲, chanda]

— 이 여섯은 때때로 일어나는 마음부수들이라 한다.

이와 같이 이 13가지 마음부수를 '다른 것과 같아지는 것들'이라고 알아야 한다.

[해설]

이 여섯 가지 마음부수는 위의 일곱 가지 모든 마음에 공통되는 것들(반드시들)처럼 어느 종류의 마음에나 다 일어나는 것은 아니지만 대부분의 마음에는 같이 일어난다. 그래서 pakiṇṇaka라는 용어를 사용해서 표현하고 있다. '때때로'로 옮긴 pakiṇṇaka는 pra(앞으로)+√kṝ(*to scatter*)의 과거분사 pakiṇṇa에다 '-ka'어미를 붙여서 만들어진 단어로 '흩어진 것'이라는 의미에서 '잡동사니, 보편적이지 못한 것' 등의 의미로 쓰인다.

이 여섯 가지 때때로들은 유익한 것과 해로운 것으로는 특별히 분류되지 못한다. 유익한 마음부수들과 함께하면 유익한 기능을 하고 해로운 마음부수들과 함께하면 해로운 기능을 하기 때문이다. 역자들은 복수 형태를 취해서 '때때로들'이라고 옮기고 있다.

그러면 이들 하나하나에 대해서 『청정도론』의 설명을 토대로 관찰해 보자.

(1) **일으킨 생각**[尋, vitakka]:

'일으킨 생각[尋]'으로 옮긴 vitakka는 vi(분리해서)+√tark(*to think*)의 남성명사이다. 이 √tark(*to think*)에서 파생된 동사 takketi는 초기경에는 거의 나타나지 않으며 주석서에서부터 나타난다. 산스끄리뜨 일반에서처럼 '추론하다, 곰곰이 생각하다'의 뜻으로 쓰이며 계교(計較)

하고 사유하는 것을 나타낸다.[235] 산스끄리뜨 명사 tarka는 '논리적인 생각'을 뜻하며 이런 논리적인 생각이 바른 것이면 그것을 아누마나(anumāṇa, 추론지)라고 인명(因明, naya)에서는 부르고 있다.

그래서 이 일으킨 생각[尋, vitakka]은 마음속에서 이리저리(vi-) 사유하고 논리적으로 따지고 생각하는 의미를 내포하고 있는 단어이다. vitakka는 초기경에서는 합성어로 많이 나타나서 kāma(감각적 쾌락)+, vihiṁsā(해코지)+, vyāpāda(악의)+ 혹은 이와 반대되는 nekkhamma+, avihiṁsā+, avyāpāda+로 나타나기도 한다. 그러나 대부분의 경우에는 vicāra와 함께 vitakka-vicāra(일으킨 생각과 지속적 고찰)로 쓰여 初禪(초선)의 구성요소로 정형화되어 쓰이고 있다. 그래서 일으킨 생각[尋]은 이미 색계 마음에서 禪을 설명하면서 음미해 보았다. 거기서는 초선의 구성요소로 나타났다.(제1장 §18 참조) 보통의 일으킨 생각[尋]은 그냥 마음을 대상에 적용시키는 역할만 할 뿐이다. 그러나 일으킨 생각[尋]이 선정수행을 통해서 개발이 되면 禪의 구성요소가 되고 그러한 삼매는 마음이 대상에 몰입하는 본삼매[安止, appanā]가 된다.

일으킨 생각[尋]은 사유(saṅkappa)라고도 하며(*cf.* Dhs. §7) 이것은 그릇된 사유(micchā-saṅkappa)와 바른 사유(sammā-saṅkappa)로 구분이 된다. 바른 사유는 팔정도의 두 번째 구성요소이기도 하다.

(2) **지속적 고찰**[伺, vicāra]:

'지속적 고찰[伺]'로 옮긴 vicāra는 vi(분리해서)+√car(*to move*)의 남성명사로서 초기경에서는 거의 대부분 vitakka와 합성되어 나타난다. 이 vitakka와 vicāra를 각각 일으킨 생각과 지속적 고찰로 옮긴 이유는 아래 『청정도론』의 구문을 참조했기 때문이다. vitakka는 처음에

235) "생각한다고 해서 일으킨 생각이다. 여기저기서 사유한 뒤에 대상에 올라간다는 뜻이다(vitakketīti vitakko. tathā tathā saṅkappetvā ārammaṇaṁ ārohatīti attho)."(PdṬ.93)

일으킨 한 생각을 나타내는 용어이고 vicāra는 이 일으킨 생각이 지속되는 것을 뜻한다. 초선의 경지에서나 아직 본삼매에는 들지는 못했지만 선정수행을 닦는 측면에서 본다면 이 위딱까는 명상주제에 대해서 거듭거듭 생각을 일으키는 것을 나타내고 위짜라는 이 명상주제를 마음에 지속적으로 잡도리하게 하는 것을 나타낸다.

이처럼 어떤 것에 대해서 사유하는 마음을 일으키고(vitakka) 그것을 지속적으로 고찰하고 추론하는 것(vicāra)도 마음의 중요한 기능 중의 하나이다. 그래서 이런 마음부수들은 유익한 마음과도 해로운 마음과도 함께 쓰이므로 아비담마에서는 다른 것과 같아지는 마음부수의 항목에 포함시키고 있다.

[청정도론 IV]: "88. … 여기서 생각함(vitakkana)이 일으킨 생각이다. 친다는(ūhana) 뜻이라고 설했다. 이것은 마음을 대상을 향하여 기울이는 특징을 가진다. 앞으로 향하여 치고, 뒤로 뒤집어서 치는 역할을 한다. 그러므로 '수행자가 일으킨 생각으로 대상을 앞으로 향하여 치고, 일으킨 생각으로 뒤로 뒤집어 친다.'라고 설했다. 마음을 대상으로 인도함으로 나타난다.

지속함(vicaraṇa)이 **지속적 고찰**이다. 계속 따라 움직인다는(anusañcaraṇa) 뜻이라고 설했다. 이것은 대상을 계속해서 문지르는 특징을 가진다. 함께 생긴 법들을 대상에 묶는 역할을 한다. 마음이 [대상에] 계속해서 일어남으로 나타난다.

89. 비록 어떤 마음에는[236] 이 둘은 분리되지 않지만 [지속적 고찰보다] 거칠다는 뜻에서 또 [지속적 고찰에] 앞선다는 뜻에서 마치 종을 치는 것처럼 처음으로 마음이 [대상을 향하여] 돌진함이 일으킨 생각

236) "초선의 경우와 욕계의 마음과 마음부수가 일어나는 경우에(paṭhamajjhāne, paritta-cittuppādesu) 이 둘은 분리되지 않는다."(Pm.i.167)
paritta에 대해서는 제1장 §3의 해설 5의 마지막 문단을 참조할 것.

이다. 미세하다는 뜻에서 또 고찰하는 고유성질로 마치 종의 울림처럼 계속해서 일어남이 **지속적 고찰**이다.

여기서 일으킨 생각은 움직임을 가진다. [특정 대상을 향해서] 처음 마음이 일어날 때에 마음이 진동하는 상태이다. 이것은 마치 허공에 날기를 원하는 새가 날개를 치는 것과 같고, 마음으로 향기를 따라간 벌이 연꽃을 향하여 내려오는 것과 같다. 지속적 고찰은 고요한 상태이다. 마음의 심한 움직임은 가지지 않는다. 이것은 마치 허공에 나는 새가 날개를 펴는 것과 같고, 연꽃을 향하여 내려온 벌이 연꽃 위에 윙윙거리며 나는 것과 같다."

(3) **결심**[信解, adhimokkha]:

'결심[信解]'으로 옮긴 adhimokkha는 adhi(향하여)+√muc(*to release*)에서 파생된 명사로서 '[대상을] 향하여 풀어놓다'라는 문자적인 뜻을 가졌다. 일반적으로 '결정, 결의, 결심, 확신, 결단'을 뜻하는 용어로 정착되었다. 이 용어는 니까야에서보다는 논장과 주석서에서 많이 나타나는데 믿음의 요소로 나타날 때는 신뢰(saddhā)와 청정한 믿음(pasāda)에 바탕한 확신이라는 의미로 쓰이고 있다. 중국에서는 그래서 신해(信解)로도 옮겼고 승해(勝解)로도 옮겼다. 니까야에서는 『맛지마 니까야』 제4권 「차례대로 경」(M111)에만 나타나는 것으로 검색이 되는데 색계 초선(初禪)부터 무색계 무소유처의 유익한 법들 중의 하나로 나타나고 있다.(M111 §4 이하) 그러나 동사 adhimuccati는 여러 곳에서 나타나고 있다. 유익한 것이든 해로운 것이든 무엇을 결정하고 결심하고 결단하는 것도 마음의 중요한 측면의 하나이기 때문에 아비담마에서는 결심(adhimokkha)을 때때로들에 포함시키고 있다.

[청정도론 XIV]: "151. 결심하는 것이 결심[信解, adhimokkha]이다. 그것은 결정(sanniṭṭhāna)하는 특징을 가진다. 더듬거리지 않는 역할을

한다. 결단(nicchaya)으로 나타난다. 결정해야 할 법이 가까운 원인이다. 대상에 확고부동하기 때문에 이것은 마치 석주와 같다고 알아야 한다."

(4) **정진**(精進, vīriya):

'정진(精進)'으로 옮긴 vīriya 혹은 viriya는 vīra(힘센 사람, 용감한 자)의 추상명사인 vīrya의 빠알리어로 '힘센 상태'를 나타내며 '정진, 노력, 힘, 원기' 등의 뜻이다. 초기불전에서는 우리가 잘 아는 초기불교 수행의 중요한 체계인 다섯 가지 기능[五根, pañcindriya]과 다섯 가지 힘[五力, pañca-bala], 즉 믿음[信, saddhā], 정진(精進, vīriya), 마음챙김[念, sati], 삼매[定, samādhi], 통찰지[慧, paññā]의 두 번째로 나타난다.

그리고 이 viriya와 동의어로 쓰이는 중요한 단어가 초기경에 나타나는데 바로 노력으로 옮기는 padhāna와 정진으로 옮기는 vayāma이다. padhāna는 pra(앞으로)+√dhā(*to put*)의 명사로 '앞으로 내딛는다.'는 의미에서 '노력, 애씀, 정진, 정근'의 뜻이다. 37보리분법(菩提分法)가운데 하나인 사정근(四正勤, 네 가지 바른 노력, cattari sammappadhānā-ni, 제7장 §25 참조)의 문맥에서 주로 나타나고 있다. vāyāma는 vi(분리해서)+ā(앞으로)+√yam(*to stretch out*)의 명사로 문자적인 의미 그대로 뻗으려고 애쓰는 것을 나타내어 '정진, 노력'의 뜻으로 쓰인다. 주로 8정도의 바른 정진[正精進, sammā-vāyāma]의 문맥에서 쓰이고 있다. 이들 여러 동의어들은 아비담마에서는 모두 정진(vīriya)에 포함된다 하겠으며 노력하고 애쓰는 것은 유익하고 해로운 것[善·不善]에 다 해당되므로 여기서 다루고 있다.

마치 새로운 목재들을 오래된 집에 보강하면 붕괴되지 않는 것처럼, 강한 군대의 양성으로 왕의 군대가 적을 섬멸하는 것처럼 이 정진도 모든 관련된 마음부수법들을 떠받치고 지탱하여 그들이 물러서지 못하게 한다.

[청정도론 XIV]: "137. 정진은 활기참(vīra-bhāva)이다. 노력함(ussaha-na)이 특징이다. 함께 생긴 법들을 지탱하는 역할을 한다. 무너지지 않는 상태로 나타난다. "절박함을 가진 자는 지혜롭게 노력한다."(A4:113)라는 말이 있기 때문에 이것의 가까운 원인은 절박함(saṁvega)이다. 또는 열심히 정진함의 사례[237]가 가까운 원인이다. 바르게 시작되었을 때 이것은 모든 성공의 원천이라고 알아야 한다."

(5) **희열**[喜, pīti]

'희열'로 옮긴 pīti는 √prī(*to please*)에서 파생된 여성명사이며 '환희, 희열, 황홀' 등 큰 기쁨이나 만족을 뜻하는 단어이다. 초기불전에서는 禪의 구성요소로 많이 나타난다.(제1장 §18 참조) 중국에서는 이 pīti도 희(喜)로 옮기고 4가지 무량함[四無量]의 muditā도 희(喜)로 옮겼다. 이 둘의 차이는 초기경에서 보자면 pīti는 법 등을 체험한 데서 우러나는 내면의 기쁨인데 대해 muditā는 남들의 행복이나 발심, 향상 등의 선법을 자기의 것으로 기뻐하는 열린 마음 특유의 기쁨이라 하겠다.

[청정도론 IV]: "94. 유쾌하게 하는 것(pīṇayati)이 희열이다. 충분히 유쾌함(sampiyāyana)이 그 특징이다. 몸과 마음을 유쾌하게 하는(pīṇana) 역할을 한다. 혹은 [수승한 형색 등으로 몸을] 충만하게 하는(pharaṇa) 역할을 한다. 의기양양함으로 나타난다. 희열은 다섯 가지이다. 즉, 작은 희열, 순간적인 희열, 되풀이해서 일어나는 희열, 용약하는 희열, 충만한 희열이다. 여기서 ① 작은 희열은 몸의 털을 곤두서게 할 수 있다. ② 순간적인 희열은 찰나찰나 번갯불처럼 일어나는 것이다. ③ 되풀이해서 일어나는 희열은 해안의 물결처럼 자주자주 몸에 나타났다

237) '열심히 정진함의 사례(ārabbha-vatthu)'와 이 반대되는 8가지 '게으름의 사례(kusīta-vatthu)'에 대해서는 『앙굿따라 니까야』 제5권 「게으름과 열심히 정진함의 사례 경」(A8:80)을 참조할 것.

가 부서진다. ④ 용약하는 희열은 강하다. 몸을 들어 올려서 공중에 뛰어 오르도록 한다."

"98. ⑤ 충만한 희열이 일어날 때 온 몸을 두루 적신다. 마치 가득 찬 물집처럼, 극심한 홍수가 침입한 산의 동굴처럼."

(6) **열의**[欲, chanda]:

'열의[欲]'로 옮긴 chanda는 √chanda/chad(*to please*)에서 파생된 남성명사로서 '자극, 고무, 열의, 의욕, 하고자 함, 욕구 의지, 의향' 등의 뜻을 가졌다. 여기서 열의란 하고 싶어함(kattu-kāmatā)을 뜻하는데 행위를 하여서 어떤 결과를 성취하고자 하는 것을 나타낸다. 이런 열의는 비난받아야 한다는 의미를 가지고 있는 탐욕(lobha)이나 갈망(rāga)과는 구별되어야 한다.238) 욕망과 갈망 등은 항상 해로운 것이지

238) 여기서 보듯이 아비담마에서 열의(chanda)는 다른 것과 같아지는 마음부수에 포함된다. 종종 열의(chanda)는 탐욕(lobha)이나 갈망(rāga)과 동의어로 쓰이기도 하고 이로운 것으로도 나타나기 때문이다. 열의가 해로운 역할을 할 때에 『빠라맛타만주사』는 탐욕(lobha)과 열의(욕구, chanda)와 갈망(rāga)과 욕탐(chandarāga)을 이렇게 설명한다.

"약한 탐욕(dubbala lobha)은 열의라는 뜻(chandanaṭṭha)에서 열의(욕구, chanda)이다. 이보다 더 강한 것이 물들인다는 뜻(rañjanaṭṭhna)에서 갈망(rāga)이다. 이보다 더 강한 두터운 갈망(bahalarāga)이 욕탐(chandarāga)이다."(Pm.i.164)

이런 문맥에서 chanda는 열의 대신에 '욕구'라 옮기기도 하였다.(M151 §3; S1:34; S35:246; S45:12 등)

그러나 열의는 아주 이로운 법으로도 인정하고 있다. 해로운 법들을 버릴 열의를 일으키는 것과 유익한 법들을 증득하는 것을 설하는 경우에 이 용어가 나타나기 때문이다. 예를 들면 열의는 열의, 정진, 마음, 검증의 네 가지 성취수단[四如意足] 가운데 첫 번째로 나타나기도 하고 네 가지 바른 노력[四正勤]과 바른 정진의 정형구에도 중요한 용어로 쓰인다. 이런 문맥에서 chanda는 열의 대신에 '의욕'으로 옮기기도 하였다.(D21 §2.2; M21 §6 등)
네 가지 성취수단[四如意足]은 제7장 §26을 참조하고 네 가지 성취수단과 네 가지 바른 노력[四正勤]은 각각 『초기불교이해』 317쪽 이하와 299쪽 이하를 참조할 것.

만 열의는 다른 것과 같아지는 마음부수이어서 유익한 마음부수들과 함께하면 고결한 목표를 달성하려는 유익한 바람의 역할을 하게 된다.

[청정도론 XIV]: "150. 열의[欲, chanda]는 하고 싶어 함(kattu-kāmatā)의 동의어이다. 그러므로 이것은 하고 싶어 하는 특징을 가진다. 대상을 찾는 역할을 한다. 대상을 원함으로 나타난다. 바로 그 대상이 가까운 원인이다. 이 열의는 대상을 잡는 데 마음을 뻗는 것이 마치 손을 뻗는 것과 같다고 알아야 한다."

I.2. 해로운 마음부수들 — 14가지
akusala-cetasika

§4. 개요

4. (1) moho, (2) ahirikaṁ, (3) anottappaṁ, (4) uddhaccaṁ, (5) lobho, (6) diṭṭhi, (7) māno, (8) doso, (9) issā, (10) macchariyaṁ, (11) kukkuccaṁ, (12) thīnaṁ, (13) middhaṁ, (14) vicikicchā cā ti cuddas' ime cetasikā akusalā nāma.

(1) **어리석음**[癡, moha] (2) **양심 없음**[無慚, ahirika] (3) **수치심 없음**[無愧, anottappa] (4) **들뜸**[掉擧, uddhacca] (5) **탐욕**[貪, lobha] (6) **사견**[邪見, diṭṭhi] (7) **자만**[慢, māna] (8) **성냄**[嗔, dosa] (9) **질투**[嫉, issā] (10) **인색**[悋, macchariya] (11) **후회**[惡作, kukkucca] (12) **해태**(懈怠, thīna) (13) **혼침**(昏沈, middha) (14) **의심**[疑, vicikicchā] — **이 14가지는 해로운 마음부수라 한다.**

[해설]

레디 사야도가 지은 『빳짜야웃데사디빠니』(Paccayuddesa-dīpanī, Pc-u-d) 같은 후대 주석서 문헌은 이 14가지 해로운 마음부수를 다시 다음과 같이 분류하고 있다.

(a) **모든 해로운 것에 공통되는 것들**[239] — 4**가지**

sabba-akusala-sādhāraṇa

(1) **어리석음**[癡, moha]:

'어리석음[癡]'으로 옮긴 moha는 √muh(*be dazed*)의 남성명사로서 '어리둥절함, 혼란함, 멍청함, 기절함, 미혹, 어리석음' 등의 뜻으로 쓰인다. 중국에서는 치(癡)로 옮겼다. 경에서는 주로 lobha(貪), dosa(嗔)와 함께 나타나며 우리에게 탐·진·치 삼독(三毒)으로 잘 알려진 용어이다. 이 어리석음은 무명(avijjā)과 동의어이며 모든 해로움의 근원이라고 아비담마에서는 설하고 있다. 그래서 해로운 마음부수에서 제일 먼저 언급이 되고 있고 모든 해로운 마음부수가 일어날 때는 항상 함께하는 것이다.

[청정도론 XIV]: "161. … 이것 때문에 어리석고, 혹은 이것은 그 스스로 어리석고, 혹은 단지 어리석기 때문에 어리석음(moha)이라 한다."

"163. 어리석음의 특징은 마음의 어두운 상태(andha-bhāva)이다. 혹은 지혜가 없음(a-ñāṇa)이다. 통찰하지 않는 역할을 한다. 혹은 대상의 고유성질을 덮어버리는 역할을 한다. 바른 수행의 결여로 나타난다. 혹은 어두움으로 나타난다. 지혜 없이 마음에 잡도리함이 가까운 원인이다. 모든 해로움의 뿌리(akusala-mūla)라고 알아야 한다."

---

239) 어리석음[癡, moha], 양심 없음[無慚, ahirika], 수치심 없음[無愧, an-ottappa], 들뜸[掉擧, uddhacca]의 네 가지 마음부수는 모든 경우의 해로운 마음이 일어날 때 항상 따라서 일어나는 마음부수들이기 때문에 본 『아비담맛타상가하』는 이들을 '모든 해로운 것에 공통되는 것(sabba-akusala-sādhāraṇa)'이라고 명명하고 있다.(아래 §13 참조) 레디 사야도는 '어리석음의 네 개 조(moha-catukka)'라고 부르고 있다.(Pc-u-d.498)

(2) **양심 없음**[無慚, ahirika]:

(3) **수치심 없음**[無愧, anottappa]:

'양심 없음[無慚]'으로 옮긴 ahirika는 양심을 나타내는 hiri에다 경시하고 비하하는 뜻을 가진 접미어 '-ka'를 붙이고 다시 그것에다 부정접두어 'a-'를 붙여서 만들어진 단어이다. hiri는 √hrī(*to be shamed*)의 여성명사이다. hiri는 좋은 가문에 학덕과 교양을 갖춘 착한 여인이 자신을 중시 여겨서 차마 나쁜 짓을 못하는 것과 같은 마음을 나타낸다. 영어에서는 *conscience*나 *inner shame*으로 옮기고 있다. 반면 ottappa(수치심)는 마치 아름다운 궁녀가 평생을 모시는 임금에 대한 충성과 사랑을 중시 여겨 차마 나쁜 행실을 짓지 못하는 마음을 말한다.(아래 §5의 아름다움에 공통되는 마음부수 가운데 양심(hiri)과 수치심(ottappa)을 참조할 것.)

'수치심 없음[無愧]'으로 옮긴 anottappa는 수치심을 나타내는 ottappa에다 부정접두어 'an-'을 붙여서 만들어진 용어이다. ottappa는 ud(위로)+√tap(*to burn*)에서 파생된 명사인데 문법적으로 살펴보면 이 어근에서 uttapa라는 명사를 만들고 다시 그것의 곡용형을 취해서 ottappa가 된 것이다. 문자적으로 보면 마음을 태우고 속을 끓이는 행위인데 남의 비난을 두려워하는 마음이고 내가 속한 집단에 불이익이 돌아갈까 봐 조심하는 마음을 나타낸다.

삼장뿐만 아니라 빠알리어 문헌 전체에서 ahirika와 anottappa(양심 없음과 수치심 없음), 그리고 이와 반대되는 hiri와 ottappa(양심과 수치심)은 주로 쌍을 이루어 같이 나타난다. 아비담마에서는 모든 종류의 해로운 마음에는 이런 양심 없음과 수치심 없음이 항상 함께한다고 가르치고 있다.

[청정도론 XIV]: "160. 이 가운데서 부끄러워하지 않는다고 해서 양심이 없는 자라 하고, 양심이 없는 자의 상태를 양심 없음[無慚, ahirika]이라 한다. 두려워하지 않는다고 해서 수치심 없음[無愧, anottappa]이라 한다.

양심 없음은 몸으로 짓는 나쁜 행위 등에 대해 혐오하지 않는 특징을 가진다. 혹은 부끄러움이 없는 것이 특징이다. 수치심 없음은 그 행위에 대해 걱정하지 않는 특징을 가진다. 혹은 두려워하지 않는 특징을 가진다. 자세한 것은 양심과 수치심에서 설한 것(Vis.XIV.142)과 반대로 알아야 한다."

(4) **들뜸**[掉擧, uddhacca]:

'들뜸[掉擧]'으로 옮긴 uddhacca는 ud(위로)+√dhṛ(*to hold*)의 동명사 형태로서 중성명사로 정착된 단어이다. 문자적으로는 위로 올라가 있는 상태를 뜻하며 마음의 들뜬 상태를 나타낸다. 아래 『청정도론』에서 나타나듯이 uddhacca는 vūpasama(고요함, 가라앉음)의 반대말이고 vikkhepa(산란함, 동요, 애매모호함)의 동의어이다.(DhsA.131) 한문으로는 도거(掉擧)로 옮겼다. 초기불전에서는 주로 kukkucca(후회)와 합성되어 다섯 가지 장애[五蓋] 가운데 네 번째 장애로 나타난다.

들뜸은 아라한의 경지에 가서야 완전히 다 없어진다고 한다.(제9장 §41 참조) 그래서 들뜸은 모든 해로움에 항상 존재하는 원초적인 동요라 할 수 있겠다.

[청정도론 XIV]: "165. 들뜬 상태가 들뜸(uddhacca)이다. 그것의 특징은 바람결에 출렁이는 물처럼 고요하지 않음이다. 마치 바람에 부딪혀 흔들리는 깃발처럼 동요하는 역할을 한다. 마치 돌에 맞아 흩어지는 재처럼 산란한 움직임으로 나타난다. 마음이 동요할 때 그것에 대해 지혜 없이 마음에 잡도리함이 가까운 원인이다. 마음의 산란함(citta-vikkhepa)이라고 알아야 한다."

(b) **탐욕의 세 개 조**(lobha-tika)240)

(5) **탐욕**[貪, lobha]:

'탐욕[貪]'으로 옮기는 lobha는 √lubh(*be lustful*)의 남성명사이다. 성냄(dosa), 어리석음(moha)과 함께 삼독으로 우리에게 잘 알려졌다. 『담마상가니』 제2권의 제3편 간결한 설명 편 §1065에는 101개의 탐욕(lobha)의 동의어를 나열하여 탐욕을 설명하고 있으므로 참조하기 바란다.

[청정도론 XIV]: "161. 이것 때문에 탐하고(lubbhanti), 혹은 이것은 그 스스로 탐하고, 혹은 단지 탐하기 때문에 탐욕(lobha)이라 한다. …"

"162. 이 가운데서 탐욕은 마치 끈끈이처럼 대상을 거머쥐는 특징을 가진다. 마치 달구어진 냄비에 놓인 고깃덩이처럼 달라붙는 역할을 한다. 마치 염색하는 안료처럼 버리지 않음으로 나타난다. [족쇄]에 묶이게 될 법들에서 달콤함을 봄이 가까운 원인이다. 탐욕은 갈애의 강물로 늘어나면서 마치 강물의 거센 물살이 큰 바다로 인도하듯 중생을 잡아 악처로 인도한다고 알아야 한다."

(6) **사견**(邪見, diṭṭhi):

'사견(邪見)'으로 옮긴 diṭṭhi는 √dṛś(*to see*)의 여성명사로 견해를 뜻한다. 그러나 바른 견해[正見]로 옮기는 sammā-diṭṭhi를 제외하고

---

240) 탐욕[貪, lobha], 사견(邪見, diṭṭhi), 자만[慢, māna], 이 세 가지는 탐욕에 뿌리박은 마음이 일어날 때 함께 일어날 수 있는 마음부수들이다.(아래 §13의 해설 2 참조) 여기서 사견과 자만이 탐욕의 조(組)에 포함되고 있음을 음미해봐야 한다.(제1장 §4 참조)
그리고 tika라는 단어의 원뜻은 '세 가지가 모여서 한 조가 된 것'이다. 그러므로 lobha-tika는 탐욕 등의 세 가지가 모여서 하나의 조(組)가 된 것이라는 의미라서 '탐욕의 세 개 조'로 옮겼다.

diṭṭhi가 단독으로 쓰이거나 여기서처럼 해로운 마음부수법으로 나타나면 잘못된 견해나 그릇된 견해를 뜻하기 때문에 '사견'으로 옮기고 있다. 여기에 대해서는 제1장 §4의 해설 3을 참조하기 바란다.

'[불변하는] 존재 더미가 있다는 견해[有身見, sakāya-diṭṭhi]', 즉 자아가 있다는 견해는 불교에서 그릇된 견해의 표본이다. 사실 모든 잘못된 견해는 이런 존재론적인 발상에 기인한 것이며 이런 견해를 가지고 있는 한 어떤 식으로든 갈애, 특히 존재에 대한 갈애[有愛, bhava-taṇhā]는 생기게 마련일 것이다. 한편 『청정도론』에서는 micchā-diṭṭhi(그릇된 견해)로 나타나고 있다.

[청정도론 XIV]: "164. 이것 때문에 삿되게 보고, 혹은 이것은 그 스스로 삿되게 보고, 단지 삿되게 보기 때문에 사견(micchā-diṭṭhi)이라 한다. 이것의 특징은 이치에 어긋나는 천착(ayoniso abhinivesa)이다. 집착[固守, parāmāsa]하는 역할을 한다. 그릇된 천착(micchā-abhinivesa)으로 나타난다. 성스러운 제자들을 친견하고자 하지 않음 등이 가까운 원인이다. 이것은 가장 비난받아야 할 것(parama vajja)이라고 알아야 한다."

(7) **자만**[慢, māna]:

'자만[慢]'으로 옮긴 māna는 √man(*to think*)의 남성명사로서 자신을 [많이, 높게] 생각한다는 의미에서 자만을 뜻한다. 경에서 나타나는 거만(교만, atimāna) 등도 여기에 포함된다고 할 수 있겠다. 초기불전에서 자만은 "뛰어나다(visesi, seyya), 동등하다(sama, sādisa), 못하다(nihīna, hīna)"라는 세 가지 자만으로 나타난다.[241] 이것은 『위방가』

241) 이 세 가지 자만은 『상윳따 니까야』 제1권 「사밋디 경」(S1:20) §11, 제3권 「소나 경」 1(S22:49) §3과, 제5권 「자만심 경」(S45:162) §3, 「자만심 경」(S46:41) §3 등에서 언급되고 있다.

에서 아홉 가지 자만으로 확장이 되고 있다.[242] 아울러 『위방가』는 일곱 가지 자만을 나열하고 이를 하나하나 정의하고 있으며,[243] 이 세 가지 자만과 아홉 가지 자만과 일곱 가지 자만을 모두 더한 19가지 자만이 『위방가』 §832에서 함께 언급되기도 한다.

여기서 보듯이 열등감도 니까야와 아비담마에서는 자만에 포함된다. 사견이 내가 존재한다는 견해라면 이 자만은 '나'라는 존재를 어떤 식으로든 남과 비교해서 평가하는 태도라 할 수 있다.

한편 경에서 많이 나타나는 "이것은 내 것이다(etaṁ mama). 이것은 나다(eso 'ham asmi). 이것은 나의 자아이다(eso me attā)."(M22 §15 등)라는 구문을 각각 탐욕(혹은 갈애)과 자만과 사견의 세 가지에 배대해서 설명하기도 한다.(MA.ii.110 등) 모든 종류의 탐욕에는 항상 이런 세 가지 측면이 함께하는 것이고 그래서 탐욕과 사견과 자만을 탐욕의 세 개 조(lobha-tika)로 묶은 것이다.

[청정도론 XIV]: "168. … 이 [자만]의 특징은 오만함(uṇṇati)이다. 건방짐(sampaggaha)이 그 역할이다. 허영심(ketukamyatā)으로 나타난다. 사견과 결합되지 않은 탐욕이 가까운 원인이다. 광기(ummāda)와 같다고 보아야 한다. …"

---

242) "962. 여기서 무엇이 아홉 가지 자만인가? 뛰어난 자가 내가 더 뛰어나다고 [여기는] 자만, 뛰어난 자가 내가 동등하다고 [여기는] 자만, 뛰어난 자가 내가 더 못하다고 [여기는] 자만, 동등한 자가 내가 더 뛰어나다고 [여기는] 자만, 동등한 자가 내가 동등하다고 [여기는] 자만, 동등한 자가 내가 더 못하다고 [여기는] 자만, 못한 자가 내가 더 뛰어나다고 [여기는] 자만, 못한 자가 내가 동등하다고 [여기는] 자만, 못한 자가 내가 더 못하다고 [여기는] 자만 — 이것이 아홉 가지 자만이다."(Vbh. §962)

243) "949. … 여기서 무엇이 일곱 가지 자만인가? 자만, 거만, 자만을 통한 거만, 열등감, 과대평가, '나는 있다.'라는 자만, 그릇된 자만 - 이것이 일곱 가지 자만이다."(Vbh. §949)
이 일곱 가지 자만은 Vbh. §§878~884에서 하나하나 정의되고 있다.

(c) **성냄의 네 개 조**(dosa-catukka)[244]

(8) **성냄**[嗔, dosa]:

'성냄[嗔]'으로 옮긴 dosa는 √dviṣ(*to hate*)의 남성명사형이다. 이미 많이 보아왔듯이 탐・진・치 삼독의 두 번째이며 진(嗔)으로 한역되었다. 적의(paṭigha)나 악의(vyāpāda) 등 초기경에 많이 나타나는 성냄에 관계된 것들도 모두 아비담마에서는 이 성냄과 같은 고유성질을 가진 것으로 여긴다.

[청정도론 XIV]: "171. 이것 때문에 성내고, 혹은 이것은 그 스스로 성내고, 혹은 단지 성내기 때문에 성냄(dosa)이라 한다. 그것은 마치 두들겨 맞은 독사처럼 잔인함(caṇḍikka)을 특징으로 가진다. 그것은 마치 한 모금의 독처럼 퍼지는(visappana) 역할을 한다. 혹은 자기의 의지처를 태우는(nissaya-dahana) 역할을 한다. 마치 숲 속의 불처럼. 성내고 있음(dūsana)으로 나타난다. 마치 기회를 포착한 원수처럼. 성을 낼 대상이 가까운 원인이다. 이것은 독소가 섞인 오줌과 같다고 알아야 한다."

(9) **질투**[嫉, issā]:

'질투[嫉]'로 옮긴 issā는 √īrṣ(*to be jealous*)의 여성명사이다. 초기경에서는 대부분 다음의 macchariya(인색)와 함께 나타난다. issā는 남의 잘된 것을 시샘하는 것이고 macchariya는 나의 잘된 것을 나누어가지지 않는 것을 말한다.

[청정도론 XIV]: "172. 질투함이 질투(issā)이다. 이것은 타인의 성공을 시기하는(usūyana) 특징을 가진다. 좋아하지 않는(anabhirati) 역할을 한다. 혐오함(vimukha-bhāva)으로 나타난다. 타인의 성공이 가까

244) 성냄[嗔, dosa,], 질투[嫉, issā], 인색[慳, 인, macchariya], 후회[惡作, kukkucca]의 넷은 성냄에 뿌리박은 마음이 일어날 때 함께 일어날 수 있는 마음부수들이다.(아래 §13의 해설 3 참조)

운 원인이다. 이것은 족쇄(saṁyojana)로 보아야 한다.”

(10) **인색**[慳, macchariya]:

‘인색[慳]’으로 옮긴 macchariya는 특별히 알려진 어근이 없다. 산스끄리뜨의 mātsyara가 빠알리어에서는 macchariya로 나타나기도 하고 macchera로 나타나기도 하는데 둘 다 같은 말이다. 『위방가 주석서』에서는 인색(macchariya)을 경이로움을 뜻하는 acchariya에 견주어서 ‘이런 경이로움이 내게만 있고 남에게는 없기를(mā)’이라고 한다고 해서 mā+ acchariya로 재미있게 풀이하고 있다.[245] 초기불전에는 앞의 질투(issā)와 같이 많이 쓰인다.

[청정도론 XIV]: “173. 인색한 상태가 인색(macchariya)이다. 그것은 이미 얻었거나 얻게 될 자기의 성공을 숨기는(nigūhana) 특징을 가진다. 다른 사람과 그것을 나누어 가지는 것(sādhāraṇa-bhāva)을 참지 못하는(akkhamana) 역할을 한다. 움츠림(saṅkocana)으로 나타난다. 혹은 쓰디쓴 상태(kaṭukañcukatā)[246]로 나타난다. 자기의 성공이 가까운 원인이다. 이것은 정신적인 추한 모습으로 보아야 한다.”

(11) **후회**[惡作, kukkucca]:

‘후회[惡作]’로 옮긴 kukucca는 음미해 볼 필요가 있는 단어이다. 아

---

245) “idaṁ acchariyaṁ mayhaṁ eva hotu, mā aññassa acchariyaṁ hotū ti pavattattā macchariyan ti vuccati.”(VbhA.513)

246) kaṭukañcukatā는 전통적으로 kaṭuka+añcuka에 추상명사형 어미인 ‘-tā’를 붙여서 만든 것으로 간주한다. 여기서 kaṭuka는 ‘쓴 [맛]’을 뜻하며 añcuka는 √añc(*to go, to stretch out*)에서 파생된 명사로 간주한다. 그래서 쓰라림이 퍼져 나오는 것을 뜻한다 할 수 있다. 여기서는 너무 인색하면 자기 재산 등이 줄어들 때 속이 쓰림을 뜻한다고 보면 되겠고 인색하면 항상 긴장해서 애간장을 태우는 것을 뜻한다고 여겨도 되겠다. 그래서 PED에는 ‘가슴이 오그라드는 것(*the shrinking up of the heart*)’이라고 표현하고 있다.

래 『청정도론』에서 보듯이 전통적으로는 ku(나쁜) + √kṛ(*to do*)의 과거분사인 kukata의 추상명사가 kukkucca라고 설명한다. 즉 전에 지은 행위에 대해서 '아차! 잘못(ku)했구나(kata)'라고 뉘우치거나 안달복달하는 마음 상태를 말한다. 중국에서는 '잘못[惡]했다[作]'라는 말 그대로 직역해서 악작(惡作)이라 옮겼는데 원어를 모르고서는 이해하기가 수월하지 않은 단어이다.

『담마상가니』는 후회를 이렇게 설명한다.

"여기서 무엇이 후회인가? 적당하지 않은 것을 적당하다고 생각하고 적당한 것을 적당하지 않다고 생각하며, 비난받지 않아야 하는 것을 비난받는 것으로 생각하고 비난받아야 하는 것을 비난받지 않는 것으로 생각하여, 이런 형태의 후회, 후회함, 후회하는 상태, 양심의 가책, 마음의 상처 — 이를 일러 후회라 한다."[247]

특히 이 '후회'라는 용어는 지나간 일에 대해서만 적용된다. 그래서 회한(悔恨)이라고 옮기기도 한다. 주석서에서는 세 가지 kukkucca를 설하고 있다. 첫째는, 마음부수(cetasika)인 kukkucca로서 바로 이 아비담마에서의 해로운 마음부수에 속하는 것이다. 둘째가 점잖지 못한 행동으로 옮길 수 있는 asaṁyata-kukkucca인데 이것은 예를 들면 머리를 긁는다든지 걸음을 조금 우스꽝스럽게 걷는다든지 하는 점잖지 못한 행동을 말한다.[248] 이것은 불선법이라고 간주하지 않는다. 그리고 세 번째가 율장의 후회(vinaya-kukkucca)인데 율장에서 말하는 kukkucca로서 율(vinaya)의 항목에 관한 검증이라고 말한다.[249] 이런

---

247) Dhs §1166 = Vbh §552.

248) "hatthapādakukkuccakaṁ pi kukkuccan ti niddiṭṭhaṁ. taṁ asaṁyata-kukkuccaṁ nāma."(PdṬ.103)

249) "이 경우에 이것은 장애와 반대가 되는 것으로 '적합한가 적합하지 않은가.'라는 검증(vīmaṁsana)이라 불리는 율에 대한 후회(vinaya-kukkucca)라

율에 대한 검증은 사리뿟따 존자도 가지고 있었다고 한다.250) 아비담마에서 말하는 후회는 해탈 · 열반에 장애(nīvaraṇa)가 되는 후회이다. 한편 경에서는 들뜸(uddhacca)과 함께 쓰여서 禪을 방해하는 불선법인 다섯 가지 장애[五蓋]의 네 번째로 많이 나타난다.

[청정도론 XIV]: "174. 악한 것(kucchita)을 행하였음(kata)이 악행을 했음(kukata)이다. 그것의 상태가 후회[惡作, kukkucca]이다. 나중에 속을 태우는(anutāpa) 특징을 가진다. [좋은 일을] 행하지 않은 것과 [나쁜 일을] 행한 것을 슬퍼하는(anusocana) 역할을 한다. 뉘우침(vippaṭisāra)으로 나타난다. 행함과 행하지 않음이 가까운 원인이다. 노예의 근성(dāsabya)과 같다고 보아야 한다."

(d) **해태의 두 개 조**(thīna-duka)251)

⑿ **해태**(懈怠, thīna):

⒀ **혼침**(昏沈, middha):

'해태(懈怠)'로 번역한 thīna는 √styai/styā/stī(*to stiffen*)의 과거분사(Sk. styāna)로 간주하기도 하고 혹은 √stim(*to stiffen*)의 과거분사(Sk. stimita)의 빠알리어 형태로 보기도 한다. 원의미는 마음이 뻣뻣해지고 굳어지는 현상을 뜻한다. '혼침(昏沈)'으로 옮긴 middha는 √mid(*to be fat*)에서 파생된 중성명사이다. 몸이 비대한 사람이 매우 둔하듯이 마음이 무겁고 게으른 상태를 나타낸다고 보면 되겠다.

이 해태와 혼침은 초기불전에서는 대부분 해태 · 혼침(thīna-middha)

고 한다."(DhsA.384)

250) Vin.iv.70. 여기에 대해서는 『담마상가니』 제2권 §1166의 해당 주해를 참조할 것.

251) 레디 사야도는 이 해태(懈怠, thīna)와 혼침(昏沈, middha)과 마지막의 의심(vicikicchā)을 함께 모아서 '독립된 세 개 조(visu tika)'라고 부르고 있다.(Pc-u-d.498)

이라는 합성어로 나타나며 다섯 가지 장애[五蓋]의 세 번째 요소로 나타난다. 『담마상가니』에서는 해태를 "마음의 내키지 않음, 일에 적합하지 않음, 굼뜸, 축 처짐, 의기소침, 움츠러듦, 움츠러든 상태, 해태, 나태함, 마음의 나태한 상태"(Dhs. §1162 = Vbh. §546)로 설명하고 혼침을 "몸의 지둔함, 적합하지 않음, 덮임, 완전히 덮임, 안이 가로막힘, 혼침, 잠, 졸음, 잠, 잠듦, 잠든 상태"(Dhs. §1163 = Vbh. §546)로 설명한다. 물론 여기서 몸은 주석서의 설명처럼 정신적인 몸(nāma-kāya)을 뜻한다.[252)]

이처럼 상좌부 전통에서는 이 혼침(middha)을 정신적 요소, 즉 마음부수로 간주할 뿐 결코 육체적이고, 물질적인 현상으로 보지 않는다. 정통 상좌부의 본산인 스리랑카의 대사(Mahavihara)파와 각축을 벌였던 무외산(Abhayagiri)파의 전승이 확실해 보이는 『해탈도론』은 이 혼침을 육체적인 현상으로 파악하여 물질(rūpa)이라고 설명하는데 대사파에서는 이것을 논박하고 있다.[253)]

[청정도론 XIV]: "167. 나태함이 해태(thīna)이고, 무기력함이 혼침(middha)이다. 분발심이 없어 무력하고 활기가 없어 피로하다는 뜻이다. 'thīna-middhaṁ(해태 · 혼침)'은 'thīnañ ca middhañ ca(해태와 혼침)'로 풀이해야 한다.

이 가운데서 해태는 분발이 없는 특징을 가진다. 정진을 없애는 역할을 한다. 처지는 것으로 나타난다. 혼침은 일에 적합하지 못한 특징을 가진다. [마음의 문을] 덮어버리는 역할을 한다. 게으름으로 나타난다. 혹은 졸음과 수면으로 나타난다. 권태, 하품 등에 대해 지혜 없이 마음에 잡도리함이 이 둘의 가까운 원인이다."

252) "여기서 '몸(kāya)'은 무더기 세 가지(즉 느낌의 무더기, 인식의 무더기, 심리현상들의 무더기)라 불리는(khandhattaya-saṅkhāta) 정신적인 몸(nāma-kāya)이다."(DhsA.378)

253) Vis.XIV.71.(본서 제6장 §4의 해설 마지막 부분에 인용되어 있음.)

(e) **의심**(vicikicchā) — 1**가지**

⑭ **의심**[疑, vicikicchā]:

'의심[疑, vicikicchā]'은 제1장 §6의 해설에서 설명하였다. 의심은 어원으로 보면 vi(분리해서)-cinteti(√cit, *to think*)의 소망형(*Desiderative*)인 vicikicchati의 명사형으로 간주해야 한다. 이렇게 보면 이리저리 생각하고, 마음을 굴리려 하는 것이라 할 수 있다. 그렇게 해서 마음이 혼란스러운 것을 뜻하기도 한다. 이런 의미에서 서양에서는 *perplexity*로 옮기기도 한다.

그러나 cikicchā는 범어 일반에서 cikitsā가 치료(*therapy*)를 뜻하기 때문에 아래의 인용에서 보듯이 『청정도론』을 비롯한 상좌부 불교 전통에서는 '치료하려는 바람'으로 풀이하고 있다. 이렇게 보면 치료하려는 바람을 버려버린 것이 의심이라는 말이 되겠다.(제1장 §6의 해설 3 참조) 의심은 禪을 가로막는 강력한 장애의 하나로서 다섯 가지 장애의 맨 마지막으로 나타난다. 그리고 이런 의심이 완전히 사라져야 예류에 든다고 경에서는 말하고 있다.

[청정도론 XIV]: "177. 치료하려는 바람(cikicchā)[254]이 없는 것이 의심(vicikicchā)이다. 이것은 회의하는 특징을 가진다. 흔들리는 역할을 한다. 결정하지 못함으로 나타난다. 혹은 불분명하게 파악함으로 나타난다. 지혜 없이 마음에 잡도리함이 가까운 원인이다. 도닦음(paṭipatti)에 방해가 된다고 보아야 한다."

---

254) cikicchā의 산스끄리뜨인 cikitsā는 범어 일반에서 치료(*therapy*)를 뜻하고 중국에서도 醫方明, 治病, 療治(의방명, 치병, 요치) 등으로 옮겼다. 여기서 보듯이 『청정도론』도 cikicchā를 치료하려는 바람으로 풀이하고 있다. 그래서 냐나몰리 스님도 NMD(*s.v.* cikicchā)에서 『청정도론』의 이 부분을 언급하면서 'cikicchā(*desiderative of* kicchati, *to cure*) *wish to be cured*'라고 설명하고 있으며 역자는 '치료하려는 바람'으로 옮겼다.

I.3. 아름다운 마음부수들 — 25가지
sobhanacetasikaṁ

[해설]

이하 25가지로 아름다운 마음부수법들을 ① 공통되는 것 19가지 ② 절제(virati) 3가지 ③ 무량함(apamaññā) 2가지 ④ 어리석음 없음(amoha) 1가지로 나누어서 열거하고 있다. 아름다움(sobhana)에 대한 아비담마적 설명은 제1장 §12를 참조할 것.

§5. 아름다움에 공통되는 마음부수들 — 19가지
sobhana-sādhāraṇā

5. (1) saddhā, (2) sati, (3) hirī, (4) ottappaṁ, (5) alobho, (6) adoso, (7) tatramajjhattatā, (8) kāyapassaddhi, (9) cittapassaddhi, (10) kāya-lahutā, (11) cittalahutā, (12) kāyamudutā, (13) cittamudutā, (14) kāya-kammaññatā, (15) cittakammaññatā, (16) kāyapāguññatā, (17) citta-pāguññatā, (18) kāyujukatā, (19) cittujukatā cā ti ekūnavīsat' ime cetasi-kā sobhanasādhāraṇā nāma.

(1) **믿음**[信, saddhā] (2) **마음챙김**[念, sati] (3) **양심**[慚, hirī] (4) **수치심**[愧, ottappa] (5) **탐욕 없음**[不貪, alobha] (6) **성냄 없음**[不嗔, adosa] (7) **중립**(tatramajjhattatā) (8) **몸의 편안함**[輕安, kāya-passaddhi] (9) **마음의 편안함**(citta-passaddhi) (10) **몸의 가벼움**[輕快性, kāya-lahutā] (11) **마음의 가벼움**(citta-lahutā) (12) **몸의 부드러움**[柔軟性, kāya-mudutā] (13) **마음의 부드러움**(citta-mudutā) (14) **몸의 적합함**[適業性, kāya-kammaññatā] (15) **마음의 적합함**(citta-kammaññatā) (16) **몸의 능숙함**[練達性, kāya-pāguññatā] (17) **마음의 능숙함**(citta-pāguññatā) (18) **몸의 올곧음**[正直性, kāya-ujukatā]

⒆ **마음의 올곧음**(citta-ujukatā) — **이 19가지 마음부수는 아름다움에 공통되는 것이라 한다.**

[해설]

이 19가지를 아름다움에 공통되는 마음부수라 부른다. 이들은 모든 아름다운 마음에 공통되기 때문이다. 그러면 하나씩 음미해 보자.

(1) **믿음**[信, saddhā]:

'믿음[信]'으로 옮긴 saddhā(sk. śraddhā)는 전통적으로 śrad+√dhā(*to put*)로 분석한다. 서양 학자들에 의하면 śrad는 심장 혹은 가슴(*heart*)을 나타내는 명사로서 희랍이나 로마의 *heart*를 나타내는 단어와 같은 기원을 가진 단어로 보고 있다. 그래서 śraddhā는 '마음을, 자기 가슴을 무엇에다가 놓는 것'이라는 일차적인 의미가 있다. 초기불전에서는 "세존이 이 세상에 출현하셔서 법을 설하면 사람들이 이를 듣고 여래께 믿음을 가진다(tathāgate saddham paṭilabhati)."라는 문맥에서 가장 많이 나타난다. 이런 경우의 삿다(saddhā)는 우리말의 '신뢰'라는 용어에 해당되며 서양 학자들도 요즘은 *confidence*로 많이 번역하고 있다. 역자들은 부처님의 가르침을 듣고 생기는 신뢰감, 그것이 초기불교에서 나타나는 삿다의 근본 의미라고 받아들이고 있다. 우리말 믿음[信]이 여러 의미를 다 포함하고 있듯이 인도에서도 후대로 내려오면서 이 śraddhā라는 단어는 믿음에 관계되는 모든 의미를 다 포함한 것으로 사용되고 있다.

믿음과 관계된 또 다른 중요한 빠알리어 단어는 pasāda이다.[255] pasāda는 pra+√sad(*to sit*)에서 파생된 남성명사로 '깨끗함'을 뜻한다. 경장에서는 주로 '깨끗한 믿음[淨信]'의 의미로 쓰이지만(D16 §4.27 등) 아비담마에서는 이 깨끗함의 의미를 눈·귀·코·혀·몸의 다섯

255) 믿음의 여러 측면에 대한 논의는 『금강경 역해』 122~129쪽을 참조할 것.

가지 감각기관이 가지는 순수한 감각 작용을 나타내는 것으로 보아 감성의 물질[感性色, pasāda-rūpa]이라는 전문용어로 정착이 되었다.(제6장 §3의 해설 2 참조)

[청정도론 XIV]: "140. 이것 때문에 믿고, 혹은 이것은 그 스스로 믿고, 혹은 단지 믿기 때문에 믿음(saddhā)이라 한다. 그것의 특징은 믿는 것이다. 혹은 신뢰하는 것(okappana)이다. 깨끗하게 하는(pasādana) 역할을 한다. 마치 물을 정화하는 보석처럼. 혹은 [결심으로 대상에](Pm.ii.142) 들어가는 역할을 한다. 마치 홍수를 건너는 것처럼. 더럽지 않음으로 나타난다. 혹은 결심(adhimutti)으로 나타난다. 믿을 만한 대상이 가까운 원인이다. 혹은 정법을 들음 등 예류과의 조건이 가까운 원인이다. 이것은 손과 재산과 씨앗처럼 보아야 한다."

(2) **마음챙김**[念, sati]:

'마음챙김[念]'으로 옮긴 sati는 √smṛ(*to remember*)에서 파생된 여성명사이다. 문자적인 뜻은 '기억'이라 할 수 있지만 불교에서는 단순한 기억 이상의 의미가 있는 중요한 수행 용어이다.[256] 초기불전에 의하면 sati는 마노[意, mano]와 깊은 관계가 있다. 그래서 마음챙김으로 옮긴다.[257]

---

256) 기억(記憶)의 사전적 의미는 "이전의 인상이나 경험을 의식 속에 간직하거나 도로 생각해 냄."(표준국어대사전) 혹은 "지난 일을 잊지 아니함. 또는 그 내용."(민중국어사전)이다.
그러므로 아비담마의 관점에서 보면 이 기억은 지금 찰나의 마음이 과거의 대상을 인식하는 것으로 이해할 수 있다. 그러므로 기억이라는 우리말 단어가 뜻하는 바는 초기불교와 아비담마의 입장에서 보면 인식(saññā)과 관련된 것이다.(제8장 §30의 해설에서 인용한 Vis.XVI.82의 주해 참조) 그리고 제7장 §17의 해설과 주해에서 언급되고 있는 그릇된 마음챙김(micchā-sati)에 대한 논의도 참조하기 바란다.
마음챙김과 기억에 대한 논의는 냐나뽀니까 스님의 Abhidhamma Studies 119쪽, Appendix 2: The Omission of Memory from the List of Dhamma를 참조하기 바란다.

여기서 꼭 언급하고 넘어가고 싶은 것은 『청정도론』에서도 sati의 중요성을 역설하고 있다는 점이다. 『청정도론』은 이렇게 강조한다.

[청정도론 IV]: "49. 마음챙김은 모든 곳에서 강하게 요구된다. 마음챙김은 들뜸으로 치우치는 믿음과 정진과 통찰지로 인해 마음이 들뜸에 빠지는 것을 보호하고, 게으름으로 치우치는 삼매로 인해 게으름에 빠지는 것을 보호한다. 그러므로 이 마음챙김은 모든 요리에 맛을 내는 소금과 향료처럼, 정치적인 모든 업무에서 일을 처리하는 대신처럼 모든 곳에서 필요하다. 그래서 말씀하였다. '마음챙김은 모든 곳에서 유익하다고 세존께서는 말씀하셨다. 무슨 이유인가? 마음은 마음챙김에 의지(paṭisaraṇa)하고, 마음챙김은 보호(ārakkha)로 나타난다. 마음챙김이 없이는 마음의 분발(paggaha)과 절제(niggaha)란 없다.'라고."

이처럼 마음챙김은 모든 곳에서 유익하다고 『청정도론』은 강조하여 설명하고 있다.(제7장 §17의 해설 참조) 계속해서 마음챙김에 대한 『청정도론』의 설명을 살펴보자.

[청정도론 XIV]: "141. 이것 때문에 챙기고(saranti), 혹은 이것은 그 스스로 챙기고, 혹은 단지 챙기기 때문에 마음챙김(sati)이라 한다. [대상에] 깊이 들어가는 것(apilāpana)[258]을 특징으로 한다. 잊지 않는 것

---

257) '마음챙김'은 (사)고요한 소리에서 정착시킨 용어이다. 왜 초기불전연구원에서도 sati를 마음챙김으로 옮겨서 사용하는가에 대한 경전적인 분명한 근거와 용례에 대한 설명은 『담마상가니』 제1권 §14의 해당 주해를 참조하기 바란다. 그리고 sati에 대한 여러 논의는 『초기불교이해』 제18장 네 가지 마음챙기는 공부[四念處](278쪽 이하)도 참조할 것.

258) apilāpana(*nt.*)는 두 가지로 설명을 한다. 첫째는 api+√lap(*to prate, to speak*)에서 파생된 명사로 간주하여 '헤아림, 반복함'의 뜻으로 보는 것이다. 이렇게 본다면 마음챙김은 반복해서 거듭 챙기는 것을 특징으로 한다는 말이 되겠다. 둘째는 a(부정접두어)+√plu(*to float*)에서 파생된 명사로서 '[물 위로] 둥둥 떠다니지 않는 것(DhsA.147)'을 뜻한다고 보는 것이다. 이렇게 본다면 마음챙김은 대상의 주위로 맴돌지 않고 대상으로 깊이 들어가

(asammosa)을 역할로 한다. 보호하는 것(ārakkha)으로 나타난다. 혹은 대상과 직면함(visaya-abhimukha-bhāva)으로 나타난다. 강한 인식(thira-saññā)이 가까운 원인이다. 혹은 몸 등에 대한 마음챙김의 확립(sati-paṭṭhāna)이 가까운 원인이다. 이것은 기둥처럼 대상에 든든하게 서있기 때문에, 혹은 눈 등의 문을 지키기 때문에 문지기처럼 보아야 한다."

(3) **양심**[慚, hirī]:

(4) **수치심**[愧, ottappa]:

'양심[慚]'으로 옮긴 hirī와 '수치심[愧]'로 옮긴 ottappa에 대해서는 본 장 §4의 해설을 참조할 것.

[청정도론 XIV]: "142. 몸으로 짓는 나쁜 행위 등에 대해 부끄러워한다고 해서 양심(hirī)이라 한다. 이것은 부끄러움(lajjā)의 동의어이다. 오직 그것에 대해 두려워한다고 해서 수치심(ottappa)이라 한다. 이것은 악행에 대한 불안의 동의어이다.

이 가운데서 양심은 악행에 대해 진저리를 내는 것이 특징이다. 수치심은 두려워함이 특징이다. 양심은 부끄러움 때문에 악행을 짓지 않는 역할을 하고, 수치심은 두려움 때문에 악행을 짓지 않는 역할을 한다. 이들은 이미 말한 방법대로 악행을 피하는 것으로 나타난다. 가까운 원인은 각각 자기를 중히 여김(gārava)과 타인을 중히 여김이다. 자

는 것을 특징으로 한다는 말이다.

특히 추상명사형인 apilāpanatā를 『앗타살리니』에서는 "anupavisana-saṅkhātena ogāhanaṭṭhena apilāpanabhāvo apilāpanatā."(DhsA.147)로 후자의 입장에서 설명하고 있다. 그리고 다시 설명하기를 "예를 들면 조롱박이나 병(단지)등은 물에서 둥둥 떠다니고 깊숙이 들어가지 않지만 마음챙김은 대상에 대해 그렇지 않다. 마음챙김이 대상에 깊숙이 들어가기 때문에 '아삘라빠나따'라고 한다."(*Ibid.*)라고 하고 있다. 이것이 전통적인 상좌부 불교의 견해라서 역자도 이 후자의 입장을 따랐다.

신을 중히 여겨 양심상 악행을 버린다. 마치 좋은 가문의 규수처럼. 타인을 중히 여겨 수치심으로 악행을 버린다. 마치 궁녀처럼. 이 두 가지 법은 세상의 보호자라고 알아야 한다."

(5) **탐욕 없음**[不貪, alobha]:

'탐욕 없음[不貪]'으로 옮긴 alobha는 탐욕을 뜻하는 lobha에다 부정접두어 'a-'를 붙여서 만들어진 명사이다. 탐욕(lobha)에 대해서는 본 장 §4의 해설 5를 참조할 것.

[청정도론 XIV]: "143. 이것 때문에 탐하지 않고, 혹은 이것은 그 스스로 탐하지 않고, 혹은 단지 탐하지 않기 때문에 탐욕 없음(alobha)이라 한다. 성냄 없음(adosa)과 어리석음 없음(amoha)에도 이 방법이 적용된다.

이 가운데서 탐욕 없음은 대상에 대해 마음으로 욕심이 없음이 그 특징이다. 혹은 집착하지 않음이 그 특징이다. 마치 연잎의 물방울처럼. 움켜쥐지 않음이 그 역할이다. 마치 해탈한 비구처럼. 집착하지 않음으로 나타난다. 마치 오물통에 빠진 사람처럼."

(6) **성냄 없음**[不嗔, adosa]:

성냄(dosa)에 대해서는 본 장 §4의 해설 8을 참조할 것.

[청정도론 XIV]: "143. … 성냄 없음은 잔악함이 없는 것(acaṇḍikka)이 그 특징이다. 혹은 수순함(avirodha)이 특징이다. 마치 다정한 친구처럼. 성가심을 버리는 것이 그 역할이다. 혹은 열을 버리는 것이 그 역할이다. 마치 전단향처럼. 차가움(somma-bhāva)으로 나타난다. 마치 보름달처럼."

여기서 언급해야 할 것은 4가지 무량함[四無量, appamāṇa]의 첫 번째인 자애(mettā)도 이 성냄 없음에 포함된다는 점이다. 이 성냄 없음이 중생들에게 적극적인 형태로 나타나는 것이 바로 자애의 고결한 마음가짐이다. 그래서 『담마상가니』 도 "여기서 무엇이 '성냄 없음'인가? 성냄 없음, 성내지 않음, 성내지 않는 상태, 자애로움, 자애를 가짐, 자애로운 상태, 관용, 관용을 가짐, 관용하는 상태, 이로움을 바람, 애민, 악의 없음, 악의를 가지지 않음, 성냄 없음이라는 유익함의 뿌리 — 이를 일러 성냄 없음이라 한다."(Dhs §1062)로 풀이하고 있다.

(7) **중립**(tatramajjhattatā):

'중립'으로 옮긴 tatramajjhattatā는 tatra(거기서)+majjhattatā(중간에 서있음)로 분석된다. 이 경우에 majjhatta는 majjha(가운데에)+ṭṭha (Sk. majjhastha, √sthā, *to stand*)가 majjhatta로 쁘라끄리뜨화된 표현으로 간주하며(PED *s.v.* majjhatta) 여기에 추상명사형 어미 '-tā'를 붙여서 만들어진 명사이다. 불교 산스끄리뜨에서는 모두 madhyastha로 나타난다. 그래서 tatramajjhattatā는 '거기서 중간에 서있음'을 뜻한다 하겠다. '중립'으로 옮기는 tatramajjhattatā는 빠알리 삼장에는 나타나지 않으며 주석서 문헌, 특히 아비담마에 관계된 주석서 문헌에서부터 사용되는 용어이다.

니까야에서 중립적인 느낌은 괴롭지도 즐겁지도 않은 것[不苦不樂, adukkhamasukha]으로 나타나는데 아비담마에서는 이 중립적인 느낌을 평온(upekkhā)이라는 용어로 나타내고[259] 대신에 초기불전의 대부분의 문맥에서 나타나는 upekkhā는 아비담마의 이 중립(tatramajjhattatā)에 해당하는 것으로 설명한다. 『청정도론』 은 삼장에 나타나는 upekkhā의 용례를 10가지로 정리하고 있다.[260]

---

259) 여기에 대해서는 제1장 §4의 해설 2와 본 장 §2의 해설 2를 참조할 것.

260) 『청정도론』 은 upekkhā의 용례를 "① 여섯 가지 구성요소의 평온 ② 거

이 중립의 마음부수는 아주 고상한 마음이다. 좋음과 싫음 등의 어느 편에도 서지 않고 편안하고 평온하며 그러면서도 냉정한 마음 상태이다. 그래서 이 아름다운 마음부수에 포함시키는 것이다. 그리고 4가지 무량함의 평온(upekkhā)도 이 중립에 포함된다.261) 중립이 중생에게로 향하면 고결한 평온의 마음가짐으로 나타난다.

[청정도론 XIV]: "153. 그 법들에서 중립적인 상태를 가짐이 중립(tatramajjhattatā)이다. 마음과 마음부수를 공평하게 나르는 특징을 가진다. 모자라거나 넘치는 것을 막는 역할을 한다. 혹은 편견(pakkhapātā)을 끊는 역할을 한다. 중립적인 상태로 나타난다. 그것은 마음과 마음부수에 대해 공정하기 때문에 고르게 앞으로 나아가는 말들을 공평하게 모는 마부와 같이 보아야 한다."

다음의 12가지 공통되는 아름다운 마음부수는 여섯 쌍으로 이루어진다. 각각은 [정신적] 몸(kāya)이라는 용어로 연결이 되고 다른 하나는 마음(citta)이다. 여기서 '몸'이라는 것은 관련된 모든 마음부수들을 뜻하는데 느낌·인식·심리현상들(수·상·행)의 세 가지 무더기[蘊]를 나타낸다.262) 그러면 차례대로 이들에 대해서 알아보자.

룩한 마음가짐[梵住]의 평온 ③ 깨달음의 구성요소의 평온 ④ 정진의 평온 ⑤ 형성된 것들[行]에 대한 평온 ⑥ 느낌의 평온 ⑦ 위빳사나에 대한 평온 ⑧ 중립의 평온 ⑨ 禪의 평온 ⑩ 청정함의 평온"의 10가지로 밝힌 뒤에(Vis.IV.156) 이 10가지를 자세하게 설명하고 있으므로(Vis.IV.157~171) 참조하기 바란다.

특히 『청정도론』은 "여기서 여섯 가지 구성요소를 가진 평온과 거룩한 마음가짐(梵住)의 평온과 깨달음의 구성요소의 평온과 중립의 평온과 禪의 평온과 청정함의 평온은 뜻으로는 동일하다. 바로 중립의 평온이다. 문맥의 차이에 따라 이 [중립의 평온의] 차이가 있을 뿐이다."(Vis.IV.167)라고 설명하고 있다.

261) "뜻으로 볼 때 성냄 없음이 바로 자애이고 중립의 평온이 바로 평온이다. (atthato hi adoso yeva mettā, tatramajjhattupekkhā yeva upekkhā ti.)"(Vis.XIV.154)

(8) **몸의 편안함**(kāya-passaddhi):

(9) **마음의 편안함**(citta-passaddhi):

'편안함[輕安]'으로 옮긴 passaddhi는 pra(앞으로)+√śrambh(*to trust*)에서 파생된 여성명사이다. 비록 산스끄리뜨에서는 √śrambh가 *trust*의 뜻이 기본이지만 접두어 'pra-'가 첨가되어 형성된 이 단어는 믿음이나 신뢰의 뜻으로는 잘 쓰이지 않는다. 대신에 '편안함, 고요함' 등의 뜻으로 쓰이며 중국에서는 輕安(경안)으로 옮겼고 영어로는 *tranquillity*로 정착되어 있다. passaddhi는 잘 알려진 대로 칠각지의 다섯 번째 구성요소이다. 그만큼 수행에서 중요하게 다루어지는 마음의 상태이다. 이것은 해로운 마음부수법인 들뜸 등과 반대되는 마음부수이다.

[청정도론 XIV]: "144. 몸을 안정시키는 것(passambhana)이 몸의 편안함(kāya-passaddhi)이다. 마음을 안정시키는 것이 마음의 편안함이다. 여기서 몸이라는 것은 느낌 등의 세 가지 무더기[蘊]이다. 몸과 마음의 편안함 둘 모두 몸과 마음의 불안(daratha)을 가라앉히는 것(vūpasama)이 그 특징이다. 몸과 마음의 불안을 완화하는(nimaddana) 역할을 한다. 동요하지 않음(aparipphandana)과 청량함(sīti-bhāva)으로

262) "여기서 몸(kāya)이라는 것은 느낌 등의 세 가지 무더기(vedanādikkhandha-ttaya)이다."(DhsA.130 = Vis.XIV.144 = Moh.21)
"몸의 편안함 등에서 몸이란 느낌의 무더기 등의 세 가지 무더기라 불리는 마음부수들의 모음(cetasika-samūha)을 말한다."(PdṬ.106)
초기불전에서 몸[身, nikāya]은 크게 세 가지 의미로 쓰이고 있다.(*cf.* NMD *s.v.* kāya) 첫째는 물질적인 몸(rūpa-kāya), 즉 육체(sarīra)이고(M10 §3; D22 §1 등) 둘째는 여기서처럼 정신적인 몸(nāma-kāya)을 뜻하며(본서 제7장 §6도 참조할 것) 셋째는 무리(nikāya, 예를 들면 갈애의 무리, 알음알이의 무리, 아수라 무리 등, 본서 제5장 §4; D33 2.2 (3)~(8); M9 §38, §58 등)를 뜻한다.

나타난다. 몸과 마음이 가까운 원인이다. 이들은 몸과 마음을 가라앉지 못하게 하는 들뜸 등의 오염원과 반대된다고 알아야 한다."

⑽ **몸의 가벼움**(kāya-lahutā):

⑾ **마음의 가벼움**(citta-lahutā):

'가벼움[輕快性]'으로 옮긴 lahutā는 '가벼운, 빠른'을 뜻하는 형용사 lahu에다 추상명사형 어미인 '-tā'를 붙여서 만든 단어이다. 경에는 나타나지 않는 단어이고 아비담마에서부터 마음부수법의 하나로 정착이 되었다. 이것은 해태와 혼침 등의 해로운 마음부수법들에 반대되는 유익한 것이다.

[청정도론 XIV]: "145. 몸의 가벼운 상태가 몸의 가벼움(kāya-lahutā)이다. 마음의 가벼운 상태가 마음의 가벼움이다. 이들은 몸과 마음의 무거움(garu-bhāva)을 가라앉히는 것(vūpasama)이 그 특징이다. 몸과 마음의 무거움을 덜어버리는 역할을 한다. 몸과 마음의 느리지 않음(adandhatā)으로 나타난다. 몸과 마음이 가까운 원인이다. 이들은 몸과 마음의 무거움을 초래할 해태와 혼침 등의 오염원과 반대된다고 알아야 한다."

⑿ **몸의 부드러움**(kāya-mudutā):

⒀ **마음의 부드러움**(citta-mudutā):

'부드러움[柔軟性]'으로 옮긴 mudutā는 '부드러운, 유연한'을 뜻하는 형용사 mudu에다 추상명사형 어미인 '-tā'를 첨가해서 만든 단어이다. 역시 경에는 나타나지 않으며 아비담마에서 자만, 사견 등의 경직된 해로운 마음부수에 반대되는 것으로 정착된 용어이다.

[청정도론 XIV]: "146. 몸의 유연한 상태(mudu-bhāva)가 몸의 부드러움(kāya-mudutā)이다. 마음의 유연한 상태가 마음의 부드러움이다.

이들은 몸과 마음의 뻣뻣함(thambha)을 완화하는 특징을 가진다. 몸과 마음의 경직된 상태를 풀어주는 역할을 한다. 저항하지 않음으로 나타난다. 몸과 마음이 가까운 원인이다. 이들은 몸과 마음의 경직된 상태를 초래할 사견과 자만 등의 오염원과 반대된다고 알아야 한다."

(14) **몸의 적합함**(kāya-kammaññatā):
(15) **마음의 적합함**(citta-kammaññatā):

'적합함[適業性]'으로 옮긴 kammaññatā는 kammañña+tā(추상명사형 어미)로 분석된다. 다시 kammañña는 다른 곳에서는 kammaniya로 나타나기도 하는데 이 두 단어는 모두 √kṛ(*to do*)의 가능법(*Pot.*) 분사이다. 이 kammaññatā는 드물게 초기경에 나타나기도 하나 아비담마에서 다섯 가지 장애 가운데 가벼움과 부드러움으로 제거되지 않는 나머지 해로운 마음부수법들과 반대되는 의미로 정착된 용어이다.

[청정도론 XIV]: "147. 몸이 일에 적합한 상태가 몸의 적합함(kāya-kammaññatā)이다. 마음이 일에 적합한 상태가 마음의 적합함이다. 그들은 몸과 마음이 일에 부적합한 상태를 가라앉히는 특징을 가진다. 그들은 몸과 마음이 일에 부적합한 상태를 부수는 역할을 한다. 그들은 어떤 것을 몸과 마음의 대상으로 만드는 것을 성취함으로 나타난다. 몸과 마음이 가까운 원인이다. 몸과 마음이 일에 적합하지 못한 상태를 초래할 나머지 장애들과 반대되고, 신뢰할 대상에 신뢰를 가져오며, 이로운 행위에 쉽게 적응함이 마치 잘 정제된 금과 같다고 알아야 한다."

(16) **몸의 능숙함**(kāya-pāguññatā):
(17) **마음의 능숙함**(citta-pāguññatā):

'능숙함[練達性]'으로 옮긴 pāguññatā는 pāguñña+tā(추상명사형 어미)로 분석된다. pāguñña는 paguṇa(pra+guṇa, 능숙한, 익숙한)의 곡용형

으로 능숙함을 뜻하고 불신(不信) 등과 반대되는 유익한 마음부수이다.

[청정도론 XIV]: "148. 몸의 능숙한 상태를 몸의 능숙함(kāya-pāguññatā)이라 한다. 마음의 능숙한 상태를 마음의 능숙함이라 한다. 그들의 특징은 몸과 마음이 건강함이다. 몸과 마음의 병을 덜어버리는 역할을 한다. 실수하지 않음으로 나타난다. 몸과 마음이 가까운 원인이다. 몸과 마음의 병을 초래할 불신 등과 반대된다고 알아야 한다."

⑱ **몸의 올곧음**(kāya-ujukatā):
⑲ **마음의 올곧음**(citta-ujukatā):
'올곧음[正直性]'으로 옮긴 ujukatā는 ujuka+tā(추상명사형 어미)로 분석된다. ujuka는 '곧은, 바른'을 뜻하는 uju에다 '-ka' 어미를 붙인 단어로 뜻에는 변화가 없다. 그래서 ujukatā는 곧음을 뜻하며 거짓, 속임수, 사기 등의 해로운 마음부수들과 반대되는 마음부수로 정착된 아비담마의 전문용어이다.

[청정도론 XIV]: "149. 몸의 곧은 상태를 몸의 올곧음(kāya-ujukatā)이라 한다. 마음이 곧은 상태를 마음의 올곧음이라 한다. 그들의 특징은 몸과 마음의 곧음이다. 몸과 마음의 구부러짐을 없애는 역할을 한다. 반듯함으로 나타난다. 몸과 마음이 가까운 원인이다. 몸과 마음의 구부러짐을 초래할 거짓(māyā)이나 속임수(sāṭheyya) 등과 반대된다고 알아야 한다."

§6. **절제**(virati) — 3**가지**

[해설]

'절제'로 옮긴 virati는 vi(분리해서)+√ram(*to rejoice*)에서 파생된 여성명사로서 문자적으로는 '기뻐하는 것에서 벗어난다'이며 '끊음, 절제,

자제'를 뜻한다. 이 용어는 『맛지마 니까야』 제4권 「위대한 마흔 가지 경」(M117)에 "네 가지 말로 짓는 나쁜 행위를(§20) … 세 가지 몸으로 짓는 나쁜 행위를(§26) … 그릇된 생계를(§32) 억제하고 절제하고 제어하고 금하는 것(ārati virati paṭivirati veramaṇī) …"(M117)으로 나타나고 『숫따니빠따』에도 "불선법을 억제하고 절제하며(āratī viratī pāpā)" (Sn. {264})로 나타난다. virati는 주로 주석서와 아비담마에서 전문용어로 쓰여 팔정도 가운데서 바른 말[正語], 바른 행위[正業] 바른 생계[正命]의 셋을 지칭한다.

절제는 세 가지 아름다운 마음부수로서 말과 행동과 생계로 나쁜 행위를 엄격히 절제하는 역할을 한다. 세간적인 마음에서 절제는 사람이 나쁜 행위를 할 기회가 생겼을 때 그것을 억제하는 경우에 작용한다. 그러므로 만일 어떤 사람이 나쁜 행위가 일어날 기회도 주지 않고 그런 나쁜 행위를 짓지 않으면 그것은 절제(virati)가 아니라 청정한 계행(sīla)에 속한다.(PdṬ.103) 출세간의 마음들에서 세 가지 절제는 함께 일어난다.(제2장 §15와 제7장 §17의 해설 참조)

한편 『담마상가니』의 주석서인 『앗타살리니』263)에서는 ① 자연적인 절제 ② 계율을 통한 절제 ③ 근절을 통한 절제 등 세 유형의 절제를 들고 있다.

① 자연적인 절제(sampatta-virati)란 나쁜 짓을 저지를 기회가 생겼을 때 자신의 사회적인 지위나 나이, 교육의 정도 등을 고려하여 그것을 절제하는 것을 뜻한다. 도둑질을 하다가 붙잡히면 자신의 명성에 큰 타격이 생길 것이라는 점을 고려해서 금지하는 것을 예로 들 수 있다.

② 계율을 통한 절제(samādāna-virati)란 자신이 계율을 지키기 때문에 나쁜 짓을 절제하는 경우이다. 예를 들면 불살생, 불투도, 불사음,

---

263) DhsA.103~104; PdṬ.109에서도 설명되고 있다.

불망어, 불음주의 오계를 들 수 있다.

③ 근절을 통한 절제(samuccheda-virati)란 출세간의 도의 마음과 연결된 절제로서 나쁜 짓에 대한 모든 성향을 근절하면서 일어난다. 앞의 두 가지 절제는 세간적이고 이것은 출세간적이다.

『청정도론』에서는 절제(virati)를 이렇게 설명하고 있다.

[청정도론 XIV]: "155. 몸으로 짓는 나쁜 행위(duccarita)로부터 절제하는 것이 몸으로 짓는 나쁜 행위의 절제(virati)이다. 이 방법은 나머지 [말로 짓는 나쁜 행위의 절제, 그릇된 생계의 절제의] 경우에도 적용된다. 이들 셋의 특징은 몸으로 짓는 나쁜 행위 등의 대상을 범하지 않거나 어기지 않는 것이다. 몸으로 짓는 나쁜 행위 등의 대상으로부터 움츠리는 역할을 한다. 이들을 행하지 않음으로 나타난다. 믿음, 양심, 수치심, 소욕(少欲, appicchatā) 등의 덕이 가까운 원인이다. 마음이 악행으로부터 등을 돌리는 것이라고 보아야 한다."

다시 『청정도론』 제16장에서는 사성제(四聖諦) 가운데서 8정도를 설명하면서 바른 말(정어), 바른 행위(정업), 바른 생계(정명)를 설명하고 있다. 8정도의 나머지 다섯 가지 구성요소, 즉 바른 견해(정견), 바른 사유(정사유), 바른 정진(정정진), 바른 마음챙김(정념), 바른 삼매(정정) 가운데 바른 견해는 통찰지(paññā)에, 바른 사유는 일으킨 생각(vitakka)에, 바른 정진은 정진(vīriya)에, 바른 마음챙김은 마음챙김(sati)에, 바른 삼매는 집중(ekaggatā)에 각각 포함이 된다.

6. (1) sammāvācā, (2) sammākammanto, (3) sammā-ājīvo cā ti tisso viratiyo nāma.

(1) **바른 말**[正語, sammā-vācā] (2) **바른 행위**[正業, sammā-kammanta] (3) **바른 생계**[正命, sammā-ājīva] — **이 셋은 절제라 한다.**

[해설]

(1) **바른 말**[正語, sammā-vācā]:

'말[語]'을 뜻하는 vācā는 √vac(*to speak*)에서 파생된 여성명사이다. 여기서 바른 말은 10선업 가운데서 말로 짓는 네 가지 바른 말, 즉 거짓말[妄語, musā-vāda], 중상모략[兩舌, pisuṇa-vācā], 욕설[惡口, pharusa-vācā], 잡담[綺語, samphappalāpa)을 하지 않는 것을 말한다.

[청정도론 XVI]: "78. 그렇게 보고 생각하는 자가[264] 그릇된 말을 절제하는 것이 바른 말[正語, sammā-vācā]이다. 이것은 [바른 사유와] 연결되어있고, 그릇된 말버릇을 부순다. 이것의 특징은 껴안는 것(pariggaha)이다. 절제하는 역할을 한다. 그릇된 말을 버림으로 나타난다."

여기에 대해서 『청정도론』의 복주서는 "거짓말 등은 속이는 역할을 하기 때문에 거칠어서 함께 생긴 법들을 보듬지 못한다. 그러나 바른 말의 고유성질은 그것과 반대되기 때문에 사랑(siniddhabhāva)으로 함께 생긴 법들을 보듬는다."(Pm.ii.215)라는 설명을 덧붙이고 있다.

(2) **바른 행위**[正業, sammā-kammanta]:

'행위[業]'로 옮기는 kammanta는 kamma(업, 일, √kṛ, *to do*) + anta(끝)로 분석되는 중성명사로 여러 뜻으로 쓰이지만 이처럼 '바른 행위[正業, sammā-kammanta]'로 쓰이면 살생(pāṇātipāta)과 도둑질[偸盜, adinnādāna]과 삿된 음행[邪淫, kāmesu micchācāra]의 세 가지 몸으로 짓는 해로운 행위를 하지 않는 것을 뜻한다.

[청정도론 XVI]: "79. 그렇게 절제하는 자가 살생 등을 절제하는 것

264) "앞서 그 특징을 설한 바른 견해로 보고, 바른 사유로 마음을 그 대상인 열반에 둘 때(nibbānārammaṇe cittaṁ abhiniropayato)라는 뜻이다."(Pm .ii.215)

이 바른 행위[正業, sammā-kammanta]이다. 이것은 [바른 말]과 연결되어있고, 그릇된 행위를 끊어버린다(samucchedika). 이것은 나쁜 행위를 부순다. 이것의 특징은 일어나게 하는 것(samuṭṭhāpana)이다. 절제하는 역할을 한다. 그릇된 행위를 버림으로 나타난다."

(3) **바른 생계**[正命, sammā-ājīva]:

'생계[命]'로 옮긴 ājīva는 ā(향하여)+√jīv(*to live*)에서 파생된 명사로서 불교에서는 '생계, 살아가기, 생명의 부양' 등의 뜻으로 쓰인다. 『디가 니까야』 제 1권 「범망경」(D1) 등 여러 경에서 출가자가 생계를 유지하기 위해 해서는 안 되는 일들을 여러 가지 들고 있다. 『앙굿따라 니까야』 「장사 경」(A5:177)은 재가자들이 해서는 안 되는 장사, 즉 그릇된 생계로 무기 장사, 사람 장사, 동물 장사, 술장사, 독약 장사의 다섯 가지를 들고 있다.

[청정도론 XVI]: "80. 바른 말과 바른 행위가 청정해지도록 그릇된 생업으로부터 절제함이 바른 생계[正命, sammā-ājīva]이다. 이것은 [바른 말과 바른 행위와] 연결되어있고, 음모(kuhana) 등을 끊는다. 이것의 특징은 깨끗이 함(vodāna)이다. 합리적인 생계(ñāya ājīva)를 일으키게 하는 역할을 한다. 그릇된 생계를 버림으로 나타난다."

§7. 무량함[無量, appamaññā] — 2가지

[해설]

'무량함[無量]'으로 옮긴 appamaññā는 '측량, 단위, 합계, 길이' 등을 뜻하는 중성명사 pamāna(Sk. pramāṇa, pra+√mā, *to measure*)와 관련이 있다. 이것은 pra+√mā의 가능법(*Pot.*) 분사인 pamañña(Sk. pramānya)에 부정접두어 'a-'를 첨가하여 이루어진 단어로서 '잴 수 없는'을 뜻하며 여성명사로 쓰여서 '잴 수 없음, 잴 수 없이 많음, 무량함'

의 의미이다. 無量(무량)으로 한역되었다.

자애[慈, mettā], 연민[悲, karuṇā], 함께 기뻐함[喜, muditā], 평온[捨, upekkhā]을 초기경들에서는 네 가지 거룩한 마음가짐[梵住, brahmavihāra]으로 부르고 있다.(D17 §2.13, M83 §6, S54:11, A5:192 등) 주석서들(Vis.IX.108; DA.i.178 등)과 대승불교에서는 이것을 네 가지 무량함[四無量, catasso appamaññā]으로 표현한다.265) 중생들에 대한 이런 네 가지 자세를 무량함(appanaññā)이라 부르는 이유는 이 네 가지는 한량없는 중생들에게 제한 없이 모두 다 적용되며 비록 한 중생에게 향한다 하더라도 그것은 한량이 없기 때문이다.266) 『청정도론』은 이렇게 설명한다.

[청정도론 IX]: "110. 이 [네 가지] 모두는 무량한 영역(appamāṇa gocara)에서 일어난다. 왜냐하면 무량한 중생이 그들의 영역이고, 한 중생이나 이만큼의 지역에 자애 등을 닦아야 한다고 분량을 정하지 않고 전체를 가득 채움으로 일어나기 때문이다."

네 가지 무량함을 중생들에 대한 이상적인 태도로 인정하지만 아비담마에서는 연민[悲], 함께 기뻐함[喜]의 두 가지만을 무량함이라는 제목으로 마음부수에 포함시키고 있다. 자애[慈]는 우리가 이미 보았듯이 성냄 없음[不嗔, adosa]의 한 형태이고 평온[捨]은 중립(tatramajjhattatā)의 한 형태이기 때문이다. 물론 성냄 없음이 반드시 자애로 드러나지는 않는다. 그것은 다른 형태로 드러날 수 있다. 그러나 자애가 마음에 일어날 때는 성냄 없음의 마음부수가 드러남으로 나타난다. 중립의 마

---

265) CBETA에서 '四無量'으로 검색을 해보면 6,689번 정도가 나타난다. 그리고 우리에게 익숙한 사무량심(四無量心)으로 언급되는 경우도 1,343번 정도가 된다.

266) "etāhi ettakesu yeva sattesu pavattetabbā, na ito aññesū ti evaṁ paricchedappamāṇassa abhāvā, ekasmiṁ satte pavattā pi appamaññā eva nāma hontī ti."(PdṬ.109)

음부수와 중생들에게 차별 없는 평온의 고결한 마음가짐에도 이런 관계가 성립된다. 그러나 연민, 함께 기뻐함은 그들 자체가 마음부수로써 나타나며 다른 마음부수들이 드러나는 것이 아니다. 자애와 평온의 밑바탕이 되는 성냄 없음과 중립은 모든 아름다운 마음들과 함께하지만 연민과 함께 기뻐함, 이 두 가지 마음부수는 그렇지 않고 독립적이다.

7. (1) karuṇā, (2) muditā appamaññāyo nāmā ti.

(1) 연민[悲, karuṇā] (2) **함께 기뻐함**[喜, muditā] — **이들은 무량함이라 한다.**

[해설]

(1) **연민**[悲, karuṇā]:

(2) **함께 기뻐함**[喜, muditā]:

『청정도론』에서는 자애, 연민, 함께 기뻐함, 평온의 네 가지 무량함[四無量]을 다음과 같이 설명하고 있다.

[청정도론 IX]: "92. 이제 자애와 연민과 함께 기뻐함과 평온의 뜻에 관해서 설명한다.

호의를 가지기(majjati) 때문에 자애(mettā)이다. 애정을 가진다는 뜻이다. 친구에 대한 태도이기 때문에(mitte bhavā), 혹은 이것은 친구에게 일어나기(mittassa pavatti) 때문에 자애(mettā)이다.

다른 사람이 고통스러워할 때 선한 사람의 가슴이 동요하기(kampanaṁ karoti) 때문에 연민(karuṇā)이라 한다. 혹은 다른 사람의 고통을 제거하고, 죽이고, 부스러뜨리기 때문에 연민이다. 혹은 고통 받는 사람들을 향해 흩어져서(kiriyati) 가득 채움으로써 확장되기 때문에 연민이다.

이것을 가진 자는 이것 때문에 기뻐한다, 혹은 이것은 그 스스로 기뻐한다, 혹은 단지 기뻐하기 때문에 함께 기뻐함(muditā)이다.

'원한이 없기를!' 하는 등의 관심을 버리고 중립적인 상태에 의지함으로써 평정하기(upekkhati) 때문에 평온(upekkhā)이라 한다."

"93. 특징 등에 관해서 설명한다. 자애는 복리(hita)의 형태로 일어나는 것이 그 특징이다. 복리를 가져오는 역할을 한다. 증오를 조복함(vinaya)으로 나타난다. 중생에 대해 사랑스러움을 보는 것이 가까운 원인이다. 악의를 가라앉힐 때 이것을 성취하고 애정267)을 일으킬 때 실패한다."

"94. 연민은 중생에게 일어난 고통을 완화하려는 형태로 일어나는 것이 그 특징이다. 다른 이의 고통을 견디지 못하는 역할을 한다. 해코지 않음으로 나타난다. 고통에 압도된 자들에 대해 의지할 곳이 없는 상태를 보는 것이 가까운 원인이다. 잔인함을 가라앉힐 때 이것을 성취하고 근심을 일으킬 때 실패한다."

"95. 함께 기뻐함의 특징은 [다른 이의 성공을] 기뻐함이다. 질투하지 않는 역할을 한다. 따분함(arati)을 제거함으로 나타난다. 중생들의 성공을 보는 것이 가까운 원인이다. 따분함을 가라앉힐 때 이것을 성취하고 [세속적인 희열로] 왁자지껄한 웃음을 일으킬 때 실패한다."

"96. 평온은 중생들에 대해 중립적인 상태로 일어나는 것이 그 특징이다. 중생들에 대해 평정함을 보는 역할을 한다. 적의와 찬사를 가라앉힘으로 나타난다. 중생들은 업이 자신의 주인이다(kammassakatā). '[업 이외의] 다른 어떤 것이 있어 중생들이 행복하고, 고통으로부터 벗어나고, 이미 얻은 영화를 잃어버리지 않기를 바랄 수 있겠는가?'라고268) 생각하여 업이 자신의 주인임을 보는 것이 가까운 원인이다. 적의와 찬사를 가라앉힐 때 이것을 성취하고 무지(aññāṇa)에 바탕한 무관심을 일으킬 때 실패한다. 무지는 감각적 쾌락에 바탕하기 때문이다."

---

267) "원문의 애정(sineha)은 갈애라는 애정(taṇhā-sineha)이다."(Pm.i.379)

268) 오직 그가 지은 업으로 인해 행복하기도 하고 고통받기도 한다는 뜻임.

"154. 연민[悲, karunā]과 함께 기뻐함[喜, muditā] 은 거룩한 마음가짐[梵住]의 해설(IX. §92 이하)에서 설명한 대로 알아야 한다. 그곳에서는 본삼매를 얻은 색계에 속하고 여기서는 욕계에 속하는 것이 차이점이다.

어떤 자는 자애와 평온은 정해지지 않은 것(aniyata)들에 포함된다고 한다. 그것은 동의할 수 없다. 뜻으로 볼 때 성냄 없음이 바로 자애이고 중립이 바로 평온이다."

§8. 어리석음 없음[不癡, amoha] — 1가지

[해설]

'어리석음 없음[不癡, amoha]'은 마음부수에서 통찰지[慧, 般若, paññā]와 동의어로 쓰인다. 아비담마에서는 탐·진·치와 불탐·부진·불치의 여섯을 원인(hetu)으로 중요하게 다루고 있다.[269] 그래서 통찰지도 불치(어리석음 없음)의 범주에 포함시켜 설명하며 통찰지를 통찰지의 기능[慧根, paññindriya]이라고 표현하고 있다.

8. sabbathā pi paññindriyena saddhiṁ pañcavīsat' ime cetasikā sobhanā ti veditabbā.

통찰지의 기능[慧根, paññindriya]과 함께 모두 25가지 마음부수를 아름다운 것이라고 알아야 한다.

---

269) "무엇이 그때에 있는 '어리석음 없음'인가?
그때에 있는 통찰지, 통찰함, 간택, 꿰뚫어 간택함, 법의 간택[擇法], 주시함, 응시함, 차별화함, 영민함, 능숙함, 숙달됨, 분석함, 사색, 자세히 관찰함, 광대함, 현명함, 주도면밀함, 위빳사나, 알아차림, 몰이 막대, 통찰지, 통찰지의 기능, 통찰지의 힘, 통찰지의 칼, 통찰지의 궁전, 통찰지의 광명, 통찰지의 빛, 통찰지의 광휘로움, 통찰지의 보배, 어리석음 없음, 법의 간택, 바른 견해, 어리석음 없음이라는 유익함의 뿌리 — 이것이 그때에 있는 어리석음 없음이다."(Dhs. §34)

[해설]

(1) **통찰지의 기능**[慧根, paññindriya]:

'통찰지의 기능[慧根]'으로 옮겨지는 paññindriya는 paññā+indriya로 분석된다. paññā는 pra(앞으로)+√jñā(*to know*)에서 파생된 여성명사이다. 그냥 피상적으로 대상을 뭉뚱그려 알거나(sañjānāti, 인식)분별해서 아는 것(vijānati)을 넘어서서 '앞으로 더 나아가서(pra-) 아는 것'을 뜻한다.270) 이것이 통찰지(반야)의 가장 초보적인 의미라 하겠다. 대상을 변하는 것으로[無常, anicca] 알고, 변하는 것이기에 고(苦, dukkha)일 수밖에 없는 것으로 알며, 그러기에 어떤 불변하는 실체가 없는 것으로[無我, anatta] 아는 것이 초기경에 나타나는 반야의 기본 의미이다.

초기불전연구원에서는 paññā를 과감히 통찰지(洞察智)로 옮기고 있다. 경이나 아비담마에서 빤냐는 법의 고유성질[自性, sabhāva]을 통찰(paṭivedha)하는 것과 관련이 있고 무상·고·무아라는 법의 보편적 성질[共相, sāmañña-lakkhana]을 통찰하여 각각 無相(무상)·無願(무원)·空(공) 해탈271)을 실현하는 위빳사나와 깊이 관련되어 있기 때문이다.

그런데 대부분의 경우에 한국불교에서는 빤냐(paññā, 慧, 반야)와 냐나(ñāṇa 知, 智)를 똑같이 지혜로 옮기고 있어서 혼란의 여지가 있다. 물론 아비담마에서 이 둘은 같은 뜻으로 받아들이고 있지만 굳이 구분하자면 냐나는 빠린냐(pariññā, 통달지),272) 아빈냐(abhiññā, 신통지, 최상의 지

270) 『청정도론』은 대상을 경험하는 단계로 산냐-윈냐나-빤냐 혹은 인식함(sañjānana)-자세히 앎(vijānana)-꿰뚫어 앎(pajānana)이라는 술어를 통해서 그 깊이를 설명하고 있으므로 참조하기 바란다.(Vis.XIV.3~6)

271) 공·무상·무원의 해탈에 대해서는 제9장 §36과 『청정도론』 XXI.70 이하를 참조할 것.

272) ① 안 것의 통달지(ñāta-pariññā, 知遍知) ② 조사의 통달지(tīraṇa-pari-ññā, 審察遍知) ③ 버림의 통달지(pahāna-pariññā, 斷遍知)로 설명되

혜),[273] 안냐(aññā, 구경지, 구경의 지혜, 번뇌를 다 멸한 아라한의 경지의 지혜),[274] 빤냐(paññā, 통찰지) 등 초기경에 나타나는 고결한 지혜를 다 포함하는 개념이고 빤냐는 그 가운데 하나라고 할 수 있다.

통찰지(paññā)는 여기서 기능[根]으로 명명되고 있는데 존재를 있는 그대로 이해하는 뛰어난 기능을 가져 탁월한 일을 하기 때문이다. 거듭 말하지만 아비담마에서는 통찰지(반야, paññā)와 지혜(ñāṇa)와 어리석음 없음[不癡, amoha]이 동의어로 쓰이고 있다.

[청정도론 XIV]: "143 … 어리석음 없음은 고유성질을 있는 그대로 통찰하는(yathā-sabhāva-paṭivedha) 특징을 가진다. 혹은 실패 없이 [적중해서] 꿰뚫는 특징을 가진다. 마치 숙련된 궁수가 쏜 화살이 관통하는 것처럼. 대상을 밝히는(visaya-obhāsana) 역할을 한다. 마치 등불처럼. 미혹하지 않음(asammoha)으로 나타난다. 마치 숲 속에서 좋은 안내자처럼."

"2. 무엇이 통찰지인가? 통찰지는 여러 종류가 있으며 여러 측면이 있다. 이 모든 것을 설명하려 드는 대답은 원하는 목적을 달성시키지 못할 뿐만 아니라 오히려 혼란을 초래할 것이다. 그래서 오직 여기서 필요한 것에 관해서만 말하려 한다. 통찰지는 유익한 마음(善心)과 결합된 위빳사나의 지혜(vipassanā-ñāṇa)이다.[275]

"7. 그러면 통찰지의 특징, 역할, 나타남, 가까운 원인은 무엇인가?

는 '통달지(pariññā)'에 대해서는 『청정도론』 XX.3~5를 참조할 것.

273) '아빈냐(abhiññā, 신통지, 최상의 지혜)'에 대해서는 『앙굿따라 니까야』 제2권 「흐름을 따름 경」(A4:5) §1의 주해를 참조할 것.

274) '구경의 지혜(aññā)'를 얻는다는 말은 아라한과를 증득한다는 말이다. 주석서는 이렇게 설명한다.
"네 번째 도(아라한도)의 지혜 바로 다음에 구경의 지혜(aññā)가 생긴다. 즉 아라한과가 생긴다는 뜻이다."(AA.ii.348)

275) "kusalacitta-sampayuttaṁ vipassanā-ñāṇaṁ paññā."

통찰지의 특징은 법의 고유성질(sabhāva)을 통찰(paṭivedha)하는 것이다. 그것의 역할은 법의 고유성질을 덮어버리는 어리석음(moha)의 어둠을 쓸어버리는 것이다. 통찰지는 미혹하지 않음(asammoha)으로 나타난다. 통찰지의 가까운 원인은 삼매(samādhi)다. "삼매를 잘 닦은 자는 있는 그대로 알고 본다."(A10:2/v.3)라는 말씀이 있기 때문이다."

§9. 요약

9. ettāvatā ca:
teras' aññasamānā ca cuddasa akusalā tathā
sobhanā pañcavīsā ti dvipaññāsa pavuccare.

이처럼
다른 것과 같아지는 것들은 13가지이고
해로운 것은 14가지이며
아름다운 것은 25가지이다.
이리하여 52가지를 설했다.

II. 마음부수의 결합방법 — 16가지
cetasika-sampayoga-naya

§10. 개요

[해설]

이제까지 아비담마의 밑바탕이 되는 마음과 마음부수들에는 어떤 것들이 있으며 이들은 어떻게 분류되고 정의되는가를 살펴보았다. 이렇게 마음과 마음부수들을 정의한 뒤 당연히 가지게 되는 관심은 이 둘은 어떻게 결합되어 일어나는가 하는 것이다. 그래서 지금부터 『아비담맛타상가하』는 이 둘 사이에 어떤 관계가 있는지를 집중적으로 탐구한다.

마음과 마음부수들을 관찰하는 방법에는 두 가지가 있다. 먼저 마음부수법들에 초점을 맞추어 이들이 89/121가지로 분류되는 마음 중에서 어떤 마음들과 결합되는가를 고찰한다. 이를 일러 삼빠요가(sampayoga)[276]라고 부른다. 그다음에 89/121가지로 분류되는 마음은 또 어떤 마음부수법들과 조합되어 있는가를 고찰하는데 이를 상가하(saṅgaha)[277]라고 부른다. 이 둘을 구분하기 위해서 역자들은 전자를 '결합', 후자를 '조합'으로 옮기고 있다.

먼저 §§10~17에서는 결합(sampayoga)부터 설명한다.

10. tesaṁ cittāviyuttānaṁ yathāyogam ito paraṁ
cittuppādesu paccekaṁ sampayogo pavuccati.
satta sabbattha yujjanti yathāyogaṁ pakiṇṇakā
cuddasa akusalesv' eva sobhanesv' eva sobhanā.

이 이후부터는 마음들이 일어날 때
마음부수들[278]이 어떻게 결합하는지
그 낱낱의 결합을 순서대로 설하리라.
일곱 가지는 모든 마음들과, 때때로들은 적절한 때에,
14가지 [해로운 것]은 오직 해로운 마음들과,
아름다운 마음부수들은 오직 아름다운 마음들과 [결합한다.]

---

276) saṁ(함께)+pra(앞으로)+√yuj(*to yoke*)에서 파생된 남성명사임.

277) saṁ(함께)+√grah(*to take*)에서 파생된 남성명사임.

278) 여기서 '마음부수들'은 cittāviyuttā(citta+aviyuttā, 마음과 분리되지 않은 것)를 주석서를 참조해서 의역한 것이다.
"cittena saha aviyuttā cittāviyuttā, cetasikāti vuttaṁ hoti."(VṬ.112)

II.1. 다른 것과 같아지는 마음부수의 결합방법 — 7가지
aññasamāna-cetasika-sampayoga-naya

§11. 분석

11. kathaṁ?

(1) sabbacittasādhāraṇā tāva satt' ime cetasikā sabbesu pi ekūnanavuticittuppādesu labbhanti.

pakiṇṇakesu pana:

(2) vitakko tāva dvipañcaviññāṇa-vajjita-kāmāvacaracittesu c'eva ekādasasu paṭhamajjhānacittesu cā ti pañcapaññāsa cittesu uppajjati.

(3) vicāro pana tesu c'eva ekādasasu dutiyajjhānacittesu cā ti chasaṭṭhi cittesu jāyati.

(4) adhimokkho dvipañcaviññāṇa-vicikicchāsahagata-vajjitacittesu.

(5) vīriyaṁ pañcadvārāvajjana-dvipañcaviññāṇa-sampaṭicchana-santīraṇa-vajjita-cittesu.

(6) pīti domanass'-upekkhāsahagata-kāyaviññāṇa-catutthajjhāna-vajjita-cittesu.

(7) chando ahetuka-momūha-vajjita-cittesu labbhati.

어떻게?

(1) 우선 모든 마음에 공통되는 일곱 가지 마음부수는 모든 89가지 마음에서 발견된다.

때때로들 가운데서는,

(2) '일으킨 생각[尋, vitakka]'은 한 쌍의 전오식(前五識)을 제외한 욕계 마음(54-10=44)과 11가지 초선의 마음에서, 이렇게 55가지 마음(44+11)에서 일어난다.

<도표 2.2> 마음부수 · 마음의 결합

	마음부수들	마음들(번호)	합 계
다른 것과 같아지는 것들	공통들 7가지	모든 마음들	89/121
	일으킨 생각[尋]	1~12, 18, 19, 25~54, 55, 60, 65, 82, 87, 92, 97, 102, 107, 112, 117	55
	지속적 고찰[伺]	일으킨 생각 + 56, 61, 66, 83, 88, 93, 98, 103, 108, 113, 118	66
	결심	1~10, 12, 18, 19, 25~89(혹은 25~121)	78/110
	정진	1~12, 29~89(혹은 29~121)	73/105
	희열	1~4, 26, 30, 31~34, 39~42, 47~50, 55~57, 60~62, 65~67, 82~84, 87~89, 92~94, 97~99, 102~104, 107~109, 112 ~114, 117~119.	51
	열의	1~10, 31~89(혹은 31~121)	69/101
해로운 것들	해로운 공통들 4가지	1~12	12
	탐욕	1~8	8
	사견	1, 2, 5, 6	4
	자만	3, 4, 7, 8	4
	성냄 · 질투 · 인색 · 후회	9, 10	2
	해태 · 혼침	2, 4, 6, 8, 10	5
	의심	11	1
아름다운 것들	아름다운 공통들 19가지	31~89(혹은 31~121)	59/91
	절제들	31~38, 82~89(혹은 82~121)	16/48
	무량들	31~38, 47~54, 55~58, 60~63, 65~68	28
	어리석음 없음	31, 32, 35, 36, 39, 40, 43, 44, 47, 48, 51, 52, 55~89(혹은 55~121)	47/79

(3) '지속적 고찰[伺, vicāra]'은 이 마음들(55)과 11가지 제2선의 마음에서, 이렇게 66가지 마음에서 생긴다.

(4) '결심(adhimokkha)'은 한 쌍의 전오식과 의심이 함께한 마음을 제외한 모든 마음[(89-(10+1)=78]에서

(5) '정진(vīriya)'은 오문전향과 한 쌍의 전오식과 받아들이는 마음과 조사하는 마음을 제외한 모든 마음[89-(1+10+2+3)=73]에서

(6) '희열(pīti)'은 불만족이 함께한 마음(2)과 평온이 함께한 마음(55)과 몸의 알음알이[身識](2)와 제4선의 마음(11)을 제외한 모든 마음[121-(2+55+2+11)=51]에서

(7) '열의[欲, chanda]'는 원인 없는 마음(18)과 순전히 어리석은 마음(2)을 제외한 모든 마음[89-(18+2)=69]에서 얻어진다.

[해설]

1. **한 쌍의 전오식**(dvi-pañca-viññāṇa): 욕계 원인 없는 마음 18가지 가운데서 과보인 유익한 마음(제1장 §9)에도 속하고, 과보인 해로운 마음(제1장 §8)에도 속하는 눈의 알음알이, 귀의 알음알이, 코의 알음알이, 혀의 알음알이, 몸의 알음알이의 전오식(前五識) 5×2=10가지 마음을 말한다. 이를 아비담마에서는 dvi-pañca-viññāṇa(dvi[둘]-pañca [다섯]-viññāṇa[알음알이])라는 전문용어로 표현하고 '한 쌍의 전오식'으로 옮겼다. 이들 열 가지 마음은 단지 대상을 받아들이기만 하는 가장 기본적인 기능만을 담당하기 때문에 단지 일곱 가지 공통되는 마음부수만이 있을 뿐이며 그 외에는 어떤 다른 마음부수도 일어나지 않는다.

한 쌍의 전오식은 초보적인 마음이기 때문에 일으킨 생각[尋]은 여기에서 제외된다. 그리고 초선을 넘어선 모든 고귀한 마음들과 출세간 마음들에서도 일으킨 생각은 제외된다. 그래서 일으킨 생각은 욕계의 마음 54가지 중에서 이 한 쌍의 전오식 10가지를 제외한 44가지와 색

계 초선(初禪)의 마음 3가지(초선의 유익한 마음, 과보의 마음, 작용만 하는 마음), 초선과 함께하는 출세간의 8가지 마음을 합하여 모두 55가지가 된다.(11가지 초선의 마음에 대해서는 제1장 §32와 그 해설을 참조할 것.)

지속적 고찰은 제2선까지만 일어나고 더 높은 禪에서는 일어나지 않는다. 그러므로 지속적 고찰은 위의 55가지에다 색계 제2선의 마음 3가지와 제2선과 함께하는 출세간의 8가지 마음을 더하여 모두 66가지가 된다.

결심은 의심하는 마음에서 제외된다. 마음이 의심에 의해서 가로막히면 결심을 할 수 없기 때문이다.

정진은 오문전향의 마음 한 가지와 받아들이는 마음 두 가지와 조사하는 마음 세 가지(제1장 §§8~10 참조)에서 제외된다. 이 마음들은 상대적으로 약하고 수동적인 성질을 가지고 있기 때문이다.

희열은 항상 기쁨(somanassa)이라는 느낌과 함께한다. 그러나 제4선의 마음들은 희열이 없는 기쁜 느낌만을 가지고 있다.

여기서 열의는 행동하고자 하고 목적을 성취하고자 하는 바람이다. 어리석음에 뿌리박은 두 가지 마음은 목적을 가진 행위, 즉 열의가 없다.

§12. 요약

12. te pana cittuppādā yathākkamaṁ:
chasaṭṭhi pañcapaññāsa, ekādasa ca soḷasa
sattati vīsati c'eva pakiṇṇakavivajjitā.
pañcapaññāsa chasaṭṭhi'ṭṭhasattati tisattati
ekapaññāsa c'ekūnasattati sapakiṇṇakā.

그 마음의 종류들은 순서에 따라서
66가지, 55가지, 11가지, 16가지이고

70가지, 20가지로서 때때로들을 제외한 것이다.
55가지, 66가지, 78가지, 73가지
51가지, 69가지로서 때때로들과 함께한 것이다.

[해설]

여기서는 89/121 마음을 여섯 가지 '때때로들'을 제외하고서 고찰해 본 것이다. 즉 121-55=66가지 마음에는 일으킨 생각[尋]이 없고, 마찬가지로, 121-66=55가지 마음에서는 지속적 고찰[伺]이, 89-78=11가지에는 결심이, 89-73=16가지에는 정진이, 121-51=70가지에는 희열이, 89-69=20가지 마음에는 열의가 없다는 계산이다. 반대로, '때때로들'과 결합하여 일어나는 마음들을 55가지 등으로 나열하고 있다. 여기서 왜 어떤 경우는 121가지로 계산하고 어떤 경우는 89가지로 계산하나 하는 의문이 생길 것이다. 여기서 일으킨 생각과 지속적 고찰과 희열은 禪의 구성요소에도 속하는 것들이므로 121가지 마음에서 계산한다. 그래야 가능한 모든 경우가 다 포함되기 때문이다.

II.2. 해로운 마음부수의 결합방법 — 5가지
akusalacetasika-sampayoga-naya

§13. 분석

13. (1) akusalesu pana moho ahirikaṁ, anottappaṁ, uddhaccañ cā ti cattāro 'me cetasikā sabbākusalasādhāraṇā nāma. sabbesu pi dvādasa akusalesu labbhanti.

(2) lobho aṭṭhasu lobhasahagatacittesv' eva labbhati.

(3) diṭṭhi catūsu diṭṭhigatasampayuttesu.

(4) māno catūsu diṭṭhigatavippayuttesu.

(5) doso, issā, macchariyaṁ, kukkuccañ cā dvīsu paṭighasampayutta-cittesu.

(6) thīnaṁ, middhaṁ pañcasu sasaṅkhārikacittesu.

(7) vicikicchā vicikicchāsahagatacitte yeva labbhatī ti.

(1) 해로운 마음부수에서 어리석음과 양심 없음, 수치심 없음, 들뜸, 이 4가지 마음부수는 모든 해로운 마음에 공통되는 것이며 12가지 해로운 마음 모두에서 얻어진다.

(2) 탐욕은 오직 8가지 탐욕이 함께한 마음에서만 얻어진다.

(3) 사견은 4가지 사견과 결합된 마음에서

(4) 자만은 4가지 사견과 결합되지 않은 마음에서

(5) 성냄, 질투, 인색, 후회는 2가지 적의와 결합된 마음에서

(6) 해태와 혼침은 5가지 자극받은 마음에서

(7) 의심은 의심이 함께한 마음에서만 얻어진다.

[해설]

1. **모든 해로운 마음에 공통되는 것**(sabba-akusala-sādhāraṇā): 어리석음과 양심 없음, 수치심 없음, 들뜸은 모든 12가지 해로운 마음에서 항상 일어난다. 모든 해로운 마음은 어리석음 때문에 그 해로운 것들이 위험한 줄을 모르며(anādīnavadassāvī) 양심 없음 때문에 그 해로운 것들에 넌더리내지 못하고(ajigucchanta), 수치심 없음 때문에 수치스럽게 여기지 못하고(anottappanta), 들뜸 때문에 편안하고 고요하지 못한다(avūpasanta). 그래서 해로운 마음이 생기는 것이다.(VṬ.114)

2. **탐욕**(lobha), **사견**(diṭṭhi), **자만**(māna): 탐욕, 사견, 자만은 모두 여덟 가지 탐욕이 함께한 마음에서 작용한다. 그중에서 탐욕은 여덟 가지 모두에서 작용하는 것이 당연하겠고 사견과 자만이 탐욕과 함께 포함되는 이유는 이 둘은 모두 취착의 [대상이 되는] 다섯 가지 무더기

[五取蘊]와 연결되어 있기 때문이다.[279] 그러나 아비담마에 의하면 사견과 자만은 상반되는 성질을 가지고 있어서 이 둘이 동시에 생기지는 못한다. 사견은 대상을 여실지견(如實知見)하지 못하여 일어나는 현상이고 자만은 자부심에 바탕을 둔 것이어서 내가 남보다 뛰어나다, 남과 동등하다, 남보다 못하다라는 마음의 현상이다. 그런데 사견이 '사견과 결합된 4가지 마음'에서 반드시 발견된다고 하여 자만이 '사견과 결합되지 않은 4가지 마음'에서 반드시 일어나는 것은 아니다. 그러나 자만은 반드시 사견과 결합되지 않은 4가지 마음에서만 일어나므로 이 넷과 연결지어 분류하는 것이다.

3. **성냄, 질투, 인색, 후회**: 이 네 가지 마음부수는 반드시 적의와 결합된 두 가지 마음과 함께 일어난다. 이 중에서 성냄은 적의와 결합된 마음 둘 다에서 나타나지만 나머지 질투와 인색과 후회는 반드시 나타나는 것은 아니다. 그러나 일단 이 마음부수법들이 나타나면 반드시 적의와 결합된 마음과 함께 일어나므로 이렇게 분류하는 것이다.

4. **해태, 혼침**: 해태와 혼침은 지둔(至鈍)한 것을 특징으로 하므로 해로움[不善]을 일으키는 동적이고 날카로운 마음과는 함께 일어나지 못한다. 그래서 이 둘은 지둔함에도 불구하고 다섯 가지 자극이 있는 마음과 함께 일어난다.

§14. **요약**

14. sabbāpuññesu cattāro lobhamūle tayo gatā
dosamūlesu cattāro sasaṅkhāre dvayaṁ tathā
vicikicchā vicikicchācitte cā ti catuddasa

---

279) 여기에 대해서는 S22:15의 주해와 M35 §21의 주해와 M1 §§2~3의 해당 주해들을 참조할 것.

dvādasa akulesv' eva sampayujjanti pañcadhā.

넷은 모든 해로운 것에서, 셋은 탐욕에 뿌리박은 것에서,
넷은 성냄에 뿌리박은 것에서, 둘은 자극이 있는 것에서,
의심은 의심이 함께한 마음에서, 이렇게 14가지 [마음부수가]
12가지 해로운 것에 다섯 가지 방법으로 결합된다.

[해설]

역자들은 이미 위에서 해로운 마음부수들을 이렇게 다섯 가지로 분류해 하나하나 설명했다. 이렇게 나누어 보면 복잡한 구도로 일어나는 듯이 보이는 모든 해로운 법들의 갈래가 좀 더 분명하게 드러나게 되어 수행에 많은 도움이 될 것이다. 욕계에 사는 우리 인간들에게는 해로운 생각들을 어떻게 극복할 것인가가 중요한 과제 중의 하나라 할 것이다. 해로운 마음부수들[不善心所]의 극복을 위한 중요한 방법 중의 하나가 우리 마음에는 어떤 해로운 것들이 있으며 그들은 어떤 계통을 통해 어디서 어떻게 작용하는지를 파악하는 것이라 하겠다. 이렇게 가닥을 잡아서 마음을 파악하지 않으면 해로운 마음부수들에 휘둘리기 십상이기 때문이다.

수행할 때의 집중되고 고요하며 편안하던 마음이 일상으로 돌아오면 다시 이런 해로운 생각들[不善法]의 노예가 되어버리는 것은 물론 번뇌를 모두 다 타파하지 못한 것이 근본 원인이다. 그러나 아비담마에서 가르치는 이런 해로운 생각들을 파악하여 숙지하고 있으면 최소한 그런 생각들이 일어나더라도 그것에 속지 않으려는 태도를 다잡게 될 것이다. 이런 마음자세를 기르려는 것이 아비담마를 공부하는 큰 목적 중의 하나이다.

그리고 이런 해로운 생각들을 극복하는 방법으로 경이나 『청정도론』 등에 아주 중요하게 나타나는 것이 '반조(paccavekkhaṇa)'이다. 그

러므로 해로운 생각들이 일어나면 그냥 바라보기만 할 것이 아니라 '나에게 이러이러한 해로운 생각이 일어났다. 이것은 해탈·열반에 도움이 되는가, 되지 않는가? 도움이 되지 않는다. 그러므로 나는 이런 생각을 버려야 한다.'라고 마음속으로 반조하는 구절을 되뇌어 스스로 이런 해로운 생각[不善法]을 없애도록 결의를 굳게 해야 할 것이다.280) 그러므로 반조는 수행자들이 반드시 새기고 있어야 할 가르침이다. 이렇게 분명한 말로써 자기 마음속에서 되뇌게 되면 해로운 생각들은 극복될 것이고 나에게 어떤 불선법이 일어났는가를 정확히 알게 될 것이다.

많은 수행자들이 수행 잘 되는 것에만 마음을 두어 삼매가 어떻고 화두 일념이 어떻고 위빳사나 수행을 하니 이런 경지가 나타나고 하는 무용담을 늘어놓는 데 맛을 들이고, 듣는 사람도 그것을 즐기는 것 같다. 옛 스님들께서도 말씀하셨듯이 수행은 수행이 안 될 때 대착을 마련해서 되게 하는 것이다. 우리가 부처님 법을 배우고 아비담마를 배우는 것은 수행이 안 될 때는 어떻게 조치하고 어떻게 나 자신을 추슬러야 하는가를 배우려는 목적이 더 크다. 모두가 다 아무런 장애 없이 삼매에 들고, 모두가 다 화두 일념이 되고, 모두가 다 위빳사나로 근본 번뇌들을 다 뽑아버릴 수 있다면 부처님 가르침이 무슨 소용이 있겠는가? 아비담마는 나를 해체하고 분석해서 관찰하는 방법을 가르친다. 이런 아비담마적인 태도를 익히면 특히 수행이 안 될 때 그런 심리 상태를 정확하게 분석하고 파악해 내는 큰 도구를 얻은 것이 될 것이다. 모르면 속는다. 알면 속지 않고 극복해낼 수 있다.

---

280) 예를 들면 세존께서는 「대중공사 경」(A2:2:5)에서 이렇게 말씀하신다.

"비구들이여, 계를 범한 비구는 이렇게 자신을 잘 반조한다.
'나에게 해로운 생각이 일어나서 어떤 점에 대해서 몸으로 잘못을 범했다. … 그러므로 마치 세금을 내어야 하는 사람이 죄를 범한 것처럼 내가 잘못을 범했다.' …"(A2:2:5)

II.3. 아름다운 마음부수의 결합방법 — 4가지

sobhanacetasika-sampayoga-naya

§15. 분석

[해설]

여기서는 앞에서 네 가지로 분류된 25가지 아름다운 마음부수가 어떤 마음들과 결합되는가를 분석해 보이고 있다.

15. (1) sobhanesu pana sobhanasādhāraṇā tāva ekūnavīsat' ime cetasikā sabbesu pi ekūnasaṭṭhi sobhanacittesu saṁvijjanti.

(2) viratiyo pana tisso pi lokuttaracittesu sabbathā pi niyatā ekato' va labbhanti. lokiyesu pana kāmāvacarakusalesv' eva kadāci sandissanti visuṁ visuṁ.

(3) appamaññāyo pana dvādasasu pañcamajjhānavajjita-mahaggatacittesu c'eva kāmāvacarakusalesu ca sahetuka-kāmāvacara-kiriyacittesu cā ti — aṭṭhavīsaticittesv'eva — kadāci nānā hutvā jāyanti. upekkhāsahagatesu pan'ettha karuṇā muditā na santī ti keci vadanti.

(4) paññā pana dvādasasu ñāṇasampayutta-kāmāvacaracittesu c'eva sabbesu pi pañcatiṁsa mahaggata-lokuttaracittesu cā ti sattacattālīsa cittesu sampayogaṁ gacchatī ti.

(1) 아름다운 마음에서 우선 19가지 아름다운 것에 공통되는 마음부수는 59가지 모든 아름다운 마음에서 일어난다.

(2) 세 가지 절제는 모든 출세간의 마음에서 반드시, 한꺼번에 얻어진다. 세간적인 욕계 유익한 마음에서는 가끔, 따로따로 [얻어진다.](8+8=16)

(3) **무량한 마음부수들은 28가지 마음에서 가끔 다르게 생긴다. 즉 제5선을 제외한 12가지 고귀한 마음**(4×3=12)**과 [8가지] 욕계 유익한 마음과 [8가지] 원인을 가진 욕계 작용만 하는 마음**(12+8+8=28)**이다. 어떤 이들은 평온이 함께한 마음들에서 연민과 함께 기뻐하는 마음은 발견되지 않는다고 말한다.**

(4) **그러나 통찰지**[慧]**는 47가지 마음과 결합된다. 즉 12가지 지혜와 결합된 욕계 마음과 35가지 모든 고귀한 마음과 출세간 마음**(12+35=47)**이다.**

[해설]

1. **세 가지 절제:** 바른 말[正語], 바른 행위[正業], 바른 생계[正命]는 출세간의 도와 과의 마음에서는 반드시 함께 일어난다. 그러나 세간의 마음에서는 오직 욕계의 8가지 '유익한 마음'에서 의도적으로 나쁜 말, 나쁜 행위, 나쁜 생계로부터 절제하려는 마음이 일어날 때 생긴다. 그러므로 8가지 욕계의 '아름다운 작용만 하는 마음'으로나 '과보의 마음'으로도 나타나지 않는다. 그리고 색계와 무색계에서도 나타나지 않는다. 색계와 무색계의 마음은 모두 선정과 연결된 마음들이기 때문이다.

그리고 말과 행위와 생계를 범하는 것은 각각 서로 다른 영역에 속하기 때문에 세간의 마음에서 이 세 가지 절제는 서로가 서로를 배제하여 함께 일어나지 못하고 개별적으로만 일어난다. 즉 하나가 일어나면 다른 둘은 결코 일어나지 않는다. 예를 들면, 살생을 금하는 마음이 일어날 때는 도둑질을 금하고, 삿된 음행을 금하는 마음 등은 한 심찰나(心刹那, cittakkhaṇa)에 같이 일어나지 못한다는 말이다. 그러나 출세간에서는 바른 말, 바른 행위, 바른 생계는 동시에 함께 일어나며, 바른 말과 바른 행위와 바른 생계의 모든 측면을 다 구족하여 있다. 즉 바른 말이 일어나면 모든 그릇된 말을 없애며 바른 행위는 모든 그릇된 행위를 제거하며 바른 생계는 그릇된 생계를 모두 다 제거하기 때문이다.

2. **무량한 마음부수들**: 사무량심으로 표현되는 자 · 비 · 희 · 사 가운데서 자애와 평온은 각각 성냄 없음과 중립에 속하는데 이 둘은 모든 아름다운 마음들에 공통적으로 나타난다. 그러나 연민[悲]과 함께 기뻐함[喜]은 특정한 아름다운 마음에서만 나타난다.

연민은 남의 고통을 보고 일어나는 마음부수이며 함께 기뻐함은 남의 행복을 보고 일어나는 마음이므로 한 찰나의 마음에 같이 일어나지는 못한다. 물론 연민은 해로운 마음부수[不善法]에 속하는 불만족(domanassa, 정신적 고통)이나 비애 등을 결코 수반하지 않는 유익한 법이다. 다섯 가지로 분류하는 禪들(오종선) 가운데서 제4선까지만 연민[悲]과 함께 기뻐함[喜]은 일어난다. 제4선까지는 행복과 연결되어 있기 때문이다. 그러나 제5선은 평온[捨]과 연결되어 있기 때문에 연민과 함께 기뻐함과 자애는 일어나지 않으며 평온만이 일어난다. 평온[捨]은 자 · 비 · 희와 함께할 수 없다는 뜻에서 어떤 스승들은 평온이 함께한 욕계의 유익한 마음에서도 연민과 함께 기뻐함의 무량한 마음부수들은 일어나지 못한다고 주장한다.281)

3. **통찰지**[慧]: 통찰지는 그것이 일어나는 마음에 따라서 다양한 특징을 가진다. 욕계의 지혜가 없는 마음을 제외한 모든 욕계의 아름다운 마음은 어느 정도 이상의 지혜를 가진다. 그래서 모두 47가지 마음에서 일어난다.

§16. 요약

16. ekūnavīsati dhammā jāyant' ekūnasaṭṭhisu
tayo soḷasacittesu aṭṭhavīsatiyaṁ dvayaṁ

---

281) "upekkhāsahagatakāmāvacaresu karuṇāmuditānaṁ asambhavavādo kecivādo kato."(VṬ.116)

paññā pakāsitā sattacattālīsavidhesu pi
sampayuttā catudh'evaṁ sobhanesv' eva sobhanā.

19가지 법들은 59가지 마음에서 일어나고
3가지는 16가지 마음에서, 2가지는 28가지 마음에서,
통찰지[慧]는 47가지 마음에서 발견된다고 설했다.
아름다운 마음부수는 아름다운 마음에서
네 가지 방법으로 결합된다.

II.4. 고정된 것과 고정되지 않은 것 niyata-aniyata-bheda

[해설]

'고정된 것'으로 옮긴 niyata는 ni(아래로)+√yam(*to restrain*)의 과거분사로서 '고정된, 고착된, 확실한, 확정된, 일정한, 불변하는'의 뜻을 나타낸다.282) 아비담마에서는 89/121가지 가운데서 어느 특정한 마음이 일어날 때 반드시 일어나는 마음부수들을 나타내는 용어이다. '고정되지 않은 것'으로 옮긴 aniyata는 niyata에다 부정접두어 'a-'를 첨

282) 여기서 '고정된 것'과 '고정되지 않은 것'으로 옮기고 있는 niyata와 aniyata는 『담마상가니』 세 개 조 마띠까에서 'micchattaniyatā dhammā/ sammattaniyatā dhammā/ aniyatā dhammā/'(ma3-15)로도 나타나고, 두 개 조 마띠까에서는 'niyatā dhammā/ aniyatā dhammā'(ma2-98)로도 나타난다. 『담마상가니』에서는 문맥에 따라 이들을 각각 '그릇된 것으로 확정된 법들/ 바른 것으로 확정된 법들/ 확정되지 않은 법들'(ma3-15)과 '확정된 법들/ 확정되지 않은 법들'(ma2-98)로 옮겨서, niyata는 확정된 것으로 aniyata는 확정되지 않은 것으로 옮겼다.

냐나몰리 스님도 niyata를 *certain*과 *invariable*의 둘로 설명하고 있는데 (NMD) 전자는 『담마상가니』의 '확정된'에 해당하고 후자는 본서의 '고정된'에 해당되는 번역이라 여겨진다. 한편 이들 마띠까에 대한 설명은 『담마상가니』 제2권의 간결한 설명 편의 §§1035~1037과 §§1297~1298, 주석 편의 §§1426~1428과 §§1611~1612에 나타나고 있으므로 참조하기 바란다.

가하여 만든 단어로 이들은 이들이 일어나는 영역 안의 마음에서 항상 함께 일어나는 것은 아니기 때문이다. 52가지 마음부수 가운데서 아래의 11가지는 고정되지 않은 것들이고 나머지 41가지는 고정된 것들이다.

§17. **분석**

17. issā-macchera-kukkucca-virati-karuṇādayo
nānā kadāci māno ca thīna-middhaṁ tathā saha.
yathāvuttānusārena sesā niyatayogino
saṅgahañ ca pavakkhāmi tesaṁ dāni yathārahaṁ.

질투, 인색, 후회, 절제, 연민 등[283]과
자만은 따로따로 가끔 [일어난다].
해태와 혼침도 그와 같지만 함께 [일어난다].
이미 설한 것을 제외한 나머지는 고정되어 결합된다.
이제 그들의 조합을 적절하게 설하리라.

[해설]

이들을 정리해보면 다음과 같다.

(1) 자만은 가끔(kadāci) 일어난다.

(2) 질투와 인색과 후회는 따로따로(nānā) 가끔 일어난다.

(3) 해태와 혼침은 함께(saha) 일어나고 가끔 일어난다.

(4) 3가지 절제(정어 · 정업 · 정명)는 세간적인 마음에서는 따로따로 가끔 일어나지만 출세간 마음에서는 항상 함께 일어난다.

(5) 연민과 함께 기뻐함은 따로따로 가끔 일어난다.

[청정도론 XIV]: "133 … 연민, 함께 기뻐함, 몸으로 짓는 나쁜 행위

283) 함께 기뻐함(muditā)을 뜻한다. 연민하는 대상과 기뻐하는 대상은 다르기 때문에 연민(비)과 함께 기뻐함(희)은 함께 일어날 수 없다.

의 절제(virati), 말로 짓는 나쁜 행위의 절제, 그릇된 생계의 절제 — 이 5가지는 고정되지 않은 것(aniyata)이다. 왜냐하면 이들은 가끔 일어나고, 또 일어나더라도 이들은 서로 같이 일어나지 않기 때문이다."(즉 3가지 절재와 2가지 무량의 5가지는 함께 일어나지 못한다는 말이다.)

"154. … 어떤 자는 자애와 평온은 고정되지 않은 것(aniyata)들에 포함된다고 한다. 그것은 동의할 수 없다. 뜻으로 볼 때 성냄 없음이 바로 자애이고 중립이 바로 평온이다."

III. 마음부수의 조합방법 — 33가지

cetasika-saṅgaha-nayo

[해설]

여기서는 121가지 마음의 측면에서 마음부수법들이 어떻게 조합되어 일어나는지를 설명한다. 이런 조합을 아비담마에서는 이미 설명한 대로 상가하(saṅgaha)의 방법(naya)이라 부른다. 역자들은 편의상 앞의 결합(sampayoga)과 구별하기 위해서 '조합'이라고 옮긴다.

§18. 개요

18. chattiṁsa anuttare dhammā pañcatiṁsa mahaggate
aṭṭhatiṁsā pi labbhanti kāmāvacarasobhane.
sattavīsaty' apuññamhi, dvādasa ahetuke ti ca
yathāsambhavayogena pañcadhā tattha saṅgaho.

36가지 법들은 출세간 마음에서, 35가지는 고귀한 마음에서,
38가지는 욕계의 아름다운 마음에서 얻어진다.
27가지는 해로운 마음에서, 12가지는 원인 없는 마음에서,
일어나는 방법에 따라 그들의 조합은 다섯 가지이다.

III.1. 출세간 마음의 조합방법 — 5가지
lokuttaracitta-saṅgaha-naya

§19. 분석

19. kathaṁ?

(1) lokuttaresu tāva aṭṭhasu paṭhamajjhānikacittesu aññasamānā terasa cetasikā appamaññāvajjitā tevīsati sobhanacetasikā cā ti chattiṁsa dhammā saṅgahaṁ gacchanti.

(2) tathā dutiyajjhānikacittesu vitakkavajjā.

(3) tatiyajjhānikacittesu vitakka-vicāravajjā.

(4) catutthajjhānikacittesu vitakka-vicāra-pītivajjā.

(5) pañcamajjhānikacittesu pi upekkhāsahagatā te eva saṅgayhantī ti.

sabbathā pi aṭṭhasu lokuttaracittesu pañcaka-jjhānavasena pañcadhā va saṅgaho hotī ti.

어떻게?

(1) 우선 8가지 출세간의 초선의 마음에는 36가지 마음부수가 조합된다. 즉 다른 것과 같아지는 13가지 마음부수와, [2가지] 무량함을 제외한 23가지 아름다운 마음부수이다.(13+23=36)

(2) 그와 마찬가지로 출세간의 제2선의 마음에는 '일으킨 생각'을 제외한 나머지 모든 것들이(35)

(3) 제3선의 마음에는 '일으킨 생각'과 '지속적 고찰'을 제외한 나머지 모든 것들이(34)

(4) 제4선의 마음에는 '일으킨 생각'과 '지속적 고찰'과 '희열'을 제외한 나머지 모든 것들이(33)

(5) 제5선의 마음에는 [행복 대신에] 평온이 함께하여 제4선의 것과 같은 마음부수들이 조합된다.(33)

이와 같이 8가지 출세간 마음에는 다섯 가지 禪에 따라 모두 다섯 가지 조합이 있다.

[해설]

1. **출세간의 초선의 마음**: 출세간禪의 마음에 대해서는 제1장 §§31 ~32를 참조할 것.

2. **[2가지] 무량함을 제외한**: 연민[悲], 함께 기뻐함[喜]의 2가지 무량한 마음부수는 출세간의 마음들에서는 나타나지 않는다. 연민과 함께 기뻐함은 모두 중생들을 대상으로 하여 일어나는 마음부수인데 (Vis.IX.102) 출세간의 마음은 열반을 대상으로 해서만 일어나기 때문이다. 자애[慈]와 평온[捨]으로 사무량심에도 포함되는 성냄 없음과 중립의 마음부수들은 출세간의 마음들에서 일어난다. 그러나 이 둘은 출세간의 마음들에서는 중생들을 대상으로 한 자애와 중생들을 대상으로 한 평온의 형태로써는 일어나지 않는다.

§20. **요약**

20. chattiṁsa pañcatiṁsa ca catuttiṁsa yathākkamaṁ
tettiṁsa dvayam icc' evaṁ pañcadha anuttare ṭhitā.

36가지, 35가지, 34가지,
마지막 두 종류에 각각 33가지,
이와 같이 출세간에 다섯 가지 [조합]이 있다.

〈도표 2.3〉 마음 · 마음부수의 조합

마음들		번호	마음부수들(번호)	합계
출세간	초선	8개	1~13, 28~49, 52	36
	제2선	8개	1~7, 9~13, 28~49, 52	35
	제3선	8개	1~7, 10~13, 28~49, 52	34
	제4선	8개	1~7, 10, 11, 13, 28~49, 52	33
	제5선	8개	1~7, 10, 11, 13, 28~49, 52	33
고귀한	초선	3개	1~13, 28~46, 50~52	35
	제2선	3개	1~7, 9~13, 28~46, 50~52	34
	제3선	3개	1~7, 10~13, 28~46, 50~52	33
	제4선	3개	1~7, 10, 11, 13, 28~46, 50~52	32
	제5선	15개	1~7, 10, 11, 13, 28~46, 52	30
욕계 아름다운	유익한	31, 32	1~13, 28~52	38
	〃	33, 34	1~13, 28~51	37
	〃	35, 36	1~11, 13, 28~52	37
	〃	37, 38	1~11, 13, 28~51	36
	과보인	39, 40	1~13, 28~46, 52	33
	〃	41, 42	1~13, 28~46	32
	〃	43, 44	1~11, 13, 28~46, 52	32
	〃	45, 46	1~11, 13, 28~46	31
	작용만 하는	47, 48	1~13, 28~46, 50~52	35
	〃	49, 50	1~13, 28~46, 50, 51	34
	〃	51, 52	1~11, 13, 28~46, 50~52	34
	〃	53, 54	1~11, 13, 28~46, 50~51	33
해로운	탐욕에 뿌리박은	1	1~19	19
	〃	2	1~19, 25, 26	21
	〃	3	1~18, 20	19
	〃	4	1~18, 20, 25, 26	21
	〃	5	1~11, 13, 14~19	18
	〃	6	1~11, 13, 14~19, 25, 26	20
	〃	7	1~11, 13, 14~18, 20	18
	〃	8	1~11, 13, 14~18, 20, 25, 26	20
	성냄에 뿌리박은	9	1~11, 13, 14~17, 21~24	20
	〃	10	1~11, 13, 14~17, 21~24, 25, 26	22
	어리석음에 뿌리박은	11	1~9, 11, 14~17, 27	15
	〃	12	1~11, 14~17	15
원인 없는	전오식	13~17	1~7	7
	전오식	20~24	1~7	7
	받아들이는	18, 25	1~10	10
	조사하는	19, 27	1~10	10
	조사하는	26	1~10, 12	11
	오문전향	28	1~10	10
	의문전향	29	1~11	11
	미소짓는	30	1~12	12

III.2. 고귀한 마음의 조합방법 — 5가지
mahaggatacitta-saṅgaha-naya

§21. 분석

21. mahaggatesu pana:

(1) tīsu paṭhamajjhānikacittesu tāva aññasamānā terasa cetasikā, viratittayavajjitā dvāvīsati sobhanacetasikā cā ti pañcatiṁsa dhammā saṅgahaṁ gacchanti. karuṇā-muditā pan' ettha paccekam eva yojetabbā.

(2) tathā dutiyajjhānikacittesu vitakkavajjā.

(3) tatiyajjhānikacittesu vitakka-vicāravajjā.

(4) catutthajjhānikacittesu vitakka-vicāra-pītivajjā.

(5) pañcamajjhānikacittesu pana pannarasasu appamaññāyo na labbhantī ti.

sabbathā pi sattavīsatimahaggatacittesu pañcakajjhānavasena pañcadhā va saṅgaho hotī ti.

고귀한 마음들에서,

(1) 초선의 세 가지 마음에는 35가지 법이 조합된다. 즉 다른 것과 같아지는 13가지 마음부수와, 세 가지 절제를 제외한 22가지 아름다운 마음부수이다.(13+22=35) 그러나 여기서 '연민'과 '함께 기뻐함'은 개별적으로 적용이 되어야 한다.

(2) 그와 마찬가지로 제2선의 마음에는 '일으킨 생각'을 제외한 나머지 모든 것들이(34)

(3) 제3선의 마음에는 '일으킨 생각'과 '지속적 고찰'을 제외한 나머지 모든 것들이(33)

(4) 제4선의 마음에는 '일으킨 생각'과 '지속적 고찰'과 '희열'을 제외

한 나머지 모든 것들이(32) [조합된다].

(5) 15가지 제5선의 마음에는 무량함은 발견되지 않는다.(30)

이와 같이 27가지 고귀한 마음에는 다섯 가지 禪에 따라 다섯 가지 조합이 있다.

[해설]

1. **초선의 세 가지 마음**: 유익한 마음, 과보의 마음, 작용만 하는 마음의 셋이다.

2. **세 가지 절제를 제외한**: 본 장 §15 (1)에서도 설명했듯이 정어, 정업, 정명의 세 가지 절제는 禪에는 나타나지 않는다. 즉 禪에 들었을 때는 의도적으로 말과 행위와 생계를 절제하는 것이 일어나지 않는다는 뜻이다.

3. **'연민'과 '함께 기뻐함'은 개별적으로 적용이 되어야 한다**: 즉 연민은 고통받는 중생을 대상으로 하고, 함께 기뻐함은 행복한 중생을 대상으로 한다. 그래서 연민은 동정심의 형태로 나타나고, 함께 기뻐함은 기쁨의 형태로 나타난다. 그러므로 이 둘은 한 찰나의 마음에서는 같이 존재할 수 없다. 그러므로 제5선을 제외한 색계의 마음에서는 따로 일어나고 함께 일어나지 않는다.

§22. 요약

22. pañcatiṁsa catuttiṁsa tettiṁsa ca yathākkamaṁ
bāttiṁsa c'eva tiṁseti pañcadhā va mahaggate.

35가지, 34가지, 33가지, 32가지, 30가지가 각각 있다.
이와 같이 고귀한 마음에 다섯 가지가 있다.

III.3. 욕계 아름다운 마음의 조합방법 — 12가지
kāmāvacara-sobhanacitta-saṅgaha-naya

§23. 분석

23. (1) kāmāvacarasobhanesu pana kusalesu tāva paṭhama-dvaye aññasamānā terasa cetasikā, pañcavīsati sobhanacetasikā cā ti aṭṭhatiṁsa dhammā saṅgahaṁ gacchanti. appamaññā viratiyo pan'ettha pañca pi paccekam eva yojetabbā.

(2) tathā dutiyadvaye ñāṇavajjitā.

(3) tatiyadvaye ñāṇasampayuttā pītivajjitā.

(4) catutthadvaye ñāṇapītivajjitā te eva saṅgayhanti.

(5)~(8) kiriyacittesu pi virativajjitā tath'eva catūsu pi dukesu catudhā va saṅgayhanti.

(9)~(12) tathā vipākesu ca appamaññā-virati-vajjitā te eva saṅgayhantī ti.

sabbathā pi catuvīsati kāmāvacarasobhana-cittesu dukavasena dvādasadhā va saṅgaho hotī ti.

(1) 욕계의 아름다운 마음에서 우선 유익한 마음의 첫 번째 [자극받고 자극받지 않은] 한 쌍의 마음에는 38가지 마음부수들이 조합된다. 즉 다른 것과 같아지는 13가지 마음부수와 25가지 아름다운 마음부수이다.(13+25=38) 그러나 여기서 [2가지] 무량함과 [3가지] 절제는 개별적으로 적용되어야 한다.

(2) 그와 마찬가지로 두 번째 한 쌍의 마음에는 지혜를 제외한 나머지 모두가 [조합된다.](37)

(3) 세 번째 한 쌍의 마음에는 지혜와 결합되고 희열을 제외한 나머지 모두가 [조합된다.](37)

⑷ **네 번째 한 쌍의 마음에는 지혜와 희열을 제외한 나머지 모두가 조합된다.**(36)

⑸~⑻ **작용만 하는 마음에서도 네 가지 한 쌍의 마음에는 [세 가지] 절제를 제외하고, 마찬가지로 그들이 네 가지로 조합된다.**(순서대로 35, 34, 34, 33)

⑼~⑿ **과보의 마음에서도 역시 무량함과 절제를 제외하고 그들이 조합된다.**(순서대로 33, 32, 32, 31)

이와 같이 모두 24가지 욕계 아름다운 마음에는 이런 쌍의 [마음]에 따라 12가지 조합이 있다.

[해설]

1. **첫 번째 한 쌍의 마음**: 이 문단에서 나타나는 두 마음이라는 것은 자극받은 마음과 자극받지 않은 마음을 뜻한다. 이들은 마음부수법들의 영역에서는 다루지 않으므로 여기서 함께 다루어진다.

2. **[3가지] 절제는 개별적으로 적용되어야 한다.**: §15 ⑴에서 설명했듯이 정어, 정업, 정명은 말, 행위, 생계라는 다른 영역에 적용이 되기 때문이다. 그래서 이 셋은 세간의 마음에서는 대상이 다르기 때문에 함께 일어날 수 없다. 그리고 절제는 그릇된 행위에 대한 의도적인 제어이기 때문에 이런 아름다운 마음에 항상 있어야 하는 것은 아니다.

3. **희열을 제외한**: 욕계의 유익한 마음의 세 번째와 네 번째 쌍의 마음은 평온한 느낌(upekkhā)이 함께하기 때문에 희열은 제외된다. 희열은 기쁨(somanassa)과 항상 연결되어 일어난다.

4. **작용만 하는 마음에서도**: 아름다운 마음에 속하는 작용만 하는 마음들은 아라한들에게만 일어난다. 그러므로 세 가지 절제는 제외된

다. 아라한들은 모든 번뇌를 멸하였으므로 의도적으로 그릇된 행위를 절제할 필요가 없기 때문이다.

5. **과보의 마음에서도:** 욕계 과보의 마음에서는 무량한 마음이 제외된다. 욕계에서는 오직 여섯 감각장소[六處]로 접촉되는 욕망의 영역들만이 마음의 대상이 되어 나타나는데 무량한 마음은 중생들을 그 대상으로 하기 때문이다. 그리고 세 가지 절제도 여기서는 제외되는데 욕계 과보의 마음에는 의도적으로 그릇된 행위를 절제함이 없기 때문이다.

§24. **요약**

24. aṭṭhatiṁsa sattatiṁsa dvayaṁ chattiṁsakaṁ subhe
pañcatiṁsa catuttiṁsa dvayaṁ tettiṁsakaṁ kriye.
tettiṁsa pāke bāttiṁsa dvay' ekatiṁsakaṁbhave
sahetukāmāvacara-puñña-pāka-kriyā mane.

욕계의 원인을 가진 유익한 마음과
과보의 마음과 작용만 하는 마음에서
유익한 마음의 [첫 번째 쌍]에는 38가지,
37가지가 [두 번째와 세 번째의 쌍에는] 두 번,
[네 번째의 쌍에는] 36가지가 [일어난다.]
[이처럼] 작용만 하는 마음에는 35가지, 34가지가 두 번,
33가지가 [각각] 일어난다.
[이처럼] 과보의 마음에는 33가지, 32가지가 두 번,
31가지가 [각각] 일어난다.

§25. 아름다운 마음들에서의 차이점

25. na vijjant' ettha viratī kriyesu ca mahaggate
anuttare appamaññā kāmapāke dvayaṁ tathā.
anuttare jhānadhammā appamaññā ca majjhime
viratī ñāṇapīti ca parittesu visesakā.

작용만 하는 마음과 고귀한 마음에는
절제가 발견되지 않는다.
위없는 [출세간] 마음에는 무량함이 없고
욕계 과보의 [마음]에는 [절제와 무량함]의 둘이 없다.
위없는 [출세간] 마음에는 禪의 [구성요소]의 법들이,
중간인 [고귀한 마음]에는 무량함이,
제한된 [욕계 마음]에는 절제와 지혜와 희열이
각각 그 [마음들을] 구분하는 기초[284]가 된다.

[해설]

이렇게 위에서 설명한 것을 다른 관점에서 요약하고 있다.

『위바위니 띠까』는 욕계의 마음의 차이점을 이렇게 요약한다. "제한된 욕계의 마음에서 ① 절제는 유익한 마음을 과보의 마음과 작용만 하는 마음과 구분하는 기초가 된다. ② 무량함은 유익한 마음이나 작용만 하는 마음을 과보의 마음과 구분하는 기초가 되고 ③ 지혜와 희열은 이 세 가지 마음들의 첫 번째 쌍들을 두 번째 쌍들과 구분하는 기초가 된다."[285]

---

284) '[마음들을] 구분하는 기초'는 visesakā(차이 나게 하는 것)를 옮긴 것이다. 주석서는 이것을 bhedakā로 설명하고 있으며(visesakā bhedakā — VṬ. 120) CMA는 '*the basis of distinctions*'로 옮겼다.

285) "parittesu kāmāvacaresu viratī, ñāṇapītī ca appamaññā ca visesakā,

이처럼 『위바위니 띠까』는 자애[慈]와 함께 기뻐함[喜]의 2가지 무량함도 욕계의 마음들을 구분하는 기초가 된다고 설명하고 있다. 왜냐하면 욕계 유익한 마음과 단지 작용만 하는 마음에는 2가지 무량함이 나타나지만 욕계 과보의 마음에는 나타나지 않기 때문이다.

III.4. 해로운 마음의 조합방법 — 7가지
akusalacitta-saṅgaha-naya

§26. 분석

26-1. (1) akusalesu pana lobhamūlesu tāva paṭhame asaṅkhārike aññasamānā terasa cetasikā, akusalasādhāraṇā cattāro cā ti sattarasa lobhadiṭṭhīhi saddhiṁ ekūnavīsati dhammā saṅgahaṁ gacchanti.

(2) tath'eva dutiye asaṅkhārike lobhamānena.

(3) tatiye tath'eva pītivajjitā lobhadiṭṭhīhi saha aṭṭhārasa.

(4) catutthe tath'eva lobhamānena.

(1) 해로운 마음에서 우선 탐욕에 뿌리박은 마음의 첫 번째 자극이 없는 마음에는 19가지 법이 조합된다. 즉 다른 것과 같아지는 13가지 마음부수와, 해로운 마음에 공통되는 4가지 마음부수 — 이 17가지가 탐욕과 사견과 더불어 19가지가 [된다.]

(2) 그와 마찬가지로 두 번째 자극이 없는 마음에는 탐욕과 자만과 더불어 [19가지가 조합된다.](13+4+2=19)

(3) 그와 마찬가지로 세 번째 자극이 없는 마음에는 희열을 제외하고

---

tattha viratī kusalehi vipākakiriyānaṁ visesakā, appamaññā kusala-kiriyehi vipākānaṁ, ñāṇapītī. pana tīsu paṭhamayugaḷādīhi dutiya-yugaḷādīnanti daṭṭhabbaṁ."(VṬ.120)

탐욕과 사견이 함께하여 18가지가 [조합된다.](12+4+2=18)

(4) 그와 마찬가지로 네 번째 마음에는 탐욕과 자만이 함께하여 [18가지가 조합된다.](12+4+2=18)

[해설]

1. **탐욕에 뿌리박은 마음**: 탐욕에 뿌리박은 마음의 첫 번째와 세 번째는 자극이 없는 마음인데 이 둘은 반드시 사견을 포함한다. 세 번째는 평온이 함께한 마음이므로 희열이 없다. 두 번째와 네 번째는 자만을 포함할 수 있지만 필수적인 것은 아니다. 그러므로 자만이 없을 때는 각각 18가지와 17가지 마음부수들을 포함한다.

26-*2.* (5) pañcame pana paṭighasampayutte asaṅkhārike doso issā macchariyaṁ kukkuccañ cā ti catūhi saddhiṁ pītivajjitā te eva vīsati dhammā saṅgayhanti. issā-macchariya-kukkuccāni pan'ettha paccekam eva yojetabbāni.

(6) sasaṅkhārikapañcake pi tath'eva thīna-middhena visesetvā yojetabbā.

(5) 다섯 번째인 적의와 결합된 자극이 없는 마음에는 20가지 법이 조합된다. 즉 희열을 제외하고, 성냄과 질투와 인색과 후회와 함께하는 법들이다.(12+4+4=20) 그러나 여기서 질투와 인색과 후회는 개별적으로 적용이 되어야 한다.

(6) 다섯 종류의 자극이 있는 마음에도 위와 동일한 법들이 적용되어야 하는데 해태와 혼침이 포함되는 것이 차이점이다.[286]

---

286) 즉, 탐욕에 뿌리 하고 기쁨이 함께한 두 가지 자극이 있는 마음은 각각 21가지와 21가지이고, 평온이 함께한 두 가지 자극이 있는 마음은 각각 20가지와 20가지이고, 성냄에 뿌리박은 것이 22가지이다.

[해설]

2. **적의와 함께한 마음**: 적의와 함께한 마음에도 희열을 제외한 12가지 공통되는 것과 불선법에 공통되는 네 가지와 성냄에 관계되는 네 가지(성냄, 질투, 인색, 후회)가 관련되어 모두 20가지가 관련되어 있으며, 자극이 있는 경우 해태와 혼침이 포함되어 모두 22가지가 관련되어 있다. 이 중에서 마지막의 세 가지인 질투, 인색, 후회는 한 심찰나에 함께 존재할 수 없으며 이 셋이 다 존재하지 않고 단지 성냄만 있는 경우도 있다. 또한 해태와 혼침은 가끔 일어나고 일어날 때는 이 둘이 반드시 함께 일어난다.(위 §17의 고정되지 않은 마음부수 참조)

26-3. (7) chandapītivajjitā pana aññasamānā ekādasa, akusala-sādhāraṇā cattāro cā ti pannarasa dhammā uddhaccasahagate sampayujjanti.

(8) vicikicchāsahagatacitte ca adhimokkhavirahitā vicikicchāsahagatā tath'eva pannarasa dhammā samupalabbhantī ti.

sabbathā pi dvādasa akusalacittuppādesu paccekaṁ yojiyamānā pi gaṇanavasena sattadhāva saṅgahitā bhavantī ti.

(7) 들뜸과 함께한 마음에는 15가지 법이 적용된다. 즉 열의와 희열을 제외한 11가지 다른 것과 같아지는 것과, 해로운 마음에 공통되는 4가지이다.(11+4=15)

(8) 의심이 함께한 마음에는 결심은 제외하고 의심은 함께하여 그와 마찬가지로 15가지 법이 얻어진다.(10+4+1=15)

모두 12가지 해로운 마음에서 개별적으로 적용이 되는 것에 따라 계산하면 조합은 모두 7가지가 된다.(아래 §27과 주해 참조)

[해설]

3. **어리석음에 뿌리박은 마음**: 들뜸과 함께한 마음과 의심이 함께

한 마음에는 열의가 없다. 목적을 가진 행위를 지속적으로 할 수 없기 때문이다. 의심이 함께한 마음에는 결심이 제외되지만 의심이 첨가되어 모두 15가지가 된다.

§27. **요약**

27. ekūnavīsa aṭṭhārasa, vīs' ekavīsa vīsati
dvāvīsa pannarase ti sattadhā akusale ṭhitā.
sādhāraṇā ca cattāro samānā ca dasa apare.
cuddas' ete pavuccanti sabbākusalayogino.

19가지, 18가지, 20가지, 21가지, 20가지,
22가지, 15가지 — 이렇게 해로운 마음에는 7가지가 있다.[287)]
14가지가 모든 [해로운] 마음에 적용된다고 설하나니
4가지 해로운 마음에 공통되는 것과 10가지 다른 것이다.

III.5. 원인 없는 마음의 조합방법 — 4가지
ahetukacitta-saṅgaha-naya

§28. **분석**

28. (1) ahetukesu pana hasanacitte tāva chandavajjitā añña-

287) "첫 번째와 두 번째 자극이 없는 마음((1), (3))에는 19가지, 세 번째와 네 번째 자극이 없는 마음((5), (7))에는 18가지, 다섯 번째 자극이 없는 마음((9))에는 20가지, 첫 번째와 두 번째 자극이 있는 마음((2), (4))에는 21가지, 세 번째와 네 번째 자극이 있는 마음((6), (8))에는 20가지, 다섯 번째 자극이 있는 마음((10))에는 22가지, 순전히 어리석은 마음 두 가지((11), (12))에는 15가지 [마음부수법이 마음과 결합한다.] 이와 같이 해로운 마음에는 일곱 가지 적용이 확립되었다."(VṬ.120)
<도표 2.4>의 해당 부분을 참조할 것.

samānā dvādasa dhammā saṅgahaṁ gacchanti.

(2) tathā votthapane chanda-pīti-vajjitā.

(3) sukhasantīraṇe chanda-vīriya-vajjitā.

(4) manodhātuttika-ahetukapaṭisandhiyugaḷe chanda-pīti-vīriya-vajjitā.

(5) dvipañcaviññāṇe pakiṇṇakavajjitā te yeva saṅgayhantī ti.

sabbathā pi aṭṭharasasu ahetukesu gaṇanavasena catudhā va saṅgaho hotī ti.

(1) 원인 없는 마음에서 우선 미소짓는 마음에는 열의를 제외하고 다른 것과 같아지는 12가지 법이 조합된다.(13-1=12)

(2) 결정하는 마음에는 열의와 희열을 제외한 나머지 [다른 것과 같아지는] 11가지가 [조합된다.](13-2=11)

(3) 기쁨이 함께한 조사하는 마음에는 열의와 정진을 제외한 나머지 [다른 것과 같아지는] 11가지가 [조합된다.](13-2=11)

(4) 세 가지 마노의 요소[意界]와, 한 쌍의 원인 없는 재생연결식에는 열의와 희열과 정진을 제외한 나머지 [다른 것과 같아지는] 10가지가 [조합된다.](13-3=10)

(5) 한 쌍의 전오식(前五識)에는 때때로들을 제외한 [다른 것과 같아지는 것들이] 조합된다.(7)

이와 같이 18가지 원인 없는 마음에서 조합은 모두 4가지가 있다.

[해설]

여기에 나타나는 다소 어려운 전문용어들은 이미 제1장 §§8~9에서 언급이 되었고 대부분 인식과정(vīthi-citta)에서 등장하는 용어들이다. 처음 대하는 분들에게는 어렵게 느껴지겠지만 인식과정을 공부하고 나면 쉽게 이해가 되므로 제3장의 마음의 기능(제3장 §8의 해설 참조)

과 제4장 인식과정의 길라잡이를 공부하고 나서 다시 이 부분을 참고하기 바란다. 간단하게 이들을 설명해 보면 다음과 같다.

1. **결정하는 마음**(votthapana): 이 마음은 오문(五門)에서 대상을 결정하는 역할을 하고, 의문(意門)에서 전향의 역할을 하는 의문전향의 마음(manodvāra-āvajjana-viññāṇa)이다. 결정하는 마음이나 의문전향의 마음 등은 모두 제3장 §8을 참조할 것.

2. **기쁨이 함께한 조사하는 마음**(sukha-santīraṇa): 이 유익한[善] 업의 과보의 마음은 열렬히 원하는 대상과 관련되어 나타나므로 관련된 느낌이 기쁨이기 때문에 희열을 포함한다. 이 마음과 다음의 마음들에서는 정진은 제외된다. 이 원인 없는 마음들은 미약하고 피동적이기 때문이다.

3. **세 가지 마노의 요소**[意界, mano-dhātu-ttika]: 오문전향(pañca-dvāra-āvajjana)의 마음과 두 가지 받아들이는 마음(sampaṭicchana) — 이 셋을 합하여 '세 가지 마노의 요소[意界]'라고 부르고 있다.

4. **한 쌍의 원인 없는 재생연결식**(ahetuka-paṭisandhi-yugaḷa): 이것은 평온이 함께하는 조사하는(santīraṇa) 마음 두 가지이다. 이들의 역할은 제3장의 §9에서 설명되고 있다.

§29. **요약**

29. dvādas' ekādasa dasa satta cā ti catubbidho
aṭṭhāras' āhetukesu cittuppādesu saṅgaho.
ahetukesu sabbattha satta sesā yathārahaṁ
iti vitthārato vutto tettiṁsavidhasaṅgaho.

12, 11, 10, 7 — 이와 같이 18가지 원인 없는 마음에서
조합은 네 가지이다.
원인 없는 마음 모두에는 7가지 [공통들이 일어나고]
나머지 [때때로들은] 경우에 따라 일어난다.
이와 같이 상세하게 설하면 조합은 23가지이다.

§30. **결론**

30. itthaṁ cittāviyuttānaṁ sampayogañ ca saṅgahaṁ
ñatvā bhedaṁ yathāyogaṁ cittena samam uddise.

이와 같이 마음부수들의 결합과 조합을 알고서
어떤 마음과 어떻게 적용되는지 분류를 바르게 설명해야 한다.

[해설]

1. **마음부수들의 결합과 조합을 알고서**: 거듭 설명하지만 여기서 결합(sampayoga)이란 §§10~17에서 설명된 마음부수들이 마음들과 결합하는 것이고 조합(saṅgaha)이란 §§18~29에서 마음들이 마음부수들과 조합되는 것을 설명한 것을 말한다. <도표 2.2>에서 <도표 2.4>까지를 참조하면서 전체를 다시 음미하면 되겠다.

2. **어떤 마음과 어떻게 적용되지**: 제2장의 마지막에서 『아비담맛타상가하』의 저자 아누룻다 스님은 어떤 마음부수법들이 어떤 마음들과 결합하는가 하는 52가지 마음부수들의 적용을 다시 깊게 공부할 것을 당부하고 있다. 이렇게 하면 마음부수법들은 여기 제2장에서 나타난 분류 방법 외에도 '마음에 따라서, 세상에 따라서, 종류에 따라서, 관련된 법들에 따라서' 등으로 분류될 수 있다.

이렇게 여러 가지로 마음과 마음부수들을 연결시켜 이해하는 것은

<도표 2.4> 마음 · 마음부수의 자세한 도표

마음	마음부수	공통들	일으킨 생각	지속적 고찰	결심	정진	희열	열의	해로운 공통	탐욕	사견	자만	성냄 질투 인색 후회	해태 혼침	의심	아름다운 공통	절제	무량	지혜	합계
		7	1	1	1	1	1	1	4	1	1	1	4	2	1	19	3	2	1	52
탐욕에 뿌리박은	1	■	■	■	■	■	■	■	■	■	■									19
탐욕에 뿌리박은	2	■	■	■	■	■	■	■	■	■	■			■						21
탐욕에 뿌리박은	3	■	■	■	■	■	■	■	■	■		■								19
탐욕에 뿌리박은	4	■	■	■	■	■	■	■	■	■		■		■						21
탐욕에 뿌리박은	5	■	■	■	■	■		■	■	■	■									18
탐욕에 뿌리박은	6	■	■	■	■	■		■	■	■	■			■						20
탐욕에 뿌리박은	7	■	■	■	■	■		■	■	■		■								18
탐욕에 뿌리박은	8	■	■	■	■	■		■	■	■		■		■						20
성냄에 뿌리박은	1	■	■	■	■	■		■	■				■							20
성냄에 뿌리박은	2	■	■	■	■	■		■	■				■	■						22
어리석음에 뿌리박은	1	■	■	■		■			■						■					15
어리석음에 뿌리박은	2	■	■	■	■	■			■											15
전오식	10	■																		7
받아들이는	2	■	■	■	■															10
조사하는(평온)	2	■	■	■	■															10
조사하는(기쁨)	1	■	■	■	■		■													11
오문전향	1	■	■	■	■															10
의문전향	1	■	■	■	■	■														11
미소짓는	1	■	■	■	■	■	■													12
욕계 유익한	1,2	■	■	■	■	■	■	■								■	■	■	■	38
욕계 유익한	3,4	■	■	■	■	■	■	■								■	■	■		37
욕계 유익한	5,6	■	■	■	■	■		■								■	■	■	■	37
욕계 유익한	7,8	■	■	■	■	■		■								■	■	■		36

마음		마음부수	공통들	일으킨 생각	지속적 고찰	결심	정진	희열	열의	해로운 공통	탐욕	사견	자만	성냄 질투 인색 후회	해태 혼침	의심	아름다운 공통	절제	무량	지혜	합계
			7	1	1	1	1	1	1	4	1	1	1	4	2	1	19	3	2	1	52
욕계 과보		1,2	■	■	■	■	■	■	■								■			■	33
욕계 과보		3,4	■	■	■	■	■	■	■								■				32
욕계 과보		5,6	■	■	■	■	■		■								■			■	32
욕계 과보		7,8	■	■	■	■	■		■								■				31
욕계 작용		1,2	■	■	■	■	■	■	■								■		■	■	35
욕계 작용		3,4	■	■	■	■	■	■	■								■		■		34
욕계 작용		5,6	■	■	■	■	■		■								■		■	■	34
욕계 작용		7,8	■	■	■	■	■		■								■		■		33
색계 초선		3	■	■	■	■	■	■	■								■		■	■	35
색계 제2선		3	■		■	■	■	■	■								■		■	■	34
색계 제3선		3	■			■	■	■	■								■		■	■	33
색계 제4선		3	■			■	■		■								■		■	■	32
색계 제5선		3	■			■	■		■								■			■	30
무색계 네 禪		12	■			■	■		■								■			■	30
출세간 4도	초선	4	■	■	■	■	■	■	■								■	■		■	36
	제2선	4	■		■	■	■	■	■								■	■		■	35
	제3선	4	■			■	■	■	■								■	■		■	34
	제4선	4	■			■	■		■								■	■		■	33
	제5선	4	■			■	■		■								■	■		■	33
출세간 4과	초선	4	■	■	■	■	■	■	■								■	■		■	36
	제2선	4	■		■	■	■	■	■								■	■		■	35
	제3선	4	■			■	■	■	■								■	■		■	34
	제4선	4	■			■	■		■								■	■		■	33
	제5선	4	■			■	■		■								■	■		■	33
합계			89	55	58	78	73	35	69	12	8	4	4	2	5	1	59	16	28	47	
			121	55	66	110	105	51	10	12	8	4	4	2	5	1	91	48	28	79	

단순히 사고력을 증장시키기 위한 것이 아니다. 이렇게 어떤 마음이 일어날 때 어떤 마음부수들이 함께 일어나는지, 어떤 마음부수는 어떤 마음과 연관되어 있는지가 분명하게 눈앞에 현전하는 경지에 이르게 되면 그의 위빳사나의 지혜(vipassana-ñāṇa)는 이미 범속한 경지를 넘어섰다 할 것이다. 무엇보다도 어떠한 마음이 일어나더라도 그것이 무슨 마음인지를 꿰뚫어 알아서 그것에 속지 않게 될 것이다. 이렇게 되어야 그의 수행이 바른 길로 나아간다고 할 수 있다. 이런 통찰지가 없다면 우리는 수행에서 만나는 수많은 경계에 속아서 그것을 밑천으로 삼거나 그것을 공부가 다 된 것으로 착각하여 구경의 해탈을 등져버리게 될 것이다. 특히 아비담마의 통찰지가 없이 기법으로써만 위빳사나 수행을 하는 사람들은 신비적인 현상(경계)에 속아 바른 길을 놓쳐버릴 위험이 다분하다하겠다.288)

위빳사나는 신비가 아니다. 냉철하게 과학자와 같은 태도로 내 몸과 마음을 분석하여 아는 것이다. 그리하여 '나'라고 주장할 만한 것이 아무것도 없음을 꿰뚫어 보아 모든 번뇌를 뿌리 뽑아버리는 것이다. 위빳사나[內觀]란 단순한 수행의 기법이 아님을 강조하면서 제2장의 해설을 마친다.

iti Abhidhammatthasaṅgahe
cetasikasaṅgahavibhāgo nāma
dutiyo paricchedo.

이와 같이 아비담맛타상가하에서
마음부수의 길라잡이라 불리는
제2장이 끝났다.

288) 열 가지 위빳사나의 경계(vipassanupakkilesa)에 대해서는 제9장 §32와 『청정도론』 XX.105~127을 참조하기 바란다.

제3장

pakiṇṇaka-saṅgaha-vibhāga
일반적인 항목의 길라잡이

제3장 일반적인 항목의 길라잡이

pakiṇṇaka-saṅgaha-vibhāga

[해설]

'일반적인 항목'으로 옮기는 빠낀나까(pakiṇṇaka)는 제2장의 §3에서 이미 언급했듯이 '흩어진 것'이라는 뜻에서 '잡다한 것, 잡동사니' 등의 의미로 쓰인다. 제1장에서 우리는 마음을 그것이 일어나는 경지(bhūmi)에 따라 욕계 54가지, 색계 15가지, 무색계 12가지, 출세간 8/40가지로 분류해서 하나하나 살펴보았다. 다시 제3장에서는 이 분류를 토대로 다른 관점에서 마음(citta)을 고찰하고 있다. 이는 마음의 여러 작용과 측면을 이해하는 데 중요한 부분이다.

'잡다하다'는 뜻을 가진 용어가 제목이라 하여 조금이라도 등한히 한다면 아비담마를 제대로 이해할 수 없게 된다. 특히 마음을 역할에 따라서 설명하는 부분은 제4장의 인식과정과 직접 연결되므로 용어의 정의나 의미를 바르게 숙지하고 있어야 한다. 역자들은 이 제3장이야말로 우리가 아비담마를 정확하게 이해하는 가장 중요한 관문이라고 받아들인다. 이 가운데서 역할(kicca)과 문(dvāra)과 대상(ārammaṇa)은 특히 중요한 부분이므로 몇 번을 거듭해서 정독해야 한다. 그렇지 않으면 아비담마를 정확하게 이해할 수 없기 때문이다.

§1. 서시

1. sampayuttā yathāyogaṁ tepaññāsa sabhāvato
cittacetasikā dhammā tesaṁ dāni yathārahaṁ.
vedanā-hetuto kicca-dvār'-ārammaṇa-vatthuto
cittuppādavasen' eva saṅgaho nāma nīyate.

[앞에서] 마음과 마음부수의 53가지 결합된 법을
고유성질에 따라 적절하게 설명했다.
이제 오직 마음의 일어남만을 취해 느낌, 원인, 역할,
문, 대상, 토대에 따라 그 분류를 설할 것이다.

[해설]

1. **마음과 마음부수의 53가지 결합된 법**: 여기서 『아비담맛타상가하』의 저자는 마음(citta)은 일어나는 곳(bhūmi) 등에 따라서 89/121가지로 분류되지만 대상을 안다(식별한다)는 뜻에서 오직 하나일 뿐임을 밝히고 있다. 그러나 52가지 마음부수법은 모두 각각 고유성질이 다른 궁극적인 것들(dhammā)이다. 이와 같이 우리 마음에 관계된 법들은 모두 53가지이다. 참고로 상좌부에서는 18가지 구체적 물질(nipphanna-rūpa)과 10가지 추상적 물질을 인정한다.(제6장 §4의 해설 참조) 그래서 물질[色, rūpa]은 28가지 궁극적인 것으로 구성되어 있다. 열반은 하나의 구경법이다. 그래서 상좌부 아비담마에서는 53+28+1=82가지 궁극적인 것을 인정하고 이 82가지를 연구하고 분석하고 판별하는 것을 아비담마의 제일 주요한 주제로 삼는다.(제7장 §1의 해설 참조)

2. **오직 마음의 일어남만을 취해**(citta-uppāda-vasena eva): 문자적으로 citta-uppāda란 '마음의 일어남(ud, 위로+√pad, *to go*의 명사)'을

뜻한다. 마음은 항상 마음부수법들과 함께 일어나지만 여기서는 오직 마음이 일어나는 것만을 취해서라는 뜻이다. 일단 마음부수법들은 제외하고 마음을 느낌, 원인, 역할 등에 따라서 분류하고 재음미하겠다는 뜻이다. 그러나 마음과 마음부수들은 본질적으로는 결코 분리될 수 없다.

I. 느낌의 길라잡이
vedanā-saṅgaha

§2. 느낌의 분석

2. tattha vedanāsaṅgahe tāva tividhā vedanā: sukhā dukkhā adukkhamasukhā cā ti. sukhaṁ, dukkhaṁ, somanassaṁ, domanassaṁ, upekkhā ti ca bhedena pana pañcadhā hoti.

느낌의 길라잡이에서 느낌은 우선 세 가지로서 즐거운 느낌, 괴로운 느낌, 괴롭지도 즐겁지도 않은 느낌이다. 다시 이것은 즐거움, 고통, 기쁨, 불만족, 평온의 다섯으로 분류한다.

[해설]

1. **느낌은 우선 세 가지로서**(tividhā vedanā) … **다섯으로 분류한다**: 제2장에서 이미 살펴보았듯이 느낌은 7가지 공통들에 속하는 마음부수법이다. 경에서는 대부분 즐겁다[樂, sukha], 괴롭다[苦, dukkha], 괴롭지도 즐겁지도 않다[不苦不樂, adukkhamasukha]라는 세 가지 느낌이 나타나지만 아비담마에서는 느낌을 느끼는 기관 혹은 기능[根, indriya]에 따라서 육체적인 느낌인 즐거움(sukha)과 고통(dukkha), 정신적인 느낌인 기쁨(somanassa)과 불만족(domanassa), 중립적인 느낌인 평온(upekkhā)의 다섯 가지를 설한다.

예를 들면 논장의 두 번째인 『위방가』의 제1장 무더기 위방가를 보면, 경에 따른 분류법(Suttanta-bhājanīya)에서는 "즐거운 느낌, 괴로운 느낌, 괴롭지도 즐겁지도 않은 느낌"(Vbh §9 등)으로 느낌은 세 가지로 분류가 되고, 아비담마에 따른 분류법(Abhidhamma-bhājanīya)에서는 "다섯 가지에 의해서 느낌의 무더기가 있다. 육체적 즐거움의 기능, 육체적 고통의 기능, 정신적 즐거움의 기능, 정신적 고통의 기능, 평온의 기능이다. 이와 같이 다섯 가지에 의해서 느낌의 무더기가 있다."(Vbh §34)로 다섯 가지로 분류되고 있다. 이것은 『상윳따 니까야』 제5권 「기능 상윳따」(S48)의 제4장 즐거움의 기능 품에 포함된 「간단한 설명 경」(S48:31) 등의 열 개의 경들에 나타나는 다섯 가지 느낌의 기능과 궤를 같이하는 것이다.(자세한 것은 제1장 §4의 해설 2와 제2장 §2를 참조할 것.)

여기서 언급하고 싶은 것은 인도 철학과 인도 종교에서 느낌의 중요성을 가장 강조한 곳은 불교라는 점이다. 부처님께서는 해탈을 실현함에 있어 경의 도처에서 느낌의 중요성을 설하고 계시고 특히 『상윳따 니까야』에는 「느낌 상윳따」(S36)로 느낌과 관련된 31개의 경들이 모아져 있다. 아비담마에서도 마음을 느낌에 따라 분류하는 방법은 아주 중요하게 취급된다. 느낌은 관련된 마음부수법들과 반드시 함께하고 대상을 받아들이는 방식을 결정하는 중요한 요인이다.(다섯 가지 느낌의 특징 등은 제2장 §2의 느낌에 대한 설명을 참조할 것.)

§3. 마음에 따른 분류

3. (1) tattha sukhasahagataṁ kusalavipākaṁ kāyaviññāṇam ekam eva,

(2) tathā dukkhasahagataṁ akusalavipākaṁ kāyaviññāṇaṁ.

(3) somanassasahagatacittāni pana lobhamūlāni cattāri, dvādasa kāmāvacarasobhanāni, sukhasantīraṇa-hasanāni ca dve ti aṭṭhārasa

kāmāvacarasomanassasahagatacittāni c'eva paṭhama-dutiya-tatiya-catutthajjhāna-saṅkhātāni catucattāḷīsa mahaggata-lokuttaracittāni cā ti dvāsaṭṭhividhāni bhavanti.

(4) domanassasahagatacittāni pana dve paṭighasampayuttacittān' eva.

(5) sesāni sabbāni pi pañcapaññāsa upekkhāsahagatacittān'evā ti.

(1) 유익한 과보인 몸의 알음알이[身識]는 즐거움이 함께한 것으로 오직 하나이다.

(2) 해로운 과보인 몸의 알음알이[身識]는 고통이 함께한 것으로 오직 하나이다.

(3) 기쁨이 함께한 마음은 62가지인데

㉠ 18가지 욕계 마음으로는, 탐욕에 뿌리박은 마음 4가지, 욕계 아름다운 마음 12가지, 기쁨이 함께한 조사하는 마음과 미소짓는 마음이 있고(4+12+1+1)

㉡ 초선과 제2선과 제3선과 제4선에 속하는 고귀한 마음과 출세간 마음의 44가지(12+32)가 있다.

(4) 불만족이 함께하고 적의와 결합된 마음은 2가지이다.

(5) 나머지는 모두 평온이 함께한 것으로 55가지이다.

[해설]

1. **나머지는 모두 평온이 함께한 것으로 55가지이다**: 이 55가지는 ① 6가지 해로운 마음(탐욕에 뿌리박은 마음 4가지와 어리석음에 뿌리박은 마음 2가지) ② 14가지 원인 없는 마음 ③ 12가지 욕계 아름다운 마음(4가지씩의 유익한, 과보인, 작용만 하는 마음들) ④ 3가지 제5선에 속하는 마음 ⑤ 12가지 무색계 마음 ⑥ 8가지 출세간 마음(출세간의 제5선과 관계된 마음들)이다.

§4. 요약

4. sukhaṁ dukkhaṁ upekkhā ti tividhā tattha vedanā
somanassaṁ domanassam iti bhedena pañcadhā.
sukhaṁ ekattha dukkhañ ca domanassaṁ dvaye ṭhitaṁ
dvāsaṭṭhīsu somanassaṁ pañcapaññāsake 'tarā.

여기서 느낌은 세 가지이니 즐거움, 고통, 평온이다.
기쁨과 불만족을 더하여 5가지가 된다.
즐거움과 고통은 각각 1가지 마음에서,
불만족은 2가지에서 발견된다.
기쁨은 62가지에서, 나머지 [평온은] 55가지에서 발견된다.

[해설]

1. **즐거움과 고통은 각각 1가지 마음에서 발견된다**: 여기서 반드시 숙지하고 있어야 할 점은 몸의 알음알이[身識]를 제외한 눈의 알음알이[眼識], 귀의 알음알이[耳識], 코의 알음알이[鼻識], 혀의 알음알이[舌識]는 평온한 느낌과 함께한다는 점이다.

『담마상가니』(법집론)의 주석서이며 아비담마의 주석서들 가운데서 가장 중요하게 다루어지고 있는 『앗타살리니』에 의하면 눈, 귀, 코, 혀의 네 가지 감각의 문에서 형색, 소리, 냄새, 맛의 감각의 대상이 감각기능을 자극하면 그 충격은 강한 것이 아니다. 눈, 귀, 코, 혀라는 네 가지 감각 기능과 형색, 소리, 냄새, 맛이라는 네 가지 감각의 대상은 모두 파생된 물질이기 때문이다. 그것은 마치 모루(adhikaraṇī)에 놓여있는 네 개의 솜덩이(kappāsapicu-piṇḍa)를 네 개의 다른 솜덩이로써 두드리는 것과 같아서 그 결과로 나타나는 느낌은 평온이다.

그러나 몸으로 느끼는 느낌은 그렇지 않다. 아비담마에 의하면 몸의

〈도표 3.1〉 느낌의 길라잡이

해로운	원인 없는 과보			욕계 아름다운			색계			무색계			도				과			
	해로운 과보	유익한 과보	원인없는 작용	유익한	과보로 나타난	작용만 하는	유익한	과보로 나타난	작용만 하는	유익한	과보로 나타난	작용만 하는	예류	일래	불환	아라한	예류	일래	불환	아라한
●				●	●	●	●	●	●				●	●	●	●	●	●	●	●
●				●	●	●	●	●	●				●	●	●	●	●	●	●	●
●				●	●	●	●	●	●				●	●	●	●	●	●	●	●
●				●	●	●	●	●	●				●	●	●	●	●	●	●	●
○	○	○	○	○	○	○	○	○	○	○	○	○	○	○	○	○	○	○	○	○
○	○	○	○	○	○	○				○	○	○								
○	○	○	●	○	○	○				○	○	○								
○	○	○		○	○	○				○	○	○								
△	□	■																		
△	○	○																		
○		●																		
○	○	○																		

● 기쁨(somanassa): 62곳 ■ 즐거움(sukkha): 1곳

○ 평온(upekkhā): 55곳 □ 고통(dukkha): 1곳

△ 불만족(domanassa): 2곳

대상인 감촉(phoṭṭhabba)은 땅의 요소와 불의 요소와 바람의 요소라서 이런 대상이 몸의 감각기능을 자극하면 그 충격은 강하며 바로 몸의 사대(四大)로 전달된다. 마치 모루에 놓여있는 솜덩이를 망치(kūṭa)로 두드리는 것과 같아서 그 충격은 솜덩이를 뚫고 모루로 바로 전달되는 것과 같다. 만일 원하는 대상이라면 몸의 알음알이는 유익한 과보의 마음이 되고 그때 나타나는 느낌은 육체적 즐거움(sukha)이다. 만일 원하지 않는 대상이라면 몸의 알음알이는 해로운 과보의 마음이 되고 그때 나타나는 느낌은 육체적 고통(dukkha)이다.(DhsA.263.)

II. 원인의 길라잡이

hetu-saṅgaha

§5. 원인들의 분석

5. hetusaṅgahe hetū nāma lobho doso moho alobho adoso amoho cā ti chabbidhā bhavanti.

원인의 길라잡이에서 원인들은 탐욕[貪], 성냄[嗔], 어리석음[癡], 탐욕 없음[不貪], 성냄 없음[不嗔], 어리석음 없음[不癡]의 여섯 가지가 있다.

[해설]

1. **원인의 길라잡이**(hetu-saṅgaha): 이미 제1장에서 언급했듯이 아비담마에서 말하는 원인(hetu)은 모두 여섯 가지로서 탐・진・치와 불탐・부진・불치이다. 그래서 아비담마에서 원인(hetu)이라는 말은 모두 유익함[善]과 해로움[不善]의 뿌리, 즉 근본원인을 말한다. 그래서 주석서는 "[이들은] 뿌리(mūla)라는 뜻에서 원인이라 불리는 법들이다." (DhsA.46)라고 설명하고 있다. 이런 의미에서 일반적인 의미의 원인과는 분명히 구분되어야 한다. 이 가운데 특히 탐욕과 어리석음과 이들

〈도표 3.2〉 원인의 길라잡이

원인(뿌리)	8 탐욕에 뿌리박은	2 성냄에 뿌리박은	2 어리석음에 뿌리박은	18 원인 없는	12 욕계 지혜 있는	12 욕계 지혜 없는	27 고귀한	8 출세간	합계
탐욕(탐)									8
성냄(진)									2
어리석음(치)									12
탐욕 없음 (불탐)									59
성냄 없음 (부진)									59
어리석음 없음(불치)									47
합계	2	2	1	0	3	2	3	3	

각각의 동의어인 갈애와 무명은 생사윤회의 근본원인(vaṭṭa-mūla)으로 주석서들은 강조하고 있다.(PdT.45; MA.ii.115 등)

이 중에서 탐・진・치는 예외 없이 해로운 마음부수법들에 속하고, 불탐・부진・불치는 유익한 마음에서 일어나면 유익한 것[善]이고 과보의 마음이나 단지 작용만 하는 마음에 나타나면 결정할 수 없는 것[無記]이다. 유익한 것[善]이든 과보로 나타난 것이든 작용만 하는 것이든 이 셋은 아름다운(sobhana) 마음부수법들이다.

§6. **마음에 따른 분류**

6. tattha pañcadvārāvajjana-dvipañcaviññāṇa-sampaṭicchana-santīraṇa-votthapana-hasana-vasena ahetukacittāni nāma.

sesāni sabbāni pi ekasattati cittāni sahetukān'eva.

tatthā pi dve momūhacittāni ekahetukāni.

sesāni dasa akusalacittāni c'eva ñāṇavippayuttāni dvādasa kāmāvacarasobhanāni cā ti dvāvīsati dvihetukacittāni.

dvādasa ñāṇasampayutta-kāmāvacarasobhanāni c'eva pañcatiṁsa mahaggata-lokuttaracittāni cā ti sattacattālīsa tihetukacittānī.

여기서 18가지 마음은 원인이 없다. 즉 오문전향과, 한 쌍의 전오식과, 받아들이는 것과, 조사하는 것과, 결정하는 것과, 미소짓는 것은 (1+5+5+2+3+1+1=18) 원인이 없으며 나머지 71가지 마음은 모두 원인을 가진다.

여기서 순전히 어리석은 2가지 마음은 오직 한 개의 원인을 가진다.

나머지 10가지 해로운 마음과 지혜가 없는 12가지 욕계 아름다운 마음, 이 22가지는 두 개의 원인을 가진다.

12가지 지혜와 결합된 욕계 아름다운 마음(4×3=12)과, 35가지 고귀한 마음과 출세간의 마음, 이 47가지 마음은 [탐욕 없음 · 성냄 없음 · 어리석음 없음의] 세 개의 원인을 가진다.

[**해설**]

이 22가지는 두 개의 원인을 가진다: 즉 해로운 마음 10가지 가운데서 8가지 탐욕에 뿌리박은 마음은 탐욕과 어리석음의 두 개를, 2가지 적의와 관련된 마음은 성냄과 어리석음의 두 개의 원인을 가진다. 12가지 욕계 아름다운 마음은 모두 탐욕 없음과 성냄 없음의 두 개를 가진다.

어리석음에 뿌리박은 마음을 순전히 어리석은 마음이라 한다.(제1장 §6)

§7. 요약

7. lobho doso ca moho ca hetū akusalā tayo
alobhādosāmoho ca kusalābyākatā tathā.
ahetuk' aṭṭhāras'ekahetukā dve dvāvīsati
dvihetukā matā sattacattāḷīsa tihetukā.

탐욕, 성냄, 어리석음, 이 셋은 해로운 원인이고
탐욕 없음, 성냄 없음, 어리석음 없음 —
[이 셋은] 유익함과 무기의 [원인이다.]
18가지는 원인이 없고, 2가지는 한 개의 원인을,
22가지는 두 개의 원인을,
47가지는 세 개의 원인을 가진다고 알려졌다.

III. 역할의 길라잡이

kicca-saṅgaha

[해설]

'역할'로 옮긴 낏짜(kicca)는 √kṛ(*to do*)의 가능법(*Pot.*) 분사(Sk. kṛtya)인데 중성명사로 정착된 용어이며 '의무, 행위, 기능'의 뜻으로도 쓰인다. 전문용어로 쓰이면 역할이라는 뜻이며 이 경우 역할(rasa)과 동의어로 간주된다. 여기서 언급되는 마음(citta)의 14가지 역할은 마음의 작용을 이해하는 아주 중요한 측면이므로 반드시 숙지하고 있어야 한다. 경지(bhūmi)와 종류(jāti)에 따라서 89/121가지로 분류되는 마음은 대상을 안다는 특징으로서는 하나이지만 다시 이렇게 14가지 역할을 한다.

§8. 역할의 분석

8. kiccasaṅgahe kiccāni nāma paṭisandhi-bhavaṅga-āvajjana-dassana-savana-ghāyana-sāyana-phusana-sampaṭicchana-santīraṇa-votthapana-javana-tadārammaṇa-cutivasena cuddasavidhāni bhavanti. paṭisandhi-bhavaṅga-āvajjana-pañcaviññāṇaṭṭhānādivasena pana tesaṁ dasadhā ṭhānabhedo veditabbo.

역할의 길라잡이에서 역할은 14가지가 있다. 즉 ① 재생연결 ② 존재지속 ③ 전향 ④ 봄 ⑤ 들음 ⑥ 냄새 맡음 ⑦ 맛봄 ⑧ 닿음 ⑨ 받아들임 ⑩ 조사 ⑪ 결정 ⑫ 속행 ⑬ 여운 ⑭ 죽음이다.

단계에 따라 분류하면 (1) 재생연결 (2) 존재지속 (3) 전향 (4) 다섯 가지 알음알이[前五識] 등의 10가지가 있다고 알아야 한다.

[해설]

그러면 이 마음의 역할 14가지에 대해서 『청정도론』을 인용하면서 알아보도록 하자.

(1) **재생연결**(再生連結, paṭisandhi): '재생연결'로 옮긴 빠띠산디(paṭisandhi)는 prati(~에 對해서)+saṁ(함께)+√dhā(*to put*)에서 파생된 여성명사이다. 문자적으로 '다시 함께 만남'이며 '연결, 재생, 재생연결, 입태' 등의 의미로 쓰이는 아비담마의 전문용어이다. 중국에서는 結, 結生, 結生相續, 受身(결, 결생, 결생상속, 수신) 등으로 옮겼다. 경에서는 appaṭisandhika[289]나 kāma-paṭisandhi(감각적 쾌락과 연결된, M139 §4)로 나타나기는 하나 전문용어로 쓰이지는 않았다. 논장의 칠론 가운데서도 『빳타나』에서 많이 나타나며 『빠띠삼비다막가』와 『밀린다빤

289) "puthusilā dvedhā bhinnā appaṭisandhikā hoti(두 조각이 나버린 돌은 다시 붙을 수가 없듯이)."(M105/ii.255)

하』와 여러 주석서들에서 재생연결 혹은 재생연결식이라는 뜻으로 쓰이는 용어이다. 아비담마에서는 금생과 내생을 연결하는 알음알이를 재생연결식(paṭisandhi-viññāṇa)이라 부른다.[290] 아비담마에 의하면 중생들은 죽는 순간[291]에 업(kamma)이나 업의 표상(kamma-nimitta)이나 태어날 곳의 표상(gati-nimitta) 중 하나가 나타나는데 이것을 대상으로 재생연결식이 생긴다고 한다.(아래 §17의 해설 5 등 참조) 재생연결식은 그 새로 받은 생의 바왕가(존재지속심)로 연결이 된다.

아비담마에서는 이 재생연결을 한 생의 출발로 보고 있다. 그래서 이 재생연결의 역할을 마음의 14가지 역할 가운데 첫 번째로 들고 있다. 아비담마에서는 입태하는 찰나에 이 재생연결식이 일어나는 것으로 간주한다. 상좌부 아비담마에서는 한 생과 그다음 생을 연결하는 중간과정으로 존재한다고 북방불교에서 설명하는 중유(中有, 中陰, 중음, antarā-bhava)[292]를 인정하지 않는다. 모든 중생은 한 생을 죽음의 마음(cuti-citta)으로 종결짓고 나면 즉시 다른 형태의 존재로 재생하는(화생도 포함) 재생연결식이 일어나고 그것은 그 생의 바왕가(존재지속심)로 연결이 된다고 한다. 상좌부 아비담마의 관점에서 본다면 중유 혹은 중음이라는 것도 다음 생의 몸을 받은 것으로 간주하면 되기 때문에 중음이 있는가 없는가는 크게 중요한 문제는 아니라고 여겨진다.

---

290) "paṭisandhiviññāṇan ti yaṁ bhavantarapaṭisandhānavasena uppanna-ttā paṭisandhī ti vuccati taṁ viññāṇaṁ."(VbhA.192)

291) 엄밀히 말하면 죽음의 마음(cuti-citta)이 일어나기 직전의 자와나(속행)의 단계를 뜻한다.

292) 북방불교 교학을 대표하는 『아비달마 구사론』과 유식과 티베트 불교의 여러 논서들은 한결같이 중유(中有)를 인정하지만(권오민, 『아비달마 구사론』 제2권 363쪽 이하 및 405쪽 이하 등을 참조할 것.) 상좌부에서는 중유를 인정하지 않는다. 중유에 대해서는 『상윳따 니까야』 제4권 「찬나 경」(S35:87) §12의 주해와 제5권 「토론장 경」(S44:9) §7의 주해를 참조할 것.

이 재생연결식은 모든 중생에게 한 생에서 단 한 번만 일어난다. 이 재생연결식은 새로 받은 그 생의 바왕가로 연결되며 재생연결식과 바왕가는 모두 바로 직전의 생에서 죽을 때 나타난 위 세 가지 중 하나, 즉 업, 업의 표상, 태어날 곳의 표상 중의 하나를 대상으로 가진다.(본 장 §17 해설 5 참조) 그것은 한 생의 마지막인 죽음의 마음(cuti-citta)의 대상이 되어 종결된다. 그러므로 아비담마에 의하면 임종직전에 가지는 마음의 태도가 아주 중요하다. 그래서 상좌부에서는 죽고 나서 천도재를 베푸는 것보다 죽기 직전에 선하고 고결한 마음을 가지도록 하는 것이 중요하다고 여겨서 임종 직전에 여러 가지 선한 마음을 일으키도록 유도하고 있다.[293] 그러면 재생연결식은 어떻게 생기는지 『청정도론』을 통해서 알아보자.

[청정도론 XIV]: "111. [(1) 재생연결식은] 어떻게 생기는가? 여덟 가지 욕계 유익한 마음의 영향으로 중생들은 천상이나 인간에 태어난다. 그들이 죽는 순간에 업(kamma)이나 업의 표상(kamma-nimitta)이나 태어날 곳의 표상(gati-nimitta)[294] 중의 하나가 나타나는데 그것을 대상으로 여덟 가지 욕계의 원인을 가진 과보로 나타난 마음이 일어난다. 인간 가운데서 중성 등으로 태어나는 사람에게는 평온이 함께하고 원인을 가지지 않은 과보로 나타난 마노의 알음알이의 요소가 일어난다. 이것은 힘이 약한 두 가지 원인[295]을 가진 유익한 [마음들]의 과보로 일어나는 마음이다. 이 아홉 가지 마음이 재생연결식이 되어 일어난다. (XVII. §120 참조)"

293) Vis.XVII.142를 참조할 것.

294) 업, 업의 표상, 태어날 곳의 표상에 대해서는 본 장 §8의 해설 1과 §17의 해설 5 등을 참조할 것.

295) 두 가지 원인 등에 대해서는 본서 제4장 §§24~26을 참조할 것.

"112. 색계와 무색계의 유익한 마음의 영향으로 색계나 무색계에 태어난다. 그들이 죽는 순간에 업의 표상이 나타나는데 그것을 대상으로 아홉 가지 색계와 무색계의 과보로 나타난 마음이 재생연결로 일어난다."

"113. 해로운 마음의 영향으로 중생들은 악처에 태어난다. 그들이 죽는 순간에 업이나 업의 표상이나 태어날 곳의 표상 중의 하나가 나타나는데 그것을 대상으로 해로운 과보로 나타난 원인을 가지지 않은 마노의 알음알이의 요소가 재생연결로 일어난다.

이렇게 해서 19가지 과보로 나타난 마음이 재생연결로 일어난다고 알아야 한다."

(2) **바왕가**[有分, **존재지속**, bhavaṅga]: 마음의 두 번째 역할은 존재지속의 역할이다. 여기서 '존재지속'으로 옮기고 있는 바왕가(bhavaṅga)는 bhava+aṅga의 합성어이다. 존재로 옮기고 있는 bhava는 12연기에서 유(有)로 번역되는 용어이며 √bhū(*to become*)에서 파생된 남성명사이다. 『위방가』는 '업으로서의 존재[業有, kamma-bhava]'와 '재생으로서의 존재[生有, upapatti-bhava]'의 두 가지 존재를 들고 있다.(Vbh. §234) 자세한 설명은 『청정도론』 XVII.250~251을 참조하기 바란다. aṅga는 '요소, 가지, 부분'을 뜻하는 명사이다. 그래서 bhavaṅga는 '존재의 구성요소, 존재의 부분'이라는 의미이다. 중국에서는 『解脫道論』(해탈도론)이나 『成唯識論述記』(성유식론술기)등에서 bhavaṅga-citta를 유분심(有分心)으로 한역하고 있다.

아비담마에 의하면 이 존재지속심[296]들은 한 개체가 삶의 과정

---

296) 문자적으로 정확히 옮기면 bhavaṅga는 '존재지속'이지 '존재지속심'은 아니다. bhavaṅga-citta를 존재지속심으로 옮겨야 한다. 그러나 대부분의 문맥에서 bhavaṅga는 존재지속의 뜻이 아니라 존재지속의 마음을 뜻한다. 그래서 bhavaṅga가 존재를 지속하게 하는 역할을 뜻하면 '존재지속'으로 옮기

(pavatti)에서 생명이 끝날 때까지 그 연속성을 유지시켜주는 구성요소가 되는 것(aṅga-bhāva)을 그 역할로 하는[297] 마음이다. 이런 뜻을 살려내기 위해 서구학자들은 예외 없이 바왕가를 *life-continuum*(생명연속체)이라고 옮기고 있다. 이것은 보통의 색·성·향·미·촉·법을 대상으로 일어나는 마음이 아니라 재생연결식의 대상을 대상으로 하여 일어나는 아주 미세하며 알기 어려운 마음이라서 요즘 심리학에서 잘 쓰는 잠재의식과 견주어 볼 수 있다. 잠재의식은 사전에서 '활동하고 있지만 자각되지 않는 의식'으로 정의되지만 이 단어는 자칫 의식의 기저에 놓여있는 큰 무의식이나 의식의 덩어리를 뜻하는 것으로 오해될 수 있어서 역자들은 바왕가를 '존재지속[심]'으로 옮기고 있다. 바왕가는 '존재를 지속시켜주는 구성요소'로 해석이 되기 때문이다.[298] 그리고 서양에서 *life-continuum*(생명연속체)으로 옮긴 것과도 같은 의미라 할 수 있다.

불교의 마음이라는 개념이 다 그러하듯이 이 바왕가, 즉 존재지속심은 의식의 수면 아래에 잠복해있는 잠재의식의 덩어리가 결코 아니다. 거듭 말하지만 바왕가 역시 찰나생·찰나멸을 거듭하는 것이다. 여섯 가지 감각장소에 대상이 나타나지 않으면 이 바왕가의 심찰나가 계속 흐르는 것[相續, santati]이다. 그래서 바왕가는 항상 강이나 흐름에 비유되며 '바왕가의 흐름(bhavaṅga-sota, bhavaṅga-santati)'이라는 말이 주석서에서 적지 않게 등장한다.(MA.ii.253; VinA.iii.533 등)

여기서 우리는 불교, 특히 초기불교와 상좌부 불교에서 모든 마음은

고 존재지속의 마음을 뜻하면 '존재지속심' 혹은 '존재지속[심]'으로 옮겼다.

297) "avicchedappavattihetubhāvena bhavassa aṅgabhāvo bhavaṅga-kiccaṁ."(VṬ.125)

298) "끊임없는 삶의 과정의 원인이 됨(avicchedappavattihetubhāva)에 의해서 존재의 구성요소(bhavassa aṅga)라고 해서 바왕가라 한다."(Abhi-av-nṭ.i.255)

대상을 가진다고 설하고 있음을 다시 상기해야 한다. 이 바왕가(존재지속심)도 마찬가지이다. 이 존재지속심의 대상은 전생의 죽기 직전 나타났던 업이나 업의 표상 혹은 태어날 곳의 표상 중의 하나이다. 그래서 전생과 금생을 연결하는 재생연결식과 동일한 대상을 가진다. 금생의 모든 존재지속심들은 모두 이것을 대상으로 가진다. 그리고 이 바왕가도 감각접촉, 느낌, 인식, 의도, 집중, 생명기능, 마음에 잡도리함[作意]의 7가지 공통되는 마음부수와 항상 함께한다는 점도 잊지 말아야 한다. 이렇게 해서 비록 깊은 잠 속에 들어있더라도 존재(bhava)의 동일성이나 구성요소(aṅga)는 매 찰나 유지되어 나가는 것이다. 이 문제에 대해서는 음미할 것이 많겠으나 다음 기회로 미룬다. 금생의 모든 바왕가들은 재생연결식의 대상을 자기의 대상으로 삼는다는 점을 숙지하기 바란다.

그리고 인식과정은 모두 이 바왕가(존재지속심)를 거쳐서 다음의 인식과정으로 넘어간다는 점도 반드시 유념하고 있어야 한다. 즉 인식과정에서 특정한 대상을 대상으로 일어난 마음들은 일련의 인식과정을 거치고 난 뒤 사라진다. 그러면 반드시 바왕가가 흐르게 된다. 이 바왕가의 흐름(bhavaṅga-sota)은 어떤 대상을 인식하는 다른 과정이 전개될 때까지 계속된다. 대상이 나타나지 않으면 재생연결식의 대상을 대상으로 한 바왕가가 지속되는 것이다. 이렇게 바왕가가 지속되다가 어떤 대상이 나타나면 바왕가는 흔들리게 되는데 이것을 '바왕가의 동요(bhavaṅga-calana)'라 부른다. 흔들린 바왕가는 바왕가의 상태에서 동적인 마음으로 전환된다. 이것을 '바왕가의 끊어짐(bhavaṅga-upaccheda)'이라고 부른다. 이렇게 바왕가가 끊어지면 마노는 새로운 대상으로 전향(轉向)을 하는데 이것이 바로 다음에 나오는 전향(āvajjana)이다. 바왕가에서 중요한 또 다른 개념은 '지나간 바왕가(atīta-bhavaṅga)'인데

제4장 §6의 해설 2를 참조하기 바란다.

그러면 『청정도론』의 설명을 보자.

[청정도론 XIV. 114]: "[(2) 존재지속심(바왕가)]: 재생연결식이 사라지면 그것이 어떤 종류의 재생연결이든 그것을 뒤따라서 그와 같은 종류의 마음이 동일한 대상에 존재지속심(bhavaṅga)으로 일어난다. 이 마음은 재생연결을 가져왔던 그 업과 동일한 업의 과보로 나타난 것이다. 계속해서 그와 같은 존재지속심이 일어난다. 다른 알음알이가 일어나 이 존재지속심이 지속되는 것을 방해하지 않는 한, 강물의 흐름처럼 꿈 없는 숙면을 취할 때에도 끊임없이 일어난다. 이렇게 해서 앞의 [19가지 마음이] 존재지속심으로 일어난다고 알아야 한다."(<도표 3.3> 참조)

(3) **전향**(āvajjana): '전향'으로 옮긴 āvajjana는 ā(향하여)+√vṛj(*to turn*)에서 파생된 중성명사로서 '돌아옴, 돌아서 향함'의 일차적인 뜻을 가졌다. 경에는 거의 나타나지 않으며 아비담마에서 전문용어로 정착되었다. 돌아서 향함이라는 의미에서 전향(轉向)으로 옮겼다.[299] 영어로는 *adverting*으로 정착되어 있다. 전향이란 다섯 감각의 문[五門]이나 마노의 문[意門]에 나타난 대상으로 마음을 향하게 하는 역할을 말한다. 앞에서 말한 바왕가가 끊어진 뒤 마음이 대상으로 향하는 역할이다.[300] 전향에는 ① 안·이·비·설·신의 다섯 문으로 향하는 오문전향(五門轉向, pañca-dvāra-āvajjana)과 ② 마노의 문으로 향하는 의

---

299) 중국의 한역 경론들에도 전향(轉向)이라는 용어는 많이 나타나는데 이것이 āvajjana의 산스끄리뜨인 āvarjana를 옮긴 것인지는 알 수 없으나 梵-漢사전에 의하면 vyāvartana(vi+ā+√vṛt, *to turn*)는 전향(轉向)으로 옮기기도 하였다.

300) "bhavaṅgavīthito okkamitvā ārammaṇantarābhimukhaṁ pavattatī ti attho."(PdṬ.127)

문전향(意門轉向, mano-dvāra-āvajjana)의 두 가지가 있다.

① 오문전향(pañca-dvāra-āvajjana) — 마노[意, mano]의 요소

[청정도론 XIV]: "115. [(3) 전향]: 이와 같이 존재지속심의 지속이 계속되는 동안 중생들의 감각기능들[根]이 대상을 알 수 있을 때 형색이 눈의 영역 안으로 들어오면(āpatha-gate) 눈의 감성(pasāda, 제6장 §3의 해설 2 참조)은 그 형색과 부딪친다. 그 부딪힘 때문에 존재지속심은 흔들린다(calana). 존재지속심이 사라지면 마치 존재지속심을 끊어버리는(vicchindamāna) 것처럼 동일한 형색을 대상으로 전향(āvajjana)의 역할을 하는, 작용만 하는 마노의 요소[意界]가 일어난다. 귀의 문 등에서도 여기서 설한 방법대로 알아야 한다."

② 의문전향(mano-dvāra-āvajjana) — 마노의 알음알이[意識, mano-viññāṇa]의 요소

[청정도론 XIV. 116]: "여섯 가지 대상이 마노의 문[意門]으로 들어오면 존재지속심이 흔들리고 그 뒤에 마치 존재지속심을 끊어버리는 것처럼 전향의 역할을 하는, 평온이 함께하고 원인 없는 작용만 하는 마노의 알음알이의 요소[意識界]가 일어난다. 이와 같이 작용만 하는 두 가지 마음은 전향하는 것으로 일어난다고 알아야 한다."

(4) **봄**(dassana), (5) **들음**(savana), (6) **냄새 맡음**(ghāyana), (7) **맛봄**(sāyana), (8) **감촉함**(phusana): 인식과정에서 감각의 문들에서 전향이 일어나면 직접 대상을 인식하는 역할을 가진 마음이 일어난다. 본서에서 역자들은 이들을 마노[意]나 마노의 알음알이[意識]와 구분하기 위해서 전오식(前五識)이라 부르고 있다. 이런 마음과 그것이 수행하는 역할은 대상의 성질에 따라서 다르다. 만일 대상이 형색이면 눈의 알음알이가 일어나서 그것을 보고(dassana), 대상이 소리이면 귀의

알음알이가 일어나서 그것을 듣고(savana), 대상이 냄새이면 코의 알음알이가 일어나서 그것을 냄새 맡고(ghāyana), 대상이 맛이면 혀의 알음알이가 일어나서 그것을 맛보고(sāyana), 대상이 감촉이면 몸의 알음알이가 일어나서 그것을 감촉하게 된다.(phusana)

여기서 봄과 들음 등은 그 대상을 명확하게 인식하는 것을 나타내는 것이 아니고 그 대상이 있음을 즉각적이고 찰나적으로 알아채는 알음알이의 찰나적인 행위라고 할 수 있다. 이런 과정을 거쳐서 그 대상이 무엇인지, 내가 원하는 것인지 아닌지 등으로 확인하는 인식과정이 바로 다음 찰나들에 따라 온다. 그래서 이들 다섯 가지 알음알이는 과보의 마음이기 때문에 미래에 업을 생산할 유익하거나[善] 해로운[不善] 마음이 아니라고 아비담마에서는 말하고 있다. 유익함이나 해로움은 다음에 따라 일어나는 자와나(속행)의 과정에 해당되기 때문이다. 그러면 『청정도론』의 설명을 살펴보자.

[청정도론 XIV]: "117. [(4)~(8) 봄, 들음, 냄새 맡음, 맛봄, 감촉함]: 전향하는 마음 다음에는 먼저 눈의 문에서는 보는 역할을 수행하고 눈의 감성(感性, pasāda)을 의지처로 삼는 눈의 알음알이[眼識]가 일어난다. 마찬가지로 귀의 문 등에서는 듣는 역할 등을 수행하면서 귀·코·혀·몸의 알음알이가 일어난다. 그들은 원하거나 보통으로 원하는 대상에 관해서는 유익한 과보의 마음이고, 싫어하거나 약간 싫어하는 대상에 관해서는 해로운 과보의 마음이다. 이와 같이 열 가지 과보의 마음이 봄, 들음, 냄새 맡음, 맛봄, 감촉함으로 일어난다고 알아야 한다."

(9) **받아들임**(sampaṭicchana): '받아들임'으로 옮긴 sampaṭicchana는 saṁ(함께)+prati(대하여)+√iṣ(*to send*)에서 파생된 중성명사로 문자적인 뜻 그대로 이쪽으로 향해 보내는 의미에서 '받아들임'의 뜻이다.

아비담마에서 이처럼 전문용어로 쓰이며 영어에서는 *receiving*으로 정착되었다. 대상을 놓치지 않고 잘 확인하여 받아들이는 작용이다.301) 여기서 반드시 숙지해야 할 점은 이 받아들임과 아래의 조사함(santīraṇa)과 결정함(votthapana)은 오직 오문(五門)전향을 통해서, 즉 안·이·비·설·신의 다섯 가지 문[五門]을 통해서 일어나는 오문인식과정에만 나타나며 의문인식과정에서는 나타나지 않는 작용이라는 것이다. 의문인식과정은 마음의 현상을 그 대상으로 하므로 받아들이고 조사하고 결정하는 역할 없이 의문전향에 이어 즉각적으로 속행(자와나)이 일어난다. 『청정도론』의 설명을 보자.

[청정도론 XIV]: "118. [(9) 받아들임]: "눈의 알음알이의 요소[眼識界]가 생겼다가 사라진 다음에 마음[心, citta], 마노[意, mano], 정신작용(mānasa)이라 적절히 불리는 마노의 요소[意界]가 일어난다."(Vbh.88)라는 말씀이 있다.

그러므로 눈의 알음알이[眼識] 등의 다음에 각각의 동일한 대상을 받아들이면서 [눈의 알음알이 등의] 유익한 과보로 나타난 마음 다음에는 (39) 유익한 과보로 나타난 마음으로 마노의 요소가 일어난다. [눈의 알음알이 등의] 해로운 과보로 나타난 마음 다음에는 (55) 해로운 과보로 나타난 마음으로 마노의 요소가 일어난다. 이와 같이 두 가지 과보로 나타난 마음이 받아들이는 마음으로 일어난다고 알아야 한다."

(10) **조사**(santīraṇa): '조사'로 옮긴 santīraṇa는 saṁ(함께)+√tṝ(*to cross*)에서 파생된 중성명사이다. '함께 건넌다.'라는 뜻에서 '대상을 조사함'이라는 의미를 나타내는 아비담마의 전문용어이다. 영어로는

---

301) "suṭṭhu paṭimukhañca icchatī ti sampaṭicchanaṁ. suṭṭhū ti amuñcamānaṁ; paṭimukhan ti anaññāpekkhaṁ; icchatī ti kāmeti abhinandati paṭigganhati."(PdṬ.I.9)

*investigation*으로 정착되었다. 대상을 받아들여서 그것이 무엇인지를 조사하는 마음의 역할이다.302)

[청정도론 XIV]: "119. [⑽ 조사]: "마노의 요소[意界]가 생겼다가 사라진 다음에 마음, 마노, 정신작용(mānasa)이라 적절히 불리는 마노의 알음알이의 요소[意識界]가 일어난다."(Vbh.89)라는 말씀이 있다.

그러므로 마노의 요소가 받아들인 동일한 대상을 조사하는, 원인 없는 과보로 나타난 마노의 알음알이의 요소가 일어난다. 이것은 해로운 과보로 나타난 마음인 마노의 요소(받아들이는 마음) 다음에는 해로운 과보의 마음이고, 유익한 과보로 나타난 마음 다음에는 열렬히 원하는 대상에 대해서는 기쁨이 함께하는 마음이고, 보통으로 원하는 대상에 대해서는 평온이 함께하는 마음이다. 이와 같이 세 가지 과보로 나타난 마음이 조사(santīraṇa)하는 마음으로 일어난다고 알아야 한다."

⑾ **결정**(votthapana): '결정'으로 옮긴 votthapana는 vi(분리해서)+ava(아래로)+√sthā(*to stand*)의 사역형 중성명사이다. 문자적으로 '굳게 세운다'는 뜻에서 '확립, 확정'의 뜻이 있으며 경에서는 거의 쓰이지 않는 단어이다. 아비담마에서는 여기서처럼 대상을 조사해서 결정하는 마음의 작용을 나타내는 전문용어로 쓰인다.303) 미얀마 육차결집본에는 모두 voṭṭhabbana로 나타난다. 영어로는 *determination*으로 정착되었다. 이 결정의 마음은 의문인식과정에서는 의문전향의 마음이 되고 이것은 작용만 하는 마음이다. 『청정도론』의 설명을 살펴보자.

---

302) "suṭṭhu tīreti tuleti vicāretīti santīraṇaṁ. ṭīkāyaṁ tīreti niṭṭhāpetī ti vuttaṁ. vibhāvaniyaṁ tīreti vīmaṁsatī ti vuttaṁ."(PdṬ.42)

303) "voṭṭhabbanan ti visuṁ avacchinditvā thapanaṁ idaṁ nīlan ti vā pītakan ti vā subhan ti vā asubhan ti vā asaṅkaratothapanaṁ niyamanan ti vuttaṁ hoti."(PdṬ.127)

[청정도론 XIV]: "120. [(11) 결정]: 조사하는 마음 다음에는 그 동일한 대상을 결정하는, (71) 평온이 함께하고 원인 없는 작용만 하는 마노의 알음알이의 요소[意識界]가 일어난다. 이와 같이 한 가지 작용만 하는 마음이 결정(voṭṭhabbana)하는 마음으로 일어난다고 알아야 한다."

(12) **속행**(速行, javana): '속행'으로 옮긴 javana는 √ju/jū(*to be swift*)에서 파생된 중성명사로 문자적인 뜻 그대로 '재빠름, 신속함'의 뜻을 가졌다.[304] 그래서 속행(速行)이라 직역했다. 인식과정(vīthi-citta)에서 아주 중요하게 쓰이는 아비담마의 전문용어이다. 물론 속행이라는 문자적인 뜻만으로는 이 자와나의 역할을 파악하기는 어렵다. 일단 대상이 무엇이라고 결정되고 나면 일어나는 일련의 인식과정을 자와나(속행)라고 부르고 있다. 일반적인 인식과정에서 자와나는 모두 일곱 번[305] 같은 대상을 가지고 일어난다고 설명하고 있다. 이것은 결정된 대상에 대해서 마치 벼락 치듯 재빠르게 그것을 이해하는 작용을 한다.[306] 이 자와나의 단계야말로 의도적인 행위가 개입되는 곳으로서 유익하거나 해로운[善·不善] 마음이 일어나는 찰나들이다. 물론 아라한의 경우 이 자와나는 선이나 불선이 아니고 작용만 하는 무기의 마음이다. 그리고 성자들이 열반을 대상으로 하여 과의 증득에 머무는 순간들은 과의 자와나(phala-javana)[307]이기 때문에 선(善)이 아니고

304) "javanan ti vā javo ti vā vego ti vā atthato ekaṁ."(PdṬ.127)

305) 여기서 유념해야 할 것은 이 일곱 번은 모두 같은 성질의 마음이라는 점이다. 즉 첫 번째 자와나가 유익한 것[善]이면 나머지 모두가 유익한 것이고 해로운 것[不善]이면 나머지 모두가 해로운 것이지 일곱 개 중에서 몇 개는 유익한 것이고 몇 개는 해로운 것일 수는 없다. 자와나에 대해서는 본 장 §8의 해설 12와 제4장 §§21~23을 참조할 것.

306) "asaninipāto viya vegasahitassa ekekassa pavatti javanakiccaṁ." (PdṬ.127)

307) "phalajavanaṁ nibbānārammaṇaṁ."(PdṬ.134)

과보에 속하는 무기의 마음이다.

자와나는 인식과정에서 가장 중요한 용어이고 개념이다. 왜냐하면 출세간의 과의 자와나와 다음 생의 재생연결식을 결정하는 과정인 한 생의 마지막 자와나(제5장 §37의 해설 참조)와 아라한의 작용만 하는 마음을 제외하고, 모든 존재들에게 속행은 유익한 마음으로 일어나거나 해로운 마음으로 일어나기 때문이다. 그래서 속행은 업을 초래하는 마음이요 업을 짓는 마음이다. 인식과정(제4장)과 인식과정을 벗어난 것(제5장)에서 일어나는 마음들 가운데서 이 자와나들 이외에는 유익함[善]과 해로움[不善]의 개념이 개입되는 마음은 없다.

[청정도론 XIV]: "121. [⑿ 속행]: 결정하는 마음 다음에 만약 형색 등의 대상이 크면(mahanta) 그 조사된 대상에 다음의 [29가지 마음 중의] 하나가 여섯 번 내지 일곱 번의 속행(javana)으로 일어난다. 즉 8가지 욕계 유익한 마음, 12가지 해로운 마음, 9가지 나머지 욕계의 작용만 하는 마음이다. 이것은 5문의 경우에 해당된다. 그러나 의문(意門, 마노의 문)에서는 이 속행들이 의문전향(意門轉向) 다음에 일어난다.

종성(種姓, gotrabhū, 성자의 반열에 드는 찰나의 마음)의 경지 위로는 다음의 26가지 속행 중에서 하나가 조건을 가졌을 때 일어난다. 즉 색계의 5가지 유익한 마음과, 5가지 작용만 하는 마음, 무색계의 4가지 유익한 마음과 4가지 작용만 하는 마음, 출세간의 4가지 도의 마음과 4가지 과의 마음이다.

이와 같이 55가지 유익한 마음, 해로운 마음, 작용만 하는 마음, 과보로 나타난 마음이 속행의 마음으로 일어난다고 알아야 한다."

⒀ **여운**(tadārammaṇa):308) '여운'으로 옮기는 tadārammaṇa는

---

308) 여기서 '여운'으로 옮기고 있는 tadārammaṇa는 이전의 여러 판에서 '등록'

tad(그)+ārammaṇa(대상)가 합해진 단어로 소유복합어[有財釋, bahu-vrīhi]이다. 그래서 문자적으로는 '그것을 대상으로 가진 [마음]'이라는 뜻이다. 즉 이 여운의 마음의 바로 앞에서 일어난 속행(자와나)이 가졌던 그(tad) 대상을 자기의 대상(ārammaṇa)으로 삼아 일어나는 마음이라는 말이다.309) 이것은 두 심찰나 동안 일어난다고 하는데 오문으로 큰 대상이 들어왔을 때나 마음에 선명한 대상이 나타났을 때만 일어나는 마음의 역할이고 그 이외의 인식과정에서는 전혀 나타나지 않는다.

본서의 초판에서는 이것을 '등록'으로 옮겼는데 영어로 정착이 된 *registration*(등록)을 참조한 것이다. 그런데 이것을 등록으로 옮기기에는 조금 문제가 있다고 생각된다. 등록이라 하면 등록할 기저가 되는 어떤 마음이 있는 것처럼 여겨지기 때문이다. 이것은 자와나가 일곱 번 일어나고 사라진 뒤 바로 존재지속심(bhavaṅga)이 일어나기에는 대상이 너무 크거나 분명할 경우에 나타나는 마음의 역할이다. 즉 자와나가 너무 강해서 뒤이어 곧 바로 바왕가의 마음이 일어나지 못하고 두 번 단지 그(tad) 자와나의 대상을 대상으로 가져서(ārammaṇa) 일어나는 일련의 마음일 뿐이다.

『담마상가니』의 주석서인 『앗타살리니』는 tadārammaṇa를 다음과 같이 설명한다.

으로 옮겼다. 이것은 CMA와 『청정도론』 영역본인 "The Path of Purification)에서 보디 스님과 냐나몰리 스님이 *registration*으로 옮긴 것을 참조한 것이다. 그러나 '문서에 올리거나 적어 둠'이라는 사전적인 의미를 가진 등록이라는 용어는 자칫 등록의 기저가 되는 마음에 무엇인가를 등록하는 듯한 의미를 강하게 풍긴다. 그러나 아래서 인용하고 있는 주석서의 설명에서 보듯이 tadārammaṇa에는 이런 의미가 전혀 없다. 아래에 인용하는 『담마상가니 주석서』와 『청정도론』의 설명을 참조하여 본 전정판에서는 '여운'으로 옮기고 있음을 밝힌다.

309) "yaṁ javanena gahitaṁ tad eva'ssa ārammaṇan ti vuttaṁ hoti." (PdṬ.128)

"그러나 여섯 가지 문에서 강한 대상(balavārammaṇa)에 대해서는 여운의 마음(tadārammaṇā)이 되어서 과보로 나타난다.

어떻게? 마치 급류에서 배가 [강을] 건너 갈 때에 그 물은 갈라져 조금 뒤에서 배를 따라 가면서 흐름을 따라 가듯이 그와 같이 여섯 가지 문에서 강한 대상이 유혹을 하면서 나타나면 자와나가 일어난다. 이 자와나가 끝나면 바왕가(존재지속심)의 차례이다. 그런데 이 [여운의] 마음은 바왕가에게 차례를 주지 않고 자와나가 취한 대상을 대상으로 취한 뒤 두 번의 마음의 차례에서 일어나서 바왕가에 끼어든다. 소의 무리가 강을 건널 때처럼 비유를 상세하게 적용시켜야 한다. 이와 같이 자와나가 취한 대상을 그의 대상으로 취함 때문에 여운(즉 그것을 대상으로 가짐)이라는 것이 되어서 과보로 나타난다."(DhsA.265)

『청정도론』은 다음과 같이 설명하고 있다.

[청정도론 XIV]: "122. [(13) 여운]: 속행(자와나)이 끝났을 때 만약 5문에서 대상이 크거나 의문에서 대상이 선명하면 욕계 중생들에게 욕계 속행이 끝났을 때 원하는 대상 등이나 과거 업이나 속행의 마음 등에서 조건을 얻는다. 그 조건을 따라 여덟 가지 '원인을 가진 욕계 과보로 나타난 마음'이나, 세 가지 '원인 없는 과보로 나타난 마노의 알음알이의 요소[意識界]' 중에서 과보로 나타난 마음 하나가 일어나는 것이다.

이것은 물을 거슬러 올라가는 배를 따라 올라가는 물처럼 존재지속심(바왕가)이 가지는 대상이 아닌 다른 대상에 속행을 따라 한 번 내지 두 번 일어난다. 이것은 속행이 끝났을 때 존재지속심의 대상에 일어날 수 있지만 그(tad) 속행의(javanassa) 대상을(ārammaṇa) [자신의] 대상으로 삼아 일어나기 때문에 땃-아람마나(tad-ārammaṇa, 여운)라고 부른다. 이와 같이 11가지 과보로 나타난 마음이 여운(tadārammaṇa)의 마음으로 일어난다고 알아야 한다."

『담마상가니 주석서』와 『청정도론』의 이러한 설명들을 참조하면 이 따다람마나(tadārammaṇa)는 '여운의 마음'이나 '뒤따르는 마음' 정도로 옮길 수 있으며 그래서 여기 전정판에서는 모두 '여운' 혹은 '여운의 마음'으로 옮겼음을 밝힌다.

이 여운이 끝나면 존재지속심(바왕가)으로 들어가고 그 존재지속심은 다른 대상이 나타나기 전까지 계속된다.

⒁ **죽음**(cuti): 마음의 마지막 역할은 죽음의 역할이다. '죽음'으로 옮긴 cuti는 √cyu(*to pass, to move*)에서 파생된 여성명사이다. 이것은 초기경에도 자주 나타나는 단어인데 아비담마에서는 이렇게 죽음의 마음(cuti-citta)이라는 용어로 사용된다. 이것은 한 존재의 생에서 마지막 찰나에 일어나는 마음이며 이 마음으로 한 생명의 일생은 종결이 된다.[310] 이 죽음의 마음은 그 생의 재생연결식과 존재지속심(바왕가)이 가진 대상을 대상으로 가지고 한 생을 종결짓는 마음이다. 『청정도론』의 설명을 살펴보자.

[청정도론 XIV]: "123. [⒁ 죽음]: 여운이 끝났을 때 다시 존재지속심이 생긴다. 존재지속심이 끊어지면 다시 전향(āvajjana) 등이 생긴다. 이와 같이 마음이 조건(paccaya)을 얻어 계속 흘러서(santāna) 존재지속심 다음엔 전향이, 전향 다음엔 봄 등이 마음의 법칙(citta-niyama)[311]에 따라 계속해서 일어나 한 생의 존재지속심이 끝날 때까지 계속된다. 한 생에 있어서 모든 알음알이 가운데서 마지막 바왕가를 죽음(cuti)의 마음이라 한다. 왜냐하면 그것은 그 생에서 끝나는 [마음]이기 때문이

310) "nibbattabhavato parigaḷhanaṁ cutikiccaṁ."(VṬ.125)

311) 마음의 법칙(citta-niyama)에 대해서는 본서 제4장 §4의 해설 1을 참조할 것.

다. 그러므로 [재생연결식과 존재지속심처럼] 19가지 과보로 나타난 마음 가운데 하나가 죽음의 마음으로 일어난다고 알아야 한다."

"124. 죽음의 [마음] 다음에는 계속해서 재생연결 [마음이], 재생연결 [마음] 다음에는 또 존재지속심(바왕가)이 생긴다. 이렇게 해서 존재[有, bhava], 태어날 곳(gati), 머묾(ṭhiti), 거처(nivāsa)에서 윤회하는 중생들에게 마음의 흐름[心相續, citta-santāna]은 끊임없이 계속된다. 아라한과를 증득한 자의 경우 죽음의 마음(cuti-citta)과 더불어 이것도 끝난다."

§9. 마음에 따른 분류

[해설]

앞에서 마음이 하는 역할을 14가지 측면으로 살펴보았다. 여기서는 이제 89가지 마음 가운데서 어떤 마음이 어떤 역할들을 하는지 살펴보고 있다. 얼핏 어려울 것도 같지만 종류에 따라 이름을 붙인 마음(예를 들면 욕계 유익한 마음들 등)과 그 역할에 따라서 이름을 붙인 마음들(예를 들면 전향의 마음, 조사하는 마음 등)의 이름과 역할을 분간하게 되면 이 단락은 그리 큰 어려움을 주지는 않을 것이다. 물론 어떤 마음들은 그들이 수행하는 여러 역할들 가운데서 단 하나의 역할에 따라 이름을 붙인 경우도 있다. 이런 이름은 편의상 그렇게 한 것이지 이렇게 이름 붙인 그 마음이 그 특별한 역할에만 국한된다는 것은 아니다. 반대로 어떤 유형의 마음들은 이름 붙인 것과는 완전히 다른 몇 가지 역할을 하기도 한다. 그러면 하나하나 살펴보자.

9. tattha dve upekkhāsahagatasantīraṇāni c'eva aṭṭha mahāvipākāni ca nava rūpārūpavipākāni cā ti ekūnavīsati cittāni paṭisandhi-bhavaṅga-cutikiccāni nāma.

<도표 3.3> 역할의 길라잡이

역할 \ 마음	해로운	안식	이식	비식	설식	신식	받아들임	평온조사	기쁨조사	오문전향	의문전향	미소짓는	욕계유익함	욕계과보	욕계작용	고귀한 유익함	고귀한과보	고귀한작용	출세간	합계
1~3 재생연결, 존재지속, 죽음								■						■			■			19
4 전향										■	■									2
5 봄		■																		2
6 들음			■																	2
7 냄새 맡음				■																2
8 맛봄					■															2
9 감촉함						■														2
10 받아들임							■													2
11 조사								■	■											3
12 결정											■									1
13 자와나	■											■	■		■	■		■	■	55
14 여운								■	■					■						11
역할의 개수	1	1	1	1	1	1	1	5	2	1	2	1	1	4	1	1	3	1	1	
마음의 합계	12	2	2	2	2	2	2	2	1	1	1	1	8	8	8	9	9	9	8	

āvajjanakiccāni pana dve.

tathā dassana-savana-ghāyana-sāyana-phusana-sampaṭicchana-kiccāni ca.

tīṇi santīraṇakiccāni.

manodvārāvajjanam eva pañcadvāre votthapanakiccaṁ sādheti.

āvajjanadvayavajjitāni kusalākusala-phala-kiriyā cittāni pañca-paññāsa javanakiccāni.

aṭṭha mahāvipākāni c'eva santīraṇattayañ cā ti ekādasa tad-ārammaṇakiccāni.

그중에서 19가지 마음은 재생연결과 존재지속(바왕가)과 죽음의 역할을 한다. 즉 2가지 평온이 함께한 조사하는 마음과 8가지 큰 과보의 마음과 9가지 색계와 무색계 과보의 마음이다.(2+8+5+4=19).

2가지는 전향하는 역할을 한다.

그와 마찬가지로 2가지는 각각 보고, 듣고, 냄새 맡고, 맛보고, 감촉하고, 받아들이는 역할을 한다.

3가지는 조사하는 역할을 한다.

의문전향은 다섯 문[五門]에서 결정하는 역할을 성취한다.

2가지 전향을 제외한 55가지 유익한 마음, 해로운 마음, [출세간의] 과의 마음, 작용만 하는 마음은 속행(자와나)의 역할을 한다.(21+12+4+18=55).

8가지 큰 과보의 마음과 3가지 조사하는 마음, 이 11가지는 여운의 역할을 한다.

[해설]

1. **재생연결과 존재지속(바왕가)과 죽음의 역할**: 앞에서 지적했듯이 한 생에 있어서 어떤 한 가지 마음이 재생연결과 존재지속(바왕가)과 죽음의 역할을 같이 수행한다. 입태가 되는 순간에 이 마음은 이전의 삶으로부터 새로운 존재를 연결지어 일어난다. 바로 그 마음은 바왕가

로서 헤아릴 수 없이 많이 일어나 삶의 전 과정에서 존재의 흐름(상속)을 유지시킨다. 그리고 죽음의 순간에 바로 그 마음은 죽음의 마음으로 일어나서 하나의 삶을 종결짓는다.

이 세 가지 역할을 하는 마음은 모두 19가지가 있다. 해로운 과보로 나타난 조사하는(santīraṇa) 마음은 지옥, 축생, 아귀, 아수라의 악처로 태어나는 중생들에게서 이런 세 가지 역할을 한다. 유익한 과보로 나타난 평온과 함께하는 조사하는 마음은 선천적인 시각 장애인, 청각 장애인, 언어 장애인 등의 인간 혹은 어떤 종류의 낮은 천신들이나 정령들로 태어나는 중생들에게서 이런 역할을 한다. 불구가 되는 것은 해로운 업 때문이지만 인간으로 태어나는 것은 유익한 업의 결과이다. 여기서 조사하는 마음이 나왔다 하여 재생을 하는 순간이나 바왕가가 일어날 때도 조사가 일어나는 것은 아니다. 마음은 한 찰나에 한 가지 역할만을 하기 때문에 이런 때는 조사의 역할은 하지 않는다.

여덟 가지 큰 과보의 마음, 즉 두 가지나 세 가지 원인을 가진 아름다운 욕계 과보의 마음들은 불구가 아닌 인간이나 천신들이라는, 복받은 욕계 세상에 태어난 자들에게서 이들 세 가지 역할을 한다.

이런 열 가지 마음은 욕계에 재생하는 경우에 속한다.

다섯 가지 색계 과보의 마음은 색계 세상에 태어나는 자들의 재생연결식과 존재지속심과 죽음의 마음이 되며, 네 가지 무색계 과보의 마음은 무색계 세상에 태어나는 자들의 위와 같은 세 가지 역할을 하는 마음이 된다.

2. **전향하는 역할**: 오문(五門)전향(pañca-dvāra-āvajjana)의 마음은 감각의 대상이 다섯 가지 감각의 문 가운데서 어떤 하나에 부딪힐 때 전향하는 역할을 한다. 의문(意門)전향(mano-dvāra-āvajjana)의 마음은 대상이 마음의 문에서 일어났을 때 이 역할을 한다. 이 둘은 원인 없는

작용만 하는 마음이다.

3. **보고, 듣고 … 감촉하는 [역할]**: 이 다섯 가지 역할의 각각을 실행하는 두 가지 마음은 유익한 과보나 해로운 과보로 나타난 눈의 알음알이 등이다.

4. **받아들이는 역할**: 받아들이는 역할은 두 가지 받아들이는 마음이 실행한다.

5. **조사하는 역할**: 이 역할을 실행하는 세 가지 마음은 원인 없고 평온이 함께하는 과보의 마음 두 가지(이 가운데서 하나는 유익한 과보의 마음이고 다른 하나는 해로운 과보의 마음이다.)와 원인 없는 유익한 과보인 기쁨과 함께하는 마음이다.

6. **결정하는 역할**: 결정하는 마음으로 따로 정해진 마음은 없다. 이것은 원인 없고 평온이 함께하는 작용만 하는 마음(제1장 §10 참조)으로서 의문인식과정에서는 의문전향의 역할을 하고, 오문인식과정에서는 결정하는 역할을 한다.[312]

7. **속행의 역할**: 속행(자와나)의 역할을 하는 55가지 마음은 12가지 해로운 마음, 21가지 유익한 마음, 네 가지 출세간의 과의 마음, 18가지 작용만 하는 마음(두 가지 전향하는 마음은 제외)이다.

8. **여운의 역할**: 이들 11가지는 과보의 마음이다. 세 가지 조사하는 마음이 여운의 마음의 역할을 실행할 때는 조사하는 역할을 동시에 실행하지는 못한다.

---

312) 오문인식과정과 의문인식과정에 대해서는 제4장 §§6~16을 참조할 것.

§10. 역할의 숫자에 따른 분류

10. tesu pana dve upekkhāsahagatasantīraṇacittāni paṭisandhi-bhavaṅga-cuti-tadārammaṇa-santīraṇavasena pañcakiccāni nāma.

mahāvipākāni aṭṭha paṭisandhi-bhavaṅga-cuti-tadārammaṇavasena catukiccāni nāma.

mahaggatavipākāni nava paṭisandhi-bhavaṅga-cutivasena tikiccāni nāma.

somanassasahagataṁ santīraṇaṁ santīraṇa-tadārammaṇavasena dukiccaṁ.

tathā votthapanañ ca votthapanāvajjanavasena.

sesāni pana sabbāni pi javana-manodhātuttika-dvipañcaviññāṇāni yathāsambhavam ekakiccānī ti.

그중에서 2가지 평온이 함께한 조사하는 마음은 재생연결과 존재지속(바왕가)과 죽음과 여운과 조사를 함으로써 5가지 역할을 한다.

8가지 큰 과보의 마음은 재생연결과 존재지속(바왕가)과 죽음과 여운의 4가지 역할을 한다.

9가지 고귀한 과보의 마음은 재생연결과 존재지속(바왕가)과 죽음의 3가지 역할을 한다.

기쁨이 함께한 조사하는 마음은 조사와 여운의 두 가지 역할을 한다.

그와 마찬가지로 결정하는 마음은 결정과 전향의 두 가지 역할을 한다.

나머지 종류의 속행과 3가지 마노의 요소[意界]와 한 쌍의 전오식(前五識)은 모두 일어날 때 한 가지 역할을 한다.

[해설]

1. **3가지 마노의 요소**[意界]: 오문전향과 두 가지 받아들이는 마음(§8의 해설 9 참조)을 뜻한다.

§11. **요약**

11. paṭisandhādayo nāma, kiccabhedena cuddasa
dasadhā ṭhānabhedena cittuppādā pakāsitā.
aṭṭhasaṭṭhi tathā dve ca nava aṭṭha dve yathākkamaṁ
eka-dvi-ti-catu-pañca kiccaṭhānāni niddise.

마음은 재생연결 등 역할에 따라 14가지이고
단계에 따라 10가지라고 설해졌다.
68가지 마음은 한 가지 [역할]을 하고
2가지는 두 가지 [역할], 9가지는 세 가지 [역할],
8가지는 네 가지 [역할], 2가지는 다섯 가지 역할을 한다.

IV. 문의 길라잡이

dvāra-saṅgaha

§12. **문의 분석**

12. dvārasaṅgahe dvārāni nāma cakkhudvāraṁ sotadvāraṁ ghānadvāraṁ jivhādvāraṁ kāyadvāraṁ manodvārañ cā ti chabbidhāni bhavanti.

tattha cakkhum eva cakkhudvāraṁ.
tathā sotādayo sotadvārādīni.
manodvāraṁ pana bhavaṅgan ti pavuccati.

문의 길라잡이에 문은 여섯 가지이니, 눈의 문, 귀의 문, 코의 문, 혀의 문, 몸의 문, 마노의 문이다.

여기서 눈이 바로 눈의 문이다. 그와 마찬가지로 귀 등이 귀의 문 등이다.

그러나 존재지속심을 일러 마노의 문이라고 한다.

[해설]

1. **문의 길라잡이**(dvāra-saṅgaha): 아비담마에서 '문(dvāra)'이라는 단어는 마음이 대상과 교감하는 매개체를 나타내는 전문용어로 쓰인다.313) 제5장 §§22~24에서는 업을 짓는 문으로 몸의 문(kāya-dvāra)과 말의 문(vacī-dvāra)과 마노의 문[意門, mano-dvāra]도 설하고 있는데 이들은 마음이 세상에 대해서 행위를 하고 업을 짓는 문이기 때문이다.

은유적으로 말하자면 이 여섯 가지 감각의 문을 통해서 마음과 마음부수법들은 대상을 만나러 나가며 대상은 마음과 마음부수법들의 영역에 들어오는 것이다. 여기서 저자는 먼저 여섯 가지 감각의 문을 열거하고 각각의 문에서 일어나는 마음들을 분류하고 다시 문의 수에 따라서 일어나는 마음들을 분류하고 있다.

2. **눈이 바로 눈의 문이다**: 이 다섯 가지 감각의 문은 모두 물질에 속한다. 이들을 감성(pasāda)의 물질이라 부른다.(제6장 §3-1 해설 2 참조) 이런 감성들은 우리가 일반적으로 부르는 눈과는 다르다. 눈의 감성은 눈동자 안에 있는 빛이 통과하는 조그마한 한 부분이라고 정의하고 있다.314) 이런 눈의 감성 등을 통해서 눈 등의 인식과정에 관련된 마음들이 형색 등을 인식하므로 이들을 눈의 문 등이라 부르는 것이다.

3. **존재지속심을 일러 마노의 문이라고 한다**: 눈·귀·코·혀·

---

313) "āvajjanādīnaṁ arūpadhammānaṁ pavattimukhabhāvato dvārāni viyā ti dvārāni."(VṬ.128)

314) "눈의 [감성]은 [여러 물질적인 현상이] 혼합된 전체 눈(sasambhāra-cakkhu)에서 흰자위에 의해 싸여있고 면전에 서있는 사람의 형상이 비치는 곳인 검은 동자의 중간에 있다. 그것은 일곱 겹의 면에 배어있는 기름처럼 눈의 일곱 세포에 퍼져있다."(Vis.XIV.47)

몸의 문은 모두 물질인 감성이지만 마노의 문은 정신[名, nāma]으로서 바로 바왕가(존재지속심)이다. 대상이 마노의 문의 과정(의문인식과정)을 따라서 인식될 때 이 과정에 관련된 마음들은 마노의 문을 통해서만 대상에 접근할 뿐 물질적인 감각기능에는 의지하지 않는다는 뜻이다.

그러나 주석서들마다 마노의 문의 정확한 의미에 대해서 서로 다른 견해를 피력하고 있는데 『위바위니 띠까』에 의하면 의문전향의 마음 바로 앞의 바왕가, 즉 바왕가의 끊어짐(bhavaṅga-upaccheda)이 마노의 문이라고 설명한다.315) 『위바위니 띠까』는 '옛주석가는 의문전향을 포함한 바왕가가 마노의 문이라 한다.'316)고 소개하고 있다. 그러나 레디 사야도(Ledi Sayadaw)와 『위방가 주석서』는 모든 바왕가가 아무런 구별 없이 마노의 문이 된다고 설명하고 있다.317) 본 책의 저자 아누룻다 스님은 아무런 설명 없이 존재지속심이 마노의 문이라고만 언급하고 있다.

§13. 마음에 따른 분류

13. **tattha pañcadvārāvajjana-cakkhuviññāṇa-sampaṭicchana-santīraṇa-votthapana-kāmāvacarajavana-tadārammaṇavasena chacattāḷīsa cittāni cakkhudvāre yathārahaṁ uppajjanti. tathā pañca-vārā-vajjana-sotaviññāṇādivasena sotadvārādīsu pi chacattāḷīs'eva**

---

315) "bhavaṅgan ti āvajjanānantaraṁ bhavaṅgaṁ."(VṬ.128)

316) "tenāhu porāṇā 'sāvajjanaṁ bhavaṅgan tu manodvāran ti' vuccatī ti."(VṬ.128)

317) "paṭisandhito paṭṭhāya yāvatāyukaṁ nadisotam iva pavattamānaṁ ekūnavīsatividhaṁ bhavaṅgacittameva idha manodvāranti vuccati."(PdṬ.131)
"chaṭṭhassa pana bhavaṅgamanasaṅkhāto manāyatan'ekadeso va uppattidvāraṁ."(VbhA.47)

bhavantī ti. sabbathā pi pañcadvāre catupaññāsa cittāni kāmāvacarān' evā ti veditabbāni.

manodvāre pana manodvārāvajjana-pañcapaññāsajavana-tadārammaṇavasena sattasaṭṭhi cittāni bhavanti.

ekūnavīsati paṭisandhi-bhavaṅga-cutivasena dvāravimuttāni.

여기 눈의 문에서는 오문전향과 눈의 알음알이와 받아들이는 마음, 조사하는 마음, 결정하는 마음, 욕계의 속행과 여운의 46가지 마음 (1+2+2+3+1+29+8= 46)이 적절하게 일어난다.

그와 마찬가지로 귀의 문에서도 오문전향과 귀의 알음알이 등 46가지 마음이 일어난다.

이와 같이 다섯 문에서 54가지 욕계 마음이 모두 일어난다.

마노의 문[意門]에서 67가지 마음이 일어난다. 즉 의문전향과 55가지 속행과 여운의 [마음]이다.[318)]

재생연결식과 존재지속심(바왕가)과 죽음의 [마음]으로 일어나는 19가지는 문에서 벗어난 것이다.

[해설]

1. **눈의 문에서는 … 46가지 마음이**: 46가지 마음은 다음과 같다.

1가지 오문전향의 알음알이,

2가지 눈의 알음알이,

2가지 받아들이는 알음알이,[319)]

3가지 조사하는 알음알이,

1가지 결정하는 알음알이,

29가지 욕계 속행의 알음알이(12가지 해로운 마음, 8가지 유익한 마음, 8가

---

318) 89 – (한 쌍의 전오식 + 3가지 마노의 요소 + 9가지 고귀한 과보) = 67.

319) CMA에는 이것이 누락되었다.

지 아름다운 작용만 하는 마음, 1가지 미소짓는 마음),

8가지 여운의 알음알이(욕계 아름다운 과보의 마음)이다.

같은 종류의 마음들이 귀, 코, 혀, 몸의 문에서도 각각의 대상에 대해서 일어난다.

2. **적절하게**(yathārahaṁ): 비록 46가지 마음이 눈의 문에서 일어나지만 그들이 한 인식과정에서 모두 일어나는 것은 아니다. 이것들은 조건에 따라서 결정된다. 레디 사야도는 이런 조건을 (1) 대상(ārammaṇa) (2) 존재하는 곳(bhūmi) (3) 개인(puggala) (4) 마음에 잡도리함[作意, manasikāra]에 따라서 분류하고 있다.

(1) 대상에 따라서: 예를 들어, 대상이 원하지 않는 것이라면 눈의 알음알이, 받아들이는 마음, 조사하는 마음, 여운의 마음은 해로운 과보의 마음들이다. 대상이 원하는 것이면 이들은 유익한 과보의 마음들이다. 만일 대상이 열렬히 원하는 것이면 조사하는 마음과 여운의 마음은 기쁨과 함께하며, 대상이 보통으로 원하는 것이면 평온이 함께한다.

(2) 존재하는 곳에 따라서: 눈의 문에서 일어나는 인식과정이 욕계(kāmabhūmi)에서 일어나면 46가지 모두 일어날 수 있지만 색계에서 일어나면 여운의 마음은 일어나지 않는다. 여운의 역할은 오직 욕계에서만 일어난다.

(3) 개인에 따라서: 범부(puthujjana)나 유학(有學, sekha)의 경우 속행(자와나)의 마음들은 유익한 것[善]이거나 해로운 것[不善]이다. 물론 유학의 경우는 증득한 경지에 따라서 다르다. 탐욕에 뿌리박고 사견과 함께하는 네 가지 마음과 의심과 함께하는 마음은 예류자와 일래자와 불환자에게 없고, 성냄에 뿌리박은 두 가지 마음은 불환자에게 없다. 아라한의 경우 속행(자와나)은 모두 작용만 하는 마음들이다.

(4) 마음에 잡도리함에 따라서: 만일 범부나 유학이 지혜롭게 마음에

〈도표 3.4〉 문의 길라잡이

문 \ 마음	오문전향	안식	이식	비식	설식	신식	받아들임	평온한 조사	기쁜 조사	결정(의문전향)	욕계 속행	고귀한&출세간속행	욕계 과보	고귀한 과보	합계
눈의 문	■	■					■	■	■	■	■		■		46
귀의 문	■		■				■	■	■	■	■		■		46
코의 문	■			■			■	■	■	■	■		■		46
혀의 문	■				■		■	■	■	■	■		■		46
몸의 문	■					■	■	■	■	■	■		■		46
마노의 문								■	■	■	■	■	■		67
문을 벗어남								■					■	■	19
문의 개수	5	1	1	1	1	1	5	6	6	6	6	1	6	0	
마음의 합계	1	2	2	2	2	2	2	2	1	1	29	26	8	9	

잡도리하면[如理作意, yoniso manasikāra] 유익한 속행(자와나)이 일어나고 지혜 없이 마음에 잡도리하면(ayoniso manasikāra) 해로운 속행이 일어난다.

마찬가지로 자극받은(saṅkhārika) 마음과 자극받지 않은(asaṅkhārika) 마음들이 일어나는 것도 이와 같은 조건들에 따라 영향을 받는다.

3. **다섯 문에서 54가지 욕계 마음이 모두 일어난다**: 다섯 감각의 문에서 모든 욕계 마음은 일어난다. 물론 어떤 한 감각의 문에서 다른 4가지 감각의 문과 그 4가지 대상에 관련된 마음은 일어나지 못한다. 예를 들면 눈의 문에서 나머지 귀·코·혀·몸의 문과 그 대상들에 관련된 마음은 일어나지 못한다.

4. **마노의 문[意門]에서**: 모든 55가지 속행의 마음은 모두 마노의 문에서 일어난다. 마노의 문에서 다음의 22가지 마음은 결코 일어나지 않는다. 그것은, 오문전향, 한 쌍의 전오식, 2가지 받아들이는 마음, 5가지 색계 과보의 마음, 4가지 무색계 과보의 마음이다.

5. **문에서 벗어난 것**(dvāra-vimutta): 이들 §9에서 언급된 19가지는 문에서 벗어난 것이라고 부른다. 이런 재생연결식과 존재지속심(바왕가)과 죽음의 마음과 관련된 특별한 역할은 모두 감각의 문에서 일어나는 인식과정에서는 일어나지 않기 때문이다. 아울러 이들은 더 이상 새로운 대상을 받아들이지 못하고 전생의 죽음의 마음이 일어나기 바로 전에 일어난 대상을 오직 그 대상으로 하기 때문이다.(위 §9의 재생연결의 해설과 아래 §17을 참조할 것.)

§14. 문의 숫자에 따른 분류

14. tesu pana pañcaviññāṇāni c'eva mahaggatalokuttarajavanāni cā ti chattiṁsa yathārahaṁ ekadvārikacittāni nāma.

manodhātuttikaṁ pana pañcadvārikaṁ.

sukhasantīraṇa-votthapana-kāmāvacarajavanāni chadvārikacittāni.

upekkhāsahagatasantīraṇa-mahāvipākāni chadvārikāni c'eva dvāra-vimuttāni ca.

mahaggatavipākāni dvāravimuttān'evā ti.

[문을 통해 일어나는 것] 중에서 36가지 마음이 적절하게 하나의 문에서 일어난다. 즉 한 쌍의 전오식(10)과 고귀한 속행(색계10+무색계8)과 출세간의 속행(4+4)이다.

세 가지 마노의 요소[意界]는 다섯 가지 문을 통해 일어난다.

기쁨이 함께한 조사, 결정, 욕계의 속행은 여섯 문을 통해서 일어난다.

평온이 함께한 조사하는 마음과 큰 과보의 마음은 여섯 가지 문을 통해서 일어나기도 하고 문에서 벗어난 것이기도 하다.

고귀한 과보의 마음은 항상 문에서 벗어난 것이다.

[해설]

1. **적절하게**: 한 쌍의 전오식은 그에 상응하는 감각의 문들에서 일어나고 고귀한 속행과 출세간의 속행은 모두 마노의 문[意門]에서 일어난다.

2. **기쁨이 함께한 조사**: 이 마음은 다섯 감각의 문에서는 조사와 여운의 역할을 하고 마노의 문에서는 여운의 역할만을 한다.

3. **결정**: 이 마음은 다섯 감각의 문에서는 결정하는 역할을 하고 마노의 문에서는 전향의 역할을 한다.

4. **큰 과보의 마음**: 이 8가지 마음은 여섯 문을 통해서는 여운의 역할로 일어나고, 문에서 벗어난 마음을 통해서는 재생연결식과 존재지속심(바왕가)과 죽음의 마음의 역할로 일어난다.

5. **고귀한 과보의 마음**: 5가지 색계 과보의 마음과 4가지 무색계 과보의 마음의 9가지 마음은 그 색계와 무색계에서 재생연결식과 존재지속심(바왕가)과 죽음의 마음으로만 일어난다. 그래서 항상 문에서 벗어나 있다.

§15. **요약**

15. ekadvārikacittāni pañcachadvārikāni ca
chadvārikavimuttāni vimuttāni ca sabbathā.
chattiṁsati tathā tīṇi ekaṁtiṁsa yathākkamaṁ
dasadhā navadhā cā ti pañcadhā paridīpaye.

36가지 마음은 하나의 문을 통해 일어나고,
세 가지는 5문에서, 31가지는 여섯 문에서,
10가지는 여섯 문을 통하거나
혹은 문에서 벗어난 것이고
9가지는 전적으로 문에서 벗어난 것이다.
이와 같이 다섯 가지가 밝혀졌다.

V. 대상의 길라잡이

ārammaṇa-saṅgaha

[**해설**]

대상에 따라 마음을 분류하는 것은 아비담마를 통해 우리의 인식과정과 마음의 흐름을 이해하는 아주 중요한 부분이다. 이것을 바르게 이해하면 아비담마에서 제시하는 우리 삶의 밑그림을 정확하게 이해할 수 있을 것이다.

§16. **대상의 분석**

16. ārammaṇasaṅgahe ārammaṇāni nāma rūpārammaṇaṁ sadd-ārammaṇaṁ gandhārammaṇaṁ rasārammaṇaṁ phoṭṭhabbārammaṇaṁ dhammārammaṇañ cā ti chabbidhāni bhavanti.

tattha rūpam eva rūpārammaṇaṁ. tathā saddādayo saddāramma-ṇādīni.

dhammārammaṇaṁ pana pasāda-sukhumarūpa-citta-cetasika-nibbāna-paññattivasena chadhā saṅgayhati.

대상의 길라잡이에서 대상은 여섯 가지이니, 형색이라는 대상, 소리라는 대상, 냄새라는 대상, 맛이라는 대상, 감촉이라는 대상, 법이라는 대상이다.

여기서 형색이 바로 형색이라는 대상이다. 그와 마찬가지로 소리 등이 소리라는 대상 등이다.

그러나 법이라는 대상(dhamma-ārammaṇa)은 여섯 가지이니, 감성[의 물질]과 미세한 물질과 마음과 마음부수와 열반과 개념이다.

[해설]

1. **대상의 길라잡이**(ārammaṇa-saṅgaha): 모든 마음은 대상을 통해서 일어난다. 대상이 없는 마음이란 결코 있을 수 없다는 것이 상좌부 아비담마에서 이해하는 마음의 가장 중요한 측면이다. 이미 제2장에서 살펴보았듯이 대상을 나타내는 두 가지 중요한 빠알리어 단어가 있다. 하나는 ārammaṇa이고 다른 하나는 ālambana이다.(여기에 대해서는 제2장 §1의 해설 3을 참조할 것.)

마음과 대상은 떼려야 뗄 수 없는 관계에 있으므로 대상의 측면에서 마음을 분류해 숙지하는 것도 마음을 이해하는 데 매우 중요하기 때문에 여기서 다루고 있는 것이다.

2. **대상은 여섯 가지이니**: 불교에서는 대상, 즉 형색[色][320] · 소리

---

320) 불교 전반에서 rūpa는 물질 일반을 뜻하는 의미로도 쓰이고 눈[眼, cakkhu]의 대상을 뜻하기도 한다. 눈의 대상으로서의 rūpa는 방원장단(方圓長短) 등의 '형상'의 의미로도 쓰이고 청황적백(青黃赤白) 등의 '색깔'의 의미로도

[聲]・냄새[香]・맛[味]・감촉[觸]・법[法]의 여섯을 각각 눈[眼]・귀[耳]・코[鼻]・혀[舌]・몸[身]・마노[意]에 대한 대상으로 배대시키고 있음은 주지의 사실이다. 빠알리어와 불교 산스끄리뜨에서 이 ārammaṇa와 ālambana와 visaya는 모두 동의어로서 색・성・향・미・촉・법의 여섯 가지를 나타낸다. 아비담마에서는 이 가운데서 색・성・향・미의 네 가지는 파생된 물질(upādā-rūpa)로 분류하여 gocara라는 전문용어로 나타나고 있다.

감촉[觸, phoṭṭhabba]은 땅의 요소와 불의 요소와 바람의 요소 그 자체라고 설명하고 있다. 땅의 요소는 딱딱하고 부드러운 촉감으로 느껴지고 불의 요소는 덥거나 차가움으로 느껴지고 바람의 요소는 팽창이나 압박으로 느껴지기 때문이다. 한편 물의 요소는 응집력을 특징으로 하는데 아비담마에 의하면 이것은 감촉으로써는 느끼지 못하고 마노의 문으로써만 느낄 수 있다고 한다.(이들에 대해서는 제6장 §3-1 등을 참조할 것.)

3. **법이라는 대상**(dhammārammaṇa)**은 6가지이다**: 다섯 감각의 문의 대상들은 다음의 세 가지 방법 중의 하나로 인식된다. 즉 (1) 그 각각의 감각의 문을 통해서 (2) 마노의 문을 통해서 (3) 재생연결식과 존재지속심(바왕가)과 죽음의 마음의 역할을 하는 문에서 벗어난 마음을

쓰인다. 역자들은 물질 일반으로서의 rūpa는 오온의 처음인 색온이고 아비담마의 28가지 물질을 나타내므로 '물질'이라 옮긴다. 그러나 눈의 대상인 rūpa는 형상과 색깔을 조합한 '형색(形色)'으로 옮기고 있다.
그리고 rūpa가 접미어로 쓰이면 '~다운', '~스러운'의 의미가 된다. 예를 들면 piyarūpa는 사랑스러운이라는 의미가 된다. 그래서 초기불전의 여러 곳에서 "manāpā piyarūpā kāmūpasañhitā"(M13 §7 등) 등으로 나타나는 정형구는 "마음에 들고 사랑스럽고 감각적 쾌락을 짝하고"로 옮겨진다.
냐나몰리 스님도 NMD에서 rūpa의 의미로 ① *"material" form* (*i.e.* rūpa-kkhandha); ② *"visible" form* (*i.e.* rūpāyatana; ③ -rūpa (*encl.*) '*having the quality of*'의 셋을 들고 있다.(NM *s.v.* rūpa)

<도표 3.5> 대상의 길라잡이

마음		개수	대상
전오식	눈의 알음알이[眼識]	2	현재의 볼 수 있는 형색
	귀의 알음알이[耳識]	2	현재의 소리
	코의 알음알이[鼻識]	2	현재의 냄새
	혀의 알음알이[舌識]	2	현재의 맛
	몸의 알음알이[身識]	2	현재의 감촉
마노의 요소[意界]		3	현재의 5가지 대상
마노의 알음알이의 요소(意識界)	조사 3, 미소짓는 1, 욕계 아름다운 과보 8	12	욕계 마음 54, 마음부수 52, 물질 28
	해로운 12, 욕계 지혜 없는 유익한 4, 욕계 지혜 없는 작용만 하는 4	20	세속적인 마음 81, 마음부수 52, 물질 28, 개념들
	욕계 지혜 있는 유익한 4, 색계 신통 있는 유익한 1	5	아라한의 도와 과를 제외한 마음 87, 마음부수 52, 물질 28, 열반, 개념들
	욕계 지혜 있는 작용만 하는 4, 색계 신통 있는 작용만 하는 1, 의문전향 1	6	모든 대상들(89마음, 52마음부수, 28물질, 열반, 개념들)
	무색계 식무변처와 비상비비상처	6	고귀한 마음(각각 무색계 공무변처와 무소유처의 마음)
	색계 15, 무색계 공무변처와 무소유처 6	21	개념들
	출 세 간	8	열반

통해서 인식된다. 법이라는 대상(dhammārammaṇa)들은 이런 다섯 감각의 문을 통해서는 결코 인식되지 않는다. 그들은 마노의 문과 문에서 벗어난 마음을 통해서만 인지된다.

마노의 문을 통해서 인지되는 법이라는 대상은 다음의 여섯 가지이다.

(1) 감성(pasāda)의 물질은 눈·귀·코·혀·몸에 부딪쳐 오는 대상을 받아들이는 물질이다. 이 감성의 물질은 마노의 문에서 일어나는 마음들의 대상이다.

(2) 미세한 물질(sukhuma-rūpa)은 제6장 §7에서 언급되는 미세한 물질로서 물질 28가지 가운데 감성의 물질 5가지와 대상의 물질 7가지(형색, 소리, 맛, 냄새, 땅의 요소, 불의 요소, 바람의 요소)321)를 제외한 나머지 16가지가 미세한 물질이다. 이들은 다섯 감각의 문의 대상이 아니고 마노의 대상인 법이다.

(3) 마음(citta)도 마노의 대상인 법이다. 마음은 대상을 식별하는 것이지만 그 자체가 마노의 대상이 되기도 한다. 물론 지금 식별하고 있는 자신의 마음은 마노의 대상이 결코 될 수 없다. 그러나 한 개체에 있어서 이전에 일어났던 마음은 모두 현재 마노의 대상이 되며 다른 중생의 마음도 마노의 대상인 법에 속한다.

(4) 마음부수(cetasikā) 52가지도 물론 마노의 대상인 법이다. 예를 들면 자신의 느낌들이나 의도들과 감정들은 모두 마노의 대상이 된다.

(5) 열반(nibbāna)도 유학과 아라한인 성자들의 마노의 대상이 된다.

(6) 개념들[施設, paññatti]은 구경법(paramattha)의 측면에서 보면 실재하지 않는 것이지만 마노의 대상인 법에 속한다.

---

321) 앞에서도 여러 번 언급했듯이 사대(四大) 가운데에서 땅의 요소, 불의 요소, 바람의 요소는 모두 감촉에 포함된다. 그래서 몸으로 느껴지는 것이고 물의 요소는 마노의 대상이라서 여기 마노의 대상인 dhamma에 포함되는 것이다.

§17. **문에 따른 분류**

17. tattha cakkhudvārikacittānaṁ sabbesam pi rūpam eva ārammaṇaṁ. tañ ca paccuppannam eva. tathā sotadvārikacittādīnam pi saddādīni. tāni ca paccuppannāni yeva.

manodvārikacittānaṁ pana chabbidham pi paccuppannaṁ atītaṁ anāgataṁ kālavimuttañ ca yathārahamārammaṇaṁ hoti.

dvāravimuttānañ ca paṭisandhi-bhavaṅga-cuti-saṅkhātānaṁ chabbidham pi yathāsambhavaṁ yebhuyyena bhavantare chadvāraggahitaṁ paccuppannaṁ atītaṁ paññattibhūtaṁ vā kamma-kamma-nimitta-gatinimittasammataṁ ārammaṇaṁ hoti.

여기서 오직 형색만이 눈의 문에서 일어나는 모든 마음들의 대상이다. 그것도 현재의 것만이 [대상이 된다]. 그와 마찬가지로 소리 등도 귀의 문 등에서 일어나는 모든 마음의 대상이고 그들도 현재의 것만이 [마음들의 대상이 된다].

마노의 문에서 일어나는 마음들의 대상은 여섯 가지인데 그것은 적절하게 현재의 것이거나, 과거의 것이거나, 미래의 것이거나, 혹은 시간을 벗어난 것이기도 하다.

재생연결식과 바왕가와 죽음의 마음이라 불리는, 문에서 벗어난 마음들의 대상도 여섯 가지이다. 그 대상은 환경에 따라 대부분 생을 받기 직전에 여섯 문 [가운데 어느 하나에서] 취한 현재의 것이거나, 과거의 것이거나, 혹은 개념이다. 그것은 업이거나, 업의 표상이거나, 태어날 곳의 표상이라 알려졌다.

[해설]

1. **눈의 문에서 일어나는 모든 마음들의**: 눈의 문에서 일어나는 인식과정은 모두 형색[色]을 그 대상으로 하고 있다. 형색은 단지 눈의 알

음알이의 대상이 되는 것만이 아니라 오문전향의 마음, 받아들이는 마음, 조사하는 마음, 결정하는 마음, 자와나(속행)의 마음들, 여운의 마음들의 대상도 된다는 것을 잊어서는 안 된다. 그래서 눈의 문에서 일어난 모든 마음들이라고 표현한 것이다. 이 마음들이 모두 형색만을 그 대상으로 한다는 것은 그래서 너무나 당연한 말이다. 이런 인식과정 중에서 이들 마음들은 결코 다른 것을 대상으로 가질 수 없다. 최대 17과정으로 표현되는 인식과정(vīthi-citta)에서 바왕가를 제외한 마음들은 모두 같은 대상을 대상으로 하여 일어난다는 기본 명제를 잊어버리면 인식과정을 바르게 이해할 수 없고 혼란만 생기게 된다.

2. **그것도 현재의 것만이 [대상이 된다]**: 여기서 현재라는 말은 바로 이 찰나적 존재로서의 현재(khaṇika-paccuppanna, PdṬ.429)만을 말한다. 지금 현재의 인식과정의 대상이 되는 형색만이 눈의 문에서 일어나는 모든 마음들의 대상이라는 말이다. 마음은 물질보다 16배 빠르다는 것이 아비담마의 인식과정(vīthicitta)을 이해하는 중요한 전제가 된다.[322] 어떤 한 물질이 일어나서 머무는 찰나에 마음은 16번 일어났다가 사라진다. 물론 그 물질이 일어나는(uppāda) 찰나에 개재된 '지나간 바왕가(atīta-bhavaṅga)'라는 하나의 마음을 포함하면 모두 17번이 된다. 그러므로 이렇게 16/17번 일어났다가 사라지는 마음들 가운데 바왕가를 제외한 마음들은 모두 현재 일어나 있는 그 물질만을 대상으로 한다는 말이다.

3. **마노의 문에서 일어나는 마음들의 대상**: 마노의 문에서 일어나는 마음들은 ① 다섯 가지 물질적인 대상과 ② 감각의 문에서는 접근할 수 없는 모든 마노의 대상인 법들을 그 대상으로 가진다. 당연히 마음의 문에서 일어나는 마음의 대상은 현재뿐만 아니라 과거와 미래에

322) 제4장 오문인식과정 §§6~7의 해설을 참조할 것.

속하는 것들도 포함하고 시간을 벗어난 것(kāla-vimutta)도 포함한다.

여기서 시간을 벗어난 것에는 열반과 개념(paññatti)이 포함된다.[323] 열반은 생기고 변하고 사라짐이 없음을 그 고유성질(sabhāva)로 하기 때문에 시간을 벗어난 것이다. 개념은 고유성질(sabhāva)이 없으므로 역시 시간을 벗어난 것이다. 그래서 『빠라맛타디빠니 띠까』는 열반과 개념은 형성된 것(유위법)들과는 달리 일어남이나 생김이 없는 형성되지 않은 것이기 때문에 시간을 벗어난 것이라고 설명하고 있다.[324]

이처럼 과거에 경험한 것, 현재에 진행되는 경험, 미래에 관한 것, 시간을 벗어난 모든 것은 모두 마노의 문에서 일어나는 마음들의 대상이 된다. 실제로 우리의 마음은 이렇게 과거 · 현재 · 미래의 많은 것을 대상으로 하여 삼세를 수없이 넘나들면서 일어나고 멸하며 수많은 개념(명칭)들을 대상으로 삼아 그것에 사로잡혀 있다.

4. **적절하게**(yathārahaṁ): 『위바위니 띠까』는 '마음들이 욕계의 속행(자와나)들인지, 신통지(abhiññā, 아래 §18 참조)의 속행들인지, 나머지 고귀한 속행들인지에 따라서 적절하게'[325]라고 설명하고 있다. 그리고 다음과 같이 부연 설명한다.

욕계의 속행들은 미소짓는 마음을 제외한 모든 과거 · 현재 · 미래의 삼세에 속하는 것과 시간을 벗어난 것 모두를 그 대상으로 한다. 미소짓는 마음은 삼세에 속하는 것을 그 대상으로 한다.[326] 신통지들은

---

323) "paññattiyā saddhiṁ nibbānassa saṅgahitattā kālavimuttā pī ti."(PṭnA. 352)

324) "uppādajātikā saṅkhatadhammā eva tīsu kālesu anupatanti. tasmā uppādarahitā asaṅkhatabhūtā nibbānapaññattiyo kālavimuttaṁ nāmā ti veditabbā."(PdṬ.135)

325) "yathārahan ti kāmāvacarajavana-abhiññā-sesamahaggatādi-java-nānaṁ anurūpato."(VṬ.130)

326) "'기쁨이 함께하는 원인 없는 작용만 하는 마노의 알음알이의 요소(미소짓는

삼세에 속하는 것과 시간을 벗어난 것 모두를 그 대상으로 한다. 고귀한 속행들은 과거의 마음들을 대상으로 가지는 무색계의 두 번째와 네 번째 禪을 제외하고는 시간을 벗어난 것(즉 개념, paññatti)을 그 대상으로 한다. 출세간의 속행들은 모두 시간을 벗어난 것, 즉 열반을 그 대상으로 한다.

5. **문에서 벗어난 마음**: 위(§9)에서 이미 살펴보았듯이 모두 19가지 마음이 문을 벗어난(dvāra-vimutta) 마음의 역할을 한다. 과거와 현재의 다섯 감각의 대상과 마노의 대상, 이 여섯 가지가 이 마음의 대상이 될 수 있다. 한 생에서의 죽음의 마음이 일어나기 직전에 어떤 대상이 일어나는데 이것이 다음 생의 시작이 되는 재생연결식의 대상이 된다. 그것은 다시 다음 생의 모든 존재지속심의 대상이며 다음 생이 끝날 때 생기는 죽음의 마음의 대상이 되어 종결된다.

앞에서 『청정도론』의 인용(§8의 해설 1 참조)을 통해서 보았듯이 『청정도론』이나 다른 주석서 등에 따르면 이 죽음의 마음이 일어나기 직전에 나타나는 대상은 다음의 세 가지 중의 하나라고 설명하고 있다.

(1) 업(kamma): 이전에[327] 지은 해로운[不善] 업이나 유익한[善] 업이

마음)'는 현재에 대해서는 여섯 가지 문에서 과거와 미래에 대해서는 마노의 문에서 제한된 형색 등의 법들을 대상으로 하여 번뇌 다한 분들(아라한들)이 미소를 띠는 모습(pahaṭṭhākāra)을 만들면서 일어난다고 해서 제한된 대상을 가진 것이다."(DhsA.411)

327) CMA에는 '*during the same lifetime*', 즉 그 생에서 지은 업으로 설명을 하고 있다. 그러나 꼭 그 생에서만 지은 것으로 해석할 필요는 없어 보인다. 그래서 '이전에'로 적었다.
왜냐하면 『위방가 주석서』는 업(kamma)이나 업의 표상(kamma-nimitta)을 설명하면서 "과거 백천 겁의 시간 이전에 업을 지은 것도(atīte kappa-koṭisatasahassamatthakasmimpi kamme kate) 바로 그 [재생연결의] 찰나에 업이나 업의 표상으로 도달하여 확립된다."(VbhA.156)라고 설명하고 있고, 레디 사야도도 이미 지은 업(kaṭattā kamma)을 설명하면서 이미

나타나기도 한다.

(2) 업의 표상(kamma-nimitta): 혹은 다음 생을 결정할 해로운 업이나 유익한 업을 상징하는 표상이나 도구들이 나타나기도 한다. 예를 들면 신심이 깊은 사람에게는 스님이나 절의 표상이 나타나기도 하고, 의사의 경우 환자의 모습이 나타나기도 하고, 백정은 도살한 가축들의 신음소리를 듣거나 소 잡는 칼을 보기도 한다.

(3) 태어날 곳의 표상(gati-nimitta): 혹은 죽어가는 사람이 다음 생에 태어날 곳의 표상이 나타나기도 한다. 예를 들면, 천상에 태어날 사람은 천상의 궁궐을 보기도 하고, 축생에 태어날 사람은 숲이나 들판을 보기도 하며, 지옥에 태어날 사람은 지옥의 불을 보기도 한다.

사실 이런 업이나 표상들은 평소 그가 무엇을 대상으로 하여 마음을 많이 일으켜 왔는가에 따라 좌우된다 하겠다.

6. **환경에 따라**(yathāsambhavaṁ): 『위바위니 띠까』는 문에서 벗어난 마음이 인지하는 대상은 본래 전생의 마지막 인식과정이 대상을 인지했던 문에 따라 다양하게 되고, 그것이 현재의 대상인지 과거의 대상인지 개념인지에 따라서도 다양하게 되며, 그것이 업인지 업의 표상(kamma-nimitta)인지 태어날 곳의 표상(gati-nimitta)인지에 따라서도 다르다고 설명한다.

『위바위니 띠까』(VṬ.131)의 설명을 풀어서 정리하면 다음과 같다.

① 욕계에 재생하는 경우에는 바로 전생의 마지막 속행(자와나)의 과정에서 여섯 문들이 인지한 다섯 가지 감각의 대상 중의 하나가 업의

지었음(kaṭattā)에 대해서 "이 생에서거나 이전의 생들에서거나(imasmiṁ bhave vā atītabhavesu vā pubbakāle) 이전의 시간에 지었다는 뜻이라고 알아야 한다."(PdṬ.214~215)라고 설명하고 있기 때문이다.

표상이 된다. 그런 대상은 재생연결식과 제일 처음의 존재지속심(바왕가)의 흐름의 경우에 과거이거나 현재가 된다. 바로 전생의 마지막 속행(자와나)의 과정에서 인지된 감각의 대상은 새로 받은 생의 처음 몇 심찰나에도 현전하기 때문에 그 대상은 현재의 것이 될 수 있다. 그 후 새로 받은 생에서의 존재지속심들과 죽음의 마음에게 그 대상은 반드시 과거에 속하는 것이다.

바로 전생의 마지막 속행과정에서, 마노의 문에서 인지된 마음의 대상은 과거의 업이나 업의 표상이 되어 다음 생의 재생연결과 바왕가와 죽음의 마음의 대상이 될 수 있다. 만일 그 대상이 태어날 곳의 표상이라면 그것은 항상 마노의 문에서 인지되는 현재에 속하는 형색이다.

② 색계에 재생하는 경우의 인식과정을 벗어난 마음들 세 가지(재생연결식, 존재지속심, 죽음의 마음)는 바로 전생의 마지막 속행과정의 마노의 문에서 인지된 것을 마노의 대상으로 한다. 그것은 [시간을 벗어난 것이기 때문에] 개념(paññatti)이고 업의 표상이다.

③ 무색계 가운데 첫 번째와 세 번째 무색계에 재생하는 것은 색계에 재생하는 경우와 같다. 두 번째와 네 번째 무색계에 재생하는 경우에는 마음이 대상이 되므로 그것은 마노의 대상이고 과거의 것이며 업의 표상으로 간주된다.

7. **대부분**(yebhuyyena): 이 단어는 색계에 속하며 알음알이가 완전히 사라져버린 '인식이 없는 중생들[無想有情, asaññā-sattā, 제5장 §31 참조]'의 경지로부터 떨어져 재생하는 자들을 염두에 두고 사용되었다. 그런 중생들의 인식과정에서 벗어난 마음들은 바로 전생에서 인지된 무엇을 그 대상으로 가질 수 없기 때문이다. 그 경지에서는 알음알이가 전혀 없기 때문이다. 이런 중생들에게는 그 인식이 없는 경지의 이전의 생에서 지었던 과거의 업(bhavantarakata kamma)이 기회(okāsa)를

얻어 그 업의 힘(kamma-bala)으로 업의 표상 등을 통해서 재생연결식과 존재지속심(바왕가)과 죽음의 마음의 대상을 생기게 한다.(VṬ.132)

§18. **마음의 종류에 따른 분류**

18. tesu cakkhuviññāṇādīni yathākkamaṁ rūpādi-ekekārammaṇān' eva.

manodhātuttikaṁ pana rūpādipañcārammaṇaṁ.

sesāni kāmāvacaravipākāni hasanacittañ cā ti sabbathā pi kāmāvacarārammaṇān'eva.

akusalāni c'eva ñāṇavippayuttakāmāvacarajavanāni cā ti lokuttaravajjita-sabbārammaṇāni.

ñāṇasampayutta-kāmāvacarakusalāni c'eva pañcamajjhānasaṅkhā-taṁ abhiññākusalañ cā ti arahattamaggaphalavajjitasabbārammaṇāni.

ñāṇasampayuttakāmāvacarakiriyāni c'eva kiriyābhiññāvotthapanañ cā ti sabbathā pi sabbārammaṇāni.

āruppesu dutiyacatutthāni mahaggatārammaṇāni.

sesāni mahaggatacittāni pana sabbāni pi paññattārammaṇāni.

lokuttaracittāni nibbānārammaṇānī ti.

이 중에서 눈의 알음알이 등은 각각 형색 등의 한 가지 대상을 가진다.

그러나 세 가지 마노의 요소[意界]는 다섯 가지 대상을 모두 가진다.

나머지 욕계 과보의 마음들과 미소 짓는 마음은 항상 욕계의 대상을 가진다.

해로운 마음들과 지혜와 결합되지 않은 욕계의 속행은 출세간의 법을 제외한 모든 대상을 가진다.

지혜와 결합된 욕계의 유익한 마음들과 제5선이라 불리는 유익한 신통지의 마음은 아라한 도와 과를 제외한 모든 대상을 가진다.

지혜와 결합된 욕계의 작용만 하는 마음들과 작용만 하는 신통지의 마음과 결정하는 마음은 모든 대상을 가진다.

무색계 마음들에서 두 번째와 네 번째는 고귀한 대상을 가진다.

나머지 고귀한 마음들은 모두 개념을 대상으로 가진다.

출세간의 마음들은 열반을 대상으로 가진다.

[해설]

1. **세 가지 마노의 요소**[意界]: 세 가지 마노의 요소[意界]란 오문전향의 마음과 두 가지 받아들이는 마음(sampaṭicchana)을 뜻한다. 이들은 다섯 가지 감각의 대상 모두를 대상으로 가진다. 이들이 다섯 감각의 문에서 일어나기 때문이다.

2. **나머지 욕계 과보의 마음들**: 이들은 3가지 조사하는 마음과 8가지 큰 과보의 마음의 11가지이다. 이들은 여운의 마음을 통해서 이들이 일어날 때 여섯 문에 나타나는 모든 욕계의 대상을 가진다. 다시 이들 11가지 마음은 기쁨이 함께하는 조사하는 마음을 제외하고 재생연결식과 존재지속심과 죽음의 마음으로 일어날 때 여섯 대상을 가진다. 아라한들의 미소짓는 마음도 욕계의 여섯 가지 대상을 가진다.

3. **해로운 마음들과** …: 4가지 도와 4가지 과와 열반의 이들 9가지 출세간법은 극도로 청정하고 심오하기 때문에 어떤 해로운 마음으로도 파악할 수 없으며 지혜가 없는 유익한 마음들이나 작용만 하는 마음들로도 파악할 수 없다.

4. **지혜와 결합된 욕계의 유익한 마음들** …: 범부들과 유학들은 아라한들의 도와 과의 마음들을 알지 못한다. 그들은 이 경지를 증득하지 못했기 때문이다. 이 둘은 인식과정(vīthi-citta)에서 일어나는 지혜와 결합된 욕계의 유익한 마음들로도 결코 접근할 수 없다.

유학들의 도와 과의 마음들은 범부들의 마음으로는 접근할 수 없다. 높은 단계의 유학들의 도와 과의 마음들은 낮은 단계의 유학들의 마음들로도 접근할 수 없다. 지혜와 결합된 욕계의 유익한 마음들은 유학들이 자신들의 출세간의 증득들을 반조할 때에 도와 과와 열반을 알 수 있다. 이 마음들은 출세간의 도가 일어나기 바로 직전의 단계인 종성(gotrabhū)의 경지에서 열반을 대상으로 가질 수 있다.(제9장 §34 참조)

5. **유익한 신통지의 마음:** 신통지(abhiññā)들은 다섯 가지 禪을 터득한 자들이 자유로이 구사할 수 있는 높은 단계의 지혜이다. 신족통, 천안통, 천이통, 타심통, 숙명통의 다섯 가지 세간적인 신통지는 제9장 §21에서 언급이 되고 있으므로 그 부분을 참조하기 바란다. 이들 신통지는 제5禪의 마음을 특별하게 적용시킬 때 얻어진다고 한다. 범부들과 유학들의 경우 이 마음은 유익한 마음에 속하고 아라한들의 경우는 작용만 하는 마음에 속한다. 제5선에 통달한 유학들은 타심통으로 자기와 같은 단계나 낮은 단계에 있는 유학들의 도와 과의 마음들을 알 수 있지만 자기보다 높은 단계에 있는 자들의 도와 과의 마음들은 알 수 없다. 물론 아라한의 도와 과의 마음은 유익한 신통지의 마음들의 경지를 완전히 넘어서 있으므로 낮은 단계의 범부들이나 유학들이 결코 알 수 없다.(신통지에 대한 설명은 『청정도론』 XII.1 이하를 참조할 것.)

6. **지혜와 결합된 욕계의 작용만 하는 마음들 …:** 지혜와 결합된 욕계의 작용만 하는 마음들을 통해 아라한은 자신의 증득을 반조할 때 자신의 도와 과의 마음들을 알 수 있다. 그리고 단지 작용만 하는 신통지의 마음들을 통해 다른 유학들이나 아라한들인 성스러운 제자들의 도와 과의 마음들을 알 수 있다. 결정하는 마음은 감각의 문을 통한 인식과정에서 다섯 감각의 대상을 파악할 수 있고 그것이 의문전향의 마음의 역할을 할 때는 모든 여섯 대상들을 파악할 수 있다.

<도표 3.6> 개념을 대상으로 하는 고귀한 마음들

고귀한 마음들 \ 개념		10 까시나	10 부정	1 몸	1 호흡	1 중생(자)	1 중생(비)	1 중생(희)	1 중생(사)	1 무한한 허공	1 무소유	합계
색계 초선	3	■	■	■	■	■	■	■				25
색계 제2선	3	■			■	■	■	■				14
색계 제3선	3	■			■	■	■	■				14
색계 제4선	3	■			■	■	■	■				14
색계 제5선	3	■			■				■			12
무색계 제1선	3									■		1
무색계 제3선	3										■	1

‡ 고귀한 마음들에 대해서는 제9장 <도표 9.1> 40가지 명상주제도 참조할 것.

7. **무색계의 마음들에서** …: 두 번째 무색계의 마음은 첫 번째 무색계의 마음을 대상으로 가지며, 네 번째의 무색계의 마음은 세 번째 무색계의 마음을 대상으로 가진다. 그러므로 이 두 마음은 고귀한 것을 그 대상으로 가진다.[328]

328) 욕계 마음들과 색계 마음들과 무색계 마음들과 출세간 마음들의 대상들에 대한 자세한 논의는 『담마상가니』 제2권 §§1420~1422와 주해들을 참조하기 바란다.

8. **나머지 고귀한 마음들은**: 색계禪에 속하는 마음들은 개념(paññatti)들을 대상으로 가진다. 예를 들면 까시나 수행을 하는 자들은 닮은 표상(paṭibhāga-nimitta)을 대상으로 하고 사무량심을 닦는 자들은 중생들을 그 대상으로 한다.(제9장의 §6과 §9 참조) 첫 번째 무색계의 마음은 '무한한 허공'이라는 개념을 대상으로 삼으며 세 번째 무색계의 마음은 '아무것도 없음', 즉 '존재하지 않음'을 대상으로 삼는다.(<도표 3.6> 참조)

§19. **요약**

19. pañcavīsa parittamhi cha cittāni mahaggate
ekavīsati vohāre aṭṭha nibbānagocare.
vīsānuttaramuttamhi aggamaggaphalujjhite
pañca sabbattha chacceti sattadhā tattha saṅgaho.

25가지는 제한된 [욕계의] 대상과, 6가지는 고귀한 대상과,
21가지는 개념과, 8가지는 열반과,
20가지는 출세간을 제외한 모든 대상과,
5가지는 최상의 도와 과를 제외한 모든 대상과,
6가지는 모든 대상과 연결된다.
이와 같이 일곱 종류로 포괄된다.

[해설]

1. 25**가지 마음**: 23가지 욕계 과보의 마음과 오문전향의 마음과 미소짓는 마음은 모두 제한된 욕계의 대상을 가진다.

2. 6**가지는 고귀한 대상과**: 유익하고 과보로 나타나며 작용만 하는 두 번째와 네 번째 무색계의 禪을 뜻한다.(3×2=6) 욕계의 마음을 제한된 것으로, 색계 무색계의 마음을 고귀한 것으로 부르는 것은 제1장 §3

의 해설을 참조할 것.

3. 21**가지는 개념과**: 즉 유익하고 과보로 나타나며 작용만 하는 5가지 색계의 禪들과 첫 번째와 세 번째의 무색계의 禪들을 뜻한다.(3×7=21)

4. 8**가지는 열반과**: 출세간의 4가지 도와 4가지 과를 뜻한다.

5. 20**가지는 출세간을 제외한 모든 대상과**: 여기서 20가지는 12가지 해로운 마음과, 4가지 욕계의 지혜가 없는 유익한 마음과, 4가지 욕계의 지혜가 없는 작용만 하는 마음을 뜻한다.

6. 5**가지**: 4가지 지혜가 있는 욕계의 유익한 마음과 1가지 색계 신통지의 마음을 뜻한다.

7. 6**가지는 모든 대상과 연결된다**: 4가지 지혜가 있는 고귀한 작용만 하는 마음과 단지 작용만 하는 제5禪의 신통지의 마음과 결정하는 마음이다.

VI. 토대의 길라잡이

vatthu－saṅgaha

§20. 토대의 분석

20. vatthusaṅgahe vatthūni nāma cakkhu-sota-ghāna-jivhā-kāya-hadayavatthu cā ti chabbidhāni bhavanti.

tāni kāmaloke sabbāni pi labbhanti.

rūpaloke pana ghānādittayaṁ natthi.

arūpaloke pana sabbāni pi na saṁvijjanti.

토대의 길라잡이에서 토대는 여섯 가지이니 눈, 귀, 코, 혀, 몸, 심장 토대이다.

그들은 욕계 세상에서는 모두 발견된다.

그러나 색계 세상에서는 코와 혀와 몸의 세 가지 토대가 없다. 무색계 세상에서는 모두 없다.

[해설]

1. **토대의 길라잡이**: 물질로 된 몸을 가지고 있는 존재들이 거주하는 세상에서 마음과 마음부수법들은 물질을 의지하여 일어난다. 이런 알음알이의 의지처가 되는 물질을 토대(vatthu)라고 부른다. 『위바위니 띠까』는 "마음과 마음부수들이 이들에 의지한다고 해서 토대라 한다."[329]라고 정의하고 있다. 욕계에 사는 우리는 눈의 알음알이 등이 일어나는 토대로 눈, 귀, 코, 혀, 몸, 심장을 가지고 있다. 여기서 보듯이 눈, 귀, 코, 혀, 몸의 토대는 앞에서 설명된 다섯 가지 문과 일치하는 듯이 보이지만 문과 토대는 분명히 다르다. 문은 인식과정에 관련된 마음과 마음부수들이 대상으로 접근하는 통로이지만 토대는 마음과 마음부수들이 일어나는 육체적인 토대이다.

예를 들면 눈의 문을 통한 인식과정에서 여러 종류의 마음들이 눈의 알음알이와는 관계없이 눈의 감성을 문으로 하여 일어난다. 그러나 눈의 감성은 오직 눈의 알음알이의 토대가 될 뿐 그 눈의 문을 사용하는 다른 관련된 마음들의 토대는 아니다. 이렇게 문과 토대는 판이하게 다르다. 문들의 측면에서 보자면 재생연결식이나 존재지속심이나 죽음의 마음으로 작용하는 다른 여러 가지 마음은 문을 벗어난(dvāra-vimutta) 마음, 즉 문과는 관계없이 일어나는 마음으로 간주된다. 그러나 정신과 물질을 다 포함하는 존재의 세계에서 보자면 어떤 마음도 토대가 없이는 결코 일어날 수 없다. 이런 문을 벗어난 마음들은 모두 심장토대를 그 토대로 가진다.

여기서 저자 아누룻다 스님은 토대들을 열거하고 이 토대에 의지하

329) "vasanti etesu cittacetasikā tannissayattā ti vatthūni."(VṬ.135)

여 일어나는 마음들을 토대에 따라서 분류하고 있다.

2. **심장토대**(hadaya-vatthu): 주석가들에 의하면 몸을 가진 존재들에게 심장은 한 쌍의 전오식을 제외한 모든 마음들의 육체적인 의지처가 된다고 한다. 물론 한 쌍의 전오식은 눈의 감성 등 그들 각각의 토대를 가지고 있다. 그러나 주석서 이전의 아비담마 칠론에서는 특별히 심장토대가 언급되고 있지는 않다. 삼장에서 심장토대라는 단어는 『자따까』에 두세 번 나타날 뿐이다. 빠알리 논장의 칠론 가운데 마지막인 『빳타나』에서는 심장토대라는 말이 없이 "마노의 요소[意界]와 마노의 알음알이의 요소[意識界]가 의지하여서 일어나는 그 물질"[330]이라고 단순하게 언급되고 있을 뿐이다. 그러나 주석서들에서는 많이 나타나고 있는데 여러 문맥에서 한 쌍의 전오식을 제외한 모든 마음들이 이것을 의지해 일어난다고 설명하고 있다.[331] 심장토대에

---

330) "yaṁ rūpaṁ nissāya manodhātu ca manoviññāṇadhātu ca vattanti taṁ rūpaṁ manodhātuyā ca manoviññāṇadhātuyā ca taṁsampayuttakānañ ca dhammānaṁ nissayapaccayena paccayo."(Pṭn.ii.4)

331) "cittassa hadayavatthum eva nissāya pavattanaṁ."(DhsA.279)

빠알리 논장의 칠론 가운데 간접적으로 심장토대가 언급되는 곳은 『빳타나』라고 할 수 있다. 『빳타나』는 이렇게 말한다.

"그 물질을 의지하여(yaṁ rūpaṁ nissāya) 마노의 요소[意界]와 마노의 알음알이의 요소[意識界]가 활동하는(vattanti) 그 물질은(taṁ rūpaṁ) 마노의 요소와 마노의 알음알이의 요소와 이것과 결합된 법들에게 의지하는 조건으로 조건이 된다(nissayapaccayena paccayo)."(Pṭn.ii.4)

『청정도론』은 심장(hadaya)을 설명하면서 이 문장을 가져와서 "그 안에는 뿐나가 씨앗의 크기만 한(punnāgaṭṭhi-patiṭṭhānamatta) 구멍(āvāṭaka)이 있다. 그 속에 빗방울(pasaṭa) 반만큼의 피(addhapasatamatta lohita)가 있다. 그것을 의지하여(yaṁ nissāya) 마노의 요소와 마노의 알음알이의 요소가 활동한다."(Vis.VIII.111; VbhA.239)라고 이 심장을 의지하여 있는 심장토대를 이렇게 설명하고 있다. 그래서 『청정도론』은 심장토대를 이렇게 정의하고 있다.

"'심장토대(hadaya-vatthu)'는 마노의 요소[意界, mano-dhātu]와 마노

대해서는 제6장의 심장토대에 대한 해설을 참조할 것.

3. **욕계에서는** …: 욕계에는 여섯 가지 토대 전부가 다 존재한다. 물론 나면서부터 눈멀고 귀먹은 자는 제외한다. 색계에는 코와 혀와 몸의 세 가지 토대는 존재하지 않는다. 왜냐하면 색계에서는 이 세 가지를 통해서 들어오는 감각적인 체험이 있지 않기 때문이다. 코와 혀와 몸으로 느껴지는 감각적인 경험은 눈과 귀를 통해서 체험되는 감각보다 더 거칠기 때문에 이 욕계보다 더 고상한 경지에서는 제외되는 것이다. 레디 사야도는 그곳에서도 존재들은 코와 혀와 몸의 육체적인 기관을 가지고 있기는 하지만 그들의 이런 기관은 감수할 능력이 없기 때문에 냄새 맡고 맛보고 감촉하는 토대로서의 역할을 수행하지 못한다고 주석한다.332) 그러므로 색계에서는 이런 감각을 감지하지 못한다. 무색계에는 어떤 토대도 있을 수 없다. 모든 토대는 물질로 이루어지고 무색계는 물질이 존재하지 않기 때문이다.

§21. 마음에 따른 분류

21. tattha pañcaviññāṇadhātuyo yathākkamaṁ ekantena pañca pasādavatthūni nissāy' eva pavattanti.

의 알음알이의 요소[意識界, manoviññāṇa-dhātu]의 의지처가 되는 특징을 가진다. 그들에게 장소를 제공하는 역할을 가진다. 그들을 지님으로 나타난다. 심장 안에 있는 피를 의지해서 있다. 그 피의 종류에 대해서는 이미 몸에 대한 마음챙김의 주석에서 설했다.(Vis.VIII.111) 그것은 받치는 등의 역할을 하는 근본물질의 도움을 받는다. 그것은 온도와 마음과 음식에 의해 지탱되고 생명기능에 의해서 유지된다. 그것은 마노의 요소[意界]와 마노의 알음알이의 요소[意識界]와 또 이들과 함께하는 법들이 생기는 토대가 된다."(Vis.XVII.60)

332) "idañ ca pasādarūpattayaṁ sandhāya vuttaṁ. sasambhāraghāna-jivhā-kāya-saṇṭhānāni pana suṭṭhuparipuṇṇāni eva hontī ti."(PdṬ. 141)

pañcadvārāvajjana-sampaṭicchanasaṅkhātā pana manodhātu ca hadayaṁ nissitā yeva pavattanti.

avasesā pana manoviññāṇadhātusaṅkhātā ca santīraṇa-mahā-vipāka-paṭighadvaya-paṭhamamagga-hasana-rūpāvacara-vasena hadayaṁ nissāy' eva pavattanti.

avasesā kusala-akusala-kiriya-anuttaravasena pana nissāya vā anissāya vā.

āruppavipākavasena hadayaṁ anissāy' evā ti.

여기서 [한 쌍의] 전오식(前五識)의 요소는 적절하게 전적으로 5가지 감성의 토대를 의지하여 일어난다.(2×5=10)

오문전향과 [2가지] 받아들이는 마음이라 불리는 마노의 요소[意界]는 반드시 심장토대를 의지하여 일어난다.(1+2=3)

[그와 같이] 나머지 마노의 알음알이의 요소[意識界]라 불리는 조사하는 마음, 큰 과보의 마음, 2가지 적의가 함께한 마음, 첫 번째의 도의 마음, 미소짓는 마음, 색계 마음도 반드시 심장토대를 의지하여 일어난다.(3+8+2+1+1+15=30)

나머지 마음들, 즉 유익한 마음, 해로운 마음, 작용만 하는 마음, 출세간 마음은 심장토대를 의지하기도 하고 혹은 의지하지 않고서 일어나기도 한다.(12+10+13+7=42)

무색계 과보의 마음은 심장토대를 의지하지 않는다.(4)

[해설]

1. **[한 쌍의] 전오식(前五識)의 요소는** …: 아비담마에서는 89가지 마음을 모두 일곱 가지 알음알이의 요소로 분류한다.(<도표 3.7> 참조)

여기서 마노의 요소[意界]라 불리는 세 가지 마음은 아주 미약하게 대상을 취하는 작용을 가진다. 즉 오문전향의 알음알이는 완전히 새로운 대상과 마주치고 다른 토대를 가진 마음이 바로 뒤에 오기 때문에

<도표 3.7> 일곱 가지 알음알이의 요소

요소[界]	마음들	합계
눈의 알음알이의 요소[眼識界]	눈의 알음알이	2
귀의 알음알이의 요소[耳識界]	귀의 알음알이	2
코의 알음알이의 요소[鼻識界]	코의 알음알이	2
혀의 알음알이의 요소[舌識界]	혀의 알음알이	2
몸의 알음알이의 요소[身識界]	몸의 알음알이	2
마노의 요소[意界]	오문전향, 받아들이는 마음	3
마노의 알음알이의 요소[意識界]	나머지 모든 마음들	76

미약하다. 두 가지 받아들이는 마음도 다른 토대를 가진 마음을 뒤따라 일어나기 때문에 미약하다.[333] 다섯 가지 알음알이[前五識]의 요소들은 조금 더 강하다. 이들은 대상을 직접 보거나 듣거나 냄새 맡거나 맛보거나 감촉하기 때문이다. 그러나 아직까지 그들은 상대적으로 약하다. 그들은 자신의 토대와는 다른 토대를 가진 두 마음들의 가운데서 작용하기 때문이다. 마노의 알음알이의 요소[意識界]에 속하는 76가지 마음은 자신의 토대와 같은 토대를 가진 마음들이 앞뒤에 오기 때문에 더 완전하고 더 분명하게 대상을 인지할 수 있다.

2. **오문전향과 … 반드시 심장토대를 의지하여 일어난다**: 여기서 열거한 33가지 마음(<도표 3.8>의 '심장토대(반드시)' 참조)은 무색계에서는

333) 마음이 일어나는 순서가 '오문전향의 마음 → 전오식 가운데 하나 → 받아들이는 마음'인 것을 상기하면 이 문장을 쉽게 이해할 수 있다. 여기서 심장을 토대로 가지는 오문전향의 마음과 눈·귀 등을 토대로 하는 전오식은 서로 토대가 다르다. 그리고 이런 전오식과 심장을 토대로 가지는 받아들이는 마음도 서로 토대가 다르다. 그래서 이 마음들은 모두 그 힘이 미약하다.

일어나지 않고 물질이 존재하는 세계, 즉 욕계 세상 또는 색계 세상에서만 일어난다. 그러므로 그들은 항상 심장토대를 의지한다. 적의가 함께하는 마음들은 색계와 무색계에서는 일어나지 않는다. 적의를 억눌러 나타나지 않게 하는 것은 禪에 드는 전제 조건이기 때문이다. 첫 번째 도의 마음, 즉 예류도의 마음은 무색계에서는 일어나지 않는다. 이것은 법(Dhamma)을 듣는 것을 조건으로 하기 때문에 귀의 역할이 있어야 하기 때문이다. 미소짓는 마음은 미소를 드러내는 몸이 반드시 있어야 한다.(VṬ.136)

3. 나머지 마음들: 여기서 열거한 42가지 마음(<도표 3.8>의 '심장토대(때때로)' 참조)은 물질이 존재하는 세계, 즉 욕계와 색계에서 일어날 때 심장토대를 의지하여 일어나며 무색계에서 일어날 때는 심장토대와는 관계없이 일어난다. 무색계 과보의 마음들은 무색계에서만 나타나므로 어떤 토대에도 의지하지 않고 일어난다.

§22. 요약

22. chavatthuṁ nissitā kāme satta rūpe catubbidhā
tivatthuṁ nissit' āruppe dhātv' ekānissitā matā.
tecattāḷīsa nissāya dvecattāḷīsa jāyare
nissāya ca anissāya pākāruppā anissitā ti.

욕계에서 7가지 [알음알이의] 요소는 여섯 가지 토대를 의지하고
색계에서 4가지는 세 가지 토대를 의지하고
무색계에서 1가지는 토대를 의지하지 않는다고 알려졌다.
43가지 마음은 토대를 의지하여 일어나고
42가지는 의지하여 일어나기도 하고
혹은 의지하지 않고 일어나기도 한다.
무색계의 과보는 의지하지 않고 일어난다.

<도표 3.8> 토대의 길라잡이

마음 \ 토대		눈의 토대	귀의 토대	코의 토대	혀의 토대	몸의 토대	심장토대 (반드시)	심장토대 (때때로)	토대없음
탐욕에 뿌리박은	8							■	
성냄에 뿌리박은	2						■		
어리석음에 뿌리박은	2							■	
안 식	2	■							
이 식	2		■						
비 식	2			■					
설 식	2				■				
신 식	2					■			
마노의 요소[意界]	3						■		
조 사	3						■		
의문전향	1							■	
미소짓는	1						■		
욕계 유익한	8							■	
욕계 과보로	8						■		
욕계 작용하는	8							■	
색계	15						■		
무색계 유익한	4							■	
무색계 과보로	4								■
무색계 작용	4							■	
예류도	1						■		
출세간 나머지	7							■	
합 계	89	2	2	2	2	2	33	42	4

[해설]

1. **욕계에서** …: 욕계에서 다섯 가지 알음알이[前五識]의 요소는 각각 그들의 토대를 의지하여 일어나고 마노의 요소[意界]와 마노의 알음알이의 요소[意識界]는 심장토대를 의지하여 일어난다.

2. **색계에서** …: 색계에는 코의 토대와 혀의 토대와 몸의 토대와 그 각각의 알음알이의 요소가 존재하지 않는다. 그러므로 색계에서는 눈의 알음알이와 귀의 알음알이와 마노의 요소와 마노의 알음알이의 요소의 네 가지가 일어난다. 앞의 두 가지는 각각 눈의 토대와 귀의 토대를 의지하여 일어나고 뒤의 두 가지는 심장토대를 의지하여 일어난다.

3. **무색계에서** …: 무색계에서는 마노의 알음알이의 요소[意識界]만이 일어나는데 물론 토대가 없이 일어난다.

iti Abhidhammatthasaṅgahe
pakiṇṇakasaṅgahavibhāgo nāma
tatiyo paricchedo.

이와 같이 아비담맛타상가하에서
일반적인 항목의 길라잡이라 불리는
제3장이 끝났다.

제4장

vīthicitta-saṅgaha-vibhāga
인식과정의 길라잡이

제4장 인식과정의 길라잡이

vīthicitta-saṅgaha-vibhāga

[해설]

'인식과정'으로 옮긴 vīthi-citta는 vīthi(과정)와 citta(마음)의 합성어이다.334) vīthi는 그 어원이 분명하지 않으나 학자들은 √vī(veti, *to approach*)에서 파생된 여성명사로 간주한다. '길, 진로, 과정'의 뜻으로 쓰인다. 경에서는 "원숭이가 다니는 길(makkaṭa-vīthi)"(S47:7)로 나타나기도 하고 "비구들이여, 그러면 어떻게 비구는 길(vīthi)을 아는가? 비구들이여, 여기 비구는 성스러운 팔정도[八支聖道]를 있는 그대로 꿰뚫어 안다. 비구들이여, 이와 같이 비구는 길을 안다."(M33 §24)라는 등으로 나타나기도 한다. 아비담마에서는 여기서처럼 citta와 함께 쓰여 마음이 진행되어 가는 진로나 과정을 뜻하는 전문용어로 사용되며 vīthi 단독으로 나타나기도 한다. 영어로는 *cognitive process*라고 정착되고 있다. 『위바위니띠까』(VṬ.190)와 『빠라맛타 위닛차야』(Pvch.8) 등의 아비담마 문헌에는 citta-vīthi로 나타나기도 한다.

제1장에서 우리는 상좌부 아비담마에서 '대상을 안다고 해서 마음이

334) 인식과정(vīthi-citta)이라 할 때의 '인식'과 오온이나 심소법으로서의 '인식(saññā)'은 전혀 다른 별개의 용어이다. 인식과정의 인식은 심리학에서 '자극을 받아들이고, 저장하고, 인출하는 일련의 정신 과정'으로 정의하는 인지(認知)나 '감각 기관을 통하여 주변에 있는 대상 등을 의식하는 작용'으로 정의하는 지각(知覺)과 상통하는 용어라 할 수 있다. vīthi-citta는 '[대상을 아는] 과정에 있는 마음'으로 직역할 수 있는데 우리에게 익숙한 '인식과정'으로 의역하였음을 밝힌다.

라 한다.'(ārammaṇaṁ cintetīti cittaṁ, DhsA.63)고 마음을 정의하고 있음을 살펴보았다. 마음은 이렇게 대상을 아는 것으로서는 하나이지만 그 일어나는 곳과 종류 등의 기준에 따라서는 89/121가지로 나누어짐을 보았고 다시 제3장에서 느낌과 원인과 역할과 문 등에 따라서 다양하게 작용함을 살펴보았다. 이제 본 장에서는 '마음은 어떻게 대상을 인식하는가'에 초점을 맞추어 마음이 대상을 인식하는 법칙(niyama)을 살펴보고자 한다. 아비담마에서 조금 복잡한 듯하지만 89가지 경우로 마음을 분류하고 앞의 제1장에서 제3장까지 마음과 마음부수의 여러 측면을 상세하게 살펴본 목적은 바로 이 인식과정(vīthi-citta)을 자세하게 설명하기 위해서라고 해도 과언이 아니다. 그래서 이 인식과정은 아비담마의 백미라 할 수 있다.

그러면 이 인식과정을 이해하기 위한 몇 가지 중요한 전제 조건들을 다시 한 번 살펴보자.

첫째, 모든 마음은 대상을 가진다. 그 어떤 마음이든 마음은 반드시 대상과 함께 일어난다. 그래서 하나의 인식과정은 모두 하나의 같은 대상을 두고 일어난다. 이것이 아비담마를 이해하는 가장 중요한 전제이다.

둘째, 이미 제3장 §17의 해설 2에서 거론했듯이 마음은 물질보다 16배 빠르다. 그래서 하나의 물질이 머물 때 최대 16번의 마음이 일어나고 머물고 사라진다는 것도 아비담마에서 중요한 전제이다. 그래서 『청정도론』에서는 이렇게 설한다.

[청정도론 XX]: "24. 하나의 물질이 머물 때(rūpe dharante) 열여섯 번의 존재지속심이 일어나고 멸한다.[335] 마음은 일어나는 찰나(uppāda

335) "rūpe dharante yeva hi soḷasavāre bhavaṅgacittaṁ uppajjitvā nirujjhati."

-kkhaṇa)와 머무는 찰나(ṭhiti-kkhaṇa)와 멸하는 찰나(bhaṅga-kkhaṇa)의 [길이]가 모두 같다. 물질은 일어나는 찰나와 멸하는 찰나에만 빠른 것이 [심찰나들과] 같다. 머무는 찰나는 길어서 열여섯 개의 마음들이 일어나고 멸하는 만큼 머문다."

셋째, 이 두 가지 전제 조건이 결합하여 인식과정은 한 대상을 조건으로 하여 최대 17심찰나를 넘지 못한다고 본서는 단언한다. 마음은 하나의 물질이 머물 때(rūpe dharante) 16번 이상을 일어날 수 없으니 그 물질이 일어나는 찰나에 개재되어서 흘러가버린 지나간 바왕가(atīta-bhavaṅga)까지 포함하면 17번이 되는 것이다. 이것이 인식과정의 중요한 밑그림이다.

넷째, 이렇게 최대 17번 일어나는 마음들은 제멋대로 일어나는 것이 아니라 엄격한 법칙에 따라서 선후의 순서가 분명하게 정해져서 일어난다고 아비담마에서는 가르치고 있다. 이런 엄격한 법칙에 따라서 순서대로 일어나는 것을 아비담마에서는 찟따니야마(citta-niyama), 즉 '마음의 정해진 법칙'이라고 부른다. 이런 인식과정을 통해서 우리는 이런 엄격한 법칙을 알게 되고 그래서 미지의 세계나 다름없던 우리 마음을 명확하고 체계적으로 이해하게 된다. 그렇게 되면 더 이상 마

이 구절은 상좌부 특유의 인식과정(vīthicitta)을 전개해가는 기본 명제가 되는 중요한 문장으로서 꼭 기억해야 하기 때문에 원어를 밝혔다. 여기서 'rūpe dharante'는 물질이 머무는 찰나를 뜻한다. 이 문단의 맨 마지막 문장에서도 '[물질의] 머무는 찰나(ṭhitikkhaṇa)는 길어서 열여섯의 마음들이 생기고 멸하는 만큼 머문다.'라고 하고 있다. 이것도 아비담마에서 정신과 물질의 복잡한 관계를 설명하는 데 기본 전제가 된다. 여기서 보듯이 물질은 '머무는 순간'이 마음보다 16배 길다고 설명하기 때문에 물질의 일어나고 머물고 멸하는 전 과정은 마음보다 17배 더 길다고 후대 아비담마에서는 정착되었다. 이러한 논의는 본서(제4장 §6)뿐 아니라 『위방가 물라띠까』나 『위방가 아누띠까』를 위시한 여러 주석서 문헌들에서 거론되고 있다. (VbhAMṬ.19; VbhAAnuṬ.24; Pm.i.346 등)

음의 여러 현상이나 경계에 속지 않고 해탈 열반의 바른 길을 갈 수 있다. 이것이 아비담마를 공부하는 가장 큰 목적이라 해야 할 것이다.

이제 이런 몇 가지 중요한 측면을 염두에 두고 『아비담맛타상가하』를 따라 하나씩 살펴보자.

§1. 서시

1. cittuppādānam icc' evaṁ katvāsaṅgaham uttaraṁ
bhūmi-puggalabhedena, pubbāparaniyāmitaṁ
pavattisaṅgahaṁ nāma paṭisandhipavattiyaṁ
pavakkhāmi samāsena yathāsambhavato kathaṁ.

마음의 일어남에 대한 수승한 길라잡이를 마치고
세상과 개인의 분류에 따라 선후의 [마음에 의해] 확정된 대로
재생연결과 삶의 과정에서 [마음이] 일어나는 과정을
적절한 순서에 따라 간략하게 설명하리라.

[해설]

1. **간략하게 설명하리라**: 바로 앞 장에서 저자는 마음의 상태들을 마음부수법들과 더불어 느낌, 원인, 역할 등의 측면에서 분석하고 설명했다. 저자는 이 장과 다음 장에서 우리의 삶의 과정에서 전개되는 마음의 역동적인 흐름을 요약해서 설명하고 있는데 아비담마의 백미 중의 백미라 할 수 있을 것이다. 그리고 이런 마음의 역동적인 흐름을 다루는 인식과정(vīthi-citta)이나 인식과정을 벗어난 것(vīthi-mutta)은 오직 상좌부 아비담마에서만 심도 있게 논의되고 있으며 북방 아비달마 불교나 중관 · 유식 · 여래장 등 후대 불교의 흐름에는 나타나지 않고 있다. 그리고 스리랑카 무외산사(無畏山寺, Abhayagiri-vihāra)[336]의 저작

이거나 이 파와 관련된 저작임이 분명한 『해탈도론』(Vimuttimagga)에서도 이 인식과정은 간단하게 비유로써만 언급될 뿐 자세하게 다루어지지는 않는다. 본 장에서는 여러 가지 마음의 역동적인 흐름 가운데서 삶의 과정(pavatti)에서 전개되는 인식과정(vīthi-citta)을 다루고 다음 제5장에서는 인식과정을 벗어난 마음(vīthi-mutta), 즉 재생연결식과 바왕가와 죽음의 마음에 관계되는 마음의 흐름을 설명하고 있다.

2. **선후의 [마음에 의해] 확정된 대로**(pubba-apara-niyāmitaṁ): 이 구문의 뜻은 마음은 우리가 거칠게 보면 제멋대로 아무렇게나 일어나고 멸하는 것처럼 보이지만 결코 그렇지가 않다는 말이다. 어떤 인식과정에 속하든지 간에 마음은 분명한 순서에 의해서 아주 체계적으로, 일어나야 할 자리에서 일어나야 할 마음이 반드시 일어난다는 것이다.

3. **재생연결**(paṭisandhi)**과 삶의 과정**(pavatti): '재생연결'로 옮긴 paṭisandhi에 대해서는 제3장 §8의 해설 1을 참조할 것. '삶의 과정'으로 옮긴 pavatti는 pra(앞으로)+√vṛt(*to turn*)의 여성명사로 문자적으로는 '앞으로 회전해 감, 앞으로 나아감'의 뜻이다. '현전, 나타남, 전개, 사건, 소식' 등의 뜻으로 쓰이며 아비담마에서는 삶의 전 과정을 나타내는 전문용어로 정착되었다. 즉 한 개체의 일생을 말하며 구체적으로는 재생연결식과 죽음의 마음을 제외한 한 생의 모든 과정을 뜻한다. 그래서 우리의 매 찰나에 일어나고 멸하는 전 마음을 아비담마에서는

---

336) 무외산사(無畏山寺, Abhayagiri-vihāra)는, 남방 상좌부 불교의 근본도량이었으며 수많은 고승대덕을 배출한 상좌부 불교역사의 산실이었던 대사(大寺, Mahāvihāra)와 한때 각축을 벌였던 곳으로 지금도 스리랑카의 아누라다뿌라(Anurādhapura)에 유적으로 남아있다. 이 무외산사(無畏山寺)는 대사(大寺)와 십 리 남짓 떨어져 있다. 한때 무외산사 계열에서는 『해탈도론』(Vimuttimagga)을 저술하는 등 번성하기도 했다.(『청정도론』 해제 §6과 §8 참조) 그래서인지 붓다고사 스님께서도 『청정도론』은 대사(大寺)의 전통을 그대로 잇고 있다고 강조하고 계신다.(Vis.I.4)

재생연결(paṭisandhi)과 삶의 과정(pavatti)의 둘로 크게 나누어서 말하고 있다.

I. 범주의 열거
vatthu

[해설]

여기서 '범주'로 번역한 vatthu는 경우에 따라서 다르게 번역되고 있다. 앞 장에서는 마음이 일어나는 토대를 설할 때 토대로 번역하였다. 여기서는 인식과정에 관계되는 모든 것을 여섯 가지 범주(토대, 기초)로 나누어서 설명하고 있으므로 범주라고 옮겼다.

§2. 여섯 개 조의 여섯 범주(cha chakkāni)

2. cha vatthūni, cha dvārāni, cha ārammaṇāni, cha viññāṇāni, cha vīthiyo, chadhā visayappavatti cā ti vīthisaṅgahe cha chakkāni veditabbāni.

vīthimuttānaṁ pana kamma-kammanimitta-gatinimittavasena tividhā hoti visayappavatti.

tattha vatthu-dvārārammaṇāni pubbe vuttanayen' eva.

인식과정의 길라잡이에 여섯 개 조로 이루어진 여섯 개의 범주를 알아야 한다. 그것은 (1) 여섯 가지 토대 (2) 여섯 가지 문 (3) 여섯 가지 대상 (4) 여섯 가지 알음알이 (5) 여섯 가지 과정 (6) 여섯 가지 대상의 나타남이다.

인식과정에서 벗어난 마음의 대상은 세 가지로 나타나는데 그것은 업(kamma)과 업의 표상(kamma-nimitta)과 태어날 곳의 표상(gati-nimitta)이다.

그중에서 토대와 문과 대상은 이미 앞에서 설했다.

[해설]

토대와 문과 대상은 제3장의 해당하는 곳의 해설을 참조하고 업과 업의 표상과 태어날 곳의 표상은 제3장 §17의 해설 5를 참조할 것.

§3. 여섯 가지 알음알이(viññāṇa-chakka)

3. cakkhuviññāṇaṁ, sotaviññāṇaṁ, ghānaviññāṇaṁ, jivhāviññāṇaṁ, kāyaviññāṇaṁ, manoviññāṇañ cā ti cha viññāṇāni.

여섯 가지 알음알이는 눈의 알음알이[眼識], 귀의 알음알이[耳識], 코의 알음알이[鼻息], 혀의 알음알이[舌識], 몸의 알음알이[身識], 마노의 알음알이[意識]이다.

§4. 여섯 가지 인식과정(vīthi-chakka)

4. cha vīthiyo pana cakkhudvāravīthi, sotadvāravīthi, ghānadvāravīthi, jivhādvāravīthi, kāyadvāravīthi, manodvāravīthi cā ti dvāravasena vā, cakkhuviññāṇavīthi, sotaviññāṇavīthi, ghānaviññāṇavīthi, jivhāviññāṇavīthi, kāyaviññāṇavīthi, manoviññāṇavīthi cā ti viññāṇavasena vā, dvārappavattā cittappavattiyo yojetabbā.

여섯 가지 인식과정은 문에 따라 여섯이다. 그것은

(1) 눈의 문과 연결된 인식과정
(2) 귀의 문과 연결된 인식과정
(3) 코의 문과 연결된 인식과정
(4) 혀의 문과 연결된 인식과정
(5) 몸의 문과 연결된 인식과정

(6) **마노의 문과 연결된 인식과정이다.**

혹은 알음알이에 따라서는

(1) **눈의 알음알이**[眼識]**와 연결된 인식과정**

(2) **귀의 알음알이**[耳識]**와 연결된 인식과정**

(3) **코의 알음알이**[鼻識]**와 연결된 인식과정**

(4) **혀의 알음알이**[舌識]**와 연결된 인식과정**

(5) **몸의 알음알이**[身識]**와 연결된 인식과정**

(6) **마노의 알음알이**[意識]**와 연결된 인식과정이다.**

문과 연결된 마음의 일어남은 [상응하는 알음알이들과] 적용시켜야 한다.

[해설]

1. **여섯 가지 인식과정**: 마음들은 감각의 문에서나 마노의 문에서 대상을 인식하면서 일어난다. 이들은 결코 닥치는 대로 일어나거나 홀로 격리되어 일어나지 않는다. 이들은 한 대상을 인식하는 과정에서 분명하게 한 마음에서 다음 마음으로 규칙적이고 통일된 순서에 의해서 일어난다. 이런 순서를 아비담마에서는 마음의 정해진 법칙(citta-niyama) 혹은 마음의 법칙이라 부른다.

인식과정이 진행되기 위해서는 모든 필요 불가결한 조건들이 반드시 현전해 있어야 한다. 주석서들에 의하면(『청정도론』 XV.95참조) 각각의 인식과정에서 필요 불가결한 조건들은 다음과 같다.

(1) 눈의 문에서 일어나는 인식과정을 위해서는

① 눈의 감성(cakkhu-pasāda)

② 형색이라는 대상(rūpa-ārammaṇa)

③ 빛(āloka)

④ 마음에 잡도리함[作意, manasikāra]이 있어야 한다.

(2) 귀의 문에서 일어나는 인식과정을 위해서는
① 귀의 감성(sota-pasāda)
② 소리라는 대상(sadda-ārammaṇa)
③ 허공(vivara, ākāsa)
④ 마음에 잡도리함이 있어야 한다.

(3) 코의 문에서 일어나는 인식과정을 위해서는
① 코의 감성(ghāna-pasāda)
② 냄새라는 대상(gandha-ārammaṇa)
③ 바람[風界, vayo-dhātu]
④ 마음에 잡도리함이 있어야 한다.

(4) 혀의 문에서 일어나는 인식과정을 위해서는
① 혀의 감성(jivhā-pasāda)
② 맛이라는 대상(rasa-ārammaṇa)
③ 물의 요소[水界, āpo-dhātu]
④ 마음에 잡도리함이 있어야 한다.

(5) 몸의 문에서 일어나는 인식과정을 위해서는
① 몸의 감성(kāya-pasāda)
② 감촉이라는 대상(phoṭṭhabba-ārammaṇa)
③ 땅의 요소[地界, paṭhavī-dhātu]
④ 마음에 잡도리함이 있어야 한다.

(6) 마노의 문에서 일어나는 인식과정을 위해서는
① 심장토대(hadaya-vatthu)
② 법이라는 대상(dhamma-ārammaṇa)
③ 존재지속심(바왕가, bhavaṅga)
④ 마음에 잡도리함이 있어야 한다.

여기서 '심장토대'는 물질이 있는 세상에서만 마노의 문에서 일어나는 인식과정을 위한 조건이 된다. 이 마노의 문에서 일어나는 인식과정은 다섯 감각의 문을 통해서 들어온 정보를 모두 그 대상으로 가질 수 있기 때문에 여기서는 마노의 대상으로 오직 마노의 대상이 되는 법만을 언급했다.

이런 여섯 가지 인식과정은 편의상 (1) 다섯 가지 감각의 문에서 일어나는 오문인식과정(pañcadvāra-vīthi)과 (2) 마노의 문에서 일어나는 인식과정들을 전부 포함하는 의문인식과정(manodvāra-vīthi)의 두 가지로 나누어진다. 오문인식과정을 다시 혼합문 인식과정(missaka-dvāra-vitthi)이라고도 부르는데 이것은 오문과 의문을 다 포함하고 있기 때문이다. 순전히 마노의 문에서만 일어나는 인식과정을 순의문(純意門) 인식과정(suddha-manodvāra-vitthi)이라고 부른다. 왜냐하면 이것은 육체적인 감각의 문을 도구로 하지 않고 순전히 마노의 문인 존재지속심에서만 일어나기 때문이다. 오문인식과정은 다섯 문에 각각 상응하는 감각기관에서 전체적으로 통일된 방식으로 일어난다. 그러나 여섯 번째인 의문인식과정은 외부의 감각의 문들과는 관계없이 다양한 과정으로 구성되어 있다.[337] (제4장 <도표 4.6> 인식과정의 요약을 참조할 것)

II. 인식과정의 분석
vīthi-bhedo

[해설]

이제부터 저자는 인식과정을 하나하나 분석하여 설명하고 있다. 마음은 대상을 통해서 일어나므로 먼저 대상부터 분석한다.

---

337) PdṬ.163~165 참조.

§5. **여섯 가지 대상의 나타남**

5. atimahantaṁ mahantaṁ parittaṁ atiparittañ cā ti pañcadvāre, manodvāre pana vibhūtamavibhūtañ cā ti chadhā visayappavatti veditabbā.

5문에서는 ① 매우 큰 것 ② 큰 것 ③ 작은 것 ④ 매우 작은 것이, 의문에서는 ⑤ 선명한 것 ⑥ 희미한 것의 여섯 가지로 대상의 나타남을 알아야 한다.

[**해설**]

1. **대상의 나타남**(visaya-ppavatti): '대상의 나타남'이란 여섯 문들 가운데 하나에서 알음알이의 대상이 나타나는 것을 말한다. 여기서는 5문과 의문의 둘로 나누어 5문에서는 ① 매우 큰 것 ② 큰 것 ③ 작은 것 ④ 매우 작은 것과, 의문에서는 ⑤ 선명한 것 ⑥ 희미한 것의 여섯 가지로 대상의 나타남을 분류하고 있다.

이 문맥에서 '크다(mahā)'와 '작다(paritta)'라는 단어는 대상의 크고 작음 또는 거칠거나 미세함을 뜻하지 않고 알음알이에 충격을 주는 '힘의 강약'을 나타낸다. 예를 들면 아주 크거나 거친 형색이 눈의 문에 나타나더라도 눈의 감성이 약하거나 혹은 그것이 일어난 최초의 상태를 지나 눈에 충돌한다거나 빛이 어둡다거나 하면 대상은 특별한 인상을 남기지 못한다. 그래서 그것은 작은 것이거나 매우 작은 것의 범주에 속하게 될 것이다. 반면 작거나 미세한 형색이 눈의 문에 나타나더라도 눈의 감성이 강하거나 그것이 일어난 최초의 상태로 눈에 충돌하거나 빛이 밝으면 대상은 뚜렷한 인상을 남기게 되므로 매우 큰 것이거나 큰 것의 범주에 속하게 될 것이다.

그러므로 '큰 대상'이라든지 '작은 대상' 등으로 표현한 것은 대상의 크기를 뜻하는 것이 아니고 대상이 감각의 문의 통로에 들어와서 알음알이에 그 자신을 드러내는 찰나에 작용하는 인식과정에 나타나는 마음들의 개수에 비례한다.[338] 같은 원칙에 따라서 마노의 문에 나타나는 대상도 선명한 것과 희미한 것으로 나누어진다.[339]

II.1. 오문(五門)인식과정
pañcadvāravīthi

§6. 매우 큰 대상

6-1. kathaṁ? uppāda-ṭhiti-bhaṅga-vasena khaṇattayaṁ ekacitta-kkhaṇaṁ nāma.

tāni pana sattarasa cittakkhaṇāni rūpadhammānam āyu.

ekacittakkhaṇātītāni vā bahucittakkhaṇātītāni vā ṭhitippattān'eva pañcārammaṇāni pañcadvāre āpātham āgacchanti.

어떻게?

일어남[生], 머묾[住], 무너짐[壞]의 세 찰나를 하나의 심찰나(心刹那, citta-kkhaṇa)라 한다.

물질의 수명은 이 17개의 심찰나에 해당한다.

---

338) "매우 큰 대상일 때는 한 개의 바왕가가 지나가고 나서 바왕가의 동요가 일어나고, 큰 대상일 때는 두 개나 세 개의 바왕가가 지나가고 나서 바왕가의 동요가 일어나고, 작은 대상일 때는 네 개나 … 아홉 개의 바왕가가 지나가고 나서 바왕가의 동요가 일어나고, 매우 작은 대상일 때는 이와 마찬가지로 열 개나 … 열다섯 개의 바왕가가 지나가고 나서 바왕가의 동요가 일어난다."(PdṬ.148)

이처럼 인식과정에 나타나는 마음들의 개수는 지나간 바왕가(atīta-bhavaṅga)의 개수에 의해서 결정된다. 여기에 대해서는 §6의 해설 4와 §10의 해설 등과 <도표 4.2> 오문전향의 인식과정의 등급도 참조하기 바란다.

339) PdṬ.147~148 참조.

다섯 가지 감각의 대상은 한 개의 심찰나나 혹은 여러 개의 심찰나가 지나간 뒤 '머무는 찰나'에 다섯 가지 감각의 문의 영역에 나타난다.

[**해설**]

1. **하나의 심찰나**[心刹那, citta-kkhaṇa]: 아비담마에서는 마음의 수명을 심찰나[心刹那, 심찰나, citta-kkhaṇa]라고 부른다. 이것은 너무나 찰나적인 기간이라서 주석가들은 번개가 번쩍이고 눈 한 번 깜짝이는 순간에도 수많은 심찰나가 흘러갈 수 있다고 설하고 있다. 이렇게 극미의 찰나적인 존재이지만 그 심찰나는 다시 일어남[生, uppāda]과 머묾[住, ṭhiti]과 무너짐[壞, bhaṅga]의 세 아찰나[340]로 이루어진다. 이런 극미의 심찰나에 마음은 일어나서 자기의 역할을 수행하고 소멸되는 것이다. 이 마음은 바로 다음에 일어나는 마음의 조건이 되어 그 조건의 힘(paccaya-satti, 제8장 §1 등의 해설 참조)에 따라서 다음 마음이 일어나는 것이다. 심찰나는 이렇게 상속되므로 알음알이의 흐름은 강물의 흐름처럼 끊임없이 흘러가는 것이다.

『근본복주서』(Mūlaṭīka)의 저자인 아난다 스님(6 A.D.)은 마음에는 머묾(ṭhiti)의 단계가 없고 다만 일어남과 무너짐만이 있다고 주장한다. 그는 마음의 일어남과 무너짐만을 언급하는 『야마까』(雙論, Yamaka)의 마음의 쌍(Citta-Yamaka)을 근거로 제시한다.[341] 그러나 본 『아비담맛타상가하』의 저자 아누룻다 스님은 이것에 대해 언급하지 않고 후대의 『아비담맛타상가하』의 주석가들도 아무런 언급이 없다. 『위바위니 띠까』는 머묾은 일어남이나 무너짐과는 다른 현상(dhamma)이

340) 한 찰나의 마음이 일어나고 머물고 사라지는 이 각각의 단계를 CMA는 *sub-moment*라고 표현하고 있고 역자들은 이것을 아찰나(亞刹那)라고 옮겨서 사용하고 있다. 그러나 아찰나에 해당되는 빠알리어는 없다.(아래 해설 2도 참조할 것.)

341) Yam2.1~3.

〈도표 4.1〉 눈의 문에서의 인식과정(매우 큰 대상)

	1	2	3	4	5	6	7	8	9	10	11	12	13	14	15	16	17	
…	…	…	…	…	…	…	…	…	…	…	…	…	…	…	…	…	…	…
바왕가의 흐름	지나간 바왕가	바왕가의 동요	바왕가의 끊어짐	오문전향	안식	받아들임	조사	결정	← 자와나 →							여운		바왕가의 흐름

일어나는 단계로서 이 기간에 그 법(dhamma)은 '무너짐을 대면하면서 머문다(bhaṅga-abhimukhāvatthā)'고 표현하고 있다.[342] 레디 사야도는 머묾은 일어나고 사라지는(udaya-vaya) 중간 지점이라고 여긴다.[343] 마치 돌을 위로 던지면 그것이 아래로 떨어지기 시작하는 시점이 있는 것과 같다고 한다. 그는 다시 머무는 찰나는 처음 일어나는 찰나와 마지막의 무너지는 찰나 사이의 모든 기간을 뜻한다고도 설명하고 있다.

그런데 많은 주석가들은 머무는 찰나(ṭhitikkhaṇa)를 부처님의 말씀에서 찾는다.[344] 『앙굿따라 니까야』 제1권 「유위 경」(A3:47)에서 세존께서는 "비구들이여, 형성된 것[有爲]에는 세 가지 형성된 것의 특징이 있다. 어떤 것이 셋인가? 일어남(uppāda)이 알려져 있고 사라짐

342) "uppādabhaṅgāvatthāhi bhinnā bhaṅgābhimukhāvatthāpi icchitabbā, sā ṭhiti nāma."(VṬ.139)

343) "tesaṁ dvinnaṁ bhāgānaṁ majjhe visuṁ eko gaṇanūpago ṭhiti-bhāgo-nāma upalabbhati."(PdṬ.149)

344) VbhMṬ.23; VbhAnuṬ.139; Abhinavaṭīkā.184 등.

(vaya)이 알려져 있고 머문 것의 다르게 됨(ṭhitassa aññathatā)이 알려져 있다."(A3:47/i.152)라고 말씀하셨고 『상윳따 니까야』 「아난다 경」 1/2(S22:37~38)에서도 "아난다여, 물질의 일어남이 알아지고 사라짐이 알아지고 머문 것의 다르게 됨이 알아진다. 느낌의 … 인식의 … 심리현상들의 … 알음알이의 일어남이 알아지고 사라짐이 알아지고 머문 것의 다르게 됨이 알아진다. 아난다여, 이러한 법들의 일어남이 알아지고 사라짐이 알아지고 머문 것의 다르게 됨이 알아진다." (S22:37~38)라고 말씀하셨다.

여기서 머무는 찰나(ṭhitikkhaṇa)는 '머문 것의 다르게 됨(ṭhitassa aññathatta)'과 일치하는 것이다.

2. **물질의 수명**(rūpa-dhammānam āyu): 물질의 현상도 일어남과 머묾과 무너짐의 세 과정을 거친다. 이 물질의 세 과정에 요구되는 시간은 17개의 마음의 일어남과 사라짐과 같다고 저자는 표현하고 있다. 그러나 앞의 『청정도론』 인용에서 보았듯이 전통적으로 마음은 물질보다 16배 빠르다고 한다. 그러나 물질은 일어나는 찰나에는 미약하여[345] 감각기능들이 그것을 파악하지 못한다. 그 순간에는 존재지속심이 그냥 하나 지나가게 된다. 이것을 지나간 바왕가(atīta-bhavaṅga)라 부르는데 이것을 이 인식과정에 포함시키면 17번이 된다. 그래서 후대로 내려오면서 이 지나간 바왕가까지 포함해서 17개의 마음을 설하고 있다.

물질이나 마음은 일어나는 찰나와 무너지는 찰나의 기간은 같다고 한다. 그러나 물질의 경우에 머묾의 기간은 마음 현상의 49아찰나(亞刹那, *sub-moment*)[346]와 같다고 한다. 즉 물질의 하나의 존속 기간(찰나)

345) "tattha rūpaṁ uppādakkhaṇe ca bhaṅgakkhaṇe ca dubbalaṁ, ṭhānakkhaṇe balavan."(VbhA.25)

에 마음은 17개가 일어날 수 있고 이 각각의 마음은 다시 일어남과 머묾과 소멸의 셋이 존재하므로 17×3=51아찰나가 되고 이 가운데서 일어남과 소멸의 몫으로 2아찰나를 빼면 모두 49아찰나가 되는 것이다.

3. **한 개의 심찰나가 지나간 뒤**(eka-citta-kkhaṇa-atītāni): 이 용어는 담마빨라(Dhammapāla) 스님의 『위방가 아누띠까』(Vibhaṅga Anuṭīkā)에서 맨 처음 나타나는 용어이며(VbhAAnuṬ.28) 이를 아누룻다 스님도 본서에서 채용하고 있다. 마음이 물질적인 대상을 인식할 때, 일어나는 찰나(uppādakkhaṇa)의 물질은 미약하고 빨라서 마음은 이를 인식할 수가 없다. 그러므로 한 개의 심찰나가 지나가버린다. 이것을 ekacittakkhaṇa-atīta로 표현하고 있으며 이것을 후대 주석가들은 지나간 바왕가(atīta-bhavaṅga)라는 전문용어로 정착시켰다.(*cf.* PdṬ.166) 이렇게 '어떤 물질이 머무는 찰나 동안에 마음은 16번 일어나고 멸한다.'는 전통적인 1:16의 물질과 마음의 관계는 물질과 마음이 일어나고 머물고 소멸하는 전체 과정에서는 1:17로 고정되는 것이다.[347)]

여기서 '한 개의 심찰나가 지나간 뒤(ekacittakkhaṇātītāni)'라는 것은 아래 <도표 4.2> 오문전향의 인식과정의 등급의 첫 번째로서 한 개의 '지나간 바왕가(atīta-bhavaṅga)'를 포함하는 '매우 큰 대상'을 인식하는 인식과정을 뜻한다.

4. **혹은 여러 개의 심찰나가 지나간 뒤**(bahu-citta-kkhaṇātītāni): 이렇게 하나의 심찰나가 지나간 뒤 아주 큰 대상이 인식되듯 나머지 큰 대상이나 작은 대상이나 아주 작은 대상은 여러 심찰나가 지난 뒤

346) 아찰나에 해당되는 빠알리어는 없다. 그러나 한 찰나의 마음이 일어나고 머물고 사라지는 각각의 단계를 CMA에서는 *sub-moment*라고 표현하고 있고 역자들은 이것을 아찰나라고 옮겨서 사용하고 있다.

347) 1:17로 발전된 경위에 대해서는 미산 스님의 박사학위 청구논문 Kim, 132~134; 146~147을 참조할 것.

에 인식과정이 일어난다는 뜻이다.

'여러 심찰나가 지난 뒤(bahu-citta-kkhaṇātītāni)'라는 것은 <도표 4.2>의 나머지 14가지 경우로서 2개에서 15개까지의 '지나간 바왕가'를 가지는 인식과정들을 뜻한다. 이렇게 해서 형색, 소리 등의 다섯 가지 감각 대상은 물질이므로 17심찰나 동안 지속되며 <도표 4.2>에서 보듯이 지나간 바왕가(atīta-bhavaṅga)의 개수에 따라 모두 15가지 인식과정을 상정할 수 있는 것이다.

5. **머무는 찰나에**(ṭhiti-ppattāni): 감각의 대상은 일어남의 아찰나에서는 아직 미약하기 때문에 머묾의 단계에 가서야 감각의 통로로 들어 올 수 있다. 아누룻다 스님의 이런 간결한 설명은 아주 시사하는 바가 많으며 『청정도론』이나 『위방가 주석서』에 나타나는 "[하나의] 물질이 머물 때 열여섯 번의 마음이 일어나고 멸한다."348)라는 전제와도 일치한다 할 수 있다.

6-2. tasmā yadi ekacittakkhaṇātītakaṁ rūpārammaṇaṁ cakkhussa āpātham āgacchati, tato dvikkhattuṁ bhavaṅge calite bhavaṅgasotaṁ vocchinditvā tam eva rūpārammaṇaṁ āvajjantaṁ pañcadvārāvajjanacittaṁ uppajjitvā nirujjhati. tato tassa anantaraṁ tam eva rūpaṁ passantaṁ cakkhuviññāṇaṁ, sampaṭicchantaṁ sampaṭi-cchanacittaṁ, santīrayamānaṁ santīraṇacittaṁ, vavatthapentaṁ votthapanacittañ cā ti yathākkamaṁ uppajjitvā nirujjhanti.

그러므로 (1) **만약 형색이라는 대상이 한 개의 심찰나가 지나간 뒤 눈의 영역에 나타나면,** (2)~(3) **두 심찰나 동안 존재지속심이 흔들리**

---

348) "rūpe dharanteyeva soḷasa cittāni uppajjitvā nirujjhanti. taṁ pana sattarasamena cittena saddhiṁ nirujjhati."(VbhA.26~27. *cf.* Vis. XX.20)

고 존재지속심의 흐름이 끊어진다.

(4) 그때 그 형색이라는 대상으로 전향하는 오문전향의 마음이 일어났다가 멸한다.

(5) 그다음에 곧바로 그 형색을 보면서 눈의 알음알이[眼識]가,

(6) 그것을 받아들이면서 받아들이는 마음이,

(7) 그것을 조사하면서 조사하는 마음이,

(8) 결정하면서 결정하는 마음이 차례대로 일어났다가 멸한다.

[해설]

1. **만약 형색이라는 대상이 한 개의 심찰나가 지나간 뒤** …: 인식과정이 능동적으로 진행되지 않을 때 존재지속심들은 모두 같은 대상을 가지고 같은 형태로 연속적으로 계속 흘러간다. 제3장에서 이미 설명했듯이 전생의 죽음의 마음이 생기기 직전에 있었던 자와나의 과정에서 업이나 업의 표상이나 태어날 곳의 표상의 셋 중의 하나가 나타나는데 그것을 대상으로 가지고 이 바왕가(존재지속심)는 흘러가는 것이다.

일단 감각의 대상이 일어나 감각의 문으로 들어오는 그 찰나에 한 개의 바왕가가 흘러가버리게 되는데 그것을 지나간 바왕가(atīta-bhavaṅga)라 부른다. 그다음에 대상과의 충돌 때문에 두 개의 바왕가가 흔들린다. 이 중에서 나중 것이 바왕가의 흐름을 끊는다. 복주서들에서는 이 둘 가운데서 처음의 것을 바왕가의 동요(bhavaṅga-calana)라 부르고 뒤의 것을 바왕가의 끊어짐(bhavaṅga-uppaccheda)이라 부른다. 그다음에 오문전향의 마음이 일어남과 동시에 바왕가의 흐름은 '인식과정을 벗어나 있는 상태(vīthi-mutta)'[349]로부터 나와서 인식과정으로 돌입하게(vīthi-pāta) 된다.

---

349) 이것은 다음 제5장에서 설명된다.

6-3. tato paraṁ ekūnatiṁsakāmāvacarajavanesu yaṁ kiñci laddha-paccayaṁ yebhuyyena sattakkhattuṁ javati. javanānubandhāni ca dve tadārammaṇapākāni yathārahaṁ pavattanti. tato paraṁ bhavaṅgapāto.

(9)~(15) 그다음에 29가지 욕계의 자와나(속행)의 마음 가운데서 조건을 얻은 어떤 것이 주로 일곱 번 일어난다.

(16)~(17) 자와나 다음에 두 개의 여운의 마음이라는 과보의 마음이 적절하게 일어난다. 그다음에 바왕가(존재지속심)로 들어간다.

[해설]

1. **29가지 욕계의 자와나(속행)의 마음 가운데서**: 이 29가지는 12가지 해로운 마음, 8가지 유익한 마음, 8가지 작용만 하는 마음, 그리고 미소짓는 마음이다. 물론 이 29가지 가운데서 오직 하나의 마음이 일곱 번 일어나는 속행에서 계속 일어난다. 다른 마음이 일어나는 것이 아니다.

6-4. ettāvatā cuddasa vīthicittuppādā dve bhavaṅgacalanāni pubb' ev' atītakam ekacittakkhaṇan ti katvā sattarasa cittakkhaṇāni paripūrenti. tato paraṁ nirujjhati. ārammaṇam etaṁ atimahantaṁ nāma gocaraṁ.

이렇게 해서 17개의 심찰나가 완성되었으니, 그것은 인식과정에서 일어나는 마음 14개와 바왕가의 동요 2개와 이 이전에 이미 지나갔던 1개의 심찰나를 합한 것이다. 그다음에 그 대상은 멸한다. 이 대상을 '매우 큰 것'이라고 부른다.

[해설]

1. **이 대상을 '매우 큰 것'이라고 부른다**: 매우 큰 대상에 대해 일어난 인식과정에서, 대상은 지나간 바왕가(atīta-bhavaṅga)가 일어나는 찰나에 같이 일어난다. 감각의 대상과 감각기관은 둘 다 물질인데 17심찰나 동안 존속하기 때문에 두 번째 여운의 마음과 더불어 소멸한다. 그러므로 이런 인식과정은 완전히 17심찰나 동안 지속하며, 이 중에서 오문전향부터 시작하는 14가지 마음이 인식과정에 속하는 마음들이다. 이런 인식과정은 '여운으로 끝나는 과정(tadārammaṇa-vāra)'이라고 불린다.(<도표 4.1> 참조)

여기 '여섯 개 조의 여섯 범주'에서 나타나는 인식과정을 정리해서 설명하면 다음과 같다. 형색이라는 대상이 눈의 감성에 부딪치면 눈의 감성에 부딪친 그 형색을 대상으로 눈의 토대를 의지하여 눈의 알음알이가 일어난다. 눈의 알음알이의 경우 눈의 감성은 토대이자 문이고 형색이 그 대상이다. 오문전향의 마음, 받아들이는 마음, 조사하는 마음, 결정하는 마음, 속행의 마음, 여운의 마음은 모두 마노 또는 마노의 알음알이들이다. 이들도 모두 같은 형색을 대상으로 가지며 눈의 감성을 문으로 하지만 심장토대를 의지하여 일어난다. 이 과정에서 생겨나는 마음들은 모두 존재지속심을 문으로 가진다고도 할 수 있다. 전체 과정은 모두 존재지속심으로부터 나타났기 때문이다.

그러므로 모든 감각의 문에서 일어나는 인식과정은 두 가지 문을 가진다고 봐야 한다. 다시 말하면 물질의 감성을 특별한 문으로, 마노의 문, 즉 존재지속심을 공통되는 문으로 가진다. 이것은 눈의 문에서 일어나므로 '눈의 문의 인식과정'이라 하고 눈의 알음알이에 의해서 구별이 되므로 '눈의 알음알이의 인식과정'이라고도 한다. 그리고 매우 큰 대상에 대해서 일어난 인식과정이므로 '매우 큰 대상에 대해서 일어난 인식과정'이라고 한다. 다른 감각의 문들에서 일어나는 인식과정도 이와 같이 이해하면 된다.

아비담마의 대가들은 이런 감각의 문에서 일어나는 인식과정을 망고 먹는 비유로 설명하고 있다. 어떤 사람이 머리를 뒤집어쓰고 망고가 열린 나무 아래서 잠에 들었다. 그때 익은 망고가 그의 귀를 스치며 땅에 떨어졌다. 그 소리에 깬 그는 눈을 뜨고 바라보았다. 그 후 손을 뻗어 망고를 집어들고 그것을 비틀어서 짜고 냄새를 맡았다. 그런 후 망고를 먹고 그 맛을 느끼며 삼켰다. 그 후 다시 잠에 빠졌다.350)

여기서 망고 나무 아래서 잠에 들어있는 시간은 존재지속심이 흐르고 있는 것과 같다. 익은 망고가 그 사람의 귀를 스치며 떨어지는 것은 감각의 대상이 눈 등의 다섯 가지 감각의 문 가운데 하나를 치는 것과 같다. 그 소리에 깨어나는 시점은 오문전향의 마음이 대상으로 향하는 것과 같다. 그 사람이 눈을 떠서 바라보는 것은 눈의 알음알이가 보는 역할을 수행하는 것과 같다. 그 사람이 손을 뻗어 망고를 잡는 것은 받아들이는 마음이 대상을 받아들이는 것과 같다. 그 사람이 망고를 비틀어서 짜는 것은 조사하는 마음이 대상을 조사하는 것과 같다. 그 사람이 냄새를 맡는 것은 결정하는 마음이 대상을 결정하는 것과 같다. 그 사람이 망고를 먹는 것은 속행(자와나)의 마음들이 대상의 맛을 경험하는 것과 같다. 그 사람이 망고의 맛을 느끼며 삼키는 것은 여운의 마음이 속행이 가졌던 것과 같은 대상을 가져 여운을 가지는 것과 같다. 그 사람이 다시 잠에 드는 것은 다시 존재지속심으로 흘러가는 것과 같다.351)

---

350) 이 비유는 『앗타살리니』(DhsA.271~72)에 나타난다. 그러나 망고를 먹은 후 다시 잠에 드는 부분은 나타나지 않는다. 『아비담마아와따라 아비나와띠까』(Abhi-av-nṭ.ii.39)나 『위바위니 띠까』(VṬ.143)등 후대 주석서들에서는 여운의 마음 후에 다시 존재지속심으로 돌아가는 것을 드러내기 위해서 망고를 먹은 후 잠에 다시 드는 것을 언급하고 있다.

여기서 강조하고 싶은 것은 이런 전체 인식과정은 어떤 '자아'나 '주체'가 그 배후에서 경험자나 지배자 혹은 아는 자로 있으면서 이런 인식과정을 경험하거나 지배하거나 저 밖에서 지켜보면서 진행되는 것이 아니라는 점이다. 찰나적인 마음들 그 자체가 인식과정에 필요한 모든 역할을 수행하는 것이다. 이런 인식과정의 단위들은 모두 상의상관의 법칙에 의해 서로 역동적으로 협력하면서 오차 없이 진행되는 것이다. 이런 인식과정에 개재되는 마음들은 마음의 정해진 법칙(citta-niyama)에 따라서 생겨나는 것이지 결코 제멋대로 일어나는 것이 아니다. 그것은 이전의 마음(citta)과 대상(ārammaṇa)과 문(dvāra)과 육체적인 토대(vatthu) 등의 조건(paccaya)에 의지해서 일어나는 것이다. 일어나서는 그 자신의 독특한 역할을 수행하고 다음 마음의 조건이 되어 소멸하고 다시 다음 마음도 일어나서 같은 방법으로 소멸한다. 이렇게 우리의 마음은 정해진 법칙에 따라서 끊임없이 생멸을 거듭하면서 흘러가는 것이다.

§7. 큰 대상

7. yāva tadārammaṇ'uppādā pana appahontātītakam āpātham āgataṁ ārammaṇaṁ mahantaṁ nāma. tattha javanāvasāne bhavaṅgapāto va hoti. natthi tadārammaṇ'uppādo.

여운의 마음이 일어날 때까지 존속할 수 없고 [2~3개의 심찰나가] 지나간 뒤 영역에 나타난 대상을 '큰 것'이라 한다. 여기서는 자와나(속행)가 끝나고 [바로] 바왕가로 들어간다. 여운의 마음은 일어나지 않는다.

351) 이 유명한 망고의 비유(ambopama)는 『담마상가니』 제1권의 798번 주해(528~529쪽)에서 잘 설명되고 있으므로 참조하기 바란다.

[해설]

1. … **나타난 대상을 '큰 것'이라 한다**: 이와 같은 인식과정에서는 대상이 일어난 후 아직 그 대상의 충격이 바왕가를 흔들기 전에 두 개나 세 개의 '지나간 바왕가(atīta-bhavaṅga)'가 흘러간다. 대상과 감각의 문은 17심찰나 동안만 머물 수 있으므로 이 과정은 여운의 마음이 일어날 기회를 주지 않는다. 여운의 마음은 지나간 바왕가가 두 개 있을 때에도 일어나지 못하는데 여운의 마음은 두 번 일어나거나 아니면 전혀 일어나지 않기 때문이다.

지나간 바왕가가 두 개 있을 때는 대상이 존재하는 기간 동안 인식과정에는 15개의 마음이 개입되어 일어날 수 있다. 이런 경우에 대상과 감각의 문은 속행들 다음에 따라오는 첫 번째 바왕가의 소멸과 동시에 소멸한다. 지나간 바왕가가 세 개 있을 때 인식과정에는 14개의 마음이 개입되어 일어날 수 있는데 이 경우에 대상과 감각의 문은 마지막 속행의 마음이 소멸하는 찰나와 동시에 소멸한다. 그래서 이런 인식과정을 '속행으로 끝나는 과정(javana-vāra)'이라고 부른다.

§8. 작은 대상

8. yāva javan'uppādā pi appahontātītakam āpātham āgataṁ ārammaṇaṁ parittaṁ nāma. tattha javanam pi anuppajjitvā dvattikkhattuṁ votthapanam eva pavattati. tato paraṁ bhavaṅgapāto va hoti.

자와나(속행)가 일어날 때까지 존속할 수 없고 [4개에서 9개의 심찰나가] 지나간 뒤 영역에 나타난 대상을 '작은 것'이라 한다. 여기에서는 속행은 일어나지 않고 두 번 혹은 세 번의 결정하는 마음만이 일어난다. 그다음에 존재지속심으로 들어간다.

〈도표 4.2〉 오문인식과정의 등급

(1) 매우 큰 것																			
1	B	[A	C	U	P	E	Sp	St	V	J	J	J	J	J	J	J	T	T]	B
(2) 큰 것																			
2	B	[A	A	C	U	P	E	Sp	St	V	J	J	J	J	J	J	J	B]	B
3	B	[A	A	A	C	U	P	E	Sp	St	V	J	J	J	J	J	J	J]	B
(3) 작은 것																			
4	B	[A	A	A	A	C	U	P	E	Sp	St	V	V	V	B	B	B	B]	B
5	B	[A	A	A	A	A	C	U	P	E	Sp	St	V	V	V	B	B	B]	B
6	B	[A	A	A	A	A	A	C	U	P	E	Sp	St	V	V	V	B	B]	B
7	B	[A	A	A	A	A	A	A	C	U	P	E	Sp	St	V	V	V	B]	B
8	B	[A	A	A	A	A	A	A	A	C	U	P	E	Sp	St	V	V	V]	B
9	B	[A	A	A	A	A	A	A	A	A	C	U	P	E	Sp	St	V	V]	B
(4) 매우 작은 것																			
10	B	[A	A	A	A	A	A	A	A	A	A	C	C	B	B	B	B	B]	B
11	B	[A	A	A	A	A	A	A	A	A	A	A	C	C	B	B	B	B]	B
12	B	[A	A	A	A	A	A	A	A	A	A	A	A	C	C	B	B	B]	B
13	B	[A	A	A	A	A	A	A	A	A	A	A	A	A	C	C	B	B]	B
14	B	[A	A	A	A	A	A	A	A	A	A	A	A	A	A	C	C	B]	B
15	B	[A	A	A	A	A	A	A	A	A	A	A	A	A	A	A	C	C]	B

B: Bhavaṅga(바왕가), A: Atīta-bhavaṅga(지나간 바왕가),
C: Bhavaṅga-calana(바왕가의 동요),
U: Bhavaṅga-uccheda(바왕가의 끊어짐),
P: Pañcadvāra-āvajjana(오문전향), E: 눈의 알음알이[안식],
Sp: Sampaṭichana(받아들임), St: Santīraṇa(조사),
V: votthapana(결정), J: Javana(속행), T: Tadārammaṇa(여운)

[해설]

1. **나타난 대상을 '작은 것'이라 한다**: 작은 대상과 더불어 진행되는 인식과정은 4개에서 9개까지의 지나간 바왕가(atīta-bhavaṅga)들이 먼저 지나간다. 여기서는 속행들은 일어나지 않는다. 결정하는 마음만이 두 번이나 세 번 일어나 인식과정은 끝나고 존재지속심으로 들어간다. 지나간 바왕가의 개수에 따라서 작은 대상과 함께하는 인식과정은 여섯 종류가 있다. 이런 종류의 인식과정을 '결정으로 끝나는 과정(votthapana-vāra)'이라 부른다.

§9. **매우 작은 대상**

9. yāva votthapan'uppādā ca pana appahontātītakam āpātham āgataṁ nirodhāsannam ārammaṇaṁ atiparittaṁ nāma. tattha bhavaṅgacalanam eva hoti. natthi vīthicitt'uppādo.

결정하는 마음이 일어날 때까지 존속할 수 없고 [10개에서 15개의 심찰나가] 지나간 뒤 영역에 나타난 대상을 '매우 작은 것'이라 한다. 여기에서는 바왕가의 동요만 있을 뿐이다. 인식과정은 일어나지 않는다.

[해설]

1. … **나타난 대상을 '매우 작은 것'이라 한다**: 이런 인식과정에서는 인식과정의 마음은 일어나지 않고 단지 존재지속심의 동요(bhavaṅga-calana)만이 일어난다. 그래서 대상은 결정하는 마음이 일어날 때까지 존속할 수 없다. 대상이 너무 작은 것이기 때문에 단지 존재지속심의 동요만 있을 뿐 실제 인식과정은 일어나지 않는 것이다. 그래서 '효과가 없는 과정(mogha-vāra)'이라 부른다.

§10. 네 가지 대상의 나타남

10. icc' evaṁ cakkhudvāre, tathā sotadvārādīsu cā ti sabbathā pi pañcadvāre tadārammaṇa-javana-votthapana-moghavāra-saṅkhātānaṁ catunnaṁ vārānaṁ yathākkamaṁ ārammaṇabhūtā visayappavatti catudhā veditabbā.

이와 같이 눈의 문에서처럼 귀의 문 등에서도 마찬가지이다. 모든 다섯 가지 문에서 (1) 여운으로 [끝나는 과정] (2) 속행으로 [끝나는 과정] (3) 결정으로 [끝나는 과정] (4) 효과가 없는 과정이라 불리는 네 가지 대상의 나타남을 네 종류로 순서대로 알아야 한다.

[해설]

1. **이와 같이 눈의 문에서처럼** …: 이런 네 과정이 각각 다시 여러 과정으로 분류가 되면 모두 15형태의 감각의 문의 인식과정이 있게 된다. 이것은 5가지 감각의 문에서 일어날 수 있으므로 모두 75가지 감각의 문의 인식과정이 존재한다.(<도표 4.2> 참조)

<도표 4.2>에서 보듯이 15가지 인식의 등급으로 나누어지는 인식과정의 키워드는 지나간 바왕가(atīta-bhavaṅga)인데 이것은 일단 대상이 나타나기는 했지만 그 대상이 감각의 문에 주는 충격이 미약하여서 마음이 그것을 알아채지 못하고 지나쳐버리는 것을 뜻한다고 이해하면 쉬울 것이다. 이렇게 해서 매우 작은 대상인 (10)~(15)의 경우는 대상이 문으로 들어왔는데도 그 충격이 미약하여 그 대상을 인지하지 못하고 흘러가버린다. 이것은 겨우 두 번만 바왕가의 동요가 일어났을 뿐 전혀 대상을 알아채지 못하고 인식과정이 끝나버린 경우이다.

§11. **요약**

11. vīthicittāni satt'eva cittuppādā catuddasa.
catupaññāsa vitthārā pañcadvāre yathārahaṁ.

ayam ettha pañcadvāre vīthicittappavattinayo.

인식과정의 마음은 7종류이고 마음은 14번 일어난다.
상세하게 설하면 5문에서 적절하게 54가지 마음이 있다.

여기서 5문에서의 인식과정의 방법이 끝났다.

[**해설**]

1. **인식과정의 마음은 7종류이고** …: 인식과정에서 일어나는 7종류의 마음은 오문전향의 마음, 알음알이(눈·귀·코·혀·몸의 알음알이 중의 하나), 받아들이는 마음, 조사하는 마음, 결정하는 마음, 속행의 마음, 여운의 마음이다. 여기서 속행의 마음은 7번 일어나고 여운의 마음은 2번 일어나므로 인식과정에서 모두 14개의 마음이 일어나는 것이다. 그리고 욕계의 54가지 마음 모두가 이 오문(五門)에서 일어난다.

여기서 유념해야 할 것은 지나간 바왕가와 바왕가의 동요와 바왕가의 끊어짐은 바왕가의 한 형태이기 때문에 육문으로 들어온 감각의 대상을 아직 자기의 대상으로 삼지 못한다는 점이다. 그래서 인식과정에 개입된 마음은 모두 7종류뿐이다. 아비담마에서 바왕가라는 이름을 가졌으면서 감각의 대상을 자기의 대상으로 가지는 것은 외래의 바왕가(āgantuka-bhavaṅga, 아래 §18 참조)뿐이다.

II.2. 의문(意門) 인식과정
manodvāra-vīthi

[해설]

앞에서 이미 살펴보았듯이 오문에서의 인식과정은 육체적인 감각의 문과 마노의 문 두 가지 문이 실제로 개입된다. 왜냐하면 이때의 마노의 문은 존재지속심(바왕가)인데 인식과정이 이 존재지속심으로부터 나타나기 때문이다. 그러나 의문에서의 인식과정이라 불리는 이 과정은 감각의 문이 전혀 개입되지 않고 오직 마노의 문에서만 일어난다. 그래서 이런 인식과정을 분명히 표현하기 위해 이 의문에서의 인식과정을 '순의문(純意門) 인식과정(suddha-manodvāra-vitthi)'이라고 부른다.

그리고 이런 의문인식과정에는 (1) 제한된 속행을 가진 욕계의 인식과정(제한된 속행과정)과 (2) 색계·무색계의 고귀한 마음(mahaggata)과 출세간의 증득과 관계되는 본삼매에서의 인식과정(본삼매 속행과정)의 둘로 나누어진다. 제한된 속행과정은 아래 §§12~13에서 다루어지고 본삼매 속행과정은 §§14~16에서 다루어진다.

(1) 제한된 속행과정
paritta-javana-vīthi

[해설]

'제한된 속행과정'으로 옮긴 paritta-javana-vīthi는 paritta와 javana와 vīthi(과정)의 세 단어의 합성어이다. paritta는 이미 살펴보았듯이 '좁은, 한정된, 제한된'이라는 뜻의 형용사로서 욕계를 나타낸다.(제1장 §3의 해설 마지막 부분 참조) 물론 대상에서 mahanta(큰)와 대가 되어서 나타날 때는 '작은'으로 옮겼다.(앞 §5의 해설과 §8 참조)

이 제한된 속행과정에는 (a) 오문(五門)에 뒤따르는(pañcadvāra-anubandhakā) 인식과정과 (b) 독립된(visuṁ-siddhā) 인식과정의 두 가지가 있다. 그러면 이 둘을 레디 사야도의 『빠라맛타디빠니 띠까』(PdṬ.164 이하)에 준해서 음미해 보자.

(a) **오문(五門)에 뒤따르는**(pañcadvāra-anubandhakā) **인식과정**:

막대기로 종을 치게 되면 종이 음파의 흐름을 계속해서 내보내는 것과 마찬가지로 다섯 가지 감각의 문 가운데서 하나가 감각의 대상에 의해 부딪혀서 일단 하나의 오문인식과정이 끝나면 과거의 감각의 대상은 마노의 문의 영역에 들어와서 많은 의문인식과정들을 생기게 만든다. 이런 인식과정은 오문인식과정의 속편으로 나타나기 때문에 후속과정(anubandhaka-vīthi-citta)으로 명명되기도 한다. 이들은 전편의 다섯 감각의 문에 따라서 다섯 가지가 있다.

레디 사야도는 『빠라맛타디빠니 띠까』에서 이런 인식은 오문에서 벌어지는 맨(*bare*) 인식과정에서는 일어나지 못하며 이 후속과정에서야 비로소 선명한 대상의 인식이 일어난다고 말한다. 예를 들면 눈의 문에서의 인식과정 다음에는 먼저 ① '그와 일치하는 의문에서의 인식과정(tad-anuvattikā manodvāra-vīthi)'이 생기는데 이것은 오문에서의 인식과정에서 인지된 대상을 마노의 문에 재생하는 역할을 한다. 그러면 그 ② 대상을 전체적으로 파악하는 과정(samudāya-gāhikā)이 뒤따르고, 그다음에는 ③ 색깔을 주시하는 과정(vaṇṇa-sallakkhaṇa)이, 그다음에는 ④ 형태를 파악하는 과정(vatthu-gāhikā)이, 그다음에는 ⑤ 형태를 인식하는 과정(vatthu-sallakkhaṇa)[352)]이, 그다음에는 ⑥ 이름을 파악하는 과정(nāma-gāhikā)이, 그다음에는 ⑦ 이름을 인식하는 과정(nāma-sallakkhaṇa)이 따른다.

---

352) "vatthusallakkhaṇāya saṇṭhānaṁ sallakkheti."(PdṬ.160)

이 가운데서 '대상을 전체적으로 파악하는 과정(samudāya-gāhikā)'은 개인의 테두리 안에서 이전의 원래 오문에서의 인식과정과 그와 일치하는 의문에서의 인식과정의 두 가지 과정을 통해 반복 인식된 것을 전체적으로 인식하는 과정이다. 이 과정은 종합하는 역할을 실행하는데 대상에 대한 별개의 여러 시도들을 하나의 인식의 통일체로 융합시킨다. 이것은 마치 빙빙 돌리는 횃불을 불의 바퀴처럼 인식하는 것과 같다. 이것이 생겨야 색깔을 인식하는 것이 가능하다.

색깔에 대한 인식이 일어나면 비로소 우리는 '나는 푸른색을 본다.'라고 색깔을 인식하는 것이다. 형태를 인식하는 것이 일어날 때 비로소 우리는 형태를 인지하게 된다. 이름에 대한 인식이 일어날 때 우리는 이름을 인식한다. 이런저런 특별한 생김새에 대해 이와 같이 인식하는 의문에서의 속행과정이 일어날 때만이 우리는 '나는 이런저런 특별한 생김새를 본다.'라고 알게 된다고 레디 사야도는 단언하고 있다. (PdṬ.159~160)

레디 사야도의 이런 설명은 우리가 어떻게 대상을 '꽃이다, 좋다, 나쁘다' 등으로 파악하게 되는지 전체적인 그림을 보여주는 중요한 설명이다. 우리 경험으로 봐도 물질이 일어났다가 사라지는 짧은 순간에 일어나는 오문인식과정만으로는 대상이 무엇인지 결코 알 수 없다. 이 오문인식과정 뒤에도 무수히 일어나는 의문인식과정들을 거쳐서 대상을 인식하고 파악하는 것이다.[353]

---

353) 한편 다음과 같은 유사한 설명이 이미 『맛지마 니까야 주석서』에 나타나고 있다.
"여기 첫 번째 자와나에서 '이 자는 여자다, 이 자는 남자다.'라고 탐욕이나 성냄이나 어리석음을 가지고 앞으로 보거나 뒤로 돌아보지 못한다. 두 번째 … 일곱 번째 자와나에서도 마찬가지이다. 이것은 마치 전쟁터에서 병사들이 아래와 위가 잘리어서 쓰러지고 난 후에야 [적이 쓰러진 줄을 알 듯이 마

(b) **독립된**(visuṁ-siddhā) **인식과정:**

독립된 인식과정(visuṁ-siddhā)은 여섯 가지 대상 중의 어떤 것이 오문인식과정의 후속으로서가 아니고 직접 자신의 인식의 영역에 들어올 때 일어난다. 여기서 '어떻게 대상이 가까운 감각기관과 충돌하지 않고 직접 마노의 문의 영역으로 들어올 수 있는가?'라고 의문을 제기할 것이다. 레디 사야도는 다음과 같은 여러 가지 출처를 열거하고 있다.

① [이전에] 직접 본 것(diṭṭha)을 통해서

② 직접 본 것을 바탕으로 추론함으로써

③ 들어서 배운 것(suta)을 통해서

④ 들어서 배운 것을 바탕으로 추론함으로써

⑤ 믿음이나 견해나 추론이나 숙고함을 통해 견해로 받아들임으로써

⑥ 여러 가지 업력이나 여러 가지 신통력이나 사대(四大)의 부조화나 천신의 영향이나 이해나 깨달음 등을 통해서[354]

이런 것들을 통해서 오문을 거치지 않고 바로 의문에서 인식과정이 일어난다고 설명한다. 그는 만일 어떤 사람이 대상을 단 한 번이지만 분명하게 경험했다면 그 대상을 의지하여 어떤 조건이 생겨나서 나중에 존재지속심을 동요하게 만든다고 설명한다. 그것은 백년 후든 다음 생이든 수십 생 다음이든 상관이 없다. 수행을 하다 보면 수십 년 전 단 한 번 경험했던 것이 바로 지금 일어난 것처럼 뚜렷하고 강렬하게

음도 이런 과정이 지난 후에야] '이 자는 여자다, 이 자는 남자다.'라고 탐욕 등을 일으켜서 앞으로 보고 뒤로 돌아보게 된다."(MA.i.262)

354) "① diṭṭhato ② diṭṭhasambandhato ③ sutato ④ sutasambandhato ⑤ saddhāya ruciyā ākāraparivitakkena diṭṭhinijjhānakhantiyā ⑥ nānākammabalena nānāiddhibalena dhātukkhota vasena devatopasaṁhāravasena anubodhavasena paṭivedhavasena"(PdṬ.164)

마음의 문에 대상으로 나타나는 경우가 있다. 그런 경험에 비추어보면 레디 스님의 이런 주장은 아주 타당하다 하겠다.

이렇게 이전의 경험들이 투입되어 그 대상을 공급받은 마음은 그들의 영향을 받기 십상이다. 그처럼 우리의 마음은 극도로 예민하고 민감한 것이다. 그러므로 이런 마음이 어떤 감각의 대상을 만나면 그 대상은 단 한 찰나에 이전에 경험한 수천수만의 대상들에까지 퍼져나가는 정신적인 파장을 폭발시키는 것이다.

마음의 흐름[相續, santati]은 끊임없이 이런 인과관계의 영향에 자극받아 항상 존재지속심의 흐름으로부터 나올 기회를 찾으면서 대상을 분명하게 인식하려 한다. 그러므로 존재지속심에 같이하는 '마음에 잡도리함[作意, manasikāra]'의 마음부수법은 존재지속심이 계속 동요하도록 만들며 그것은 마음으로 하여금 일어날 조건을 이미 갖춘 대상들로 거듭거듭 전향하게 한다. 그래서 레디 사야도는 비록 존재지속심이 자기의 대상을 갖고 있지만 "그것은 다른 대상으로 기우는 형태로 일어난다."라고 설명한다.[355] 이런 바왕가에 내재해있는 영속적인 '경고음'의 활동 때문에 그 대상에 작용하는 다른 조건들의 힘으로 그 대상이 아주 현저한 상태에 있을 때 그것은 바왕가로부터 알음알이의 흐름을 끄집어낸다. 그리고 그 대상은 마노의 문에서 일어나는 인식의 영역으로 바로 들어온다.

독립된 인식과정(visuṁ-siddhā)은 여섯 종류로 분석된다.

① 직접 본 것(diṭṭha)을 바탕으로 한 인식과정

② 직접 본 것으로부터 추론하는 것(sambandha)을 바탕으로 한 인식과정

③ 들어서 배운 것(suta)을 바탕으로 한 인식과정

---

355) "tadā tāni ārammaṇāni tadabhininnākāra pavattamanasikāra sampa-yuttassa bhavaṅgacittassa āpātaṁ āgacchanti."(PdṬ.165)

④ 들어서 배운 것으로부터 추론하는 것을 바탕으로 한 인식과정
⑤ 인지된(viññāta) 것을 바탕으로 한 인식과정
⑥ 인지된 것으로부터 추론하는 것을 바탕으로 한 인식과정356)

여기서 '인지된 것'에는 믿음, 견해, 추론, 숙고함을 포함하고 '인지된 것으로부터 추론하는 것'에는 귀납적이고 연역적인 논법으로 도달한 판단들을 포함한다.(PdṬ.166)

§12. 제한된 속행과정(paritta-javana-vīthi)

12-1. **manodvāre pana yadi vibhūtam ārammaṇam āpātham āgacchati, tato paraṁ bhavaṅgacalana-manodvārāvajjana-javanāvasāne tadārammaṇapākāni pavattanti. tato paraṁ bhavaṅgapāto.**

만약 마음의 문의 영역에 선명한 대상이 나타나면 그때 존재지속심의 동요와 의문전향과 속행과 속행의 끝에 여운의 과보가 일어난다. 그다음에 바왕가(존재지속심)로 들어간다.

[해설]

1. **만약 마음의 문의 영역에 선명한 대상이 나타나면:** 욕계에 관계된 의문인식과정은 대상이 선명하고 희미한 것에 따라 두 가지로 구분된다. 선명한 대상(vibhūta-ārammaṇa)과 관계된 인식과정에서 대상이 마노의 문의 통로에 들어오면 존재지속심은 동요한 뒤 끊어진다. 그러면 의문전향의 마음이 대상으로 향하게 되고 바로 이어 일곱 번의 속행과 두 번의 여운이 일어난다. 그다음에 다시 그 과정은 존재지속

356) "diṭṭha vāro, diṭṭhasambandhavāro, sutavāro, sutasambandhavāro, viññātavāro, viññātasambandhavāroti chabbidho hoti."(PdṬ.166)

심으로 이어진다. 거듭 말하지만 이것은 욕계의 존재들에게 해당된다. 색계와 무색계의 존재들에게는 대상이 아주 선명하다 하더라도 여운의 찰나들은 일어나지 않는다.(아래 §§19~20 참조)

12-2. avibhūte pan' ārammaṇe javanāvasāne bhavaṅgapāto va hoti. natthi tadārammaṇ'uppādo ti.

대상이 희미할 때는 속행의 끝에 존재지속심으로 들어간다. 여운은 일어나지 않는다.

<도표 4.3> 제한된 속행과정

(1) 선명한 것 B {C U M J J J J J J J T T} B
(2) 희미한 것 B {C U M J J J J J J J} B
M: Manodvāra-āvajjana(의문전향). 나머지는 <도표 4.2>와 같음.

[해설]

1. **대상이 희미할 때:** 희미한 대상(avibhūta-ārammaṇa)과 관계된 인식과정에서는 어떤 경우에도 여운이 일어나지 않는다.

레디 사야도는 속행의 끝에 존재지속심으로 가라앉는 것은 이런 희미한 대상과 관계된 인식과정에서 최대치라고 이해해야 한다는 견해를 편다. 그는 대상이 희미하면 두 번이나 세 번 정도의 의문전향이 일어나는 것으로 과정이 끝나는 것과 단지 존재지속심의 동요만으로 과정이 끝나는 것도 인정해야 한다고 주장한다. 독립된 의문인식과정의 경우에 대상이 인식의 범주에 들어와서 존재지속심을 두세 번 동요하게 하지만 인식과정에 관계된 마음들이 하나도 일어나지 않고 그 동요는 다시 존재지속심으로 가라앉는 경우가 많이 있기 때문이다. 그래서 레디 사야도에 의하면 마음의 문에서도 역시 대상은 ① 매우 선명한 것 ② 선명한 것 ③ 희미한 것 ④ 매우 희미한 것의 네 가지로 나타난다고 한다. 여기서 ① 여운으로 끝나는 인식과정은 매우 선명한 것(ati-vibhūta) 이고 ② 자와나로 끝나는 인식과정은 선명한 것(vibhūta) 이고 ③ 의문전향으로 끝나는 것은 희미한 것(avibhūta)이고 ④ 단지 존재지속심의 동요로만 끝나는 인식과정은 매우 희미한 것(ati-avibhūta) 이다. 물론 여기서 대상의 선명도는 대상의 탁월함이나 알음알이의 강도에 달린 것이다. 탁월하게 선명한 대상은 알음알이가 약하다 하더라도 선명하게 드러나게 되고, 알음알이가 강하면 아주 미세하고 난해한 대상일지라도 선명하게 인지할 수 있기 때문이다.

§13. 요약

13. vīthicittāni tīṇ' eva cittuppādā das' eritā.
vitthārena pan' etth' ekacattāḷīsa vibhāvaye.

ayam ettha parittajavanavāro.

인식과정의 마음은 3종류이고 마음은 10번 일어난다.
상세하게 설하면 41가지 마음이 있다.

이것이 여기서 제한된 속행과정이다.

[해설]

1. **인식과정의 마음은 3종류이고:** 여기서 3가지 마음은 의문전향

과 속행과 여운이다. 하나의 의문전향, 일곱 개의 속행, 두 개의 여운으로 모두 10개의 마음이 의문인식과정에서 일어난다. 여기서 언급된 41가지 마음은 욕계의 54가지 마음 가운데서 한 쌍의 전오식과 오문전향과 두 가지 받아들이는 마음의 13가지(10+1+2)를 제외한 것이다. 그리고 욕계의 세 가지 조사하는 마음은 이 의문인식과정에서는 여운의 역할로 나타나며 결정하는 마음은 의문전향의 역할로 나타난다.

(2) 의문에서 본삼매 속행과정

appanājavana-manodvāravīthi

[해설]

본삼매로 옮긴 압빠나[安止, appanā]는 √ṛ(*to rush, to turn, to fix*)의 사역동사인 appeti(Sk. arpayati)에서 파생된 여성명사로서 '[마음을 한 곳으로] 향하게 함, 고정시킴'을 일차적인 뜻으로 가진다. 『청정도론』의 정품(定品, samādhi-kkhandha)에 따르면 여러 가지 명상주제(kammaṭṭhāna) 중의 하나에 집중하여 고정된 표상(nimitta)을 일으키게 하는 것을 거듭해서 닦으면 익힌 표상(uggaha-nimitta)이 생기고 이런 표상에 거듭 몰입함으로써 근접[삼매](upacāra)에 들게 되어 닮은 표상(paṭibhaga-nimitta)으로 발전되며 이를 보호하고 능숙함을 닦아 근접삼매는 이 본삼매(appanā)에 이른다고 한다.(Vis. IV.1~75) 그래서 이 appanā를 본삼매라고 옮긴 것이다.

기본적으로 이 본삼매(appanā)는 일으킨 생각[尋, vitakka]이 크게 개발된 상태이다. 이 일으킨 생각이 함께 생긴 마음부수법들과 더불어 아주 깊게 대상에 몰입하여 이 모두가 그 대상에 몰입된 경지가 바로 본삼매인 것이다. 그래서 초선을 결정하는 가장 중요한 마음부수법은 바로 이 일으킨 생각[尋]이다. 물론 초선을 넘어선 곳에서 위딱까[尋]는 존재하지 않지만 대상에 하나로 몰입하여 마음은 禪의 경지에 들게 되므로 이 본삼매(appanā)라는 용어는 색계와 무색계와 출세간의 禪에 이르기까지 모든 선정의 증득에 다 사용되는 것이다.

그리고 본삼매에서는 모두 속행(자와나)만이 일어난다. 속행의 끝에 그 본삼매에서 나올 때 존재지속심으로 가라앉게 된다. 그래서 본삼매 속행과정이라 이름하는 것이다. 그러면 이런 본삼매에서 일어나는 속행과정을 고찰해보자.

§14. **본삼매 속행과정**(appanā-javana-vīthi)

14. appanājavanavāre pana vibhūtāvibhūtabhedo natthi. tathā tadārammaṇ'uppādo ca.

tattha hi ñāṇasampayuttakāmāvacarajavanānam aṭṭhannaṁ aññatarasmiṁ parikamm'-opacāra-anuloma-gotrabhū-nāmena catukkhattuṁ tikkhattum eva vā yathākkamaṁ uppajjitvā niruddhe tadanantaram eva yathārahaṁ catutthaṁ pañcamaṁ vā chabbīsati mahaggata-lokuttarajavanesu yathābhinīhāravasena yaṁ kiñci java-naṁ appanāvīthim otarati. tato paraṁ appanāvasāne bhavaṅgapāto va hoti.

본삼매에서 [일어나는] 속행과정에는 대상이 선명하고 희미한 차이는 없다. 마찬가지로 여운도 일어나지 않는다.

이 [본삼매 속행과정의] 경우에 8가지 지혜와 결합된 욕계의 속행의 마음 중에서 어떤 하나가 순서대로 준비, 근접, 수순, 종성(고뜨라부)으로 네 번 혹은 세 번만 일어났다가 멸한다. 멸한 다음 곧바로 적절하게 네 번째나 혹은 다섯 번째에 고귀한 속행의 마음과 출세간의 속행의 마음을 합한 26가지 가운데 어떤 하나가 마음을 기울인 것에 따라 본삼매의 과정으로 들어간다. 그다음 본삼매의 끝에 존재지속심으로 들어간다.

[해설]

1. **대상이 선명하고 희미한 차이는 없다**: 본삼매에서는 대상의 선명하고 희미한 차이는 없다. 선정의 경지는 대상을 분명하게 파악했을 때 얻어지기 때문이다.

2. **이 [본삼매 속행과정의] 경우에 8가지 지혜와 연결된 욕계의 속행의 마음 중에서 어떤 하나가 … 일어났다가**: 수행자가 禪이나 도나 과의 경지에 들려 할 때 먼저 의문전향이 일어난다. 그다음 본삼매 속행과정의 바로 앞에서 아주 빠르게 일련의 욕계의 자와나의 마음들(준비, 근접, 수순, 종성의 마음들)이 일어나 마음은 욕계에서 본삼매로 나아간다. 범부나 유학의 경우 지혜와 함께한 네 가지 욕계의 유익한 마음 중의 하나가 이 속행(자와나)으로 일어나고 아라한의 경우에는 지혜와 함께한 욕계의 작용만 하는 마음 네 가지 중의 하나가 속행으로 일어난다.

3. **순서대로 준비**(parikamma), **근접**(upacāra), **수순**(anuloma), **종성**(gotrabhū)**으로** …: 보통 정도의 기능들[根]을 갖춘 자들에게 이들 예비적인 자와나의 마음들이 네 번 일어난다. 이들은 각각 다른 예비적인 역할을 실행한다.

(1) 여기서 준비로 옮긴 parikamma는 pari(둘레로)+√kram(*to stride*)에서 파생된 중성명사로 '둘레로 나아감'이라는 문자적인 의미에서 '주위를 정돈함, 준비, 봉사, 시중들기' 등의 뜻으로 쓰인다. 이것은 본삼매를 증득하도록 다음의 정신적인 과정을 준비하기 때문에 준비라고 부른다.

(2) 그다음은 근접인데 upacāra는 upa(위로)+√car(*to move*)에서 파생된 남성명사로 '그 위에서 움직임'이라는 문자적인 의미에서 '다가감, 접근, 들어감, 입구' 등의 의미로 쓰인다. 이것은 본삼매에 가까이 간 경지이므로 근접[삼매]라 부른다.

(3) 수순이라 옮긴 anuloma는 몸의 털을 뜻하는 loma에다 '~를 따라서'를 뜻하는 접두어 'anu-'를 붙여서 만들어진 단어이다. 털들이 자연스럽게, 아래쪽으로 고르게 누워있는 모양을 나타낸다. '자연적인 순서대로, 순리대로, 적당한' 등을 뜻하는 형용사이며 여기서는 중성명사로 쓰였다. 이것은 바로 본삼매에 들기 두 단계 전의 심찰나인데 뒤의 본삼매와 앞의 근접삼매 둘 모두에 수순하는 경지이다.

(4) 종성(種姓)으로 옮기는 gotrabhū는 종족의 성을 뜻하는 gotra와 √bhū(*to become*)에서 파생된 bhū가 합성된 단어로서 문자적인 뜻 그대로 '성(姓)을 가지게 되는 경지'로서 근접삼매에서 본삼매로, 즉 욕계에서 색계로 들어가는 바로 그 순간의 심찰나를 나타내는 전문용어이다. 이런 의미에서 '계통을 바꾸는 마음'이라고 할 수 있겠다. 禪의 증득의 경우에 이것은 욕계의 '혈통'에 속하는 마음들을 극복하고 드디어 고귀한(mahaggata) 마음의 혈통으로 들어가기 때문에 종성(고뜨라부)이라는 이름을 얻고, 첫 번째 도[預流道]의 경우, 이 순간에 범부(puthujjana)의 혈통에서 성자(ariya)의 혈통으로 바뀌기 때문에 고뜨라부라는 이름을 얻는다.

이렇게 그 경지가 바뀌는 찰나의 마음을 고뜨라부[種姓]라는 재미있으면서도 옛 도인들의 직관이 배어있는 용어를 사용하여 나타낸다. 고뜨라부라는 말은 근접삼매(즉 욕계)로부터 본삼매(즉 색계)로 들어가거나, 범부에서 성자가 되는 것 등은 바로 우리의 성을 바꾸는 것과 같은 엄청난 일이며 이들의 경지에는 이처럼 큰 차이가 있다는 것을 시사해준다.(이들 용어에 대해서는 제9장 §34의 해설을 참조할 것.)

4. **멸한 다음 곧바로** …: 종성(고뜨라부)의 마음의 바로 다음에 예리한 기능들[根]을 갖춘 자에게는 네 번째 자와나(속행)에서, 보통의 기능을 갖춘 자에게는 다섯 번째 자와나에서 본삼매에 속하는 첫 번째 자와나의 마음이 일어난다. 이것은 5가지 색계의 유익한 마음이나 작용만 하는 마음 가운데 하나이거나(10), 4가지 무색계의 유익한 마음이나 작용만 하는 마음 가운데 하나이거나(8), 4가지 도나 과의 마음 가운데 하나이다(8). 그래서 모두 26가지가 된다.

여기서 분명히 해야 할 점은 본삼매 속행과정에서는 이들 각 찰나의

〈도표 4.4〉 본삼매를 처음 증득할 때의 속행과정

(1) 본삼매 속행과정

보통:	B {C U M K Uc An G Jh} B B B
예리함:	B {C U M Uc An G Jh} B B B B

(2) 도와 과의 증득의 속행과정

보통:	B {C U M K Uc An G Mg Ph Ph} B
예리함:	B {C U M Uc An G Mg Ph Ph Ph} B

K: Parikamma(준비단계의 삼매), Uc: Upacāra(근접삼매),
An: Anuloma(수순), G: Gotrabhū(종성), Jh: Jhāna(禪=본삼매),
Mg: Magga(道), Ph: Phala(果)

자와나(속행)들은 각각 다른 종류일 수 있고, 일어나는 곳(bhūmi)까지도 다를 수 있다는 점이다. 물론 욕계의 한 인식과정에서 나타나는 일곱

개의 자와나들은 반드시 같은 종류의 자와나이다.

5. **마음을 기울인 것에 따라**(yatha-ābhinīhāra-vasena): 이 빠알리어는 yathā(마치)+abhinīhāra+vasena(～에 의해서)로 분석된다. 여기서 abhinīhāra는 abhi(～에 대하여)+ni(아래로)+√hṛ(*to carry*)에서 파생된 남성명사로 '아래로 향하여 옮김'이라는 문자적인 뜻에서 '행위, 노력, 결정' 등을 뜻한다. 여기서는 문자적인 뜻을 존중하여 '마음을 기울임'으로 번역하였다. vasena는 vasa의 도구격으로서 단어의 뒤에 첨가되어 '～에 의해서, ～를 통해서, ～로써'의 의미를 나타낸다.

여기서 이 단어가 뜻하는 바는 본삼매의 속행에서 일어나는 마음들은 수행자가 그의 마음을 기울이는 방향에 조건 지어져 있다는 뜻이다. 만일 그가 초선을 증득하기를 원하면 그는 고요한 사마타(samatha)를 닦아서 그의 마음을 초선에 도달하도록 한다. 같은 방법으로 나머지 禪의 경지에 도달하도록 한다. 만일 수행자가 도나 과를 증득하는 것을 목표로 한다면 그는 위빳사나(vipassanā)를 닦아서 그의 마음이 그런 경지에 도달하도록 한다. 이런 것을 자유자재함(vasibhāva, 혹은 vasitā)이라 한다.(여기에 대해서는 제9장 §18을 참조할 것.)

6. **본삼매의 끝에**: 본삼매의 끝에는 바로 바왕가(존재지속심)로 가라앉게 된다. 여운은 일어나지 않는다.

§15. 본삼매에서의 상호관계

15. tattha somanassasahagatajavanānantaraṁ appanā pi somanassasahagatā va pāṭikaṅkhitabbā, upekkhāsahagata-javana-anantaraṁ upekkhāsahagatā va. tatthā pi kusala-javanānantaraṁ kusalajavanañ c'eva heṭṭhimañ ca phalattayam appeti. kiriyajavana-anantaraṁ kiriyajavanaṁ arahattaphalañ cā ti.

기쁨이 함께한 속행의 바로 다음에는 본삼매도 오직 기쁨이 함께한 것이 기대된다. 평온이 함께한 속행의 바로 다음에는 본삼매도 평온이 함께한 것이 일어난다.

그곳에서 유익한 속행 바로 다음에는 유익한 속행과 낮은 단계의 세 가지 과를 통해 본삼매에 든다. 작용만 하는 속행 바로 다음에는 작용만 하는 속행과 아라한과를 통해 본삼매에 든다.

[해설]

이 문단의 목적은 본삼매에 들기 위한 준비단계의 인식과정에 나타난 마음들과 본삼매의 마음들의 상호관계에 대한 일반적인 원칙을 나타내기 위한 것이다. 여기서 일반적인 원칙을 서술하고 바로 다음의 §16에서 운문으로 자세한 적용을 드러내고 있다.

§16. **요약**

16. dvattiṁsa sukhapuññamhā dvādas' opekkhakā paraṁ
sukhitakriyato aṭṭha cha sambhonti upekkhakā.
puthujjanāna sekkhānaṁ kāmapuññatihetuto
tihetukāmakriyato vītarāgānam appanā.

ayam ettha manodvāre vīthicittappavattinayo.

기쁨이 함께한 유익한 마음 다음에는 32가지,
평온이 함께한 유익한 마음 다음에는 12가지,
기쁨이 함께한 작용만 하는 마음 다음에는 8가지,
평온이 함께한 작용만 하는 마음 다음에는
6가지 [본삼매 속행이] 일어난다.
범부와 유학의 경우 세 가지 원인을 가진

욕계의 유익한 마음 다음에 [본삼매 속행이] 일어나고
탐욕을 여읜 [아라한의 경우] 세 가지 원인을 가진 욕계의
작용만 하는 마음 다음에 [본삼매 속행이] 일어난다.

이것이 의문인식과정의 방법이다.

[해설]

1. **기쁨이 함께한 유익한 마음 다음에는** …: 기쁨이 함께하고 지혜와 결합된 2가지 유익한 마음이 본삼매에 들기 위한 준비단계의 역할들을 수행할 때 범부와 유학의 경우 다음의 32가지 마음이 본삼매에서 속행으로 일어난다. 즉 초선에서 제4선까지의 고귀한 유익한 마음(이 4가지에는 기쁨이 있으므로)과, 초선부터 제4선까지의 경지에 있는 4가지 도의 마음과, 초선에서 제4선까지의 경지 가운데 아라한과를 제외한 3가지 과의 마음(4+16+12=32)이다.

2. **평온이 함께한 유익한 마음 다음에는** …: 평온이 함께하고 지혜와 결합된 2가지 유익한 마음이 본삼매에 들기 위한 준비단계의 역할들을 수행할 때 이런 범부와 유학의 경우에는 다음의 12가지 마음이 본삼매에서 속행으로 일어난다. 즉 제5선과 무색계의 고귀한 유익한 마음, 제5선의 경지에 있는 4가지 도의 마음, 제5선의 경지에서 아라한을 제외한 3가지 과의 마음(5+4+3=12)이다.

3. **기쁨이 함께한 작용만 하는 마음 다음에는** …: 기쁨이 함께하고 지혜와 결합된 2가지 단지 작용만 하는 마음 다음에는, 즉 이런 아라한의 경우에는 다음의 8가지 마음이 본삼매에서 속행으로 일어난다. 초선에서 제4선까지의 고귀한 작용만 하는 마음과 초선에서 제4선까지의 경지에 있는 아라한과의 마음(4+4=8)이다.

4. **평온이 함께한 작용만 하는 마음 다음에는** …: 같이하여 평온이 함께하고 지혜와 결합된 2가지 작용만 하는 마음 다음에는, 즉 이런 아라한의 경우에는 제5선과 무색계의 고귀한 단지 작용만 하는 마음과, 제5선의 경지에 있는 아라한과의 마음의 6가지 마음(1+4+1=6)이 본삼매에서 일어난다.

5. **범부와 유학의 경우 세 가지 원인을 가진 욕계의** …: 여기서 세 가지 원인을 가진 욕계의 유익한 마음(kāma-puñña-tihetu)이란 '예류와 일래와 불환의 도와 과를 얻을 원인을 가진'이라는 뜻으로 지혜와 결합된 4가지 욕계의 유익한 마음을 뜻하는 형용사이다. 이들 4가지 마음은 불탐 · 부진 · 불치의 세 가지 원인을 가졌기 때문이다. 범부와 낮은 단계의 세 가지 도와 과를 얻은 유학들이 지혜와 결합된 4가지 욕계의 유익한 마음으로 본삼매에 든 경우에는 위에서 설명한 대로 44가지 마음(32+12) 가운데 하나의 마음이 본삼매에서의 속행으로 일어난다. 지혜와 결합된 4가지 욕계의 작용만 하는 마음으로 본삼매에 든 아라한의 경우에는 14가지 마음(8+6) 가운데 하나의 마음이 본삼매에서의 속행으로 일어난다.

II.3. 여운의 법칙
tadārammaṇa-niyama

[해설]

특정 찰나에 일어나는 특정한 마음은 제멋대로 일어나는 것이 아니고 엄격히 정해진 법칙에 의해서 일어난다. 그런 정해진 법칙을 니야마(niyama)라 한다. 이 단어는 ni(아래로)+√yam (*to strech out, to hold*)에서 파생된 남성명사로 '아래로 누름'이라는 문자적인 뜻에서 '제한, 제어, 확실함, 엄격함' 등의 뜻을 나타낸다.[357] 여기서는 여운의 마음이 일어나는 정해진 법칙이라는 의미에서 '법칙'으로 옮겼다.

§17. 여운(tadārammaṇa)의 분석

17. sabbatthā pi pan' ettha aniṭṭhe ārammaṇe akusalavipākān' eva pañcaviññāṇa-sampaṭicchana-santīraṇa-tadārammaṇāni;

iṭṭhe kusalavipākāni;

ati-iṭṭhe pana somanassasahagatān'eva santīraṇatadārammaṇāni.

tatthā pi somanassasahagatakiriyajavanāvasāne somanassa-sahagatān'eva tadārammaṇāni bhavanti. upekkhāsahagatakiriya-javanāvasāne ca upekkhāsahagatān'eva honti.

모든 경우에 대상이 원하지 않는 것일 때 다섯 가지 알음알이[前五識]와 받아들이는 마음과 조사하는 마음과 여운의 마음은 해로운 과보의 마음이다.

[보통으로] 원하는 것일 때 그들은 유익한 과보의 마음이다.

[대상이] 열렬히 원하는 것일 때 조사하는 마음과 여운의 마음은 기쁨이 함께한다.

그곳에서도 기쁨이 함께한 작용만 하는 속행 끝에는 여운의 마음이 기쁨과 함께한다. 평온이 함께한 작용만 하는 속행 끝에는 여운의 마음이 평온과 함께한다.

[해설]

1. **대상이 원하지 않는 것일 때** …: 감각의 대상은 원하지 않는 것(aniṭṭha), 보통으로 원하는 것(iṭṭha),[358] 열렬히 원하는 것(ati-iṭṭha)의

---

357) 이 niyama와 같은 어원에서 파생된 단어로 niyāma(*m.*)가 있는데 뜻에서는 차이가 없다. 문맥에 따라서 달리 쓰인다. 본서에서 역자들은 업의 법칙은 kamma-niyāma로 표기하고 있는데(제5장 §18 네 가지 업의 해설 참조) 주석서에 그렇게 나타나기 때문이다.

세 가지로 분류가 된다. 이처럼 원하는 대상에 대해서는 둘로 나누어서 분류하고 원하지 않는 대상에 대해서는 '원하지 않는 것'이라는 하나의 범주로 설명한다.

아비담마에 의하면 대상에 드러나는 이러한 차이점은 그 대상에 본래부터 내재해 있다고 한다. 이것은 대상을 경험하는 자의 기질이나 선호도에 따라서 다르게 결정되는 것이 아니라고 한다. 『위방가』의 주석서인 『삼모하위노다니』(Sammohavinodanī)는 어떤 사람이 원하지 않는 대상을 원하는 대상으로 여기거나 원하는 대상을 원하지 않는 대상으로 여기는 것은 그 사람의 인식의 전도[想顚倒, saññā-vipallāsa] 때문이라고 단언한다.(VbhA.10) 그 사람이 아무리 그렇게 보더라도 그 사람의 개인적인 선택과는 상관없이 대상은 그 자신의 고유성질에 따라 원하는 것과 원하지 않는 것으로 남아있다고 한다. 원하거나 원하지 않는 대상이 가지는 고유성질의 차이는 보통 사람(majjhimaka-satta)에 의해서 알아진다고 한다.(*Ibid.*)

계속해서 『삼모하위노다니』는 이렇게 말한다. "그것은 경리나 공무원이나 중산층의 사람들이나 땅 주인이나 상인들이 어떤 경우에 원하는 것이고 어떤 경우에 원하지 않는 것인지 아는 것으로써 구분할 수 있다."359)

어떤 특정한 경우에 한 사람이 원하지 않는 대상을 경험하는가, 보통으로 원하는 대상을 경험하는가, 열렬히 원하는 대상을 경험하는가 하는 것은 그 사람의 과거의 업에 의해서 지배된다. 그러므로 경험된

---

358) 혹은 여러 주석서 문헌들에서 iṭṭha-majjhatta, 즉 중간으로 원하는 것이라 부르기도 한다.(VṬ.83; Abhi-av.10 등)

359) "majjhimakānaṁ pana gaṇakamahāmattaseṭṭhikuṭumbika vāṇijādīnaṁ kālena iṭṭhaṁ kālena aniṭṭhaṁ labhamānānaṁ vasena vibhattaṁ. evarūpā hi iṭṭhāniṭṭhaṁ paricchindituṁ sakkontīti."(VbhA.10～11; *Dispeller of Delusion*, 1:10～11.)

대상은 업이 과보의 마음(vipāka-citta)으로 익도록 업에게 기회를 부여한다. 과보의 마음들은 아무런 고의성이 없이 대상의 성질과 자연히 일치하게 된다. 그것은 마치 거울 속에 비친 얼굴은 실제 얼굴의 특징과 일치하는 것과 같다.

해로운 업[不善業]의 힘으로 우리는 원하지 않는 대상과 마주치게 된다. 그래서 인식과정에서 대상을 인식하는 과보의 마음들은 그 해로운 업이 익어서 나타난 것이다. 이런 경우에 눈, 귀, 코, 혀, 몸의 다섯 가지 알음알이[前五識], 받아들이는 마음, 조사하는 마음, 여운의 마음은 필연적으로 해로운 과보의 마음(akusala-vipāka)들이다. 그리고 이에 동반하는 느낌은 고통을 수반하는 몸의 알음알이[身識]를 제외하고서는 모두 평온한 느낌이다.

반대로 보통으로 원하는 대상이나 열렬히 원하는 대상은 유익한 업의 힘을 통해서 마주치게 된다. 그래서 인식과정에서 대상을 인식하는 과보의 마음들은 그 선업이 익어서 나타난 것이다. 이런 경우에 눈, 귀, 코, 혀, 몸의 다섯 가지 알음알이, 받아들이는 마음, 조사하는 마음, 여운의 마음은 필연적으로 유익한 과보의 마음(kusala-vipāka)들이다. 그리고 이에 동반하는 느낌은 즐거움을 수반하는 몸의 알음알이를 제외하고서는 모두 평온한 느낌이다. 그리고 열렬히 원하는 대상을 경험할 때 조사하는 마음과 여운의 마음은 기쁨과 함께한다.

대상이 원하지 않는 것이면 여운의 역할은 해로운 과보의 마음인 조사하는 마음이 전적으로 담당한다. 보통으로 원하는 대상에 대해서는 여운은 유익한 과보의 마음인 평온이 함께하는 조사하는 마음이나 평온이 함께하는 네 가지 큰 과보의 마음이 담당한다. 열렬히 원하는 대상에 대해서는 여운은 일반적으로 유익한 과보의 마음인 기쁨이 함께하는 조사하는 마음이나 기쁨이 함께하는 네 가지 큰 과보의 마음이 담당한다.

여기서 주목해야 할 점은 과보의 마음들은 대상의 성질에 의해서 지배가 되지만 자와나(속행)는 결코 그렇지 않다는 점이다. 이것은 경험자의 기질이나 성향에 따라서 다양하게 나타난다. 대상이 열렬히 원하는 것일지라도 자와나들은 평온과 함께하는 유익한 마음으로 나타날 수도 있고 해로운 마음들로서 무관심한 형태로 나타날 수도 있다. 예를 들면, 부처님을 뵙고도 회의론자들에게는 의심과 함께하는 마음들이 일어날 수 있고 아름다운 여인을 보고서도 수행하는 스님들에게는 평온이 함께하거나 지혜와 결합된 유익한 마음들이 일어날 수 있는 것과 같다. 그리고 열렬히 원하는 대상에 대해서까지도 적의나 불만족이 함께하는 자와나들이 일어날 수도 있으며 원하지 않는 대상에 대해서도 일반적으로 원하는 대상을 인식하는 자와나들이 일어날 수도 있다. 그러므로 마조히스트(*masochist*, 피학대 음란증)환자는 육체적인 고통에 대해서 기쁨이 함께하는 탐욕에 뿌리박은 마음들로 응답할 수 있으며 부정관을 닦는 스님은 썩어 가는 시체를 기쁨이 함께하고 지혜와 결합된 유익한 마음으로 주시할 수 있는 것이다.

2. **그곳에서도** …: 이 문장은 과보의 마음들은 대상과 일치할 뿐만 아니라 아라한의 작용만 하는 욕계의 자와나의 마음들도 대상과 일치함을 보여주기 위해서 여기에 포함되었다. 아라한이 열렬히 원하는 대상을 경험할 때 그의 자와나의 마음에는 기쁨과 함께하는 네 가지 단지 작용만 하는 마음 중의 하나가 일어나고 여운의 마음으로는 기쁨이 함께하는 다섯 가지 과보의 마음 중의 하나가 일어난다. 아라한이 원하지 않거나 보통으로 원하는 대상을 경험하면 자와나에는 평온이 함께하는 네 가지 작용만 하는 마음 중의 하나가 일어나고 여운의 마음으로는 평온이 함께하는 여섯 가지 과보의 마음 중의 하나가 일어난다.

레디 사야도는 아라한들의 대상과 작용만 하는 자와나들 사이의 상관관계는 그들의 자와나가 일어나는 자연적인 방식에 관해서 말한 것일 뿐이며 적절한 결심(adhimokkha)에 의해서 아라한은 열렬히 원하는 대상에 대해서도 평온이 함께하는 마음을 일으킬 수 있고 원하지 않는 대상에 대해서도 기쁨이 함께하는 마음들을 일으킬 수 있다고 한다. 레디 사야도는 여기에 관해서 『맛지마 니까야』 제4권 「감각기능을 닦음 경」(M152/iii.301~320)을 인용한다.

"아난다여, 여기 비구가 눈으로 형색을 보고 … 귀로 소리를 듣고 … 코로 냄새를 맡고 … 혀로 맛을 보고 … 몸으로 감촉을 닿고 … 마노로 법들을 지각하고 마음에 드는 것이 일어나고, 마음에 들지 않는 것이 일어나고, 마음에 들기도 하고 마음에 들지 않기도 한 것이 일어난다.

① 만일 그가 원하기를 '혐오스러운 것에서 혐오스럽지 않다고 인식하면서 머물리라.'라고 한다면 그는 혐오스럽지 않다고 인식하면서 머문다. ② 만일 그가 원하기를 '혐오스럽지 않은 것에서 혐오스럽다고 인식하면서 머물리라.'라고 한다면 그는 혐오스럽다고 인식하면서 머문다. ③ 만일 그가 원하기를 '혐오스러운 것과 혐오스럽지 않은 것에서 혐오스럽지 않다고 인식하면서 머물리라.'라고 한다면 그는 혐오스럽지 않다고 인식하면서 머문다. ④ 만일 그가 원하기를 '혐오스럽지 않는 것과 혐오스러운 것에서 혐오스럽다고 인식하면서 머물리라.'라고 한다면 그는 혐오스럽다고 인식하면서 머문다. ⑤ 만일 그가 원하기를 '혐오스러운 것과 혐오스럽지 않은 것의 둘 다를 피하고 평온하게 머물리라.'라고 한다면 그는 마음챙기고 분명하게 알아차리면서 평온하게 머문다."(M152 §§11~16)

§18. **외래의 바왕가**(āgantuka-bhavaṅga)

18. domanassasahagatajavanāvasāne ca pana tadārammaṇāni c'eva bhavaṅgāni ca upekkhāsahagatān' eva bhavanti. tasmā yadi somanassapaṭisandhikassa domanassasahagatajavanāvasāne tadārammaṇasambhavo natthi, tadā yaṁ kiñci paricitapubbaṁ parittārammaṇam ārabbha upekkhāsahagatasantīraṇaṁ uppajjati. tam anantaritvā bhavaṅgapāto va hotī ti pi vadanti ācariyā.

그러나 불만족이 함께한 속행 끝에 있는 여운의 마음들과 존재지속심은 평온이 함께한다. 그러므로 만약 기쁨이 함께한 재생연결식을 가진 자의 경우 불만족이 함께한 속행의 끝에는 여운의 마음이 일어나지 않는다. 그때, 이전에 익숙한 어떤 작은 대상에 의지하여 평온이 함께한 조사하는 마음이 일어난다. 그다음에 곧바로 존재지속심으로 들어간다고 스승들은 말씀하신다.

[해설]

1. **그러나 불만족이 함께한 속행 끝에 있는** …: 기쁨과 불만족은 서로 상반되는 것이므로 둘 중의 하나와 함께하는 마음이 일어나면 그 바로 다음에 이 둘 중의 다른 느낌과 함께하는 마음은 일어나지 못한다. 그렇지만 평온과 함께한 마음은 이 둘 중의 하나와 함께하는 느낌의 바로 앞이나 바로 다음에 일어날 수 있다. 그러므로 자와나(속행)들이 불만족(domanassa)과 함께할 때, 즉 성냄에 뿌리박은 마음들일 때 여운이 일어나면 그들은 반드시 평온과 함께하게 된다.[360] 만일 여운

360) 이 조항에 의하면 만일 열렬히 원하는 대상에 대해서 적의(paṭigha)가 일어난다면 여운의 마음들은 §17에서 나타난 대로 기쁨과 함께할 수가 없다. 그 대신에 그들은 평온이 함께하는 유익한 과보의 마음들이다.

의 마음이 일어나지 않을 경우에는 불만족과 함께하는 자와나들 바로 다음에 존재지속심이 일어난다. 물론 이때의 존재지속심은 중립적인 느낌인 평온을 수반할 것이다.

2. **그러므로 만약 기쁨이 함께한 재생연결을 가진 자의 경우** …: 존재지속심이 기쁨과 함께한 네 가지 큰 과보의 마음 중의 하나인 사람일 경우 만일 그의 속행과정의 마음들이 불만족과 함께하여 그 속행의 끝에 여운의 마음들이 일어나지 않는다면 그 마지막 속행의 마음은 바로 존재지속심으로 가라앉을 수 없다. 바로 앞의 마음과 정반대되는 느낌들을 수반하는 마음은 바로 다음에 일어날 수 없다는 법칙 때문이다.

이런 경우에 아비담마의 스승들은 이 둘 사이에서 평온이 함께하는 조사하는 마음이 단 한 심찰나 동안 일어난다고 한다. 그것은 불만족이 함께하는 자와나와 기쁨이 함께하는 바왕가(존재지속심) 사이의 완충 역할을 할 수 있기 때문이다. 이런 경우 이 마음은 조사하는 역할을 수행하지는 않는다. 그것은 그 인식과정과는 다른 대상과 역할을 가진다. 즉 이 인식과정과는 관계없는 자신에게 아주 익숙한 욕계의 대상을 가진다. 단지 존재지속심의 정상적인 흐름으로 돌아가는 길을 밟는 것일 뿐이다. 이 특별한 역할을 하는 마음을 아간뚜까 바왕가(āgantuka-bhavaṅga), 즉 '외래의 바왕가'라 부른다.

한편 지나간 바왕가(atīta-bhavaṅga)와 바왕가의 동요(bhavaṅga-calana)와 바왕가의 끊어짐(bhavaṅga-upaccheda)을 포함하여 바왕가는 모두 예외 없이 전생의 마지막 속행과정에서 나타난 업 등 셋 가운데 하나를 그 대상으로 하지만 이 '외래의 바왕가'는 자신에게 익숙한 욕계의 대상을 대상으로 가지는 것이 차이점이다.

§19. **여운의 법칙**

19. tathā kāmāvacarajavanāvasāne kāmāvacarasattānaṁ kāmāvacaradhammesv' eva ārammaṇabhūtesu tadārammaṇaṁ icchantī ti.

그와 마찬가지로 [오직] 욕계의 속행 끝에, [오직] 욕계의 중생에게, 오직 욕계의 법이 대상일 때 여운은 일어난다고 말한다.

§20. **요약**

20. kāme javanasattārammaṇānaṁ niyame sati
vibhūte 'timahante ca tadārammaṇam īritaṁ.

ayam ettha tadārammaṇaniyamo.

욕계의 속행과 중생과 대상에 대해 확실함이 있을 때
선명하고 매우 큰 대상에 여운이 일어난다고 설한다.

여기서 이것이 여운의 법칙이다.

II.4. 속행(자와나)의 법칙
javana-niyama

[해설]

속행(javana)도 역시 정해진 법칙에 따라서 정확하게 일어난다. 이제 그 법칙을 하나하나 알아보자. 먼저 욕계의 속행이다.

§21. 욕계의 속행

21. javanesu ca parittajavanavīthiyaṁ kāmāvacarajavanāni sattakkhattuṁ chakkhattum eva vā javanti.

mandappavattiyaṁ pana maraṇakālādīsu pañcavāram eva.

bhagavato pana yamakapāṭihāriyakālādīsu lahukappavattiyaṁ cattāri pañca vā paccavekkhaṇacittāni bhavantī ti pi vadanti.

속행 중에서 제한된 속행과정에서 욕계의 속행은 일곱 번 혹은 여섯 번 일어난다.

그러나 임종 시와 같은 느린 과정에서는 다섯 번만 일어난다.

세존께서 쌍신변(雙身變)을 나투시는 때와 같은 빠른 과정에서는 네 번 혹은 다섯 번의 반조하는 마음이 일어난다고 그들은 설한다.

[해설]

1. **제한된 속행과정에서** …: 이 제한된 속행과정이라 불리는 욕계의 속행은 일곱 번 일어난다. 대상이 아주 약할 경우에는 여섯 번만 일어날 수도 있다. 죽음의 마음이 일어나기 바로 직전에 진행되는 인식과정 등[361]에서는 자와나가 다섯 번만 일어난다. 심장토대가 약하기 때문이다.[362]

2. **세존께서 쌍신변(雙身變)을 나투시는 때와 같은** …: 쌍신변으로 번역되는 yamaka-pāṭihāriya에서 yamaka는 쌍(雙)을 뜻하고 pāṭihāriya는 prati(~에 대하여)+√hṛ(*to take, to hold*)의 가능법(*Pot.*) 분사로서 일상적인 현상을 넘어선 것이라는 의미에서 '경이로운, 놀라

361) 『위바위니 띠까』는 기절한 경우(mucchākāla)도 여기에 포함시키고 있다.(VṬ.155)

362) *cf.* Abhi-av-nṭ.98.

운, 비범한' 등의 뜻을 나타낸다. 그리고 중성명사로 쓰이면 '기적'이라는 뜻으로 쓰인다. 그러므로 쌍신변, 즉 yamaka-pāṭihāriya는 상반되는 두 가지[雙, yamaka]를 동시에 나타내는 신통을 말한다.

이 쌍신변은 신통 가운데서 가장 나투기 어려운 신통이라 하는데 불과 물이 동시에 나타나게 하는 등 상반되는 두 가지를 동시에 나타내는 신통이다.(Ps.i.125) 부처님께서는 깨달으신 후 사람들로 하여금 당신의 깨달음에 대해 믿음을 가지도록 하기 위해 몇 번 이 쌍신변을 나투셨다 한다. 이 신통은 앞의 찰나에는 불의 까시나를 통해서 색계인 제5선에 든 다음 불을 나타내 보이려 결심하고 다음 찰나에 다시 욕계로 나와서 그것을 반조해 보고, 그다음 찰나에는 물의 까시나를 통해서 색계인 제5선에 들어서 결심을 하고 다시 욕계로 나와서 그것을 반조하여 신통을 보인다고 한다.

이렇게 두 가지 신통을 하나씩 하나씩 실행하는 데는 오직 네다섯 번의 심찰나밖에 걸리지 않는다고 한다. 이렇게 하면 보는 사람들에게는 불과 물이 동시에 나타나는 것처럼 보이는 것이다. 이 쌍신변은 제5선의 신통지의 마음으로 나타내 보이기 때문에 색계에 속하고 禪의 구성요소들을 반조하는 마음은 욕계에 속한다. 이것은 욕계에서 실행할 수 있는 가장 빠른 마음의 과정이다.[363)]

---

363) 『청정도론』의 복주서인 『빠라맛타만주사』는 Vis.IV.132를 주석하면서 이렇게 적고 있다. 여기서는 풀어서 옮긴다.

"즉 오직 두 번의 존재지속심(바왕가)과 네 번의 속행의 마음을 가진 것이다. 禪에서 나와 일으킨 생각으로 전향할 때 존재지속심을 끊고서 전향이 일어난다. 그다음에 그 일으킨 생각을 대상으로 하여 믿음의 기능[信根] 등이 강하면 네 번, 믿음의 기능 등이 둔하면 다섯 번의 속행이 일어난다. 그다음에 두 번의 존재지속심이 일어난다. 바로 그다음에 다시 지속적 고찰을 대상으로 전향이 일어난다. 이처럼 오직 두 번의 존재지속심과 오직 네 번의 속행을 가진 자유자재를 뜻한다. 전향에 대한 자유자재(āvajjana-vasī)가 이보다 더 빠른 것은 없다. 이것은 세존의 쌍신변에서 발견되고, 법의 대장군 [사

§22. **증득에서의 속행**

22-1. ādikammikassa pana paṭhamakappanāyaṁ mahaggata-javanāni abhiññājavanāni ca sabbadā pi ekavāram eva javanti. tato paraṁ bhavaṅgapāto.

본삼매의 첫 번째 과정에서 처음으로 증득하는 자에게 일어난 고귀한 속행과 신통지의 속행은 항상 한 번만 일어난다. 그다음에는 존재지속심으로 들어간다.

[해설]

1. **처음으로 증득하는 자에게 일어난 고귀한 속행과** …: 어떤 종류의 禪이든 그 선을 처음으로 증득할 때의 인식과정에서 고귀한 자와나는 단 한 번만 일어난다. 그것은 아직 반복하여 닦지 않아서 미약하기 때문이다. 신통지를 나투는 제5선의 자와나는 그것에 통달한 사람에게도 단 한 번만 일어난다. 왜냐하면 단 한 번으로도 그것의 의무를 충분히 다 할 수 있기 때문이다.

22-2. cattāro pana magg'uppādā ekacittakkhaṇikā. tato paraṁ dve tīṇi phalacittāni yathārahaṁ uppajjanti. tato paraṁ bhavaṅga-pāto.

네 가지 도의 일어남은 하나의 심찰나 동안만 유지된다. 그다음에 두세 개의 과의 마음이 적절하게 일어난다. 그다음에 존재지속심으로 들어간다.

리뿟따 존재]의 경우에도 이와 같은 시간에 발견된다."(Pm.i.179)

[해설]

1. **네 가지 도의 일어남은** …: 각각의 도의 마음도 오직 한 심찰나만 유지된다. 이 동안에 그 특정한 도에서 멸절해야 할 번뇌들을 모두 제거하거나 엷게 하는 역할을 완수한다. 보통의 기능들[根]을 가진 사람의 경우 도의 인식과정의 예비적인 단계에 '준비(parikamma)'라고 불리는 찰나가 포함된다. 그런 사람에게는 도 다음에 두 개의 과의 마음들이 일어난다. 아주 예리한 기능들을 가진 사람에게는 준비의 찰나는 나타나지 않고 지나간다. 그러므로 그 도 다음에 세 개의 과의 마음들이 일어난다.

22-3. nirodhasamāpattikāle dvikkhattuṁ catutthāruppajavanaṁ javati. tato paraṁ nirodhaṁ phusati.

vuṭṭhānakāle ca anāgāmiphalaṁ vā arahattaphalaṁ vā yathāraham ekavāraṁ uppajjitvā niruddhe bhavaṅgapāto va hoti.

멸진정에 들 때 네 번째 무색계(비상비비상처)의 속행이 두 번 일어난다. 그다음에 멸진정에 든다.

[멸진정으로부터] 출정할 때 불환과 혹은 아라한과가 적절하게 한 번 일어난 뒤 멸할 때 존재지속심으로 들어간다.

[해설]

1. **멸진정에 들 때**: 색계와 무색계禪을 통달한 불환자와 아라한은 도닦음에 의해서 알음알이의 흐름과 그 마음부수들을 일시적으로 정지시키는 수행의 증득에 도달할 수 있다. 이런 경지를 nirodha-samāpatti라 하고 중국에서는 '멸진정(滅盡定)'으로 번역하여 우리에게도 알려진 용어이다.

여기서 '멸진(滅盡)'은 nirodha를 옮긴 것인데 이것는 ni(아래로)+√

rudh(*to obstruct*)에서 파생된 남성명사로서 '아래로 내려 누름'이라는 문자적인 뜻 그대로 '소멸, 억압, 지멸' 등의 뜻으로 쓰인다. 경에서는 문맥에 따라서 '일어남'을 뜻하는 samudaya의 반대어로 '없어짐, 사라짐'의 뜻으로 쓰이기도 하고 열반의 동의어로도 쓰이기도 한다. 그리고 anupubba-nirodha(次第滅)로 쓰여서 나타나는데 구차제멸(九次第滅)로 4禪-4처-상수멸을 뜻하기도 한다.[364)]

멸진정의 '정(定)'은 samāpatti를 옮긴 것이다. samāpatti는 중국에서 등지(等持, 等至)로 옮겨서 우리에게도 친숙한 말인데 이것은 saṁ(함께)+ā(이리로)+√pad(*to go*)에서 파생된 여성명사로 문자적으로는 '함께 받아들임'이며 '증득, 얻음, 획득'을 뜻한다. 상좌부뿐만 아니라 대승불교에서도 samāpatti는 위 구차제멸로 표현한 4禪·4처·상수멸의 경지 가운데 하나를 증득한 것을 뜻하는 전문용어이다. 중국에서는 saṁ의 의미를 등(等)으로 살려 등지(等持 혹은 等至)로 옮겼다.

'멸진정(滅盡定)'으로 옮기는 nirodha-samāpatti는 초기경에 많이 나타나는 상수멸(想受滅, saññā-vedayita-nirodha)과 완전한 동의어이다. 초기경에서는 대부분 상수멸로 나타나는데 아비담마와 주석서 등에서는 멸진정(滅盡定, nirodha-samāpatti)이라는 용어가 더 많이 나타나고 있다. 『상윳따 니까야』 제3권 「멸진정 경」(S28:9)은 멸진정이라는 경 제목으로 상수멸에 대해서 설하고 있다. 이처럼 이 둘은 동의어로 쓰이고 있다. 그리고 『맛지마 니까야』 제2권 「교리문답의 짧은 경」(M44) §16 등에는 상수멸의 증득(saññā-vedayita-nirodha-samāpatti)이라는 용어가 나타나기도 한다. 역자들은 본서에서 samāpatti가 단독으로 쓰이면 '증득'으로 옮겼고 niorodha-samāpatti는 '멸진정'으로

---

364) 일반적으로 '소멸'로 옮기는 nirodha에 대해서는 제2장 §1의 해설 2를 참조하고 니까야에 나타나는 '소멸(nirodha)'에 대해서는 『초기불교이해』 100~101쪽을 참조할 것.

옮겼다.

이 경지는 몸은 살아있지만 인식과 느낌으로 대표되는 모든 마음작용, 즉 마음과 마음부수들이 멸해버린 상태이다. 『청정도론』 등의 주석서들에 의하면 이 경지를 얻으려면 수행자는 모든 禪의 경지, 즉 초선에서 비상비비상처까지 차례대로 들었다가 나와서 이런 경지에 존재하는 모든 요소들이 모두 무상이요 괴로움이요 무아라고 주시한다. 여기서 중요한 점은 무소유처에 도달하였다가 그 경지로부터 나와서 수행자는 준비해야 할 몇 가지 사항을 점검해야 한다. 그러고 나서 멸진정에 드는 것이다. 그러면 네 번째의 무색계禪(비상비비상처)에서 두 개의 마음들이 일어났다가 사라지고 나서 알음알이의 흐름은 끊어져 버린다.

멸진정에 들어있는 기간은 수행자가 무소유처의 禪에서 나와서 준비과정으로 점검할 때 결심한 기간만큼이다. 이것은 수행의 정도에 따라서 칠 일까지 가능하다. 출정할 때는 제일 먼저 불환자에게는 불환과가, 아라한에게는 아라한과의 마음이 일어난다. 그다음에 마음은 존재지속심으로 가라앉는다. 멸진정(滅盡定, nirodha-samāpatti)과 상수멸(想受滅, saññā-vedayita-nirodha)에 대한 자세한 설명은 제9장 §§43 ~ 44의 해설과 『상윳따 니까야』 제2권 「일곱 요소 경」(S14:11) §5의 주해를 참조할 것. 그리고 이들에 대한 여러 논의는 『청정도론』 제23장 §9 이하에 상세하게 설명되어 있으니 참조하기 바란다.

22-4. sabbatthā pi samāpattivīthiyaṁ bhavaṅgasoto viya vīthiniyamo natthī ti katvā bahūni pi labbhantī ti.

중득의 과정에서는 존재지속심의 흐름에서처럼 인식과정의 법칙이 없다. [고귀한 속행과 출세간의 속행은] 많이 [연속적으로] 일어난다고

알아야 한다.

[해설]

1. **증득의 과정에서는** …: 이 문장은 禪과 과(果)를 증득함에 있어서는 본삼매의 기간을 수행의 정도에 따라 늘릴 수가 있음을 보여주기 위해서 언급되었다. 처음으로 증득하는 자에게 증득은 오직 하나의 속행과정 동안만 존재한다. 수행을 거듭함에 따라서 두 속행과정, 세 속행과정 등으로 증득은 점점 증가되어 본삼매의 증득은 반나절, 한나절, 하루 밤낮 등으로 증득의 속행과정이 끊어지지 않고 지속된다. 『맛지마 니까야』 제2권 「고싱가살라 긴 경」(M32)에는 사리뿟따 존자가 마치 왕이 원하는 대로 이 옷 저 옷을 갈아입듯이 모든 禪에 자유자재로 입정하고 출정할 수 있다고 나타난다.(M32 §16)

§23. **요약**

23. sattakkhattuṁ parittāni maggābhiññā sakiṁ matā
avasesāni labbhanti javanāni bahūni pi.

ayam ettha javananiyamo.

제한된 속행은 일곱 번이고
도와 신통지는 오직 한 번이라고 알려졌다.
나머지 [고귀한] 속행과 [출세간의] 속행은 많다.

이것이 여기서 속행의 법칙이다.

[해설]

도의 마음은 오직 한 번만 그것도 한 심찰나에만 일어난다.(여기에 대해서는 제1장 §26의 해설을 참조할 것.)

III. 개인에 따른 분류
puggala-bheda

[해설]

지금까지는 욕계 · 색계 · 무색계 · 출세간의 측면에서 여운의 마음과 자와나(속행)의 마음이 어떤 법칙에 따라서 일어나고 사라지는가 하는 것을 살펴보았다. 여기서는 89가지 전체 마음으로 돌아와서 다시 세간과 출세간의 모든 존재들에게 초점을 맞추어 이들에게는 어떤 마음들이 일어나고 어떤 마음들은 일어나지 않는가 하는 법칙을 살펴본다. 먼저 아비담마에서 원인(hetu)이라는 단어는 모두 탐 · 진 · 치와 불탐 · 부진 · 불치의 여섯을 뜻하는 용어임을 유념해야 한다. 그래서 아래에 나오는 원인을 가지지 않은 자란 이런 원인을 가지지 않는 마음을 재생연결식으로 하여 태어난 자라는 뜻이고 두 개의 원인을 가진 자란 불탐 · 부진 · 불치 가운데 두 개의 원인을 가진 마음을 재생연결식으로 하여 태어난 자라는 뜻이다.

그리고 여기서 재생연결식과 존재지속심(바왕가)과 죽음의 마음의 대상은 항상 같음을 염두에 두어야 한다. 아울러 이 세 마음은 89가지 마음 가운데서 19가지 마음 중의 하나임을 다시 한 번 상기하고 본문을 따라가 보자.

§24. 두 개의 원인을 가진 자와 원인을 가지지 않은 자

24. duhetukānam ahetukānañ ca pan'ettha kiriyajavanāni c'eva appanājavanāni ca na labbhanti.

tathā ñāṇasampayuttavipākāni ca sugatiyaṁ.

duggatiyaṁ pana ñāṇavippayuttāni ca mahāvipākāni na labbhanti.

두 개의 원인을 가진 자와 원인을 가지지 않은 자에게 작용만 하는 속행과 禪의 속행은 일어나지 않는다. 그와 마찬가지로 선처에서는 지혜와 결합된 과보의 마음들이 일어나지 않는다. 악처에서는 지혜와 결합되지 않은 큰 과보의 마음들조차도 일어나지 않는다.

[**해설**]

욕계의 원인 없는 평온이 함께하는 조사하는 마음 두 가지가 재생연결식과 존재지속심과 죽음의 마음의 역할을 할 때 그들은 원인을 가지지 않은(ahetuka) 재생연결식을 가지고 있다. 지혜와 함께하지 않는 네 가지 큰 과보의 마음들 중의 하나가 이런 세 가지 마음의 역할을 할 때 그들은 두 가지 원인을 가진(du-hetuka) 재생연결식을 가지고 있다. 이들은 어리석음 없음, 즉 지혜를 원인으로 가지지 못했다. 이런 존재들에게는 아라한들에게만 일어나는 작용만 하는 자와나(속행)들이 일어나지 않으며 이런 존재들은 禪을 통해서 본삼매도 얻지 못하고 도를 통해서 성자의 경지에도 이르지 못한다.

지혜가 없는 재생연결식으로 인간이나 천상 등 욕계의 선처에 태어난 존재들에게는 재생연결식이 하열하기 때문에 세 가지 원인을 가진 큰 과보의 마음이 여운의 마음으로 일어나지 못한다. 이런 존재들에게 여운의 마음들은 원인을 가지지 않거나 두 개의 원인을 가진 것이다. 불가항력으로 원인이 없는 재생연결식을 가지고 태어난 악도의 중생들의 경우 두 개의 원인을 가진 큰 과보의 마음들조차도 여운의 역할을 하지 못한다. 단지 원인 없는 과보의 마음들이 이 역할을 하기 위해서 일어날 뿐이다.

§25. **세 개의 원인을 가진 자**

25. tihetukesu ca khīṇāsavānaṁ kusalākusalajavanāni na labbhanti.

tathā sekkhaputhujjanānaṁ kiriyajavanāni.
diṭṭhigatasampayuttavicikicchājavanāni ca sekkhānaṁ.
anāgāmipuggalānaṁ pana paṭighajavanāni ca na labbhanti.
lokuttarajavanāni ca yathārahaṁ ariyānam eva samuppajjantī ti.

세 개의 원인의 재생연결을 가진 자들 중에서 번뇌 다한 [아라한들에게는] 유익하거나 해로운 속행은 일어나지 않는다.

그와 마찬가지로 유학과 범부들에게는 작용만 하는 속행은 일어나지 않는다.

사견이나 의심과 결합된 속행도 유학들에게는 일어나지 않는다.

불환자에게는 적의와 [결합된] 속행은 일어나지 않는다.

출세간의 속행은 적절하게 성자들에게만 일어난다.

[해설]

지혜가 함께한 재생연결식을 가지고 태어난 자들은 세 개의 원인을 가지고(ti-hetuka) 태어난 자라고 한다. 범부이거나 유학이거나 아라한이 이런 존재들에 해당한다. 물론 여기서 유학이나 아라한은 태어난 다음에 그렇게 된 것이지 재생연결식에 의해서 유학이나 아라한이 된 것은 아니다.

예류도에서 사견과 의심이 제거되기 때문에 유학에게는 사견이나 의심과 결합된 속행들이 일어날 수 없다. 불환자들은 성냄의 번뇌를 제거했기 때문에 적의와 연결된 속행을 경험할 수 없다.

§26. 요약

26. asekkhānaṁ catucattāḷīsa sekkhānam uddise
chappaññāsa avasesānaṁ catupaññāsa sambhavā.

ayam ettha puggalabhedo.

상황에 따라 무학들에게는 44가지 마음이 일어나고
유학들에게는 56가지 마음이,
나머지에게는 54가지 마음이 일어난다고 설했다.

이것이 여기서 개인에 따라 분류한 것이다.

[해설]

세 개의 원인을 가진 재생연결식을 가진 범부들은 최대 54가지 마음을 경험할 수 있다. 즉 12가지 해로운 마음 + 17가지 유익한 마음(4가지 道는 제외) + 23가지 욕계 과보의 마음 + 2가지 전향하는 마음이다.

그러나 악도에 태어난 중생들은 원인이 없는 재생연결식을 가지고 있기 때문에 오직 37가지 마음만을 경험한다. 즉 12가지 해로운 마음 + 8가지 큰 유익한 마음 + 15가지 원인 없는 과보의 마음 + 2가지 전향하는 마음이다.

원인이 없거나 두 개의 원인을 가진 재생연결식을 가지고 선처에 태어난 자들은 지혜와 함께하지 않은 4가지 큰 과보의 마음을 경험할 수 있기 때문에 37+4=41가지 마음을 경험할 수 있다.

세 가지 원인을 가진 재생연결식을 가지고 태어난 존재들은 9가지 禪의 경지를 포함해서 모두 54가지 마음을 경험할 수 있지만 특정한 禪에 들지 못하면 그만큼이 줄어든다.

예류도에서는 사견과 의심의 번뇌가 제거되었기 때문에 사견과 함께하는 4가지와 의심과 함께하는 1가지 마음이 제외된다. 예류자와 일래자는 禪의 경지들을 포함한 다음의 50가지 마음을 경험할 수 있다. 7가지 해로운 마음 + 17가지 유익한 마음 + 23가지 욕계 과보의 마음 + 2가지 전향하는 마음 + 1가지 과의 마음이다. 물론 여기서 말하는 과(果)는 각각의 경지에 해당하는 예류과나 일래과이다.

<도표 4.5> 개인과 세상과 마음들

개인	욕계	색계	무색계
악처의 원인 없는 재생연결식	12해로운, 17원인 없는, 8유익한 (37)	…	…
선처의 원인 없는 재생연결식	위+4지혜 없는 욕계 아름다운 과보(41)	…	…
두 원인을 가진 재생연결식	위와 같음 (41)	…	…
세 원인을 가진 범부	위 + 4지혜 있는 아름다운 과보 + 9고귀한 마음 (54)	10해로운, 11원인 없는, 8욕계 유익, 9고귀한 유익, 5고귀한 과보 (43)	10해로운, 의문전향, 8욕계 유익, 4고귀한 유익 및 4 과보 (27)
예류자	위에서 5해로운 빼고 + 예류과 (50)	위에서 5해로운 빼고 + 예류과 (39)	위에서 5해로운 빼고 + 예류과 (23)
일래자	일래과 대신 넣고 위와 같음 (50)	일래과 대신 넣고 위와 같음 (39)	일래과 대신 넣고 위와 같음 (23)
불환자	다시 해로운 둘 빼고 불환과 넣음 (48)	불환과 대신 넣고 위와 같음 (39)	불환과 대신 넣고 위와 같음 (23)
아라한	18원인 없는, 8욕계 아름다운 작용, 8과보, 9고귀한 작용, 아라한과 (44)	12원인 없는, 8욕계 아름다운 작용, 9고귀한 작용, 5고귀한 과보, 아라한과 (35)	의문전향, 8욕계 아름다운 작용, 4고귀한 작용, 4과보, 아라한과 (18)

† 여기서 도의 증득을 나타내는 한 찰나만 일어나는 도의 마음들은 제외했음.

불환자에게는 성냄이 제거되었기 때문에 더 이상 적의에 뿌리박은 두 가지 마음이 일어나지 않고 불환과를 경험하게 된다. 그래서 모두 48가지 마음이 일어날 수 있다.

본서에서 언급된 유학들에게 일어나는 50+1+1+1+1+1+1=56가지 마음은 3가지 과(果)의 마음과 4가지 도의 마음들을 더해서 계산된 숫자이다.

여기서 무학(asekkha)이라고 언급된 아라한들은 모든 번뇌들을 멸했기 때문에 더 이상 어떤 해로운 마음도 경험하지 않는다. 아라한들이 경험할 수 있는 44가지 마음은 다음과 같다. 18가지 원인 없는 마음 + 8가지 큰 작용만 하는 마음 + 8가지 과보의 마음 + 5가지 색계의 작용만 하는 마음 + 4가지 무색계의 작용만 하는 마음 + 1가지 아라한과이다.

이 숫자들은 물론 욕계에 존재하는 자들에게 해당된다. 제5장 §27에서 알 수 있듯이 색계와 무색계에서 일어날 수 없는 마음들을 빼고 나면 이 숫자들은 줄어든다.

Ⅳ. 세상에 따른 분류
bhūmi-bheda

[해설]

다시 저자는 욕계 · 색계 · 무색계 존재들의 거주처의 측면에서 이 89가지 마음을 분류해 보고 있다. 즉 삼계 가운데서 어디에 태어난 자들에게는 어떤 마음들이 일어날 수 있고 어떤 마음들은 일어나지 못하는가 하는 것을 분석해 보고 있다.

그런데 여기서 세상으로 옮긴 용어는 본서에서 일반적으로 '경지'로 옮기고 있는 bhūmi이다.[365] 유념해야 할 것은 이 문맥에서 bhūmi는 마음의 경지가 아니라 존재들이 거처하는 '땅[地, bhūmi]', 즉 거주처를 뜻한다는 사실이다. 그러므로 여기서 bhūmi는 존재들의 거주처인 욕계 세상, 색계 세상, 무색계 세상의 삼계를 말한다. 그래서 본서의 저자는 단지 욕계와 색계와 무색계의 삼계만을 언급하고 있고 역자들은 혼돈을 피하기 위해서 이를 '세상'으로 의역하고 있다.[366] 그리고 출세간이란 세상이 삼계라는 세상 이외에 따로 있다고 생각하면 안 된다. 존재들의 거주처는 오직 삼계뿐이다. 출세간의 도와 과의 마음은 이 삼계에 거주하는 존재들 가운데 예류도 이상의 경지를 증득한 자에게 일어나는 마음의 경지이다. 오해가 없기를 바란다.

§27. 분석

27. kāmāvacarabhūmiyaṁ pan' etāni sabbāni pi vīthicittāni yathārahamupalabbhanti.

rūpāvacarabhūmiyaṁ paṭighajavana-tadārammaṇa-vajjitāni.

arūpāvacarabhūmiyaṁ paṭhamamagga-rūpāvacara-hasana-heṭṭhimāruppa-vajjitāni ca labbhanti.

욕계 세상에서는 모든 인식과정의 마음들이 적절하게 일어난다.

색계 세상에서는 적의와 연결된 속행과 여운의 마음을 제외한 모든 것이 일어난다.

무색계 세상에서는 첫 번째의 도와 색계의 마음과 미소짓는 마음과 낮은 무색계의 마음을 제외한 나머지가 일어난다.

[해설]

적의와 함께하는 마음들은 색계에서는 일어나지 않는다. 적의는 禪

365) 제1장 §3의 해설 1 등을 참조할 것.

366) 자세한 것은 제5장 §3의 해설을 참조할 것.

을 증득하기 위한 준비과정에서 완전히 억압되었기 때문이다. 적의와 함께하는 마음들과 여운의 마음들은 무색계에서도 존재하지 않는다. 미소짓는 마음은 육체적인 몸이 없이는 일어날 수 없다. 무색계에 태어난 존재들은 색계禪에 들 수 없으며 자신의 경지보다 더 낮은 무색계禪에도 들 수 없다.

§28. 특별한 경우

28. sabbatthā pi ca taṁtaṁ pasādarahitānaṁ taṁtaṁ dvārikavīthicittāni na labbhant'eva.

asaññasattānaṁ pana sabbathā pi cittappavatti natth'evā ti.

모든 세상에서 어떤 감성(感性)이 결여된 자들은 그 문과 연결된 인식과정의 마음들은 일어나지 않는다.

인식이 없는 중생들에게 인식과정이란 아예 없다.

[해설]

1. **어떤 감성(感性, pasāda)이 결여된 자들은:** 즉 눈먼 자나 귀먹은 자 등의 욕계의 중생들과, 냄새 맡거나 맛보거나 감촉을 느끼지 못하는 색계의 존재들을 뜻한다.

2. **인식이 없는 중생들(asañña-sattā)에게:** asaññasatta는 asañña(無想, 인식 없음)+satta(중생, 유정)로 분석이 되며 그래서 중국에서 무상유정(無想有情)으로 옮겼다. '인식이 없는 중생'을 뜻한다. 인식이 없는 존재는 인식뿐만 아니라 마음이 아예 일어나지 않기 때문에 이런 존재들에게는 인식과정이 없다. 이들은 무상유정천(無想有情天)에 거주한다.(여기에 대해서는 제5장 §31을 참조할 것.)

§29. **요약**

29. asīti vīthicittāni kāme rūpe yathārahaṁ
catusaṭṭhi tathārūpe dvecattālīsa labbhare.

ayam ettha bhūmivibhāgo.

욕계에는 인식과정의 마음 80가지가 있고
색계에는 64가지가 있고
무색계에는 42가지가 적절하게 있다.

이것이 세상에 따른 분류이다.

[해설]

여기서 언급한 욕계에서 일어나는 인식과정의 마음 80가지는 9가지 고귀한 과보의 마음을 제외한 모든 마음들이다. 이들 9가지는 인식과정에서는 결코 나타날 수 없다.

색계의 인식과정에서 일어나는 마음 64가지는 다음과 같다. 10가지 해로운 마음(적의와 함께하는 2가지는 제외) + 9가지 원인 없는 과보의 마음(색계에서 존재하지 않는 코의 알음알이, 혀의 알음알이, 몸의 알음알이의 쌍을 제외함) + 3가지 원인 없는 작용만 하는 마음 + 16가지 큰 유익한 마음과 작용만 하는 마음 + 10가지 색계의 유익한 마음과 작용만 하는 마음 + 8가지 무색계의 유익한 마음과 작용만 하는 마음 + 8가지 출세간 마음이다.

무색계에서 일어나는 마음 42가지는 다음과 같다. 10가지 해로운 마음 + 1가지 의문전향 + 16가지 큰 유익한 마음과 작용만 하는 마음 + 8가지 무색계의 유익한 마음과 작용만 하는 마음 + 7가지 출세간의 마음(예류도는 제외)이다.

§30. **결론**

30. icc'evaṁ chadvārikacittappavatti yathāsambhavaṁ bhavaṅg-antaritā yāvatāyukam abbocchinnā pavattati.

이와 같이 여섯 문과 연결된 인식과정이 적절하게 존재지속심(바왕가)에 의해 분리되면서 수명이 계속되는 한 끊임없이 일어난다.

iti Abhidhammatthasaṅgahe
vīthisaṅgahavibhāgo nāma
catuttho paricchedo.

이와 같이 아비담맛타상가하에서
인식과정의 길라잡이라 불리는
제4장이 끝났다.

<도표 4.6> 인식과정의 요약

1. 오문인식과정(혼합문 인식과정)
   ① 매우 큰 대상(여운으로 끝나는 과정 — 1개)
   ② 큰 대상(자와나로 끝나는 과정 — 2개)
   ③ 작은 대상(결정으로 끝나는 과정 — 6개)
   ④ 매우 작은 대상(바왕가의 동요로 끝나는 과정 — 6개)
2. 의문인식과정
   (1) 제한된 속행과정(자와나가 일곱 번으로 제한됨)
      (a) 5문에 뒤따르는 과정 = 후속과정
         ① 5문의 대상을 마노의 문에 재생하는 역할
         ② 대상을 전체적으로 파악하는 과정
         ③ 색깔을 주시하는 과정
         ④ 형태를 파악하는 과정
         ⑤ 형태를 인식하는 과정
         ⑥ 이름을 파악하는 과정
         ⑦ 이름을 인식하는 과정
      (b) 독립된 속행과정
         ① 직접 본 것을 바탕으로 한 인식과정
         ② 직접 본 것으로부터 추론하는 것을 바탕으로 한 인식과정
         ③ 들어서 배운 것을 바탕으로 한 인식과정
         ④ 들어서 배운 것으로부터 추론하는 것을 바탕으로 한 인식과정
         ⑤ 인지된 것을 바탕으로 한 인식과정
         ⑥ 인지된 것으로부터 추론하는 것을 바탕으로 한 인식과정
   (2) 본삼매 속행과정(자와나의 제한이 없고 종성이 일어남)
      (a) 본삼매 속행과정
      (b) 도와 과의 증득의 속행과정
         ① 보통: 준비, 근접, 수순, 종성, 도, 과, 과
         ② 예리함: 근접, 수순, 종성, 도, 과, 과, 과

‡ 의문인식과정의 대상은 선명한 대상, 희미한 대상의 둘이나 매우 선명한 대상, 선명한 대상, 희미한 대상, 매우 희미한 대상의 넷으로 나눈다.(§ 12의 해설 1 참조)

제5장

vīthimutta-saṅgaha-vibhāga

과정을 벗어난 마음의 길라잡이

제5장 인식과정을 벗어난 마음의 길라잡이

vīthimutta-saṅgaha-vibhāga

[해설]

앞 장에서 저자는 삶의 과정(pavatti)에서 일어나는 마음의 흐름인 인식과정(vīthi-citta)에 대해 여러 가지로 설명하였다. 이 장에서는 인식과정을 벗어난(vīthi-mutta) 마음의 전개에 대해 설명한다.

여기서 '인식과정을 벗어난 마음'은 '과정(vīthi)을 벗어남(mutta)'으로 직역할 수 있는 vīthi-mutta를 의역한 것이다. 이 용어는 앞에서도 설명했듯이(제5장 §1의 해설 1 참조) 마음이 여섯 감각의 문을 통해서 대상을 인지하는 인식과정을 제외한 마음의 모든 기능을 뜻한다. 그래서 여기에는 재생연결식과 바왕가와 죽음의 마음이 포함된다.(PdṬ.193) 이렇게 하여 본 장은 다음 생에 다시 태어나는 윤회의 원리와 과정을 자세하게 설명하는 데 초점을 맞추고 있다.

윤회(輪廻, saṁsāra, vaṭṭa)는 초기불전의 도처에서 강조되어 나타나고 있다. 불교에서는 금생의 흐름[相續, santati]이 내생으로 연결되어 다시 태어나는 것, 즉 '재생(再生, *rebirth*)'을 윤회라 부른다. '다시 태어남[再生]'은 punabbhava(puna = 다시, bhava = 존재함)라는 단어로 초기불전의 도처에서 나타나고 있다.(M26 §18; S12:12 등) 그리고 다시 태어남의 원인을 갈애(taṇhā)로 들고 있으며 그래서 초기불전에서는 갈애를 '재생을 하게 하는 것(ponobhavikā)'이라고 정의하고 있다.(D22 §19; S22:22 등) 물론 아라한은 다시 태어남, 즉 윤회가 없다.

주석서들은 "5온 · 12처 · 18계[蘊 · 處 · 界]가 연속하고(paṭipāṭi) 끊임없이 전개되는 것(abbhocchinnaṁ vattamānā)을 윤회라 한다."(DA.ii.496; SA.ii.97)라는 등으로 윤회를 정의한다. 그러므로 근본적인 입장에서 보자면 매 찰나 전개되는 오온의 흐름 자체가 윤회이다.

생사의 입장에서 보자면 한 생에서의 마지막 마음(죽음의 마음, cuti-citta)이 일어났다 멸하고, 다음 생의 재생연결식이 또 다른 조건을 얻어 일어나는 것이 윤회이다. 이렇게 생겨난 재생연결식은 그 생에서의 존재지속심(바왕가)으로 생멸을 거듭하며 흘러가고 그 생에서 죽음의 마음이 되어 끝나며 다시 다음 생으로 생멸하며 흘러간다. 이러한 흐름을 불교에서는 윤회라 한다. 초기불전에 나타나는 윤회에 대해서는 『초기불교이해』 제30장 불교와 윤회를 참조하기 바란다.

본 장에서는 이러한 재생연결의 과정, 즉 윤회의 과정을 윤회하는 세상과 재생연결식과 죽음과 그 원동력이 되는 업의 관점에서 설명하고 있다. 저자는 이러한 윤회의 원리와 과정을 심도 있게 설명하기 위해 먼저 유정들이 태어나는 욕계, 색계, 무색계의 세상을 31가지로 분류하고(§§3~17) 이런 세상에 태어나는 동력인으로서 업(kamma)에 대해 상세하게 열거한 뒤(§§18~33) 죽음과 재생연결의 과정을 소상하게 밝히고 있다.(§§34~42)

§1. 서시

1. vīthicittavasen'evaṁ pavattiyam udīrito
pavattisaṅgaho nāma sandhiyaṁ dāni vuccati.

이와 같이 인식과정을 통해 삶의 과정에서
마음이 일어나는 길라잡이를 설했다.
이제 재생연결에서 마음이 일어나는 길라잡이를 설하리라.

[해설]

1. **재생연결[367]에서 마음이 일어나는**: 이렇게 '재생연결에서 일어나는 마음에 대해서'라고 표현했지만 저자는 여기서 재생연결(paṭisandhi)뿐만 아니라 존재지속심(bhavaṅga)과 죽음의 마음(cuti-citta)도 다루고 있다.(PdṬ.193) 먼저 아누룻다 스님은 존재들이 거주하는 세상(bhūmi)부터 열거한 뒤 그런 세상에 재생하는 마음 등을 설명한다.

§2. 범주의 열거

2. catasso bhūmiyo, catubbidhā paṭisandhi, cattāri kammāni, catudhā maraṇ'uppatti cā ti vīthimuttasaṅgahe cattāri catukkāni veditabbāni.

인식과정을 벗어난 마음의 길라잡이에서,

(1) 네 가지 세상

(2) 네 가지 재생연결

(3) 네 가지 업

(4) 네 가지 죽음이라는

네 개 조로 이루어진 네 개의 범주를 알아야 한다.

[해설]

저자는 이하 §17까지 존재들이 거주하는 세상을 크게 네 가지로 나누고 각각의 세상을 다시 여러 영역으로 나누어 설명하고 있다. 아누룻다 스님은 인식과정을 벗어난 마음을 설명하기에 앞서 이처럼 불교의 우주관을 제시하고 있다.

---

367) 여기서 '재생연결'로 옮긴 단어는 sandhi(연결)이다. 여기서 sandhi는 문맥으로도 재생연결(paṭisandhi)을 뜻하고 복주서도 이렇게 설명하고 있어서 (sandhiyaṁ paṭisandhikāle, VṬ.161) 재생연결로 옮겼다.

간단하게 이런 세상에 태어나는 것을 아비담마적인 용어를 가미하여 다시 한 번 정리해보자. 어떤 세상에 태어나는 것은 특별한 형태의 재생연결의 알음알이가 그 열쇠가 된다. 이 재생연결식은 그 세상에서 다시 존재지속심이 되어 그 세상에서 죽을 때까지 일어나고 사라지고를 거듭하며 계속 흘러가게 된다. 그러므로 욕계에서 과보를 맺게 될 업에 의지하여 욕계의 재생연결식이 일어나고, 욕계의 존재가 나타나게 되며, 색계에서 과보를 맺게 될 업에 의지하여 색계의 재생연결식이 일어나고, 색계의 존재가 나타나게 되며 무색계의 경우도 마찬가지이다.

그래서 부처님께서는 『앙굿따라 니까야』 제1권 「존재 경」(A3:76)에서 "이처럼 업은 들판이고 알음알이는 씨앗이고 갈애는 수분이다. 중생들은 무명의 장애로 덮이고 갈애의 족쇄에 계박되어 저열한 [욕]계에 … 중간의 [색]계에 … 수승한 [무색]계에 알음알이를 확립한다. 이와 같이 내생에 다시 존재[再有]하게 된다."(A3:76)라고 설파하셨다. 과거의 업에 의해 결정되어 알음알이의 씨앗은 그에 적절한 세상에 떨어져서 뿌리를 내리고 업이 비축한 영양분을 공급받아 그것의 잠재력에 따라 움이 트는 것이다.

I. 네 가지 세상

bhūmi-catukka

§3. 개요

3. tattha apāyabhūmi, kāmasugatibhūmi, rūpāvacarabhūmi, arūpāvacarabhūmi cā ti catasso bhūmiyo nāma.

이 중에서 네 가지 세상이란 (1) 악처 세상 (2) 욕계 선처의 세상 (3)

색계 세상 (4) 무색계 세상이다.368)

[해설]

여기서 '세상'으로 옮긴 단어는 부미(bhūmi)이다. 부미는 땅이라는 뜻이며 그래서 중국에서는 주로 지(地)로 옮겼고 경우에 따라서는 주(住)나 처(處)로도 옮겼다. bhūmi는 문맥에 따라 여러 가지 뜻으로 쓰이지만 아비담마에서는 ① 마음이 일어나는 곳과 ② 중생들이 사는 곳의 두 가지 의미로 쓰인다.(NMD *s.v.* bhūmi) 본서에서 전자의 경우는 주로 '경지'로 옮겼고(제1장 §3의 해설 참조) 후자의 경우는 '세상'으로 옮겼다.(제4장 §27 앞의 표제어에 대한 해설 참조) 이 둘은 다른 의미를 전달한다.

이를테면 색계의 마음은 색계 세상에서 주로 일어나기는 하지만 욕계에서 禪에 든 사람에게서 일어나는 마음도 색계의 마음이다. 그러므로 둘을 구분해서 사용해야 한다.

---

368) <도표 5.1/A>에서 보듯이 상좌부에 의하면 천상은 26천이고, 바로 밑에 인간계가 있으며 그 아래로 아수라, 아귀, 축생, 지옥이 있다. 이렇게 하여 불교의 적통인 상좌부는 세상을 모두 31가지로 분류하고 있다.

그런데 대승불교에서는 <도표 5.1/A>에 나타나는 색계 4선천에다 무운천(無雲天, Anabhaka)과 복생천(福生天, Puññappasava)을 넣어서 모두 28개의 천상과 33개의 세상으로 분류한다. 『방광대장엄경』 등의 출처를 댈 수 있겠다. 이를 도표로 정리해보면 <도표 5.1/B> 대승불교의 세상과 같다.

한편 『아비달마 구사론』 분별세품(分別世品)에서는 색계 4선천의 무상천 혹은 무상유정천이 빠져서 천상은 27천이 되고 세상은 모두 32개가 된다. 그리고 『아비달마 대비바사론』에는 색계 초선천의 범보천과 대범천을 같은 것으로 봐서 다시 하나의 천상이 줄어들어 천상은 26천이 되고 세상은 모두 31개가 된다.(권오민 역, 『아비달마 구사론』 제1권 215쪽 주16 참조)
이를 연대기적으로 다시 풀어보면 상좌부의 31가지 세상은 설일체유부에 속하는 『아비달마 대비바사론』에서 이 가운데 무상유정천과 범보천이 빠지고 대신에 무운천과 복생천이 들어가서 31천으로 계승이 되고 설일체유부에서 분파된 경량부의 의견을 많이 반영하고 있는 것으로 평가되는 『아비달마 구사론』에서는 범보천이 다시 들어가서 32가지가 되고 이것은 『방광대장엄경』과 같은 대승불교에서 무상천이 다시 들어가서 33가지 세상으로 된 것이라 할 수 있다.

예를 들면 kāma-bhūmi, 혹은 kāmāvacara-bhūmi는 '욕계 세상'으로 옮기고 있다. 이 경우에는 사실 세상보다는 세계라는 단어가 더 적합할 듯도 하지만 계(界)라는 말이 dhātu의 역어이고 더군다나 마음이 일어나는 곳인 욕계 등과 겹치는 용어라서 세상으로 옮긴다. 이렇게 되면 또 보통 세상으로 많이 옮기는 loka와 겹치게 되는 문제가 있는데 loka도 중생이 사는 곳이라는 의미로 많이 쓰이기 때문에 그냥 세상이라고 옮긴다. loka와 구분해야 할 필요가 있을 때는 별도의 표시를 할 것이다. 물론 문맥상 적당하면 세계라고 옮기기도 한다.

한편 『청정도론』에서는 우리 중생들이 사는 공간적인 세상의 크기를 다음과 같이 상세하게 기술하고 있다.

[청정도론 VII]: "40. [세존께서는] 중생의 세상처럼 공간의 세상도 모든 방면에서 아신다. 하나의 우주[輪圍山, cakkavāḷa]는 종횡으로 각각 1천 2백만 3천 4백 5십 유순(yojana)[369]이다. 그 주위는

일체의 주위는 3백6십만이고
1만 3백 5십의 유순이다."

"41. 이 가운데서

2십4만이 있으니
이만큼의 두께를 가진 것을 땅이라고 말한다.

그 [땅을] 지지하는 [물은]

4십8만이 있으니 이만큼 두께의
물이 바람 가운데 있다고 말한다.

그 [물을] 지지하는

바람이 허공을 상승하는 것은 9십6만이 있으니

---

369) 유순(由旬)으로 음역을 한 yojana는 √yuj(*to yoke*)에서 파생된 중성명사이다. 어원이 암시하듯이 이것은 [소에] 멍에를 메워 쉬지 않고 한 번에 갈 수 있는 거리이며 대략 7마일, 즉 11㎞ 정도의 거리라고 한다.(PED)

이것이 세상의 전체 크기이다."

"42. 이와 같이 굳게 서있을 때,
모든 산 가운데 최고 높은 수미산(Sineru, Sk. Sumeru)은
대해 속에 8만4천 유순이나 잠겨있고
그만큼 수면 위로 솟아 있다.
수미산의 크기보다 차례대로 각각 절반 크기로[370]
깊이와 높이를 가졌고 갖가지 신비한 보석으로 장엄된
유간다라, 이사다라, 까라위까, 수닷사나,
네미다라, 위나따까, 앗사깐나의 큰 산맥,
중심이 같은 이 일곱의 큰 산들이
수미산 주위를 에워싼다.[371]
4천왕의 거처이고, 신들과 야차가 머문다.
히말라야 산의 높이는 5백 유순이고
종횡으로 3천 유순이며
8만4천 봉으로 장엄되어 있다.
나가라고 불리는 잠부 나무가 있으니
그 줄기는 15유순을 에워싸고
줄기의 가지들은 주위에 50유순이나 뻗쳐있으며
백 유순의 넓이와 그와 같은 크기로 솟아있다.
이 잠부 나무의 거대함으로 인해
잠부디빠(염부제)라는 이름을 얻었다."

---

370) "즉 유간다라 산은 수미산 크기의 절반인 바다 속으로 4만 2천 유순만큼의 깊이와 그만큼의 수면 위의 높이를 가졌고, 이사다라 산은 또 바다에 2만1천 유순의 깊이와 그만큼의 높이를 가졌다. 이와 같은 방법으로 나머지도 알아야 한다."(Pm.i.242)

371) "이 일곱의 산들이 차례대로 수미산을 중심으로 각각 에워싸고 있다. 먼저 유간다라가 수미산을 둘러싸고 있고, 이사다라 산이 유간다라 산을 둘러싸고 있다. 이와 같이 각각의 산을 둘러싸고 있다는 뜻이다."(Pm..i.242)

<도표 5.1/A> 세상

세상	영역		영역	수명	
무색계 세상 4			31. 비상비비상처천	84,000	대겁
			30. 무소유처천	60,000	〃
			29. 식무변처천	40,000	〃
			28. 공무변처천	20,000	〃
색계 세상 16	사선천	↑ 정거천 ↓	27. 색구경천	16,000	대겁
			26. 선견천	8,000	〃
			25. 선현천	4,000	〃
			24. 무열천	2,000	〃
			23. 무번천	1,000	〃
			22. 무상유정천	500	〃
			21. 광과천	500	〃
	삼선천		20. 변정천	64	대겁
			19. 무량정천	32	〃
			18. 소정천	16	〃
	이선천		17. 광음천	8	대겁
			16. 무량광천	4	〃
			15. 소광천	2	〃
	초선천		14. 대범천	1	무량겁
			13. 범보천	1/2	〃
			12. 범중천	1/3	〃
욕계 세상 11	육욕천		11. 타화자재천	16,000	천상년
			10. 화락천	8,000	〃
			9. 도솔천	4,000	〃
			8. 야마천	2,000	〃
			7. 삼십삼천	1,000	〃
			6. 사대왕천	500	〃
			5. 인간	정해지지 않음	
	악처		4. 아수라 무리	정해지지 않음	
			3. 아귀계	〃	
			2. 축생계	〃	
			1. 지옥	〃	

〈도표 5.1/B〉 대승불교의 세상

육도 삼계	무색계		33. 비상비비상처천(非想非非想處天)
			32. 무소유처천(無所有處天)
			31. 식무변처천(識無邊處天)
			30. 공무변처천(空無邊處天)
	색계	사선천	29. 색구경천(色究竟天)
			28. 선견천(善見天)
			27. 선현천(善現天)
			26. 무열천(無熱天)
			25. 무번천(無繁天)
			24. 무상천(無想天)
			23. 광과천(廣果天)
			22. 복생천(福生天) *
			21. 무운천(無雲天) *
		삼선천	20. 변정천(遍淨天)
			19. 무량정천(無量淨天)
			18. 소정천(少淨天)
		이선천	17. 극광정천(極光淨天)
			16. 무량광천(無量光天)
			15. 소광천(少光天)
		초선천	14. 대범천(大梵天)
			13. 범보천(梵輔天)
			12. 범중천(梵衆天)
	욕계	육욕천	11. 타화자재천(他化自在天)
			10. 화락천(化樂天)
			9. 도솔천(兜率天)
			8. 야마천(夜摩天)
			7. 삼십삼천=도리천(忉利天)
			6. 사왕천(四王天)
		인간	5. 인간(人間)
		악처	4. 아수라(阿修羅)
			3. 축생(畜生)
			2. 아귀(餓鬼)
			1. 지옥(地獄)

"43. 잠부 나무의 크기는 아수라들의 찟뜨라빠딸리야 나무와, 가루라들의 심발리 나무와, 아빠라고야나(西牛貨洲)에 까담바 나무와, 북쪽 꾸루의 깔빠 나무와, 동쪽 위데하의 시리사 나무와 삼십삼천(帝釋天)의 빠리찻따까 나무와 같다. 그래서 옛 스승들은 말씀하셨다.

"빠딸리, 삼발리, 잠부, 신들의 빠리찻따까,
까담바, 깝빠 나무, 시리사가 일곱 번째이다."
우주의 바위산이 바닷속 깊이와
수면 위의 높이가 각각 8만2천 유순으로
전 세상을 에워싸고 섰다."

"44. 이 세상에서 월륜은 49유순이고, 일륜은 50유순이다. 삼십삼천(帝釋天)의 영역은 일만 유순이고, 아수라와 무간 대지옥과 잠부디빠의 영역도 그와 같다. 아빠라고야나는 7천 유순이고 뿝바위데하도 그와 같다. 웃따라꾸루는 8천 유순이다. 여기서 각각의 큰 섬은 각각 500개의 작은 섬으로 둘러싸여 있고, 그 모두는 하나의 우주[輪圍山, cakkavāḷa]이고 하나의 세계(lokadhātu)이다.[372] 그들 사이에 로깐따리야 지옥이 있다."

§4. 악처 세상(apāya-bhūmi)

[해설]

'악처'로 옮긴 아빠야(apāya)는 apa(떨어져)+√i(*to go*)에서 파생된 남성명사로 '떨어져 나가다'라는 문자적인 뜻에서 '분리, 손실, 누출, 상실, 타락' 등의 뜻으로 쓰이며 초기경에서부터 다음 생에 태어나는 불행한 상태를 뜻하는 전문용어로 정착되었다. 중국에서는 악도(惡道)와

---

372) 우주로 옮긴 'cakkavāḷa'는 주로 주석서에서부터 사용되었던 단어이고, 세계로 옮긴 'lokadhātu'는 초기불전의 여러 곳에 나타나고(D1 §3.72; M115 §14 등) 주석서에도 나타난다. 이 두 단어는 동의어로 취급한다.(ekissā lokadhātuyā ti ekasmiṁ cakkavāḷe — MA.iv.120)

악취(惡趣) 등으로 옮겼다. 초기경에서는 apāya-duggati-vinipāta의 정형구로 많이 나타나는데 duggati도 duḥ(나쁜)+√gam(*to go*)에서 파생된 여성명사로서 '나쁜 행처, 나쁜 곳'이라는 문자적인 뜻 그대로 악도를 뜻하며 vinipāta는 vi(분리하여)+ni(아래로)+√pat(*to fly*)에서 파생된 남성명사로 '아래로 떨어짐'이라는 문자적인 뜻 그대로 역시 나쁜 곳을 뜻한다. 이 셋은 각각 불행한 상태[苦界], 비참한 곳[惡趣], 파멸처로 옮긴다. 『청정도론』에서는 이렇게 악처 등을 설명하고 있다.

[청정도론 XIII]: "92. 비참한 곳 등은 모두 지옥의 동의어이다. 지옥(niraya)은 천상과 해탈의 원인인 공덕이라고 알려진 'aya'에서 벗어났기 때문에(apetattā), 혹은 행복의 원인이(āyassa) 없기 때문에(abhāvā) 비참한 곳(apāya)이다.

고통스러운(dukkhassa) 태어날 곳(gati), 괴로움의 의지처가 나쁜 곳(duggati, 惡處)이다. 혹은 성냄이 많은 연고로 나쁜(duṭṭhena) 업으로 생긴 운명(gati)이 나쁜 곳(duggati)이다.

나쁜 행위를 저지른 자들이 따로 분리되어(vivasā) 이곳에 떨어지기(nipatanti) 때문에 파멸처(vinipāta)이다. 혹은 그들이 멸할 때(vinassantā) 사지가 찢긴 채 여기에 떨어지기(patanti) 때문에 파멸처이다.

여기에서는 만족을 인식할 길이(ayo) 없기(natthi) 때문에 지옥(niraya)이다."

악처는 고통과 비참함이 즐거움보다 훨씬 더 많은 세상을 포괄적으로 나타내는 용어로서 악업을 저지른 자들이 악행의 결과로 태어나는 곳이다. 저자는 여기서 지옥, 축생, 아귀, 아수라의 넷을 악처로 들고 있다.

4. tāsu nirayo, tiracchānayoni, pettivisayo, asurakāyo, cā ti apāyabhūmi catubbidhā hoti.

이 중에서 악처 세상은 네 가지인데

(1) **지옥**(niraya)

(2) **축생계**(tiracchāna-yoni)

(3) **아귀계**(petti-visaya)

(4) **아수라 무리**(asura-kāya)이다.

[해설]

1. **지옥**(niraya): '지옥'으로 옮긴 niraya는 nis(밖으로)+√i(*to go*)에서 파생된 남성명사로서 '밖으로 떨어져 나가다 = 파멸하다'라는 문자적인 뜻에서 '지옥'을 뜻한다. 주석서에서는 '아무런 즐거움이 없는 곳'373)으로 설명한다. 불교의 우주관에 따르면 지옥은 가장 낮은 곳에 위치한 세상으로서 극심한 고통이 있는 곳이다. 여기에 태어난 중생은 그들이 지은 악업의 과보 때문에 태어나는 찰나부터 여기서 죽는 찰나까지 단 한 순간의 휴식도 없이 고통을 받아야만 한다고 한다. 주석가들은 여덟 가지 대지옥을 드는데 산지와(Sañjīva), 깔라숫따(Kāḷasutta), 상가따(Saṅghāta), 로루와(Roruva), 마하로루와(Mahā-roruva), 따빠나(Tāpana), 마하따빠나(Mahā-tāpana), 아위찌(Avīci)이다.(VbhMṬ.211) 뒤의 지옥으로 갈수록 더 고통은 심해진다. 이들 가운데서 무간지옥으로 옮기는 아위찌(Avīci)는 제일 아래 있고 가장 무시무시한 곳이다. 이 들 여덟 가지 대지옥의 사방은 다시 다섯 가지 작은 지옥으로 둘러싸여 있어서 모두 5×4×8+8=168가지 지옥이 있게 된다.

2. **축생계**(tiracchāna-yoni): tiracchāna(축생)-yoni(모태)는 축생의 모태, 즉 축생의 세계이다. 역자들은 축생계로 옮겼다. tiracchāna는 산스끄리뜨로 tiraścīna인데 '옆으로'라는 뜻이다. 동물들은 직립보행을

---

373) "appakopi n'atthi ettha ayo sukhaṁ etthā ti nirayo."(AAṬ.i.89)

하지 않고 옆으로, 즉 네 발로 걷거나 움직이기 때문에 붙여진 이름이다.

불교에서는 동물의 세계도 중생들이 악업의 결과로 태어나는 비참한 세계(악도)로 간주한다. 부처님께서는 악업을 지은 인간들은 축생의 세계에 태어나게 되고 축생들도 선업을 지으면 인간이나 천상에도 태어날 수 있다고 한다. 『청정도론』에는 개구리가 부처님 법을 들으면서 표상을 습득하여 죽어서 천신으로 태어난 이야기가 나타난다.(Vis. VII.51) 물론 축생계는 지옥보다는 고통이 덜하지만 즐거움보다는 괴로움이 더 많은 곳이고 더군다나 선업을 닦을 기회를 거의 만나지 못하기 때문에 비참한 악처 세상에 포함되는 것이다.

3. **아귀계**(petti-visaya): petti는 초기경에서는 주로 petā로 나타난다. 이 용어는 두 가지 어원으로 설명된다. 하나는 아버지를 뜻하는 pitṛ(Pāli. pitā)의 곡용형인 산스끄리뜨 paitṛ에서 파생된 것으로 보는 것이고 다른 하나는 pra(앞에, 앞으로)+√i(*to go*)에서 파생된 것으로 산스끄리뜨 preta의 빠알리어로 간주한다.

전자로 해석하면 그 일차적인 의미는 '아버지에 속하는'의 뜻이며 여기서 아버지란 물론 모든 돌아가신 선조들(Sk. pitaraḥ)을 뜻한다. visaya는 대상이나 영역을 뜻한다.(제2장 §1의 해설 및 제3장 §16의 해설 참조) 초기경에는 petti-visaya보다는 단지 peta로 많이 나타나는데 이 단어 역시 아버지를 뜻하는 pitā의 곡용형으로 '아버지에 속하는'을 뜻하며 그래서 모든 조상신들을 뜻하는 것으로 볼 수 있다. petti-visaya의 산스끄리뜨인 paitṛ-viṣayika가 중국에서 鬼, 鬼神(귀, 귀신)으로 옮겨진 것으로 『범화대사전』에 나타나고 있다.

후자로 해석하면 '먼저 간 자'라는 문자적인 뜻에서 정령이나 죽은 자의 혼령을 뜻한다.[374] preta는 중국에서는 餓鬼, 餓鬼趣, 鬼, 鬼神,

374) *m. the spirit of a dead person (esp. before obsequial rites are*

鬼趣(아귀, 아귀취, 귀, 귀신, 귀취)등으로 옮겼고 petti-visaya의 산스끄리뜨인 preta-viṣaya도 餓鬼, 餓鬼趣(아귀, 아귀취)로 옮겼다.

이처럼 petti-visaya나 peta는 베딕 문헌에서 나오는 조상신들에게 제사지내는 것(Sk. pitṛyajña)과 관계가 있는 것으로 여겨지고 '굶주린 귀신[餓鬼]'으로 불교에서 정착된 것으로 추정한다. 아귀는 항상 배고픔이나 목마름 혹은 다른 괴로움을 겪는 존재라고 불교에서는 말한다. 아귀는 그들이 사는 영역이 따로 없다. 그들은 숲이나 습지나 묘지 등 인간이 사는 세계에 같이 산다고 한다. 인간의 육안으로는 보이지 않는다. 물론 그들 스스로 모습을 드러낼 수도 있고 천안으로 보이기도 한다.

4. **아수라 무리**(asura-kāya): asura는 베다에서부터 deva(神)들과 항상 싸우는 존재들로 등장한다. 이것이 자연스럽게 불교의 경들에도 등장하게 되었다. 어원으로 보면 서아시아에서 유력했던 조로아스터교의 아베스타에 나타나는 신이나 주(主)의 개념인 아후루(ahurū)를 나타낸다고 보고 있다. 초기경에서 아수라들은 인드라(제석)를 왕으로 하는 삼십삼천의 신들과 싸우는 존재로 나타난다.375) 이런 의미에서 대승불교에서는 아수라를 악도에 포함시키지 않고 인간보다도 수승한 존재로 설정하기도 한다.

그러나 여기서 악도에 속하는 아수라들은 그런 신들과 버금가는 아수라가 아니다. 주석가들은 아귀와 비슷한 고통받는 정령들로 설명한다. 아래 §11에서 vinipātika-asura, 즉 타락한 아수라라는 표현이 나

---

performed), a ghost, an evil being(Mn. MBh.)

375) 예를 들면 『상윳따 니까야』 제1권 「삭까 상윳따」(S11)에 포함된 처음 10개의 경들(S11:1~10)은 삼십삼천의 신들과 아수라들 간의 지속적인 전쟁과 반목을 묘사하고 있다.

타나는데 그들은 선처에 속하는 것으로 설명되고 있다. 악도에 속하는 아수라들은 이런 저급한 아수라들보다도 더 낮은, 고통이 많은 아수라를 뜻한다고 생각하면 되겠다. 여기서 kāya는 무리라는 뜻이다.

§5. 욕계 선처의 세상(kāma-sugati-bhūmi)

[해설]

'선처'로 옮긴 sugati는 앞의 apāya의 동의어로 설명했던 duggati의 반대되는 용어로서 su(좋은)+√gam(*to go*)에서 파생된 여성명사이다. 중국에서도 선처(善處)나 선취(善趣)로 옮겼다. 본서의 저자는 이를 다시 욕계 선처와 색계 선처와 무색계 선처로 나누어 설명한다. 먼저 욕계의 선처부터 설명한다. 이 선처는 인간을 제외하면 모두가 천신(deva)들이다.

한편 '천신(天神)'으로 번역한 데와(deva)는 √div(*to shine*)에서 유래된 명사로 설명한다. 그래서 주석서에서도 'dibbantī ti devā'(KvA. 123)라고 설명하고 있다. 즉 '빛나는 존재'라는 뜻에서 신(神)을 의미하며 인간보다 수승한 천상의 존재들을 말한다. 경에서는 천신의 무리라는 뜻으로 devā라는 복수 형태로 많이 나타나며 여성형 추상명사 어미인 '-tā'를 첨가해서 데와따(devatā)로도 아주 많이 나타나는데 뜻은 같다. 『상윳따 니까야』의 첫 번째인 「천신 상윳따」(Devatā-saṁyutta, S1)에 들어있는 81개의 경들과 두 번째인 「신의 아들 상윳따」(Deva-putta-saṁyutta, S2)에 포함되어 있는 30개의 경들은 천신들이 세존께 와서 게송으로 문답을 나누는 것을 내용으로 하고 있다. 이미 니까야의 도처에서 부처님은 천인사(天人師), 즉 하늘과 인간의 스승(Satthā devamanussānaṁ)으로 묘사되고 있듯이 신들은 불교에서 당연하고 아주 자연스러운 존재이다.

5. manussā, cātumahārājikā, tāvatiṁsā, yāmā, tusitā, nimmānarati, paranimmitavasavattī cā ti kāmasugatibhūmi sattavidhā hoti.

sā pana ayam ekādasavidhā pi kāmāvacarabhūmicc'eva saṅkhaṁ gacchati.

욕계 선처의 세상은 일곱 가지로서 (1)**인간** (2) **사대왕천** (3) **삼십삼천**(제석천) (4) **야마천** (5) **도솔천** (6) **화락천** (7) **타화자재천이다.**

[4**가지 악도를 포함한**] **이** 11**가지는 욕계 세상이라 부른다.**

[해설]

1. **인간**(manussa): manussa는 '인간'을 뜻하며 산스끄리뜨 manuśa는 '마누(Manu)의 후손'이라는 의미이다. 인도신화에서는 마누를 최초의 인간이라 설명하고 있다. 성서의 노아의 방주처럼 이 땅 위에 큰 홍수가 났을 때 마누가 배로써 그 홍수를 이겨내고 그래서 다시 후손들을 땅 위에 번창하게 했다는 이야기가 제의서의 하나인 『샤따빠타브라흐마나』 제2장에 나타나고 있다. 그래서 상좌부 불교의 주석서에서도 '마누의 후손이라고 해서 마눗사라 한다.'[376]라고 설명한다.

그러나 불교에서는 '마음이 탐·진·치와 불탐·부진·불치로 넘쳐흐르기 때문에 마눗사라 한다.'[377]는 설명을 더 선호한다. 인간에게는 마음의 기능이 더 발달되어 있기 때문에 다른 어떤 중생들보다도 유익함[善]과 해로움[不善]의 가치를 잘 판단할 수 있다는 의미라 하겠다. 다른 어느 존재들보다 선업을 지을 가능성도 많고 반대로 악업을 지을 가능성도 많은 무한한 가능성을 가진 존재가 인간이라는 것이다.

---

376) "Manuno apaccabhāvena manussa."(DAṬ.iii.130 등)

377) "lobhādīhi alobhādīhi ca sahitassa manassa ussannatāya manussa."(DAṬ.iii.130)

그러므로 인간은 부처님의 영역까지도 도달할 수 있으며 어머니를 살해하고 아버지를 살해하는 극악한 짓도 할 수 있는 존재인 것이다.

인간 세상에는 고통과 즐거움이 섞여있다. 그러나 고통이나 즐거움이 영원하지 않고 항상 덧없이 바뀌기 때문에 무상하고[無常], 무상하기 때문에 괴로움이고[苦], 그러므로 어느 것도 자아라고 할 만한 것이 없다는[無我] 이런 사실을 꿰뚫으면 거룩한 깨달음을 실현할 수 있는 세상이므로 선처에 포함된다.

2. **사대왕천**(Cātu-mahārājikā): '사대왕천(四大王天)'으로 번역되는 cātumahārājika는 catu(4)+mahā(큰)+rāja(왕)의 곡용형을 취하여 '-ika' 어미를 붙여 만든 단어이다. 이 자체는 '신'을 뜻하는 devatā의 형용사로 보기도 하고 sugati(선처)의 형용사로 간주하기도 하여 여성형으로 표기하고 있다. '사대왕에 속하는 [세상]'이라는 뜻이기 때문에 사대왕천으로 옮겼다.

이 세상은 인간보다 훨씬 긴 수명을 가지고 있으며 인간보다 더 풍부한 감각적 쾌락이 있다고 한다. 사대왕천은 문자적인 뜻 그대로 네 가지 영역으로 구분된다. 이 넷은 동서남북의 네 방위와 일치한다. 동쪽의 천왕은 다따랏타(Dhataraṭṭha)인데 천상의 음악가들인 간답바(Gandabba, 건달바라 한역되었음)들을 통치하고, 남쪽의 천왕은 위룰하까(Virūḷhaka 혹은 위룰하)인데 숲이나 산이나 숨겨진 보물을 관리하는 꿈반다(Kumbhaṇḍa)들을 통치하고, 서쪽의 위루빡카(Virūpakkha) 천왕은 용들을 통치하며, 북쪽의 웻사와나(Vessavaṇa) 천왕은 약카(Yakkha, 야차)들을 통치한다고 한다.378)

3. **삼십삼천**(Tāvatiṁsā): '삼십삼천(三十三天)'으로 옮긴 tāvatiṁsa

378) 『디가 니까야』 제3권 「아따나띠야 경」(D32) §4 이하와 제2권 「대회경」(大會經, D20) §9를 참조할 것.

는 tayo(3)+tiṁsa(30)의 합성어로서 33을 나타내는 tavatiṁsa의 곡용형이며 '33에 속하는 [천신]'이라는 의미이다. 삼십삼천의 개념은 일찍이 베다에서부터 등장하며 조로아스트교의 성전인 『아베스타』(Avesta)에서도 언급될 만큼 오래된 개념이다. 즉 이 신들은 33의 무리로 되어 있으며 이들의 우두머리가 인드라(Indra)라고 한다. 인드라는 삭까(Sakka, Sk. Śakra)라고도 하며 중국에서 제석(帝釋) 혹은 석제(釋提)로 옮겼다. 그래서 삼십삼천은 제석천(帝釋天)이라고도 부른다. 베다에서 이미 인드라는 크샤뜨리야의 신으로 자리매김이 되었다. 베다의 후기 시대부터 인도의 모든 신들에게도 사성계급이 부여되는데 아그니(Agini, 불의 신)는 바라문 계급의 신이고 인드라는 크샤뜨리야의 신이고 하는 식으로 베딕 문헌에 나타난다.

베딕 문헌에서 신들은 자주 '인드라를 상수(上首)로 하는 신들(Indra-śreṣṭāḥ devāḥ)'로 표현되어 나타난다. 이를 받아들여서 초기불교에서도 '신들의 왕(devānaṁ Indo, D11; M37/i.252)'으로 표현하고 있다. 그래서 인드라는 중국에서 천주(天主)로 옮기기도 하였다. 물론 불교에서는 이 신들을 삼십삼천이라는 한 세상에서 인드라를 상수로 하여 거주하는 신들로 이해하며 이들은 모두 감각적 쾌락을 즐기는 경지인 욕계의 신들로 간주한다. 인드라는 웨자얀따(Vejayanta) 궁전에 거주하며 수도의 이름은 수닷사나(Sudassana)이다. 인드라가 부처님께 와서 설법을 듣고 가는 것을 묘사한 경이 다수 있으며 목갈라나 존자가 이 궁전을 엄지발가락으로 진동시켜 신들에게 무상의 법칙을 일깨웠다는 경도 나타난다.(M37 §11) 인드라에 대해서는 『상윳따 니까야』 제1권 「수위라경」(S11:1)과 주해들을 참조하기 바란다.

4. **야마천**(Yāmā): '야마천(夜摩天)'으로 옮긴 yāma는 √yam(*to restrain*)에서 파생된 명사이다. 주석서는 야마천을 "천상의 행복을 얻

어 두루 갖추고 있기 때문에 야마라 한다."(VbhA.519; PsA.441; AAṬ.ii.179)라고 설명하고 있으며 경들에서는 여기서처럼 삼십삼천 바로 위의 욕계천상으로 나타난다.

그리고 분명히 할 점은 염라대왕의 야마(Yama)와 야마천의 야마(Yāma, 혹은 Suyāma)는 다르다. 야마(Yama)는 중국에서 염라(閻羅)로 음역한 존재로 염라왕(Yama-rāja) 혹은 우리에게 익숙한 염라대왕을 뜻하는 죽음의 신이다. 염라왕(閻羅王, Yama-rāja)은 「저승사자 경」(A3:35)과 「천사(天使) 경」(M130) §3 이하, 「좋음 경」(S1:33) §5 등에 나타나고 있다. 염라대왕이 주재하는 이 죽음의 세상(Yama-loka) 혹은 야마의 세상은 아귀계(petti-visaya)로 봐야 한다. 『상윳따 니까야』 제1권 「인색 경」(S1:49 {162})에서 지옥과 축생의 모태와 함께 나타나고 있기 때문이다.

5. **도솔천**(Tusitā): '도솔천(兜率天)'으로 음역한 tusita는 √tuṣ(*to be content*)에서 파생된 단어로 문자적인 뜻 그대로 '만족'을 뜻한다. 주석서에는 이 만족을 희열(pīti)이라고 설명하고 있다.[379] 그래서 중국에서는 지족(知足)이라고 옮겼고 도솔(兜率) 혹은 도솔천(兜率天)으로 음역하였다. 석가모니 부처님뿐만 아니라 위빳시(Vipassī) 부처님 등 모든 부처님들이 인간 세상에 태어나시기 전에 머무셨고 지금은 미륵(Pāli. Metteyya, Sk. Maitreya) 보살이 거주하는 곳이라고 하며 우리에게 도솔천 내원궁(兜率天 內院宮)으로 알려진 도솔천궁(兜率天宮, Tusitapura)은 주석서 문헌의 여러 곳에 나타나고 있다.(DA.ii.427 등) 이처럼 도솔천은 불교에 아주 익숙한 천상이다.

6. **화락천**(Nimmānarati): '화락천(化樂天)'으로 옮긴 nimmānarati는 nimmāna와 rati의 합성어인데 nimmāna는 nis(밖으로)+√mā(*to*

---

379) "sukhena saṁyuttāya tusāya pītiyā itā pavattāti tusitā."(DAṬ.iii.272)

measure)에서 파생된 중성명사로 '밖으로 재어서 [만들다]'라는 문자적인 뜻 그대로 '창조'를 뜻한다. rati는 √ram(*to rejoice*)에서 파생된 여성명사로 '좋아함, 사랑, 즐김'을 뜻한다. 그래서 중국에서는 화락천(化樂天)으로 직역을 했다. 여기서 화(化)는 만든다, 창조한다는 의미로 해석해야 한다. 이 천상의 신들은 그들의 정신적인 힘으로 그들이 원하는 감각적 쾌락의 대상을 창조할 능력을 갖추고 있으며 그것을 즐기는 신들이라고 한다.380)

7. **타화자재천**(Para-nimmita-vasavatti): '타화자재천(他化自在天)'으로 옮긴 paranimmitavasavatti는 para(他)+nimmita(위 nimmāna의 과거분사)+vasa-vatti의 합성어이다. 이것은 para-nimmita와 vasa-vatti의 둘로 나누어서 설명되는데 para-nimmita는 '남에 의해서 창조된'의 뜻이다. vasa는 √vaś(*to control*)에서 파생된 남성명사로 '통제, 제어, 지배'의 뜻이고 vatti는 √vṛt(*to turn*)에서 파생된 형용사로서 '행하는, 개입된'의 뜻을 가지고 있다. 그래서 vasa-vatti는 '지배할 수 있는, 제어할 수 있는'의 뜻이다. 그래서 전체적으로는 '남에 의해서 창조된 것을 지배할 수 있는 [천신]'이라는 의미이다. 이 단어의 뜻을 통해서도 알 수 있듯이 이곳에 거주하는 신들은 자기 스스로는 욕망의 대상을 창조하지 못하지만 시종들이 창조해주는 것을 지배하고 제어할 수 있다고 한다.381) 중국에서는 타화자재천(他化自在天)으로 직역했다.

사대왕천부터 타화자재천까지는 여섯 가지 욕계천상, 즉 육욕천(六欲天, cha kāmāvacarā)으로 우리에게 잘 알려져 있다.

---

380) "pakatipaṭiyattārammaṇato atirekena ramitukāmakāle yathārucite bhoge nimminitvā nimminitvā ramantī ti nimmānarati."(AAṬ.ii.179)

381) "cittācāraṁ ñatvā parehi nimmitesu bhogesu vasaṁ vattentī ti paranimmitavasavattī."(AAṬ.ii.31)

§6. **색계 세상**

6. brahmapārisajjā, brahmapurohitā, mahābrahmā cā ti paṭhama-jjhānabhūmi.

parittābhā, appamāṇābhā, ābhassarā cā ti dutiyajjhānabhūmi.

parittasubhā, appamāṇasubhā, subhakiṇhā cā ti tatiyajjhānabhūmi.

vehapphalā, asaññasattā, suddhāvāsā cā ti catutthajjhānabhūmī ti rūpāvacarabhūmi soḷasavidhā hoti.

avihā, atappā, sudassā, sudassī, akaniṭṭhā cā ti suddhāvāsa-bhūmi pañcavidhā hoti.

색계 세상은 열여섯 가지이니

초선천(初禪天)은 (1) 범중천 (2) 범보천 (3) 대범천이고,

이선천(二禪天)은 (4) 소광천 (5) 무량광천 (6) 광음천이고,

삼선천(三禪天)은 (7) 소정천 (8) 무량정천 (9) 변정천이고,

사선천(四禪天)은 (10) 광과천 (11) 무상유정천과 정거천이다.

정거천은 다시 (12) 무번천 (13) 무열천 (14) 선현천 (15) 선견천 (16) 색구경천의 다섯 가지이다.

[해설]

1. **색계 세상은 열여섯 가지이다**: 색계 세상 혹은 색계 천상은 색계 오종선(五種禪) 가운데 하나를 많이 닦아서 태어나는 곳이다. 그런 선정의 힘으로 이런 색계 천상 중에서 그 禪의 경지와 같은 세상에 태어나는 것이다. 이 색계 세상은 4가지 영역으로 나누어지는데 경에서 분류하는 사종선(四種禪)의 각각에 해당하는 세상이다. 초기경에서는 禪의 경지를 초선부터 제4禪까지의 사종선으로, 아비담마에서는 이를 오종선으로 더 세분해서 설명한다. 경의 분류에 따르면 초선에 일으킨 생각[尋, vitakka]과 지속적 고찰[伺, vicāra]이 같이 나타나지만 아비담

마에서는 이 둘을 각각 초선과 제2선에 배대시켜 전체를 오종선으로 분류한 것이다.

이렇게 경의 사종선에 배대해서 색계는 4가지 영역으로 나누어지고[382] 이 넷은 다시 3개씩의 천상으로 나누어진다. 이 셋은 그 각각의 禪의 경지에 따라서 분류된 것이다.(아래 §31 참조) 한편 사선천(四禪天)의 마지막인 정거천은 다시 5가지로 나누어져서 색계 천상은 모두 11+5=16가지가 된다.

그러면 이들 각각의 천상에 대해서 간략하게 살펴보자.

(1) **초선천**(初禪天, Paṭhamajjhānabhūmi):

먼저 '초선천'에 속하는 세 가지는 범중천(梵衆天, Brahma-pārisajjā)과 범보천(梵輔天, Brahma-purohitā)과 대범천(大梵天, Mahā-brahmā)이다. 이 용어들에서 알 수 있듯이 초선천의 키워드는 brahma(범천)이다. 부처님 당시에 인도에서 가장 유력했던 신을 들라면 인드라(Indra, 제석)와 범천(梵天, Brahma, 브라흐마)이다. 인드라는 크샤뜨리야의 신이고 브라흐마는 바라문들의 신이다. 이 바라문의 신을 불교에서는 초선의 경지에 배대시켜 받아들였다. 그때 당시 바라문 수행자들이 그들의 삼매 수행으로 이를 수 있는 경지를 초선의 경지로 불교에서 인정하여 받아들인 것이 아닌가 추측해본다.

한편 '범중천(梵衆天)'으로 옮긴 pārisajja는 pari(주위에)+√sad(*to sit*)에서 파생된 parisā(Sk. pariṣad, 회중, 무리, 모임)의 곡용형 형용사로서 '회중에 속하는, 무리에 속하는'이라는 뜻이다. 그래서 전체적으로 '범천의 무리들에 속하는 [천상]'의 뜻이다. 죽을 때 약하게 초선의 경지에 들어서 죽으면 이 범중천에 태어난다 하겠다.

382) 이 네 가지 색계 천상을 중국에서는 각각 初禪天(초선천), 二禪天(이선천), 三禪天(삼선천), 四禪天(사선천)으로 옮겼고 역자들도 이를 채용하고 있다.

'범보천(梵輔天)'으로 옮긴 purohita는 puras(앞에)+√dhā(*to put*)에서 파생된 단어인데 '앞에 서는 사람'을 뜻하며 이 단어는 왕의 곁에서 제사를 관장하는 제관을 뜻하는 용어로 베다에서부터 정착되었다. 고대 인도에서는 전쟁에서 왕과 병사들은 몸으로 전쟁을 하고 이런 제관들은 왕 앞에서 만뜨라나 제사를 올리는 힘으로 전쟁을 했다고 한다. 그래서 이런 제관들의 정신적인 능력이 아주 중요하게 여겨졌음은 당연하다 하겠다. 그러므로 중간 정도의 초선에 들어 죽은 자들은 범천의 무리보다는 더 높은 범천의 제관 정도의 경지에 태어난다는 표현을 쓰고 있는 것이다.

(2) **이선천**(二禪天, Dutiyajjhānabhūmi):

2선천은 소광천(少光天, Parittābhā)과 무량광천(無量光天, Appamāṇ-ābhā)과 광음천(光音天, Ābhassarā)이다. 여기서 볼 수 있듯이 2선천의 키워드는 광명(ābha)이다.[383] 제2禪의 키워드가 희열과 행복이듯이 여기서 광명은 희열(pīti)과 자애(mettā)의 빛을 말한다. 임종 시에 2禪에 들은 정도에 따라서 광명의 크기도 달라지는 것이다.

(3) **삼선천**(三禪天, Tatiyajjhānabhūmi):

3선천은 소정천(少淨天, Parittasubhā)과 무량정천(無量淨天, Appamāṇa-subhā)과 변정천(遍淨天, Subhakiṇhā)이다. 3선천의 키워드는 subha(깨끗함)이다.[384] 이것은 제3선에서 행복(sukha)과 평온(upekkha)과 마음챙김(sati)이 순정해지는 것과 일치한다 하겠다. 변정천(Subhakiṇha)은 subhākiṇṇā(kiṇṇā, Sk. kīrṇā, √kṛ, *to scatter*의 과거분사)의 ā가 축약

---

383) "daṇḍaukkāya acci viya etesaṁ sarīrato ābhā chijjitvā chijjitvā patantī viya sarati vissaratīti ābhassarā."(DA.ii.101)

384) "subhena okiṇṇā vikiṇṇā, subhena sarīrappabhāvaṇṇena ekagghanā ti attho."(DA.ii.101)

되어 kiṇha로 되었다고 설명한다.[385] 깨끗함이 크게 퍼져있다(subhāya kiṇṇā)는 뜻에서 중국에서 변정천(遍淨天)으로 옮겼다.

(4) **사선천**(四禪天, Catutthajjhānabhūmi):

4선천은 광과천(光果天, Veha-pphalā)과 무상유정천(無想有情天, Asañña-sattā)과 정거천(淨居天, Suddhā-vāsā)이다. '광과천'으로 번역된 vehapphala는 전통적으로 '광대한 과보'[386]로 해석된다. 그래서 중국에서는 광과천(廣果天)으로 옮겼다. 제4선에 들어서 태어난 이 천상의 경지는 다른 천상에 비하면 그 과보가 엄청나게 크다는 뜻이다. '무상유정천(無想有情天)'으로 옮긴 asaññā-satta는 인식에 대해서 혐오하기 때문에(saññā-virāga) 이곳에 태어난다고 한다.(무상유정천에 대해서는 제6장 §28 등을 참조할 것.)

(5) **정거천**(淨居天, Suddhāvāsa):

'정거천'으로 옮긴 suddhāvāsa는 suddha(청정함)+vāsa(거주)의 합성어이다. 중국에서는 정거천(淨居天)으로 옮겼다. 경에 의하면 이 정거천은 불환과를 얻은 자들만이 태어나는 곳이라고 한다.[387] 정거천은 다시 아래에 열거하는 다섯 가지 천상으로 구성되는데 불환과를 얻은 자들은 여기에 태어나서 다시는 이보다 더 낮은 세상에 태어나지 않고 여기서 열반에 든다고 한다.[388] 그러면 정거천에 속하는 다섯 가지 천

385) "subhāya kiṇṇā subhākiṇṇāti vattabbe ā-kārassa rassattaṁ, antima-ṇa-kārassa ha-kārañca katvā subhakiṇhāti vuttā."(DAṬ.ii.150, *cf* VṬ.163)

386) "vipulā phalā ti Vehapphalā."(MA.i.29)

387) "사리뿟따여, 정거천에 윤회했더라면 나는 이 세상에 다시 오지 않았을 것이다.(suddhāvāse cāhaṁ sāriputta deve saṁsareyyaṁ nayimaṁ lokaṁ puna āgaccheyyaṁ.)"(M12 §57)

388) "suddhāvāsā nāma suddhānaṁ anāgāmikhīṇāsavānaṁ āvāsā."(SA.i.75)

상을 살펴보자.

① 무번천(無煩天, Avihā): aviha의 어원은 알려지지 않았다. 주석서에서는 '자신의 성취로부터 떨어지지 않는다고 해서 아위하라고 한다.'389)고 설명하고 있다. 북방불교에서는 avṛha나 abṛha/abṛhat로 a(부정접두어)+√bṛh(*to be great*)로 보기도 하며 그래서 티베트에서는 mi-che-ba(크지 않음)으로도 옮겼다 한다.(PED) 왜 중국에서는 무번(無煩)으로 옮겼는지는 역자들에게 분명치 않다.

② 무열천(無熱天, Atappā): atappa는 a(부정접두어)+ √tap(*to burn*)에서 파생된 명사이다. 이 천상에 사는 천신들은 '다른 중생들을 괴롭히지 않는다.'390)라고 해서 붙여진 이름이라고 주석서에서는 설명하고 있다.

③ 선현천(善現天, Sudassā): su(좋은, 쉬운)+√dṛś(*to see*)에서 파생된 명사로서 '보기에 아주 멋진'을 뜻한다.

④ 선견천(善見天, Sudassī): 선현과 같은 어원에서 파생된 명사이다.

⑤ 색구경천(色究竟天, Akaniṭṭhā): akaniṭṭhā는 kaññā(어린)의 비교급인 kaniṭṭhā에 부정접두어 'a-'를 첨가하여 만든 명사이다. 이 천상에 사는 신들은 그 공덕과 행복을 누림에 있어 최상이며 거기에는 어린 자들이 없기 때문에 이렇게 이름 붙였다고 주석서에서는 설명하고 있다.391) 색계 천상의 제일 으뜸이라 해서 중국에서는 색구경천으로 옮겼다.

불환자가 어떻게 해서 이 다섯 천상에 다르게 태어나는가 하는 것은 믿음[信]·정진(精進)·마음챙김[念]·삼매[定]·통찰지[慧]의 다섯 가지 기능[五根]과 배대하여 설명한다.(아래 §31의 해설 참조)

---

389) "attano sampattiyā na hāyantīti Avihā."(VibhA.521; DA.ii.480)

390) "na kañci sattaṁ tapenti."(DA.ii.480; VbhA.521)

391) "sabbeh'eva saguṇehi ca bhavasampattiyā ca jeṭṭhā n'atth'ettha kaniṭṭhāti, akaniṭṭhā."(DA.ii.70)

§7. **무색계 세상**

7. ākāsānañcāyatanabhūmi, viññāṇañcāyatanabhūmi, ākiñcaññāyatanabhūmi, nevasaññānāsaññāyatanabhūmi cā ti arūpabhūmi catubbidhā hoti.

무색계의 세상은 네 가지로서 (1) **공무변처천** (2) **식무변처천** (3) **무소유처천** (4) **비상비비상처천**이다.

[**해설**]

무색계 세상은 무색계 4처 가운데 하나를 많이 닦아서 태어나는 곳이다. 이 각각의 뜻은 제1장 §22의 해설을 참조할 것.

§8. **개인에 따라**

8. puthujjanā na labbhanti suddhāvāsesu sabbathā
sotāpannā ca sakadāgāmino cā pi puggalā.
ariyā n'opalabbhanti asaññāpāyabhūmisu
sesaṭṭhānesu labbhanti ariya-anariyā pi ca.

idam ettha bhūmicatukkaṁ.

정거천에는 범부들이 결코 태어나지 못하고
예류자와 일래자도 태어나지 못한다.
성자들은 무상유정천과 악처에 태어나지 않고
나머지 세상에는 성자들과 범부들이 태어난다.

여기서 이것이 네 가지 세상이다.

II. 네 가지 재생연결

paṭisandhicatukkaṁ

§9. 개요

9. apāyapaṭisandhi, kāmasugatipaṭisandhi, rūpāvacarapaṭisandhi, arūpāvacarapaṭisandhi cā ti catubbidhā hoti paṭisandhi nāma.

재생연결은 네 가지이니,

(1) 악처의 재생연결

(2) 욕계 선처의 재생연결

(3) 색계의 재생연결

(4) 무색계의 재생연결이다.

§10. 악처의 재생연결

10. tattha akusalavipāk'opekkhāsahagata-santīraṇaṁ apāyabhūmi-yaṁ okkantikkhaṇe paṭisandhi hutvā tato paraṁ bhavaṅgaṁ pari-yosāne cavanaṁ hutvā vocchijjati. ayam ekā va apāyapaṭisandhi nāma.

해로운 과보인 평온이 함께하는 조사하는 마음은 악처에 들어가는 찰나에 재생연결식이 된다. 그다음에 존재지속심으로 들어간다. 마지막에 죽음의 마음이 되어 끊어진다. 이것이 하나의 악처의 재생연결이다.

[해설]

여기에 나타나는 용어들의 뜻은 제3장 §9의 해설과 제4장 인식과정의 길라잡이의 해설들을 참조할 것.

§11. 욕계 선처의 재생연결

11. kusalavipāk'opekkhāsahagata-santīraṇaṁ pana kāmasugatiyaṁ manussānañ c'eva jaccandhādīnaṁ bhummassitānañ ca vinipātikāsurānaṁ paṭisandhi-bhavaṅga-cutivasena pavattati.

mahāvipākāni pan'aṭṭha sabbatthā pi kāmasugatiyaṁ paṭisandhi-bhavaṅga-cutivasena pavattanti.

imā nava kāmasugatipaṭisandhiyo nāma.

sā pana ayaṁ dasavidhā pi kāmāvacarapaṭisandhicc'eva saṅkhaṁ gacchati.

유익한 과보인 평온이 함께한 조사하는 마음은 욕계 선처에 선천적인 시각장애인 등의 인간들과 땅에 붙어사는 신들과 타락한 아수라들의 재생연결식과 존재지속심과 죽음의 마음으로 일어난다.

8가지 큰 과보는 욕계 선처의 모든 곳에서 재생연결식과 존재지속심과 죽음의 마음으로 일어난다.

이것이 9가지 욕계 선처의 재생연결이다.

이 10가지 모두 욕계의 재생연결이라 한다.

[해설]

1. **선천적인 시각장애인 등**(jaccandhādi): 여기서 등(ādi)이라는 단어를 사용한 이유는 선천적인 청각장애인, 언어장애인, 지적장애인, 미치광이, 중성, 남녀추니, 성을 감별할 수 없는 자를 포함하기 위해서이다.[392] 주석가들은 선천적인 맹인은 공덕이 모자라서 시각을 만들어내는 눈을 가지지 못하는 업에 의해 재생연결식이 일어난 자들이라고

392) "jaccabadhira-jaccamūga-jaccajaḷa-jaccummattaka-paṇḍaka-ubhato-byañjanaka-napuṁsaka-mammādīnaṁ saṅgaho"(VṬ.165)

설명한다.(VṬ.165) 이런 경우들은 모두 원인을 가지지 않은 재생연결식이 일어나는데 이런 결점들이 재생을 생기게 하는 업에 이미 내재되어 있는 경우이다. 이런 원칙은 선천적인 청각장애인 등에도 적용된다. 어머니의 모태에서 병이나 사고 때문에 눈이 멀게 된 경우는 제외된다. 이런 경우에 눈이 먼 것은 두 가지나 세 가지 원인을 가진 재생연결식에서도 일어날 수 있기 때문이다.

2. **땅에 붙어사는 신들**(bhummassitā): 불교에서는 어떤 무리의 신들은 천상에 거주하지 않고 땅 가까이에 머문다고 한다. 즉 외딴곳에 있는 숲이나 산이나 사당 등을 의지해서 산다고 한다. 이들을 지신(地神, bhumma-deva)이라 부른다. 이들 가운데서 힘이 강한 신들은 두 가지 원인이나 세 가지 원인을 가진 재생연결식을 가진다. 그들은 대개 공덕이 모자라서 어렵게 살아가는 저열한 신들을 포함한 회중을 거느리기도 한다. 레디 사야도는 이러한 지신들을 의지하여 살아가는 공덕이 모자라는 저열한 신들이 바로 원인 없는 재생연결식을 가지고 태어난 땅에 붙어사는 신들이라고 말한다.[393]

3. **타락한 아수라들**(vinipātikāsurā): 이 중생들은 마을이나 마을의 가까운 곳에서 살면서 마을 사람들이 버린 음식 등을 먹고 사는 정령들이다. 이들은 음식을 구하지 못하면 사람들을 괴롭히거나 홀린다고 한다.

4. **이 10가지**: 이것은 욕계의 재생연결식의 기능을 하는 10가지 마음을 뜻한다.(제3장 §9의 해설 참조)

---

393) "bhumme deve sitā nissitāti atthena bhummassitānāma honti." (PdṬ.203)

§12. 욕계의 수명

12. tesu catunnaṁ apāyānaṁ manussānaṁ vinipātikāsurānañ ca āyuppamāṇagaṇanāya niyamo natthi.

cātumahārājikānaṁ pana devānaṁ dibbāni pañcavassasatāni āyuppamāṇaṁ. manussagaṇanāya navutivassasatasahassappamāṇaṁ hoti.

tato catugguṇaṁ tāvatiṁsānaṁ, tato catugguṇaṁ yāmānaṁ, tato catugguṇaṁ tusitānaṁ, tato catugguṇaṁ nimmānaratīnaṁ, tato catugguṇaṁ paranimmitavasavattīnaṁ.

> navasatañ c' ekavīsa vassānaṁ koṭiyo tathā
> vassasatasahassāni saṭṭhi ca vasavattisu.

이 중에서 네 가지 악처에 있는 중생들과 인간들과 아수라들의 수명은 정해진 한계가 없다.

사대왕천의 신들의 수명의 한계는 천상의 해[天上年]로 500년이고 인간의 수명으로 계산하면 9백만 년이다.

삼십삼천의 신들의 수명의 한계는 그것의 네 배이다. 야마천의 신들의 수명의 한계는 [제석천의 신들 수명]의 네 배이다. 도솔천의 신들의 수명의 한계는 [야마천의 신들 수명]의 네 배이다. 화락천의 신들의 수명의 한계는 [도솔천의 신들 수명]의 네 배이다. 타화자재천의 신들의 수명의 한계는 [화락천의 신들 수명]의 네 배이다.

> 타화자재천의 신들의 수명은
> 인간의 수명으로 계산하면 92억 1천 6백만 년이다.

[해설]

1. **정해진 한계가 없다**: 네 악도에 있는 중생들의 수명은 악업의 강

도에 의지하기 때문에 정해진 수명이 없다. 그러므로 지옥에서 어떤 중생들은 단지 며칠 정도만 고통을 받고 다른 곳으로 재생하기도 하며 어떤 자들은 수백만 년 동안 고통을 받기도 한다. 인간의 세상에서도 수명은 태어나자마자 죽는 것에서 백 년 정도까지 다양하다. 경에 의하면 인간의 수명은 시대에 따라서 열 살에서 8만 4천 살까지 다양하다고 한다.

<도표 5.2> 욕계 천상의 수명

천 상	천상의 하루	천상년	인간년
6. 타화자재천	1,600 인간년	16,000	9,216 백만
5. 화락천	800 인간년	8,000	2,304 백만
4. 도솔천	400 인간년	4,000	576 백만
3. 야마천	200 인간년	2,000	144 백만
2. 삼십삼천	100 인간년	1,000	36 백만
1. 사대왕천	50 인간년	500	9 백만

2. **천상의 해**[天上年]: 『위방가』에 의하면 사대왕천 천상의 하루는 인간의 50년이고 그런 30일은 한 달이며 그런 12달은 1년이라고 한다. 삼십삼천의 천상의 하루는 인간의 100년에 해당하며 야마천의 하루는 인간의 200년이라는 식으로 위로 갈수록 배로 증가한다.(Vbh. §1023) 이런 계산에서 육욕천의 수명은 <도표 5.2>와 같다.

§13. 색계의 재생연결

13. paṭhamajjhānavipākaṁ paṭhamajjhānabhūmiyaṁ paṭisandhi-bhavaṅga-cutivasena pavattati.

tathā dutiyajjhānavipākaṁ tatiyajjhānavipākañ ca dutiyajjhāna-bhūmiyaṁ,

catutthajjhānavipākaṁ tatiyajjhānabhūmiyaṁ,

pañcamajjhānavipākaṁ catutthajjhānabhūmiyaṁ.

asaññasattānaṁ pana rūpam eva paṭisandhi hoti. tathā tato paraṁ pavattiyaṁ cavanakāle ca rūpam eva pavattitvā nirujjhati.

imā cha rūpāvacarapaṭisandhiyo nāma.

초선의 과보의 마음은 초선의 세상에 재생연결식과 존재지속심(바왕가)과 죽음의 [마음]으로 일어난다.

그와 마찬가지로 제2선과 제3선의 과보의 마음은 제2선의 세상에, 제4선의 과보의 마음은 제3선의 세상에, 제5선의 과보의 마음은 제4선의 세상에 재생연결식과 존재지속심과 죽음의 [마음]으로 일어난다.

무상유정의 경우 단지 물질이 재생연결로 일어난다. 그와 마찬가지로 그 이후의 삶의 과정과 죽을 때에도 오직 물질이 일어났다가 멸한다.

이것이 6가지 색계의 재생연결이다.

§14. 색계의 수명

14. tesu brahmapārisajjānaṁ devānaṁ kappassa tatiyo bhāgo āyuppamāṇaṁ.

brahmapurohitānaṁ upaḍḍhakappo,

mahābrahmānaṁ eko kappo,

parittābhānaṁ dve kappāni,

appamāṇābhānaṁ cattārikappāni,

ābhassarānaṁ aṭṭha kappāni,

parittasubhānaṁ soḷasa kappāni,

appamāṇasubhānaṁ dvattiṁsa kappāni,
subhakiṇhānaṁ catusaṭṭhi kappāni,
vehapphalānaṁ asaññasattānañca pañcakappasatāni,
avihānaṁ kappasahassāni,
atappānaṁ dve kappasahassāni,
sudassānaṁ cattāri kappasahassāni,
sudassīnaṁ aṭṭha kappasahassāni,
akaniṭṭhānaṁ soḷasa kappasahassāni.

이 중에서 범중천의 신들의 수명의 한계는 3분의 1겁이다. 범보천은 2분의 1겁이고, 대범천은 1겁이다. 소광천은 2겁이고, 무량광천은 4겁이고, 광음천은 8겁이다. 소정천은 16겁이고, 무량정천은 32겁이고, 변정천은 64겁이다. 광과천과 무상유정천은 500겁이다. 무번천은 1천 겁이고, 무열천은 2천 겁이고, 선현천은 4천 겁이고, 선견천은 8천 겁이고, 색구경천은 1만 6천 겁이다.394)

[해설]

1. **겁**(劫, kappa): '겁(劫)'이라 한역된 kappa(Sk. kalpa)는 √kḹp(*to be adapted*)의 명사로서 여러 뜻으로 쓰인다. 기본적인 뜻은 '적당한, 적합한' 등이며 율장에서는 '계율, 법도'의 의미로도 쓰인다. 여기서처럼 주로 '정해진 적합한 [시간]'의 의미로 쓰여서 무한대에 가까운 시간을 나타내는 단위로 쓰인다.

이 겁에는 세 단위가 있다. ① 중간겁(antara-kappa)과 ② 아승기겁(阿僧祇劫, asaṅkheyya-kappa)과 ③ 대겁(大劫, mahā-kappa)이다.395)

---

394) 『위방가』 §1024에는 초선천의 신들의 수명이, §1025에는 2선천의 신들의 수명이, §1027에는 3선천의 신들의 수명이, §1027에는 4선천의 신들의 수명이 설명되고 있다.

395) 여기에다 수명겁(āyu-kappa)을 더하면 네 가지 겁이 된다.(catubbidhā hi

① 인간의 수명이 열 살에서 8만 4천 년으로 증가하였다가 다시 열 살로 감소하는 데 걸리는 시간을 중간겁이라 한다. ② 이 중간겁의 20배에 해당하는 기간이 아승기겁이다. ③ 아승기겁이 넷이 모이면 대겁이다.(PdṬ.206) 한 대겁의 기간을 부처님께서는 사람이 가로 세로 높이가 각각 한 유순(yojana, 11㎞ 정도)가 되는 큰 바위를 백 년에 한 번씩 비단 옷자락으로 스치고 지나가서 그 바위가 다 닳아 없어지는 시간이라는 비유로 설명하셨다.(S15:5/ii.181~82)

주석가들에 의하면 초선천에서 언급된 수명의 단위는 아승기겁이며 소광천 이상의 천신들의 수명에 사용된 단위는 대겁이라고 한다. 본문만을 보면 3가지 범천의 세상도 역시 대겁을 뜻하는 것으로 볼 수 있지만 주석가들은 경에서 나타나는 말씀을 존중하기 때문에 범천에게는 아승기겁이 적용된다고 한다.(PdṬ.207) 「범망경」(D1) §2.2와 「세기경」(D27) §10과 「자애 경」(A7:58-2) 등에도 언급이 되고 있고 『청정도론』 XIII.41 등에서 구체적으로 설명이 되어 있는 것처럼 색계 천상의 대범천까지는 불에 의한 주기적인 파괴가 일어난다고 한다. 그 파괴는 한 아승기겁의 끝에 일어나기 때문에 대범천은 한 아승기겁 이상을 살 수 없다. 그러므로 범천에게는 아승기겁이 적용된다.

---

kappā mahākappo asaṅkhyeyyakappo antarakappo āyukappoti. — PdṬ.206)

사실 kappa가 겁(劫)이라는 엄청나게 긴 시간 단위로만 항상 쓰이는 것은 아닌 것으로 주석서는 해석하고 있다. 예를 들면 『디가 니까야』 제2권 「대반열반경」(D16) 등에 "누구든지 네 가지 성취수단[四如意足]을 닦고, 많이 [공부]짓고, 수레로 삼고, 기초로 삼고, 확립하고, 굳건히 하고, 부지런히 닦은 사람은 원하기만 하면 일 겁을 머물 수도 있고, 겁의 남은 기간이 다하도록 머물 수도 있다."(D16 §3.3; S51:10 §5)라고 나타나는데, 주석서에 의하면 이 경우의 겁은 수명겁(āyu-kappa)을 뜻한다고 하며, 그것은 백 년이라고 한다.(SA.iii.251; AA.iv.149)
그러나 여기서 겁의 논의는 이러한 인간에 해당하는 수명겁이 아니라서 여기서는 제외하였다.

§15. **무색계의 재생연결**

15. paṭhamāruppādivipākāni paṭhamāruppādibhūmīsu yathākkamaṁ paṭisandhi-bhavaṅga-cutivasena pavattanti. imā catasso āruppapaṭisandhiyo nāma.

첫 번째 무색계 등의 과보의 마음들은 각각 첫 번째의 무색계 세상(공무변처 세상) 등에 재생연결식과 존재지속심과 죽음의 [마음]으로 일어난다. 이것이 네 가지 무색계의 재생연결이다.

§16. **무색계의 수명**

16. tesu pana ākāsānañcāyatanūpagānaṁ devānaṁ vīsatikappasahassāni āyuppamāṇaṁ.

viññāṇañcāyatanūpagānaṁ devānaṁ cattālīsakappasahassāni,
ākiñcaññāyatanūpagānaṁ devānaṁ saṭṭhikappasahassāni,
nevasaññānāsaññāyatanūpagānaṁ devānaṁ caturāsītikappasahassāni.

이 중에서 공무변처를 얻은 천신들의 수명의 한계는 2만 겁이다. 식무변처의 천신들은 4만 겁이고, 무소유처의 천신들은 6만 겁이고, 비상비비상처의 천신들의 것은 8만4천 겁이다.[396]

§17. **요약**

17. paṭisandhi bhavaṅgañ ca tathā cavanamānasaṁ
ekam eva tath' ev' ekavisayañ c' ekajātiyaṁ.
idam ettha paṭisandhicatukkaṁ.

---

396) 『위방가』(Vbh.) §1028

[특정한] 한 생에서 재생연결식과 존재지속심과 죽음의 마음은 동일한 종류이고 또한 동일한 대상을 가진다.

여기서 이것이 4가지 재생연결이다.

III. 네 가지 업
kamma-catukka

[해설]

'업(業)'[397]이라는 용어로 우리에게 잘 알려진 깜마(kamma, Sk. karma)는 √kṛ(*to do*)에서 파생된 명사이다. 영어에서 *do* 동사의 의미가 아주 광범위하게 행위 일반을 나타내듯이 산스끄리뜨 등 인도어 일반에서도 마찬가지이다. 깜마(까르마)는 따라서 광범위한 행위 일반을 나타낸다 할 수 있다. 그러나 불교에서는 무슨 행위든 그것을 모두 업이라고 하지는 않는다. 행위 중에서도 의도(cetanā)가 개입된 행위를 업이라 한다. 초기경에서 업(業, kamma)은 "비구들이여, 의도가 업이라고 나는 말한다. 의도로써 몸과 말과 마노[意]로 업을 짓는다."(A6:63 §11)라고 설명되는데 「꿰뚫음 경」(A6:63)의 이 말씀은 업을 정의하는 인용문으로 많이 알려진 구문이다.

부처님들과 아라한들을 제외한 모든 존재들의 의도 혹은 의도적 행위는 업이 된다. 부처님들과 아라한들의 경우에는 업의 근원이 되는 무명과 갈애를 남김없이 소멸해버렸기 때문에 업을 쌓지 않는다. 그렇지만 부처님들과 아라한들도 정신・물질적인 몸[名色身, nāma-rūpa-kāya, PsA.ii.510; Pm.ii.17]을 가지고 있는 한 그분들의 지난 생들에서 지은 업

397) '업(業, kamma)'에 대해서는 먼저 본서 제2장 §2의 해설 4(의도)의 ②를 참조하기 바란다. 그리고 『담마상가니』 제1권 해제 '4-(3) 업(kamma)은 89가지 마음을 이해하는 키워드가 된다'도 참조할 것.

의 과보는 받아야 한다.

업에서 가장 중요한 개념은 역시 유익함[善]과 해로움[不善]이다. 아라한을 제외한 모든 의도적인 행위는 유익한 것이 아니면 해로운 것이기 때문이다. 물론 여기서 말하는 선·불선의 판단 기준은 도덕적이고 윤리적인 측면이다. 궁극적으로는 어떤 행위가 해탈과 열반에 유익한가 해로운가 하는 것이 판단의 기준이라 하겠다.

그리고 마치 씨앗을 심으면 그 종자에 고유한 열매가 열리듯이 의도적인 행위는 그 의도한 선·불선의 성질에 따라 각각 고유한 특성으로 나타난다. 이것이 업의 법칙(kamma-niyāma)이다.[398] 이렇게 나타나는 업의 결과를 업의 과보[業異熟, kamma-vipāka]라 하고 업보(業報)로 우리에게 알려진 말이다.(vipāka는 제1장 I. 욕계의 마음의 해설을 참조할 것.) 업의 과보는 업이 열매를 맺기에 적당한 조건을 만났을 때 일어나는 특정한 알음알이의 상태나 정신적인 요인을 뜻한다. 물론 업은 중생들의 살아있는 육신에 특별한 형태의 물질을 산출하기도 한다. 이것을 '업에서 생긴 물질(kamma-samuṭṭhāna-rūpa)'이라 한다.(여기에 대해서는 제6장 §10을 참조할 것.)

이하 §33까지 저자는 4×4=16가지 측면에서 업을 분류해서 심도 있게 다루고 있는데 상좌부 아비담마에서 설명하는 업의 여러 측면을 개관할 수 있는 좋은 기회를 제공하고 있다. 『청정도론』은 12가지로 업을 분류하여 설명하고 있는데(Vis.XIX.14~16) 본서의 16가지 업의 분류는 『청정도론』의 이런 분류를 그대로 계승하고 있다. 그러면 본문을 따라 하나하나 관찰해 보자.

---

398) "tassa tassa kammassa taṁtaṁsadisavipākadānam eva kamma-niyāmo nāma."(DhsA.272)

III.1. 업의 분류

§18. **역할에 따라**(kicca-vasena)

[해설]

여기서 '역할'은 kicca를 옮긴 것인데 기능이나 작용으로도 옮길 수 있으며 이 경우 역할(rasa)과 동의어로 간주된다.(제3장의 III. 역할의 길라잡이의 해설 참조) 여기서는 업이 과보를 가져오는 역할에 따라 업을 넷으로 나누고 있기 때문에 역할로 옮겼다. 어떤 업이든지 다른 여러 환경을 만나면 이 업의 네 가지 역할 가운데 하나 혹은 여러 역할을 하면서 과보를 가져 오게 된다.

18. janakaṁ, upatthambhakaṁ, upapīḷakaṁ, upaghātakañ cā ti kiccavasena.

역할에 따라 네 가지 업이 있으니
(1) **생산**(janaka)**업**
(2) **돕는**(upatthambhaka) **업**
(3) **방해**(upapīḷaka)**업**
(4) **파괴**(upaghātaka)**업이다.**

[해설]

1. **생산**(janaka)**업**: '생산[업]'으로 옮긴 janaka는 √jan(*to generate*)에서 파생된 형용사로서 '낳는, 생산하는'을 뜻하며 남성명사로 쓰이면 '아버지'를 뜻하기도 한다.

'생산업'은 말 그대로 정신적이거나 물질적인 과보(vipāka)를 낳는 업을 말한다. 구체적으로 말하면 재생연결(paṭisandhi)의 찰나나 삶의 과정(pavatti)에서 과보의 마음이나 업에서 생긴 물질을 생산하는 모든 유익한 의도나 해로운 의도를 생산업이라 부른다. 입태의 순간에 생산업은 재생연결식과 업에서 생긴 물질을 일어나게 한다. 이 물질이 새로 받은 몸을 구성한다. 삶의 과정에서는 다른 과보의 마음들을 일어나게 하고 감성(pasāda, 감각기능), 성(性, bhāva, 남성 혹은 여성), 심장토대와 같은 업에서 생긴 물질을 상속하게 한다. 생산업이 작용하기 때문에 이런 알음알이와 물질들은 생겼다가 사라지고 사라졌다가 생기는 작용을 거듭하면서 그런 역할이나 기능을 계속 유지해가는 것이다. 몸과 말로 짓는 일곱 가지 업은 행위가 완전히 끝나야 유익한 업의 길이나 해로운 업의 길[業道, kamma-patha]로 확정되어 재생연결식의 역할을 할 수 있고399) 모든 업은 삶의 과정에서 과보를 생산할 수 있다.(여

---

399) 주석서들은 업의 길[業道, kamma-patha]을 다음과 같이 설명하고 있다.

"선처나 악처로 인도하는 길이 되기 때문에(pathabhūtattā) 업의 길이라 한다."(DA.iii.1048)

"유익한 재생연결이나 해로운 재생연결을 생산하는 것(paṭisandhijanaka)을 업의 길이라 부른다."(PsA.i.301)

"여기서 업의 길이란 재생연결을 생산하는(paṭisandhijanaka) 업들이 발생하는 입구가 되는 길(uṭṭhānamukha-magga)을 말한다."(PdṬ.226)

"'업의 길이 다름'이란 재생연결을 생산하는 업의 길의 특별함이다(kamma-pathabhedoti paṭisandhi janako kammapathaviseso)."(Anudīpani tīka 162)

이를 종합하면 업의 길[業道, kamma-patha]의 가장 큰 특징은 '재생연결을 생산하는 것(paṭisandhi-janaka)'이다. 업이 과보를 낳는 것은 크게 두 가지로 구분된다. 하나는 재생연결(paṭisandhi)을 결정하는 것이고 하나는 삶의 과정(pavatti)에서 과보를 가져오는 것이다. 그러므로 업들 가운데 재생연결을 결정하게 되는 업들을 특별히 업의 길이라고 부른다. 업의 길이 되지 않는 업들은 삶의 과정에서 과보를 가져오지만 재생연결을 결정하지는 못한다.

한편 『담마상가니 주석서』는 "㉠ 의도(cetanā)와 ㉡ 의도와 결합된 어떤 법들(ekacce ca cetanāsampayuttakā dhammā)"(DhsA.88)이라고 업을 정의한다.(본서 제1권 해제 4-(3)-③ 참조) 『디가 니까야 주석서』는 열 가지 해로운 업의 길[十不善業道] 가운데 몸으로 짓는 세 가지, 즉 살생, 투도, 사음과 말로 짓는 네 가지, 즉 망어, 기어, 양설, 악구는 의도(cetanā)이고 마노[意]로 짓는 세 가지, 즉 간탐, 악의, 그릇된 견해는 의도와 결합된 법들

기에 대해서는 아래 §22의 해설 참조)

2. **돕는**(upatthambhaka) **업**: '돕는 [업]'으로 옮긴 upatthambhaka는 upa(위로)+√stambh/stabh(*to prop*, 받치다)에서 파생된 형용사로 문자적인 뜻 그대로 '지탱하는, 지지하는, 돕는, 후원하는' 등의 뜻을 가지고 있다.

'돕는 업'은 말 그대로 자기 자신은 과보를 생산해내는 기회를 가지지 못하지만 다른 업이 과보를 산출하는 역할이나 기능을 수행할 때 그 업이 고통스러운 업이나 즐거운 업의 결과를 가져오도록 돕는 역할을 하는 업이다. 예를 들면, 어떤 업이 유익한 생산업의 기능을 수행하여 한 중생이 인간으로 태어나려 할 때에 돕는 업은 그 사람의 수명을 연장해 주는 역할을 하여 그 사람의 건강과 삶에 필요한 필수품들을 제공해 주는 역할을 한다. 해로운 업이 극심한 병에 걸리게 하는 생산업의 기능을 수행하면 돕는 업은 약이 효과를 가져오지 못하게 하는 등의 역할을 하여 병을 연장시키게 한다. 축생으로 태어날 때는 해로운[不善] 업이 생산업의 기능을 수행하면 돕는 업은 그 해로운 업이 익어서 더욱더 괴로운 결과를 가져오게 하는 역할을 수행하거나 해로운 과보가 더 오래 지속되도록 수명을 연장시키는 등의 기능을 행할 것이다.

3. **방해**(upapīḷaka)**업**: '방해[업]'으로 옮긴 upapīḷaka는 upa(위로)+√pīḍ(*to press*)에서 파생된 형용사로서 문자적인 뜻 그대로 '내려 누르는, 억압하는, 방해하는' 등의 뜻으로 쓰인다.

'방해업' 역시 자신은 과보를 생산해내는 기회를 가지지 못하지만 다른 업이 과보를 산출하는 기능을 할 때 그것을 방해하고 좌절하게

(cetanāsampayutta-dhammā)이라고 설명한다. 같은 방법으로 10선업도 가운데 앞의 일곱 가지는 의도이고 뒤의 세 가지, 즉 간탐 없음, 악의 없음, 바른 견해는 의도와 결합된 법들이라고 설명한다.(DA.iii.985~986)

〈도표 5.3〉 업의 개요
I. 역할에 따라
(1) 생산(janaka)업
(2) 돕는(upatthambhaka) 업
(3) 방해(upapīḷaka)업
(4) 파괴(upaghātaka)업
II. 과보를 주는 순서에 따라
(1) 무거운(garuka) 업
(2) [임종에] 다다라(āsanna) [지은] 업
(3) 습관적인(āciṇṇa) 업
(4) 이미 지은(kaṭattā) 업
III. 과보를 주는 시간에 따라
(1) 금생에 받는(diṭṭhadhammavedanīya) 업
(2) 다음 생에 받는(upapajjavedanīya) 업
(3) 세 번째 생부터 받는(aparāpariyavedanīya) 업
(4) 효력을 상실한 업(ahosikamma)
IV. 과보를 주는 장소에 따라
(1) 해로운(akusala) 업
(2) 욕계 유익한(kusala) 업
(3) 색계 유익한 업
(4) 무색계 유익한 업

하여 괴로운 과보나 즐거운 과보에 대항하거나 그 기간을 단축시키는 역할을 하는 업이다. 그래서 생산업이 처음에 쌓였을 때는 아주 강하다 하더라도 방해하는 업이 그것과 정반대가 되면 생산업이 과보를 가져올 때는 그 강도가 많이 줄어들게 될 것이다.

예를 들면 선업이 더 높은 세상에 재생하게 하려 할 때에 방해하는 업이 끼어들면 그보다는 더 낮은 세상에 태어나게 될 것이다. 마찬가지로 생산업이 좋은 가문에 태어나는 작용을 하려 할 때에 방해업이 끼어들면 그보다는 낮은 가문에 태어날 것이다. 물론 이와 반대로 불선업이 대지옥에 재생하게 하려 할 때에 유익한 방해업이 끼어들어 소지옥이나 아귀 등의 세상에 태어나게 할 수도 있다. 그리고 삶의 과정에서도 우리는 일일이 예를 들 수 없을 정도로 많은 방해업이 끼어드는 것을 알 수 있다.

4. **파괴**(upaghātaka)**업**: '파괴[업]'으로 옮긴 upaghātaka는 upa(위로)+√han(*to strike, to kill*)에서 파생된 형용사로서 '때리는, 상처를 주는, 죽이는' 등의 뜻으로 쓰인다. 여기서는 '파괴하는'으로 옮겼다.

'파괴업'은 다른 약한 업을 눌러 없애버려서 익지 못하게 하는 동시에 자신의 업이 익게 하는 역할을 수행하는 업이다. 예를 들면 어떤 사람이 인간에 태어날 때 생산업이 긴 수명을 가지는 기능을 했지만 삶의 과정에서 파괴업이 일어나 때 아닌 죽음을 맞게 될 수도 있을 것이다. 죽을 때 처음에 나쁜 업이 작용하여 악처로 떨어지는 표상이 나타나더라도 선업이 나타나서 그 악업을 파괴해버리고 선처의 표상이 일어나게 해서 천상에 태어날 수도 있을 것이다.

레디 사야도는 이 파괴업은 눈이나 귀 등의 감각기능을 제거해버려서 시각장애인이나 청각장애인 등이 되게 할 수도 있으며 성을 바꿀 수도 있다고 한다.(PdṬ.153)

『위바위니 띠까』는 '생산업은 다른 업의 과보를 제거하지 않고(anupacchinditva) 자신의 과보를 생산하지만 파괴업은 다른 업의 결과를 제거해버리고(upacchedanapubbaka) 자신의 과보를 나타나게 한다.'[400]

---

400) "janakaṁ kammantarassavipākaṁ anupacchinditvāva vipākaṁ janeti, upaghātakaṁ upacchedanapubbakanti."(VṬ.169)

고 생산업과 파괴업의 차이를 설명한다. 그러나 『위바위니 띠까』에 인용된 다른 대가들은 파괴업은 결코 자신의 업의 과보를 가져오게 하지 못하며 한 업의 과보를 완전히 잘라내버리고 제3의 업의 과보가 나타날 기회를 제공한다고 한다.(VṬ.169)

이렇게 업을 그 역할이나 기능의 측면에서 네 가지로 분류해보았다. 물론 같은 업이 경우에 따라서 네 가지 역할을 다 행할 수 있다. 레디 사야도는 의도적인 살생을 보기로 들어 어떻게 한 업이 네 가지 역할이나 기능을 다 할 수 있는가를 설명하고 있다. 어떤 사람이 고의로 살생을 저질렀는데 그것이 과보로 나타나기 전까지는 다음의 세 가지 역할을 할 수 있다. 다른 불선업을 익게 하는 '돕는 업'의 역할을 할 수 있고 선업이 익는 것을 '방해하는 업'이 될 수도 있고 선업의 효과를 완전히 차단해버리는 '파괴업'의 역할을 할 수도 있을 것이다. 이제 그 살생이 과보를 낼 기회를 얻을 때 그 행위에 개입된 모든 의도는 그 사람이 악도에 태어나게 하는 힘을 가지게 된다. 그런 다음에는 그 업은 더 이상 재생연결을 생산할 힘이 없어지게 된다. 그러나 그 업은 여전히 나머지 세 가지 기능을 하며 삶의 과정에서 과보가 나타나도록 하는 역할이나 기능을 계속한다. 이런 역할은 수백 겁이 지난다 해도 가능하다.(PdṬ.151~154)

그러면 『청정도론』을 살펴보자.

[청정도론 XIX]: "16. 또 다른 네 가지 업이 있다. 생산업, 돕는 업, 방해업, 파괴업이다.

① 생산(janaka)업은 유익한 것이든 해로운 것이든 재생연결과 삶의 과정에서 물질과 정신의 과보의 무더기를 생기게 한다. ② 돕는(upatthambhaka) 업은 과보를 생기게 할 수 없다. 다른 업에 의해서 재생연결이 주어지고 과보가 생길 때 즐거움과 고통이 생기면 그것을 지

지하고 지속되게 한다.

③ 방해(upapīḷaka)업은 다른 업에 의해서 재생연결이 주어지고 과보가 생길 때 즐거움과 괴로움이 생기면 그것을 방해하고 막으며 지속되지 못하게 한다.

④ 파괴(upaghātaka)업은 그 스스로 유익한 것이기도 하고, 해로운 것이기도 하며, 힘이 약한 다른 업을 파괴하고 그 업이 그것의 과보를 낼 수 있는 기회를 빼앗아버리고 자기의 과보를 낼 기회를 만든다. 이와 같이 [파괴하는] 업에 의해서 기회가 주어질 때 [파괴하는] 업의 과보가 일어났다고 한다."

§19. 과보를 주는 순서에 따라(pāka-dāna-pariyāyena)

[해설]

'과보를 주는 순서'는 pāka-dāna-pariyāya를 직역한 것이다. 여기서 pāka는 √pac(*to cook*)에서 파생된 남성명사로 '익음'을 뜻한다. 이것은 果, 報, 果報, 異熟(과, 보, 과보, 이숙) 등으로 옮긴 vipāka(vi+√pac)와 같은 어근을 가진다. dāna는 √dā(*to give*)에서 파생된 중성명사로서 '보시'의 뜻으로 정착된 단어이다. 여기서는 문자적인 뜻 그대로 '주는 것'을 나타낸다. 그래서 이 둘을 합한 pāka-dāna를 '과보를 주는'으로 옮겼다. '순서'로 옮긴 pariyāya는 pari(둘레에, 원만히)+√i(*to go*)에서 파생된 남성명사로 '순서, 방법, 방편'을 뜻하는 말이며 중국에서는 차제(次第), 차별(差別), 방편(方便) 등으로 정착된 용어이다. 부처님의 가르침을 dhamma-pariyāya라고 하며 중국에서는 법문(法門) 등으로 옮겼다.

이 세 단어가 합성되어 여기서는 '[업을] 익게 하는 순서'라는 의미를 나타낸다. 이제 저자는 업을 그 과보가 나타나는 순서에 따라 네 가지로 분류하고 있다. 구체적으로는 수없이 많은 업 가운데서 '다음 생의 재생연결식을 만드는 역할을 하는 순서'에 따라 넷으로 나눈 것이다.

19. garukaṁ, āsannaṁ, āciṇṇaṁ, kaṭattā kammañ cā ti pākadānapariyāyena.

과보를 주는 순서에 따라 네 가지 업이 있으니

(1) **무거운**(garuka) **업**
(2) [**임종에**] **다다라**(āsanna) [**지은**] **업**
(3) **습관적인**(āciṇṇa) **업**
(4) **이미 지은**(kaṭattā) **업이다.**

[해설]

1. **무거운**(garuka) **업**[重業]: '무거운 [업]'으로 옮긴 garuka는 '무거운'을 뜻하는 형용사 garu에다 '-ka' 어미가 붙은 단어로 뜻에는 변화가 없다. 여기서 말하는 '무거운 업'이란 그 힘이 너무나 강하기 때문에 다른 어떤 업도 이것을 없애고 재생연결식이 될 수 없는 업을 말한다.

(1) 해로운 측면에서 보면 ⓐ 다섯 가지 무간업(pañca-anantariya-kamma)과 ⓑ 어떤 도덕적인 기준도 다 부정해버리는 아주 삿된 견해(niyatamicchādiṭṭhi)가 무거운 업이고 (2) 유익한 측면에서 보면 禪의 경지들을 증득하는 것, 즉 고귀한 업(mahaggatakamma)이 무거운 업이다.(VṬ.170, PdṬ.213 등)

(1) 해로운 무거운 업 가운데 ⓐ 다섯 가지 무간업은 빠알리어로는 아난따리야 깜마(ānantariya-kamma)인데 ānantariya는 '가운데, 사이, 틈' 등을 뜻하는 antara에다 부정접두어 'an-'을 첨가하여 anantara가 되고 이것의 곡용형을 취해서 ānantariya가 되었다. 문자적인 뜻 그대로 '틈이 없는'을 의미하며 중국에서는 무간(無間)으로 직역하였다.

다섯 가지 무간업[五無間業]은 ① 아버지를 살해하는 것 ② 어머니를 살해하는 것 ③ 아라한을 살해하는 것 ④ 나쁜 마음으로 부처님 몸에 피를 내는 것 ⑤ 승가를 분열하게 하는 것이다. 이런 죄업을 지으면 무간지옥에 떨어진다고 해서 무간업이라 부르는 것이다.

먼저 禪의 경지를 얻고 나중에 무간업을 지으면 선정의 힘은 무간업의 힘 때문에 상실되고 지옥에 떨어지게 된다. 데와닷따는 먼저 신통을 얻었지만 부처님 몸에 피를 내게 하고 승가를 분열시켰기 때문에 지옥에 떨어졌다. 먼저 무간업을 지은 자는 나중에 고귀한 색계나 무색계와 출세간의 경지를 얻을 수 없다. 아자따삿뚜는 부처님으로부터 『디가 니까야』 제1권 「사문과경」(D2)을 듣고 예류과를 증득할 수 있는 조건을 갖추었지만 아버지를 살해한 뒤 왕이 된 무간업 때문에 도와 과를 얻을 수 없었다. 이렇게 오무간업은 도저히 뛰어넘을 수 없는 큰 장애인 것이다.

ⓑ 어떤 도덕적인 기준도 다 부정해버리는 아주 삿된 견해(niyata-micchādiṭṭhi)에 대해서는 §22의 해설 마지막 부분에 언급하고 있는 세 가지 그릇된 견해(micchā-diṭṭhi)를 참조하기 바란다.

(2) 한편 선업의 측면에서 보면 禪의 마음은 무거운 업이다. 그러므로 선정의 힘은 웬만한 악업을 지었더라도 내생에 선처에 태어나게 하는 아주 무거운 업이 된다. 이런 측면에서도 禪을 닦는 것은 자신을 향상시키는 아주 중요한 원동력이 된다. 그래서 불자들은 선정을 닦기를 게을리해서는 안 된다.

2. **[임종에] 다다라**(āsanna) **[지은] 업**: '[임종에] 다다라 [지은 업]'으로 옮긴 āsanna는 ā(주위에)+√sad(*to sit*)의 과거분사형으로 '이 가까이에 앉은'이라는 문자적인 의미에서 '가까운'을 뜻하는 형용사로 쓰인다. 본서에서 āsanna는 '죽음에 직면한, 임종에 다다른'의 의미로

사용된다.(제5장 §§37~38 참조)

여기서 '임종에 다다라 지은 업'이란 임종에 임박해서 지은 업,401) 구체적으로 말하면 금생의 마지막 자와나(속행)의 과정이 일어나기 바로 직전에 지은 강한 업을 뜻한다.(PdṬ.214) 나쁜 성질을 가진 사람이 죽기 직전에 그가 지은 선행을 생각하거나 죽기 직전에 선업을 지으면 좋은 생을 받게 된다. 착한 사람이 만일 죽기 직전에 그가 지은 악업을 생각하거나 죽기 직전에 악업을 지으면 불행한 곳에 태어날 수 있다. 이런 이유 때문에 상좌부 불교 국가에서는 죽어가는 사람으로 하여금 그가 지은 선업을 기억해 내도록 유도하고 마지막 순간에 좋은 생각을 일으키도록 힘을 다해서 도와주고 있다.

위에서 말한 무거운 업을 일생 동안에 짓지 않은 사람이 임종에 다다라서 강한 업을 지으면 이것이 일반적으로 재생을 연결하는 역할을 한다. 이것은 물론 그 사람이 일생 동안 지은 선업이나 악업에서부터 벗어날 수도 있음을 뜻하지는 않는다. 그런 업들도 조건을 만나면 그들의 과보를 나타낼 것이다. 한편 『청정도론』에서는 습관적인 업을 [임종에] 다다라 지은 업보다 위에 두고 있다.

3. **습관적인**(āciṇṇa) **업**: '습관적인 [업]'으로 옮긴 āciṇṇa는 ā(주위에)+√car(*to move*) 혹은 √ci(*to gather*)의 과거분사로 간주하는데 '행한, 닦은, 축적한'의 뜻으로도 쓰이며 업과 관계된 뜻으로는 '습관적으로 계속해서 빠져든'의 뜻으로 설명한다. 즉 습관적으로 반복해서 지어온 선업이나 악업이라는 의미이다. 무거운 업이나 임종에 다다라 지은 강한 업이 없으면 이 습관적인 업이 재생연결식을 내는 역할을 하게 된다.

4. **이미 지은**(kaṭattā) **업**: '이미 지은 [업]'으로 옮긴 kaṭattā는

---

401) 복주서들은 "임종 시에 기억한 것이나 그때 지은 것(aasannanti maraṇakāle anussaritaṁ tadā katañca)"으로 해석하고 있다.(VṬ.169; PdṬ.214)

kaṭa(√kṛ, *to do* 의 과거분사)에 추상명사형 어미 '-tta(-tva)'를 붙여 이루어진 단어로 문자적인 의미 그대로 '이미 행하여졌음'을 뜻한다. 그리고 여기서는 탈격(*Ablative*)으로 쓰여서 '이미 행하여졌기 때문에'라는 뜻이 된다. 위 세 가지에 속하지 않은 나머지 업들이 이 영역에 속한다. 이 업도 역시 재생연결을 결정하는 힘은 충분히 지니고 있다. 위의 세 가지 업이 없으면 이미 지은 업이 재생연결 시에 그 기능을 발휘한다. 『청정도론』에는 업의 성숙하는 순서에 따른 설명이 다음과 같이 나타나 있다.

[청정도론 XIX]: "15. 다른 네 가지 업이 있다. 무거운 업, 습관적인 업, [임종에] 다다라 지은 업, 이미 지은 업이다.

① 유익한 것이든 해로운 것이든 무겁거나 가벼운 업 중에서 어머니를 살해하는 등의 업이나 혹은 고귀한 경지(즉 禪의 증득)의 업이 무거운(garuka) 업이고, 이것이 먼저 과보를 준다.

② 그와 마찬가지로 습관적인 것과 습관적이지 않은 것 중에서 좋은 행위든 나쁜 행위든 습관적인(bahula) 것이 먼저 과보를 준다.

③ [임종에] 다다라 지은(āsanna) 업이란 임종 시에 기억나는 업이다. 임종에 가까운 사람이 그 업을 기억할 수 있다. 그것에 따라 태어난다.

④ 이 셋에 포함되어있지 않고 자주 반복하여 지었기 때문에 이미 지은(kaṭatta) 업이라 한다. 앞의 세 가지 업이 없을 때 이것이 재생연결을 일으킨다."

§20. 과보를 주는 시간에 따라(pāka-kāla-vasena)

[해설]

여기서는 다시 업이 빨리 익는가 늦게 익는가 하는 시간(kāla)의 측면에서 넷으로 나누어 관찰하고 있다.

20. diṭṭhadhammavedanīyaṁ, upapajjavedanīyaṁ, aparāpariya-vedanīyaṁ, ahosikammañ cā ti pākakālavasena cattāri kammāni nāma.

과보를 주는 시간에 따라 네 가지 업이 있으니

(1) 금생에 받는(diṭṭhadhammavedanīya) 업
(2) 다음 생에 받는(upapajjavedanīya) 업
(3) 세 번째 생부터 받는(aparāpariyavedanīya) 업
(4) 효력을 상실한 업(ahosikamma)이다.

[해설]

1. **금생에 받는(diṭṭha-dhamma-vedanīya) 업**: '금생'으로 옮긴 diṭṭha-dhamma는 √dṛś(*to see*)의 과거분사로 '보여진'을 뜻하는 diṭṭha와 '물·심의 현상'을 뜻하는 dhamma의 합성어이다. 문자적으로는 '보여진 현상'이라는 뜻을 가지고 있다. 초기경에서는 diṭṭhe vā dhamme라고 아주 많이 나타나고 있다. 불교 특유의 어법으로 '지금·여기에서'를 나타내며 넓게는 현생, 즉 '금생'을 뜻한다.

'받는'으로 옮긴 vedanīya는 √vid(*to know*)의 가능법(*Pot.*) 분사이다. √vid(*to know*)는 인식하여 아는 것을 뜻하기보다는 경험한다, 특히 '몸으로' 직접 생생하게 느끼고 체험해서 안다는 의미를 내포하고 있다. 그래서 이 단어에서 파생된 vedanā는 느낌[受]이라는 뜻이 된다.

이렇게 하여 diṭṭha-dhamma-vedanīya는 '금생에 겪게 될 업'이라는 뜻이다. 즉 같은 생에서 업의 과보를 내는 업을 뜻하며 만일 그 업이 금생에 익을 조건을 만나지 못하면 없어져버리게 된다. 아비담마에 의하면 자와나(속행)과정에 나타나는 일곱 가지 자와나의 마음 가운데서 가장 약한 마음인 첫 번째가 바로 이 금생에 받는 업이라고 설명한다.

2. **다음 생에 받는**(upapajja-vedanīya) **업**: '다음 생'으로 의역한 upapajja는 upa(위로)+√pad(*to go*)의 가능법(*Pot.*) 분사로서 '다시 태어나는'의 뜻으로 쓰였다. 그래서 전체적으로 다음 생에 과보를 겪게 되는 업이라는 의미이다.

이것은 업의 과보가 바로 다음 생에서 나타나는 것을 뜻하며 만일 그 업이 바로 다음 생에서 조건을 만나지 못하면 소멸되어버린다. 이것은 자와나의 마음 일곱 가지 중에서 두 번째로 약한 마지막 일곱 번째 마음이라고 아비담마에서는 설명한다.

3. **세 번째 생부터 받는**(aparāpariya-vedanīya) **업**: 여기서 aparāpariya는 '또 다른'을 뜻하는 apara가 두 번 겹쳐져서 apara-apara가 되고 여기에 '-iya'어미가 붙어서 만들어진 단어로서 '그다음부터 계속해서'라는 의미로 쓰인다. 전체적으로는 '다음 생의 다음부터'라는 뜻에서 세 번째 생부터 받는 업이라는 의미이다. 즉 세 번째 생부터 그 조건을 만나면 과보를 낳는 업이라는 뜻이다. 아비담마에 따르면 인식과정 중간의 다섯 개의 자와나의 마음이 여기에 속한다고 하며 이 업은 윤회가 계속되는 한 결코 그 효력이 소멸되지 않고 과보를 낳는다고 한다. (VṬ.171) 세 번째 생부터 받는 업, 즉 받는 시기가 확정되지 않은 이 업의 과보로부터는 누구도 면제되지 않는다고 한다. 부처님과 아라한도 반열반하기 전까지는 여기에 포함된다.

4. **효력을 상실한**(ahosi) **업**: ahosi는 √bhū(*to become*)의 불확정 과거(*Aorist*) 3인칭 단수이다. 그러므로 '있었던' 정도의 의미라 하겠다. 업이 있었지만 그 과보를 가져올 기간을 넘겨버린 업이라는 뜻이다. 그래서 효력을 상실한 업이다. 혹시 효력을 상실한 업이라 하니 '지은 업이 효력이 없을 수도 있구나.'하고 오해할지 모르지만 업인 이상 반드시 과보는 있다는 업의 법칙을 잊어서는 안 된다. 그러므로 실제적

으로 특별히 이 효력을 상실한 업에 해당되는 업이 있는 것은 아니다. 금생에 받는 업과 다음 생에 받는 업이 조건을 만나지 못해서 익지 못한 경우가 효력을 상실한 업에 해당한다. 아라한의 경우에 마지막의 임종 시에 과거에서 지은 모든 업도 이 효력을 상실한 업이 된다.

[청정도론 XIX]: "14. 이 가운데서 업은 네 가지이다. 금생에 받는 업, 다음 생에 받는 업, 세 번째 생부터 받는 업, 효력을 상실한 업이다.

이 중에서 ① 하나의 속행과정에서 속행의 마음 일곱 개 중에 유익한 것이든 해로운 것이든 그 첫 번째 속행의 의도가 금생에 받는 업(diṭṭhadhamma-vedanīya-kamma)이다. 그것은 이 [생의] 몸에 과보를 준다.

② 그렇게 할 수 없을 때 '업이 있었지만, 업의 과보는 없었고, 업의 과보는 없을 것이고, 업의 과보는 없다.'라고 세 개 조의 방법에 따라 효력을 상실한 업(ahosi-kamma)이라고 한다.

③ 행위를 성취한 일곱 번째 속행의 의도가 다음 생에 받는 업(upapajja-vedanīya-kamma)이다. 이것은 [다음 생의] 몸에 과보를 준다. 그렇게 할 수 없을 때 이미 설한 방법대로 효력을 상실한 업이라고 한다.

④ [첫 번째와 마지막의] 둘 사이에 다섯 개 속행의 의도가 세 번째 생부터 받는 업(aparāpariya-vedanīya-kamma)이다. 그것은 미래에 기회를 얻을 때 과보를 준다. 윤회가 계속 되는 한 이것은 효력을 상실한 업이 되지 않는다."

§21. 과보를 주는 장소에 따라(pāka-ṭhāna-vasena)

[해설]

마지막으로 업이 익는 곳(pāka-ṭhāna), 즉 과보를 주는 장소에 따라 넷으로 분류하고 그 각각을 다시 여러 조건에 따라서 관찰하고 있다.

21. tathā akusalaṁ, kāmāvacarakusalaṁ, rūpāvacarakusalaṁ, arūpāvacarakusalañ cā ti pākaṭhānavasena.

과보를 주는 장소에 따라 네 가지 업이 있으니

(1) **해로운**(akusala) **업**

(2) **욕계 유익한**(kusala) **업**

(3) **색계 유익한 업**

(4) **무색계 유익한 업이다.**

§22. **해로운 업**[不善業, akusala-kamma]

[해설]

이하 몸으로 짓는 세 가지, 말로 짓는 네 가지, 마노[意]로 짓는 세 가지 모두 열 가지 해로운 업을 언급하고 있다. 경장과 논장에서는 이것을 '해로운 업의 길[不善業道, akusala-kamma-patha]'이라 표현하며 해로운 업이 나타나는 길이라는 뜻이다. 물론 이와 반대되는 것은 '유익한 업의 길[善業道, kusala-kamma-patha]'이라 나타난다. 우리에게는 십불선업(十不善業)과 십선업(十善業)으로 잘 알려져 있다.

이 가운데 처음의 일곱 가지, 즉 몸으로 짓는 세 가지와 말로 짓는 네 가지는 각각의 행위를 성취하기 위해 노력을 시작하는 의도와 일치한다. 이런 의도 그 자체는 그 행위를 성취했든 성취하지 않았든 간에 해로운 업이다. 그러나 이것은 '아직 확정되지 않은 업의 길(aniyata-kamma-patha)'이다. 아직 실제로 나타나지 않았기 때문이다. 그러나 그 행위를 성취하고 목적하는 바를 달성했다면(예를 들면, 죽이려 작정한 대상을 죽이거나 남의 재물을 탈취해서 가졌을 때) 그것은 '확정된 업의 길(niyata-kamma-patha)'이 된다. 이렇게 확정된 업의 길은 재생연결의 역할을 할 수 있게 되는 것이다. 아직 확정되지 않은 업의 길은 삶의

과정에서 과보로 나타나게 된다.(앞 §18의 해설 1 참조)

그러면 하나하나 살펴보자.

22-1. tattha akusalaṁ kāyakammaṁ, vacīkammaṁ, manokammañ cā ti kammadvāravasena tividhaṁ hoti.

이 중에서 업을 짓는 문에 따라 해로운 업은 세 가지가 있으니, 즉 몸으로 짓는 업[身業], 말로 짓는 업[口業], 마노로 짓는 업[意業]이다.

22-2. kathaṁ? pāṇātipāto, adinnādānaṁ, kāmesu micchācāro cā ti kāyaviññattisaṅkhāte kāyadvāre bāhullavuttito kāyakammaṁ nāma.

어떻게? 살생과 도둑질[偸盜]과 삿된 음행[邪淫]은 몸의 암시라 불리는 몸의 문에서 주로 일어나기 때문에 몸으로 짓는 업[身業]이라 한다.

[해설]

1. **몸의 문**(kāya-dvāra)**에서 주로 일어나기 때문에**: 업에서 말하는 '문(dvāra)'이라는 것은 업을 짓는 매개체를 뜻한다. '몸의 문(kāya-dvāra)'은 몸의 암시(kāya-viññatti)이다. 여기서 몸의 암시라는 것은 마음이 만들어낸 물질적인 현상으로 이것을 통해 인간이 마음에서 일어난 의도를 몸을 매개체로 하여 표현하는 것을 말한다.(제6장 §4의 해설 참조) '주로 일어나기 때문에(bāhulla vuttito)'라고 말한 것은 살생과 투도는 남에게 시키는 말로써도 일어날 수 있기 때문이다. 이런 경우에도 여기서는 '몸으로 짓는 업[身業]'이라 부르고 있다.

22-3. musāvādo, pisuṇavācā, pharusavācā, samphappalāpo cā ti vacīviññattisaṅkhāte vacīdvāre bāhullavuttito vacīkammaṁ nāma.

거짓말[妄語], 중상모략[兩舌], 욕설[惡口], 잡담[綺語]은 말의 암시라 불리는 말의 문에서 주로 일어나기 때문에 말로 짓는 업[口業]이라 한다.

[해설]

1. **말의 문**(vacī-dvāra): '말의 문'은 의도하는 바를 말로써 나타내는 말의 암시(vacī-viññatti)를 의미한다. 거짓말 등은 글을 쓴다든지 몸짓을 한다든지 하는 등으로 몸을 통해서도 지을 수 있지만 말이 이들 업을 짓는 주 매개체이므로 모두 '말로 짓는 업[口業]'으로 간주한다.(제6장 §4의 해설 참조)

22-4. abhijjhā, vyāpādo, micchādiṭṭhi cā ti aññatrā pi viññattiyā manasmiṁ yeva bāhullavuttito manokammaṁ nāma.

간탐과 악의와 그릇된 견해는 암시 없이 오직 마노[意]에서 주로 일어나기 때문에 마노로 짓는 업[意業]이라 한다.

[해설]

나머지 세 가지 업의 길은 몸과 말로써 의도적으로 표현하는 데까지는 미치지 못하고 오직 마노[意], 즉 마음에서만 발생한다. 이런 업은 마노의 문[意門, mano-dvāra]을 통해서 일어난다고 한다. 여기서 말하는 마노의 문이란 이런 의도적인 행위에 개입된 매 찰나 일어나는 알음알이를 전체적인 측면에서 일컫는 집합적인 명칭이다.

'간탐'으로 옮긴 abhijjhā는 탐욕(lobha)의 한 요소인데 남의 재물을 가지려는 욕구로 일어난 것을 말한다. 남의 재산을 가지려는 탐욕(lobha)이 생길 수도 있지만 그것은 확정된 업의 길(niyata-kamma-patha)이 되지는 않는다. 그 재산을 소유하려는 욕구가 일어나야만 확정된 업의 길이 되는 것이다.

'악의'로 옮긴 vyāpāda는 성냄(dosa)의 한 요소인데 남을 해치고 괴롭히려는 욕구가 일어날 때 확정된 업의 길이 된다.

'그릇된 견해'로 옮긴 micchā-diṭṭhi는 이것이 도덕적으로 허무주의적인 견해의 한 형태를 취할 때 확정된 업의 길이 된다. 여기서 도덕적으로 허무주의적인 견해라는 것은 인과를 부정하는 것 등을 말한다. 경402)에서는 다음의 세 가지 그릇된 견해가 자주 언급되고 있다.

① 원인을 부정하는 견해(ahetuka-diṭṭhi, 무인론자들의 견해): 중생의 번뇌와 청정에는 아무런 원인[因, hetu]도 조건[緣, paccaya]도 없다는 견해로서 중생들은 우연이나 운명이나 필요에 의해서 오염되기도 하고 청정해지기도 한다고 주장한다.

② 업의 과보를 부정하는 견해(akiriya-diṭṭhi, 도덕부정론자들의 견해): 행위는 아무런 결과를 낳지 못한다라는 견해로서 선업이 가지는 특질을 인정하지 않는다.

③ 허무주의의 견해(natthika-diṭṭhi, 허무론자들의 견해): 죽고 나면 아무것도 없다(natthi)는 식으로 사후 개체의 영속성을 부정하는 견해로 행위의 도덕적인 중요성을 부정한다.

「위대한 마흔 가지 경」(M117) §38과 「언어표현의 길 경」(S22:62) §8과 「유행승 경」(A4:30) 등에서 이 셋은 각각 무인론자들(ahetu-vādā)과 도덕부정론자들(akiriya-vādā)과 허무론자들(natthika-vādā)로 나타나고 있다. 그리고 『디가 니까야 주석서』는 「사문과경」(D2)을 주석하면서 업(kamma)과 과보(vipāka)를 부정하는 것을 통해서 이 셋을 이렇게 설명하고 있다.

"이 가운데서 뿌라나 깟사빠는 '행해도 죄악을 범한 것이 아니다.'라고 주장하여 업(kamma)을 부정한다. 아지따 께사깜발리는 '몸이 무너지면 단멸한다.'고 주장하여 과보(vipāka)를 부정한다. 막칼리 고살라는

402) D2; M60; M76 등.

'원인도 없다.'고 주장하여 둘 다를 부정한다. 여기서 업을 부정하면 과보도 부정하는 것이고 과보를 부정하면 업도 부정하는 것이다. 그러므로 이들 모두는 뜻으로는 둘 다를 부정하므로 무인론자(ahetuka-vāda)이고, 도덕부정론자(akiriya-vāda)이고, 허무론자(natthika-vāda)이다." (DA.i.166)

이 세 사람의 견해는 「확실한 가르침 경」(M60)에도 나타난다. 이 경의 §13에는 뿌라나 깟사빠(Pūraṇa Kassapa)의 도덕부정론(akiriya-vāda), §5에는 아지따 께사깜발리(Ajita Kesakambalī)의 [사후] 단멸론(uccheda-vāda)이, §21에는 막칼리 고살라(Makkhali Gosāla)의 윤회를 통한 청정(saṁsāra-suddhi) 혹은 무인론(ahetuka-vāda)의 세 가지 그릇된 견해가 언급되고 있다. 그리고 이 세 사람을 비롯한 육사외도와 그들의 주장에 대해서는 「사문과경」(D2) §§16~33과 주해들도 참조할 것.

§23. 원인과 마음의 분류에 따라

23. tesu pāṇātipāto pharusavācā vyāpādo ca dosamūlena jāyanti.

kāmesu micchācāro abhijjhā micchādiṭṭhi ca lobhamūlena.

sesāni cattāri pi dvīhi mūlehi sambhavanti.

cittuppādavasena pan' etaṁ akusalaṁ sabbathā pi dvādasavidhaṁ hoti.

이 중에서 살생과 욕설[惡口]과 악의는 성냄의 뿌리에서 일어나고, 삿된 음행과 간탐과 그릇된 견해는 탐욕의 뿌리에서, 나머지 넷은 두 가지 뿌리에서 일어난다. 마음의 일어남에 따라 이 해로운 업은 모두 12가지이다.

[해설]

엄밀히 말하면 ① 악의(vyāpāda)는 성냄의 뿌리(dosa-mūla)의 한 형태이고, ② 간탐(abhijjhā)은 탐욕의 뿌리(lobha-mūla)의 한 형태이며, ③ 그릇된 견해(micchā-diṭṭhi)는 마음부수법들 가운데 속하는 사견(diṭṭhi)의 한 형태이다. 이와 같이 이 셋은 그에 상응하는 마음부수법들과 일치한다.

나머지 일곱 가지 업의 길은 해로운 원인들과 함께 일어나는 의도(cetanā)의 마음부수와 일치한다. 예를 들면 탐욕이 ④ 살생의 저변에 깔려있는 동기가 되고 성냄이 ⑤ 삿된 음행의 저변에 깔려있는 동기가 될 수 있지만 아비담마에서는 남의 사지를 잘라서 목숨을 빼앗는 그 행위는 항상 성냄, 즉 그 상대가 계속 살아있는 것에 대한 혐오에 뿌리박고 있다고 여기며 음행을 가져오는 의도는 항상 탐욕, 즉 성행위를 즐기려는 욕망에 뿌리를 두고 있다고 여긴다. 나머지 네 가지 행위, 즉 ⑥ 도둑질(투도), ⑦ 거짓말(망어), ⑧ 중상모략(양설), ⑨ 잡담(기어)을 유발하는 의도는 탐욕이나 성냄과 함께 일어나고 ⑩ 욕설(악구)은 성냄의 뿌리에서 일어난다.

열 가지 해로운 업의 길[十不善業]은 물론 항상 어리석음의 뿌리(moha-mūla)와 함께 일어난다. 모든 해로운 업은 12가지 해로운 마음(akusala-citta)에 있는 의도와 일치한다.

§24. **욕계 유익한 업**[善業, kusala-kamma]

24-1. **kāmāvacarakusalam pi kāyadvāre pavattaṁ kāyakammaṁ, vacīdvāre pavattaṁ vacīkammaṁ, manodvāre pavattaṁ manokammañ cā ti kammadvāravasena tividhaṁ hoti.**

업을 짓는 문에 따라 욕계 유익한 업도 세 가지가 있으니, 즉 몸의

문에서 일어나는 몸으로 짓는 업, 말의 문에서 일어나는 말로 짓는 업, 마노[意]의 문에서 일어나는 마노로 짓는 업이다.

[해설]

1. **업을 짓는 문(kamma-dvāra)에 따라**: 업을 짓는 문에 따라서 열 가지 유익한 업의 길[十善業, kusala-kamma-patha]이 열거된다. 이 10선업은 위의 10불선업과 반대되는 개념이다. 궁극적인 것(dhamma)의 관점에서 본다면 몸으로 짓는 세 가지 선업과 말로 짓는 네 가지 선업은 두 가지 절제, 즉 바른 행위와 바른 말의 마음부수법에 해당한다. 물론 이런 절제와 관련된 의도와도 일치한다. 마노[意]로 짓는 세 가지 유익한 업은 각각 불탐, 부진, 불치의 세 가지 유익함의 뿌리[善根, kusala-mūla]인 마음부수법들에 해당한다.

24-2. tathā dāna-sīla-bhāvanāvasena.
cittuppādavasena pan' etaṁ aṭṭhavidhaṁ hoti.

그와 마찬가지로 보시, 지계, 수행에 따라서도 세 가지이다.
그러나 마음의 일어남에 따라서는 여덟 가지이다.

[해설]

1. **그와 마찬가지로 … 세 가지이다 … 여덟 가지이다**: 여기에 나타나는 세 가지와 아래의 열 가지는 일반적으로 선행의 토대(puñña-kiriya-vatthu)로 알려져 있다. 여덟 가지 욕계의 유익한 마음으로 이런 선업을 짓는다. 그러므로 이들 욕계의 유익한 마음을 큰(mahā) 마음이라고 부르는 것을 이미 살펴보았다.

24-3. dāna-sīla-bhāvanā-apacāyana-veyyāvacca-pattidāna-pattānumodana-dhammassavana-dhammadesanā-diṭṭhijjukammavasena dasavidhaṁ hoti.

이것은 또한 10가지가 있으니, 즉 보시, 지계, 수행, 공경, 가까이 섬김, 덕을 타인에게 회향함, 타인의 공덕을 따라 기뻐함, 법을 배움, 법을 설함, 자기의 견해를 올곧게 가짐이다.

24-4. taṁ pan'etaṁ vīsatividham pi kāmāvacarakammam icc'eva saṅkhaṁ gacchati.

이 [해롭거나 유익한] 20가지 업은 욕계의 업이라고 한다.

§25. **색계 유익한 업**(kusala-kamma)

25. rūpāvacarakusalaṁ pana manokammam eva. tañ ca bhāvanā-mayaṁ appanāppattaṁ jhānaṅgabhedena pañcavidhaṁ hoti.

색계 유익한 업은 순전히 마노[意]로 짓는 업이다. 이것은 본삼매에 이른 수행으로 이루어진 것이고, 禪의 구성요소의 분류에 따라 다섯 가지이다.

§26. **무색계 유익한 업**(kusala-kamma)

26. tathā arūpāvacarakusalañ ca manokammaṁ. tam pi bhāvanā-mayaṁ appanāppattaṁ ārammaṇabhedena catubbidhaṁ hoti.

그와 마찬가지로 무색계 유익한 업도 순전히 마노[意]로 짓는 업이다. 이것도 본삼매에 이른 수행으로 이루어진 것이고, 대상의 분류에 따라 네 가지이다.

[해설]

거듭 말하지만 색계를 다섯 가지로 분류하는 기준은 그 禪의 각 경지에 나타나는 마음부수법들이고 무색계를 네 가지로 분류하는 기준은 대상이다. 즉 공무변처는 허공(ākāsa)이 그 대상이고, 식무변처는 공무변처의 알음알이가 그 대상이며, 무소유처는 식무변처의 대상이었던 공무변처의 알음알이의 부재(natthibhāva)가 그 대상이고(Vis.X.32), 비상비비상처는 무소유처의 알음알이가 그 대상이다.(제9장 §12의 『청정도론』 인용 참조)

III.2. 업의 과보[業報, 業異熟]
kamma-vipāka

[해설]

앞에서도 밝혔듯이 업은 당연히 과보를 낳는다. 이것이 업의 법칙(kamma-niyāma)이며, 이렇게 나타나는 업의 결과를 '업의 과보[業異熟, 業報, kamma-vipāka]'라 한다. 이제 저자는 이런 해로운 업과 유익한 업의 과보가 어디서 어떻게 나타나는가를 살펴보고 있다.

§27. 해로운 업의 과보

27. ettha akusalakammam uddhaccarahitaṁ apāyabhūmiyaṁ paṭisandhiṁ janeti. pavattiyaṁ pana sabbam pi dvādasavidhaṁ satta akusalapākāni sabbatthā pi kāmaloke rūpaloke ca yathārahaṁ vipaccati.

여기서 들뜸을 제외한 해로운 업의 과보는 악처에 재생연결을 생산한다. 그러나 삶의 과정에서는 모든 12가지 해로운 마음은 욕계 세상의 모든 곳과 색계 세상에서 적절하게 7가지 해로운 과보를 생산한다.

[해설]

1. **들뜸을 제외한 해로운 업**: 어리석음과 들뜸에 뿌리박은 마음은

모든 해로운 마음들 가운데서 가장 미세하다. 그래서 재생연결을 일어나게 하는 역할을 하지 못한다. 나머지 11가지 마음은 네 악처에 태어나는 중생들의 재생연결식과 바왕가와 죽음의 마음의 역할을 하는 해로운 과보인 조사하는 마음을 일어나게 할 수 있다. 그리고 12가지 해로운 마음은 모두 삶의 과정에서 욕계의 어디서든지 일곱 가지 해로운 과보의 마음을 일어나게 할 수 있다. 다시 말하면 다섯 가지 전오식(눈, 귀, 코, 혀, 몸의 알음알이)과 두 가지 받아들이는 마음이나 조사하는 마음을 일으킬 수 있다. 색계에서는 코, 혀, 몸의 알음알이가 제외된 네 가지 해로운 과보의 마음을 일어나게 할 수 있다. (<도표 5.4> 참조)

§28. 욕계 유익한 업의 과보

28. kāmāvacarakusalam pi kāmasugatiyam eva paṭisandhiṁ janeti, tathā pavattiyañ ca mahāvipākāni. ahetukavipākāni pana aṭṭha pi sabbatthā pi kāmaloke rūpaloke ca yathārahaṁ vipaccati.

욕계의 유익한 업은 욕계 선처에 재생연결을 생산한다. 그와 마찬가지로 삶의 과정에서는 큰 과보의 마음을 생산한다. 이것은 욕계 세상의 모든 곳과 색계 세상에서 적절하게 8가지 원인 없는 과보의 마음을 익게 한다.

[해설]

각각의 유익한 마음과 그것이 일으킬 수 있는 과보의 마음의 상호관계에 대해서는 아래 §§29~30에서 설명한다.

'큰 과보의 마음(mahāvipākāni)'은 네 가지 형태로 일어난다. 즉 재생연결식과 존재지속심(바왕가)과 죽음의 마음이라는 인식과정을 벗어난 마음의 역할 세 가지와 여운의 마음의 역할로 일어난다. 이러한 네 가지 형태의 과보의 마음은 오직 욕계 세상에서만 일어난다.(제4장 §19도

<도표 5.4/A> 욕계의 업과 그 과보

업				업의 과보							
	욕계의 업	재생연결에서	삶의과정에서	세상	不善과보평온조사	원인없는 불선과보	善과보평온조사	원인없는 선과보	지혜없는 큰과보	지혜있는 큰과보	합계
1	해로운 업(들뜸 제외) 11	◎		악도 4	1						1
2	해로운 업 12		◎	욕계 모두 11		7 ‡1					7
			◎	색계 15		4 ‡2					4
3	세 가지 원인을 가진 수승한 유익한 업 4	◎		욕계 선처 7						4	4
			◎	욕계 모두 11				8 ‡3		8 ‡5	16
			◎	색계 15				5 ‡4		0 ‡6	5
4	세 가지 원인을 가진 저열한 유익한 업 4 / 두 가지 원인을 가진 수승한 유익한 업 4	◎		욕계 선처 7					4		4
			◎	욕계 모두 11				8 ‡3	4 ‡5		12
			◎	색계 15				5 ‡4	0 ‡6		5
5	두 가지 원인을 가진 저열한 유익한 업 4	◎		인간1, 사대왕천1			1				1
			◎	욕계 모두 11				8			8
			◎	색계 15				5			5

‡1: (13)~(19)번의 7가지 마음(<도표 1.11> 참조)
‡2: ‡1에서 (15)~(17), 즉 비식·설식·신식을 제외한 4가지 마음
‡3: (20)~(27)번의 8가지 마음(<도표 1.11> 참조)
‡4: ‡3에서 (22)~(24), 즉 비식·설식·신식을 제외한 5가지 마음
‡5: 여운의 마음임(§28 참조)
‡6: 색계 세상에서는 여운의 마음이 일어나지 못함(제4장 §19참조)

<도표 5.4/B> 색계 · 무색계의 업과 그 과보

	고귀한 의도들	세 상	재생연결 · 바왕가 · 죽음
1	초선 — 저열	범중천	초선의 과보
	초선 — 중간	범보천	
	초선 — 수승	대범천	
2	제2선 — 저열	소광천	제2선의 과보
	제2선 — 중간	무량광천	
	제2선 — 수승	광음천	
3	제3선 — 저열	소광천	제3선의 과보
	제3선 — 중간	무량광천	
	제3선 — 수승	광음천	
4	제4선 — 저열	소정천	제4선의 과보
	제4선 — 중간	무량정천	
	제4선 — 수승	변정천	
5	제5선 — 보통	광과천	제5선의 과보
6	제5선 — 인식에 염오	무상유정천	없음
7	제5선 — 불환자	정거천	제5선의 과보
8	공무변처	공무변처천	제1 무색계 과보
9	식무변처	식무변처천	제2 무색계 과보
10	무소유처	무소유처천	제3 무색계 과보
11	비상비비상처	비상비비상처천	제4 무색계 과보

참조할 것.)

8가지 원인 없는 과보의 마음은 전오식과 받아들이는 마음과 두 가지 조사하는 마음이다. 이 두 가지 조사하는 마음은 인식과정에서 여운의 역할로도 일어날 수 있다. 그리고 이 중에서 평온과 함께한 것은 불구로 태어나는 자의 재생연결식과 바왕가와 죽음의 마음의 역할을 할 수도 있다.

이 8가지는 욕계에 태어난 존재에게 모두 일어나고 이 가운데서 코, 혀, 몸의 알음알이는 색계에 태어난 존재에게는 일어나지 못한다. 색계의 유정들은 이에 상응하는 감각기능이 없기 때문이다.

§29. 유익한 과보와 원인

29. tatthā pi tihetukam ukkaṭṭhaṁ kusalaṁ tihetukaṁ paṭisandhiṁ datvā pavatte soḷasa vipākāni vipaccati.

tihetukam omakaṁ dvihetukam ukkaṭṭhañ ca kusalaṁ dvihetukaṁ paṭisandhiṁ datvā pavatte tihetukarahitāni dvādasa vipākāni vipaccati.

dvihetukamomakaṁ pana kusalaṁ ahetukam eva paṭisandhiṁ deti. pavatte ca ahetukavipākān' eva vipaccati.

3가지 원인을 가진 수승한 유익한 업은 3가지 원인을 가진 재생연결을 생산한 뒤 삶의 과정에서는 16가지 과보의 마음을 익게 한다.

3가지 원인을 가진 저열한 유익한 업과 두 가지 원인을 가진 수승한 유익한 업은 2가지 원인을 가진 재생연결을 생산한 뒤 삶의 과정에서는 3가지 원인을 가진 것을 제외한 12가지 과보의 마음을 익게 한다.

2가지 원인을 가진 저열한 유익한 업은 원인 없는 재생연결을 생산한 뒤 삶의 과정에서는 원인 없는 과보의 마음만을 익게 한다.

[해설]

1. **수승한 유익한 업과 저열한 유익한 업**: '유익한 업'은, 수승하고 저열한 두 등급의 과보를 일어나게 하는 능력에 따라서 두 가지로 구분이 된다. 수승한(ukkaṭṭha) 유익한 업은 번뇌를 잘 씻어내고, 업을 짓기 전과 후에 좋은 원인을 가진 마음으로 지은 업이다. 예를 들면 바르게 번 돈으로 준비한 음식을 덕이 높은 스님에게 공양 올리고, 공양 올리기 전이나 후에 환희심을 낸 경우를 들 수 있다. 저열한(omaka) 유익한 업은 유익한 업을 짓기 전후에 기고만장하다든지 남을 비방한다든지 즉시에 후회한다든지 하는 부정한 상태로 얼룩진 마음으로 지은 것을 뜻한다.

2. **3가지 원인을 가진 재생연결을** …: 이것은 지혜와 결합된 네 가지 큰 과보의 마음으로 나타난다. 삶의 과정에서 일어나는 16가지 과보의 마음은 8가지 원인 없는 마음과 8가지 큰 과보의 마음이다.

3. **12가지 과보**: 이것은 위 16가지 가운데서 지혜와 결합된 4가지 큰 과보의 마음을 제외한 12가지이다.

4. **원인 없는 재생연결**: 이것은 유익한 과보인 평온과 함께하는 조사하는 마음이다.

§30. **다른 대가들의 견해**

30. asaṅkhāraṁ sasaṅkhāravipākāni na paccati
sasaṅkhāram asaṅkhāravipākānī ti kecana.
tesaṁ dvādasa pākāni dasa aṭṭha ca yathākkamaṁ
yathāvuttānusārena yathāsambhavam uddise.

자극이 없는 마음은 자극이 있는 과보들을 생산하지 않고
자극이 있는 마음은 자극이 없는 과보들을

생산하지 않는다고 어떤 분들은 말한다.
그들에 따르면 12, 10, 8의 순서대로
앞서 설한 것처럼 설명되어야 한다.

[해설]

1. **어떤 분들은 말한다**: 위 §29에서 언급된 과보의 마음에 대한 견해는 삼장법사 쭐라나가(Cūḷanāga) 스님이 발전시킨 것이며 아비담마의 대가들이 일반적으로 인정하는 것이다. 여기 §30에서 저자는 스리랑카의 모라와삐(Moravāpi) 승원에 거주하던 마하 담마락키타(Mahā Dhammarakkhita) 스님의 문파에 속하는 대가들의 견해를 소개하고 있다.[403]

2. **12, 10, 8의 순서대로**: 이 견해에 따르면, 재생연결과 삶의 과정 둘 다에서 자극이 없는 유익한 마음들은 자극이 없는 유익한 과보의 마음을 일어나게 하고 자극이 있는 유익한 마음들은 자극이 있는 유익한 과보의 마음을 일어나게 한다고 한다. 이것은 삶의 과정에서 수승한 세 원인을 가진 유익한 마음들은 단지 12가지 과보의 마음, 즉 8가지 원인 없는 과보의 마음과 그 유익한 마음들의 본성이 자극을 받은 것이나 혹은 자극을 받지 않은 것에 상응하는 자극을 받은 것이나 혹은 자극을 받지 않은 마음만을 일어나게 한다는 뜻이다. 그리고 저열한 유익한 마음들은 10가지 과보의 마음을 일어나게 하는데 8가지 원인 없는 과보의 마음과 그 유익한 마음들의 자극이 있음과 없음에 상응하는 자극이 있거나 혹은 자극이 없는 마음 2가지만을 일으키게 한다.

위 §29의 일반적인 견해에서처럼 이 견해에서도 가장 약한 유익한 마음들은 단지 원인 없는 재생연결식과 삶의 과정에서는 단지 8가지

403) DhsA.267~288; *The Expositor* 354~379쪽을 참조할 것.

<도표 5.5> 욕계 선업의 과보

욕계 유익한 마음들	재생의 과보	삶의 과정 중의 과보		
		원인 없는 과보	원인 가진 과보 〔일반적 견해〕	원인 가진 과보 〔다른 견해〕
1번 수승	3개 원인	모두 8개	1~8번	1, 3, 5, 7번
1번 저열	2개 원인	〃	3, 4, 7, 8번	3, 7번
2번 수승	3개 원인	〃	1~8번	2, 4, 6, 8번
2번 저열	2개 원인	〃	3, 4, 7, 8번	4, 8번
3번 수승	2개 원인	〃	3, 4, 7, 8번	3, 7번
3번 저열	원인 없음	〃	없음	없음
4번 수승	2개 원인	〃	3, 4, 7, 8번	4, 8번
4번 저열	원인 없음	〃	없음	없음
5번 수승	3개 원인	〃	1~8번	1, 3, 5, 7번
5번 저열	2개 원인	〃	3, 4, 7, 8번	3, 7번
6번 수승	3개 원인	〃	1~8번	2, 4, 6, 8번
6번 저열	2개 원인	〃	3, 4, 7, 8번	4, 8번
7번 수승	2개 원인	〃	3, 4, 7, 8번	3, 7번
7번 저열	원인 없음	〃	없음	없음
8번 수승	2개 원인	〃	3, 4, 7, 8번	4, 8번
8번 저열	원인 없음	〃	없음	없음

† 욕계의 유익한 마음과 과보의 마음은 <도표 1.4.>를 참조할 것.

원인 없는 과보의 마음을 일어나게 한다고 설한다. 이 두 견해를 비교하기 위해서는 <도표 5.5>를 참조할 것.

§31. 색계 유익한 업의 과보

31-1. rūpāvacarakusalaṁ pana paṭhamajjhānaṁ parittaṁ bhāvetvā brahmapārisajjesu uppajjati.

tad eva majjhimaṁ bhāvetvā brahmapurohitesu,

paṇītaṁ bhāvetvā mahābrahmesu.

색계 유익한 업은 [다음과 같다]. 초선을 조금 닦고서 그들은 범중천에 태어난다. 그것을 중간 정도 닦고서 범보천에 태어난다. 수승하게 닦고서 대범천에 태어난다.

[해설]

1. **색계 유익한 업**: 색계의 다섯 가지 禪 각각은 그 업의 과보로서 그 각각에 정확히 상응하는 색계 과보의 마음을 일어나게 한다. 이 마음은 유익한 禪의 마음 그 자체에 의해서 생긴 단 하나의 과보의 마음이다. 본삼매라는 그 절정에 이르기 전의 禪의 준비 단계에서 일어나는 유익한 마음들은 욕계의 유익한 마음이기 때문에 그들의 과보는 모두 욕계 과보의 마음들이지 색계 과보의 마음들이 아니다. 색계 과보의 마음은 재생연결식과 바왕가와 죽음의 마음의 오직 세 가지 역할이나 기능만을 한다. 이것은 단지 인식과정을 벗어난 마음으로서만 일어난다는 뜻이다. 이것은 인식과정에서는 결코 일어나지 않으며 유익한 禪의 마음은 인식과정에서 일어나는 어떤 과보의 마음도 일으키지 않는다. 거듭 말하지만 인식과정에서 나타나는 모든 과보의 마음들은 출세간의 과의 마음들을 제외하고는 모두 욕계 과보의 마음들이다.

각각의 유익한 禪의 마음은 그 각각의 경지에 상응하는 색계 천상에 재생하는 마음을 일으킨다. 그러나 색계 천상은 경에서 설하는 네 가지 禪에 따라 네 층으로 분류되어 있기 때문에 5禪으로 분류하는 아비담마의 제2선과 제3선은 색계 천상의 제2선천에 상응한다.

색계 천상 가운데서 낮은 세 층은 모두 각각 세 가지씩의 다른 영역을 가진다. 이 영역에는 그에 상응하는 禪을 조금, 중간, 수승하게 닦는 세 등급과 상응한다. 禪의 마음 그 자체는 닦는 세 등급에 따라서 다른 형태로 나누어지지 않는다. 그것은 그와 함께 일어나는 일단의 마음부수법들에 따라서 특정한 禪의 마음이라고 정의된다. 이런 세 가지 구분이 있게 된 것을 『위바위니 띠까』에서는 禪에 든 수행자의 마음(citta), 그리고 마음과 함께 일어나는 마음부수법들인 열의(chanda), 정진(viriya), 검증(vīmaṁsa) 등의 정도가 다르기 때문이라고 설명한다.[404]

같은 층의 禪에서는 낮게 닦거나 중간 정도로 닦거나 수승하게 닦거나 간에 모두 같은 마음부수법들로 구성된다. 그러나 닦은 정도는 마음이 재생을 일어나게 하는 능력에는 큰 영향을 준다. 그러므로 각 층에는 세 가지 다른 영역이 있어서 그들의 낮거나 중간이거나 수승한 정도에 따라 그곳에 재생하는 것이다. 여러 경지의 禪을 닦은 수행자의 경우 그가 임종 시에 들어 있는 가장 높은 경지의 禪이 다음 생을 결정하는 역할을 한다고 한다.

이하 각각의 천상에 대해서는 앞 §6의 해설을 참조할 것.

31-2. tathā dutiyajjhānaṁ tatiyajjhānañca parittaṁ bhāvetvā

---

404) "hīnehi chandacittavīriyavīmaṁsāhi nibbattitaṁ vā parittaṁ. majjh-imehi chandādīhi majjhimaṁ. paṇītehi paṇītan ti alamatippapañc-ena."(VṬ.185)

열의, 정진, 마음, 검증은 경에서 네 가지 성취 수단[四如意足]으로 정리되어 나타난다.(제7장 §26 참조)

parittābhesu;

majjhimaṁ bhāvetvā appamāṇābhesu;
paṇītaṁ bhāvetvā ābhassaresu.

그와 같이 제2선과 제3선을 조금 닦고서 소광천에 태어난다.
중간 정도 닦고서 무량광천에 태어난다.
수승하게 닦고서 광음천에 태어난다.

31-3. catutthajjhānaṁ parittaṁ bhāvetvā parittasubhesu;
majjhimaṁ bhāvetvā appamāṇasubhesu;
paṇītaṁ bhāvetvā subhakiṇhesu.

제4선을 조금 닦고서 그들은 소정천에 태어난다.
중간 정도 닦고서 무량정천에 태어난다.
수승하게 닦고서 변정천에 태어난다.

31-4. pañcamajjhānaṁ bhāvetvā vehapphalesu.
tad eva saññāvirāgaṁ bhāvetvā asaññasattesu.
anāgāmino pana suddhāvāsesu uppajjanti.

제5선을 닦고서 그들은 광과천에 태어난다.
인식에 대한 탐욕이 빛바램을 닦고서 무상유정천에 태어난다.
불환자는 정거천에 태어난다.

[해설]

1. **제5선을 닦고서**: 四禪天이 층으로 나누어지는 원칙은 앞의 세 천이 나누어지는 원칙과는 다르다. 이 천상에서는 모든 범부들과 예류자들과 일래자들이 제5선을 조금 닦거나 중간 정도로 닦거나 수승하게 닦거나 모두 광과천에 태어난다. 어떤 범부들은 마음과 인식이 모든

괴로움의 근원이라 여기고 인식에 대한 탐욕을 제거하고(saññā-virāga) 제5선을 닦는다. 그들의 제5禪의 마음이 인식을 없애버리려는 의도로 가득 배어있기 때문에 그들은 무상유정천에 태어난다. 그들은 그곳에 단지 생명이 있는 육체만을 가지고(이것을 생명기능의 구원소라 한다. 제6장 §28 참조) 태어나서 머물다가 그 수명이 다하면 다시 다른 곳으로 재생하게 된다.

2. **불환자는 정거천에 태어난다**: 다섯 가지 정거천에 태어나는 것은 그들의 아주 우세한 정신적인 기능[五根]에 의해서 결정된다. 믿음(saddhā)을 탁월한 기능으로 가진 불환자는 무번천(avihā)에 태어나고, 정진(viriya)이 탁월한 불환자는 무열천(atappā)에, 마음챙김(sati)이 탁월한 불환자는 선현천(sudassā)에, 삼매(samādhi)가 탁월한 불환자는 선견천(sudassī)에, 통찰지[慧, paññā]가 탁월한 불환자는 색구경천(akaniṭṭhā)에 태어난다. 비록 불환자들만이 이 정거천에 태어나지만 모든 불환자가 여기에 태어나는 정해진 법칙이 있는 것은 아니다. 이 정거천은 제5禪에 든 불환자들만이 태어나는 것으로 간주하면 되겠다. 낮은 禪의 경지와 무색계禪에 든 불환자는 각각 그 禪의 경지에 상응하는 색계와 무색계에 태어날 것이다. 그러나 모든 불환자는 욕계에는 태어나지 않는다. 왜냐하면 그들은 욕계로 재생을 하게 하는 감각적 쾌락에 대한 갈망(kāma-rāga)이 모두 제거되어버렸기 때문이다.

§32. 무색계 유익한 업의 과보

32. arūpāvacarakusalañ ca yathākkamaṁ bhāvetvā āruppesu uppajjantī ti.

무색계 유익한 업을 닦고서 그들은 그에 대응하는 무색계 [천상]에 태어난다.

[해설]

다시 말하면 공무변처를 닦은 사람이 죽을 때에 방일하지 않고 다른 장애에 끄달리지 않으면 공무변처의 천상에 태어난다. 같은 방법으로, 다른 무색계의 경지도 마찬가지이다. 색계의 마음처럼 무색계의 유익한 마음은 각각 그에 상응하는 과보의 마음만을 일으킬 수 있으며 그것은 단지 그 각각의 마음들이 속하는 무색계 천상에서 재생연결식과 바왕가와 죽음의 마음의 역할만을 한다.

§33. **결론**

33. itthaṁ mahaggataṁ puññaṁ yathābhūmivavatthitaṁ
janeti sadisaṁ pākaṁ paṭisandhipavattiyaṁ.

idam ettha kammacatukkaṁ.

이와 같이 세상에 따라 결정된 고귀한 덕은
재생연결과 삶의 과정에서 그와 비슷한 과보를 생산한다.

여기서 이것이 네 가지 업이다.

IV. 죽음과 재생연결의 과정
cuti-paṭisandhi-kkama

[해설]

이렇게 자세하게 업의 법칙에 대해서 알아보았고 그것을 바탕으로 어떤 마음이 어디서 어떤 과보의 마음을 일으키는가를 깊이 있게 고찰해보았다. 이제 이런 고찰을 바탕으로 인식과정을 벗어난 마음들을 집중적으로 분석한다. 먼저 죽음을 고찰해 본다.

§34. **네 가지 죽음의 원인**

34. āyukkhayena, kammakkhayena, ubhayakkhayena, upacchedaka-kammunā cā ti catudhā maraṇ'uppatti nāma.

죽음이 오는 것은 네 가지가 있으니 (1) **수명이 다함으로써** (2) **[생산]업이 다함으로써** (3) **둘 모두 다함으로써** (4) **단절하는 업이 [끼어듦]으로써이다.**

[해설]

1. **죽음이 오는 것**(maraṇa-uppatti): 아비담마에서 '죽음(maraṇa)'이란 "생명기능[命根]이 끊어진 것"405)을 말한다. 그리고 승의제(勝義諦)의 측면에서 보자면 마음, 마음부수, 물질의 모든 법들은 모두 찰나생·찰나멸하는 존재이므로 물·심의 모든 현상은 삶의 과정(pavatti))에서 매 찰나에 죽고 다시 태어나는 것을 반복한다. 이것을 아비담마에서는 찰나사(刹那死, khaṇika-maraṇa)라고 부른다.406)

2. **수명**(āyu)**이 다함으로써**: 이것은 수명의 한계가 결정된 세상(§12, §14, §16)에 머무는 중생들에게 해당된다. 인간 세상에서도 역시 자연사로써 나타난다. 그 세상에서 기대할 수 있는 최대치의 수명을 살다 죽었지만 아직 그의 생산업이 다하지 않았다면 천신들의 경우에서 보듯이 업의 힘에 의해서 같은 세상이나 더 높은 세상에 다시 태어날 수 있다.

3. **[생산]업이 다함으로써**: 이것은 비록 정상적인 수명이 다하지

---

405) "jīvitindriyassupacchedo"(Vbh. {193})

406) "khaṇikamaraṇaṁ nāma pavatte rūpārūpadhammānaṁ bhedo."(VbhA.101)

않았고 그밖에 수명을 연장할 좋은 조건들이 있음에도 불구하고 재생을 가져온 업 자체가 그 힘을 상실해서 생기는 죽음이다.

4. **단절하는 업이 [끼어듦]으로써**: 정상적인 수명이 다하기 전에라도 아주 막강한 단절하는 업이 끼어들어서 재생을 일으키는 업의 힘을 끊어버린 경우이다. 여기서 '단절하는 업'은 upacchedaka-kamma를 옮긴 것인데 주석서는 §18의 파괴업(upaghātaka-kamma)과 같은 것으로 설명하고 있다.(MA.v.12; MAṬ.ii.375)

여기서 처음의 세 가지 경우를 정상적인 죽음(kāla-maraṇa)이라 하고 네 번째를 불시의 죽음(akāla-maraṇa)이라 한다. 예를 들면 등불은 심지가 다하거나 기름이 다하거나 이 둘이 동시에 다하면 꺼지고 갑자기 불어온 바람에 의해서 꺼질 수도 있다.

§35. **죽을 때의 표상**

35. tathā ca marantānaṁ pana maraṇakāle yathārahaṁ abhimukhībhūtaṁ bhavantare paṭisandhijanakaṁ kammaṁ vā taṁkammakaraṇakāle rūpādikam upaladdhapubbam upakaraṇabhūtañ ca kammanimittaṁ vā anantaram uppajjamānabhave upalabhitabbam upabhogabhūtañ ca gatinimittaṁ vā kammabalena channaṁ dvārānaṁ aññatarasmiṁ paccupaṭṭhāti.

죽음을 맞이하는 자에게 임종 시에 다음 중 어떤 하나가 업의 힘에 의해 여섯 가지 문 가운데 어떤 하나에 나타난다.

(1) 상황에 따라서 [임종할 자가] 바로 다음 생에서 직면하게 될 재생연결을 생산할 '업(kamma)'이나

(2) 이전에 업을 지을 때에 인식한 형색 등과 그 업을 지을 때에 사용한 기구와 같은 '업의 표상(kamma-nimitta)'이나

(3) **바로 다음 생에서 얻거나 경험하게 될 '태어날 곳의 표상**(gati-nimitta)'**이 [나타난다.]**

[해설]

이 세 가지에 대해서는 이미 여러 번 언급을 했다.(제3장 §17의 해설 5 참조) 여기서 다시 강조하고 싶은 것은 이런 대상은 죽어가는 사람의 죽음의 마음 바로 직전의 자와나(속행)과정에서 나타나는 것이지 죽음의 마음 그 자체에 나타나는 것이 아니라는 것이다. 한 생에서의 마지막 마음인 죽음의 마음(cuti-citta)은 그 생을 받을 때 생긴 재생연결식과 그 생의 삶의 과정에서의 존재지속심(바왕가)이 가졌던 대상을 대상으로 하여 일어났다가 멸한다. 이 죽어가는 사람의 죽음 직전의 자와나 때 생긴 대상은 바로 다음 생의 재생연결식의 대상이 되고 그것은 새로 받은 생의 바왕가의 대상으로 계속 작용하다가 같은 방법대로 그 생의 죽음의 마음의 대상이 되는 것이다.

§36. 죽을 때의 마음

36. tato paraṁ tam eva tath'opaṭṭhitaṁ ārammaṇaṁ ārabbha vipaccamānakakammānurūpaṁ parisuddhaṁ upakkiliṭṭhaṁ vā upalabhitabba-bhavānurūpaṁ tatth'onataṁ va cittasantānaṁ abhiṇhaṁ pavattati bāhullena. tam eva vā pana janakabhūtaṁ kammaṁ abhinavakaraṇavasena dvārappattaṁ hoti.

곧바로 이와 같이 나타난 그 대상을 대상으로 삼아, 과보를 가져올 업이 청정하거나 혹은 오염되었거나 간에 그것에 걸맞게, 또 태어날 곳에 걸맞게 마음의 흐름[心相續]은 거의 대부분 그곳으로 기울면서 계속해서 일어난다. 그런데 [이 경우에는] 재생연결을 생산할 바로 그 업이 새것으로 감각의 문에 나타난다.

[해설]

1. **새것으로**(abhinava-karaṇa-vasena): 즉 그때 나타난 업은 이전에 지은 것을 기억하는 영상으로 나타나지 않는다는 말이다. 그것은 바로 그 찰나에 지은 것처럼 마음의 문에 나타나는 것이다.

§37. 죽음과 재생연결

37. paccāsannamaraṇassa tassa vīthicittāvasāne bhavaṅgakkhaye vā cavanavasena paccuppannabhavapariyosānabhūtaṁ cuticittaṁ uppajjitvā nirujjhati.

tasmiṁ niruddhāvasāne tassa anantaram eva tathāgahitaṁ ārammaṇaṁ ārabbha savatthukaṁ avatthukam eva vā yathārahaṁ avijjānusayaparikkhittena taṇhānusayamūlakena saṅkhārena janiyamānaṁ, sampayuttehi pariggayhamānaṁ, sahajātānam adhiṭṭhānabhāvena pubbaṅgamabhūtaṁ, bhavantarapaṭisandhānavasena paṭisandhisaṅkhātaṁ mānasaṁ uppajjamānam eva patiṭṭhāti bhavantare.

죽음에 직면한 사람에게 인식과정의 끝에서 혹은 존재지속심이 다할 때 금생의 마지막인 죽음의 마음이 죽음으로서 일어났다가 멸한다.

그 [죽음의 마음이] 멸하자마자 바로 다음에 그와 같이 잡은 대상을 대상으로 하여 [재생연결식이 일어난다. 재생연결식은] 경우에 따라서 [심장]토대를 갖기도 하고 혹은 가지지 않기도 하며, 무명의 잠재성향에 의해 던져졌고 갈애의 잠재성향에 뿌리박은 [업]형성[行]에 의해 생겼으며, 관련된 [마음부수들과] 결합되어 있으며, 함께 생겨난 [마음부수들에게] 활동 무대(adhiṭṭhāna)가 됨으로써 이들의 선구자가 된다(pubbaṅ-gama). [금생과] 다음 생(bhavantara)을 연결하기 때문에 재생연결식

<도표 5.6> 죽음과 재생

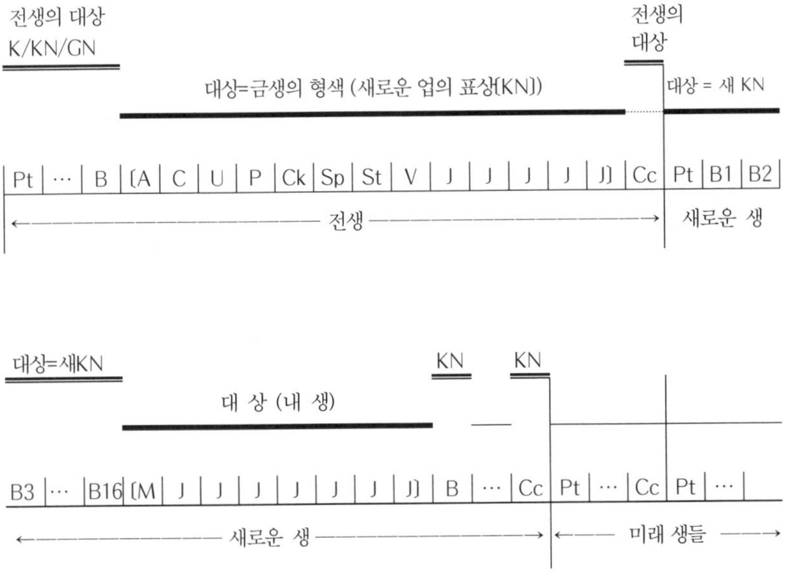

K = 업(kamma); KN = 업의 표상(kamma-nimitta); GN = 태어날 곳의 표상(gati-nimitta); Pt = 재생연결식(paṭisandhi); Cc = 죽음의 마음(cuti-citta); Ck = 눈의 알음알이[眼識, cakkhu-viññāṇa, <도표 4.2>의 E], 나머지는 <도표 4.2>와 <도표 4.3>과 같음.

‡ 본 도표에서는 금생의 형색[色, rūpa]이 업의 표상으로 나타난다. 다른 대상들에 대해서 인식과정은 다르게 일어나기도 한다. 17심찰나의 기간을 가진 형색은 전생의 마지막 자와나 과정의 14가지 마음의 대상이 되고 내생의 처음 세 마음의 대상이 된다. 내생의 세 번째 바왕가에서부터 이 형색은 과거의 대상이 된다.

이라 불리는 이 마음이 일어나서 다음 생에 확립된다.

[해설]

1. **죽음에 직면한 사람에게**: 마지막 인식과정은 바왕가가 방해받으면서 시작된다. 바왕가는 한 찰나 동안 동요하고 끊어진다. 그다음은 다섯 감각의 문의 하나에 어떤 감각의 대상이 나타나서 오문(五門)의 과정이 시작되거나, 마음의 문에 나타난 감각의 대상이나 마음의 대상을 대상으로 삼아 의문(意門)의 과정이 시작된다. 이 맨 마지막의 자와나(속행) 과정은 아주 미약하기 때문에 보통의 일곱 번이 아닌 오직 다섯 번의 심찰나만 일어난다. 그리고 이 과정은 보통 속행과정이 가지는 생산업의 능력이 없다. 단지 재생을 일으키는 역할을 한다고 여겨지는 과거의 업을 위한 통로의 역할을 한다. 다섯 번의 속행 다음에는 두 가지 여운의 마음이 일어나기도 하고 일어나지 않기도 한다. 어떤 경우에는 바왕가(존재지속심)가 마지막 인식과정에 따라오기도 한다. 그럴 경우에는 맨 마지막의 마음인 죽음의 마음이 금생으로부터 떠나가는 역할을 수행한다.[407] 죽음의 마음이 멸하면 생명기능[命根, jīvitindriya]은 끊어진다. 그러면 육체는 단지 온도에서 생긴 무정물의 덩어리로 남게 되며 그렇게 해서 송장이 가루가 되어 없어질 때까지 지속된다.

2. **그 [죽음의 마음이] 멸하자마자**: 죽음의 마음이 멸하는 순간을 따라 새로운 세상에서 재생연결식이 마지막 속행과정에서 얻은 그 대상을 인지하면서 일어난다. 이 마음은 물질이 있는 세상에서는 심장토대를 의지하고 물질이 없는 무색계 세상에서는 토대가 없이 일어난다. 이것이 [업]형성[行]에 의해서 생겼다고 표현한 것은 바로 전생의 마지

407) 인식이 없는 중생[無想有情]의 재생연결과 더불어 20가지 재생연결의 과정에 대한 설명은 『청정도론』 XVII.134 이하를 참조할 것.

막 속행과정에서 생겼다는 뜻이다. 속행과정이 바로 유익하거나[善] 해로운[不善] 업이 일어나는 [업]형성[行, saṅkhāra], 즉 의도적인 행위이기 때문이다. 여기서 전생의 마지막 속행과정은 윤회의 과정에서 두 가지 뿌리에 근거하고 있으니 그것은 무명의 잠재성향(avijjānusaya)과 갈애 혹은 갈망의 잠재성향(rāgānusaya)이다.

3. **선구자가 된다**(pubbaṅgama): 재생연결식이 함께 생겨난 [마음부수들]의 선구자가 된다라는 뜻은 이것이 함께 생긴 마음부수들보다 먼저 생겼다는 것이 아니고 본문에서 지적했듯이 함께 생긴 마음부수들의 활동 무대 혹은 토대(adhiṭṭhāna)가 되어준다는 것이다.

한편 『청정도론』은 XVII.133에서 다음과 같은 네 가지 질문을 제기한 뒤 XVII.134~185에서 욕계 악처와 욕계 선처와 색계와 무색계의 재생연결의 과정을 자세하게 설명하고 있다.

[청정도론 XVII]: "133. 그러나 위에서 말한 '나머지 19가지 알음알이 중에서 어떤 것도 자기에게 적절하게 재생연결에 일어나지 않는 것은 없다.'(§130)고 한 것은 너무 간략해서 알기 어렵다. 그래서 그것에 대해 자세한 방법을 보여주기 위해 이와 같이 질문을 제기한다. ① 얼마나 많은 재생연결이 있는가? ② 얼마나 많은 재생연결식이 있는가? ③ 어떤 [마음이] 어디에 재생연결을 하는가? ④ 무엇이 재생연결의 대상인가?"

§38. 욕계 재생연결의 대상

38. maraṇāsannavīthiyaṁ pan' ettha mandappavattāni pañc' eva javanāni pāṭikaṅkhitabbāni. tasmā yadi paccuppannārammaṇesu āpāthagatesu dharantesv' eva maraṇaṁ hoti, tadā paṭisandhibhavaṅgānam pi paccuppannārammaṇatā labbhatī ti katvā kāmāvacarapaṭisandhiyā chadvāraggahitaṁ kammanimittaṁ gatinimittañ ca paccuppannam atītam ārammaṇaṁ upalabbhati. kammaṁ pana atītam eva, tañ ca manodvāraggahitaṁ. tāni pana sabbāni pi parittadhammabhūtān'ev'ārammaṇāni.

여기서 죽음에 직면한 인식과정에서는 오직 다섯 번의 속행이 느리게 일어나는 것이 기대된다. 그러므로 만약 현재의 대상이 일어나서 영역에 나타날 때 죽음을 맞으면 재생연결식과 존재지속심(바왕가)도 현재의 대상을 취한다. 욕계 재생연결의 경우 대상이 여섯 문의 하나에서 취한 업의 표상이거나 혹은 태어날 곳의 표상이면 그 대상은 현재의 것이거나 과거의 것이다. 그러나 업은 과거의 것이고 마음의 문을 통해 취한다. [욕계 재생연결의] 대상들은 모두 제한된(paritta) 현상들일 뿐이다.

[**해설**]

여기 §38 이하에 나타나는 재생연결에 대한 설명은 『청정도론』 XVII.134~185의 자세한 설명을 요약하여 제시한 것이라 할 수 있다.

1. **재생연결식과 존재지속심(바왕가)도 현재의 대상을 취한다**: 죽을 때 취한 현재의 대상은 재생연결과 처음 몇 바왕가 동안 지속된다. 그러므로 이들도 역시 현재의 대상을 가진다는 뜻이다.

2. **욕계 재생연결의 경우** …: 만일 재생연결식의 대상이 ① 업이면 당연히 그것은 과거의 것이고 마음의 문에서 취한 정신적인 대상이다. 만일 그 대상이 ② 업의 표상이라면 여섯 문들 가운데 어떤 하나에 의해서 인지될 것이며 그것은 과거의 것이거나 현재의 것이다. 그러나 ③ 태어날 곳에 대한 표상이 그 대상인 경우에 대해서는 아비담마의

대가들마다 서로 대립되는 해석을 하고 있다.

『위바위니 띠까』의 저자를 포함한 몇몇 주석가들은 태어날 곳의 표상은 반드시 마음의 문에서 취해지는 현재에 속하는 눈에 보이는 형색이라고 주장한다. 그들은 본문에 나타나는 아누룻다 스님의 문장을, "대상이 업의 표상이면 여섯 문들 가운데 어떤 문으로도 인지할 수 있으며 그것은 현재의 것이거나 과거의 것이다. 대상이 태어날 곳의 표상이면 그것은 여섯 번째 문, 즉 마음의 문에서 인지되고 현재의 것이다."라고 해석한다.(VṬ.190~192 참조)

그러나 레디 사야도를 포함한 다른 대가들은 이런 해석을 너무 무리하고 좁은 해석이라고 주장한다. 그들은 해석하기를 '아누룻다 스님이 태어날 곳의 표상은 과거의 것이거나 현재의 것으로서 여섯 문들 가운데 어디서든 인지할 수 있다고 견해를 넓게 표방했을 것'이라고 한다. 레디 사야도는 논장에서 "태어날 곳의 표상은 마음의 문에 나타난 현재의 눈에 보이는 대상이다."라고 보통으로 말을 할 때, 그것은 우리가 보통 말하는 '나타난다(gocarabhāvaṁ gacchati)'는 뜻으로 말한 것이지 현재에 눈의 대상, 즉 형색 이외의 것은 절대 나타나지 않는다는 것을 뜻하지 않는다고 단언한다.(PdṬ.264 참조) 예를 들면 지옥에서 나는 신음소리나 천상의 음악이나 향기와 같은 눈에 보이는 형색 이외의 대상이 표상으로 나타나기도 한다는 것이다.[408]

§39. 고귀한 재생연결의 대상

39-1. rūpāvacarapaṭisandhiyā pana paññattibhūtaṁ kammanimittam ev'ārammaṇaṁ hoti.

tathā āruppapaṭisandhiyā ca mahaggatabhūtaṁ paññattibhūtañ

---

408) 욕계의 재생연결에 대해서는 『청정도론』 XVII.136~142와 145를 참조할 것.

ca kammanimittam eva yathāraham ārammaṇaṁ hoti.

색계 재생연결의 경우 대상은 항상 개념(paññatti)인 업의 표상이다. 그와 마찬가지로 무색계의 재생연결도 대상은 경우에 따라 고귀한 마음이거나 개념인 업의 표상이다.

[해설]

색계 재생연결식의 대상은 재생을 일으키는 禪의 대상인 닮은 표상(paṭibhāga-nimitta)이다. 이것은 빤냣띠(개념)이고 업의 표상으로 간주된다. 첫 번째와 세 번째 무색계禪의 대상은 무한한 허공과 아무것도 없다는 빤냣띠(개념)인데 이것이 각각의 천상의 재생연결식의 대상이다. 두 번째와 네 번째 무색계禪의 대상은 첫 번째와 세 번째 무색계禪의 마음을 그 대상으로 가진다. 이들을 고귀한 상태(mahaggata)라 부른다.[409]

39-2. asaññasattānaṁ pana jīvitanavakam eva paṭisandhibhāvena patiṭṭhāti. tasmā te rūpapaṭisandhikā nāma.

arūpā arūpapaṭisandhikā.

sesā rūpārūpapaṭisandhikā.

무상유정들의 경우 생명기능의 구원소가 재생연결로 확립된다. 그러므로 그들은 물질의 재생연결을 가진다고 한다.

무색계의 [중생들은] 정신의 재생연결을 가진다.

나머지는 물질과 정신의 재생연결을 가진다.

[해설]

무상유정(無想有情), 즉 인식이 없는 중생들은 마음이 없다. 그러므로

409) 색계와 무색계의 재생연결에 대해서는 『청정도론』 XVII.143~144를 참조할 것.

재생연결 시에 어떤 대상도 가지지 않는다. 이 존재들의 흐름은 생명기능의 구원소(jīvita-navaka)로 유지된다. 생명기능의 구원소는 생명기능을 구성하는 아홉 가지 물질, 즉 유기물질의 집합을 뜻한다.(여기에 대해서는 제6장 §17을 참조할 것.)

§40. 재생의 법칙

40. āruppacutiyā honti heṭṭhimāruppavajjitā
paramāruppasandhī ca tathā kāme tihetukā.
rūpāvacaracutiyā aheturahitā siyuṁ
sabbā kāmatihetumhā kāmesv' eva pan' etarā.

ayam ettha cutipaṭisandhikkamo.

무색계에서 죽은 자는 더 높은 무색계에 태어나고
낮은 무색계에는 태어나지 않는다.
또한 욕계에 세 가지 원인을 가지고 태어난다.
색계에서 죽은 자는 원인 없이 태어나지 않는다.
욕계에 세 가지 원인을 가진 존재는 죽어
어디든지 태어날 수 있다.
나머지 [두 원인을 가졌거나 원인 없이 죽은 자들은]
반드시 욕계에 태어난다.

여기서 이것이 재생연결의 과정이다.

[해설]

재생연결의 법칙은 범부와 유학의 경우는 엄청나게 차이가 있다. 위 문장은 범부들의 경우에 국한해서 그 진행 과정을 서술하고 있다. 먼저 범부들의 진행 과정을 설명하고 유학의 경지에 있는 성스러운 제자들

〈도표 5.7/A〉 재생의 결정 — 범부

과거 세상	죽음의 마음	새 세상	재생연결식
31. 비상비비상처천	네 번째 무색계 과보	5~11, 31	각각에 해당하는 무색계 과보와 세 가지 원인을 가진 욕계과보 4개가 모두에 해당함
30. 무소유처천	세 번째 무색계 과보	5~11, 30, 31	
29. 식무변처천	두 번째 무색계 과보	5~11,29~31	
28. 공무변처천	첫 번째 무색계 과보	5~11,28~31	
22. 무상유정천	없음	5~11	큰 욕계 과보 8
21. 광과천	다섯 번째 색계 과보	5~31	큰 욕계 과보 8; 색계과보 5; 무색계 과보 4
20. 변정천	네 번째 색계 과보	5~31	〃
19. 무량정천	〃	〃	〃
18. 소정천	〃	〃	〃
17. 광음천	두~세 번째 색계 과보	〃	〃
16. 무량광천	〃	〃	〃
15. 소광천	〃	〃	〃
14. 대범천	첫 번째 색계 과보	〃	〃
13. 범보천	〃	〃	〃
12. 범중천	〃	〃	〃
11. 타화자재천	두 원인 욕계 과보 4; 세 원인 욕계 과보 4	1~11 1~31	큰 욕계 과보 8: 조사 2 모두 가능
10. 화락천	11번과 같음	11번과 같음	11번과 같음
9. 도솔천	〃	〃	〃
8. 야마천	〃	〃	〃
7. 삼십삼천	〃	〃	〃
6. 사대왕천	유익한 과보 조사 1 두 원인 욕계 과보 4 세 원인 욕계 과보 4	1~11 〃 1~31	큰 욕계 과보 8; 조사 2 〃 모두 가능
5. 인간	6번과 같음	6번과 같음	6번과 같음
4. 아수라 무리	해로운 과보 조사 1	1~11	큰 욕계 과보 8; 조사 2
3. 아귀계	〃	〃	〃
2. 축생계	〃	〃	〃
1. 지옥	〃	〃	〃

<도표 5.7/B> 재생의 결정 — 유학

과거 세상	죽음의 마음	새 세상	재생연결식
31. 비상비비상처천	네 번째 무색계 과보	31	네 번째 무색계 과보
30. 무소유처천	세 번째 무색계 과보	30, 31	세~네 번째 무색계 과보
29. 식무변처천	두 번째 무색계 과보	29~31	두~네 번째 무색계 과보
28. 공무변처천	첫 번째 무색계 과보	28~31	첫~네 번째 무색계 과보
27. 색구경천	다섯 번째 색계 과보	없음	없음
26. 선견천	〃	27	다섯 번째 색계 과보
25. 선현천	〃	26, 27	〃
24. 무열천	〃	25~27	〃 〃
23. 무번천	〃	24~27	〃
21. 광과천	〃	21, 23~31	〃
20. 변정천	네 번째 색계 과보	20, 21, 23~31	네~다섯 번째 색계과보; 무색계 과보 4
19. 무량정천	〃	19~21, 23~31	〃
18. 소정천	〃	18~21, 23~31	〃
17. 광음천	두~세 번째 색계 과보	17~21, 23~31	두~다섯 번째 색계과보; 무색계 과보 4
16. 무량광천	〃	16~21, 23~31	〃
15. 소광천	〃	15~21, 23~31	〃
14. 대범천	첫 번째 색계 과보	14~21, 23~31	첫~다섯 번째 색계과보; 무색계 과보 4
13. 범보천	〃	13~21, 23~31	〃
12. 범중천	〃	12~21, 23~31	〃
11. 타화자재천	세 원인 욕계과보 4	5~21, 23~31	세 원인 욕계 과보 4; 색계 과보 5; 무색계과보 4
10. 화락천	11번과 같음	11번과 같음	11번과 같음
6~9. 도솔천 등	〃	〃	〃
5. 인간	〃	〃	〃

(ariya-sāvakā)에 대해서 설명하겠다.

무색계에 머무는 유정들은 그들이 태어난 경지나 더 높은 禪에 상응하는 무색계禪을 닦지 그보다 더 낮은 禪을 닦지는 않을 것이다. 그러므로 그들이 그곳에서 임종할 때는 같은 세상이나 더 높은 천상에 태어날 것이다. 그러나 그들이 그 禪의 경지에서 떨어져버리면 그들은 근접삼매(upacāra-samādhi, 제9장 §4 참조)의 힘으로 욕계에 태어날 것이다. 즉 세 원인을 가진 욕계 과보의 마음 중의 하나를 재생연결식으로 하여 욕계에 태어날 것이다.

무상유정천에서 떠난 중생들은 두 원인이나 세 원인을 가진 욕계 과보의 마음을 재생연결식으로 하여 욕계에 태어난다.

색계에서 죽은 자는 무색계禪을 가졌으면 무색계 천상에 태어나고 색계禪을 가졌다면 색계 천상에 다시 태어날 것이며 욕계에 태어날 강한 업을 지었다면 다시 욕계에 태어날 것이다. 색계에서 죽어 욕계에 태어나는 자도 반드시 두 원인이나 세 원인을 가진 욕계 과보의 마음을 재생연결식으로 하여 욕계에 태어난다.

욕계에서 세 원인을 가진 마음으로 죽은 자들은 어떤 세상이든 다 태어날 수 있다. 세 원인을 가진 욕계의 존재는 어떤 형태의 업이든 모두 지을 수 있기 때문이다. 두 원인을 가졌거나 원인 없는 마음으로 욕계를 떠난 자들은 욕계에만 다시 태어난다. 그들은 두 가지 원인 없는 조사하는 마음 가운데 하나를 재생연결식으로 하여 태어나거나, 두 원인이나 세 원인을 가진 욕계 과보의 마음 중의 하나를 재생연결식으로 하여 태어난다.

유학에 속하는 성스러운 제자들의 경우에는 고귀한(mahaggata) 죽음의 마음에서 낮은 재생연결식으로 퇴행하는 경우는 있을 수 없다. 모든 성스러운 제자들은 세 원인을 가진 죽음의 마음으로 임종을 한다. 세 원인을 가지지 않고서는 도와 과를 증득할 수 없기 때문이다. 유학인 성스러운 제자들은 같은 세상에 다시 태어나거나 더 높은 세상에 태어난다. 그들은 같은 형태이거나 더 높은 재생연결식으로 태어난다.

물론, 아라한의 도와 과에 이른 자들은 죽은 후에 어떤 세상에도 다시 태어나지 않는다.

여기에 대해서는 <도표 5.7>을 참조하기 바란다.

§41. **마음의 흐름**[相續, santati]

41. icc'evaṁ gahitapaṭisandhikānaṁ pana paṭisandhinirodhānan-tarato pabhuti tam ev'ārammaṇam ārabbha tad eva cittaṁ yāva cuticittuppādā asati vīthicittuppāde bhavass'aṅgabhāvena bhavaṅgasantatisaṅkhātaṁ mānasaṁ abbocchinnaṁ nadīsoto viya pavattati.

pariyosāne ca cavanavasena cuticittaṁ hutvā nirujjhati.

tato parañ ca paṭisandhādayo rathacakkam iva yathākkamaṁ eva parivattantā pavattanti.

이와 같이 재생연결을 받은 자에게 재생연결식이 소멸한 직후부터 그 대상을 대상으로 삼아서 이 마음은 죽음의 마음이 일어나기 전까지 인식과정이 일어나지 않는 한 끊임없이 강의 흐름처럼 일어난다. 이것은 삶[有, bhava]의 구성성분이며 바왕가의 흐름[相續]이라 불린다.

[한 생의] 마지막에 죽음으로서 죽음의 마음이 되어 멸한다.

그다음에 재생연결과 다른 마음들이 수레의 바퀴처럼 순서대로 회전하면서 일어난다.

[해설]

1. **재생연결식이 소멸한 직후부터**: 재생연결식 다음에는 열여섯 찰나의 존재지속심이 일어난다. 그런 후에 의문전향의 마음이 일어나고 계속해서 일곱 가지 자와나(속행)의 과정이 일어난다. 이 자와나들에서 새로운 존재에 대한 집착이 생긴다. 이런 새로운 삶의 과정에서의 첫 번째 일어나는 자와나 과정을 '존재에 집착하는 자와나(bhava-nikanti-javana, PdṬ.45)'라 부른다. 이 첫 번째 자와나의 과정은 재생연결식을 그 대상으로 가진다. 이 자와나들은 탐욕에 뿌리하고 사견과 함께하지 않고 자극을 받지 않은 욕계의 마음들로 구성된다. 이런 과정이 끝나면 다시 바왕가(존재지속심)가 일어났다가 사라지고 인식과정이 끼어들지 않는 한 이 바왕가는 계속 흐른다. 이렇게 하여 마음의 흐름[相續]은 입태에서부터 죽을 때까지, 죽음에서부터 새 삶으로 수레바퀴 돌 듯이 계속해서 돌아간다.

§42. **결론**

42. paṭisandhibhavaṅgavīthiyo
cuti c'eha tathā bhavantare
puna sandhibhavaṅgam icc'ayaṁ
parivattati cittasantati.
paṭisaṅkhāya pan'etam addhuvaṁ
adhigantvā padam accutaṁ budhā
susamucchinnasinehabandhanā
samam essanti cirāya subbatā.

이 생에서처럼 다음 생에서도
재생연결과 바왕가와 인식과정과 죽음의 [마음]이 일어난다.
다시 재생연결과 바왕가로 이 마음의 흐름이 회전한다.

그러므로 이 [삶의] 견고하지 못함을 깊이 숙고하고서
오래도록 좋은 원력을 가진 깨달은 분들은
불사의 경지를 체득하고
집착의 족쇄를 근절하여 고요함을 얻는다.

iti Abhidhammatthasaṅgahe
vīthimuttasaṅgahavibhāgo nāma
pañcamo paricchedo.

이와 같이 아비담맛타상가하에서
인식과정을 벗어난 마음의 길라잡이라 불리는
제5장이 끝났다.

역자 대림 스님

1983년 세등선원 수인(修印) 스님을 은사로 사미니계 수지. 1988년 자운 스님을 계사로 비구니계 수지. 봉녕사 승가대학 졸. 인도로 유학하여 뿌나대학교에서 산스끄리뜨어와 빠알리어 수학. 현재 초기불전연구원 원장

역서로 『들숨날숨에 마음챙기는 공부』(2003, 개정판 5쇄 2019), 『청정도론』(전 3권, 2004, 7쇄 2018), 『앙굿따라 니까야』(전 6권, 2006 ~ 2007, 6쇄 2021), 『맛지마 니까야』(전4권, 2012, 5쇄 2021) 등이 있음.

역자 각묵 스님

1979년 화엄사 도광 스님을 은사로 사미계 수지. 1982년 범어사에서 자운 스님을 계사로 비구계 수지. 7년간 제방 선원에서 안거 후 1989년 인도로 유학하여 산스끄리뜨어와 빠알리어와 쁘라끄리뜨어 수학. 현재 실상사 한주, 초기불전연구원 지도법사.

역 · 저서로 『금강경 역해』(2001, 9쇄 2017), 『네 가지 마음챙기는 공부』(2003, 개정판 8쇄 2020), 『디가 니까야』(전3권, 2006, 7쇄 2021), 『상윳따 니까야』(전6권, 2009, 6쇄 2021), 『초기불교 이해』(2010, 7쇄 2020), 『니까야 강독』(I/II, 2013), 『담마상가니』(전2권, 2016), 『초기불교 입문』(2017), 『위방가』(전2권, 2018), 「간화선과 위빳사나 무엇이 같고 다른가」『선우도량』 제3호, 2003) 외 다수의 논문과 글이 있음.

아비담마 길라잡이 제1권

2002년 11월 29일 초판 1쇄 발행
2015년 11월 20일 초판 12쇄 발행
2017년 2월 25일 전정판 1쇄 발행
2024년 2월 6일 전정판 5쇄 발행

옮긴 이 | 대림 스님 · 각묵 스님
펴낸 이 | 대림 스님
펴낸 곳 | 초기불전연구원
경남 김해시 관동로 27번길 5-79
전화: (055)321-8579
홈페이지 | http://tipitaka.or.kr
http://cafe.daum.net/chobul
이 메 일 | chobulwon@gmail.com
등록번호 | 제13-790호(2002.10.9)
계좌번호 | 국민은행 604801-04-141966 차명희
하나은행 205-890015-90404 (구. 외환 147-22-00676-4) 차명희
농협 053-12-113756 차명희
우체국 010579-02-062911 차명희

ISBN 978-89-91743-34-2
ISBN 978-89-91743-33-5(세트)

값 | 25,000원